谨以此书
献给国家高新区诞生30周年

本书为中国科学院科技政策与管理科学研究所"一三五重大研究任务"B类项目：
创新发展政策学研究（Y201141Z01）研究成果

Theory and Practice of Innovation and
Development about China's National High-Tech Zones

国家高新区
创新发展理论与实践

刘会武◎著

科学出版社

北 京

图书在版编目(CIP)数据

国家高新区创新发展理论与实践 / 刘会武著. —北京：科学出版社，2018.11
 ISBN 978-7-03-059601-7

Ⅰ. ①国⋯ Ⅱ. ①刘⋯ Ⅲ. ①高技术产业区-产业发展-研究-中国 Ⅳ. ①F127.9

中国版本图书馆 CIP 数据核字（2018）第260290号

责任编辑：牛 玲 / 责任校对：王晓茜
责任印制：张欣秀 / 封面设计：有道文化
编辑部电话：010-64035853
E-mail：houjunlin@mail.sciencep.com

科 学 出 版 社 出版
北京东黄城根北街16号
邮政编码：100717
http://www.sciencep.com

北京虎彩文化传播有限公司 印刷
科学出版社发行 各地新华书店经销

*

2018年11月第 一 版　开本：720×1000 B5
2019年2月第二次印刷　印张：31 3/4
字数：540 000
定价：168.00元
（如有印装质量问题，我社负责调换）

前 言
PREFACE

2018年,是中国改革开放40周年,也是国家高新技术产业开发区(简称"国家高新区"或"高新区")诞生30周年。自1988年国务院批复成立北京市高新技术产业开发试验区以来,国家高新区历经30年,从酝酿试点到创建成长,从稳步发展到二次扩张,已经成为中华大地上冉冉绽放的绚丽琵琶,成为中国经济快速崛起和全球经济增长"中国奇迹"的典型代表。

从30年的时间跨度看,高新区的诞生和存在极大加速了中国工业现代化的进程。30年前,在高新区批准建设的初期,我国的工业技术基本停留在发达国家20世纪五六十年代水平,特别是以电子信息等为标志的现代工业制造在我国基本还是一片空白。现代制造技术的落后、新兴工业产成品的不足、现代消费领域及新兴商品消费市场的匮乏成为阻碍中国工业经济进步的主要因素,因此以建设经济技术开发区和高新技术产业开发区的形式加速中国工业的进步、改善高技术产成品几乎空白的状况就成为上下广为认同的探索途径。

30年来,国家高新区在这一探索的道路上取得了巨大的成就。世界第一个U盘,中国第一台超级计算机、第一根光纤、第一个光传输系统、第一个即时通信软件、第一部国产手机、第一款中文搜索引擎、第一枚人工智能芯片、第一个量子通信卫星……均诞生在国家高新区。2017年国家高新区工业总产值20.3万亿,其中新产品产值7.3万亿。国家高新区高技术制造业主营收入占全国比重达到35%以上,其中电子及通信设备制造业、计算机及办公设备制造业、航空航天器及设备制造业的主营收入占比接近40%。

经过30年的发展,国家高新区一批具有国际竞争力的新兴产业集群开始发力。中关村以互联网、大数据、人工智能为特色的新一代信息技术可比肩世界顶级产业集群;深圳的通信产业在全球具有重大影响力,在4G、5G技术上走在世界前沿;张江高新区形成了国内最为完善、技术水平最高的集成电路设计研发和产业链；武汉东湖的光纤光缆产量居全球第一，光器件国内市场占有率第一；杭州高新区数字安防、网络信息产业处于国际前列。高新区已成为我国新兴产业发展的策源地和主战场。

不仅如此，高新区在迅速完成自身工业体系建立的同时，也极大地促进或支撑了地方经济增长。实际上，自高新区诞生起各地就把其作为推动地方经济发展的主要抓手，建设高新区、振兴地方经济成为各地争相建设高新区背后的主要动机。北京高新技术产业开发试验区在1988年批准设立时，北京市人民政府上报国务院的申请中就把建设高新区作为振兴北京经济、扩大北京就业的主要目标之一。30年的发展，高新区在完成推动地方经济发展的目标和使命上取得了巨大成就，对其所在城市经济发展中的贡献越来越大。《国家高新区创新能力评价报告2017》显示，国家高新区的园区生产总值占其所在城市GDP比重15%以上的有70家高新区，较2015年增加3家；占比20%以上的有41家，占比30%以上的有18家。国家高新区经济规模的不断增长，使其对所在城市经济的引领带动作用也越来越强。

就整体而言，高新区的规模经济总量对国民经济的支撑作用也逐渐显现。2017年高新区全年实现园区生产总值9.52万亿元（人民币）。折合成美元，大概是1.5万亿美元。如果作为一个独立的经济体，它的世界排名是第十二位，在俄罗斯之前。2018年7月16日，中央电视记者采访的科技部负责人得知，2018年前5个月，纳入统计的国家高新区实现营业收入12.35万亿元，同比增长8.13%；净利润7265亿元，同比增长8.78%，国家高新区有力支撑了国民经济平稳健康发展，促进新旧动能转化，其作为我国高技术生产力的典型代表已经成为中国现代化经济体系建设的重要支柱。

国家高新区不仅是创新发展学、区域创新、产业创新等各种理论的应用和实践场所，也是三螺旋、DUI（Doing Using Interacting）等新兴理论的产生地和发源地。笔者从事国家高新区研究工作15年，15年来，一边应用各种学术思想研究和解决国家高新区发展中的现实问题，一边根据实践中的观察和思考，归纳总结新的观点、新的思想，成为本书写作的时代背景。

本书第一章首次提出了国家高新区DUI理论，认为，基于编码的科学知识技术的STI（Science Technology Innovation）模式是当前推动高新区发展的主要动力，即强调科学、技术和创新，作为经济社会发展中主要的创新源。但是，我们认为，基于隐形的、学习经验基础上的DUI（Doing Using Interacting）模式，也非常重要，即国家高新区的领导者、管理者和参与者，通过在管理中的创新、在引进理念和技术中再创新、在互相学习中的交流和互动，进而形成的先进理念、发展能力、宝贵经验、管理模式、发展道路等，同样是高新区发展中的重要动力源。

本书第一次系统提出国家高新区的三次创业理论，从"边界背景、发展内涵、发展路径，以及第三次创业的核心要求、重点抓手"等方面做出了详细阐述。提出，我国高新区建设走过了从单纯追求工业增长的园区、到植入创新元素的园区、再到全面创新发展的综合性园区三个阶段。在不同的发展阶段中，涌现了众多具有代表性的典型高新区，这些高新区依靠先天的优势或者优惠的政策或者创新的理念及模式实现了跨越式发展，成为辐射带动区域经济崛起的标兵示范。

本书第二章重点梳理了当下流行的新型科研机构产生的原因、典型案例和共性特征，全面分析了创新生态系统的重要性、维系根本、建设框图等内容。第三章和第四章，分别从创新创业和产业转型升级两个方面，总结了国内外众创空间（创业社区）的典型案例，介绍了全国众创、众筹、众包的问卷调研结果，尤其选择青岛、沈阳、湘潭、佛山、安阳、呼和浩特等高新区，就其如何借助互联网与传统产业相结合开展产业转型升级，做出了深入思考和经验总结。

本书第五~第十章，分别研究了国家高新区国际化战略、创新政策先行先试、综合评价理论和实践、体制机制改革和创新、新时代国家高新区高质量发展的标准和政策、国家高新区未来30年展望等内容。

基于三大原因本书提出"十二五"是中国经济进入"由开放，适应全球格局"迈向"走出去，改变全球格局"的新阶段。一是，2010年中国GDP为58 786亿美元，超过日本GDP的54 742亿美元，一跃成为全球第二大经济体；二是，2013年我国开始提出"一带一路"倡议。2013年10月3日，习近平同志在印度尼西亚国会发表演讲时表示：中国愿同东盟国家加强海上合作，使用好中国政府设立的中国-东盟海上合作基金，发展好海洋合作伙伴关系，共同建设21世纪"海上丝绸之路"。三是，2014年中国对外投资规模首次超过利用外资规模，近代历史第一次实现资本净输出（资本净输出国），成为仅次于美国和日本的世界第三大对外直接投资国。

如果说中国成为全球第二大经济体，体现了中国经济体量的"大"，那么中国第一次成为资本净输出国，则意味着中国"开始进入"强的轨道。而中国提出的"一带一路"倡议，为中华民族伟大复兴创造了新的外部条件。

在此大背景下，本书第五章提出，国家高新区应加快实施国际化战略，并为此给出战略发展路线图。2017年中央经济工作会议指出必须加快形成推动高质量发展的指标体系。本书第九章，专门研究了国家高新区高质量发展的指标体系、标准建设和政策体系。

总之，本书基于国家高新区的实际发展需求，提出一系列关于国家高新区发展的新思想、新观点，希望作为国家高新区30周年生日礼物，献给国家高新区的建设者、管理者、研究者和关注者。当然，囿于知识和能力原因，有些观点和认识难免存在偏颇和不当之处，也请广大读者给予批评和指正。

刘会武

2018年9月于北京

目录
CONTENTS

前言 ·· i

第一章　国家高新区发展动力与划分阶段理论 ························· 001
- 第一节　发展模式转型：重构创新驱动经济新动力 ············· 001
- 第二节　国家高新区 DUI 理论与实践 ···································· 008
- 第三节　三螺旋 TH 创新理论与郑州高新区实践 ··················· 014
- 第四节　国家高新区三次创业理论的提出 ····························· 020
- 第五节　国家高新区的本质特征与迈向世界一流园区 ············· 034

第二章　新型科研组织与创新生态理论及其应用 ······················ 041
- 第一节　创新驱动发展的认识误区及应对建议 ······················· 041
- 第二节　新型科研组织产生的理论认识与基本特征 ··············· 047
- 第三节　中关村创业生态系统研究与启示 ····························· 054
- 第四节　从三个理论视角再认识创新生态系统 ····················· 064
- 第五节　创新运营：生态系统维系的根本 ····························· 071
- 第六节　互联网时代创新生态系统变革及其对国家高新区的作用 ··· 077

- 第七节　国家高新区创新生态体系构建的逻辑框图 …………… 086
- 第八节　国家高新区"十三五"科技创新离不开"1+6"发展思路 ………………………………………………………… 093
- 第九节　案例研究：潍坊高新区构建创新生态系统 …………… 100

第三章　创业孵化与双创迈进新时代 ……………………………… 105
- 第一节　创业中国：国家高新区万事俱备 ……………………… 105
- 第二节　创业转型：孵化器发展的新趋势 ……………………… 111
- 第三节　创业社区的构建与运行机制研究 ……………………… 117
- 第四节　国内典型的创业社区案例 ……………………………… 122
- 第五节　国外典型的创业社区案例 ……………………………… 126
- 第六节　众创空间的概念、运作机制与发展建议 ……………… 133
- 第七节　众创空间引领高新区实体产业转型升级 ……………… 142
- 第八节　国家高新区众创、众筹与众包调研分析——基于全国19个省市国家高新区的调研数据 …………………………… 146
- 第九节　国家留学生创业园转型发展的思考与建议 …………… 157
- 第十节　"互联网+"时代创新创业与经济范式转变 ………… 164

第四章　产业转型升级再思考与政府作用 ………………………… 171
- 第一节　产业变革新趋势与青岛蓝谷高新区产业选择 ………… 171
- 第二节　新形势下高新区如何推动制造业转型升级 …………… 178
- 第三节　推动产业转型升级的思路与策略研究 ………………… 184
- 第四节　基于互联网的制造业生态系统研究 …………………… 191
- 第五节　佛山、沈阳和湘潭高新区智能制造发展经验 ………… 203
- 第六节　新能源装备——产业转型升级再认识及建议 ………… 210
- 第七节　我国"互联网+现代乳业"的发展战略与思考 ……… 216
- 第八节　创新型产业集群形成机理与政策重心 ………………… 226
- 第九节　政府如何引导产业集群实现创新型发展 ……………… 230

第五章　国家高新区——全球化战略与中国特色 233

- 第一节　全球化时代中国的创新崛起之路 233
- 第二节　全球科学城历史演变及其对高新区发展启示 241
- 第三节　后金融危机时代中国高新区国际化发展思考 251
- 第四节　国家高新区应加快实施国际化战略 257
- 第五节　创新生态系统全球演化与中国实践 265
- 第六节　挖掘全球科技金融发展的中国特色 269
- 第七节　硅谷指数与国家高新区创新指数比较研究 276

第六章　国家高新区坚守创新政策试验田角色 292

- 第一节　转型背景下国家高新区创新政策理念三次演变 292
- 第二节　国家自主创新示范区政策评述 296
- 第三节　国家高新区与我国技术市场的战略转型 305
- 第四节　关于技术市场战略与改革试点的再思考 313
- 第五节　新时期推进技术资本化试点的条件及对策分析 322
- 第六节　国家高新区——供给侧改革的坚守者和引领者 329

第七章　国家高新区综合评价理论与实践 336

- 第一节　国家高新区创新指数的提出和应用 336
- 第二节　产城融合研究与指标体系构建 342
- 第三节　科技金融研究与指标体系构建 351
- 第四节　创业生态研究与指标体系构建 361
- 第五节　基于ISM张江创新指数案例研究 366

第八章　国家高新区体制机制创新理论与实践 377

- 第一节　关于国家高新区体制机制最近调查 377
- 第二节　国家高新区创新发展与政府职能转变 386
- 第三节　国家高新区变革与创新型政府建立 393
- 第四节　国家高新区"四个跨越"的再认识 400

- 第五节 加快依法制定"国家高新区条例" ········· 406
- 第六节 资本运营乃体制机制改革的一大方向 ········· 410
- 第七节 案例研究：沈阳高新区"政区合一"管理体制 ······ 417

第九章 国家高新区高质量发展评价、标准和政策 ······ 423
- 第一节 我国经济高质量发展内涵辨析 ············· 423
- 第二节 新时代国家高新区高质量发展导向 ········· 426
- 第三节 国家高新区高质量发展评价指标体系 ······· 427
- 第四节 国家高新区高质量发展标准体系 ··········· 433
- 第五节 国家高新区高质量发展政策体系 ··········· 441

第十章 国家高新区未来30年展望 ·············· 473
- 第一节 打造高端复合型人才培养机制迫在眉睫 ····· 473
- 第二节 第三次工业革命与高新区发展转型 ········· 479
- 第三节 中国经济转型与高新区发展机遇 ··········· 484

主要参考文献 ·· 489
致谢 ·· 494

第一章 国家高新区发展动力与划分阶段理论

第一节 发展模式转型：重构创新驱动经济新动力

改革开放40年来，中国经济创造了举世瞩目的成绩的背后，国家高新区起着不可磨灭的示范性作用。自成立以来，国家高新区始终展现出强劲的发展势头和充满活力的发展前景，然而，进入21世纪，美国金融危机、欧洲债务危机、中东社会震荡等，给全球经济带来了巨大的风险和不确定性，国内经济也因为生态环境、市场竞争等因素，以往依靠土地、劳动力等资源优势驱动的发展方式面临着愈来愈迫切的转型要求。党的十八大报告中明确提出要实施"创新驱动发展战略"，把创新对国民经济发展的重要性提高到全新的高度。然而，如何重构创新驱动经济发展的动力，正在成为关系中国经济能否持续健康发展的迫切议题。

从独立研究者的角度出发，认为，国家高新区要想再铸已有辉煌，切实担负起国家新时期的历史使命，必须自身率先变革，加强制度创新、组织创新，必须转变自身的发展模式，探索新兴的发展道路，这就要重构创新驱动经济的根本动力。

一、支撑国家高新区经济增长的传统的发展模式

所谓发展模式，经济学上是指在一定地区、一定历史条件下形成的独具

特色的经济发展道路和特征，包括所有制形式、产业结构和经济发展思路、分配方式等。

具体到国家高新区发展模式，主要体现在发展的动力、发展的内涵、发展的手段、发展的条件等要素。发展的动力，犹如汽车的发动机、人体的心脏，直接关系到高新区发展的速度和持久性；发展的内涵，就是高新区发展的内容、发展的重点，当然，这与国家、省市对高新区发展的要求密切相关；发展的手段，是指高新区发展的杠杆、依托和方式方法，手段越多，说明高新区能够把发展的动力最高效地转化为现实生产力；发展的条件，主要指高新区发展的环境，包括不可更改的硬环境和可以塑造的软环境，这也是高新区发展的"土壤"。

《国家高新区创新能力评价报告2018》显示，2017年，纳入统计的156家国家高新区全年实现园区生产总值9.52万亿元，同比增长7.5%，占全国的11.5%；营业总收入达到30.7万亿元，同比增长11.0%；企业实际上缴税费1.73万亿元，同比增长10.5%，占全国税收收入的12.0%。无论是在规模总量方面，还是在发展质量方面，国家高新区已经成为我国经济持续稳定增长和建设现代化经济体系的重要支撑。科技部高新司曹国英副司长指出，国家高新区已经成为贯彻新发展理念和创新驱动发展战略的主阵地；成为我国发展新经济、培育新动能，发展高新技术产业的重要载体；成为转方式、调结构，实现高质量发展的重要力量。国家高新区始终坚持改革开放和自主创新，积极推进科技与经济结合，科技创新资源迅速聚集，科技企业快速成长，在创新驱动和转型发展中发挥着越来越重要的作用[①]。

国家高新区之所以能取得如此巨大的成绩，发展动力来源于哪里？发展的内涵、手段和条件是什么呢？

国家高新区过去30年的发展80%以上的动力来源于税收刺激、土地政策、低价的劳动力等生产要素。创建初期，大部分高新区坐落于偏远的郊区，为促进企业和资本在高新区的聚集，国务院1991年3月下发《关于批准国家高新区和有关政策规定的通知》（国发〔1991〕12号）规定：高新区内经认定的内资高新技术企业，减按15%的税率征收企业所得税。新办的高新技术企业，从投产年度起免征所得税两年等。这项税收政策当时在政府财政资金支持有限的条件下对吸引社会资源、外商投资、聚集企业资源等起到

---

① 深圳市科技创新委员会. 国家高新区30周年集中采访会在北京召开. http://www.sz.gov.cn/cn/xxgk/zfxxgj/bmdt/201807/t20180719_13696550.htm〔2018-07-19〕.

了很大的激励作用。30年来，国家高新区经济发展，就如中国经济发展的缩影，地方政府依靠低价的土地要素，吸引工业企业入驻，企业又依靠低价的劳动力获得市场的竞争力，企业的成长带来地方政府的税收，形成高新区发展的循环圈，然而，这个循环圈的动力，就是国家的税收政策、地方的土地刺激和中国改革开放以来低成本的劳动力优势。

过去高新区发展的内涵或要求是"发展高科技，实现产业化"。国家高新区是20世纪80年代以来科技植入经济的试点，是中国科技体制改革的产物。这一点，从中关村的成立，到中国科学院（简称中科院）科技人员下海经商，从1985年科技体制改革的中央文件，到第一批、第二批国家高新区大部分布局在科技资源相对丰富的省会城市，就可以得到证明。

以往高新区发展的杠杆，就是"招商引资"。几乎每个高新区都设置了招商局或招商中心，有的甚至设置两个招商局，几乎无一例外地把"招商工作"作为高新区的核心工作之一，通过产业招商、关系招商、海外招商、创业招商等方式，用尽各种政策，包括大企业土地优先供应、地方留成税收返还、一企一策、建设城市综合体等，鼓励国内外重点企业在高新区投资建厂。虽然国家高新区在设立之初把重心放在推进高新技术成果产业化工作上，而不是招商引资，尤其是引进跨国企业，然而，由于地方经济考核的要求及地方支持的财力所限，各高新区不由自主地走上招商引资的道路，并以此成为国家高新区发展的重要的手段和依靠。

高新区成立和发展的条件是指，其依托的先天的区域位置、工业基础、科技资源等。20世纪90年代初批复的52家高新区，一部分位于大学、科研院所等科技资源比较集中的省会城市，一部分位于工业基础较好的城市（譬如大庆、鞍山、吉林、包头、洛阳、宝鸡等），还有一部分位于沿海地区的城市（譬如苏州、无锡、厦门、珠海、惠州、中山等），这些天然的条件为高新区发展提供了相对优越的发展环境。

二、新时期国家高新区建立新兴发展模式的必然性

进入21世纪，2008年金融危机之后，美国量化宽松货币政策加大全球通货膨胀的风险、欧债危机放缓全球经济增长步伐、中东社会动荡加剧石油供应危机等，尤其是美国特朗普总统挥舞关税贸易大棒导致全球经济危机风险不断提升，同时，国内经济经过40年的高速增长，也面临着一系列的矛盾

和冲突，给国家高新区过去30年形成的发展模式带来了巨大的挑战。

国家高新区原有的发展动力将难以为继。有专家指出，国内一线城市的土地成本与发达国家不相上下，甚至更高；随着党的十八大提出的"收入倍增计划"，劳动力成本将进入上升的快轨时期，也是意料之中的事情；我国金融体系在不断完善的过程中，受制于国际货币和汇率政策影响，使得企业融资成本有上升的趋势，再加上，我国改革过程中，企业的制度成本也不容忽视，最后，使得实体企业的综合成本居高不下、提升利润难上加难。

全球经济进入深化时期，跨国企业垄断化趋势明显。几家跨国大企业垄断整个行业，这样的例子比比皆是，大飞机行业基本上被美国的波音、欧洲的空客垄断，全球智能手机基本上被苹果、三星主宰等，其他集成电路、高端软件等也基本上被跨国企业控制。在这种情况下，高新区再把重点放在高新技术成果的产业化，而不站在全球竞争的角度获得创新能力，只能是死路一条；如果再仅仅依靠招商引资，即使能维持一段时间的经济增长，但是要获取行业的高额利润，几乎是"天方夜谭"；如果再希望通过区域环境等先天条件发展高新区，不亚于"白日做梦"！

当前，经济全球化和知识经济时代已然到来，全球竞争的激烈程度已经超乎想象，竞争的结果也超越过去的你死我活，竞争的对象成为高端人才、高端技术、新兴商业模式等的争夺和创新，创新已经成为各个国家和地区获取竞争优势的核心要素。这种创新是全方位的创新，渗透在各个领域的创新。企业的创新是根本，通过产品（服务）创新、技术创新、工艺创新、市场创新、架构创新、商业模式创新形成对原有产业或企业的再改造、再提升；要素创新是手段，通过平台创新、人才创新、金融创新、文化创新、环境创新等要素创新，为企业创新提供丰富、优越的环境；空间创新是载体，在国际化视野下实施的开放式创新，通过核心区的发展带动周边地区，进而辐射带动区域经济社会的发展；制度创新是动力，政府在区域经济发展中进行的机制创新和制度创新，推动政策创新、服务创新、系统创新、产学研合作创新，进一步增强区域经济发展的活力和动力。

以这种全面创新的理念，植入高新区的原有发展模式，探索新兴的发展动力、发展杠杆、发展内涵、发展条件，进而形成开放式、自我循环的发展模式，是新时期国家高新区自身创新发展的必然要求，也是承载国家使命的必然要求。

三、国家高新区新兴发展模式的概念与内涵

国家高新区新兴发展模式是指,面向全球,以强化园区政府组织的资产管理能力为驱动力,变招商引资为突出培养自我品牌的创新型企业,紧紧抓住智能社会发展的机遇,突出大数据、智能技术、知识等先进生产要素的创造和应用,开放式创建具有旺盛活力的、高端资源能自然聚集的创新生态环境,形成制度创新带动环境建设、进而促进企业创新成长的发展道路。

"面向全球",是国家高新区建设新模式的基本前提,无论是北京中关村、上海张江等创建世界一流园区的国家高新区,还是唐山、武进、柳州等新升级的国家高新区,必须开展全球化的资源整合、全球化的市场竞争、全球化的规则适应、全球化的开放创新,建立全球化的发展理念,培养全球化的管理人才,形成适应全球化企业家队伍和培养具有区域特色的全球化企业。

(一)新型模式下的发展动力

"强化园区政府组织的资产管理能力",是国家高新区自身发展的根本动力,也是培养中国科技企业的基本依托。中国政府具有强大的资源整合能力,这一点也是国家高新区的优势所在,然而以往国家高新区的管理者更多注重服务企业,通过土地、税收返还吸引企业,而忽视引导企业的后续发展和园区自身的可持续发展。或者说,过去高新区的管理者,考虑到自己是政府的派出机构,理所当然地把自己界定为行政机构,承担了土地规划、项目引进、人事管理等行政审批的职能。当然,很多高新区的管理者也开始探索服务创新的职能,包括一站式办公、创业孵化、帮企业融资等服务型功能。相比行政管理,这种服务能力的建设是一种进步,然而,在我们看来,这更多是根据企业需求所提供的一种"被动性"服务。

未来,高新区管理者更需要探索制定引领性政策,提升"主导性"服务的能力,包括超越于企业认识的具有政府导向的产业规划与决策能力、以环境品牌建设自然吸引而非通过政策补助的高端人才吸引能力、以园区的公共资产带动大量金融资本入驻而带动企业发展的金融创新能力、以土地资产与能力建设相结合进而提升土地增值功能的固定资产管理能力,等等。

这种资产管理能力的主体包括:①创业中心,把公共资产与企业培训相结合,提升企业家的管理服务能力;把公共资产与风险投资相结合,提升企

业的投融资服务能力；把公共资产与企业检测、测试、知识整合相结合，提升产业的共性技术服务能力；②招商中心，增强全球化项目的识别、判断和引入能力；③知识产权管理机构，突破以往知识产权的申报、检索等一般性服务，拓展到知识产权的分析能力、知识情报的判断能力、知识产权的整合能力等；④园区建设开发公司、专业化园区管理基地等组织，与产业服务组织相结合，强化产业投资和工业地产价值提升服务能力，尤其探索可输出、复制和增值的新兴的服务模式，类似新加坡的裕廊工业园；⑤园区的金融投资公司，包括产业投资公司、风险投资公司、小额资助公司等；⑥园区其他的生产力促进中心、科技情报组织、物业服务公司等，都是增强资产服务能力的主体，甚至根据需要有计划地培养各类、市场难以自组织形成的专业化资产管理公司。

同时，突破以往仅仅把土地、设备、股权等作为高新区资产的狭隘理念，这里的资产包括：①政府所有的办公设施、厂房等物理空间；②政府投资形成的技术设施，包括公共技术服务平台、技术性服务公司等；③高新区的公务员、事业编制人员及招聘的各类人才，这是一大笔往往被忽略的核心资产，因为容易被忽略，所以不注重对其能力的提升。未来，要大力增强这类资产能力，就必须提升对这批人的培养力度；④高新区的品牌，这一无形资产，也需要高新区下大功夫去经营和提升；⑤政府的政治资产，包括与高层组织的对接、融洽、组织和协调等。

（二）发展内涵

以往高新区发展的内涵是推动科技成果产业化，并为地区经济发展注入活力，而未来国家高新区发展的内涵，则要以培育企业和促进企业成长为主，尤其是大型民营科技企业。中国经济质量的提升，离不开民营科技企业走出国门，参与国际竞争。当前，中国大型民营科技企业缺乏且能力不强，这已经成为中国经济发展的瓶颈。2018年1月，路透社发布"2017世界创新企业100强"，日本39家，美国36家，法国7家，德国4家，瑞士3家，韩国3家，瑞典2家，荷兰2家，爱尔兰1家，中国3家（其中台湾地区2家，大陆1家，即华为公司）。

30年来，国家高新区培养了一大批规模在2000万～5亿元的科技型中小企业，未来急需做大做强，尽快形成百家以上超千亿元规模的跨国民营科技企业，这是国家高新区未来发展的要求，也是中国经济的期盼。因此，围绕不同规模科技企业的发展诉求,提供相应的有针对性的服务,是高新区能力建设的任务之一。

对于园区内准国有企业,要鼓励其进行体制改革,向民营企业改制,走市场化道路,积极参与市场竞争;对于园区内产值在2000万～1亿元的民营小企业,园区要将小企业发展所需要的法律、管理咨询、财务管理、人力资源等服务整体打包,向园内企业及时、全面地提供,使企业能够专注于业务的发展壮大;对于园区内产值在3亿～5亿元的中等规模企业,高新区应有意识向其提供企业发展壮大所需要的企业家精神培训、专业财务管理培训、法律事务培训等服务;对于园区内产值在10亿～20亿元的规模型企业,园区应整合社会资源向企业提供技术合作与创新服务,进一步做大企业规模;对于未来园区内出现的产值在50亿元及以上的企业,园区要为企业提供国际化竞争与合作的通道,帮助企业实施品牌战略,走出国门,参与国际竞争。

(三)发展要点

国家高新区以往发展主要依托的条件大多是先天性条件,比如沿海城市、省会城市等体制条件,工业城市、资源城市等资源条件,高校、科研院所的教育资源条件。未来高新区的发展,要打造能够支撑高新区未来发展的后天条件,即建设充满活力的创新生态系统,带动社会环境的优化和改良,来吸引资源、留住资源、用活资源。建设创新生态系统,要紧紧把握区域产业、科技资源和环境对科技服务要素的需求和特点,切不可盲目建机构、扩空间、乱投资等,要理清"为谁服务"和"服务什么"两个基本问题。

采取上下联动的方式,以专业带动服务环境建设,优化园区发展条件,建议适时推动以下工作:①实施孵化器建设能力提升计划,突出科技创业提升;②建设类似成都欧盟项目中心、长沙欧盟信息中心、创新驿站等,突出国际资源汇聚;③实施类似中关村与凤凰卫视合作、中国制造纽约广告计划,建立欧盟市场开拓计划、美国市场开拓计划、东南亚市场开拓计划,突出国际市场开拓;④实施科技人才聚集工程,突出培养中国的企业家;⑤围绕企业上市及上市之后的引导,开展国家示范性高成长企业计划,千家企业成长工程;⑥实施集群创新服务工程,培养具有全球竞争力的创新集群;⑦配合科技金融试点方案,实施科技金融创新工程;⑧实施创新驿站推进工程,继续推进和优化完善创新驿站建设;⑨瞄准863计划、国家部门重大计划形成的科技成果，筛选与凝练重大科技成果的转化，实施技术成果交易工程；⑩跟踪科技部被选或已资助项目，重点选择跨领域、跨行业、跨区域的重大技术，实施标准建设、工程应用与企业成长一体化工程；⑪以联合共建的形式资助科技服务体系机制创新计划，实施运行机制改良工程；⑫面向工程设计、工程咨询、科技咨询、研发外包、技术转移等，实施功能产业做强工程；⑬围绕科技培训，以联合共建、实报实销等方式为主资助推广科技讲坛示范工程；⑭加强知识产权的应用，实施知识产权应用工程；⑮以商业模式创新、产业技术联盟等为发展重点，突出产业组织优化工程；⑯奖励与社会影响相结合，实施区域品牌提升试点工程；等等。

总之，未来国家高新区新兴的发展模式，首先要增强园区自身发展的动力，包括高新区的服务能力、资产的管理和提升能力、社会资源的整合能力、区域品牌的建设能力，以能力为重点，强化园区建设的发展驱动力，这是园区发展的核心要求，也是解决当前不少高新区盲目招商引资、不少高新区所在市委市政府把高新区作为人员安排场所等问题的有效方法。其次，以园区自身发展动力为驱动，培养适宜高端人才居住、创业的知识社区、配套环境、创新创业文化等，强化园区环境建设与产业发展相结合，弥补产业发展中的市场空白，形成具有区域特色的发展环境。最后，依靠良好的环境条件，真正培育起一大批跨国科技巨人企业，形成旺盛的科技创业氛围、不断成长的高科技企业，以及专业化产业基地、创新型产业集群等企业生态环境。

第二节　国家高新区 DUI 理论与实践

国家高新区作为我国实现自主创新的战略高地，实现创新驱动与科学发展的先行区域，需要不断探索新的理论，用新的理论指导高新区的发展，为此，本书首次提出国家高新区 DUI 理论，深入解析创新本质，明确创新模式，指导高新区更有效、更务实地贯彻落实创新发展战略，切实发挥科技创新对于产业升级和区域发展的支撑、引领作用。

一、DUI 概念、内涵与提出的背景

(一) DUI 概念与内涵

DUI 是知识管理中的一个概念，字面上讲，是指在干中学、用中学、互相启迪中学，进而形成的难以表达的缄默性知识。与 DUI 相对应的概念是 STI，是科学、技术与创新的简称，是指通过技术研发、购买等获得能够表达的专利、商标等显性知识。对于创新来讲，知识是最重要的战略资源，学习是重要的过程，DUI 学习和 STI 学习有着本质的区别（表 1-1）。

表 1-1 STI 学习和 DUI 学习的特征

区分点	STI 学习	DUI 学习
知识类型	关于 know-what 和 know-why 的知识和技术	关于 know-how 和 know-who 的经验知识
知识特征	可以编码化，容易转移，系统化，是可以全球化的知识	难以编码化，不容易转移，较为零散，属本土化知识
学习形式	强调利用科学的方法来获得、生成、利用科学知识，起源于本土和全球化知识，最终产出可以全球化的知识	关注组织内和组织间的非正式学习和隐形的能力构建，包括团队内和团队间的交互、在行动中和使用中学习，最终产出本土化知识
外围政策	强调获取/生产科学知识的科学政策	促进学习型组织和网络构建
社会网络	与知识机构和认知社区紧密相连	与实践社区紧密相连，通常沿着价值链迎合客户的需求
行为要素	正式的 R&D；招募高学历员工；与知识机构的合作	跨功能团队；质量环；搜集提议的系统；自我管理团队；与客户的交互；与供应商的交互

根据世界经济合作及发展组织（OECD）《以知识为基础的经济》报告，知识可分为：知道是什么的知识（know-what），知道为什么的知识（know-why），知道怎么做的知识（know-how），知道谁的知识（know-who）。前两者通常称为显性知识或编码知识（科学知识），后两者成为缄默性知识或默会知识（经验知识）。

我们认为，基于编码的科学知识技术基础上的 STI 模式是当前推动高新区发展的主要动力，即强调科学、技术和创新，把应用科学的知识和技术，作为经济社会发展中主要的创新源。

同时，我们也认为，基于隐形的、学习经验基础上的 DUI 模式，同样非

常重要，即国家高新区的领导者、管理者和参与者，通过在管理中的创新、在引进理念和技术中再创新、在互相学习中的交流和互动，进而形成的先进理念、发展能力、宝贵经验、管理模式、发展道路等，同样是高新区发展中的重要动力源。

STI 与 DUI 两种创新模式特征不同，但创新是相互作用的过程，既要依靠主导重大基础创新活动的 STI 模式，也要依靠根植于实际，灵活多变的 DUI 模式，两者互为补充。只依赖 STI 模式，难以提升持续学习能力和创新能力，导致难以面对不断变化的外部竞争环境；只依赖 DUI 模式，知识的广度和深度不够，结构性、系统性较弱，难以实现重大创新。为提升自主创新能力，必须同时依托两种模式。无论是 STI 模式还是 DUI 模式的创新都是在一定的环境下，以知识库为核心，体现了创新的动态性和累积性。知识库包含各种类型的知识，STI 模式的创新主要与"透明"的知识相联系，DUI 模式的创新主要与"不透明"的知识相联系。通过两种模式间的相互作用，改变组织知识库的存量、增量和组织创新能力，而知识库存量、增量和组织创新能力的改变又同时促进了 STI 和 DUI 模式的创新，形成良性循环。

（二）国家高新区 DUI 理论提出的背景和意义

客观地说，当前推动国家高新区创新发展的理论认识，主要基于 STI（Science Technology Innovation）的模式，即大力引进大学、科研机构，鼓励企业建立技术中心、工程中心，倡导产学研合作和技术转移转化，实施知识产权战略、推动专利成果的产业化。《国家高新区创新能力评估报告 2017》显示，2016 年国家高新区集聚了 19 636 家各类研发机构，其中国家级 3284 家，较 2015 年增长 15.8%，平均每个国家高新区拥有各类研发机构 133.6 家，其中国家级 22.3 家。国家高新区内共有各类大学 828 所；研究院所 2637 家，其中国家或行业归口的研究院所 691 家；博士后科研工作站 1614 家，其中省级及以上 1412 家、国家级 958 家；吸引外资建设研发机构 2767 家；累计建设省级及以上重点实验室 1709 家、国家重点实验室 342 家、省级及以上工程技术研究中心 4303 家、国家工程研究中心 111 家（包含分中心）、国家工程技术研究中心 236 家、国家工程实验室 140 家、国家地方联合工程研究中心（工程实验室）202 家，其中，国家高新区内的国家重点实验室、国家工程实验室的数量分别占全国总量的 70.1%、72.2%；共有企业技术中心 11 237 家，其中经国家认定的企业技术中心（包含分中心）555 家，占全国总量的

43.5%，国家高新区企业逐步占有全国企业创新资源的半壁江山。毫无疑问，国家高新区集聚的众多大学机构和科研院所，为园区发展提供了知识载体和创新源头。

（三）打造重大科技设施和平台，壮大新兴产业支撑力

国家高新区积极搭建创新创业载体和平台，持续吸引汇聚全球顶尖科研机构和重大创新功能型平台，开展前沿性重大科学研究。

但是，科技技术的生产率悖论，是全世界面临的一个难题。所谓生产率悖论就是指科技技术有时并不能带来生产率的提高。2013年7月11日美国《财富》杂志网站报道，自2011年以来，美国在云计算、手机、技术支撑型商业服务等方面取得了惊人的技术创新。但技术创新和经济增长似乎并未带来生产力的提高。早在1986年，麻省理工学院经济学家罗伯特·索洛就发现，"美国计算机时代随处可见，但就是在生产力统计方面看不见"。

同样，麦肯锡公司对1990~2003年不同行业生产率增长情况研究后认为，尽管IT应用上的创新十分重要，但是"竞争的不断加剧"才是"最关键的催化剂"。美国商务部1998年的《新兴的数字经济》指出：虽然在IT上投资的企业比没有IT投资的企业更具生产能力，运营得更好，但是"单纯购买IT并不必然产生利润，其他投资如重组工作流程和对于劳动力的再培训也同样不可或缺"。

我们认为，在今天全球创新资源争夺不断激烈的环境下，国家高新区不但应该继续引进高层次人才、高水平机构，而且更应该强调如何把创新资源更有效地转化为经济财富。而这种转化背后的认识和思想，就需要DUI创新理论。

二、DUI理论对高新区的指导和建议

当前，全球正处于新技术革命酝酿萌动期，能源互联网、泛在智能网、药物基因组学、生物器件制造、新一代智能材料等一系列技术突破正在改变现有的产业格局和竞争模式。同时，大数据背景下的3D打印等"制造业数字化"技术及创客运动的兴起，正推动全球制造业的技术要素和市场要素配置方式发生革命性变化。新技术革命的"第二种机会窗口"及我国市场规模相结合为我国的创新发展提供了前所未有的机遇，也为高新区的发展提供了

广阔的平台。与此同时，也要深刻认识全球化的知识经济竞争带来的种种挑战，发达国家在军事、政治、金融、人才等多方面加紧部署，主导国际重大产业竞争格局。作为抢占世界高新技术产业制高点的前沿阵地，高新区要高屋建瓴，围绕提升自主创新能力，拓宽创新渠道，继续深化 STI 学习模式，并加强对 DUI 学习模式的重视和拓展。

（一）明确高新区管理委员会角色，改变旧理念

高新区管理委员会（简称"管委会"）作为地方政府的派出机构，在发展高新技术产业，带动区域经济增长方式转型方面发挥着关键作用。不同于普通区县政府的"对上负责，规范管理"，高新区管委会讲究"对外拓展，务实求进"；不同于普通市局的"局部落实，服从第一"，高新区管委会强调"整体规划，发展第一"。

具体来讲，首先，高新区管委会要强调面向全球的开放性，围绕产业发展需求，与全国各地乃至全球开展技术、人才、信息等各方面的交流，高度整合资源，不断提升发展理念；其次，强调法律之下的独立性，为面对严峻的市场竞争，抢占制高点，在经济、财政、规划、土地、人事等方面有一定独立性、自主性，以随机应变，真抓实干；另外，强调国家与地方的双重使命，既要落实创新驱动战略，实现"四位一体"定位，完成国家赋予的历史使命，也要在税收、投资、环境等方面与地方发展相协调；最后，着重强调发展经济的专业性，拥有思维超前、学习能力强、整合能力强的干部队伍和企业家队伍，拥有高质量的项目源，良好的对外交流水平，完善的服务体系。高新区管委会工作人员要避免循规蹈矩、亦步亦趋的理念，拓宽思路，深化 DUI 模式，通过全面学习、终身学习、从实践中学习提升工作效率。

（二）认清高新区发展形态，找准发力点

当前高新区正逐步发挥在科技创新、产业发展及新型城区建设方面的引领示范作用，已经从引进吸收、跟随合作，向追求原始创新、赶超领先跨越；从政府引导、立足区域、集约发展，向需求导向、面向全球、协同创新跨越；从要素集中、企业集聚，向提升活力、产业高端跨越；从工业化主导、科技工业园区形态，向知识经济主导、创新型社区形态跨越。各高新区应紧紧围绕未来发展方向（表 1-2），依托多样化的创新模式，切实提高创新能力。

表 1-2 社会、政府、市场发展趋势

主体	发展方向及未来形态		发展方式	
	过去	未来	过去	未来
社会	工业经济，工业城市	知识经济，创新型城区和现代化城市	要素驱动；外力推动	创新驱动；自我优化
政府	行政型	服务型、功能型	硬环境建设；招商引资	软环境打造；招才引智
市场（企业）	大规模工业制造，国内竞争	灵活性知识创造，国际竞争	政府引导；引进吸收	需求导向；自主创新

（三）建立学习型组织，打造服务型政府

高新区管委会必须深入理解"用中学、干中学、在交互中作用中学"的内涵，构建学习型组织，鼓励工作人员树立终生学习理念，在学习关于高新区发展的基本理论、上级指导的过程中，深入企业，了解企业关于人才、市场、资金、技术、平台等的真实需求，熟悉行业发展趋势；同时要高瞻远瞩，避免被企业（债务）绑架。另外，要充分发挥政府的杠杆作用，在不同发展阶段，围绕特殊目标，做适宜的事情，打造能够"走进去、跳出来、超过去"的活力政府。通过不断学习，实现增强产业规划研究和决策能力，市场化组织创新和建设能力，园区资产管理运作能力等目标。

（四）结合实际，坚持"两条腿走路"

高新区要以 STI 和 DUI 模式相结合为前提，出台创新政策和支持意见，构建创新生态环境。引进高端人才与培养高端人才相结合；引进研发型创新载体与应用型创新载体相结合；引进创新载体与制度创新、管理创新相结合；在保护知识产权的同时，促进知识流动，注重知识产权申请和竞争；强调社会载体建设和政策突破，建立丰富的社会公共服务平台，增强高新区活力。

通过加强创新网络建设、学习型组织建设，促进政府及其部门、企业家协会、大学和科研机构、产业技术协会、行业协会等不同层次组织的发展，促进不同主体之间的交流、合作与学习，加快知识的创造、传播、转移和转换，塑造多元创新主体合作的、知识融合发展的社区环境。

（五）引导园区企业拓宽创新渠道

不同企业在创新过程中也形成了不同的学习模式，规模较大，实力较强的企业往往重点关注 STI 模式,忽视 DUI 模式;而实力较弱的中小企业偏重于依赖 DUI 模式,对 STI 模式敬而远之。基于"创新是相互作用的过程"的判断,高新区要积极鼓励园区企业同时关注 STI 和 DUI 模式,同时通过搭建公共技术平台、产业研究院、产业联盟等沟通平台促进园区企业间、企业与科研机构间的资源共享,园区企业与外部企业间的合作创新,弥补企业创新过程中的缺失。

高新区的学习过程和创新过程中都存在着两种模式的问题,各地区要根据实际发展情况和已有基础,深入研究 STI 和 DUI 两种学习模式的关系及其对以往创新绩效的影响,在创新活动中找到两种模式的最优结合点,有效利用两种不同学习活动的互补性来提高创新效率。

第三节 三螺旋 TH 创新理论与郑州高新区实践

三螺旋模型(Triple Helix Model,TH 模型)的概念由埃茨科瓦茨(Etzkowitz)在 1997 年首次提出,并用以解释大学、产业和政府三者间在知识经济时代的新关系。三螺旋模型认为:当前时代的创新已不再仅仅局限在单一的研发机构层面或产业机构层面,创新的含义扩展到"创新中的创新",即扩展到"积极重构与加强创新的组织安排",创新日益以组织和机构间的协作与合作为特征,需要大学、产业和政府的共同参与,所以大学—产业—政府三螺旋相互作用成为创新系统运行的核心。

三螺旋理论强调,在以技术和知识驱动的创新经济体中需要政府、大学和产业互动和协调,认为三者既保持独立的身份,又在创新过程中相互作用、互动发展,共同推动知识的"创造、流动、增值和再创造……",促使三者螺旋式向前发展。实现三螺旋驱动的关键在于,不论对市场主导型经济社会还是政府主导型经济社会,促进创新的有效路径都需要实现大学—产业—政府三者间的关系转变,即从彼此边界分离和功能独立的关系转变到交叉和重叠的关系。

郑州高新区拥有郑州大学、解放军信息工程大学、郑州机械研究所等一批大学和科研院所,是国家高新区中企业、大学和政府共存、共聚的典型代表，为此，应用三螺旋创新理论，剖析郑州高新区的发展实践。

一、郑州高新区创新三螺旋的表现

我们深入郑州高新区调研后发现，郑州高新区以往的发展在三个方面具有特色，这些特色也为类似条件的园区发展提供了值得汲取的经验。

一是强势政府的存在。由于郑州高新区的规划建设基本上是从零起步，因此高新区管委会从一开始就被赋予了充分的政府权力。到目前为止，郑州高新区管委会所拥有整体建设规划、指导和促进经济发展、土地利用、监察审计、社会事务等方面的高度权力，对高新区的工业、经济、社会、城建等方面发展具有强有力的推进作用。强势政府的存在决定了郑州高新区能够比一般园区更有效率地解决发展中的问题，例如能够更有效地克服规划审批、征地和拆迁等困难，发展工业、引进大学和建设新城区，这对高新区的整体发展起到了明显的促进作用。

二是大学、科研机构等高智力资源的植入。世界科技园的发展经验表明，高智力资源是科技园（高新区）创新能力提高和经济持续发展的动力，而大学和科研机构等的存在就是这种动力不竭的源泉。郑州高新区在一片毫无基础的土地上实现了对大学和科研机构的植入，使得这块土地的知识土壤条件得以充分的改善。为高新区的长远发展打下了良好的基础。

三是对主导产业源头环节的导向配置。目前在整个高新区内，围绕四大主导产业政府着意建立了行使协调和引导职能的四大产业园（超硬材料产业园、电子信息产业园、光机电产业园和医药生物产业园）；以产业园为引领打造辐射和连通高新区内外的产业基地，形成区域的产业竞争优势；大力引进相关产业研究开发机构，如郑州机械研究所、郑州磨料磨具磨削研究所、中国地质科学院郑州矿产综合利用研究所等机构，在园区形成引领产业发展的龙头或创新增长极，使得产业链构造相对完整，也发挥了园区对主导产业的价值链配置的导向作用，大大提高了高新区源头创新的能力。

二、郑州高新区发展定位与问题

（一）郑州高新区的目标定位

在当地调研的过程中了解到，郑州高新区管委会提出要把创新驱动发展作为当前核心发展战略。简单理解，创新驱动发展就是指园区要实现主要以创新（或知识与技术）为驱动的经济。回顾我国高新区的发展历史，郑州高新区与其他地方的开发区一样，过去的发展主要依靠的是土地、招商引资、税收优惠、廉价资源和廉价劳动力等的传统要素投入方式，但随着国际国内经济环境的变化，这样的要素投入方式不可能长期维系，并且即便能够维系这样的投入方式，也无法最终体现建设高新区的国家和社会目标意义。

从国家意义出发，高新区应成为我国走自主创新道路的标杆和旗帜。为此科技部和国务院先后提出了实现我国高新区发展模式的"五个转变"和我国高新区发展的"四位一体"目标定位。按这样的目标要求，郑州高新区必须将增强自主创新能力和实现以创新为驱动的经济作为高新区发展的战略基点。

肩负这样的国家使命，高新区首先需要的是快速实现从传统要素驱动方式到创新要素驱动方式的发展路径转变，即首先建设成为"创新型"园区。基于这样的认识视角，郑州高新区建设"创新型"园区的目标定位毫无疑问具有极具深远的意义。

（二）建设创新型园区所面临的问题

但是，建设"创新型"园区或实现"以创新要素为驱动的经济"并不简单。调研组围绕郑州高新区这样的目标定位展开了较为深入的调研，总结认为要建设创新型园区，郑州高新区在未来发展的道路上还面临着诸多需要克服的困难。主要概括为如下三个方面。

一是整体区域环境的支撑力度较弱。河南省地处我国中部，历史的原因、环境的原因和政治的原因等诸多因素造成了整个区域性的支撑创新的能力落差，这种落差直接影响到郑州高新区建设创新型园区的目标及效率。表现为：河南省整体的大学和科研机构实力不强，提供知识和技术的环境条件与中部地区的湖北省和陕西省等相比存在差距；河南省整体上现代工业发展滞后，创新空间受到到来自国内市场和跨国公司的强大压制。

二是郑州高新区在全国高新区中的位势不突出。这种位势的不突出会影响到高新区在更大的空间范围内对创新资源的吸引、整合和凝聚，也会影响到创新型园区的形成氛围。

三是高新区自身的创新发展程度低。调查认为：郑州高新区的知识空间（研发活动的组织、范围和频度）、趋同空间（不同组织背景和观念的创新活动者围绕共同目标合作工作的机制、范围和频度）和创新空间（实现创新目标的组织）的整体发育程度不高。具体表现为：在全国比较，大学的研发活动相对较弱，企业的研发活动兴队层次不高；在高新区内尚未形成企业之间、企业和大学之间等良性合作的机制和合作氛围，不同组织背景的创新活动者（包括政府）缺乏共同的磋商交流；整体看，企业的品牌优势、技术水平和规模实力不高，优秀创业人才和企业更加缺乏，投资类机构的规模和数量稀少。

三、创新三螺旋与郑州创新驱动发展路径

（一）战略基点与创新三螺旋

在上述调研分析的基础上，我们深入探讨了郑州高新区建设创新型园区的路径选择问题。

郑州高新区目前具有的"强势政府存在、大学和科研机构植入、产业的导向配置"的特点，形成了政府、大学和产业支撑未来发展的三元结构，这种三元结构是建设创新型园区战略路径选择的出发点。并且这样的三元结构正是现代创新战略理论所揭示的支撑区域创新、实现"三螺旋"驱动发展的必要条件。

郑州高新区目前典型表现出了三螺旋的三元结构构成。调研组认为，从这样的三元结构出发，郑州高新区建设创新型园区的路径选择在于从三元结构走上真正的三元螺旋，实现创新模式的三螺旋驱动发展。

（二）从三元结构到三螺旋驱动

实现从三元结构到三螺旋驱动的关键在于促进大学－产业－政府边界和功能的交叉重叠。郑州高新区目前尽管形成了这样的三元机构，但三元之间基本上仍停留在边界清晰和功能独立的传统关系，远未实现三者关系上的互存、互动和互补。

调研中发现，郑州大学、信息工程大学、河南工业大学等一批大学和科研院所目前基本上把入驻高新区仅仅看成是校址的搬迁，普遍缺乏与高新区互动的办学思维；高新区中的企业也同样如此，到目前为止企业进入园区的主要动机是希望享受到高新区的土地和税收优惠，很少思考如何建立与高新

区政府和大学科研机构等良性互动，在实践中也缺乏促进这种良性互动的行为；反映在政府方面，政府强势的原因在于沿袭了传统的和一般性的自上而下的城市城区管理职能。这样的政府职能在带来效率的同时也带来了行政任务的繁重，使政府的行为普遍停留在管理者层面上而缺乏对研发活动和产业活动的有效参与。

基于这样的现实，郑州高新区要实现三螺旋驱动关键是要促进形成三个转变，实现大学－产业－政府三者的交叉重叠和互存互动。

1. 促进大学和科研究机构向承担"第三使命"的发展转变

在强调以知识为核心的现代经济社会发展中，大学和科研机构已经被赋予了"第三使命"，即促进新知识商业化应用的使命（前两项使命是教育的使命和科研的使命），也只有那些能够担负第三使命的大学才能形成真正产生对三螺旋的驱动。

鉴别大学能否承担第三使命有五条标准：知识资本化，即知识吸纳资本和转变成财富；相互依存性，即与政府和企业的创新合作关系；相对独立性，即不从属于任何一个机构范围；混成组织，即是否建立了合作研究中心、孵化器和科技园等；自我反应，即随与政府和企业的关系变化调整教学和研究方向。

要使郑州高新区的大学有效地参与到三螺旋，关键在于使大学和科研机构的理念要向承担"第三使命"的方向转变。这也提出了政府和相关方面对大学的促进和引导责任。

2. 促进产业向三螺旋公司的发展转变

在知识经济时代，以知识为基础的公司吸纳了大学和政府的要素，并建立在于这些机构范围之间关系的基础上，是一种新型的产业组织，即三螺旋公司。这种公司与传统意义上的公司行为有很大区别。传统意义上的公司除了与其客户发生中断交易外，极少依赖外界。三螺旋公司跨组织地与其他公司、大学、咨询机构、非政府组织、政府部门和实验室合作，现实化了三螺旋产业区域，也能够带来一个区域的创新发展。目前，郑州高新区这样形态的企业组织极为稀少，使高新区的企业整体创新效率不高，绩效也不显著。因此，孵化、培植、引导和扶持这样的公司在高新区的未来发展中应尤为强调。

3. 高新区管委会向承担"集体主义使命"转型

郑州高新区的强势政府地位对高新区上一阶段的快速发展和对产业、大学等的引入发挥了重要作用，也表现出了两个显著的特点：贯彻上级政府意志的使命和自上而下的干预方式。但从支持和促进创新的角度出发，这样的政府行为有其不足之处。现代创新理论和现代公共财政理论都揭示了传统的政府角色（不管是国家干预主义政府还是市场自由放任主义的政府）不足以应对新的经济环境和经济竞争。从创新发展的角度出发，要理解创新的意义、提高创新的效率、克服政策针对性和有效性不足，政府必须有效地介入创新过程之中，因此也就自然带来了政府边界与企业边界和大学边界的交叉重叠，需要政府的角色和功能进行必要的调整转变，以促进区域创新的三螺旋发展。

对郑州高新区而言，管委会要完成这样的转变需在三个方面对工作和行为进行改进和完善：一是从过去单一行政化管理者的角色逐步增加"政府是创新活动参与者"的角色成分，并在这种参与的过程中，通过"政府行为、直接政策、间接政策、制度建设"等方式，体现政府的螺旋推动价值；二是在政策的制定和执行过程中，改变完全的自上而下的方式，增加自下而上的工作成分，如与大学、产业等组织或个人一起，平等、自由地参与创新计划或政策的制定过程；三是不应仅局限于贯彻上级政府意志，还应成为高新区大学、企业、社会组织等大集体中的一员，能够会商、确立、履行和承担高新区社会整体的"集体主义使命"。

（三）在螺旋发展中增强三元结构

从三螺旋驱动发展的战略视角观察，目前郑州高新区已形成的大学和产业两元结构不够强大。高新区的大学整体研发实力不强；高新区中主导产业的规模优势不强；骨干企业的品牌影响力和市场竞争力不高。这些都会最终影响到三螺旋发展的目标和结果。因此，选择三螺旋的发展道路，还必须在发展的过程中进一步强化三元结构的力量。这需要来自多个方面的政策努力。

对高新区而言，继续并有重点地引进研究型大学和能够担负"第三使命"的大学是必要的；继续并有重点地通过招商引资手段引进品牌优势企业和产业骨干企业也是必要的；通过产业政策等手段促进优势产业集群的发展也是必要的。但是，仅仅依靠高新区自身的努力肯定不够。

着眼于促进区域经济发展的整体目标，郑州高新区地位的特殊性需要河南地方政府乃至中央政府必须有率先实现郑州高新区螺旋发展的大目标和大战略，需要从区域经济创新发展大螺旋的视角审视郑州高新区的小螺旋。从大螺旋的视角看来，郑州高新区是区域大学－企业－政府三螺旋的交叉重叠区或混成地带，因此，需要大政府在发展经济的导向、区域创新系统的建立、政府的资源配置等方面对高新区的创新战略给予特别的倾斜支持。

第四节　国家高新区三次创业理论的提出

当前国家高新区已经走过"一次创业"和"二次创业"阶段，阔步迈向"三次创业"。本节将深入阐述国家高新区三次创业的背景、核心内涵，并提出适宜新时期的发展模式及新模式下的重点抓手。

一、国家高新区的诞生——创新创业的天然基因

国家高新区的诞生背景可以概括为国际层面的 20 世纪七八十年代的新技术革命，国家层面可以概括为拉开的改革和开放大幕、中观层面的科技体制改革。全球技术革命、国内改革开放和科技体制改革两大主题交织，构成了国家高新区"发展高科技、实现产业化"的设立初衷。可以说，国家高新区在诞生之初，就具有创新创业的天然基因。科技创新、政策创新和制度创新，是国家高新区探索发展的出发点和责任使命。

（一）国际层面：20 世纪七八十年代新技术革命

第二次世界大战后，以微电子、计算机、生物工程、新材料、新能源为代表的高新技术，对经济和社会产生了重大影响，国家间的科技竞争愈发激烈。为了适应国际经济科技竞争的需要，促进高新技术产业的发展，一种崭新的经济科技发展形式——高新技术产业开发区（又称为科技工业园区、科学园、科技城、高技术产业带等）首先在美国出现，西方国家争相效仿。

党的十一届三中全会以后，人们开始关注世界新技术革命的发展趋势和中国的科技发展现状，开始思考如何发挥科学技术在发展生产力中的作用等

深层次问题。

1980年10月23日,中国科学院物理研究所研究员陈春先、工程师纪世瀛、电气技师崔文栋等借鉴美国硅谷经验,在北京市科协的支持下创办了"北京市等离子先进技术发展服务部"。1983年1月,中央领导专门为此作出批示,肯定了陈春先等的做法,陈春先因此被称为"中关村民营科技第一人"。此后,科技人员下海办企业成了一种风气,四通、科海等公司先后成立。到1987年年底,中关村有各类科技企业148家,被人称为"电子一条街"。于是,中关村地区的高新技术企业逐步发展起来。

1984年3月,中国科学院的赵文彦等学者写了《充分开发中关村地区智力资源,发展高技术密集区》的研究报告。著名学者宦乡在给中央的信中说"我认为中国科学院的几位同志的意见是值得重视的、可以采纳的",并针对当时的形势又提出了关于建立科学园区的五项原则建议。同年6月,国家科学技术委员会(简称国家科委)在向党中央、国务院提交的关于迎接新技术革命的对策报告中明确提到,要研究、制定新技术园区和企业孵化器的优惠政策,要大胆实践,跟上新技术革命的步伐。此时创办中国高新区的思想已见雏形。

(二)国家层面:拉开改革和开放大幕

改革开放之后,党和国家最主要的任务就是把各项工作的重心转移到经济建设上来,尽快恢复国民经济,改善人民生活水平。1978年3月,全国科学大会召开,邓小平同志提出科学技术是第一生产力,科技人员是工人阶级的一部分,从理论和意识形态上扫清了发展科学技术的主要障碍。邓小平同志指出"四个现代化,关键是科学技术的现代化。没有现代科学技术,就不可能建设现代农业、现代工业、现代国防。没有科学技术的高速发展,也就不可能有国民经济的高速发展",从而明确了科学技术与经济发展相结合的方向。在这次全国科学技术大会的精神指引下,全国正常的教育和科技活动开始恢复,知识分子政策得到落实,进而推动科技和教育界改革。大会通过了《1978—1985年全国科学技术发展规划纲要(草案)》,标志着中国科学技术事业进入了一个新的发展阶段。

1985年3月13日,《中共中央关于科学技术体制改革的决定》(以下简称《决定》)正式发布。该文件明确指出"为加快新兴产业的发展,要在全国选择若干智力密集地区,采取特殊政策,逐步形成具有不同特色的新兴产业开发区"。同年4月,国家科委在报国务院财经领导小组的《关于支持发展新兴技术产业的请示》中提出在北京中关村、上海市、武汉东湖区、广州市石碑区等地试办新技术产业开发区的设想，提出了试办开发区的五项原则。同时，国家科委组织了软课题研究。《决定》的发布是中国科学技术发展史上具有标志性意义的事件，不仅直接影响了中国科学技术发展的进程，而且对高新区产生了极为深远的影响。

1988年5月，《国务院关于深化科学技术体制改革若干问题的决定》进一步明确指出："智力密集的大城市，可以积极创造条件，试办新技术产业开发区，并制定相应的扶持政策。"与此同时，国家科委会同有关部门调查了中关村电子一条街的运行情况，向国务院提交了调查报告。同年5月，国务院批准建立北京市新技术产业开发试验区，并制定了18条优惠政策，从而奠定了中国高新区发展的基础，北京市新技术产业开发试验区也是第一个以国家名义确立的高新区。

1988年8月4日，国务委员兼国家科委主任宋健同志，国家科委常务副主任李绪鄂同志向中央政治局常务委员会第三十七次会议汇报了火炬计划的准备情况和发展战略，得到了政治局常委会的肯定和批准。同年8月6日，全国第一次火炬计划工作会议在北京远望楼宾馆召开。宋健同志作了《创造有利于高新技术、新技术产业发展的适宜环境和条件》的报告，李绪鄂同志作了《发挥科技优势，推动高新技术、新技术产业的发展》的报告。至此，火炬计划正式出台。火炬计划的日常管理工作则由科技部火炬高新技术产业开发中心负责。

火炬计划的主要内容包括建立适合我国高新技术产业发展的环境、建设高新技术产业开发区和创业服务中心、组织实施火炬计划项目、促进高新技术产业的国际化、组织人才培训等5个方面。火炬计划的出台对发展高新区意义重大。如果说北京市新技术产业开发试验区的成立主要发端于自下而上的需求和政府的推动，那么火炬计划出台就意味着国家部门开始自上而下地主动建设高新区。"发展高技术、实现产业化"的实践迅速在全国各地展开，各地政府高度重视，根据本地实际情况，积极组织力量，创造条件，积极谋划并创办高新区。

二、国家高新区三次创业的边界背景

我国高新区建设走过了从单纯追求工业增长的园区、到植入创新元素的园区、再到全面创新发展的综合性园区三个阶段。

20世纪90年代初，新一轮国际产业转移浪潮兴起，欧美日等发达国家和亚洲"四小龙"等新兴工业化国家（地区）将劳动密集型产业和低技术型产业向发展中国家转移。我国加快对外开放进程，积极融入经济全球化。1991年3月，《国务院关于批准国家高新技术产业开发区和有关政策规定的通知》颁布，开启了高新区的"一次创业"阶段，主要目标是集聚生产要素，优化生产条件，实现规模经济，核心任务是理顺管理体制、划定发展空间、完善基础设施、招商聚集企业。高新区进行产业整体规划布局，以龙头企业为核心，带动产业链上下游关联企业发展，形成产业集群。经过十年探索，2000年初步形成了高新区的基本形态。

1999年，《中共中央国务院关于加强技术创新，发展高科技，实现产业化的决定》出台，强调加强国家高新区建设，形成高新技术产业化基地。另外，随着传统竞争优势的弱化，以及科技创新在产业发展中的重要性日益加强，高新区发展道路由外延粗放式转向集约内涵式。2000～2012年是高新区的"二次创业"阶段，主要目标是发展知识经济，促进内生增长，由规模扩张转向质量提升；核心任务是汇集创新资源，营造创新环境，增强自主创新能力，推动科技创业等。先进高新区纷纷围绕产业链布局创新链，深化产学研合作，促进原有产业的优化升级，或者"无中生有"，通过打造产业生态圈发展新兴产业。正是由于强化内生增长，2008年54个高新区营业总收入突破6.6万亿元，较2007年增长20.0%，在国际金融危机中发挥了经济稳定器的作用。

后金融危机时代，国际政治经济格局深度调整，国内经济因为生态环境、市场竞争等因素，面临愈来愈迫切的转型要求。此外，随着新技术革命的持续发酵，互联网技术及理念从零售领域向工业制造、健康、教育、交通等领域深入渗透，横向整合和纵向链条重塑发生，产业跨界融合颠覆现有产业生态体系，企业和产业"变异"的节奏迅速加快，进入以基于物联网、大数据和云计算的多对多交互的大互联时代。新技术革命与我国的大规模市场及政治经济领域的全面改革交汇融合，引发了众多的新业态、新模式，高新区发展也面临着新一轮的机遇和困惑。2013年，《国家高新区率先实施创新驱动发展战略共同宣言》的发表，正式吹响了国家高新区第三次创业的"号角"。国家自主创新示范区的本质内涵也是高新区新阶段的发展目标。在中关村、杭州、深圳、武汉、苏州工业园等高新区发达之后，越来越多的高新区开始迈入"三次创业"阶段，成为适应并引领我国经济"新常态"、增强国际竞争力的创新发展样本。

三、国家高新区三次创业的发展内涵

国家高新区的发展历程可以大致划分为三个创业阶段。一次创业阶段是 1990～2000 年，二次创业阶段是 2000～2012 年，三次创业阶段是 2013 年至今。国家高新区在不同的创业阶段有不同的着眼点、建设路径、目标和实际的发展定位，如图 1-1 所示。

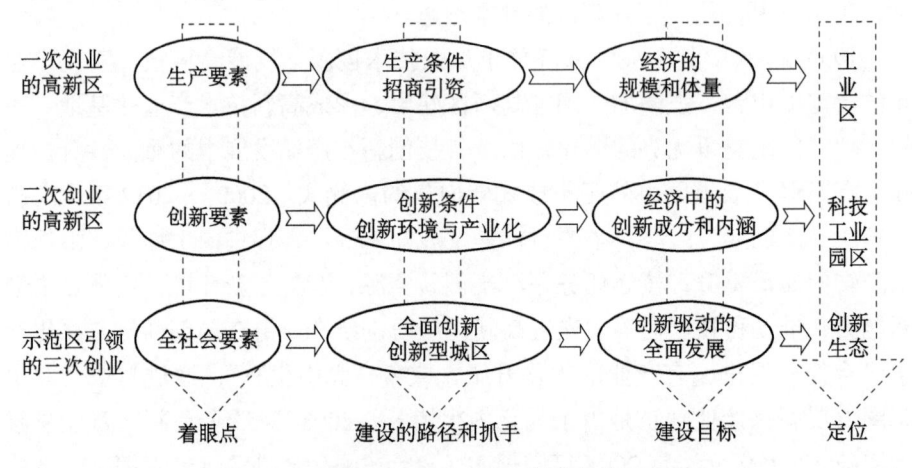

阶段	着眼点	建设的路径和抓手	建设目标	定位
一次创业的高新区	生产要素	生产条件 招商引资	经济的规模和体量	工业区
二次创业的高新区	创新要素	创新条件 创新环境与产业化	经济中的创新成分和内涵	科技工业园区
示范区引领的三次创业	全社会要素	全面创新 创新型城区	创新驱动的全面发展	创新生态

图 1-1 国家高新区"三次"创业的主要内容

（一）"一次创业"阶段的创新创业理论

这一阶段的创新认识还是基于线性创新模式下的区域聚焦。

初期高新区的建设大多是围绕大学和科研院所集中的智力密集区，试图以空间的临近促进科技创新成果的产业化。所谓的"线性创新"即以高新区作为承载空间促进从"基础研究—技术开发—生产经营"的科技成果转化。这种线性创新是研究依赖型创新，依赖新的技术原理或者新的工艺流程，并将之诉诸产品，销售获利。但实际情况是高新区创建之初我国并没有多少真正意义上的高技术，新技术的开发创新困难重重，事实上，很多地方都是以技术引进为主。

这是由当时的国情决定的，历史原因使得我国科技创新严重落后于发达国家，现代工业基础更是"一穷二白"，高新区成了引进资源、放松机制和搞活经济的特殊政策制度空间。这个阶段高新区的政策主要体现的是税收优惠而带来的"政策洼地"效应。如 1991 年国家税务局给予高新区内企业可享受从获利年度起两年免征、三年减半征收企业所得税的待遇——"两免三减"政策。同时，国务院发布了《国家高新技术产业开发区高新技术企业认定条件和办法（国发〔1991〕12 号）》，并配套制定了财政、税收、金融、贸易等一系列优惠政策，促进高新技术企业的快速发展。至此，高新区初步创造了适宜于高新技术产业规模发展的局部优化环境。

这一阶段，以生产要素的集聚为着眼点，扩大经济的规模和体量是高新区发展的核心，招商引资是主线，真正的"创新"仅限于几个科技力量密集的高新区以试点的方式进行。创业方面，1987 年 6 月，我国第一家科技企业孵化器——武汉东湖创业服务中心诞生，随后各个高新区纷纷建立创业服务中心，并不断探索孵化器的运营管理、性质、任务、发展方向和发展宗旨等，1992 年 11 月，中国高新技术产业开发区协会在北京成立，协会设立了第一个专业委员会——创业中心专业委员会。"一次创业"围绕创业中心打造了从预孵化、孵化到后孵化的完整孵化链条，为科技企业创业提供了"温床"。此时，一批有技术、勇于实践的高校教职工和科研院所研究人员开始迈出"藩篱"，踏上了技术创业之路，极大地丰富了高新区产学研合作经验，促进了技术成果的转移和商品化。

（二）"二次创业"阶段的创新创业理论

这一阶段的创新认识开始着眼于创新系统优化园区创新创业环境。

一方面，经过初创期的高新区开始参与到 20 世纪末期日益激烈的国际竞争中，科学技术在经济发展中的促进作用日益显著，而我国却因为国家创新能力的不足和创新系统的差距，陷入较大的被动形势。这迫使我国高新区必须要把创新作为重点抓手，政策也开始向强调创新要素的系统化配置和紧密互动转变。另一方面，随着高新技术企业认定受到广泛认可和借鉴，这一政策不仅仅局限于高新区，开始向外扩散，加之高新区内的各项区域性优惠政策到期，使得高新区的"政策洼地"优势越来越弱，高新区也需要把创新服务体系、创新环境及创新集群的建设作为科技型企业发展的互补性支持。

2001 年中国加入了 WTO 后，面向全球化的竞争就成了"二次创业"的核心，通过优化局部创新创业环境，提高我国高新技术产业的自主创新能力和竞争力。1999年8月11日科学技术部印发《关于加速国家高新技术产业开发区发展的若干意见》，将优化创业环境、完善创业服务体系和支持科技型中小企业作为重点任务。2002年科技部相继印发《关于进一步支持国家高新技术产业开发区发展的决定》和《关于国家高新技术产业开发区管理体制改革与创新的若干意见》，强调了创新创业政策环境、中介服务体系和投资体系的建设。2005年1月17日科技部印发《国家高新技术产业开发区技术创新纲要》开始将政策重点放在营造高新区的创新创业环境。2007年，《国家高新技术产业化及其环境建设（火炬）"十一五"发展纲要》和《国家高新技术产业开发区"十一五"发展规划纲要》的正式颁布标志着围绕创新环境与产业化的新一代创新政策体系的建立。这些政策极大地激励和改善了我国高新区的自主创新气氛与环境。

这一阶段，以创新要素的集聚为着眼点，高新区内引进了各类孵化器、科研机构甚至大学、留学生创业园等创新载体，聚集和承载创新和产业要素资源；同时，创业服务中心、技术转移中心、技术市场、风险投资、产权交易、知识产权、租赁、咨询等机构的建立和引入逐渐完善了创新创业服务体系，作为高新区创新创业中坚力量的中小型科技企业也得到了创新基金的全方位支持，开始集群化发展壮大，高新区的创新活动获得了充分而有力的后勤保障。创业方面，国家高新区在原有孵化链条的基础上不断升级，建立起了从创业苗圃、孵化器、加速器到产业园的科技企业扶植体系，全面系统地提供创业服务。这一时期，较为宽松的国际人才流通环境，适逢高新区良好的创新创业环境，吸引了越来越多的精英阶层，创业人群得到了扩充，海归留学人员、专家学者、成功商人甚至政府部门工作人员纷纷下海，热火朝天地办起了企业。各地也顺势加强了对海外高层次人才的引进。例如2006年4月无锡出台的"530"计划，目标"5年内引进30名海外领军型创业人才"，政府向创业者提供100万元人民币的创业启动资金，不少于100米^{2}的工作场所，不少于100米^{2}住房公寓；根据项目情况提供不低于300万元的风投资金，不低于300万元的资金担保。同时，政府鼓励冒险和宽容失败，营造开放的经营环境，为留学生中的佼佼者创业提供了良好的环境。2008年，围绕国家发展战略目标的海外高层次人才引进计划——"千人计划"开始实施，在国家重点创新项目、学科、实验室，以及中央企业和国有商业金融机构、以高新技术产业开发区为主的各类园区等，引进2000名左右人才并有重点地支持一批能够突破关键技术、发展高新产业、带动新兴学科的战略科学家和领军人才来华创新创业，到2012年7月25日，"千人计划"已引进各领域高端人才2263名。"千人计划"通过严格的筛选条件和选拔过程配以优厚的待遇，为高新技术产业的创新创业补充了"源头活水"，各省（区、市）也结合本地区经济社会发展和产业结构调整的需要，有针对性地引进一批海外高层次人才，即地方"百人计划"。

（三）"三次创业"阶段的创新创业理论

这一阶段的创新认识就是习近平同志提出的以科技创新为核心的全面创新改革。

自"二次创业"以来，国内外形势的变动和经济、技术的迅猛发展对国家高新区的发展战略环境进行了强烈的冲击，赋予了国家高新区建设发展和历史使命新的时代内涵，呈现出新的阶段性特征。如何增强自主创新能力，加快推进调结构、转方式，建设资源节约型、环境友好型社会，提高国际竞争力和抗风险能力，是国家高新区发展面临的艰巨任务和严峻挑战。2006年的全国科技大会提出了建设创新型国家的目标，核心就是把增强自主创新能力作为发展科学技术的战略基点，作为调整产业结构、转变增长方式的中心环节，贯穿到现代化建设的各个方面，国家高新区的建设发展又一次站到了一个全新的历史起点上。

为了能够更好地跟紧世界一流园区发展的步伐，同时兼顾我国各地高新区的实际发展状态和地方经济特色，国家高新区内部进行了"三类园区"的划分：世界一流高科技园区、自主创新能力较强的创新型园区和具有地区特色的高新技术产业园区。为加快推进三类园区建设，2011年，科技部火炬中心提出要把国家高新区的创新发展和战略提升行动即"一个行动"和创新产业集群建设工程、科技服务体系火炬创新工程"两项工程"，作为新时期国家级高新区发展的重点任务。同时，为进一步推进创新型国家建设，加快国家自主创新能力提升，国务院在2010～2012年相继批准了北京中关村、武汉东湖和上海张江三个国家自主创新示范区，并明确提出，要以国家自主创新示范区为战略基点，充分发挥示范区先行先试、探索经验的优势，增强示范区创新能力和辐射带动效应，以点带面，推进创新型国家的建设，引领经济发展方式转变。"三次创业"拉开了序幕。

应该说，"三次创业"既是"二次创业"的延续和深化，同时又是对"二次创业"的战略提升。"三次创业"核心要求是国家高新区实现"四个跨越"：从前期探索、自我发展，向肩负起创新示范和战略引领使命跨越；从立足区域、集约发展的资源配置方式，向面向全球、协同创新的产业组织方式跨越；从要素集中、企业集聚的产业基地，向打造具有国际竞争力和影响力的创新型产业集群跨越；从工业经济、产业园区，向知识经济、创新文化和现代生态文明和谐社区、高科技产业增长极跨越。

在后危机时代和全球技术革命的关键时期，发展高新技术和新兴产业成了寻求新经济增长点的突破口，对战略性新兴产业的先导性培育需要全部门政策的系统支持，在这样的背景下，面向高新区的创新政策也进入了新的阶段。"第三代创新政策"更加强调创新行为的组织者、参与者和考核者之间横向的协同互动、可持续性，以及纵向的创新合作效益。创新已经超越了创新系统本身，政策需要在一个更为广阔的领域里牵动不同部门之间的互动和合作，面向的是综合目标，国家各部门和地方政府都可以且都对促进创新方面有重要作用。

这一阶段，以全社会要素为着眼点，以创新驱动为核心的全面创新特征鲜明，高新区与城市的界限趋于消失，一种全局的、网络化的创新型城区建设逐步取代了传统的科技工业园区定位，在政府和政策引导下围绕创新与创业构建领先市场、高端产业、活力社会和益业宜居城区的创新生态成为新的必然。随着科技体制改革的不断深化，新型科研机构以灵活的运行机制和高效的管理机制脱颖而出。它坚持以市场化为导向，采取自主经营、自负盈亏的商业模式，创新绩效的考核评价不仅要求科技论文、专利数量等科研成果，更加关注孵化高新技术企业、创造社会财富、服务区域创新体系及促进区域经济社会全面发展的能力和效率。新型科研机构实现了从科学研究到科技成果产业化再到高新技术企业孵化一条龙的科技创新链条，将科学研究、技术开发、企业孵化横贯其中。

创业方面，一批新型的孵化器和创业服务模式开始不断涌现，3W咖啡、车库咖啡、创新工场等，众创空间作为新型孵化器已经逐渐超越了传统的物理空间和设施范畴，它集研发、孵化、投资、知识集聚等多种创新创业资源于一体，为不断丰富的创业群体如年轻的大学生、留学归国人员、大企业的高管及科技人员（创业"新四军"）甚至任何有想法有激情的"草根"人群提供网络化的专业创业服务，形成了充满活力的创新社区。全国创新创业大赛及地方举办的各类创业大赛则是以另一种形式激励着创业人才的拼搏奋斗。"大众创新、万众创业"风潮已刮遍全国。

四、国家高新区三次创业的发展路径

"三次创业"期间,国家高新区定将围绕形成创新经济体的目标,走开放式整合全球资源,通过技术、市场、制度、管理的全面创新,提高资源配置效率,驱动持续的创新创业,推动新业态创生与壮大,推动区域经济稳定发展。不同时期国家高新区的发展方式见表1-3。

表1-3 不同时期国家高新区的发展方式

发展阶段	第一次创业	第二次创业	第三次创业
发展定位	工业园区	科技工业园区	创新经济体
发展条件	区位、科教、自然资源、工业基础	区位、科教、文化、工业基础	科教、文化、工业基础、生态
发展要素（动力）	劳动力、土地、资本、优惠政策、资源禀赋	技术、知识、信息、资本、人才	技术、数据、人才、市场、资本、制度和模式
重点任务	集聚生产要素、形成产业集群。强调物理集聚,降低生产成本,做大经济体量	营造创新环境,植入创新要素,形成创新网络,降低研发风险,提高资源使用效率	构建开放式的创新创业生态系统,形成自组织、自更新演进机制
主要手段	土地开发、七通一平、负债经营、招商引资	政府为主导建设创新创业平台,招才引智,鼓励科技创业	借力发展,引导多主体构建创新生态,增强整合和运作能力
主导产业	承接全球产业转移,传统加工制造业,如纺织、汽车零部件、电子信息制造	传统产业升级,新兴产业萌芽（从门户时代,到搜索/社交时代的互联网十年）	先导性产业；"互联网+"产业（多对多交互的大互联时代）；高端服务业
主要市场	国内市场发展相对滞后,国外市场以欧美地区为主	国内消费规模逐步增大	国内大规模消费市场启动；欧美市场萎缩,发展中国家市场巨大

在不同的发展阶段中,涌现了众多具有代表性的典型高新区,这些高新区依靠先天的优势或者优惠的政策或者创新的理念及模式实现了跨越式发展,成为辐射带动区域经济崛起的标兵示范。在"一次创业"时期,以上海张江高新区、厦门高新区等为代表,主要通过大力招商引资实现了快速壮大。上海张江高新区积极承接集成电路、生物医药、软件等产业全球性转移,引进一批欧美跨国公司,通过大企业集团的辐射带动引领园区发展；厦门火炬高新区组建了高效的招商服务中心,20世纪90年代先后引进了ABB、

戴尔等跨国公司，为产业起飞奠定了重要的物质基础和技术力量，2003年成为全国第一个每平方千米创工业产值百亿元的高新区。在"二次创业"时期，苏州工业园、东莞松山湖高新区等是营造创新环境，实现转型升级的有力践行者。苏州工业园在紧抓全球制造业转移机遇，吸引电子信息制造和机械装备制造领域跨国公司入驻，形成了雄厚的经济基础之后，又积极推进园区从"投资驱动"向"创新驱动"转型，实施"科教兴区"战略，打造独墅湖科教创新区，集聚24所国内外院校和400余家研发机构；开展科技领军人才工程，引进一批高端创新创业人才；成立中小企业发展中心，有效整合政府政策服务、科技中介服务等各类资源；同时围绕纳米、生物医药、云计算三大新兴产业构建了集"政府服务、创新创业平台、产业资本、高端人才"于一体的"产业生态圈"。东莞松山湖高新区围绕本地产业转型创新需求，持续加大创新投入，针对性地引进创新资源，搭建了东莞华中科技大学制造研究院等20余个高水平创新创业平台，通过高端要素资源的集聚为区域产业转型升级提供支撑。

从目前发展形态来看，中关村自主创新示范区、深圳高新区、杭州高新区等成为国家高新区"三次创业"的样本。以杭州高新区为例，通过"人才+资本+平台"的资源组合方式、"模式创新+技术创新+产业链"的协同创新方式、"众创空间+孵化器+加速器+特色小镇"的平台建设方式，构建了集产业链、投资链、创新链、人才链、服务链于一体的创新创业生态。杭州高新区实施"5050计划"集聚创新人才；持续深化与中科院、浙江大学及国内外知名院校的合作；坚持政府引导下的投资主体多元化，鼓励民间资本、中介机构、投资机构兴办各类孵化器；建立科技金融服务中心，充分发挥资本的纽带力、耦合力作用，完善股权、债权、产权相结合的科技金融服务体系；重视培育和发展社会网络，促进企业家投资联盟、众创联盟、产业技术创新联盟等不断壮大；出台"1+X"政策，对领军企业、成长型企业、科技型初创企业分别制定扶持策略，率先完成"五证合一"商事登记改革，制订"黄金十二条"，不断释放政策红利。杭州新高区已形成企业不断衍生、成长的内生增长机制，凝聚了以浙商系、高校系、海归系和阿里系为代表的创新创业"新四军"，打造了千亿级智慧经济产业，信息经济规模占GDP的81.9%，以不到浙江省1‰的土地面积，培育了全省1/10的高新技术企业，并在全国软件企业百强榜占据8席。

五、国家高新区第三次创业核心要求

国家高新区第三次创业的核心内涵即营造创新创业生态，形成创新支撑发展、产城高度融合的创新经济体，突出表现为各类创新主体的关系连接和交互平台，以及支撑创新创业的空间和文化构造，形成以创新创业为内核的经济社会活动空间。

创新经济体主要包括创新创业、高端产业、领先市场、活力社会、新型城区等要素。其中，创新创业是核心，是一个区域发展的驱动力和生命力，是带来新经济、新文化、新文明的源头所在；聚集多元化人才的知识载体或知识社区是创新经济体保持活力的生态土壤；集聚大量创新型领军企业的高端产业是创新创业的需求引致和价值输出；发达的市场网络和浓厚的商业氛围是激发创新的外在条件；宜居宜业的智慧生态城区是孕育和繁衍创新创业的重要支撑。未来的国家高新区将是孕育创新创业和新兴业态的沃土、创新型领军企业的栖息地、创造和实现高经济价值的现代知识城区，将是我国参与国际竞争的排头兵和主力军，是推动所在城市高端产业发展的策源地和永葆生机的源动力。

六、国家高新区第三次创业重点抓手

结合以上理论和案例分析可知，在"三次创业"征程中，国家高新区需要在创新创业生态构建、高端产业培育、开放市场营造、知识城区建设、体制机制创新等方面进行深入探索和实践。

（一）打造高标准的创新创业生态系统

从载体建设、文化营造、人才集聚、资本投入等方面着手构建创新创业生态，实现技术、人才、资本等创新发展要素的优化组合。国家高新区应主动介入国家科技资源的配置进程，积极争取国家大科学工程、重大科技计划和组织资源落户，依托重大创新功能型平台，夯实支撑产业发展的创新基础；进一步鼓励企业与国内外科研院所的技术开发合作、人员流动，形成科技人才在产学研之间的"旋转门"机制，培育充满活力的技术与创新网络；加快建设双创平台，支持和鼓励高校、科研院所、大企业集团、投资机构等创办集"前瞻性研发、科技成果转化、创业孵化和创业投资"四位一体的新型研发机构和集"开放场地、集成服务、研发和技术支持、创业投资、人才培育"于一体的众创空间，形成发达的知识载体、知识社区、灵动的社交空间和发达的社交网络；实施立体人才战略，加快集聚创新创业人才、复合型经营管理人才、高技能人才、高端服务型人才，完善人才激励和评价机制，并通过建立国际合作大学和发展体验式教育，多渠道扩充人才储备；从企业和政府两个层面着手，加大研发投入力度，并大力发展创业投资，引导企业家结成创业投资联盟，形成能够带动社会资本参与的广泛的投资网络，加快引进和发展天使投资众筹平台，积极探索互联网股权众筹、智能投顾、互联网保险、电子货币、区块链等互联网金融服务模式。

（二）探索互联网经济下的产业培育新路径

从互联网创业到互联网产业，再到互联网经济，全球已经从IT（Information Technology）时代步入DT（Data Technology）时代，大数据成为关键生产要素。IT时代以自我控制、自我管理为核心，DT时代以服务大众、激发生产力为主，核心是传统行业和IT行业的融合。在DT时代，企业成长模式和产业发展规律都发生了较大的变化。科技企业成长除了依靠以往的"技术研发—生产产品—开发市场"的技术驱动模式，更需要关注"全球市场—全球资源整合—产品和服务输出"的需求拉动模式，实现"需求中心论"和"技术推进论"的有机结合。与此同时，在区域产业发展方面，除了区位、土地、政策、大规模人力等传统因素影响力削弱之外，技术、人才、资本等要素也难以对产业的快速壮大发挥决定性作用，产业竞争变为生态的竞争，既需要技术、人才、资本，也需要制度、规则、市场等。在这种条件下，高新区产业培育也需要探索新的路径。培育企业方面，一是扶持专精化高新技术企业，打造细分领域的隐形冠军，二是加大力度发掘和支持平台型企业发展，形成产业生态中枢，树立生态竞争优势；产业发展方面，探索借助项目、资本、管理打造区域品牌的三合一产业发展新模式。另外，全面落实"互联网+"和"中国制造2025"发展战略，利用互联网改造制造业、提升服务业及创新产业组织形式，加快促进制造、金融、电商、创新创业服务、教育、生活服务等领域的互联网化。

（三）从地方化走向全球化

结合国家的"一带一路"倡议，开展多向度的国际合作，推动高新区研发和设计、品牌和产品、经济合作和园区建设走向国际，并构建面向全球的产业创新和集群竞争优势。通过"托管""共建"等方式向海外输出管理模式、产业、技术、人才，为我国的区域经济一体化赢取主导权，扩大我国的经济战略空间。营造开放创新市场，构建线上线下一体化的国际性交易平台，包括商品交易平台、技术交易平台、产权交易平台、金融和资本交易平台；面向"一带一路"需求，发展智慧物流产业；发展会展经济和区域总部经济，拉动商贸繁荣，营造快速响应、引领潮流的商业氛围。连接全球创新网络，通过产能及资本输出、建设研发机构、开展跨国并购、建立技术战略联盟、实行研发外包、加入国际合作战略计划等模式积极融入全球研发体系，多形式、多渠道利用海外优势科技力量和创新资源。在科教资源丰富或区域优势明显的高新区建设"一带一路"人才实训基地，培养一批熟悉国际业务的专业人才，为企业走出去储备更多"后备军"。在参与海外竞争中，高新区加强政策支持力度，从政策保障、服务保障、资金扶持等方面整体布局，为参与"一带一路"建设的企业"补血充电"、保驾护航。

（四）从改革入手，以变求新，新中求进

新时期高新区管委会应明确"搭平台、定规则、做统筹、促创业"的功能定位，突出"全局统筹、开放合作、勇于试点、专业管理"的新特征。加快推进政企分开，进一步转变政府职能，减少政府对微观经济活动的干预，加快在公共服务领域由服务提供者向服务组织者的角色转变，打造嵌入型政府。一方面树立开发经营园区的理念，通过构建精干高效的组织架构，建立灵活的人事制度等提升组织运作效率，增强发展经济的专业性；另一方面与园区企业组织、科研院所、教育机构、专业化社会组织、居民自治组织等行为主体共同建立联合治理模式，不断加强园区资源整合和调动能力；三是开展政策先行先试，在深度落实国家政策的基础上，加快探索制订创新型政策的步伐，形成响应时代要求、解决园区发展痛点的政策体系，切实推动园区产业转型及创新创业活力提升，并勇于率先出台引领中国创新改革的试点举措。为实现以上目标，国家高新区发展必须有一定的独立性、自主性，因此建议隶属城市赋予高新区充分的经济、财政、规划、土地、人事等权限，助推其切实消除不利的制度障碍因素，保障创新创业资源能够按照产业发展和市场配置的需求科学合理流动。

（五）建设智慧化、生态化、人文化的现代创新城区

鼓励国家高新区构建全面覆盖、高速互联、业务融合的新型信息服务网络，实现对园区运行要素、环境参数、生产信息的全面掌握、智能预警和敏捷控制，并加快发展智慧交通、智慧医疗、智慧环保、智慧物流、智慧社区、智慧教育等，打造超智能园区。强化生态环境建设，将生态文明理念贯穿建设园区和发展经济的全过程，严守生态红线，把住绿色门槛，走节能、减排、降耗的发展道路。深入推进产城融合，建设高档社区、专家公寓、创客公寓、商业大厦、国际社区、城市综合体等项目，完善教育、医疗、文化、娱乐等生活配套设施，促使生产、生活、生态功能的平衡发展，实现创新创业、商务贸易、生活服务的有机组合，形成的产、城、人互为促进的良性循环系统。

第五节　国家高新区的本质特征与迈向世界一流园区

2013年，习近平同志在大连高新区视察时说："高新区就是又要高又要新，'高'是高水平，'新'是新技术，要体现高新含量，不能搞粗放经营、不能什么'菜'都装进高新区的筐子里"[1]。早些时候，习近平同志考察武汉东湖国家自主创新示范区也指出，一定要坚定不移走中国特色自主创新道路，培养和吸引人才，推动科技和经济紧密结合，真正把创新驱动发展战略落到实处。

一、国家高新区"高"与"新"使命跨越再认识

国家高新区作为科技体制改革的产物自创建起就担负着"高"与"新"的历史使命，如果说过去30年国家高新区紧跟全球信息技术革命步伐，代表了中国以前没有出现过的、至少是尚未成为主流的以电子信息为代表的高新技术产业，是一种与国内相比的"高"与"新"，那么自现在起未来的30

---

[1] 中国政府网. 习近平：高新区就是又要高又要新. http://www.gov.cn/ldhd/2013-08/29/content_2476874.htm [2013-08-19].

年,全球进入新技术革命爆发后的成熟期,中国经济体量进入"全球第二",国内经济增长方式转型迫切,在这样的背景下,国家高新区需要续领新时代"高"与"新"的新使命。

回顾高新区的发展历史,识别过去30年"高"与"新"的本质特征。高技术产业开发区是二战以后,随着新技术革命浪潮而出现的一种以智力密集型为依托,以开发高技术和拓展新产业为目标,促进产学研相结合,推动科技与经济、社会协调发展的综合性基地。20世纪50年代初在美国第一次诞生高技术产业开发区(斯坦福科技园区,即后来的硅谷)。当时,高新区首先是一个"新事物",是一个如何发展经济的"新事物"。正如江泽民同志所说,科技园区是21世纪发展高技术产业的一次伟大创举。进入20世纪80年代以后,我国实行改革开放政策,率先认可和引进这种新事物,借鉴国际经验在1983年后采取一系列发展高技术产业的政策措施,并提出在全国选择若干个智力资源密集地区,采取特殊政策,逐步建立具有不同特色的高新技术产业开发区。

从其本质来看,高新区具备了产业区和科学园区的双重角色。高新区有"一个核心、两层内涵":一个核心,即高新技术,尤其体现了计算机由电子管向晶体管、由集成电路向大规模集成电路的技术演进及其对产业发展的影响。两层内涵,一层是产业,即经济发展,为我国高新技术产业发展起到了极大的促进意义;一层是开发,即产品开发与园区开发,产品开发就是把大学、科研机构的技术开发成市场需要的产品,园区开发就是为高新技术企业的聚集提供良好的交通与设施环境。本质上,过去30年,国家高新区的"高"体现了跟踪国际技术前沿、面向国内传统产业技术水平的"高",而"新"体现的是电子信息的"新技术"、发展经济的"新事物"、体制机制改革的"新角色"。

新的发展时期,随着全球经济一体化进入深化期、电子信息技术产业进入成熟期,以互联网、云计算、大数据为代表的新经济快速发展,我国提出了建设创新型国家,进入创新型国家行列,把经济发展转变到依靠科技进步上来,引领世界和人类发展,这一系列伟大目标赋予国家高新区"高"与"新"新的使命,高水平需要体现在发展经济质量的高水平,体现在发展模式与路径探索的高水平,体现在面向全球引进和培养高端人才的高水平;新技术不仅体现在相比国内的跟踪性的新技术,还要体现在引领全球的开创性的新技术,体现在如何把技术转化为创业、转化为财富的新技术模式,体现在新技术能够不断诞生、不断涌现、不断产生新业态的涵盖人才、平台、网络、金融、制度、文化等要素的新技术环境。

可喜的是，国家高新区不仅拥有全国 1/3 的研发投入、拥有一大批的大学和科研机构、拥有过半数的创业孵化器、承载着全国半数以上的科技创业企业，而且依靠过去 30 年的积累，诞生了中关村"一区多园"、广州高新区"四区合一"、上海紫竹"企业化管理"、无锡新区和杭州高新区"政区合一"等新的制度模式，诞生了中关村的车库咖啡、创新工厂，深圳的创客经济和新型科研机构等社会化新组织，很多高新区在培育产业、发展经济、探索路径、人事改革等方面做了很多中国先行先试的有益探索。

展望未来，国家高新区如何更大程度、更大广度践行"高"与"新"的新使命。我们认为，需要从发展道路上体现"高"与"新"，换句话说，过去 30 年的"高"与"新"体现在结果上，未来 30 年"高"与"新"需要体现在过程中，体现在发展的道路探索、发展的制度改革、发展的技术演进上。

这种发展道路上的"高"与"新"，就需要国家高新区在经济发展转型、提升经济质量中率先实现"跨越"，一是从自我的探索实践、又好又快发展，向超越自我、肩负起创新示范和战略引领使命跨越；二是从引进吸收、跟随合作、中国制造，向追求原始创新、赶超领先、中国创造跨越；三是从政府引导、立足区域、集约发展的资源配置方式，向需求导向、面向国内外、协同创新的产业组织方式跨越；四是从要素集中、企业集聚的产业基地，向打造有国际竞争力、国际影响力的创新型产业集群跨越；五是从高新技术产业价值链的中低端，向战略性新兴产业价值链的高端跨越；六是从传统工业化发展、科技工业园区形态，向新型工业化和创新经济、现代生态文明的和谐高科技社区跨越。我们相信，国家高新区通过使命跨越、技术跨越、组织跨越、产业跨越、价值跨越和形态跨越，再经过 30 年的改革与探索，一定能够带领中国经济走出一条具有中国特色的、与时俱进的、不断与时代吻合的"高新"之路。

二、以"高"与"新"为特征，加快建设世界一流园区的意义

早在 2006 年 10 月，科技部火炬中心联合中关村科技园区、张江高科技园区、深圳高新区、西安高新区、武汉东湖高新区、成都高新区等六家国家高新区倡议共同发起"建设世界一流高科技园区"行动。2018 年 4 月，"世界一流高科技园区 2035 工作座谈会"在杭州滨江举行，其中一项重要行动是

把合肥、广州纳入世界一流园区，再加上前些年纳入世界一流园区的杭州和苏州工业园区，至此，全国10家高新区进入世界一流园区序列。历经10年多的努力，已基本完成了从思想观念到发展认识到空间布局等方面必要的准备，建设一流园区的初期建设阶段已经结束。当前，伴随着北京中关村自主创新示范区政策的全国推广，以及苏南、天津等新一轮自主创新示范区加快推进，除了这10家高新区外，天津、大连、青岛、济南、长沙、石家庄等全国排名前20名的先进高新区，理应率先以"高"与"新"为特征，把世界一流高科技园区的建设作为"三次创业"的战略目标。

全球金融危机之后，中国又一次处在国际经济和政治格局急剧演变的当口，国家间经济利益、地缘政治、政治体制和文化价值观等的冲突进一步加剧，并最终有可能带来民族和文明冲突的严峻后果。

与此同时，21世纪的中国，在经历长达40年改革开放的腾飞之后，社会不同阶层的矛盾和地区间的不平衡加剧，资源和环境的约束进一步加大，引领经济发展的力量和支撑经济发展的动力面临更大的不确定性。在这样的背景下，建设世界一流园区就有着更为紧迫的现实意义。

首先，建设世界一流园区有助于在新的国际竞争条件下更大程度地赢得转变的主动权，有助于提升我国引领全球变化的程度和力度，而这又从根本上决定着国家在全球竞争舞台上未来的角色和利益分配格局。

其次，建设一流园区有助于引领产业发展的方向并为经济发展和社会发展提供新的动力。当前，我国高技术产业开发区已经成为区域经济发展的重点和亮点，在以往成就的基础上，世界一流园区的建设必将会以新的姿态为中国社会经济范式向更高阶段的发展转变提供指引和支撑。

三、世界一流园区的建设导向

建设世界一流园区是一项具有挑战性的工作，同时也是一项长期性的目标任务，既需要着眼于世界先进的经验和范例，又需要体现我国的特色和优势。因此，建设世界一流园区的目标定位必须要有高度的前瞻性和充分体现中国经济社会发展的目标预期。

第一，从社会发展的视角看，世界一流园区是体现世界经济和社会发展潮流的现代知识城区。这样的城区以知识型的人群构成社区的主体结构，并且在这样的城区内融合了高端教育培训、知识创造和流动、以知识为要素的财富创造、高端商务和现代金融、文化创意、社会中介等组织和活动形式，是体现后工业化社会特征并代表着未来世界知识文明发展的新型城（市）区。

第二，从经济发展的视角看，世界一流园区是带动区域或国家经济增长的局域创新经济体。这样的经济体富集了有别于传统的创新经济要素，经济形态是以创新性经济的生产和供给、需求和消费为支撑。并且这样的经济体是指以创新为驱动的经济在特定的空间范围内达到了足够的规模和体量，能够以自组织的方式加速自身的成长扩张。而这种经济的规模优势、这种自身的加速扩张，自然就能够发挥对周边区域乃至更广阔范围的经济领导力和辐射带动力。

第三，从产业发展的视角看，世界一流园区是新兴产业业态的策源地和战略型新兴产业的中心控制区。这样的策源地和中心控制区首先有着创新集群形态的基本构成，同时在这样的区域里能够不断催生新的商业机会和新的产业业态，并能够不断造就引领和主导全球性新兴产业发展的领军型公司组织。

第四，从创新支撑的视角看，世界一流园区是全球性创新网络中枢和创新极。在这样的创新极范围内（或在关联区内）有赖以支撑的一流大学和科研组织，并在内部实现了产、学、研组织关系间的紧密互动，外部达成了与"官、产、学、研、资、介、用"网络的有效联结，从而构成了全球化的创新网络中枢，成为引领和响应变化并向全球输出新知的平台和基地。

第五，从文化氛围的视角看，世界一流园区是全球精英和创新文化的空间载体。这样的载体形成了对全球人才的吸引和凝聚，承载着创业者创造财富和实现价值的梦想与期望，孕育并催生出密集和活跃的创新创业，并依靠这种不断创新的文化内涵，推动园区周而复始的创生发展。

因此，建设世界一流高科技园区的目标导向就是要经过一个特定时期的艰苦努力，把选定的高新区集中打造成为：

1）代表世界文明进步潮流的现代知识城区；
2）引领和支撑国家经济增长的创新经济体；
3）战略型新兴产业的策源地和中心控制区；
4）全球性的创新网络中枢和创新极；
5）凝聚全球精英和创新文化的空间载体。

四、世界一流园区建设的基本思路和任务

世界一流园区建设的任务艰巨、工作复杂，因此必须树立切合实际的发

展思路，稳步扎实地推进建设工作。为此，科技部提出"以体制机制创新为动力、以战略性创新资源的优化配置为支撑、以政策的针对性和协同性支持为杠杆、以发挥各阶层群体积极参与的热情为源泉，全方位地推进一流园区的建设工作"。

（一）以体制机制创新为动力

过去30年的历史经验表明，中国社会层面的改革是支撑经济发展的最根本动力。当前，世界一流园区的建设工作尽管发生在局域范围内，但实际上要完成的仍然是一次跨越台阶的发展，是一次将会带动全局的技术经济范式转变，驱动这种转变的最根本的动力同样在于深化改革。这种改革在建设一流园区的初期阶段尤其体现为体制机制的创新，这是我国和其他新兴工业化国家在发展路径选择上的共同特点。为此，在世界一流园区建设的当前阶段，宏观决策层面上、园区管理和政策执行层面上及在建设事务的实践和参与层面上都需要在体制机制的创新方面进行大胆的探索，从而建立能够适应未来一流园区发展需要的新型体制机制模式。

就主管园区的地方政府而言，在立法、行政事权、经济管理权限、经济事务参与方式、园区运营模式等方面尤其需要加大体制机制创新的探索力度。

（二）以战略性创新资源的优化配置为支撑

世界一流园区建设的意义重大，建设过程中存在众多难以克服的问题和障碍，因此，各级和各部门政府需要共同给予协助和支撑。特别是在初期建设阶段，需要充分运用"集中力量办大事"的体制优势为建设世界一流园区创造条件，这些条件突出表现在国家和地方的战略性创新资源配置方面。如：国家和省市的发展规划布局，公共和财政资金对产业和创新的支持，国家重点科技计划和产业促进计划的立项，国有资本投资和工业体系建立，科技、教育、金融和经贸等平台组织的建立，经济和产业发展规划用地的指标控制等，针对世界一流园区建设都需要进行重点配置。

具体负责园区建设工作的推进组织（管委会或区政府等）需要提升自身导引资源配置的意识和能力，并且需要在资本、科技、产业和经贸等方面搭建起可以承接资源配置的基础和平台，不断增强自身的软实力和硬实力。

(三)以政策的针对性和协同性支持为杠杆

要有效促进世界一流园区建设必须设计新一轮有针对性的政策。由于这样的政策需要着眼于实现从局部范围内的创新发展转向到全球范围内的创新竞争,这就带来创新政策在目标和内涵上新一轮的变化。新的转变需要认识上的提高,即需要从上一阶段主要基于对"促进知识转化(产业化)和创新环境建设"的思维模式,上升到对"以创新为构成要素的经济、社会、科技和教育等发展政策"的认识。世界一流园区建设需要基于这样的认识基础制定新一轮有针对性的政策,从而实现向第三代创新政策的目标转变。尤其需要指出的是,一流园区建设载负着国家使命,因而一流园区建设也是全国性的目标任务。这就需要各级和各部门政府在发挥各自支持作用的同时,围绕共同的目标协调政策行动和支持方式。

对具体承担建设任务的政府主体而言,当前阶段尤其需要加大以下方面政策探索的力度:促进园区及关联空间范围内"一流"大学和科研机构建设和发展的政策;促进园区内"一流"企业诞生和成长的政策;促进园区向"一流"人文、社区、商务和自然生态等环境转变的政策。毕竟一流的大学和科研机构、一流的企业和一流的社区环境是世界一流园区的显性标志,为达成这些"一流",推动建设的政府主体肩负着不可推卸的责任,并且也需要各政府主体协同上下左右的其他政府部门付诸共同的努力。

(四)以发挥各阶层群体积极参与的热情为源泉

世界一流园区建设涉及的层面、问题和领域极其宽泛,因此并非仅依靠政府就能够全面承担建设的责任和义务,与园区发展的关联者和园区内的各类组织、群体和个人都是建设的参与方和责任者。作为承担主体责任的园区政府而言,发挥各阶层组织和群体的广泛参与热情是保证建设工作有效开展的前提。

在协调各种力量共同参与园区建设方面,甚为关键的是政府需要形成与园区内外各相关组织、群体和个体的良性关系,主要表现为:在园区建设事务上建立科学的决策程序和决策机制、在园区发展事务上形成合理的风险和利益分享关系、在园区运营事务上探索良性的互动促进机制、在园区管理事务上倡导并逐步形成联合的治理模式等。

第二章 新型科研组织与创新生态理论及其应用

第一节 创新驱动发展的认识误区及应对建议

创新日益成为经济社会发展的主要驱动力，历届党和国家领导人高度重视。邓小平同志提出"科学技术是第一生产力"的论断[1]，江泽民同志强调"创新是一个民族进步的灵魂，是国家兴旺发达的不竭动力"[2]。习近平同志在中共中央政治局第九次集体学习时强调"实施创新驱动发展战略决定着中华民族前途命运"[3]。党的十九大报告提出，创新是引领发展的第一动力，是建设现代化经济体系的战略支撑。

贯彻落实创新驱动发展战略，前提是要充分理解其内涵，避免"无效率创新"。基于固有的思维习惯和现行体制下的政府部门分工，对创新的理解通常存在"创新即科技研发""过度强调自主创新""创新只隶属于科技部门"等三大误区。

---

[1] 1988年9月5日，邓小平同志在与捷克斯洛伐克总统胡萨克会见时，提出了"科学技术是第一生产力"的重要论断。

[2] 1995年5月26日，江泽民同志在全国科学技术大会上提出，创新是一个民族进步的灵魂，是国家兴旺发达的不竭动力，如果自主创新能力上不去，一味靠技术引进，就永远难以摆脱技术落后的局面。

[3] 2013年9月30日，习近平同志《在十八届中央政治局第九次集体学习时的讲话》提出，实施创新驱动发展战略决定着中华民族前途命运。没有强大的科技，"两个翻番""两个一百年"的奋斗目标难以顺利达成，中国梦这篇大文章难以顺利写下去，我们也难以从大国走向强国。

一、创新三大误区及其危害

（一）误区一：创新即科技研发，忽略社会需求和市场需求及财富获得的行为

理解创新首先要了解其起源和概念。现代意义上的创新由美籍奥地利经济学家约瑟夫·熊彼特最早提出。他在1912年出版的《经济发展理论》的专著中指出："创新就是建立一种新的生产函数"，即创新是把一种从来没有过的关于生产要素和生产条件的"新组合"引入生产体系，并通过市场获取潜在的利润的活动和过程。创新包括引进新产品、引进新技术（即新的生产方法）、开辟新市场、控制原材料或半成品的新供应来源、创建新的产业组织等五方面内容。回归最基础的理论可以得知，"创新"与"发明""试验"明显不同，发明是一个新的人造装置或工序，可以取得专利；试验是一种科技实践行为，可以发现新的知识。发明和试验都是科技行为，是一种知识生产活动。而创新则是经济行为，是为了获得更高的经济和社会效果，而创造并执行一种新方案的过程和行为。发明转换为实际生产力，实现经济价值才可以称之为创新，另外，创新可以基于但并不一定必须基于"发明""试验"。创新包括理念创新、体制创新、管理创新、机制创新、知识创新和技术创新等，是综合性的概念。

然而，现在提到"创新"，通常的理解更多地倾向于由科技部门为主导而进行的科技研发。这种误区造成在资源配置上过于倾向高校、科研院所，忽略了市场和企业的真正需求，忽略了企业的工艺改造、技术改造，企业家和工程师未得到充分重视和尊敬。此外，在"国进民退"的环境中，最具有创新活力的民营企业尤其是科技型中小企业的需求更难以保证。国有企业通过掌控关键资源和依赖政府投资来获取利润，经费充足，但由于垄断市场，缺乏竞争，并且形成了对引进技术的路径依赖，自主创新无动力，导致创新水平较低，在与跨国公司的竞争中处于被动局面。而民营企业为获取市场空间，创新和改革的动力十足，但基于残酷多变的市场竞争和日益增高的经营成本，用于研发投入的支出寥寥无几，创新能力提升较慢，这样就形成了"有创新能力无动力，有创新动力无能力"的现象。也因为这样，当前我国很多中小型高新技术企业以为传统大企业提供配套为生存之本，难以快速壮大。目前，我国高新技术产业增加值率在21%～22%，远低于发达国家的

30%~45%，而我国传统产业增加值率也在23%~25%之间，出现了"高新产业不高新，传统产业价值高"的局面。

"创新即是科技研发"的思想也造成"关起门来搞科研""研究与应用两张皮"的情况，由于脱离市场需求，很多科研成果束之高阁，无法转化为社会财富，造成严重浪费。而以苹果为代表的不少美国新兴企业却能以极少的研发投入获取数以亿计的丰厚利润，令我国众多企业，甚至是微软、IBM等美国传统IT巨头也望尘莫及。苹果的研发投入平均为营业收入的2%左右，仅相当于微软的1/9，IBM的1/6，以及思科的1/5，但苹果的产品以创新为亮点，引领了市场潮流，使苹果公司一举成为全球最赚钱的公司。一部分原因就在于苹果的核心团队感知产品方向的能力领先，在客户体验角度来集成或改进现有技术，有针对性地进行研发，成果能够得以有效转化，不只"补钙"，更会"吸收"。因此，我国不仅要拥有创新的专利成果，更要发掘市场需求，将其充分转化为驱动经济社会发展的力量。

"创新即科技研发"的固有理念一定程度上还使人们忽略了创新所形成财富的归属问题，创新创造财富，但财富却不一定属于创新主体。例如互联网三巨头之一的腾讯最大的股东实为南非传媒集团Naspers全资子公司米拉德国际控股集团公司，其2001~2003年用3200万美元收购腾讯46.5%的股权，约合为1.95亿港元，现在腾讯总市值已超过9000亿港元，按此计算，米拉德集团的股票市值高达3060亿，盈利超过1500倍，远远高于创业团队。从科技研发到产业化的长链条过程，极大地增加了新兴产业发展的不确定性和资金需求，因此现代新兴产业对金融资本的介入有较高诉求。我国由于科技金融体系尚不完善，前沿性科技项目在产生社会财富的过程中得不到有效支持，或者夭折或者成长缓慢或者被国外公司收购，造成后期的利益流失。因此要实现科技创新、产业发展、财富增加的衔接，必须高度重视科技金融。

（二）误区二：过度强调自主创新，忽略思想、政策、制度、商业、工作等创新

"自主创新"是相对于技术引进、模仿而言的一种创造活动，是指通过拥有自主知识产权的独特的核心技术，以及在此基础上实现新产品的价值的过程，包括原始创新、集成创新和引进技术再创新。由于对创新驱动的认识局限，当前在制定创新政策、制度，以及日常开展工作的过程中，总是过度

强调技术层面的"自主创新",忽略了其他层面创新的重要性。

忽略思想创新,会直接造成思想保守、落后。如果缺乏时刻学习、调研的精神和务实的态度,则难以形成客观、长远的认识,判断问题会在极左和极右间摇摆不定,出现不切实际或不求进步,唯洋是举或盲目排外的情况,阻碍政策及制度的执行。而政府推动创新的理念,也将落后于市场创新诉求或者活动。随着区域市场体系发育的逐步成熟,市场秩序的扩展必然要提出转变政府职能,优化政府管理模式的内在要求。若政府创新落后于市场创新诉求,则严重阻滞市场及社会发展。在十八届三中全会全面深化改革的总基调下,市场将在资源配置中起"决定性"作用,未来政府必须进一步简政放权,加快创新步伐,给予市场这只无形的手更大的力量。

忽略政策和制度创新,则导致政府制定的政策和制度缺乏针对性。由于领导主义思想的根深蒂固,怯于承担创新和改变的责任,在制定和执行政策及相关制度的过程中往往局限于笼统而宽泛的框架,偏离实际,造成效率低下或引起负面作用。

忽略商业创新,将落后于全球化、互联网和新技术潮流,政府也无法提前布局和优化资源配置,为企业创造更多的市场空间,这样极度不利于产业尤其是传统产业的持续发展;忽略工作创新,则导致工作惯性化,做事循规蹈矩,缺乏灵活性,本本主义、教条主义严重,难以推陈出新。

党的十八大报告在强调"提高原始创新、集成创新和引进消化吸收再创新能力"的同时,提出"更加注重协同创新",因此必须超越自主创新的框架,在思想、政策、制度、商业、工作等多维度进行灵活式创新,形成系统性、网络型政策工具,形成一种有利于高效推动创新工作的全社会创新的社会氛围。

(三)误区三:创新只隶属于科技部门,忽略经济、土地、组织、规划和住建等部门应尽的责任

对于履行创新职能的主体,普遍认为是科技部门,忽略在政策制定及推行的过程中强调经济、土地、组织、规划及住建等部门应尽的责任。例如科技发展中长期规划难以落实的一部分原因就在于围绕创新深入到一系列部门时,由于纵向管理的机制,各部门只围绕本部门利益开展工作,彼此之间缺乏协调和让步,难以形成整体的推动力。

为切实提高创新效率,形成全部门共同参与的创新网络,科技部门以外

的其他部门也必须积极承担相关的创新职能。国家发展和改革委员会（简称国家发改委）、工信部等经济部门应更多关注研究新兴产品定价，倾斜引导创新企业快速成长、实施新兴产业引导工程，推进技术成果转移扩散和应用、支持跨国并购重组等。

土地管理部门应加强对新兴产业发展的用地支持，把清华科技园区、紫竹高新区等园区土地如何产生数千万产值作为案例重新思考和制定土地管理标准，以此代替工业经济下过度强调单位土地投入的标准。

人事组织部门应强化对创新创业人才的引进、培养和激励，不断改革人才考核机制，激发人才活力，尤其针对创新本身就有一定风险性的特点，应考虑如何为推动创新工作的人才制定可有效降低风险的工作机制。规划部门在科技新城设计、执行和建设中应加强引导；住建部门加大扶持力度支持服务高端人才生活配套的创新型社区建立。

二、走出三大误区的应对建议

（一）正确理解创新驱动

综上所述，创新可以理解为"为推动经济和社会可持续发展，面向创新如何带来财富，由政府所有部门，以构建创新生态为导向，促进新经济、新社会科学发展的一种全面的创新活动"。在这一过程中，思想和理念创新是源泉和动力，自主创新是基础，政策和制度创新是保障，商业和工作创新是重要渠道。

（二）走出误区的三大建议

1. 明确创新导向，重视全球化的财富获取

1）以市场需求为导向，重视企业的工艺改造、技术改造，尤其加强对科技型中小企业的培育，使其尽快成长为科技型大企业，并为企业家和工程师营造良好的发展空间和创新氛围。此外，科技研发活动，既注重拥有，更要重应用速度，技术创新和应用创新并重，促进科技与市场的有效接轨。

2）大力发展科技金融，助推创新型企业成长，将金融创新尤其是扩大社会资本投向创新活动作为度量国家或区域创新经济的标杆。鼓励创新者在

社会上获取财富，一方面积极培养和挖掘从事专利购买、开发和商业化等发明投资业务的知识产权专业人才，成立具有国际竞争力的专利经营公司，整合优质专利资产，从源头增强市场控制力和话语权；另一方面立足国际视野，加强跨国并购，获取国际化技术、品牌、销售渠道等战略资源，依托全球的创新成果获取财富。

2. 大力倡导 DUI，多维度打造创新生态

清楚地认识到"强调在行动中、使用中和交互中学习"的 DUI 模式和"强调科学、技术和创新"的 STI 模式同样重要，能力提升、经验积累、价值判断与知识、技术一样，都是经济社会发展中的主要创新源。因此，要提倡在干中学，在学习中不断创新，通过管理创新、引进理念和技术中再创新、互相交流和互动等，形成独特的先进理念、发展能力、宝贵经验、管理模式和发展道路。

以高新区为例，一方面要建立动态思维，明确园区发展趋势和管委会承担的角色，构建学习型组织，倡导工作人员终身学习，通过积极学习和调研，在一系列制度和政策创新中把握本质、与时俱进，避免循规蹈矩、亦步亦趋，从实践中学习提升工作效率，形成专业化的管理团队，提升产业规划、资源整合、资产运营能力；另一方面引进创新要素的同时，高度重视消化吸收再创新能力的提升，从研发到应用的转化，以及政策、制度、机制、环境的匹配，都与引进高端人才与培养高端人才相结合，引进研发型创新载体与应用型创新载体相结合，引进创新载体与制度创新、管理创新相结合等。从思想观念、扶持政策、机构设置、市场创造、项目推进等多维度打造创新生态，推动创新资源更有效地转化为经济财富。

3. 推进全部门创新，释放协同效应

在推进创新中，除科技部门之外，经济、土地、组织、人事、规划、住建等部门均承担了重要的责任，为形成整体推力，要加强顶层设计，把创新上升到国家或地方市委市政府的综合性核心工作的高度，重新制定相互协同的工作推动计划。一是通过全部门的组织创新和职能创新推动工作，例如国家成立国家创新署，地方设立创新发展局，统筹各部门创新事宜；二是部门化政策转变为以创新为中心的整合、协调的政策。通过服务于创新活动和创新过程，弥补创新的市场缺失环节，衔接和疏通创新价值链。

第二节 新型科研组织产生的理论认识与基本特征

随着互联网技术应用的深度推进,传统意义上的基础研究、应用研究、技术开发和产业化的边界日趋模糊,科技创新链条开始跨地域、跨行业联接,技术更新和成果转化更加快捷,产业更新换代不断加快,科技创新活动不断突破时空的界限,新型研发组织有加速发展的趋势。

一、我国新型科研组织产生和发展的原因

(一)理论层面:后学院科学背景下科研组织结构的演变

科学活动作为一种知识的生产方式,正由过去的学院模式发展为后学院模式,科学研究和知识的生产正发生深刻变革。齐曼认为,后学院科学是学院科学向产业领域的延伸,是与实践网络紧密缠结在一起的一种全新的生活方式。后学院时代的科学研究需要持续、巨大的资源投入,基础研究已不局限于认识世界,甚至延伸到直接依靠基础研究孵化新兴产业,将自身作为产业活动中的重要一环。尤其是在诸如生物医药、新材料等前沿学科,以应用激发的基础研究既能产生突破性科学成果,又可以随即进入产业化过程,使科学知识和商业价值合二为一,这被称为"巴斯德象限"创新模式。与此同时,研发活动的主体和组织机制也在不断演变,以适应科学、技术、产业相互间关系的变化。近年来,在我国不断涌现出一些新型研发组织形态,这类研发组织在目标定位上更强调成果能够转化和孵化,科技更贴近市场创富和创造社会价值,而非局限于传统的以科学和技术为取向的求知和应用;在组织方式上多采用纵向一体化,淡化了科研分工的严格界限。一项科研项目无论做基础研究还是应用研究,都重视科技成果的转化、产业化或是直接服务于产业,从而使科学和技术更为复杂地融合。科研组织成为科研活动上下游联通及研究人员跨边界流动的平台。可以说,新型科研组织是对"后学院科学"范式下科技与经济交互性不断增强的适应和变异。

(二)现实要求:实现科技与经济的结合

当前,知识形态生产力向物质形态生产力的转化逐渐加快,这需要科研

机构能够更好地发挥桥梁作用，打通创新价值链各环节，将创新链中基础性科学研究与产业化、创业服务化、科技金融等活动有机联系起来，这对于形成活跃的创新生态，促进科技成果转化跨越"死亡谷"，使产业形态向微笑曲线高端转移等都具有重要意义。

"死亡谷"处于基础研究与商业性技术开发的交汇处，是知识价值向经济价值转化、各类行为主体发生复杂作用的场域。"死亡谷"对于科技与经济的结合来说，既是关键性的过渡环节，也常常是受到忽视的薄弱环节，往往存在"市场失灵""组织失灵"，乃至宏观上的"系统失灵"等问题。传统的科研组织大多从事基础研究和商业性技术开发，在推动科学能力、技术能力、生产能力共同作用并最终形成创新能力的过程中存在功能错位或不匹配。然而，知识经济的进展不断对科技与经济的结合提出新的要求，这就使得处于创新链前端的从事科研的部门必须将其功能向创新链后端延伸，为成果的开发、应用甚至产业化提供支撑；而处于价值链后端的生产经营部门，为了在日趋激烈的市场竞争中争取主动权，也必然将活动领域向创新链前端延展，不但要能够方便地获得科技知识，而且能直接从事知识的生产。创新链中机构形态从两端向中间靠拢，组织功能边界不断融合，使得直接负载着知识创造和产业发展两种价值的新型科研组织的出现成为一种必然。

（三）体制创新：体制机制改革助推新型研发组织的出现

熊彼特揭示了创新包含的两种类型：技术创新和制度创新。国家或企业获得持续发展，必须同时进行技术创新和制度创新。面对全球新一轮科技革命和产业变革，以及经济发展新常态下的趋势变化和特点，必须加快实施创新驱动发展战略，而深化体制机制改革则是关键一环。2015年3月，国家出台了《关于深化体制机制改革加快实施创新驱动发展战略的若干意见》，强调了要建立技术创新的市场导向机制，完善成果转化激励机制，构建更加高效的科研体制，着力打通科技成果向现实生产力转化的通道，让创新真正落实到创造新的增长点上，把创新成果变成实实在在的产业活动。这就要求现代科研组织能够直接服务于市场，也为我国新型科研组织的出现创造了空间。近年来不断涌现的新型科研组织破除束缚创新的陈旧观念、体制弊端，面向国家发展的战略需求、抢占科技发展制高点目标，充分重视科研与产业的紧密关系，强调研发的市场导向，采用市场化运作机制，开展产学研协同创新，建立了融合"应用研究—技术开发—产业化应用—企业孵化"于一体的科技创新链条，同步研发、交叉融合开发的模式贯穿于其中，从根本上解决了经济与科技"两张皮"的问题。从源头创新到新技术、新产品、新市场的快速转换，充分释放出创新活力，已成为新时期深化科技体制改革的"尖兵连"。

二、典型案例分析

这里选取深圳清华大学研究院、中国科学院深圳先进技术研究院（简称"先进院"）、深圳华大基因研究院作为代表进行重点分析，通过对典型案例的分析，总结出新型科研组织的一些共性特点。

（一）深圳清华大学研究院——高科技企业孵化器的典范

深圳清华大学研究院是深圳市政府和清华大学于1996年12月共建，以企业化方式运作的事业单位，双方各占50%股份，实行理事会领导下的院长负责制。作为我国市校合建的第一家研究院，其创建之初的目的就是在于解决科技与经济"两张皮"的问题，确立了"以高科技创业企业为孵化对象，在扶持高科技创业企业成长的过程中，实现科技成果的最终转化，并培养出优秀的科技人才和管理人才"的目标。多年来，通过创新体制和机制，形成了从技术研发、企业孵化、科技金融到人才培养、国际合作的全方位服务体系，全面构建辐射海内外的科技创新孵化体系及产业投资平台，培育关乎国家经济命脉、具有行业领先地位、具备长期可持续的战略性新兴产业。

一是加强科技研发，形成了由研究所、实验室两级结构的技术研发平台。自成立以来，研究院组建了宽带无线通信研究所、电子信息技术研究所、新材料与生物医药研究所、光机电与先进制造研究所、新能源与环保技术研究所等五大研究所，研究所下设14个实验室和2个研究中心。研究所和实验室围绕深圳市的产业布局、市场需求开展研发和产业化工作，近年来在生命健康、航空航天、先进材料等战略性新兴产业和未来产业领域寻找新的市场增长点，并且还不断研发出自主创新技术，增强了自主研发能力，从而为长期独立发展提供保障。比如，清华大学研发、深圳清华大学研究院参与的产业化无人机项目，定位军民两用，从发动机到测控系统全部自主研发。

二是构建完善的孵化体系,加速科技成果转化及产业化。一般来说,进入研究院孵化器的企业有两种类型,一是研究院科技人员通过对有前景的实验室成果进行工程化和市场化,创建新企业;另一种是吸引外面的初创企业入驻研究院。通过对这些初创企业提供技术、人才、信息、资金、管理等全方位的服务,帮助企业产品拓展市场,带动企业的发展壮大。如深圳兰度生物材料有限公司,就是研究院立体孵化体系中的一个受益者。从组建实验室到成立公司,从样品到小试,获得了深圳清华大学研究院全方位的技术支持和孵化支持,2014年5月企业估值已达到3.5亿,备受资本市场关注。

三是建立投融资体系,促进技术与资本的有机结合。深圳清华大学研究院通过成立创投公司引入风险资本,控股上市公司实施资本运作等手段,有效实现了资本的进入和退出。如力合创投、清研创业、力合金控等创新投资企业和科技金融产业的综合平台,通过对高新技术企业和创业企业参股、购并、重组等资本运作,实现了技术、资金、人才的优化配置,培育出一批高新技术产品、优秀企业家和具有市场竞争力的高新技术企业。

四是在开放条件下搭建全球的创新合作网络。深圳清华大学研究院充分利用和整合国际资源,在技术、人才、资本甚至市场等方面与国际接轨,提升科技成果产业化的水平。通过与国际知名企业、大学、研究机构的合作,迅速在数字电视、传感器、RFID、超精抛光、通信等关键技术上获得突破,并促进了相关产业的形成和发展;成立的深圳清华国际技术转移中心,与国际合作部共同作为海外合作的国内支撑点;率先在美国硅谷成立北美创新创业中心,先后在英国牛津、俄罗斯莫斯科和德国科隆建立三大中心,以此形成了"一部四中心"的国际合作网络。

(二)中国科学院深圳先进技术研究院——综合性科研机构和公共研发服务平台的代表

中国科学院深圳先进技术研究院成立于2006年,是由中国科学院主管与深圳市及香港中文大学共建的国家科研机构,实行理事会领导下的院长负责制,是我国大陆首家以集成技术为学科方向、主要从事现代制造业自主创新研发的科研机构。中国科学院深圳先进技术研究院的成立,是中科院为推进知识创新体系与技术创新体系、区域创新体系的结合而实施布局调整的重要环节,也是深圳市提升源头创新能力、完善创新体系的重要举措,并成为加强深圳与香港科技领域交流合作的重要契机。

一是形成了"四位一体"的微创新协同创新生态系统。先进院瞄准深圳乃至珠三角战略性新兴产业发展的科技创新需求，初步构建了以"科研+教育+产业+资本"为一体的微型协同创新生态系统，高效地实现了创新链上下游资源的共享与协同。在科研布局上形成"六所多中心"的创新组织格局；建立一所特色学院（深圳先进技术学院）；培育深圳蛇口机器人基地、深圳龙岗低成本健康基地、深圳李朗云计算与物联网基地、上海嘉定电动汽车基地等四个特色产业育成基地；设立中科育成天使基金和中科明石、中科道富、中科昂森等风投基金。

二是科学与技术体系上遵循"巴斯德模式"，形成学科交叉和集成创新的特色与优势。先进院强调由应用引起的基础研究，以市场需求为导向，强调研发与生活、市场的紧密联接，真正实现科技创造价值，带动深圳产业跨越式升级。一方面，立足源头创新，面向科技前沿，培育新兴学科，形成学科交叉和集成创新的特色与优势，为战略性新兴产业的发展提供持续的"知识源头"和"核心知识产权"。另一方面，面向国家战略需求，以重大项目和前瞻性布局为牵引，实现重大科技创新突破，瞄准国家战略性新兴产业实施规模产业化。如围绕健康与医疗、机器人、大数据与智慧城市、新能源与新材料等四大领域开展应用研究。

三是形成双螺旋产业化战略。以知识产权引导科研方向，以市场需求引导产业方向。增强研究所的开放研发机制，与企业携手共进，推动产业化合作的"源头对接"模式，合力推动产业化跨越式发展。在项目评价方面，加强产业化合作项目的绩效比重，对国家纵向项目、深圳地方项目、产业化合作项目按照1:1.2:1.5的比重进行绩效统计，将企业合作项目经费的5%直接奖励给开发团队。在项目管理方面，改变蜂窝煤式项目管理模式，实施动态矩阵式管理。

四是建立起"领军人物+百人计划+青年骨干"的三层结构人才梯队。先进院是深圳市唯一的"千人计划"基地，通过计划内招生、联合培养、设立"客座学生"等方式招收、培养研究生。同时，借力深港创新圈，打造流动的高水平研究和开发队伍。2012年8月，以先进院为依托的深圳先进技术学院建立，深圳先进技术学院将通过港澳台的教育资源和国家研究所的科研优势协同创新，建设成为一所以研究生培养为主、多学科交叉、致力于集成创新、快速适应全球科技经济发展变化和区域需求为特色的新型学院。

（三）深圳华大基因研究院——探索具有产业化前景的专业化前沿研究，并以科学能力为本，衍生技术和产业能力

深圳华大基因研究院由北京基因组研究所南迁而来。1999年成立的华大基因研究中心，由于承担和完成了人类基因组计划和水稻基因组计划等重大项目而获得了国内外科技界的高度评价。中科院决定以华大基因为基础成立"北京基因组研究所"，将其纳入中科院体系；并于2003年11月得到中编委批准。2007年4月，华大基因正式在深圳市民政局以民办非企业单位登记注册；2008年6月，被深圳市政府批准成为事业单位。本质上来讲，深圳华大基因研究院是非营利性的民间科研机构，但其内部架构遵照企业化运行，还衍生了包括华大基因科技服务有限公司在内的多家企业，在生物育种、疾病预防等新兴产业领域具有主导话语权。

一是以科学引领产业发展。通过功能基因组和应用基因组研究，加速培育基因产业。2011年6月，深圳华大基因研究院与深圳市创新投资集团联合相关企业成立深圳基因产学研资联盟，以促进科研成果转化、推进产业化应用。深圳华大基因研究院利用基因组技术培育农作物品种，转基因谷子等品种已进行到田间试验阶段；无创胎儿染色体疾病检测技术已获得多个省市的临床检测许可，也在日本、韩国等国得到推广。

二是形成"三发三带"的创新发展模式。以基因组为基础的"科学发现-技术发明-产业发展"的"三发联动"和与国际接轨的大科学项目任务"带学科、带人才、带产业"的"三带"联动发展模式，突破现有产业资源和产业模式的束缚，形成科技成果产业化新模式。例如，2007年10月11日，深圳华大基因研究院独立完成绘制了"第一个中国人基因组图谱"；2010年1月，购买了Illumina公司的128台HiSeq2000测序仪；2013年又全额收购美国上市公司Complete Genomics，抢占了基因测序产业链的制高点。通过向产业扩张，深圳华大基因研究院构建起一个拥有从科学研究、技术发明到产业化生产的基因测序完整产业链的商业生态系统。通过为全球范围内的科研机构、制药公司提供测序服务弥补了研究所需的巨额研发开支；再通过将研究成果应用于科技服务创造了现金流，走出了一条"以研养商，以商促研"，科学发现与产业发展双向循环的创新之路。

三是搭建灵活的人才培养体系，为科学研究和产业发展提供支撑。深圳华大基因研究院注重通过对外培训、联合培养、在线开放课堂等方式培养跨组学科及产业人才。2008年3月，与深圳大学合作成立"深圳大学医学院华

大基因研究院";次年3月,与华南理工大学成立"基因组科学创新班",后又与多所国内重点高校采用此模式签订协议,联合培养创新人才。2011年10月成立的华大基因学院是深圳成立的第一所特色学院,也是生物产业高端人才的"黄埔军校",被视为基因组学创新性方法和教育及培养的典范。

三、我国新型科研组织的共性特征

新型科研组织的出现,是科学技术作用于社会、并不断受社会环境影响而变化的结果,是科学技术和经济发展的相互依赖、相互融合的结果,表现为知识经济时代知识生产组织的新形态。通过对上述三家新型科研组织的分析可以看出,虽然它们发展经历、研究领域各不相同,具有不同的工作重点和工作特色,在组织形态上也存在差异,但新型科研组织具有一些明显的新的共性特征。

一是实现创新链与产业链无缝对接。与传统研发机构难以适应产业发展需求不同,新型研发机构从诞生开始就与产业需求紧密结合在一起,具有非常明确的创新目标和研发导向。研发并不局限于服务科技创新活动的某个环节,而是逐渐演变成从上游源头创新到下游产业化的全产业链创新体系,突破了传统创新链条各个环节独立性强、容易"断链"的弊端,保证了科技成果产业化整个链条的通畅,以及产业发展对科研的"反哺"。

二是在组织目标定位上,新型科研组织结合了进行科技研发和从事创新创业两个目标,其本质在于科技创新与创业的结合、借助创新而创业、通过创业而实现创新。一方面,开展前沿研究、应用研究和基础研究,形成科技成果并转化为现实生产力;另一方面,具有以探索性需求为导向的定位特点,希望衍生孵化一批企业、带动一个(或若干)产业乃至一个区域的发展。研发成果的目的不在于为科研而科研,而在于更好地克服科技与经济"两张皮"的问题,包括以孵化企业和衍生企业的创业方式直接推进科技成果转化。

三是在功能注重技术创新与商业模式的结合,推进创新链、产业链、资金链紧密融合。引入金融资本,建立"政策+创新+产业基金+VC和PE"的新机制,实现"科研+产业+资本"的良性互动,一方面能够为顺利地实现科技成果产业化提供资金支持,另一方面通过形成"资金—科研—企业—资本市场—资金"的增值循环链,解决了长期发展的资金问题。

四是提供科技创新服务，衍生和孵化高科技企业，促进科技成果转化。与传统科研组织不同，新型科研组织不仅可以通过衍生企业而创业，而且往往具有高科技企业孵化器功能。其衍生和孵化的高科技企业的成果既可能是来源于本身的研发成果，也可以是来源于其他渠道的寻求孵化服务的科研成果。凭借自身研发实力，新型科研机构可以有效解决信息不对称问题，便于通过引入天使投资、风险投资等方式积极介入资本运作，使众多有前景的科研成果获得转化资源，使有前景的科技成果能够通过中试，进而形成产品，实现商品化、产业化，从而跨越"死亡谷"。同时，创业型科研机构的孵化收益能够反哺其自身的科研活动，形成良性循环。

五是采用灵活的运行和管理机制。在运行和管理上，新型科研机构无论其隶属关系如何，是"事业单位"还是"民营非企"乃至"企业联盟"，都有别于传统科研机构和传统事业单位，通过体制机制创新，实行一定程度的"企业化运作"模式和"非营利机构管理"模式。

第三节　中关村创业生态系统研究与启示

中关村地区是中国创新创业最为活跃的地区，经过多年创新创业的发生与积淀，已经形成能够比肩硅谷的优越创业生态环境。正是因为拥有高度进化和发达的创业生态系统，中关村地区才能持续地涌现出优秀的创业企业，才能一直站在全国高新区创新发展最前列。

一、中关村创业生态系统的发生与发展

从纵向发展的角度来看，中关村创业生态系统的演变经历了四个阶段：分别是"小生境"的初步形成、"小生境"的巩固和加强、"小生境"创新优势的形成和"小生境"创新优势的再塑。

（一）20世纪80年代，"小生境"的初步形成

20世纪80年代是中关村科技创业萌发兴起的阶段。1980年，陈春先

首创"北京等离子体学会先进技术发展服务部",中关村科技创业的第一个"物种"诞生,该"物种"的诞生也是中国科技创业的开端。继陈春先之后,中关村科研院所里的科技人员也自发成立了多种形式的民办科技企业。1986年7月21日,《科技日报》头版报道:中关村电子一条街初具雏形,标志着中国科技创业的正式兴起。

考察这一时期催生科技创业的宏观背景可以发现。20世纪80年代科技创业兴起与改革开放的大背景和全球新技术革命的冲击紧密关联,是改革开放的号角和全球新技术革命的浪潮催生了中关村科技创业的"物种"。这一时期的关键事件包括中国奏响改革开放号角、新技术革命浪潮席卷全球、1985年中国科技体制改革,等等。中关村地区的早期创业者大多是科研院所的科研人员。这些人知识丰富,具有一定科技成果积累,了解世界新兴技术发展的动态,又有饱受压抑后寻求改变的激情,因此在改革开放后,体制约束稍有松动,他们就大胆地走上创新创业之路。

20世纪80年代的创业改变了中关村地区的旧有面貌,不断增进地域的承载内涵,促进了创业生态的演变。创业带来新的产业和市场成分,产生了科技经济。"中关村电子一条街"形成全国的电子大卖场,全国电子产品的供给和需求都汇集在这里。这些都使得该区域的经济属性日渐增强,原来单纯的科教密集区开始了向经济社科技区的转变。由此,中关村地区在20世纪80年代成为宜于新技术、新业态、新事物发生和成长的"小生境"。

(二)20世纪90年代,"小生境"的巩固和加强

20世纪90年代是科技创业的发展和集聚的阶段。进入20世纪90年代后,一方面中关村地区"原居民"[①]创业快速发展,另一方面大量的外部创业群体开始涌入中关村。涌进的创业主体已经不限于科研人员、大学毕业生、政府机构公务员,甚至对计算机痴迷的从外地跑过来的打工仔,都可能成为创业者。创业开始呈现聚集和来源多样化的特征。

这一时期,中国市场经济体制的确立和市场需求的急剧扩大是促进中关村创业发展的外在因素。首先是市场经济体制的确立促进创业。1992年邓小平同志的南方讲话和中国共产党第十四次全国代表大会的召开,建设"社会主义市场经济体制"成了全党全国人民的共识。使得创新创业的疑虑全无。特别是1993年《中华人民共和国公司法》(简称《公司法》)的颁布,创办公司

---

① 这里指也已在中关村地区工作和生活的机构、组织和个人。

有了法律依据和法律保护。其次是市场需求的急剧扩大促进创业。这期间中国经济急速发展，市场迅速扩大，对前沿技术产品的需求加剧，中关村地区在全国的电子信息技术大市场中的地位使得创业更易于成功。

这两个方面因素都使得中关村"小生境"得到巩固和改善。首先是制度因素使"小生境"的优势得以加强。《公司法》的确立使创业公司能够摆脱股权不清和所有制不清等"纠结"现象，"谁"在创业和由"谁"创业的问题得以解决。其次是市场因素使"小生境"的状态进一步改善。市场的扩大带来创业主体多元化。

（三）21世纪初，"小生境"创新优势的形成

21世纪初，中关村的创新创业的高发、频发，逐步成为常态，进入了多样化和繁荣发展时期。在这一阶段，中关村尤其体现出了以"创新"为本的创业。如果说20世纪80年代的创业主要表现为科技服务和科技贸易，20世纪90年代主要表现为科技贸易和科技产品（引进和模仿基础上的加工），那么2000年则突出了"自主创新"的产品和服务。这一期间崛起的龙芯、中星微、百度等明星企业，创业的过程就表现出对新技术和新业态的引领。尤其在电子信息技术的大领域内，中关村的创业快速缩短了与国外创业的差距。

促进这一时期创业发展的外在因素，主要是国家政策导向的转变和知识经济的兴起。首先是促进创新创业的政策体系的建立。中国原有粗放的经济发展方式代价巨大，不可持续，国家提出了转型发展的要求。2006年又进一步提出自主创新和建设创新型国家的发展战略。其次是知识经济方兴未艾的推动。从经济形态而言，随着信息科学和技术的迅猛发展，建立在知识和信息的生产、分配和使用基础上的经济获得快速发展。中关村地区智力密集的优势得到进一步发挥。

这一阶段，中关村小生境优势得到进一步加强。突出表现在三个方面：一是以创新为基础的创业成为中关村的创业主体；二是中关村的创新创业具有了国际合作和国际竞争能力；三是支撑创新创业的"小生境"明显具有了生态自组织的特征。

（四）2010年后，"小生境"创新优势的再塑

2010年后，中关村地区最突出的现象是互联网时代创新创业"大爆发"的景观出现。建立在互联网技术经济范式（或称互联网思维）下的创新创业

活动的显著特点是围绕着"如何用互联网思维改造现实生活"这一核心主题。首先是基于互联网生活服务的创业活动；其次是硬软件融汇、产品与服务创新相结合的新商业模式。在互联网技术经济范式下，一些以往本属公共服务的服务业领域也成了商业创业的领地。

考察这一阶段的创业活动，同样能够明显发现其与宏观背景因素的紧密关联。首先是随着信息技术革命纵深发展，中国大踏步进入互联网时代。互联网技术不断进步的需求和互联网应用的无止境拓展带来了无限的创新机会，中关村依托已经形成的电子信息技术优势，又进一步获得了创新创业大发展的机会空间。其次是创新驱动发展在全国形成共识。从中央政府到地方政府都倍加重视创新，由此也加大了对创新的投入和支持力度。

中关村地区"小生境"的创新优势进一步加强。主要表现为：一是中关村在这一阶段的创新创业创造出许多新业态和新模式，成为驱动中国互联网经济发生和发展的技术和理念源泉。二是互联网技术经济范式下，中关村创业崛起的速度明显加快。三是这期间中关村新创立的企业，在新的产品和服务模式的创新上已经与全球同步，甚至在一些细分领域和业态的创造上全球领先。

二、中关村创业生态系统的形成机制

中关村创业生态系统的形成机制，可以从中关村地区的优势"基因"、创新创业的市场化生态环境和创业生态的自组织机制三方面进行概括。

（一）创新创业的"基因"

首先是中关村地区的人才"基因"发达。中关村地区是我国乃至全球最大的人才基因库。2017年底，中关村示范区聚集的留学归国人员为3万多人，占全国近1/4，其中海归"千人计划"专家1343人，占全国19%。人才"基因"的充裕程度决定着创新创业的多寡。而人才基因的品质也决定着"物种"的优劣。

其次表现为新创意、新发现和新设计等知识"基因"丰富。同样，知识基因也决定"物种"的多寡和优劣。在一定程度上，专利的密集程度和人均专利的占有水平可以代表这些"物种"基因的多寡。中关村示范区的专利产出和人均专利占有水平在全国都名列前茅。

最后是，30年来中关村逐步形成了浓重的勇于创业的文化"基因"。中关村地区活跃着一大批创业者和连续创业者。这些创业者大多并不为生存问题困扰，选择创业更多是为了实现人生价值，实现改变世界的梦想。

（二）创新创业的市场化生态环境

目前中关村示范区已经形成了新兴产业密集、科教资源密集、创业资本密集和创业孵化条件密集的市场化和社会化生态环境。这些生态要素支撑着中关村地区的创新创业活动。

1. 领军企业支撑的产业生态优势

30年来，中关村创新能力不断增强，先后攻克了汉字激光照排系统、曙光超级计算机、中文搜索引擎、5G移动通信、人工智能芯片、石墨烯材料制备、液态金属增材制造、靶向免疫等一批关键核心技术，2017年中关村企业专利申请量7.4万件，获专利授权4.3万件，有效发明专利拥有量首次突破8万件。形成了以联想、百度、京东方、中芯国际、大唐电信、神州数码、小米科技、用友软件、文思信息、水晶石、交控科技、博奥生物、神雾科技、碧水源等为代表的一批行业领军企业。同时，中关村还吸引了微软、谷歌、IBM等一批大型跨国企业入驻。中关村创新创业生态不断优化，发生的天使投资、创业投资案例和金额均占全国1/3以上，2017年新创办科技型企业近3万家，涌现独角兽企业70家。2017年，中关村企业总收入突破50 000亿元，实现利润4670.8亿元，实现增加值7352.2亿元，对北京市经济增长贡献率达到34%。

2. 高校与科研机构支撑的知识社区优势

中关村地区科教资源之丰富，在全国都首屈一指。20世纪80年代中期，海淀区内有以北京大学、清华大学为代表的高等院校50所（包括国民教育系统普通高校和社会民办大学），有以中科院为代表的各级各类科研院所138所；有科技人员8万人，其中有高级职称的占1/3以上；每年在校大专学生和研究生10万人，大学毕业生2万人。一个局部区域内拥有如此高度密集的科教资源，在全世界也是少有的。

3. 科技金融发达的创业资本密集优势

中关村地区的融资环境十分优越，依托中关村示范区的强力推动，经过

20 多年的发展，中关村示范区形成了科技金融机构和科技中介机构集聚的态势，聚集了一大批科技银行、天使投资人、风投公司、创投基金、信用中介机构、知识产权中介机构、产权交易机构等金融机构和科技中介机构。中关村园区活跃着全国最大的天使投资人队伍，创业投资持续活跃，创业投资案例数、投资额约占全国 1/3。

4. 创业服务体系完备的孵化优势

近年来，中关村在创业服务领域呈现出创办主体多元化、运营模式市场化、孵化链条向早期阶段延伸、专业服务向多样化发展、资源整合全球化的趋势，正在形成创业服务新业态和完整的创业服务体系，带动了中关村创业服务能力的整体提升。这里已经形成了一个完整的、具有多样化功能的全方位服务体系。这使得创业者能够专注自己的核心技术、产品和服务内容的研发，而将其他活动外包给在该领域更具实力、更专业的机构。这就大大提高了资金的使用效率，也提高了创业企业的运营效率和成果水平。

（三）创业生态的自组织机制

中关村地区的创业生态自组织机制可以总结为六大机制。分别为：社交网络的促发机制、知识交互的催化机制、创新创业的自生长机制、集群网络的自增进机制、领军企业的溢出机制、"创业→创富→创业"反馈放大机制。

1. 社交网络的促发机制

中关村地区已经形成创新创业生态的自组织机制。社交网络对这种自组织机制的形成起主要作用。中关村知识社区的历史禀赋本身就有这样的社交网络，而创业文化的兴起，使中关村地区原有的社交网络迅速转化为能有效促进创业的社交网络。

调查发现，中关村地区创业者绝大多数都是受了学长、师长、朋友和亲友的影响走上创业的道路。创新的主体是人，使创新主体产生创新动机的因素，除了个人价值追求、发展需要和市场需要外，来自其他创新主体的激励和示范效应也不容小觑。创新群体在日常的生活和工作互动中，会发展起共同的愿景和认知，萌生新的想法和创意。尤其是近年来中关村地区为创业者构筑的社交空间，进一步强化了催生创业的社交网络。如创客空间、车库咖啡等为创业者们提供了一个交流空间，创业邦、创业家和 36 氪等的线下活动为陌生创业者们提供了互相结识的机会。这些新兴社交方式的出现，一方面为有兴趣创业的大学生带来了最初的创业启蒙；另一方面也为怀揣创业梦想的创业者提供了寻求支持的机会。创业空间提供的交流机会使最前沿的信息在中关村地区快速流动，从而促发创意和催化创业。

2. 知识交互的催化机制

社交网络同时也促进了知识交互。中关村地区具有多学科、多领域的知识构成，多元化的知识交互和学科的交叉能够催化新的混搭模式的创新创业，这种创新创业目前在中关村已经成为一种重要的创新类型，如位于海淀大街1号中关村梦想实验室四层的创客空间就构筑了这种类型的创新创业。

北京创客空间前身 FlamingoEDA 开放空间，是一个开放的实验室平台，让艺术家，设计师，软硬件高手，DIY达人甚至任何人都有机会提出他们的想法，认识志同道合的朋友，运用和发展现有的开源和学术研究成果来把他们的想法变成现实，并开放成果供他人进一步研究，或是运用到现实生活中，起到真正深刻改变人们生活的作用。创客空间是软件技术、硬件技术、设计艺术跨界融合的一个交流池。

3. 创新创业的自生长机制

创新的结果可以是一款新产品，也可以是一项新服务。但创新的影响却不仅仅是一款产品或一项服务的影响。新产品、新技术、新服务的产生可以开拓出新的市场空间，为新生创业提供新的机遇。而市场的扩大及新兴市场组织的发展，又加速了技术与市场的迭代创新，加快了推出新产品、新技术、新服务的速度。形成了创新创业的自增进机制。

一方面，创新创业同时还产生了社区对知识、技术、金融、产权和交易、人才、培训、信息等多种创新服务的需求，于是带来与创新创业相关的组织和行为的迅速发展，如风投机构、专利事务所、职业培训机构、财务咨询、市场调查和人才招聘机构等的大量进驻。而这种创业生态环境的演变使该地区创业能够享受到最全面的创业服务，进一步提高了中关村地区的创业成功率，从而激发和吸引更多的人在此从事创新创业，形成了生态的吸纳和反哺机制。

另一方面，这些对创新创业服务的需求在许多方面又诱发了新的服务行为和新服务组织，新型组织的出现反过来又拓展了创业的范围。比如提供创业资讯（36氪）、提供办公空间（创新工场）、提供融资服务（天使汇）、提供创业培训（联想之星）等的产生。从而形成创业生态的变异和自组织加强。

4. 集群网络的自增进机制

当前中关村产业典型呈现出创新集群的发展态势，而创新产业集群的发展，又产生了对技术、金融、人才、信息等多种创新服务的需求，推动创新服务的进一步专业细化分工，形成了相互支持的集群创新网络，带动了服务创新集群发展的创新创业。

通过产业内细化分工衍生形成一批知识密集型服务业。行业内部的细化分工，使创业者专注于自己的细分领域，而其他方面只需进行服务外包，有效嵌入到产业集群网络中，就比较容易获得相互支撑和推介，进而共同扩大发展的市场空间与机遇。产业链上的细化分工和延伸拓展，一方面得以使整个产业集群规模壮大，另一方面形成了有机的产业生态，相互之间紧密合作，互相支撑，共同开拓更大的发展空间。

集群的发展会带动金融、知识产权、培训等外部服务业的快速发展。随着创新产业内部分工更加精细，职能更加明确，且产业外部职能环境更加丰富和优越，创新效率得到大幅提升。

5. 领军企业的溢出机制

中关村积聚了众多行业领军企业，这些领军企业带来了大量的创新创业人才溢出，形成了新的创业。从这些企业离职的管理人员和技术骨干具有广阔的人脉资源、产业资源和行业经验，能够洞察新技术的发展趋势和潜在商机，并且在创业中更容易获得各方面的支持，创业成功率相对较高。

据2012年针对中关村创业者的问卷调研显示，中关村领军企业中的管理人员和技术骨干离职创业者占据主导地位，占调查企业总数的47%；在累计融资1000万元以上和被并购企业的创业者中，由企业高管和技术骨干离职创业的人数最多，分别占到了55%和59%。

6. "创业→创富→创业"反馈放大机制

创业创造财富，而财富变身创业资本就形成了对创业行为的进一步支持。那些在中关村示范区历经创业而赢得财富的企业家们，把创造的财富用于搭建开放创业服务平台已成为一种趋势。一方面用自己的资源来帮助创业企业从而获得丰厚回报；另一方面也让自己的企业保持创新能力。如百度、新浪、奇虎360、UC优视、趣游等领军企业，通过"开放技术平台+产业资源支持"，聚集专业领域的创业者和技术项目资源，主动打造基于技术平台与产业链的开放式创业生态体系，推动产生了一大批上下游企业，从而带动整个产业的发展。微软、联想等也纷纷搭建孵化平台助推创业。

三、中关村创业生态系统的启示

就资源禀赋而言，中关村地区创新创业的先天条件是很难超越的，但发生在中关村地区的创业现象揭示了若干重要的生态要素和生态发生机制。这些重要的生态要素和生态发生机制，对于形成促进创新创业的手段和方法极具启发意义，由此，可以总结以下几方面的经验。

（一）注入优势"基因"

拥有优势"基因"和注入优势"基因"是创业"种群"健康生长的关键。人才"基因"、知识"基因"和文化"基因"丰富，是中关村地区创业能够兴起的前提。由此带来的政策启示有以下三方面。

1）破除体制束缚，提供生存空间，让人才"基因"充分发挥作用。

2）加大研发投入，促进成果转化，让知识"基因"充分发挥作用。

3）不断改善文化"基因"。能否创业和能否成功创业的内因在于有无勇于创业和善于创业的精神。改革开放以来，上层政府和中关村示范区管委会长期对创业进行政策激励和对"鼓励创新、宽容失败"进行舆论倡导，对这种氛围的进一步强化是社区文化环境和政策环境构建的永恒命题。

（二）培育优势"种群"

中关村地区表现出了科研衍生创业、产业衍生创业和市场机会创业的基础性创业"种群"优势。这种优势是建立在科研机构发达、领军企业聚集和抢先市场发育的条件基础上的，加上拥有良性的促进机制，使得这些优势条件能够得到发挥。这些条件和促进机制所带来的政策启示有以下方面。

1）建立科技机构与产业组织的制度联系，促进科研衍生创业。

2）鼓励企业创新、促进生产性服务业发展和搭建产业链创新支持平台，促进产业衍生创业。

3）争抢领先市场、放宽市场管制和探索需求导向政策，促进市场机会型创业。

4）鼓励成功创业家对创业的资本参与，放大资本的推动作用，促进资本依托型创业。

5）政府和市场共同构建人才创业的支撑平台，形成政府和市场双向的人才识别机制，促进人才引领型创业。

（三）完善创业生态

中关村创新创业的持续活跃反映出了该地区的创新资源的供给优势、创新环境的补充优势和创业条件的支撑优势，更为本质的是在中关村地区已经形成了创业生态的自组织加强机制。结合这种自组织加强现象的存在，带来的政策启示有以下方面。

1）发达的社交网络对催生创业尤为关键。为此，创业生态的形成必须考虑社区建设和社区的社交网络建设。通过搭建社交平台和社交渠道等缩短人群的文化距离，形成能够催生创业的社区生态。

2）知识交互扩大创新的机会发现，拓展创业领域。社交网络的存在能够增进知识交互。通过有意搭建知识交叉性的混成组织、混成创业空间和促进知识交互的特定场景，能够起到催化创业的作用。

3）集群发展对创新服务的需求，领军企业的知识和人才溢出不但壮大了创业队伍，而且建立在经验和实力基础上的创业具有更高的成功率，并能带来对创业群体的引领作用。因此，一方面塑造集群优势和塑造领军企业优势是创业生态构成不可缺失的环节，另一方面对离职创业和连续创业的政策激励能够增强创业生态的演化优势。

4）创新创业自增进机制的形成在于能及时发现和把握新生的市场机会。创业变得简单、快捷和易行是创业生态发达的标志。因此，广泛构筑支撑创业的平台和条件是创业生态建设的关键内容。这一方面需要政府的直接参与，另一方面需要对企业、个人和社会组织创办的市场化创业服务机构和孵化平台给予政策鼓励，让创业孵化和服务的行为和条件广泛存在。

5）是否能够形成从创业到创富再到创业的累进放大机制最能反映一个区域创业生态的旺盛和持续繁育能力，建议研究制定有针对性的税收优惠政策，让这样的创业生态自组织加强机制发扬光大。

四、迎接互联网时代，打造创业生态系统

全球经济已经进入互联网时代。互联网导致技术经济范式的变革，构筑了无限的创新空间，一场由互联网引致的创新创业大潮再度在全球掀起。未

来的经济世界是由终端、平台和用户构筑的。可进一步表述为：产品皆终端，终端皆有在线运营平台，平台连接用户，最终形成线上和线下服务。在这样的经济范式里，在线运营平台是关键，而服务是价值的体现。

当前，中关村地区已经在科教资源密集区的原生土壤上逐步呈现出新的社会经济形态，即成为科教资源、企业研发、知识经济、技术交易、风险资本、社会中介等的混成区。毫无疑问，是创新创业促进了这种社区生态环境的演变。反过来，这种生态环境的形成也进一步促进了创新创业。

中关村示范区的发展已经是一种创新经济体的内涵构造，该创新经济体生态中以创新创业为标志的空间内核。整个中关村示范区社会经济环境的构筑服务于这一内核，而这一内核的爆发力又促进中关村示范区大生态的演变。

因此，面向未来，国家高新区应专注于创新创业生态环境的营造，使得国家高新区能够成为中国创新创业最活跃的地区。为此，各高新区进一步支持和鼓励"平台"型的创新创业，让高新区成为全球创新创业的中心和网络联结"结点"；支持基于互联网的多样化创业服务。这些服务包括云服务、大数据服务，也包括生活服务和信息服务等广泛形式；加大财政对交通、信息、生活环境等基础设施建设和改造的投入，优化生存环境；建立针对创业者创业阶段的成本补偿机制，鼓励社区内所有组成成员（包括组织和个人）的"孵化"行为，让低成本、大众化和多元化创业能够盛行；宣传和倡导创业，营造创业文化等。

第四节 从三个理论视角再认识创新生态系统

我国的创新生态系统建设始于20世纪80年代的科技服务业，虽然在时间上相对于美国、日本、欧洲等发达国家和地区，发展历史较短，研究起步较晚，但发展很快，研究成果不断涌现。

一、战略视角——提升国家竞争力的有效途径

国家竞争力是一个国家利用国内外市场、资源创造财富，使经济永续发

展、国民生活质量永续提高的能力。衡量一国的国家竞争力强弱有三个主要标准：一是开拓国内外市场的能力；二是利用国内外资源的能力；三是利用国内外资源向国内外市场提供产品和服务的能力，即创造财富的能力。国家竞争力理论认为，一国竞争力不仅仅是由过去、现在的总量变量决定的，应变和创新变化的力量也起重大作用。阐释一国竞争力比较著名的观点是波特的钻石理论。

（一）钻石理论

"钻石理论"既是基于国家发展的理论，也是基于产业或区域发展的理论，由迈克尔·波特（Michael porter）在其代表作《国家竞争优势》（1990）中率先提出。通过对8个发达国家（丹麦、德国、意大利、日本、瑞典、瑞士、美国、英国）和2个新兴工业化国家（韩国、新加坡）历时2年的跟踪考察，分析指出，产业是国家竞争优势形成的基本单位；国家竞争优势的形成需要国家整合各类资源，协助并促进特定产业提高生产效率，增强国际竞争力，占领国际市场；一国的特定产业能否在国际竞争中具有竞争优势，取决于该国的生产要素条件、需求条件、相关与支持性产业，以及企业战略、结构、同业竞争等4个决定因素。这4个决定因素之间彼此相互关联，类似于一个菱形图形的四角，形状犹如一颗钻石（图2-1），故称之为"钻石理论"。除四大决定因素之外，机遇和政府是影响国家竞争力或产业竞争力的两大变数。其中，机遇可遇不可求；政府则能通过提供资源、创造发展环境、直接投入企业无法行为的领域等途径作用于钻石体系。

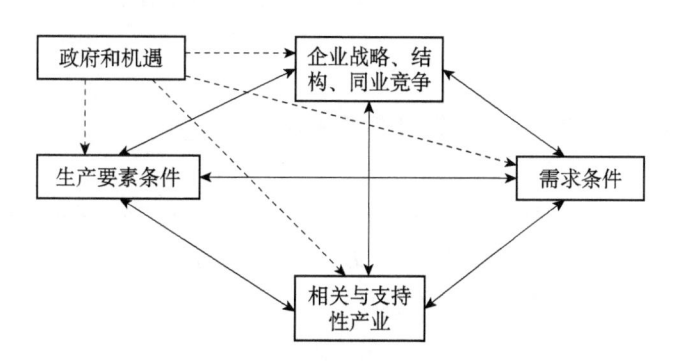

图2-1 波特的六要素钻石模型

在波特"六要素钻石模型"的基础上，又有专家学者根据研究角度的不同，将其衍化为"双钻石模型""一般化的双钻石模型""九要素模型"等，其内涵在不断扩大，但基本思想是一致的。根据钻石理论，一国的竞争力提升，需要企业、生产要素、市场需求、产业发展、政府和市场机遇等六大要素的全面提升。创新生态系统的建设必须从要素着手，为一国转变经济方式，调整经济结构，提升产业价值提供支撑。

（二）建设创新生态系统的战略视角

钻石理论剖析了国家、地区和企业的竞争力，多角度、多层次阐明了国家竞争优势的深刻内涵。而创新生态系统本质在于通过服务于技术创新，提升创新水平，是国家创新系统的重要支持。创新生态系统通过释放企业创新活力，聚集创新资源，改变创新模式，提升企业竞争力，夯实微观企业基础；通过服务于技术创新，加速生产效率，提升产业附加值，发展高科技产业，提升战略性产业竞争力；通过提高科技资源配置效率，形成科技创新的整体合力，最终提升国家持续发展动力。

不同学者根据国家竞争力理论，将创新生态系统建设提升到国家战略高度。建设科技服务体系，开展科技服务活动的最终目的是加快高新技术产业化，促进企业创新、产业进步、区域发展，提升国家创新能力。西安交通大学公共政策与管理学院孙海鹰认为，创新生态系统是实现科技与经济有效结合，是开放、兼容、整合资源、自主创新的大平台，是促进科技企业和新兴产业发展的加速器。科技服务业是强势提升战略性新兴产业能力的重要抓手，其实，美国就是在国家战略的高度，以发展石油、粮食、文化、高科技等战略性产业为引导，把金融、政治、人才、军事等作为科技创新服务业发展的战略支撑。

二、系统视角——各类创新要素的有机组成

系统观是指以系统的观点看事物。系统是物质的普遍存在形式，提出了系统和要素，结构与功能等新的范畴，揭示了物质系统的整体性、关联性、层次性、开放性和动态性、自组织性，创新生态系统即是各类创新要素的有机组成。

（一）国家创新系统理论

自从 20 世纪初熊彼特（Joseph Schumpeter）提出"创新"概念以来，"创

新"一词不断被赋予新的内涵，并不断地扩展着其研究论域。朗德沃尔于1985年率先使用创新系统（system of innovation）概念以后，弗里曼（C. Freeman）1987年发表《技术政策与经济绩效：日本的经验》(*Technology, policy, and economic performance：Lessons from Japan*)，首次使用"国家创新系统"（national innovation system）的概念来概括日本的成功追赶。他写道："'国家创新系统'可以被描述为这样一种由公共部门和私营部门共同建构的网络，一切新技术的发起、引进、改良和传播都通过这个网络中各个组成部分的活动和互动得到实现。"随后，朗德沃尔从交互学习的角度，尼尔森（R.Nelson）则从不同国家（地区）创新系统比较的角度，对国家创新系统进行深入研究，由此掀起了全球创新生态系统研究的浪潮。

一般认为，国家创新体系是指一个国家内各有关部门和机构间相互作用而形成的推动创新的网络，是由经济、科技和高校等机构组成的推动创新的系统。作为一个由国家的公共社会机构组成的网络，其活动目的是为了创造、扩散和使用新知识和新技术。其中企业是技术创新主体；高校、科研院所是科技创新源；政府机构是科学创新的推动者、服务者，必要时还担当组织策划者的角色。国家创新体系不仅是开放的系统，也是不断发展的系统，它不排斥而且要吸收外来科技，还要适应国内外的科技发展，不断改革与完善创新体系结构。

（二）建设创新生态系统的系统视角

从系统的角度看，我们把创新生态系统看作为"2+2"结构模式（图2-2），即2个要素和2个链条的相互作用。一般来说，创新生态系统的形成，离不开"政府"与"全球市场"2个要素，分别在政策支持引导和外部环境两方面对科技服务体系产生影响。如图2-2所示，中间是由科技信息、科技知识、科技人才、科技金融和科技平台构成的服务链条，以及由知识创造、科技创业、企业成长、产业创生、集群创新构成的创新链条。2个主导要素与提供五大服务要素的"服务链"和提供科技要素支持的"创新链"，相互之间交错互动，共同形成"2+2"结构模型。需要注意的是，高新区在每个不同的发展阶段，对载体和服务的要求是不同的。

从要素上看。科技服务供给的五类主体，分别是：①科技信息服务主体，包括科技图书馆、科技情报所、科普机构、信息咨询企业等；②科技知识服务主体，包括两类，一是知识服务机构，其中包含科技评估、管理咨

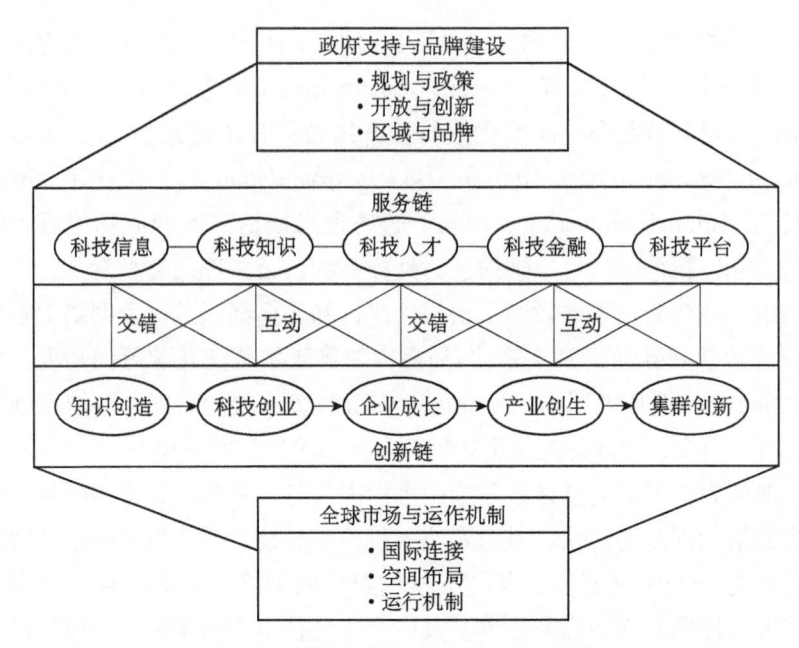

图 2-2 创新生态体系"2+2"结构模型

询、知识产权服务、招投标服务、信用评估、创新工场、知识产权交易所等;二是技术服务机构,其中包含技术转移中心、小试中试平台、技术检测机构、研发型企业、产业技术研究院、工程技术服务机构等;③科技金融服务主体,包括提供科技贷款、科技保险、科技担保、质押典当的载体,以及科技银行、创投机构等;④科技人才服务主体,包括职业技校、教育培训、研发型大学、海外留学生协会、青年人才组织、企业家联盟等;⑤科技平台服务主体,包括孵化器、大学科技园、科技园区、总部经济园区、虚拟大学园、产学研基地、创新驿站、公共技术服务平台等。

从运作机制上看。服务链和创新链"供需"交错互动,形成了科技服务体系的具体运作机制。同一创新需求,需要不同的科技服务要素,即使不同的创新需求,面对同一科技服务要素所需要的内涵也不同,这就是科技服务体系内部运作机制千差万别的魅力所在。其中,在创新链上,科技服务需求的5个方面,表现在:①知识创造服务需求,其中引进知识与创造知识并举,贯穿于经济社会、教育、环保等各领域,包括原始技术成果的突破、重大技术的攻关、传统产业技术改造、工艺优化与提升、商业模式创新、产品设计等;②科技创业服务需求,包括小微企业的设立、技术市场化、经营人才培养、团队建设、企业融资、市场拓展、政府采购、与大企业对接等;③企业成长服务需求,包括上市融资、企业家培养、技术研发、国际市场拓展、现代企业制度建设、企业品牌培养、知识产权积累等;④产业创生服务需求,包括发展战略性新兴产业、产业转型与提升,以及创意软件、现代金融、生物技术服务、信息技术服务等现代服务产业的发展;⑤集群创新服务需求,包括产业与区域平台互动、提高知识交流活力、建设国际化平台、进行技术前瞻性布局、获得产业话语权等。

创新生态系统系统性很强。因此,在推进创新生态系统建设的过程中,除了注重获取科技服务要素之外,还需要注重深度挖掘科技服务需求,形成服务链和创新链良好的"供需"互动机制。

三、生态视角——具有自组织性的生态系统

生态(ecology)一词源于希腊语 Oikologie,原意是研究生物栖息环境的科学。斯坦利(A. G.Tansley)于 1935 年提出生态系统(ecosystem)概念,将其视作"地球表面上自然界的基本单位"。现在一般认为,生态系统(ecosystem)就是在一定空间中共同栖居着的所有生物(即生物群落)与其环境之间由于不断地进行物质循环和能量流动过程而形成的统一整体。多年来,生态学、生态系统的概念、方法已经浸润到众多学术领域。从生态系统的角度来考察创新生态系统,就是要围绕科技创新,从打造生态系统的角度,形成自我组织、自我发展的良性循环。

(一)创新生态系统理论

进入 21 世纪以来,一些国家如日本出现所谓的"系统失灵",即虽然在研发投入上力度不减,但创新成果并不明显;而在另一些国家,如美国硅谷一跃成为持续增长的代表,由此带来新一轮有关"创新生态系统"的研究,并日益受到各国推重。

2003 年,美国总统科技顾问委员会(PCAST)在《维护国家的创新生态系统》的报告中指出,美国的经济繁荣和在全球经济中的领导地位得益于一个精心编制的创新生态系统(innovation ecosystem),这一生态系统的本质是追求卓越,主要由科技人才、富有成效的研发中心、风险资本产业、政治经济社会环境、基础研究项目等构成(图 2-3)。美国要继续维护技术领先地位,保持经济繁荣,提高人民的生活水准,成为创新型和技术型领导国家取决于

构建有活力的、动态的"创新生态系统"。

创新生态系统强调创新系统的自组织性，各个主体之间的创新活动和经济行为在一定的限制范围内受"一只看不见的手"支配，理性有序地展开；强调创新系统的多样性，任何一个创新系统都是在一个特定的地理空间、政治经济环境、社会文化环境下生成，不能在不同国家或地区之间简单地移植；强调创新主体的共生共荣，不同规模的企业之间，以及企业与学术机构之间围绕技术集成、产品研发和产业链形成而展开的多种形式的联结和合作犹如自然生态系统中的食物链、生态链，任何一个链条或者环节都关系着整个系统的运行和绩效；强调创新系统的平衡，当创新系统遇到强烈的外部干扰偏离平衡临界点而失去或削弱自组织功能时，政府则以恰当的方式和手段发挥平衡器的作用，使创新系统重新回到平衡状态，从而化解创新系统的风险。创新生态系统认为，产业和产业的竞争更多体现在环境竞争，因此美国、以色列等以科技创新著称的发达国家非常重视环境的培养而不是直接干预市场。

图 2-3 创新生态系统模型

（二）建设创新生态系统的生态视角

"创新生态系统"概念的提出体现了创新研究的一次范式转变，由关注系统中要素的构成向关注要素之间、系统与环境间的动态过程转变。刘友金以群落学为基础探讨技术创新群落，黄鲁成从生态学视角研究区域技术创新系统[①]，吴陆生等关注科技创新生态系统论[②]，陈劲和李飞从生态物种进化阐述国家技术创新体系中三阶段发展机理等，一大批研究成果陆续涌现。

从生态视角来看，创新生态系统也应当是自组织的，其有序性的提高取决于它与系统所处环境的相互作用，即与环境不断进行物质、信息和能量的交换。结构决定功能，但环境亦对功能起着重要的选择作用。因此，创新生态系统运转顺畅与否，除了与系统内部诸要素间是否协调配合有关外，与其所在的环境也息息相关。

创新生态系统的环境包括软环境和硬环境。其中，软环境包括国家、省市制定的科技创新相关的法律法规、政策支持，也包括当地的创新文化氛围等；硬环境包括研发平台、绿化交通等。这些环境因素直接影响创新团队或个人的积极性、创造性，以及国家和地方政府对科技资源的配置情况。如政府制定的金融、财政、税收的政策，知识产权保护的法律、法规，科技评价体系，奖励制度；国家与地方的经济发展状况、国家与地方对科技创新的经费投入情况、国际环境等。

创新生态系统要获得良好的发展，必须有相应的促进创新生态形成的战略谋划和政策支撑体系。要求在构建当地创新生态系统时，不仅仅注重创新载体（如技术研发平台、科技园等）的建设，更要把科技文化产业作为科技服务体系建设的一个内容，自上而下推动科技服务体系建设；除了财政补贴、减免税收等传统政策，还应当借助市场在科研成果转化的力量，完善市场技术交易机制；除了财政支持，还应当注重培育科技金融市场，通过设立科技服务体系专项基金等，探索新的支持方式和手段；除了关注具体的科研项目，更要激发人才进行创新活动的主动性，加强人才系统培育，打破创新活动的桎梏，营造创新创业氛围。

第五节　创新运营：生态系统维系的根本

创新驱动是大势所趋，是国家命运所系。国家高新区作为国家创新驱动

[①] 黄鲁成.基于生态学的技术创新行为研究.北京：科学出版社，2007.
[②] 吴陆生，张素娟，王海兰等.科技创新生态系统论视角研究.科技管理研究，2007（3）：30-32.

的核心载体，新时期，应准确把握创新驱动的内涵与阶段性特征，大幅度提升运营能力和水平，不断探索适合新经济、"新常态"、新形势条件下的创新驱动路径与模式。

一、新时期国家高新创新驱动的特征与机制

2015年3月，国务院出台《关于深化体制机制改革加快实施创新驱动发展战略的若干意见》，明确指出实施创新驱动发展战略就是要推动以科技创新为核心的全面创新。

（一）国家高新区创新驱动的新特征

一是从创新驱动源头来看，新技术革命成为创新源，大数据成为竞争资源。以大数据、云计算等为代表的互联网技术，成为驱动新技术产生、旧技术改造的普适性技术基础，形成国家高新区创新驱动的创新源。首先，企业通过对技术引进、消化、吸收、再创新，实现应用创新与集成创新。尤其是大数据，由于具无限增生与再利用的特点，已成为各个国家高新区竞相争逐的创新资源。各行业通过获取全方位的、实时的、海量的数据，从而为产业发展挖掘新市场，带来增量价值，产生新的增值空间。其次，新技术革命促使产业跨界融合，促使传统意义上的基础研究、应用研究、技术开发和产业化的边界日趋模糊，技术更新和成果转化更加快捷，传统产业更新换代不断加快。

二是从创新驱动过程来看，由创新资源引入向利用效率提升转变。过去国家高新区创新驱动注重的是创新人才、创新资源、创新平台等创新资源的引入，实现的是创新要素的简单集聚，创新资源利用效率偏低。但是随着环境、产业、城市等发展诉求的进一步提高，简单的要素集聚使高新区难以为继，发展模式亟须转变。因此，新阶段，国家高新区在落实创新驱动层面上更加注重创新资源利用效率的提升，通过把科技创新与资本、改革、文化等相融合，使基础创新资源发挥无限潜力。例如，国家高新区通过搭建新型研发机构、新型孵化载体等平台，实现了资本、技术、人才等方面的高效融合，大幅度提升了技术成果落地转化效率。

以中国科学院西安光学精密机械研究所（简称中科院西安光机所）为例（表2-1）。光机所积极探索科研体制机制改革，提出并实践"拆除围墙、开

放办所"的理念，创新用人模式，不断突破传统科研体制机制束缚，形成了科技+金融、科技+服务、科技+培训、研究所+社会"四融合"，以及"人才+技术+资本+服务"四位一体的科技成果产业化及服务模式，构建了"人才聚集—资金投入—企业规模化发展—反哺科研"的良性价值链，打通科技成果产业化的"接力棒"体系，破解了科技与经济"两张皮"的难题，为国家高新区践行创新驱动发展战略提供了有益的探索和实践。

表2-1　中科院西安光机所"四融合"与四位一体模式的探索与实践

发展模式	具体内容
科技+金融	成立西科天使基金，在项目发展初期就介入孵化过程，为科技创业领军人才创办企业提供第一笔资金支持，有效解决高科技成果产业化的资金问题
科技+服务	创办中科创星孵化器，致力于建立科技创业孵化器全生态体系，为孵化企业提供财务、法务、人力资源等各类接地气的贴身服务；同时提供专业技术、专业人力资源等，帮助初创弱小的高技术企业渡过初创危险期； 建立中科创星众创空间，为更早期的种子项目提供发展平台，并与多所高校展开紧密的创业项目孵化合作； 建立西安碑林区中科创星众创空间，打造独具特色的全方位创业服务社区
科技+培训	创建西北地区首家专注于硬科技创业的培训服务体系，积极开展CEO特训班、创业大讲堂、创业沙龙、创业公开课等各类活动，营造了良好的创新创业氛围
研究所+社会	与民营资本合作成立初创研究院，加强与国内外最前沿技术机构的全方位合作，吸引全世界优秀人才，指导部署研究所科研规划与创新工作； 与重点高校及科研院所合作，共同发起成立光电子集成电路先导技术研究院，整合地方分散的光电子集成优势技术和产业资源，搭建中试平台，孵化培育一批参与国际竞争的"领跑者"企业； 积极吸引和扩大社会资本进入研究所参与科研活动，并逐渐增加社会资本所占比例

三是从创新驱动结果来看，创新创业呈井喷之势，造就领先型创新。新时期，互联网技术催生了许多新技术、新产品、新模式，以互联网企业为代表的大批新经济业态涌现出来，创新创业呈井喷之势。尤其是国家高新区通过深入实施创新驱动发展战略，已呈现出创业氛围浓厚、创业活力强劲的创业浪潮。一批新型的孵化器和创业服务模式不断涌现，创新工场、创业咖啡、创客空间等新型孵化组织应运而生，成为凝聚创业资源和创业团队的创业社区，在塑造创业空间、构建创业网络、营造创业文化等方面极大地推动了创业浪潮，成了国家创新创业的主阵地，催生了移动互联网、物联网、3D打印、可穿戴设备、研发外包等一大批新业态，促使我国创新创业取得突破性发展，引领我国经济创新发展。

四是从创新驱动形式来看，开放式全方位创新成为其主导趋势。新时期，中国崛起下的大开放格局正在加速形成，高水平引进来、大规模走出去正在同步发生，随着"一带一路"倡议、自贸区、跨国并购热潮不断推进，开放创新已成为创新驱动发展的要素通道。同时，在"互联网+"战略背景下，互联网成了开放创新的有效手段。过去国家高新区由于创新驱动各要素之间缺少有效的联接工具，造成各创新要素无法有效联接与协同发生作用。然而，新形势下，国家高新区可借助互联网，通过搭建区域协同创新平台、打造平台型经济等措施，高效集聚与整合人才、资本、技术等创新资源，以及汇集社会力量，最大程度上驱动创新资源的配置。此外，互联网促使创新突破部门的条块分割的限制，走向开放协作与融合创新，加速制度创新；互联网与传统产业的跨界融合，驱动产业组织创新、产品创新、商业模式创新等。由此可见，国家高新区创新驱动正逐步向商业模式、制度、产业组织等方面创新全面拓展。

（二）国家高新区创新驱动的新机制

创新驱动的本质从跟随到原创，诞生原创型新兴产业。早期，国家高新区创新驱动主要是通过引进国内外先进技术、跟踪发达国家新兴产业进行跟随型创新，解决的是如何引领国家跟上世界步伐的问题。现阶段，在我国经济提质增效的关键期，国家高新区创新驱动追求的是原创型创新，解决的是如何发展全新的新兴产业，形成活力经济，打造中国经济升级版。其本质上是换血过程，增长不高，但内核在换；核心是培育新动力、新经济增长点，创造改变世界的原创新兴产业。例如，随着新一轮全球科技革命和产业变革，国家高新区围绕芯片、消费电子、通信设备、高速列车、移动互联网、物联网、软件开发等前沿领域，正在积极打造若干全球顶级的高端制造中心，未来将诞生全新的新兴产业。

创新驱动发展的关键是构建协同创新创业生态。协同创新创业生态是指以体制机制创新为导向，以创新创业为核心，围绕创新驱动发展的各个要素，构建产学研协同创新机制，促使各创新要素高度融合，最大限度释放创新活力。科研机构、高校、企业是科技创新主体，是驱动科技创新的重要环节。体制机制创新就是要突破传统科研体制机制束缚，畅通企业、高校院所、政府部门之间的创新合作关系，充分释放高校院所创新活力，加速知识扩散与技术转化，提升科研成果转化效率，提高企业自主创新能力。因此，协同创新创业生态有利于国家高新区构建使创新驱动有效运作的生态环境。

创新驱动的核心抓手是搭建新型创新创业平台。以互联网为代表的新技术经济范式，开启了"创业是创新的中心"的时代。在此背景下，"大众创业、万众创新"把创业推到了创新驱动的最前沿，以众创空间为代表的新型孵化平台成了经济发展模式的新亮点。众创空间是创新创业生态的起始点。在众创空间里，不但有更多的创业者甚至改变世界的创业者涌现，而且还有一批高成长性企业涌现。众创空间正带领着我国经济走向以创业为主的新经济。国家高新区是众创空间规模最大，发展最快的地方，落实创新驱动的核心工作就是积极推进众创空间等新型平台建设。

二、国家高新实施创新驱动存在的问题

目前，国家高新区已步入战略提升期，其重点任务就是引领创新驱动发展范式。国家高新区创新驱动已由要素积累的跟随型创新向追求要素高效整合的效率型创新、原创型创新、领先型创新转变。但仍面临一些问题。

一是动力不足，原创型新兴产业发展不够。国家高新区发展前期实施内生发展战略，随着省、市对其经济考核力度的加大，发展导向转向"招大引强"，招商引资政策力度过大，存量企业扶持、引导政策、服务等较少，忽视了本土企业的内部孵化。培养的领军企业缺乏，真正处于高端和全球主导权的新产业、新业态偏少，一批具有巨大成长潜力的中小科技企业难以成为行业前沿科技小巨人，内生发展动力有所不足，在全国新经济趋势和浪潮中逐步后退。

二是协同创新机制不畅，创新平台利用效率有待提升。从国家高新区产学研合作现状来看，政府、企业、高校院所之间的协同创新机制尚需完善，现有的创新合作很大程度上仍停留在对企业的技术服务层面上，合作层次浅、技术供给与需求不对称等问题突出，从而导致部分创新平台没有发挥应有的作用。一些国家高新区耗费巨大的人力、物力和财力，建设了不少创新平台，但处于"空中楼阁"的居多，有的创新平台虽然建立了相关组织机构和运作机制，但"名存实亡"的不少，严重阻碍了科研成果的转化。

三是开放性不足，联动辐射机制不健全。国家高新区一般具有突出的区位交通优势，但是其卓越的区位交通优势还没有充分转化为产业优势、通道优势，与周边区域协调并举的发展机制需要深化，各种矛盾依然存在，产业"孤岛"现象仍很突出，尚未形成跨部门、跨地区的协同发展机制。尤其是连接全球创新资源和面向全球建设高新区的方法和路径的机制尚未形成，在集聚海

外人才、技术等创新资源，企业走出去，技术外溢等方面的能力较弱。

三、国家高新区实施创新驱动的思考与路径选择

新形势下，国家高新区创新驱动发展的核心是全面深化改革，坚持推动全面创新，从跟随到原创，让创新真正落实到创造新的增长点上，把创新成果变成实实在在的产业活动，打造新产业、新业态、新技术、新模式，从而诞生原创型新兴产业，形成新的发展范式，打造新活力，为我国经济发展做出更大贡献。在这个过程中，其关键是营造创新创业生态，通过大众创业、万众创新，进行全面创新，形成活力经济，来实现真正的经济质量的升级。

结合现存问题及创新驱动新导向，按照创新创业生态化的发展路径，未来国家高新区实施创新驱动应做好以下几个方面的工作。

一是在创新体制机制方面，完善创新创业要素的流动与整合机制。以"创新为中心"全面深化改革，探索科研体制机制改革，通过积极落实科技成果转化政策、鼓励科研院所平台化发展、搭建新型产业技术研究院、建立开放实验等措施，构建企业、高校院所、政府部门参与的协同创新机制，充分释放高校院所创新活力，提高企业自主创新能力。同时，引导政府创新政策、体制机制的服务化。建立"互联网+"背景下的政府服务连接机制，为创新和发展的资源整合及空间拓展搭建实体或线下"连接"机制，形成本地、跨区域和全球创新资源的全面连接，促使创新资源高效配置，为创新主体的创新行为提供保障和服务。

二是积极搭建众创空间，全面营造创新创业文化。以建设众创空间为重点，加快发展新型创业服务平台。通过改造提升和新建一批众创空间，积极打造面向大众与服务大众的新型孵化载体群落；围绕产业需求，构建面向产业专业化的"众创空间"；推动孵化载体国际化发展，构建国际化创业服务体系等，全面营造创新创业发展环境，为大众创新创业提供良好的工作空间、网络空间、社交空间和资源共享空间。同时，以众创空间为载体，积极开展"创新创业"主题活动，全方位加强创新创业文化宣传，积极倡导鼓励创新、宽容失败的文化氛围，树立崇尚创新、创业致富的价值导向，使创新创业精神深入人心，形成"大众创业、万众创新"的生动局面。

三是鼓励商业模式创新，引导产业跨界融合和业态创新。以"互联网+"为核心手段，探索工业化与信息化的"两化"融合，推动制造业服务化发

展，培育发展智能制造、云制造、智能工厂等新业态，促进产业转型升级。加大力度配置互联网产业，发展平台型经济，加快企业组织形式网络化，推动企业生态化发展。培育壮大"创客经济"，开展股权众筹、众包设计、开源硬件、个性订制等新模式探索。同时，鼓励O2O（线上到线下）、P2P等新型服务模式创新发展，促进其由提高生活性服务业便捷性向提高生产性服务效率转变，推动互联网金融、在线教育、在线医疗等服务业跨界发展，推动实现服务能力在线化。

第六节　互联网时代创新生态系统变革及其对国家高新区的作用

在互联网到来之前，创新生态系统在现实中或多或少存在要素分割、效率低下、动力缺乏的问题，其原因在于缺少有效的连接工具，使各个要素连接共享，协同发生作用。而互联网天生具有连接属性，其着力实现的人人连接，人物连接，物物连接的图景，将极大地促进创新要素融合，使现实中的创新生态系统，真正的具有"生态"和"系统"的属性，并由此带来真正意义上的创新的高效率涌现。

一、创新生态系统的概念与主要特点

（一）从"创新系统"到"创新生态系统"

自伦德瓦尔（Lundvall）于1985年率先使用创新系统（system of innovation）的概念之后，弗里曼（C. Freeman）1987年发表《技术政策与经济绩效：日本国家创新系统的经验》，首次使用"国家创新系统"（national innovation system）的概念来概括日本的成功追赶。国家创新系统被描述为一种由公共部门和私营部门共同建构的网络，一切新技术的发起、引进、改良和传播都通过这个网络中各个组成部分的活动和互动得到实现。随后，OECD于1994年启动"国家创新体系研究项目"（NIS project），知识经济时代和国家创新系统概念逐步得到共识，关于国家创新系统的研究从理论进入

到各国决策层面。

在我国，国家创新系统的研究始于20世纪90年代中期。1998年国务院决定由中国科学院先行启动"知识创新工程"，作为国家创新体系试点。之后，关于国家创新系统和区域创新系统的研究与实践逐渐深入。

硅谷的持续创新发展，促成了创新生态的提出与持续研究。《区域优势：硅谷和128号公路的文化和竞争》(*Regional advantage: Culture and competition in Silicon Valley*)和《硅谷前锋：创新和创业的栖息地》(*The Siliconvalley edge: A habitat for innovation and entrepreneurship*)是两本关于硅谷研究的著名著作。《区域优势：硅谷和128号公路的文化和竞争》一书认为，硅谷的优势在于其以地区网络为基础的工业体系，鼓励协作和竞争。《硅谷前锋：创新和创业的栖息地》指出，硅谷的最大特点是作为"高科技创业精神的'栖息地'"，"要从生态学的角度来思考"才能解释硅谷的难以复制性，"如果要建立一个强有力的知识经济，就必须学会如何建设（而并非单纯模仿）一个强有力的知识生态体系。"

克林顿政府1994年发布的第一份有关科学政策的正式总统报告《科学与国家利益》中提出："今天的科学和技术事业更像一个生态系统，而不是一条生产线"。美国总统科技顾问委员会随后开展研究探索美国的创新领导力及国家的创新生态面临的挑战，将创新生态系统（innovation ecosystem）作为其中的重要内容。其中，形成的《维护国家的创新生态系统：保持美国科学和工程能力之实力》研究报告强调，美国的经济繁荣和在全球经济中的领导地位得益于一个精心编制的创新生态系统。这个创新生态系统的核心驱动因素是国家关于科学、技术、工程和数学的技能上的实力。对于创新生态系统的探索实践成为各个国家或区域的战略重点。

（二）创新生态系统的概念模型

当前的研究对于"创新生态系统"的内涵和外延尚未统一界定，研究的层次也涉及国家、产业、企业等多个方面，分析模型也是多种多样的。《创新美国：在竞争与变化的世界中繁荣》(*Innovate America: Thriving in a World of Challenge and Change*)报告将创新定义为发明和眼光的相互作用而导致社会和经济价值的创造，指出创新最好不要看作是某种线性的或机械的过程，而是看作在我们的经济和社会的许多方面具有多面性并不断相互作用的生态系统。

美国总统科技顾问委员会发表的《创新生态中的大学与私人部门研究伙

伴关系》的报告中，则进一步阐述道："这个生态系统包括从学术界、产业界、基金会、科学和经济组织到各级政府的一系列的行动者。在广泛承认其非线性和相互作用的同时，最简洁地说，创新过程可以看作是产生出新知识（教育和培训）和技术（开发和商业化）两者的过程，这是一个从基础发现的研究运动到市场的过程。在这个模型中，主要是由联邦政府和私人基金会所资助的基础科学的结果，被转译成为应用科学和基础技术，此时的研究相应地是由种种的公共和私人实体所资助，而随着科学和（或）技术走向成熟，风险资本也往往提供了额外的资助。如果研究的结果是成功的、适合于市场的，它们就变成了驱动经济的商业的（或公共受益的）过程和产品。许多的条件会影响这个生态系统，例如法律和监管考虑。创新生态系统并非按照明确定义种种行动者的作用而严格规划的。结果是，每个行动者的相对位置，以及鼓励或阻滞创新过程的条件，都会连续不断地变化。"

（三）创新生态系统的特点

由多主体共同参与。创新生态系统由各种各样的"生物物种"（成员）组成，各成员间存在各种复杂的关系。"生物物种"主要包括由企业个体及同质企业（相同的技术、供应商、用户等）所形成的"种群"，如消费者、供应商、市场中介、金融机构和投资者等。相互间的各种复杂关系既有垂直关系，如供应商、消费者、市场中介机构等之间的关系；又有水平关系，如竞争对手、其他产业的企业、政府部门、高校、科研机构、利益相关者等之间的关系。它们分别形成了核心生态系统、扩展生态系统和完整生态系统三个层面。

以平台为中心。创新生态系统是由多种不同主体相互交织形成的开放的、多维的、共同演进的复杂网络结构。其中的每一个生态系统都是一个开放的、与社会有着全方位资源交换而且不断做内部调整的动态系统，因而具有自身所在系统未有的特性和功能。创新生态系统研究的对象逐渐从个体扩展到"种群"范围，最后扩展到"种群"之间的关系层次。

二、互联网加速创新生态系统变革

（一）对互联网的理解

互联网作为近代人类最伟大的发明之一，打破了信息的时空限制，并由此带来了巨大的经济和社会变革。一般而言，对互联网本质的理解可以从三个层面展开，分别是工具层面、理念层面和路径层面。工具层面的互联网是互联网网络本身，和基于互联网的大数据、云计算等一系列技术；理念层面的互联网是指互联网思维或者互联网方法论；路径层面的互联网即是由互联网企业主导的产业颠覆或融合过程。

1. 工具层面——互联网技术

互联网作为一种通用目的技术，和 100 年前的电力技术、200 年前的蒸汽机技术一样，正在对人类经济社会产生巨大、深远而广泛的影响。互联网诞生之初，和电话、电报一样，是一种即时通信工具，后来随着互联网连接的终端和存储的数据量不断增加，基于互联网的云计算、大数据等新技术也不断出现。互联网的作用已经不仅仅是一种通信工具，而成为能够和人类大脑媲美的社会分析和决策中枢。

人类使用任何工具的根本目的是满足自身需求，和使生产生活更加便利。互联网工具区别与其他技术工具的最大特点，是其具有"即时""泛在"和"智能"的属性。"即时"是指互联网彻底打破了信息的时空限制。信息在网络上以 30 万千米/秒的速度传播，一秒钟绕地球赤道 7.5 圈，相对于人类神经的反应速度来讲，其延迟基本可以忽略不计；"泛在"是指互联网天生具有扩张属性。互联网的价值随着其连接的终端和储存的数据量的增长而增长，互联网将最终扩张成为一张无处不在的大网；"智能"是指随着人工智能技术的进步，互联网正在成长成为一个"超级大脑"，越来越多地承担起决策和分析的职能。

2. 理念层面——互联网思维

互联网的出现和基于互联网的新技术的广泛应用，不但给人类的生活带来了巨大的便利，也打破了原有的经济社会秩序，重建了经济社会的运行规则。互联网思维即是对互联网时代的新秩序、新规则和新理念的高度概括和总结。在百度的一个大型活动上，李彦宏与传统产业的老板、企业家探讨发展问题时，李彦宏首次提到"互联网思维"这个词。他说，我们这些企业家们今后要有互联网思维，可能你做的事情不是互联网，但思维方式要逐渐像互联网的方式去想问题。

我们认为，互联网思维不是方法论，而是思维维度，互联网思维强调开放、协作、分享。相对于工业化思维来讲，互联网思维是一种商业民主化的思维，是一种用户至上的思维。和君创业的赵大伟将互联网思维总结为 9 大思维，包括：用户思维、简约思维、极致思维、迭代思维、流量思维、社会化思维、大数据思维、平台思维、跨界思维。

3. 路径层面——互联网+

当前我们正处于由传统形态社会向互联网形态社会的演进阶段。产业层面的演进尤其剧烈，由互联网企业主导的互联网产业与传统产业的跨界融合是其最主要的标志。纵观互联网的发展史可以发现，互联网首先是作为一个单独门类的产业野蛮生长，其实力壮大之后，再对传统产业进行颠覆和改造。这种由传统形态走向互联网形态的路径，被形象地称为"互联网+"。

在2012年11月14日的易观第五届移动互联网博览会上，易观国际董事长兼首席执行官于扬先生首次提出"互联网+"理念。2015年3月5日上午十二届全国人大三次会议上，李克强总理在政府工作报告中首次提出"互联网+"行动计划。"推动移动互联网、云计算、大数据、物联网等与现代制造业结合，促进电子商务、工业互联网和互联网金融健康发展"。阿里研究院的"互联网+"研究报告中认为："互联网+"的本质是传统产业的在线化、数据化。这个过程会经历两个阶段：第一阶段是新兴产业的兴起和新基础设施的广泛安装；第二个阶段是各行各业应用的蓬勃发展和收获（每个阶段各20～30年）。2015年是互联网进入中国21周年，中国迄今已经有6.5亿网民，5亿的智能手机用户，通信网络的进步，互联网、智能手机、智能芯片在企业、人群和物体中的广泛安装，为下一阶段的"互联网+"奠定了坚实的基础。过去十年，"互联网+"的过程呈现"逆向"互联网化的过程：从消费者在线开始，到广告营销、零售、批发和分销，再到生产制造，一直追溯到上游的原材料和生产装备。从另一个角度观察，"互联网+"是从C端到B端，从小B再到大B的过程，产业越来越重。在这个过程中，作为生产性服务业的物流、金融业也出现互联网化的趋势。

（二）创新生态系统的变革趋势

1. 由封闭创新走向开放创新

创新活动本身由一开始局限于某些机构内部，到开始跨越传统机构边界，在更大范围内动员更多资源，创新的边界更加模糊，创新的方式更加灵活，即由封闭式创新走向开放式创新。这是由于单个独立企业的创新已经不能够赶上外部环境变化的步伐，创新的挑战已经从企业内部走向外部，面对技术和市场的快速变化，要求企业走出内部创新的藩篱，主动进行开放式创新，通过合作伙伴之间的协同与互补实现创新。实际上，小米、苹果、谷歌这些企业为用户创造的价值，不是仅由这些企业独自完成的。此外，当前创新更多表现出"非线性"的特点，尤其是在"突破性技术创新"上，这一特征更加明显。创新具有极强的不确定性，很难"规划"和"计划"，可以说是"既不可预测，又不得不做"。"涌现创新"是应对这种不确定性的有效方式。企业需要培育友好的"创新生态系统"，即培育创新的环境，创造创新的机会和激情，尊重和激励创新，引导创新行为不断涌现，相关各方共生演进。

2. 由线下走向线上线下一体

互联网的出现，使得创新生态系统正在由"隐性"走向"显性"，打破了"创新活动局限于创新机构院墙之内，创新要素之间的协作关联也缺少记录和关联"的局限。最显著的标志就是一大批线上创新服务平台的出现，包括虚拟孵化空间、网上专利技术交易平台，以及线上路演投资平台。创新生态系统中越来越多的活动被数据化，搬上网络空间。线上平台的出现，好比为现实中的创新生态系统打造一个网络镜像，这就使得现实中的整个创新活动在线上被记录和呈现。线上系统的出现也在改造现实中的创新活动，也使得创新活动的设计、组织和运行更加透明和高效。

3. 由空间聚集走向文化聚集

传统理论中的创新生态系统是一个区域系统的概念，各创新要素要求在空间上邻近，以实现沟通和协作的便利化。而互联网时代下的创新生态系统一定程度上打破了这种地域限制。一方面依托于互联网线上平台，一些企业和研究机构可以在全球范围内配置创新资源，以实现创新要素的最优和协作效率的最大化。但另一方面，创新生态系统中的文化要素相对更加重要起来，空间上的聚集，尤其是人的空间聚集，对于创新生态系统中的文化要素的形成十分重要。因为诸如情感和文化更多的是在人面对面交流与共处的时候被激发和传播的。互联网的出现使得信息的传播突破时空的限制，基于信息的服务尤其可以在更大的空间范围内调配，削弱了空间聚集的重要性。而在硬件设施趋同的背景下，文化和观念等要素的重要性愈加凸现出来，文化的地域属性又加强了空间聚集的重要性。

三、国家高新区创新生态系统演化的趋势与建议

（一）国家高新区步入以创新生态系统建设为核心的新阶段

随着硅谷等世界著名高科技园区的崛起，各地高新区意识到培育优势的创新生态系统的重要性。从硅谷、新竹、索菲亚、剑桥科技园、班加罗尔、大德等为代表的世界一流科技园区发展特点来看，高新区已经成为新兴产业和新业态的发源地，通过创新创业生态系统的营造，形成了具有较强的内生增长机制，保持了较强的创新能力。

我国高新区经过30年的发展，在我国创新系统中的作用逐步凸显，其功能主要包括：全球创新要素汇集地和创新系统运行的载体、创新创业的沃土和新兴产业（业态）发源地、引领新市场的全球领军企（产）业栖息地、创造和实现高经济价值的现代知识城（社）区。由此可见，我国国家高新区已经成为创新驱动发展国家战略的主阵地。同时，国家高新区在搭建创新生态系统方面也开展了持续的探索实践，从创新环境到科技服务体系建设，均取得了显著的成绩，目前正在向打造创新创业生态进行延伸。其中代表性的案例包括中关村和深圳在创业生态方面的新探索。

1. 中关村创业大街

中关村创业大街位于北京海淀区中关村西区，其前身是海淀图书城步行街。2014年6月，海淀图书城步行街成为全国首个大规模集聚早期创新创业要素的特色街区——中关村创业大街。"创业大街"将政策支持、专业创业服务中介、服务机构、投资机构、知识产权管理、培训机构等多种要素汇聚在一地，为科技型创业者、初创团队提供专业支持。创业的年轻人在这里可以享受到低廉的办公场所租金、快捷的行政审批流程、体系化的服务咨询、专业的培训和全面的资金扶持等初创必要支持。在这里，除了可以获得培训、孵化、天使投资、甚至A轮投资，创业者还可以建立属于他们的"圈子"，促成未来更大的发展。目前，在这条长不过200余米、宽只有10余米的大街上，已经入驻了车库咖啡、3W咖啡、Binggo咖啡、飞马旅、36氪、创业家、联想之星、黑马会等20余家创业服务机构；入孵创业团队达400个，其中超过60个是海归团队；有200个创业项目已获得融资。越来越多的"创客"被这里的创业文化和创业环境所吸引，期待在这里实现自己的创业

梦想。

2. 深圳国际创客中心

美国当地时间2015年3月10日早上，一则写着"MAKE WITH SHENZHEN"（与深圳共同创造）的深圳"创客之城"巨幅广告亮相纽约时代广场的大屏幕。这是2015年深圳创客周的主题宣传，彰显了这座城市对"创造"的强烈渴望。

在国际创客手中流传着一张"创客地图"，地图上所描绘的华强北，是全亚洲数一数二的电子元器件集散地，这里的元器件种类繁多，创客们可以以相对低廉的价格买到绝大多数想要的东西，助力自己的创意变成现实产品。华强北为世界范围内最具有创造力的人群提供创新平台。全球最大的硬件创新孵化器HAXLR8R也从硅谷搬到此地。

深圳提出打造国际创客中心的目标，在每年6月份设立国际创客周，吸引全球创客。深圳市政府还将打造全球创客实践自己想法的强大硬件平台，让创造者与配套商对接，吸引企业支持甚至风投的关注，为创客提供更好的服务，助力将创新想法变成现实，使深圳成为全球创客和工程师能够实现自己想法的平台。

（二）高新区建设创新生态系统的相关建议

1. 充分应用互联网技术

在互联网出现之前，有关创新的各种系统模型都只能称为概念模型，因为在现实中缺乏一个有效的工具，来打破创新系统要素之间的信息壁垒，加强要素之间联系。而互联网，以及基于互联网的一系列技术的出现，使得在现实中打造一个基于互联网的创新生态系统模型实体成为可能。高新区在打造园区创新生态系统过程中，要注重充分应用互联网技术。从互联网平台的搭建，到应用大数据分析等技术不断挖掘线上平台的价值，互联网技术的应用可以大致分为两个阶段。第一个阶段是信息化的阶段。即通过互联网实现人与人、物与物、人与物的充分连接，将客观世界的人和实体抽象为数据。这些数据在线上平台可交易、可检索、可共享；第二个阶段是人工智能阶段。随着有关各创新要素的数据积累，可以通过大数据分析等人工智能技术，对创新要素的价值，创新活动的绩效进行科学分析和评估，为创新活动的设计和组织提供决策支持。

2. 打造线上线下融合形态

我们认为，在互联网时代，理想形态的创新生态系统一定是由线上和线下两个系统构成，但线上系统和原有的线下系统并不是简单的协作关系，而是要达到一种高度融合的状态。这种高度融合具有两个层面的含义。第一，线上平台是线下实体和线下活动的数据化形态，其本质上是统一的；第二，线上平台承担的更多是信息共享、数据分析和决策支持的职能，线下系统则进行具体活动的组织、执行和反馈。两者相互反映和支持。

线上系统是一个连接各类创新要素和实体的互联网平台。在该平台上，各类创新要素被数据化，以实现各类信息的即时沟通、共享，并能够应用数据分析技术进行科学决策，对创新活动的绩效进行监测和评估。线下系统是一个包含人才、设备、资本和机构的执行系统，基于线上系统的信息和决策，创新活动被科学设计、组织和修正，最终实现创新活动的高效进行。

3. 发挥市场化创新创业平台的作用

随着政府深化改革的逐步推进和高新区运营管理的逐步规范，市场化力量在创新创业生态形成过程中的作用将逐步显现。目前，一些高新区已经成型了一批以创业孵化为目标的市场化孵化器，并涌现了一批具有创业孵化功能的平台公司。这些平台公司通过内部衍生或迭代创业，往往能够催生一系列创新创业群体，因而比传统的创业企业更为突出。高新区应将引导和扶持市场化创新创业孵化平台作为生态系统的重要内容，带动本土创业系统的发展。

4. 培育自由、包容的创新文化

崇尚创新和人生价值实现的文化和观念是创新生态系统的核心要素。创新文化的缺失是众多地区培育的创新生态系统不够理想的主要原因。这一方面是由于以规范、服从、自律为标志的工业文化仍存在巨大的惯性，抑制了以开放、自由和创新为标志的新文化的发生；另一方面，文化和观念的形成是一个长时期的历史过程，需要无数的创新人物、创新故事的积累和沉淀。高新区应该从多方面入手，培育自由、包容、注重价值实现的创新文化。包括加大对创业明星和创业故事的宣传报道，放大模范人物的激励作用；同时鼓励兼职创业，离职创业，连续创业，营造万众创业的良好氛围；此外，要打造促进创新创业者沟通交流的"众创空间"，促进创新创业文化在群体中的发展和传播。

第七节　国家高新区创新生态体系构建的逻辑框图

随着中国经济和全球经济的快速演变，全球科技园区的内涵也在发生深刻变化。国内目前发展程度较高的园区也都开始进入了第三个发展阶段。在这一阶段中，园区建设与新型城市的发展融为一体，并体现出了能够激发创新并依靠创新支撑发展的核心内涵。

一、创新生态体系构建的新视角

（一）肩负适应和引领"新常态"的发展责任

着眼于国民经济新阶段的发展，国家高新区需要自觉肩负适应和引领"新常态"的发展责任。

适应"新常态"。以深化体制机制改革为重点，贯彻落实国家全面深化改革的举措，在适应"新常态"的大政方针下探索园区体制机制改革和创新发展的道路。重点是充分尊重市场主体在经济价值的发现、创造和实现过程中的能动作用，破除阻碍创业创新的束缚，优化各类资源要素的配置模式和运行效率，实现园区治理能力的现代化。

引领"新常态"。利用优势、抓住机遇，响应国家全面推进创新驱动发展的步伐，加快以"科技创新为核心的全面创新"，引领"新常态"。尤其是要对接"中国制造2025"、"互联网+"、大众创新万众创业等战略举措，提高园区创新创业的水平和能力，为区域经济和国家经济提供"新动力"和"新空间"。

（二）树立全球发展与全面开放的发展导向

在中国经济和全球经济发展的新阶段，高新区的创新发展必须树立全球发展和全面开放的发展导向。

全球发展。把国家高新区创新发展纳入全球发展的大视野。尤其要结合国家的"一带一路"倡议，推动高新区研发和设计、品牌和产品、经济合作和园区建设走向国际的发展，并构建面向全球的产业创新和集群竞争优势。

全面开放。配合国家全面开放的发展战略，借鉴各地自贸区已经取得的建设经验，在高新区深入探索全面开放的园区治理模式。重点是形成能够整合全球创新资源和面向全球建设高新区的方法和路径。

（三）着眼于技术经济范式和发展方式转变的内在诉求

全球技术经济范式转变的宏观背景和国家高新区经济发展的现实都带来了对发展方式转变的迫切需求。

传统产业升级。互联网等新兴技术带来了对传统产业的颠覆，同时也带来了传统产业升级发展和转型发展的机会。这对国家高新区的挑战尤其重大，高新区需要抓住机遇，再造传统产业。一方面需要在秉承意义上继续加大产业创新力度；另一方面需要在"工业4.0"和"互联网+"的意义上，探索工业化与信息化的"两化"融合，推动制造业的服务化发展，促进产业的转型发展和升级发展。

新兴产业发展。更需要抢抓技术经济范式变革的机遇，促进新兴产业发展。尤其是高新区需要在壮大已有新兴产业集群的基础上，加大力度配置互联网产业和发展互联网平台型企业。

（四）确立和遵循全面创新的发展理念

习总书记提出"以科技创新为核心的全面创新"和党的十八届五中全会提出的"理论创新、制度创新、科技创新和文化创新"赋予了"创新"更高和更广的内涵意义，国家高新区新时期的创新驱动发展也必须遵循这样的理念。

营造创新创业生态。确立和坚持这样的理念，营造创新创业的生态就成为高新区建设和发展的主要任务。"全面创新"的本质是创新生态的表现，通过创新创业生态的营造，能够提高整个园区的全面创新能力，从而促进园区不断向经济和社会更高阶段的发展。

二、创新经济体的发展定位

创新生态体系是一个土壤，形成具有持续创造性经济的动力和形态，才是我们的目的，为此，我们用"创新经济体"的模型来概括解析这种新阶段的园区发展形态。国家高新区未来发展也需要定位于这样的园区发展形态。

（一）创新经济体以"创新创业"为核心

创新创业是一个区域的活力所在，也是一个区域能够不断成长和发展壮大的生命力所在。创新创业既是一个区域发展的驱动力，也是一个区域能够不断增加多样性，带来新文化、新文明和多样化生活的凝聚力所在。一个区域的发展、变异、选择和不断向更高阶段的演化，根本性的力量就来自于这里。因此，就创新经济体的构成而言，创新创业是核心。

就国家高新区而言，面向创新经济体的构造，战略发展的基本着眼点在于创新创业。通过创新创业产生"聚变"和"裂变"的力量，驱动园区不断地发展壮大和驱动园区不断向更高阶段的发展演化。

（二）创新经济体要能够为创新创业"提供资源"

要发展和激活创新创业必须要有聚集知识人才的载体或社区，要有以发达的知识资本构成为标志的条件基础，因此，承载知识的"新社区和知识资本构成"就成为满足创新经济体未来发展必须的构成条件。

就国家高新区而言，这样的条件和基础是国家高新区的先天优势所在，国家高新区聚集着许多高规格的国立研究机构和研究型大学，这是国家高新区所具有的其他高新区很难攀比的特有优势。因此，新的发展必须着眼于对这种基础和条件的有效利用，使其更有效率地为创新"供给资源"。有两个方面的后天努力是国家高新区需要加强的：一是通过改革和制度创新打造创新创业支撑平台，形成创新要素的"聚集和再聚集"。创新要素主要是人才、知识和资本，因此支撑平台的打造主要就是建设针对人才、知识和资本的平台；二是要善于在人才聚集的基础上，发展知识社交网络和构建学习型社会。硅谷和中关村的经验都表明，社交空间和社交网络是激发创意、促进创新、助推创业的强大力量。因此，国家高新区打造创新创业的核心动力空间，需要把社交网络联结的创新社区构成作为长期建设的目标任务。

发达的知识载体、知识社区，灵动的社交空间和发达的社交网络是创新经济体内部组织的机制和力量，是孕育和繁衍创新创业的生态土壤。

（三）创新经济体要从"生产供给"过渡到"价值供给"

"创造供给"是高新区存在的理由。但以往高新区创造供给只表现为"生产供给"，在这种状态下，生产供给往往只是一个独立的可以割裂于城市活动的空间存在。但在创新经济体的发展定位下，"生产供给"需要让位于"创造供给"，创造供给的首要表现是高价值生产，高价值生产与创新创业紧密关联，一个园区的创新创业的优异程度一定与园区有无高价值生产密切相关。高端价值生产表现为价值链高端的研发设计或销售，以及新业态、新模式或关键部件等的领先生产或垄断生产，这些往往都首先源于领军企业的创新需求和创新实践。在高新区早期阶段，"生产供给"仅表现为降低或优化生产成本等的大规模生产制造，这种生产制造与创新创业的互动作用很小。但到高新区进入高价值生产阶段后，价值的产生主要让位于创新的价值增值，这样一来，园区的创新就与园区的产业之间产生了紧密互动的关系。高价值的生产和制造会不断对创新提出新的需求，同时，新涌现的创新也会通过在生产制造过程中的应用得以检验。

因此，许多园区把创新型领军企业的作用看成是打造创新创业生态的首位因素。就国家高新区而言，目前在创造供给方面的高价值生产环节尚显薄弱，这无疑在今后创新经济体的发展中需要刻意加强。

（四）创新经济体要营造创新发展的市场

任何创新能否收获价值和能否发展起来最终都是由市场定义的，反过来说，往往能够迅速进入市场的创新都是首先是由需求引致的。尤其在社会普遍进入的新技术经济范式条件下，想法、创意、创造的过程、需求和体验，以及应用和推广都加速压缩在同一时空背景下，由此，营造创新发展的市场成为园区能够激发创新的外在条件。发达的商业氛围和商业渠道一方面能够使高新区感受到全球商业的最新变化，并对这样的变化做出快速的响应；另一方面能够使自身创造的变化快速进入商业和引领商业。国际上和国内发展迅速的园区无一例外都贴近或自身就具有发达的市场网络、引领创新的市场氛围、引领投资和消费趋势的市场导向。由此，市场的发展也是对创新经济体发育程度的鉴别，一个能够迅速响应变化的园区一定具备高效感受市场脉动和能够不断吸纳外部知识和营养的环境和条件。

因此，着眼于向创新经济体的发展转变，对许多相对距大市场偏远的高新区，营造创新发展的市场更直接关乎高新区的创新发展成效。值得指出的是，以互联网为标志的信息技术发展给新时代背景下的市场营造提供了无限可能，也极大消除了由于空间和地理等原因导致的发展市场障碍。但同时在不同的地区或各地高新区间发展市场的竞争也日趋激烈，新的法则不是等候市场的自然形成，只在于谁做得快和谁抢得先机。这对国家高新区而言尤其如此。

（五）创新经济体要有文化的活力和新知识人口的凝聚力

梦想和激情、时尚和消费、知识和进步是一个城市或一个区域是否具有内生发展的活力和是否具有对新知识人口吸引力的三个重要方面。梦想和激情是指该区域能够承载年轻人创造财富的梦想，并且该区域可以不断激发新的创造激情；时尚和消费是指该区域能够引领时尚，不断吸引新生代的追逐，并通过这些新生代的追逐引领新的消费，消费引领能够带来时尚，形成对经济和社会的引领，同时把追逐新时尚和促进求异求变的创新精神融入社会；知识和进步是指在该地区能够不断获取新的知识，带来不断的成长和进步。这三大方面是一个园区的活力所在，也是生命力和凝聚力所在，我们看到，许多老工业基地的衰落无一不是上述三大方面的逐步丧失。这就需要一个园区不但要酿造发达的商业网络，还需要有能够引领消费和崇尚创业的文化、有创业和创富的空间和机会，以及有吸取知识和知识更新的条件。而这些鉴别这种环境是否优异的标志是该区域是否具有较高的新知识人口的聚集。

三、创新创业生态的建设路经

（一）创新经济体与创新创业生态

就概念而言，"创新创业生态"的含义是指：在特定环境中，创新创业的发生和发展具有自发性和自组织演进（发生、选择、变异）的特征，以及具有自更新和自放大的机制。具有这种内涵意义的创新创业存在环境就是创新创业生态。

值得指出的是，创新创业生态是以创新创业为观察对象，所描述的现象属于经济现象，也属于社会现象。之所以说是经济现象，主要是指创新创业的经济目的性，指这样的经济空间或经济环境能够孕育和承载这种创新创业的自发性和自主性；之所以说是社会现象，主要是指创新创业的社会表现，指这种特定的社会场景能够不断生成创新创业的社会基因和促进这些社会基因的选择变异，从而推动社会不断向更高阶段的创新创业的社会形态演化。

因而，创新创业的表现是对创新创业生态优劣的评判，但创新创业不是独立的存在，而是融入在整个产业、市场、社会和文化所构筑的局域环境之中。所以局域经济社会环境中的产业、市场、社会和文化是创新创业生态的环境构成因素，而创新创业的组织和行为是创新创业生态的观察主体。

我们所表达的创新经济体的概念实际上就是这种创新创业生态构成形态。在创新经济体的构成中，创新生态被表达为创新创业的内核与其他4个生态构成要素互动影响：创新创业推动了产业的升级发展，而产业的升级发展（更高价值生产）反向进一步带动了创新创业；创新创业刺激和生成了新的市场，而市场的良性发育又进一步诱发了创新创业；创新创业的活跃酿造了有进取精神的文化，而文化的影响则凝聚了更年轻和更富有冒险精神的生命和活力；创新创业增进了社会的知识土壤，而知识土壤的肥沃又进一步助推了更优秀的创新创业。

因此，尽管就创新创业生态而言，目前尚有多种有不同视角的观察，但其本质表现都不外乎上述4个方面。但还需要指出的是，目前不论在中国还是在世界范围，科技园区的经济和技术的竞争已经发展到创新创业生态的竞争。从生态视角观察，看一个高新区是否成功其主要的标志主要是看其在创新创业方面是否具备了在世界经济范围内响应变化、创造变化和引领变化的能力。

（二）创新创业生态建设的目标任务

国家高新区创新驱动发展的战略与创新创业生态建设的战略具有高度的一致性，也可以说当前阶段创新驱动发展的战略的重点就体现为创新创业生态建设的战略。从这种寓意出发，创新创业的活跃和发达是创新发展的本质要求，也是创新创业生态的显性标志；产业发展、市场发展、社会发展和文化发展是创新驱动发展的表现，同时也是创新创业生态构成要素强盛的表现。

由此形成创新创业生态建设的基本思路是：以发展创新创业的支撑平台为抓手促进创新创业；通过创新创业促进产业发展，同时通过发展产业生态带动创新创业；通过营造开放市场促进对创新创业的需求，同时又通过创新创业的生长进一步繁育市场；通过多元化新知识人口的汇聚注入创新创业的活力，同时也通过创新创业的感召形成园区的人才吸引力；通过发展和完善知识社会的构成基础为创新创业提供知识营养，同时也通过创新创业进一步增加社会的知识基础。

按上述思路，创新生态体系建设的内涵目标可表达为实现5个功能板块的目标导向，即创新创业的聚集区、新工业形态的示范区、开放经济的引领区、多元文化和人才的汇聚区、高端智慧生活承载区。

创新创业聚集区。高新区做创新创业的内核打造，建设支撑创新创业的平台，丰富创新创业的资本渠道，聚集创新创业的人才，完善促进创新创业的政策生态体系，激活各类创新创业主体的活力，带动大众创新万众创业，可使高新区整体呈现出创新密集、创意迸发、创业活跃，不断引领变革的繁荣景象。

新型工业形态示范区。着眼于技术经济范式的全球性转变，传统的工业形态必将被新工业形态取代，这种新工业形态在德国就被称为工业4.0，在我国被称为工业化和信息化融合，主要就是要以信息技术与制造业深度融合为主线，推进制造业向智能化和服务化转型，"互联网+"是这种转型的核心表现形式。这样的工业形态也标志着国家高新区的工业体系向高价值生产的高级阶段转变，国家高新区需要在"十三五"期间花大气力完成这样的阶段转换。

开放经济的引领区。在"一带一路"和全面开放的大背景下，结合全国交通枢纽的地理位置，依托互联网时代的信息和技术手段，做区域性的开放经济引领，重点是面向"一带一路"沿线国家营造创新发展的市场。以开放经济促进开放创新，以营造市场促进资源整合，使高新区逐步发展成为能够联通全球的市场接点，尤其是新兴的创新市场。

多元文化和人才的汇聚区。同样在"一带一路"和全面开放的大背景下，加大国家高新区国际化园区建设的推进力度，结合合肥高等教育发达等传统优势，发展面向国际的实用人才培养，发展文化、创意、时尚、会展、娱乐等产业和消费，通过聚集受教育群体、聚集创新创业人才和吸纳国际化的人才就业，吸引和汇集年轻知识群体，不断为高新区注入新鲜血液和活力。

高端智慧生活承载区。合肥是我国传统的科教资源密集区，是国家大科学的研究基地，保持高新区在知识创造和源头创新的研发优势是国家高新区发展的基础优势。要进一步巩固和发挥好这样的优势，高新区就必须做好园区能够承载高端知识活动的城市建设和社会建设，要在提供智慧化公共服务、生态化优美环境、国际化人居社区、友好性政务管理等方面走在全国前列，为全国提供现代知识城区建设的样板和示范。

第八节　国家高新区"十三五"科技创新离不开"1+6"发展思路

"十三五"是中国经济社会发展的关键时期，是落实"一带一路"倡议和"创新驱动发展"战略的关键时期，在这个关键时期，作为我国创新资源最集中的功能区域，国家高新区如何发挥30年来积累形成的发展高科技产业的经验，率先在新一轮经济转型中发挥更大作用，值得我们思考和关注。

一、"1+6"内涵与提出背景

所谓高新区科技创新"1+6"发展思路是指，一个核心六个深入。"一个核心"就是以科技创新为核心的全面创新改革。"六个深入"就是指科技创新向市场化深入，充分发挥市场决定作用，优化科技资源配置机制；科技创新向大众创业深入，大力发展众创空间，激发大众创新、创业活力；科技创新向产业生态深入，构建产业创新生态系统，促进产业转型升级；科技创新向全球化深入，全面深化国际科技合作，增强创新辐射能力；科技创新向互联网深入，依托互联网战略平台，推动园区跨越式发展；科技创新向制度协同深入，深入推进全面创新改革，重塑园区发展活力。

以科技创新为核心的全面创新改革，是党的十八大以来党中央、国务院提出的新的指导方针。《中共中央国务院关于深化体制机制改革加快实施创新驱动发展战略的若干意见》指出，把科技创新摆在国家发展全局的核心位置，统筹推进科技体制改革和经济社会领域改革，统筹推进科技、管理、品牌、组织、商业模式创新，统筹推进军民融合创新，统筹推进引进来与走出去合作创新，实现科技创新、制度创新、开放创新的有机统一和协同发展。过去推动科技创新工作，基本上是以科技部为主，新时期，科技创新工作，是以科技部、国家发改委、财政部、工信部、教育部等协同为主，尤其是国家发改委牵头成立部际协调机制全面指导创新改革工作，更是全部门推动创新改革工作的写照。

"六个深入"中的前三个，科技创新向市场化、大众创业和产业生态深入，属于科技创新面向经济的纵向化延伸，也是我们 30 年一直强调的科技与经济融合的时代特征。过去科技面向市场，强调的是科技成果的转移转化、强调科技人员的社会化服务、强调科技资源的共享共用；现在强调市场是资源配置的决定性力量，这是一个跨越式的思考，甚至是变革性认识。科技创业过去强调建设物理空间，经过 20 年全国建了上千家孵化器；过去突出留学生、科技人员等精英创业，现在强调的是大众创业、大学生创业，尤其是市场化创业，所以众创空间成为当下流行的主题。"新常态"意味着钢铁、水泥、煤炭、机械等传统产业产品的过剩，急需要把科技创新与产业发展高度融合，形成适宜新时期竞争的融创新资本、创新人才、创新平台、商业创新、技术创新等为一体的产业生态环境，其突出特征就是产业随着市场竞争能够自然演化或进化。

"六个深入"中的后三个，科技创新向全球化、互联网、制度协同深入，属于科技创新的横向化拓展，当然这三个方面，过去科技创新也多多少少有所涉及，但是党的十八大之后，随着中国"一带一路"倡议的提出和执行，以及互联网对经济社会的深入影响，科技创新与这三个方面深度融合，进入一个新的阶段。"一带一路"将成为中国全面国际化的标杆，科技创新也不例外，当然，这与中国经济的体量及发展阶段有关。一定程度上，"一带一路"倡议决定着中国与美国能否构建新型大国关系，以及中国可在多大程度提升全球影响力，而互联网赋予中国产业升级的大好机遇，因为面对互联网的机遇，中国与发达国家处于一个阶段。回顾过去，高新区本来也是科技体制改革的产物，而今天，随着新一轮科技体制改革的深入推进，《关于改进加强中央财政科研项目和资金管理的若干意见》《关于开展深化中央级事业单位科技成果使用、处置和收益管理改革试点的通知》《关于加快科技服务业发展的若干意见》《深化科技体制改革实施方案》等陆续出台，必然要求科技创新与教育、经济、社会、组织人事等部门改革相互融合。

二、对"1+6"解读与工作建议

2015年,科技部万钢部长在全国科技工作会议上提出,为抓住并用好"新常态"蕴含的战略机遇,科技工作要实现三个转变:即实现科技发展战略部署从"小局"到"大局"的转变,实现科技创新的依托力量从"小众"到"大众"的转变,实现科技资源配置从"小投入"到"大投入"的转变。围绕科技工作的三个转变,我们从科技创新工作的"六个深入",提出国家高新区"十三五"发展的16条工作建议。

(一)充分发挥市场决定作用,优化科技资源配置机制

1. 国家高新区加快推进科技经费向各类创新基金转型

当前科技投入的方式主要是科技项目无偿资助、科技领军人才工程、科技项目房租补贴等,未来应加强早期项目投资、创业教育投资、知识产权保护投资等,不断优化投入的使用方向和使用效率,促进创新绩效的最大化。充分发挥财政资金杠杆效应,引导社会资本参与科技创新,成立市场化人才创新创业基金、创新创业预孵化种子基金、全民创新创业引导基金等众多支持创新创业的基金,营造良好的创新创业氛围。

2. 大力扶持具有市场创新功能的新型科研机构

每个高新区几乎都有不少创新载体,未来需要面向市场构建"考核机制新、运作机制新、市场效率高"的新型研发组织。积极引进社会资本和专业运营团队,创新运行机制、用人机制、创新机制,提升各类科技创新载体的建设、运营和服务水平。积极引导入驻科研机构或平台不断创新体制机制,快速与园区产业实现融合发展,一是增强产业支撑功能,为园区企业提供技术服务、技术咨询,开放公共技术平台等,增强技术服务收入;二是增强企业孵育功能,为园区产业发展注入源源不断的动力。着力建设"技术研发平台、创业孵化平台、资本运作平台、技术交易平台"四位一体的创新创业创富相统一、产学研一体化、运作机制市场化和科研团队国际化的新型科研组织。

3. 提升高新区的科技资产管理能力

整合园区所拥有的各种有形和无形的科技资产,包括技术资产、创业资

产、人才资产等，通过引入市场化经营理念，创新管理方式和运作模式，实现资产持续增值。出台《关于加强科技资产管理的相关意见》，明确科技资产定义、分类及重点工作。对于隶属于民营企业的科技资产，加大支持和保护力度，同时出台政策积极引导社会资本在园区建设创新创业载体，充分引导市场力量参与科技创新。对于隶属于政府部门的科技资产（包括园区内的大学、研发平台、官办科技企业孵化器、科技服务机构等），加快推行企业化、专业化运作，例如增强园区科技创新平台的独立性和灵活性；加快推动官办科技企业孵化器的改制工作，给予更多的经济支持和权限；加快引进创新型孵化器等。

4. 建设促进技术与资本互动的综合性科技大市场

以推动技术资本化和产业化为目标，突出科技资源流动和要素配置市场化运作要求，建立技术、人才、资本高度融合的综合性科技大市场。以科技大市场为平台，创新技术定价和技术经营机制，通过提供创新创业所需的创意、技术、人才、资本、信息等要素的融合渠道，带动各主体按照市场规律进行投入，并获得产出。建立线上与线下相结合，凝聚风投、金融、技术转移、人才服务等功能于一体的机构，实施市场化技术报价和交易机制，将科技大市场打造成集技术孵化、技术报价、技术转移、技术激励、创业孵化为一体的要素协同平台。

（二）大力发展众创空间，激发大众创新创业活力

1. 加快构建机制灵活、成本低、要素全的众创空间

充分发挥市场配置资源的作用，鼓励民营企业、创业投资机构、社会组织等社会力量在全园区构建一批低成本、便利化、全要素、开放式的众创空间，构筑创新与创业相结合、线上与线下相结合、孵化与投资相结合的创业孵化体系；探索体制机制创新，充分整合资源，引导园区国有载体、大学科技园、科研院所等创新管理模式、用人机制，为创新创业提供优质配套设施和服务；积极利用互联网技术，建设培训辅导、创新交流、专利创意、人才对接等各类线上服务平台，开展创新创业的虚拟孵化和远程孵化，促进园区与国内外创新资源的交流，广泛集聚创新创业人才；制定众创空间发展规划，结合园区城市规划、产业布局及未来发展需求等，研究制定众创空间发展规划。

2. 大力发展创业金融

在科技资金中明确"大众创新创业扶持专项";发挥园区创投引导基金的杠杆作用和放大效应,通过基金参股、跟进投资、风险补贴等多种方式,支持园区各众创空间设立创业孵化基金;鼓励知名天使投资人、天使投资机构、创业投资机构等在园区设立种子(天使)基金、创投基金;支持各类社会资本投资园区创新创业项目;引导金融专营机构创新金融产品和服务,加强对创新创业项目和科技型小微企业的金融支持;鼓励创新型企业在主板、中小板、创业板、新三板等各类资本市场挂牌上市。

(三)构建产业创新生态系统,促进产业转型升级

1. 构建产业创新生态系统

产业创新生态系统是由产业内各企业、科研机构、高等学校、各类中间组织,甚至政府、个人等创新主体,以及产业发展的技术条件、科技政策等众多要素密切配合、协调互动的综合系统。系统以市场需求为动力,以政策调控为导向,以良好的创新环境为保障,以实现特定产业的可持续发展为目标。构筑产业创新生态系统,一是要加强产学研的协同与合作,立足产业发展需求,引进相关科研机构、创新团队、研发设计类企业等,不断增强创新源头和创新能力;二是大力建设创业孵化链条,围绕产业发展特点,建设创业苗圃、孵化器、加速器等,孵育创新型中小企业群体以壮大产业集群发展的微观基础;三是围绕产业发展阶段,建立一体化的融资体系,包括提供小额贷款、成立科技银行、产业基金,扶持上市等;四是加强跨区域合作,通过成立创新联合体、建立产业技术创新战略联盟、联合人才培养等多种方式,形成广泛的创新合作网络,集成创新要素,围绕产业链条,组织创新活动;五是大力发展各类创新中介服务组织,例如创新驿站、国际性产业技术促进机构等,强化促进创新合作发展的环境与氛围;六是大力支持企业和新型产业组织参与国际科技合作、国际标准制定,鼓励有实力的企业在境外设立研发机构,提升企业"走出去"参与全球产业技术竞争合作水平;七是营造良好的培育环境,包括打造激励创新的政策环境、活跃的商业环境等。

2. 支撑科技服务业快速发展

科技服务业是现代服务业体系的主要力量,是区域创新体系的重要组成部分。2014年10月,国务院印发《关于加快科技服务业发展的若干意见》,

部署培育和壮大科技服务市场主体。充分发挥市场机制和信息网络技术的作用，培育和壮大科技服务市场主体，创新科技服务模式和业态，延展科技创新服务链，促进科技服务业专业化、网络化、规模化、国际化发展。推动"互联网+"行动，鼓励创业企业围绕制造业需求，利用移动互联网、云计算、大数据、物联网等技术，提供专业化配套服务，推动现代制造业向研发、设计创意、营销、维修、品牌推广等高端环节延伸，培育一批制造业服务化示范企业，催生先进制造业与现代服务业融合的新业态。

（四）全面深化国际科技合作，增强创新辐射能力

1. 积极构建开放型创新体系

坚持引进来与走出去相结合，以"一带一路"倡议为指引，吸纳全球创新资源，建设国际化创新协同平台，大力拓展与先进发达国家及地区的创新合作、产业与技术交流，集聚国内外高端人才、资金、技术和信息等资源要素，加快培育若干个具有全球影响力的特色产业技术创新中心和产业集群，营造开放创新的生态圈。

2. 建立新型区域竞合关系

围绕国家出台的京津冀协调发展、长江经济带等区域战略，构建不同功能的区域性协同创新关系。譬如，江苏、浙江等地高新区，要积极主动接轨上海自贸区，从政府职能转变、利用外资方式、促进跨境投资、国际电子商务、拓展金融服务、发展服务贸易等方面的制度创新入手，促进区域人才交流、信息交流、市场互动及产业发展。

3. 加快融入"一带一路"倡议

积极参与境外产业集聚区、经贸合作区、工业园区、经济特区等合作园区建设，发展"园区外交"，在"一带一路"六大经济走廊建设中营造基础设施相对完善，法律政策配套的具有集聚和辐射效应的良好区域投资小生境。一是在"走出去"过程中，高新区一是要积极探索由政府主导向市场主导转变的路径，充分发挥市场配置资源的优势，以市场身份参与到境外园区建设。二是要积极争取"亚投行"、国家丝路基金支持，为园区参与"一带一路"建设的企业补血充电、保驾护航。三是要扩大开放的高度，培养一批熟悉园区开发、建设、运营、管理和国际业务的专业人才。四是在加强基础

建设合作的同时，重点加强科技项目合作、科技人才交流、教育合作、孵化器共建等。

（五）依托互联网战略平台，推动园区跨越式发展

1. 出台"互联网+"行动方案

制订"互联网+"行动方案，以"互联网+产业""互联网+金融""互联网+教育""互联网+政务""互联网+民生"等领域跨界融合发展为重点，为新兴产业、现代服务业与互联网产业融合发展提出具体措施，旨在推进高新区"互联网+"快速发展。

2. 加快推进智慧园区建设

以信息技术为手段、智慧应用为支撑，全面整合园区内外资源，实现基础设施网络化、开发管理智慧化、功能服务精准化、产业发展智能化、生活智慧化。优化园区信息基础设施，推进园区宽带和三网融合建设，构建全面覆盖、高速互联、业务融合的新型信息服务网络，通过智能传感设备将园区公共设施物联成网，对园区运行的核心系统实时感测；提供智慧化企业服务，结合智能楼宇、智慧办公等手段为入园企业提供个性化智能服务，改进办公环境和工作模式，吸引更多企业落户园区，打造领先的智慧化服务体系，培养一批服务提供商，为产业升级带来更多选择。推广智慧应用服务拓展"智慧产业化"的市场体系，从电子政务、公共资源管理、交通、教育、社区管理等方面，大力推广"智慧应用服务"，真正做到智慧应用进党政机关、进企事业单位和家庭生活，为"智慧产业化"创造良好的市场环境。进一步推进中新智慧城市战略合作，加强对新加坡等先进地区智慧城市建设的经验借鉴，探索"双区互动"智慧城市建设模式。

（六）深入推进全面创新改革，重塑园区发展活力

1. 积极争取全面创新改革试验区试点

学习和对接国家全面创新改革试验区的相关思路、举措、重点工程和优惠政策，积极融入全面创新改革试验区，紧扣全面创新的根本要求，以科技创新为核心，以探索体制机制改革作为主要方向，统筹经济社会和科技领域各方面的改革，统筹推进科技、管理、品牌、组织、商业模式等各方面的创

新，推进引进来和走出去合作创新。构建推进全面创新改革的长效机制，在科技管理体制知识产权保护、科技成果转化、科技金融创新、人才培养和激励、开放创新等方面取得一批重大改革突破。

2. 以制度创新推动科技金融发展

建立政府资金与社会资金、股权融资与债券融资、直接融资与间接融资有机结合的科技金融体系，加强社会资本的利用，撬动更多社会资本参与科技创新。积极向银监会申请互联网银行或民营银行试点，鼓励园区骨干民营企业联合各类风险资本成立新的资本集团公司或互联网银行，重点服务园区及周边地区高科技企业。

3. 加强推进联合治理

一是倡导全部门创新，引导经济、科技、环保、人事、规划、土地等围绕"创新"实现跨部门合作，形成多部门联合与协调、跨组织联结互动、多元主体参与的联合治理机制，建立系统、高效的产业服务体系。二是健全园区单位参与园区各项事务的体制机制，重点在产业发展、科技创新、创业孵化、金融服务、规划建设等领域形成管委会与园区龙头企业、科研院所、教育机构等多元主体共同参与、协调互动的运作机制。三是着力培养和完善丰富的社会组织载体，引导行业协会、产业联盟，尤其是全球性的合作机构等社会组织建设，并采用多种举措不断激发社会组织的活力，例如制定"促进行业协会发展管理办法"，规范行业协会发展，从原来重视社会组织的结构、关系与功能，逐渐向突出社会组织的绩效与产出转变；加快促进社会组织职业化，通过增设社会组织管理师、会员管理师等方式，完善社会组织法人治理结构，招募高素质人才，提高工作人员的薪酬比例，用社会化和市场化的方式配置各种资源，提升社会组织能力。

第九节 案例研究：潍坊高新区构建创新生态系统

自2011年科技部火炬中心推行"创新生态系统"（原名为"科技创新服务体系"）建设试点工作以来，各高新区创新生态系统建设工作已经逐步展开。从具体实践中看，创新生态系统的建设必须紧密结合当地实际，循序推进，才能发挥其在区域经济建设中应有的作用。我们结合潍坊高新区发展现状，从创新生态系统的内涵出发，对当前潍坊高新区如何推进创新生态系统建设进行了深入思考。

一、创新生态系统建设需要避免的误区

创新生态系统建设是一个动态的过程，需要注意各个环节的延伸和有机结合，避免"一叶障目"和忽略动态的误区。

（一）误区一：一叶障目，只见树木，不见森林

创业孵化器、加速器组织、大学、研发检测机构等科技创新服务载体建设仅仅是供给要素的实现，只是形成树木；建设各种通畅的服务链条，才是形成森林的骨架。创新生态系统建设必须注重服务链条的打造，如以"苗圃—孵化器—加速器"为特点的创业链、以"天使基金—风投资金—产业基金"为特点的金融链、以"引入—消化—再创新"为特点技术链，还包括不同类型人才链、不同成长期的企业培养等。同时，围绕供给要素，优化服务载体的运行机制，是要素发挥效用的重要保障。例如，目前在潍坊软件园已经建设起云计算平台、北斗导航位置综合运营服务平台和测绘地理信息产业平台等技术平台，园区内企业潍坊乐维特建筑技术有限公司在此基础上实现了与国外资源对接，进行远程操作的新商业模式，为企业提供了有效的公共技术服务。

（二）误区二：关注静态，忽略动态，指导无方

与目的或目标结合不紧密，导致工作"打哪指哪"，这是 30 多年来科技服务体系或区域创新体系建设的根本弊端。必须围绕产业发展的实际需求（例如实现传统产业转型、新兴产业培育、服务产业发展等），有针对性地推进创新生态系统工作，提升运行效率。同时，需要在战术上重视创新生态系统建设对区域经济的支撑作用，深化认识，创新体制机制，丰富管理手段，实现市场激励、专业引导、有效指导。

二、潍坊高新区创新生态系统建设现状分析

山东潍坊位于山东半岛中部，是山东半岛城市群的重要节点，同时也是

著名的旅游文化名城、世界风筝之都。潍坊高新区位于市中心城区，1992年经国务院批准为国家级高新区，行政辖区面积116平方公里。潍坊高新区东依青岛、西接济南，既拥有对台出口的海上航线，又可以通过海运转陆运，辐射到京津等内陆广大腹地，区位优势和交通物流优势明显。近年来，借着国家蓝黄战略的东风，潍坊高新区2017年全区实现地区生产总值451.19亿元按可比价计算增长13.5%，增速居全市第一位，高于全市平均6.5个百分点，经济增速领跑全市，经济结构持续优化。

（一）潍坊高新区创新生态系统建设现状

经过多年发展，潍坊高新区已形成以国家级创业服务中心为龙头、四大高新技术产业集群（汽车及装备制造、电子信息、生物医药和新材料）为支撑、十大特色园区（光电园、生物园、软件园等）为载体、101家省级以上高新技术企业和21家省级以上研发中心为骨干的创新发展格局。

在创新创业平台建设方面，2017年新获批国家级众创空间1个、省级众创空间4个、国家级孵化器1个、省级孵化器4个，新增院士工作站1家、市级产业技术创新战略联盟1家、工程技术研究中心3家、企业重点实验室3家；高新技术企业集群发展壮大，新申报高新技术企业80家，通过公示71家，高新技术企业申报数量和公示通过率均创历年新高，全区高新技术企业已达135家。

在人才引进方面，2017年全区申报获批国家"万人计划"人选4人、省级高层次人才19人（百千万人才工程国家级人选1人、科技部创新人才推进计划人选2人、省"泰山产业领军人才"9人、其他省级高层次人才7人）、市鸢都产业领军人才8人，吸引7名"两院"院士及省级以上高层次人才来区（其中"两院"院士2名、国家"千人计划"专家2名、其他省级以上高层次人才3名），人才总量处于全市领先位置。

在科技金融方面，2017年全区共有银行21家、证券公司10家、保险公司12家，全区金融服务能力迅速提升，打造全市金融资源聚集区初见成效。利用资本市场的能力不断加强，2017年全区拥有6家上市公司、7只股票、11家新三板挂牌企业、76家齐鲁股权交易中心挂牌企业，进入资本市场企业总数达到93家，金融资源聚集初见成效，资本市场加速扩张。

（二）潍坊高新区创新生态系统建设存在的不足

潍坊高新区经过多年建设，已经形成了较为鲜明的产业特色，产学研合作成果显著，在聚集科技人才、科技金融等创新资源方面具有较好的基础。但是与其他国家高新区相比，还存在一定的差距。潍坊高新区地处三线城市，资源禀赋较弱，高端人才缺乏，企业融资相对困难，客观上造成创新资源供给不足，必须进一步完善创新生态系统建设，着重从国际化交流合作、培育骨干企业、发展新型服务业三方面入手，提高创新成果最终输出。

三、对于潍坊高新区创新生态系统建设的思考

潍坊高新区创新生态系统建设必须服务于高新区"科技创新高地、科学发展引擎"的定位，根据高新区目前所处的发展阶段，围绕具体需求进行工作推进。包括产业集群需求、企业成长需求、研发能力需求，等等。

要将创新生态系统建设作为进入"三次创业"，实现战略提升的重要抓手。必须把握三次创业的要义，未雨绸缪，把加快创新生态系统建设，发展高新技术产业，作为潍坊高新区战略提升的重要抓手。目前，国家高新区之间竞争激烈，中关村、深圳、苏州工业园区等国内一流园区已经进入三次创业的探索期。通过创新生态系统建设，有助于潍坊高新区实现创新突破、形成特色优势、发挥示范引领作用。

要瞄准园区主导产业创新集群建设，开展创新生态系统建设具体工作。潍坊高新区半导体发光产业集群被科技部确定为全国首批10个创新型产业集群建设试点之一，汽车及装备制造业、生物医药产业、软件信息产业等园区支柱产业也已经形成集群发展态势。在产业创新集群形成过程中从金融、科技研发、人才引进等具体需求和问题出发，凝练关键性目标，制定目标导向性发展规划。同时，与科技部火炬中心项目指导相结合，协同社会资源，共同推进创新生态系统建设。

要突出具体工作的"五个转型"，深化机制体制改革，整体提升创新服务体系运作效率。"五个转型"即：服务主体由"政府主导"转向"政府指导、市场主导与社会引导相结合"；服务对象由"共性"转向"个性"；服务内容由"综合化"转向"专业化"；服务价值由"低端化"转向"高端化"；服务形态由"分散化"转向"集成化"。要将深化体制机制改革与创新生态系统建设结合起来，在管委会推行人事聘任、激励考核、培训学习等多种方式，提高政府人员为企业服务水平；同时大力培育、引进和发展科技中介服务机构，借助市场运作的力量，为企业创新、创业服务提供便利，提升创新

服务的效率。

结合潍坊高新区发展的薄弱环节，适时启动相关科技服务体系建设工程。从五大科技要素的供给层面、产业创新对科技的需求层面，深入研究潍坊高新区在产业发展、创新创业、平台建设、产学研合作、技术研发等各个环节的现状，制定和推出百强企业成长工程、国际资源汇聚工程、关键技术突破工程等重点工程。在现有《潍坊高新区软件与信息服务业发展优惠政策》《潍坊高新区动漫产业发展优惠政策（试行）》等专项产业政策的基础上，继续加大政策和资金支持力度；同时，深入研究主导产业技术发展趋势和当前企业发展需求，积极推进专业平台的建设，深化产学研合作机制，最终提升潍坊高新区创新要素输出能力。

第三章 创业孵化与双创迈进新时代

第一节 创业中国：国家高新区万事俱备

世界经济和中国经济正在经历急剧变革。自2015年，大众创业、万众创新，在神州大地不断开花结果。

这种需求和基础成为在国家高新区开展"创业中国"行动的宏观背景。首先是第三次产业革命如火如荼，以互联网为代表的新技术革命正带来全球性的产业颠覆，颠覆的时代必将爆发引致变革的力量，这种力量就是创新创业；同时中国经济正在经历从"量"变到"质"变的临界诉求和深化改革的强力催化，两者交汇必将铸就再度推动中国经济发展的能量，这种能量也是"创新创业"。因此，发生在中国大地上的创新创业，是全球经济情势使然，也是中国经济发展的必然。为此，我们提出，在国家高新区广泛开展"创业中国"行动，旨在进一步提升企业的自主创新能力、进一步提升创新文化和创新氛围。

一、开展"创业中国"行动的意义

目前全球经济正进入了普遍的创业爆发期，随新技术革命全方位渗透，普遍的创业精神和大众性的创业行为在当今正成为必要和可能。与这种大势相伴，中国经济也全面进入了由创业引领发展的新时代。

一是从技术革命的视角看，互联网带来各行各业的全方位变革。互联网带来的新兴业态和对其他行业的普遍改造正在成为创新创业的主线。从互联网产业领域的电子商务、移动互联网、云计算、大数据等，到互联网改造传统产业领域的互联网金融、互联网教育、智慧医疗、车联网、可穿戴设备、智能家居、智能制造等，新兴业态和产业换代加速涌现；互联网的人际和"物"际关系重塑也使得创新创业有着前所未有的便利。开源软件、开放科学、技术众包到各类众筹，互联网在降低创业门槛促进创业便利方面形成多种平台，极大促进了创业和创业生态系统的发展，由此也引爆了全方位的技术推动创业浪潮。近年来北京中关村、深圳、杭州等地出现创业爆发的现象就是新技术革命推动创业的突出表现。

二是从需求拉动的视角看，中国市场定义产品的时代已经来临。中国经济巨大的规模体量、巨大的发展需求和增长潜力，使创业的需求空间和供给内涵急剧扩大。经济结构的调整和民生经济的发展助推服务经济的发展，催生出日益增大和更加多元化的服务业创业；产业结构调整的内在需求、劳动力供给的条件约束和资源环境可持续发展的现实要求，为传统产业转型升级改造，以及节能环保、新能源、自动化和机器人等产业发展都带来无止境的创新机会和创业可能；新型城市化、智慧城市建设，以及人们加速增进的对生活改善的需求，都大范围地放大了对新技术和新服务的需求，带来层出不穷的新技术、新业态和新模式创业。所有这些都表明，中国巨大的市场规模及其持续快速增长的潜力，拓展出不可估量的创业空间，同时也带来了对全球资本和创新资源的整合，为"创业中国"提供了现实支撑。

三是中国大力推进的创新驱动发展战略和全面深化改革，正唤起全民的创业意识和催生出新一轮的创新创业。创新驱动发展战略的实施带来各级政府对创新创业的高度重视，全面深化改革的举措也促进了创业工商流程的便捷和创业成本的降低，同时也带来社会力量对创新创业行为的广泛参与和支持。目前，财政投入力度的加大、各类政府和社会支撑平台的快速发展、创业的工商准入门槛降低、资源整合渠道的快速发育，使创业越来越成为人们的选择，成为生活方式和就业方式，以"大众创业"和"草根创业"等为特征的创业经济正在中国大地上快速涌现。

上述趋势集中反映出创业正成为千千万万中国人实现"中国梦"的可行方式。习总书记强调"中国梦"是要让每个人都有"出彩"的机会，而创业为实现"出彩"机会提供了最广泛的可能。当前以互联网为核心的技术革命所引发的创业和由中国全面深化改革所激发的创业，具有"大众创业"和"普遍创业"的显著特点。李克强总理最近也在达沃斯论坛提出，要"借改革创新的'东风'，在中国960万平方公里土地上掀起一个'大众创业''草根创业'的新浪潮"[①]，这既是对"创业中国"行动的方向指引，也是对中国响应全球经济发展趋势的总结概括。"大众创业"和"普遍创业"必将为中华儿女的"出彩机会"创造和中华民族"中国梦"的实现提供真实写照。

作为对全球经济发展态势的响应，美国在2011年推出了"创业美国"的国家战略，欧盟在2012年推出了"2020创业行动计划"，各国已经开始围绕创业先行开展国家布局。因此，有必要在双创三周年之际，进一步提升双创能级，开展"创业中国"行动，让发生在中国大地上的创业进一步为国民经济新的发展提供内在动力。

二、高新区开展"创业中国"行动的目标导向

着眼于发展的现实和条件，"创业中国"行动建议在国家高新区率先开展。对高新区开展"创业中国"行动的总体导向是"把国家高新区建设成创业的沃土和支撑中国创新创业的集成平台"，成为引领和带动中国全社会创业的标杆和中心依靠力量。建设目标主要体现在以下四个方面。

一是要造就创业行为和创业人才的"聚集和再聚集"。经济发展的规律表明，创业行为和创业者的"聚集"或"扎堆"现象会带来思想的触发和行为的激发，产生出促进创新创业"聚变"和"裂变"的力量。目前广泛扩展的互联网技术和新生的多样化经济需求使创业成为普通大众可广泛参与的事业，成千上万的淘宝店主、成千上万的开放平台开发者、迅速发展的微信公众号和创客群体等说明，大众创业日益成为风尚。创业行为和创业人才的聚集会产生群体"激发"，激起更大更迅猛的创业浪潮。目前发生在中关村、深圳和杭州滨江等地的创业现象就是很好的说明。并且也只有在这样的情形下，普通人做出大事业的案例才会快速涌现。因此，高新区必须强调创业行为和创业人才的"聚集和再聚集"，尤其要发展以知识创造、技术突破、新模式和新业态为内涵的高端创业，让高新区的创业具有对全国乃至世界的引领意义。

---

① 人民网.李克强.历届达沃斯演讲向世界传递什么信号？http://politics.people.con?cn/2016/0625/cl001-28078308.html［2018-03-10］.

二是要促进创新创业要素的"聚集和再聚集"。要实现创业行为和创业者的"聚集和再聚集",前提条件是要有创新创业要素的富集。创新创业要素主要体现的是知识、资本和支撑条件:①知识要素要着眼于知识的聚合。具有大学和科研院所优势的高新区要创造条件发挥知识创造和知识溢出的作用,加速科技与经济的紧密联系,推动科研衍生创业。知识基础相对弱化的高新区要大力推进开放创新和包容创新,多途径和广泛范围整合知识资源,并有针对性地建设促进产业创新的研发平台和知识交流平台;②资本要素重在建设科技金融和发展天使投资,特别是要引导和动员社会资本广泛参与创业的股权投资。目前,社会资本参与创业正在成为企业家实现再创业的踏板和社会大众普遍的理财渠道,特别是互联网金融疏通了资本与创业的对接关隘,高新区要尤其重视和促进这样的发展;③在支撑条件建设方面,除大力建设政府背景的创业孵化平台之外,特别要支持和促进市场化孵化的体制和机制发展。目前以开放平台为主的互联网龙头企业和具有行业领军地位的大企业正促进形成围绕自身的创业生态,以新型孵化器和创客空间为代表的实体平台也在快速发展,这都将成为园区今后构造创业支撑条件的重点依靠方式。

三是要形成商业氛围和商业渠道的"聚集和再聚集"。一个区域整体的创业表现就是经济活力的反映,创业反映了该区域在世界经济范围内响应变化、创造变化和引领变化的能力。发达的商业氛围和商业渠道一方面能够使园区感受到全球商业的最新变化,并对这样的变化做出快速的响应;另一方面能够使自身所创造的变化快速进入商业和引领商业。因此,建设和营造发达的商业氛围和渠道是促进创业涌现的外在条件。以往相对发达的高新区已经着眼于发展CBD、总部经济区、大市场和展交会等内容和形式,这是很好的开端。今后各高新区都应在商业氛围和商业渠道建设方面加大力度,尤其要结合新的发展促进知识产权交易、技术转移、创业培训和创业导师、新技术和新项目路演、新型创业媒体等机构和机制建设,让养育创业的商业氛围进一步浓重、让助推创业的商业渠道进一步通畅。

四是要促进知识社区和社交网络的"聚集和再聚集"。硅谷和中关村的经验都表明,知识社区和社交网络是激发创意、促进创新、推动创业最能动的力量。因此,高新区对创新创业的促进必须把知识社区的打造和社交网络的形成作为园区建设的长期目标任务。发达的知识社区、灵动的社交空间和发达的社交网络是孕育和繁衍创新创业的生态土壤。知识社区一方面要造就有利于知识人才聚集的居住和社会服务支持环境，另一方面要大力发展围绕人才的创业服务和知识交流服务。创业中介组织的发展、各类知识团体的形成、讲座和论坛等知识拓展的常规形式，都是知识社区发展不可或缺的内容；在社交网络方面，一方面要着眼于现实社交空间的生成和营造，像车库咖啡和创客空间等都是新生的促进社交的空间形式；另一方面要借助互联网所提供的新的社交工具，引导互联网社交群落的发展。在这方面，政府职能机构要发挥作为关系网中的"结构洞"作用，政府职责官员要积极参与和充当社交群落的组织者或联结者。

所有上述方面的"聚集和再聚集"，核心要义是建设和营造局域的创业生态。"创业中国"行动是全面促进中国创业发展的行动，也是全面建设中国创业生态系统的行动，全社会的创业者个体、市场主体和社会组织都需要为此共同付出努力。高新区管理部门和各级政府部门则更加需要在创业生态的整体建设中，肩负"营造环境、引导发展和提供服务"的责任。

三、高新区开展"创业中国"行动的主要政策任务

高新区开展"创业中国"行动应秉持：以政府为引导和以市场为主导；发挥政策先行先试的优势和整合已有创业资源和政策的原则。以政府为引导和以市场为主导，就是要充分发挥市场在开展创业和促进创业发展方面的主体作用，通过政府积极的引导和扶持，使创业加速涌现，使创业生态更加完善和有效；发挥政策先行先试的优势和整合已有创业资源和政策，就是要继续发扬光大高新区改革和探索先行区的作用，进一步梳理、整合和探索支持创业的法规和政策，全面激活创业和促进创业，形成更加有利于创业的生态环境。

根据这样的指导思想，高新区推进"创业中国"行动应破除妨碍创业的各种障碍壁垒，研究出台新的创业支持政策。主要任务是以下五个方面。

（一）富集创业要素

发展创业市场。高新区要通过政府采购、补贴、创新券、消费者教育、愿景引导等方式引导营造"领先市场"，丰富创业资本。高新区要扩大引导基金规模，设立种子基金，发展壮大各领域的天使投资人群体，支持天使投资社会组织发展，引导支持互联网金融创新发展，建立覆盖完备的创业

投资支持链条，丰富人才资源。结合各类人才政策，借力大企业、高校、培训机构等人才资源优势，形成创业型、科研型和专业技能型等各类人才的"蓄水池"。

（二）支持多样化的创业主体发展

根据不同的特点和需求，分别为科研衍生创业、企业衍生创业、资本驱动型创业、市场驱动型创业、人才创业和大众创业等多样化的发展提供支持。特别是应结合新的发展趋势，在继续加强对高端科技创业的关注之外，应加大对教师、医生、设计师、艺人、媒体人等知识工作者的个体创业、传统行业与新技术特别是互联网结合的创业，以及草根创业者等的关注和支持。

（三）大力促进创业孵化平台建设

在建设好政府运营的孵化平台之外，要大力发展社会化的创业服务和运营机构，鼓励大企业参与建设创业孵化平台和支持各类新型孵化器发展。包括：①发展在线平台。支持发展能够形成巨大创业空间的互联网开放平台和支持发展众筹、众包等为创业提供开放资源连接的在线创业平台；②加大政策支持力度，发展孵化器、加速器和育成中心等实体平台；③大力发展创客空间、新型孵化器、专业孵化器、集中办公区等新式创业物理载体和服务机构，鼓励大企业、科研院所、高校和各类社会机构积极参与孵化平台建设；④完善创业服务。发展创业导师制度，鼓励新式创业培训机构发展，引导创业俱乐部、协会等各种社会服务组织发展，鼓励通过微博、微信、视频等在线平台开展创业服务，建设发达的创业服务体系。

（四）树立和营造创业文化

倡导把创业作为就业方式和生活方式的创业文化。引导媒体加强创业宣传力度和支持新型创业媒体发展，开展创业大赛和举办创业文化节等树立创业榜样的公共活动，推动全社会形成崇尚创业的文化氛围；建设各类创业社区，鼓励创业者、投资人、创业导师等形成各种形式的社会圈子和网络，支持创业论坛、创业路演和产品展览等各类创业宣传活动的开展；鼓励大学和科研机构开展创业计划、创业课程和创业教育培训平台，加强创业的国际合作和国际拓展。使开拓进取的创业精神蔚然成风，使创业领袖和创业榜样的力量发扬光大,把"创业中国"建设成为具有全球引领性的品牌工程。

(五)建设创业示范基地和创业生态示范园地

通过集中空间建设和在线平台与实体平台的结合,促进精英创业与大众创业并举,集中建设创业要素密集,创业主体繁荣,创业平台高效,创业服务完善,创业文化浓郁的各具特色的创业生态系统。

四、对开展"创业中国"行动的展望

创业是打造市场主体的行动。科技、人才、资本等要素只有通过企业主体才能实现价值和创造财富。要"让一切劳动、知识、技术、管理、资本的活力竞相迸发,让一切创造社会财富的源泉充分涌流",只有通过创业才能实现。

中国目前已经拥有巨大的市场规模和完整的产业体系,蕴藏着全球独一无二的创新创业机会;并且在互联网革命发生之际中国已经紧随美国挤进创新中心国行列,以互联网"基因"孕育的创业正成为中国凸显的优势。双重利好使中国面临历史性的创新创业发展机遇。

以高新区率先开展的"创业中国"行动一定会加快我国企业主体的打造和我国创业生态的营造,从而唤醒蕴藏于我国全民中涌动的创业精神,形成推动新时代经济发展的新动力。也正因如此,"创业中国"行动必将成为我国创新驱动发展战略的主要抓手。"创业"也必将再度续写中国辉煌并在更大程度上影响世界。

第二节 创业转型:孵化器发展的新趋势

自 1959 年全球第一家孵化器"贝特维亚工业中心"诞生至今,孵化器已经走过了 50 多年的历程。孵化器产生的一个重要原因是初创企业难以承担办公场地的建设成本和昂贵租金,孵化器的主要功能是为企业提供办公场所和

基础设施。因而，孵化器往往被更多地理解为一种为创业企业提供基本办公条件的场地空间，孵化场地和公共设施也被当作是孵化器的首要特征和必备条件。比如，1999年OECD对孵化器的理解仍然是对特定类型公司提供优惠和弹性空间，而同时在空间上聚集供应设施、服务和设备；欧盟对孵化器的第一个定义也是"聚集新创立企业的有效空间，通过提供配备好必要设施和支持服务的办公空间提升创业企业的发展空间和存活率"。可以看出，早期的孵化器主要是为创业企业提供廉价的物理空间、必要的基础设施和基本的服务支持，目标是降低企业创业的成本和风险，促进企业的创业成长。而随着孵化器及各类科技地产的快速发展，办公场所和基本条件已经不再是企业创业的关键约束，而资金、经验、管理能力及网络渠道的缺乏对企业创业成长的制约越来越突出。孵化器在完成了基本设施建设后也开始日益关注对企业的服务支持，已从传统意义的科技地产和办公物业经营者转变为创业支持服务的集成供应商。他们为创业企业提供的不仅仅是设施完善的办公空间，还包括管理、融资、法律、市场、人才、财务、政策等全方位的支持服务，成为帮助企业成长发展和快速嵌入本地化网络的重要支撑平台。

　　孵化器的发展大致可以分为三个阶段。第一阶段是从其诞生到20世纪80年代，孵化器主要是为创业企业提供设施完善的办公场所，并伴有一些政策诠释与代办职能。20世纪90年代后，孵化器作为一种创新政策工具广为各个国家和地区政府所推广，很多国家为孵化器配备了专项的创业企业孵化扶持计划，开始有意图地遴选、辅导和支持创业企业。这时孵化器发展进入第二个阶段，建立起了创业导师工作机制和包括培训、咨询、辅导及接入其他专业服务支持网络的服务体系。从20世纪90年代后期开始，很多孵化器在实现自身可持续发展后，出现了企业化运营的趋势，并以资本和能力积累为拓展基础为创新服务，形成了对创业企业的特色化专有服务，比如种子投资、贷款支持、市场机会挖掘、技术开发等服务，更进一步深化了对企业的服务和支持。在第三个阶段，孵化器根据自身的资源和能力优势为企业提供各类增值服务，将入孵与毕业企业，以及其所连接的各类专家、大学、研究所、产业组织、专业服务机构等作为一种网络资源来开发和运作，在组织、对接和服务的过程中与之建立起紧密的网络关系。这不仅提高了对企业的服务深度，而且创建了一种独特的创业社会关系网络，帮助企业快速嵌入区域内的产业链、创新链、资本链和价值链中，解决了初创企业的资源渠道缺乏和社会融入不足的问题。相当一批孵化器的服务提供主体与物业开发运营主体相分离，孵化器日益超越传统的物理空间和设施范畴，而成为网络化的专业服务供应商。即通过建立、组织、联系和管理专业服务商网络集成整合资源和服务，为其服务网络覆盖范围内的初创企业提供"一揽子"创业孵化服务。孵化器开始出现虚拟化的趋势，并逐渐形成各种创新创业资源交汇的重要结点和交互网络下的活力创业社区。

一、从片段孵化到全程扶植

随着孵化器的成熟发展，其功能开始前向延伸和后向拓展。孵化不再仅是狭义地指对新创立企业初创期的培育和支持，还包括以项目孵化为基础促进新企业的创建和对孵化毕业企业的成长期的后续支持服务，从而形成了从预孵化、孵化和后孵化的完整孵化链条。根据企业的发展阶段，进一步细分服务和功能已成为当前孵化器发展的一种新趋势，很多国家已经形成了从预孵化—孵化—加速或后孵化的功能承接的全程企业扶植体系。比如，芬兰已经建立起了以技工学院（polytechnics）为基础的预孵化（pre-incubation）、商业孵化（business incubation）和企业加速（acceleration）孵化网络体系；法国建立了从创业苗圃、孵化器到科技园的企业孵育体系。当前，全国各地也积极在探索"创业苗圃＋孵化器＋加速器＋产业园"的新孵化模式。

预孵化又被称之为前孵化或"创业苗圃"，是指对潜在企业家的系统化支持服务，包括形成商业想法、建立商业模型、制订商业计划及支持技术的产业化开发等，帮助其成功创立企业。在功能上，预孵化就要对不成熟的成果进行市场化开发转化，把项目团队培养为企业家，催生新的科技型企业的创生。近年来，我国各地也开始积极支持孵化器建立创业苗圃。比如，上海市出台了专门的政策支持创业苗圃的发展，在企业注册成立之前为其提供免费的办公场地、基本商务服务、创业指导和咨询、融资支持、专业平台等公共孵化服务；到 2011 年年底，上海总共有 37 个创业苗圃，累计孵化培育项目 1612 项，其中 716 个项目注册成为企业。2005 年华南理工大学创建了首个创新医药"前孵化器"，利用高校科研平台，整合人才计划、科研项目和天使基金等资源对有创业需求的高端人才尚处于构想阶段的技术和产品开发及商业化过程进行支持，协助他们形成完整的技术路线和初步产品并创建起科技型企业；目前，广州 13 家大学和科研机构组建了全国首个"前孵化器"战略联盟。

后孵化是指对从孵化器毕业的企业提供的各类支持其成长发展的服务。企业在完成孵化渡过"死亡谷"后虽然已经能够实现自我成长发展，但快速成长所带来的巨大挑战也使企业存在较高的失败风险。后孵化器又被称之为"加速器"，是续接孵化器的扩展工作空间与延伸服务体系，通过提供一系列企业成长所需的公共技术平台、融资、市场、人才、信息、专业管理咨询、合作与网络等资源和服务，帮助企业突破成长发展过程中的瓶颈和障碍，实现加速企业创新成长的政策目标。目前，国家科技部火炬中心在北京中关村、深圳、无锡、西安高新区开展科技企业加速器试点，全国已建或在建的科技企业加速器达60余家。很多有实力的孵化器也积极将载体和服务功能延伸到加速器，对毕业企业进行接力支持。对企业型孵化器来说，后孵化不仅是一种延伸性服务，而且是收获孵化企业创新价值的关键环节，有效破解了孵化器公益性与营利性的矛盾。在后孵化阶段，孵化器可以通过有偿提供高端增值服务增加自身的服务性收入，也可以通过有效服务扶持凭借服务换股权或早期种子投资的方式分享企业成长的收益，还可以通过对成功毕业企业的资源挖掘利用为新的创业企业提供更大的成长空间，进而提升孵化器的服务能力与水平。

二、从有形孵化到虚拟孵化

进入20世纪90年代后，孵化器的角色和功能开始发生转变，越来越多地强调提供风险资本和其他无形资源（包括帮助准备商业计划、对接大学研究所、对接战略合作伙伴、创业导师指导、技术支持服务等），以多样化的服务创新为基础涌现出形形色色的新型孵化器，而且很多已经脱离了有形的空间载体，比如"无围墙"的孵化器（incubator without walls）、新经济孵化器（new economy incubator）、虚拟孵化器（virtual incubator）等。

虚拟孵化是指不受物理办公载体限制的延伸孵化服务，通过建立企业服务网络为孵化器之外和已经毕业的企业提供融资、咨询、信息、市场对接等成长支持服务。虚拟孵化器的发展很大程度上得益于互联网技术和新经济形态的发展。现代孵化器运用互联网技术对孵化服务的内容和提供方式进行创新，高效连接和组织各类专业服务商建立起更全面系统的服务体系，为更广泛的企业提供各种在线和离线的支持服务。互联网、电子商务等新经济行业的专业孵化器也大都采用了虚拟孵化器的形式。虚拟孵化模式强化了孵化的服务内涵，有力促进了孵化服务的深化发展和质量提升，并以虚拟网络为基础扩展服务覆盖范围，使孵化器能够快速达到服务企业的关键规模，实现服务的规模经济效应。

从实际的服务内涵来看，虚拟孵化器大致可以分为以下三大类。第一类是风险投资网络型，以对企业早期的种子投资为纽带建立起孵化服务网络，孵化器很大程度上是一个风险投资者，在向企业注入投资的同时提供各种辅导服务和资源支持企业成长，包括美国 Y-Combinator 这样的风险投资基金和荷兰 Business in Development Network（BiD）中小企业融资网络。第二类是集成服务网络型，以孵化服务项目为基础遴选一批有潜力的企业，为其提供资助、辅导、培训等服务，并基于信息技术发展在线的服务支持体系，比如 Founders Institute、Endeavor 等。这类孵化器大多是依托政府支持或社会捐助资金设立企业孵化培育项目，以此聚集专家、专业服务和产业资源对企业进行专业化的服务，并以自己的核心服务内容或平台为基础集成整合相关服务，形成"一站式"或"打包式"的创业服务支持体系；也有一些采取了会员制的方式，让会员企业根据需求自己选择使用相关的服务。第三类是平台网络型，不直接对企业提供专业性服务，只是建立一个聚集和对接资源的平台，通过信息的聚合和适度的信息管理帮助实现技术市场、投融资、产学研合作、人才、信息等方面的交流和对接，比如英国的 West Midlands Collaborative Commerce Marketplace（WMCCM）、芬兰的 Mobile Monday（MoMo）及现在新兴起的各类创业咖啡馆等。

三、从创业场地到创业社区

随着服务内涵的深化和虚拟化，孵化器不再仅仅是创业的空间场地，而是凝聚各类创业资源的新型社会组织网络。这一网络内包括了孵化器的管理人员、顾问专家、在孵企业、毕业企业、大学或研究所、产业组织及其雇员和成员，以及风险投资、财务、税务、法律、市场、咨询等专业服务提供者，他们共同构成了一个支持企业创业成长的社区。孵化器从空间载体建设到服务的组织与管理，在缩短了创业相关主体之间的物理距离之后进一步拉近了他们的之间的社会距离，实现创业要素之间的有效搜索、连接和互动。因而，孵化器是一个聚集、组织和整合各类企业发展资源的平台，它能够帮助企业高效对接资本、技术、信息、咨询、人才等创业资源，对初创企业的生存和发展起到关键性的支撑作用。同时，孵化器也是创业者、创业企业、创业资本、创业技术和创业服务聚集和交汇的重要结点，他们以推动知识技术的产业化和商业化、创建和促进企业成长及实现价值和财富的增值为共同目标，在长期的社会互动中结成了新型的社会组织结构，即创业共同体。在创业共同体内部，他们交流创业的经验、学习创业的知识、共同探讨创业过程中的问题、互通各类创业相关信息等，逐渐发展起了共同的交流术语、文化传统、社会规则，进而建立起了促进资源交换和激发创造的社会组织环境，有力帮助初创企业缩短学习曲线并支持其创新成长。

根据社区的功能，孵化器的创业社区又可以进一步细分为技术社区、创业资本社区、产业社区、人才社区、企业家社区、社交社区等。技术社区主要是在专业孵化器内具有技术关联的企业、专家、研究团队及技术平台共同结成的技术互助交流网络。基于公共技术平台的建设，很多专业孵化器会帮助企业搭建连接相关技术专家、技术服务机构及行业优势企业等技术创新资源的渠道和网络。而当专业孵化器的专业化程度和企业的数量规模达到一定的程度，孵化企业之间也能够通过思想的碰撞、技术方案的探讨及相互提供技术服务等方式建立有效互动的技术创新社区。创业资本社区是指天使投资、风险资本与创业企业之间的交互活动的社区空间。大部分孵化器都已与风险投资进行了广泛的合作，共同遴选、辅导和监管创业项目。在这一过程中，风险投资之间不仅可以进行项目交流投资和传输项目管理经验，而且可以通过共同投资、辅导和监管分担风险；初创企业则能够在投资网络之中获得更广阔的资源支持。产业社区是指孵化器内企业之间能够形成有机的产业关联与互动，包括纵向、横向的产业合作及各种非正式的产业信息交流。当前，兴起了大型企业办孵化器的新趋势，主要培育与其产业密切关联的创业企业。创业企业可以在龙头企业的资源支持下较快成长，而宿主企业也可以将成功的创业企业纳入其产业链条，培育其专业部件、服务等供应商。人才社区、企业家社区和社交社区是一类基于特定群体内人与人之间的非正式交流所形成的活动空间，比如"千人计划"人才论坛、企业家网络、创业咖啡吧等。它既满足了创业者及其企业员工之间的社交需求，而同时在知识经济时代又有可能在无意的交流互动中发现新的技术与市场机遇、创造出新的商业模式和实现新的价值增长。

孵化器主要是搭建了社区互动的平台，在广泛凝聚创业参与者和服务者的基础上，通过积极的网络连接和互动促进机制增强社区的活力。从组织运作方式看，孵化器社区有网络活动型和互助参与型。网络活动型是通过有意识地组织对接活动来加强创业社区成员之间的连接和互动。芬兰的 Mobile Monday（MoMo）是一个开放的移动互联产业社区，通过建立强有力的品牌认知和同行之间的交互活动平台来促进行业内的合作。它会在每个月的第一个周一组织各类网络连接活动，包括样品演示、分享思想、讨论市场发展趋势等，同时还有一个在线网络平台，可以使其成员随时与全球互联产业专家、企业、朋友联系和交流。互助参与型则表现为孵化器入孵企业之间的互助与自组织服务网络，形成了一种独特的自下而上的孵化服务模式。荷兰的 HUB 将自己定位为一个社会企业家社区，通过遴选一批愿意为社区贡献的创业企业群体，组织结成相互服务的互助网络。除了基础设施，入孵企业所享受的各类孵化服务都是由其他进驻企业自愿提供的。这既降低了孵化服务的成本，又增强了入孵企业对孵化器的主人翁意识。国内的津通孵化器也在信息技术行业建立了类似的创业共享社区。它建立一个积分换服务的平台，入孵企业可以根据自身的能力优势在平台上贡献服务以获得一定的积分，再用积分去换取其他企业及孵化器提供的各项服务。

第三节　创业社区的构建与运行机制研究

一、创业社区的概念与内涵

创业社区，本质上就是一种创新创业生态（创新创业小生境），即在特定环境中，创新创业的发生和发展具有自发性和自组织演进（发生、选择、变异）的特征，以及具有自更新和自放大的机制。具有这种内涵意义的创新创业存在环境就是创业社区。

创业社区是以创新创业为观察对象，所描述的现象属于经济现象，也属于社会现象。之所以说是经济现象，主要是指创新创业的经济目的性，指这样的经济空间或经济环境能够孕育和承载这种创新创业的自发性和自主性；之所以说是社会现象，主要是指创新创业的社会表现，指这种特定的社会场景能够不断生成创新创业的社会"基因"和促进这些社会"基因"的选择变异，从而推动社会不断向更高阶段的创新创业的社会形态演化。

创业社区，旨在构建一种有利于创新创业发生的环境，通常有五大功能：①以创新创业为核心，创新创业是一个区域发展的驱动力，也是一个区域能够不断增加多样性，带来新文化、新文明和多样化生活的凝聚力所在；②能够为创新创业"提供资源"，要发展和激活创新创业必须要有聚集知识人才的载体或社区，要有以发达的知识资本构成为标志的条件基础。硅谷和中关村的经验都表明，社交空间和社交网络是激发创意、促进创新、助推创业的强大力量；③从"生产供给"过渡到"价值供给"，传统的经济集聚区在创造供给上主要表现为"生产供给"，而在创新创业生态建设中，"生产供给"要让位于"价值供给"，创造供给不再是简单的大规模生产和服务，而是围绕创新创业所产生的高价值生产。高端价值生产表现为价值链高端的研发、设计、销售，以及在创新创业中催生出的新技术、新业态、新模式等；④能够营造创造发展所需的新的需求和新的市场，任何创新能否收获价值和能否发展起来最终都是由市场定义的，反过来说，往往能够迅速进入市场的创新都是首先由需求引致的。尤其在社会普遍进入的新技术经济范式条件下，想法、创意、创造的过程、需求和体验，以及应用和推广都加速压缩在同一时空背景下，由此，营造创新发展的市场成为能够激发创新创业的外在条件；⑤具有文化的活力和新知识人口的凝聚力，梦想和激情、时尚和消费、知识和进步是一个城市或一个区域是否具有内生发展的活力和是否具有对新知识人口吸引力的三个重要方面。这三个方面是一个创新创业社区的活力所在，也是生命力和凝聚力所在。这就需要一个社区不但要酿造发达的商业网络，还需要有能够引领消费和崇尚创业的文化，有创业和创富的空间和机会，以及有吸取知识和更新知识的条件。

二、创业社区案例研究与启示

（一）海尔海创汇——线下线上有机结合的典型案例

海创汇是海尔"创客创业"服务平台，是一个市场化、专业化、集成化和网络化的创客孵化加速器。它依托海尔集团的综合优势，以培育科技型中小企业和企业家为主要目的，重点面向智慧家居、TMT、健康医疗、节能环保等领域，打造了培训、生态、投资、加速、资本5个驱动平台和集团内部孵化、脱离母体孵化、众筹创业发展模式、轻资产小微创业模式、围绕创新生态圈创业模式五大孵化模式。截至2015年年底，该平台已孵化1140个项目，为社会提供100多万个就业机会。

海创汇建立了5个服务平台：一是创业教育平台，创建海尔创客学院，与北京大学、清华大学、麻省理工学院等院校共同发起成立创客训练营、创新创业联盟；二是创客实验平台，开放加工实验资源，建立集研发设计、检验检测、技术优化、产品中试等于一体的开放式创客工厂；三是融资融商平台，设立创客基金和创业种子基金，提供线上线下众筹、众包服务；四是孵化加速平台，配置孵化服务和创业导师，提供创业培训、企业注册、人员招聘、市场拓展等全流程、一站式服务；五是资源对接平台，创建创业资源和创业者对接的"海立方"线上创业平台。

海创汇采用了5种创客孵化模式：一是集团内部孵化，根据与集团主业相关程度的强弱，采用"企业占股＋引入风投＋员工跟投"方式成立创业公司；二是脱离母体孵化，即创业团队自筹资金，借助企业资源自行孵化，达标后企业承诺回购；三是众筹创业发展模式，即合作伙伴参与众筹，既是股东，又是社区经营者，众筹股份达标后可转化为上市公司股份；四是轻资产小微创业模式，即不直接投资，而是建立互联网物流信息化平台，提供订单、结算、信息化等系统，吸引大众到平台自主创业；五是围绕创新生态圈创业模式，即通过开放源代码，通过4200个研发接入口，吸引全球15万合作伙伴在平台注册。

海创汇的发展带来的借鉴意义有：一是注重开放式创新。进行从雇佣者到创业合伙人的模式创新，实现了开放用户资源、产业资源，通过"人人创客"的模式以内部创业带动外部就业，推动"大众创业，万众创新"在企业中落地。二是整合资源，多维度培养新生代创客基础创新能力。在引入产业技术资源的基础上，通过打造海尔创客实验室系列活动、启动UMP项目等，积极整合资源，激活高校创新资源，形成针对新生代创客的独立、完善的创新培育体系。三是强化创客生态圈建设。积极构建6个子平台，打造海尔的开放、共享的创业生态系统，使得创客及各方创新资源在海创汇平台上实现共创共赢，形成了"以创客空间培育新产业，又以产业反哺创客空间"的发展模式。

（二）西安光机所中科创星——利用自身技术优势培育创新产业

西安光机所中科创星由中科院西安光机所联合社会资本发起创办，是国内首个专注于"硬科技"领域的高科技企业投资孵化平台,旨在引进全球硬科技领域高端创业领军人才,孵化行业颠覆性技术,培育行业领跑型企业,探索特色鲜明的科技成果产业化模式,打造以"研究机构+天使基金+孵化器+创业培训"为一体的科技创业生态网络体系。目前,拥有众创空间、孵化器、加速器3个核心板块,已投资孵化企业78家。

西安光机所中科创星的发展带来的借鉴意义:一是服务贴身化。中科创星可为处于不同阶段的创客及创业者提供物理空间、科研平台、投融资、人力资源、知识产权、财务服务、法务服务、创业培训、创业孵化等"接地气"的贴身增值服务。尤其是在投融资方面,可为创客和创业者提供从IDEA到IPO的链条式投融资服务。二是注重科研支撑服务。其最大特点是不仅能提供一般孵化器所能提供的服务,也能提供科研支撑服务,如研究所内的科研设备、科学家资源都向创业者开放。三是注重创客生态圈建设。西安光机所中科创星围绕四位一体的科技成果产业化及服务模式,搭建了"创业苗圃+孵化器+加速器+VC/PE机构"的全链条孵化体系,形成了"人才聚集—资金投入—企业规模化发展—反哺科研"的闭环,打造了科技成果产业化的"接力棒"体系。

三、创业社区的三大运行机制

创业社区的运行机制包括开放共生机制、共享机制和自组织机制。

1. 开放共生机制

主要是以平台型龙头企业、科研机构或资本平台为核心,辐射带动创业者及中小企业成长发展的开放性产业创新生态圈。一方面,这些平台型企业(如:海尔集团、中国科学院西安光学精密机械研究所等)他们基于现有先进技术资源和产业资源,搭建平台开放企业的内部资源,通过内部创业、外部孵化、众包、众筹等多种方式,为创业者提供创业培训、技术指导、加工实验、产品渠道、资金支持等全方位、高效便捷的创新创业服务,提高了创业成功率和促进了中小企业的快速成长。另一方面,大公司传统的层级体制发生变化,组织结构向网络化和扁平化形态演进。这种自发的变革和调整使得公司的适应能力变得更强、反应变得更快,其形成的若干个微生态和创业圈极大推动着企业母体的发展。例如,微软公司2012年7月在中关村设立孵化平台微软创投加速器,30个月加速100家初创公司,目前总估值已超过百亿元人民币。中关村诸多行业龙头企业（包括联想、百度、京东、亚信），也纷纷建立内部创业孵化机制，建立创业孵化基地，鼓励员工内部创业。

2. 共享机制

如杰里米·里夫金所言，我们跨过"占有"时代，正在进入一个"接入"时代，物品的所有权并不重要，只要在需要时能够通过租用等方式"接入"使用就好。共享经济的深刻影响体现在其对经济发展的全局贯穿性。令工农业基础设施、通信基础设施、互联网平台、生产及生活服务体系、生产者/服务者/消费者/自由连接体等各层均卷入其中，并提供了超越单一所有权的向其他层次对服务、产品、才能、制度等的扩展性接入。同样，在创业社区的打造中，共享经济的理念无处不在，且催生出众创、众筹、众包等新模式、新形态。

一是创业社区通过整合区内空间资源，利用市场化机制搭建一批专业化的众创空间，实现创新与创业、线上与线下、孵化与投资相结合，为创业者提供良好的工作空间、网络空间、社交空间和资源共享空间。二是创业社区通过搭建各类基于互联网的创业服务平台、众筹计划等，实现思想交流、信息共享、服务共享、文化营造。三是通过在创业社区搭建第三方众包服务平台或者大企业自身设立众包平台等方式，使具有能力的企业或个人能在多项业务上开展跨地区、跨行业的创新协同，突破了原有消费者与生产者之间的界限，大幅提升传统行业的创新能力，降低创新的成本；为个体劳动者创业创新与灵活就业开辟了广泛的空间；为传统生产与生活领域营造共建共享的普惠环境。

3. 自组织机制

创新创业生态系统强调创新系统的自组织性，各个主体之间的创新活动和经济行为在一定的限值范围内受"一只看不见的手"支配理性有序地展开。创业社区的核心是构建创新创业生态，打造有利于创新创业的环境。那么，创业社区要形成创新创业生态，需要通过社交网络推动形成生态系统内各种创业要素自组织、自适应、自演化机制。一是通过搭建社交平台和社交渠道等缩短创新创业人群的文化距离和空间距离，形成能够催生创业的社区生态。二是具有广泛差异性的社交网络中的创新创业个体在合作与竞争中催生新的结构和功能，在广泛的知识交流、共享与协商中推动系统的自我进化，从而产生知识的创新。三是知识交互扩大了创新的机会，拓展了创业领域。社交网络的存在能够增进知识交互。通过有意搭建知识交叉性的混成组织、混成创业空间和促进知识交互的特定场景，起到能够催化创业的作用。

第四节　国内典型的创业社区案例

以国家高新区为核心，全国创业社区建设已经进入蓬勃发展的新阶段。本节重点介绍以大学为载体，通过校友会、实验室等方式结成的创业社区——华清嘉园社区；以地方政府与地产开发商相结合，通过旧城改造形成的专业化的创业社区——创智坊；发挥年轻人那种现代都市"新、奇、趣"的特性，打造形成的集居住、社交、创业于一体的新型青年社区——YOU+。

一、北京华清嘉园

（一）基本情况

华清嘉园是一个位于北京市五道口城铁旁的普通居民小区，地处中关村核心地段，紧邻清华科技园，周边分布有北京大学、清华大学、北京航空航天大学、中科院等科研院校。华清嘉园小区居住人群文化素质层次高，曾是互联网创业者的"天堂"，诞生了校内网、暴风影音、饭否、美团、酷讯、抓虾、美丽说、酷我、一见等众多 Web2.0 互联网企业，被誉为"北京的民间硅谷"。

华清嘉园分为畅春园、蔚秀园、照澜园三个组团，小区内部建筑以高层为主。小区道路将绿地和楼房划分开来，也将人的生活区域分为工作、学习、居住和休憩的不同区域。内部除建有中小学、幼儿园、便利超市外，还提供游泳馆、健身房、乒乓球室等多项娱乐休闲设施，更建有大型社区会所。

（二）经验借鉴

华清嘉园社区是一个为自发成立的同学会提供社交化的平台，成立的"百度逐鹿同学会"，定期交流创业信息和新想法，在其中可结识志同道合者，从而保持创业敏感度。这里适用初创企业苗圃式孵化模式，适合于从创业想法萌发到组织少数人员进行创业试错的公司。近年来，受到外部环境和市场快速变化的影响，后起的创业者已经享受不到华清嘉园式的"美好时光"，原因主要有两个方面：一是创业的成本变高。华清嘉园作为中关村学区核心地带，房价直线攀升，租金也随之攀升。二是民宅不能注册公司。以前华清嘉园的居民楼是可以注册公司的，但是2007年10月1日开始实施的《物权法》规定民宅不能作为公司经营注册地，无形中增加了创业成本。但是，华清嘉园创业社区的经验仍值得借鉴和学习。

一是互联网创业文化与传统浓厚。华清嘉园位于中关村五道口核心地带，互联网行业创新创业极为活跃，柳传志、雷军等创造的激动人心的创业故事，塑造起中关村浓厚的创业文化与传统。华清嘉园居民小区诞生了以校内、美团、酷我为代表的众多成功的创业企业。今时虽不同往日，但依然有众多的创业者在这里为梦想打拼奋斗。

二是形成精简高效的"自组织式"创业社区。华清嘉园里的创业社区并非由官方组织形成，在没有配套支持政策情况下孵化出一大批知名Web2.0企业，归因于"百度逐鹿同学会"等"自组织"的力量。基于相同的创业梦想，创业者们自发组织聚会活动，通过俱乐部互动交流，分享创业想法、经验，为创业相关问题释疑支招。并且"自组织"不需要烦琐的申请办理程序，运行机制也较为灵活高效，形成一个精简的"自组织式"孵化器，实现超高的孵化效率。

三是连续创业、反哺式创业构成良性闭环。一些已成功走出社区的创业者们，借由创业者社交圈子重新燃起创业激情，转变为连续创业者，或反哺投资华清嘉园小区内的其他创业项目，满足了更多初创企业对资金的迫切需求。抓虾网创始人徐易容在获得成功后，继续在华清嘉园创办了社区型女性时尚媒体"美丽说"，同时他还不断提出一些创业想法，自认为"每天吃水果都会想到创新"。类似的例子不计其数，这种连续创业、反哺式创业推动更多创业梦想得以在华清嘉园生根发芽，继而形成创业资源的良性回路系统。

二、上海创智坊

（一）基本情况

创智坊位于上海市杨浦区五角场的核心域——创智天地内广场以西。创智天地是杨浦区政府联合瑞安房产探索旧城改造新路径所建，形成以信息业为主导的高新技术产业集群，目前已经进驻甲骨文、百度、EMC、IBM、易保软件等全球IT领先企业和美国硅谷银行、联合南南全球技术产权交易所等有影响力的国际机构组织。创智坊作为创智天地五大部分之一，主要集聚孵化创业型中小科技企业，以信息术、现代设计两大产为主。

2003年，创智天地伴随上海市建设杨浦知识创新区的战略决策而启动，目前包括创智坊在内的创智天地园区已纳入张江高新区政策覆盖范围。园区周边有复旦大学、同济大学等10余所知名大学及100多家科研院所。科技创新密集程度之高，国内屈指可数。创智天地周边还集聚有5个国家级大学科技园和10个专业化科技园区，拥有科技孵化基地、风险投资服务园、大学生创业基金会等一批创新资源和各类中介服务机构，共吸引和培育了3500多家创业型中小科技企业。

创智坊规划打破传统经济模式与社区理念的界限，灵感来自美国旧金山硅谷和法国巴黎左岸，将创新与艺术完美结合，形成特色鲜明的创业生活社区。创智坊社区包括纯住宅用房、商务办公室及商住两用房三种户型，其中商住两用房最具特色，以SOHO居家办公理念为蓝图，定位于小型创业企业的办公居住场所，独具特色的将居住与办公功能合为一体，形成典型的欧式"家庭办公室"房型，更适合于当代年轻创业者们的工作习惯和生活方式。创智坊社区设计意图力求实现人与人之间的即时交流、行业与行业间的即时互动，使之既是知识工作者休闲生活、学习、分享知识、沟通合作的地方，也是各大学、研发机构、大小企业、基金及现代化服务业等的经济互动平台。

（二）经验借鉴

一是塑造开放式社区创业环境。创智坊作为公寓式办公楼，却具备更卓越的办公体验。最具创意的Loft错层设计让创业者可以更自由地安排办公与生活空间。细心设计的庭院式花园、精心打造的社区街道，多种商业形态和创业工作完美结合，最大限度地激发创业者热情，提取创业灵感。对创业者而言，创业在这里不是枯燥的事情，而是融入了生活的一部分，成为社区生活的一种常态。

二是由政府主导形成创业社区。创智天地由杨浦区政府和瑞安房地产联合建设，被列入"上海市重大建设项目"，且享有国家级园区相关政策，通过官方顶层设计整合周边人才智力、科技金融、公共服务平台等完备的创业服务支持机构，组织创业之家为代表的创业培训孵化机构提升创业者技能。作为创智天地的核心组成部分之一，创智坊同样享受国家级园区优惠政策，具备梳理整合创业孵化优势资源的能力，这一点成为创智坊打造创业社区的关键成功因素之一。

三是连接领先知识社区创业资源。创智坊所在区域是全国知识智力资源最为密集的区域之一，高校与科技园区人员、知识互动交流活跃；甲骨文、EMC等周边跨国领先的科技企业，为园区带来全球最前沿的创新创业动向，衍生出众多的上下游创业企业；旧金山湾区委员会上海办事处设立于创智天地，为吸纳借鉴全球领先知识社区创新创业经验提供最佳渠道。独特的地理环境和全球视野的资源链接使创智坊长期处于知识前沿碰撞交流的活跃氛围中，成为创业者的天堂。

四是通过创业之家助力创业企业快速成长。创业之家（IPO Club）是创业者集会、交流、教育空间的"泛会所"，采用会员制，长期举办创业培训等活动。通过建立导师制度，邀请行业知名专家和成功企业家提供一对一导师服务，首批创业之家的导师包括瑞安房地产主席罗康瑞、分众传媒董事局主席江南春等，还举办创业系列讲座、海外人才创业政策发布、市场信息分享、创业投资沙龙等创业辅导活动，天使投资人、风投专家定期参加的创业下午茶，为创业者提供专业咨询和资金，帮助创业者健康、加速成长。此外，创业之家不定期举办各类艺术作品展、摄影沙龙、红酒沙龙等活动，丰富了创业者的生活。

三、YOU+ 青年创业社区

2012年6月，全球首家国际青年创业社区——YOU+在广州成立，YOU+是一个面向现代都市"新、奇、趣"青年的集居住、社交、创业于一体的新型青年社区。目前，YOU+在全国已签约21个社区近5000间房，进入北京、上海、广州、深圳、杭州、成都、福州等城市，从生活社区扩展到创业社区，成为支持创业者前行的重要力量。

YOU+创业社区是全球第一家将居住与社交融合、改变青年人群的居住习惯、形成创新创业氛围的独特创新模式型社区。它为青年创业者解决了创业初期急需解决的"住哪儿""交朋友""找合作者"的3个基本问题，以独特的创新理念和低廉的收费为优秀青年创业者提供各种免费服务；积极落实

"轻资产"发展模式，不圈地、不买楼，全部物业采取租赁方式。

YOU+青年创业社区的特色在于除了在社区空间中突出家的企业文化，形成互助、互动分享式、自主管理型的"熟人社区"外，还围绕创业利用高性价比房租吸引人群。再通过对入住人群职业、性格、爱好、特长等方面的综合筛选，最后按比例配比形成成本最低，功能齐全的创业互助生态圈。社区中聚集了创新思想、人才、资金、产品、技术等创业要素和行业资源。既快速解决了青年人初入社会人脉圈群的问题，又用最低成本的模式解决了创业者对创业资源整合的问题，大大提高了创业的成功率。

YOU+在硬件上实现无线光纤网络全公寓覆盖，配有互联网视频设备，为创业项目路演提供便利；软件上则创建基金，定期举办各类沙龙，把天使和创业者连接起来，使YOU+成为创业孵化器。此外，每月都会举办两三次由创业团队带来的创业分享会，"家友"们都很有创意，每次分享会都会有不同的收获。以互联网为媒，这里还有针对读书爱好者成立的读书分享会，两个星期为一个周期，在此期间大家相约看完某一本书，分享会时就会交流各自的读后感。

在生活、创业之余，社区还倡导真诚、分享、奉献等社会生活急需的正能量元素，并采用末尾淘汰制，通过家友（社区住户们的称呼）自主投票定期对不友好，不参与互动、分享的家友进行淘汰，同时也保证了社区一定的流动性。社区还鼓励所有家友参加微公益、微环保活动。

第五节　国外典型的创业社区案例

美国是全球创业最具活力的国家之一，借助发展的市场机制、金融条件和社会化的居住环境，形成了一批如洛杉矶1010社区、WeWork联合办公、Y-Combinator、TechStars、500 Startups等具有全球影响力的典型创业社区。Y-Combinator和TechStars，作为传统的孵化器，依靠强大的创业辅导能力和市场判断能力，成为全球著名的创业孵化器。洛杉矶1010社区，是目前美国最具典型的创业社区，是生活与工作结合的创业社区模式代表。WeWork的典型特征就是联合办公，目前已经在纽约、华盛顿、特拉维夫等全球27个城市设立了 80 个众创空间。

一、洛杉矶 1010 社区

1010 社区是 Amidi Group 亚美迪集团旗下主要品牌之一，集团公司是一家财力雄厚的孵化器型房产集团。据媒体报道，1010 在美国受到创业者的热捧，集团公司已经决定将 1010 扩建，未来紧邻 1010 的一块区域将打造成办公 SOHO。

1010 社区位于美国洛杉矶威尔夏大道，由酒店、办公区域、娱乐设施构成。它的办公社区主要面向社区公司、自由职业者、初创公司，办公区按月出租。创业者可以选择租下一张指定的办公桌、一块公共办公区或者是一个有 4 张桌子的 Loft 办公室，并且可以自由使用会议室。在这里办公的公司达到指定要求后，可以享受税费减免。

1010 的特色是生活、工作、娱乐在一起实现，着力打造在"一栋楼里办各种事"的 1010 社区，为创业者提供一体化服务。目前侧重吸引与创意、文化等产业相关的企业入驻。创业者可以在这里选择豪华套房，短期或长期使用，它和高级公寓酒店一样，能够提供几乎所有生活所需的硬件和软件配套，比如卧室、客厅、厨房、有线电视、宽带上网，等等。它也能提供豪华的会议室和商务中心，创业者可以在这里开会或利用宽带网络办公。另外，它还提供娱乐设施，比如酒吧、高科技健身房、私人酒窖。这种风格适合创意文化产业或注重生活品质的创业者。

创业社区的核心同样是创业地产，其核心仍然是地产，只是加上了众多与创业相关的元素。从盈利模式来讲，创业社区的模式除了办公区域的租金收入，还有其他商业服务主体的租金或服务收费，收入来源更多元。国内和国际的优秀早期创业服务机构，都在系统和生态方面进行布局，这也是一种新的趋势，即注重创业内部的社交。

二、Wework

WeWork 创立于 2010 年，最早产生于美国，专注做联合办公租赁。WeWork 选择交通方便和位置繁华的地段，以低于市场平均水平的价格将写字楼承租下来，进行专业的装修设计，让空间变得个性和时尚，之后以略高于附近一般办公空间的价格租给 1～300 人规模的企业或个人,在租金差价中获利。目前,WeWork 已经在纽约、华盛顿、特拉维夫等全球 27 个城市设立了 80 个众创空间。

从运营模式上看,WeWork 主要是通过在一些租金较为便宜的地区租用楼面,并进行二次设计,将楼面设计为风格时尚、可定制且社交功能较齐全的办公空间,之后以远高于同业的价格租给各种创业者(公司或个人),并在租金中获利。在日常运营中,除了为各类创业者提供办公空间(办公室、会议室、娱乐设施、生活设施)之外,WeWork 还为创业者提供各种跟创业关系密切的隐性服务,如定期举办社交活动,促进创业者之间、创业者与投资人之间的交流;充当中间人,为创业者之间、创业者和投资人、初创企业和成熟企业之间搭建业务或资本合作的桥梁;完善办公空间的各类社交功能,为创业者和投资人创造各种各样偶然的"邂逅"。

从盈利模式来看,WeWork 向创业者(个人或公司)收取租金。WeWork 的租金比较高,一张办公桌的月租为 350 美元,一间 64 英尺[2][①] 办公室的租金为每人 650 美元;但是因为其较为完善的创业环境及完备的创业社交网络,其会员数量一直保持着激增状态。当 WeWork 在伦敦绍森德(South End)开设最新的办公地点时,一开始就租出去 80%。WeWork 除了会员租金和配套服务收费之外,WeWork 还通过周边地价溢价、对种子公司投资等隐性回报来获利。WeWork 管理者看到了以中间人身份向会员介绍各项服务的新收入来源。这些服务包括医疗、会计、法律和云计算。比如通过 TriNet,WeWork 帮助会员每月节约 200 美元的健康保险费;WeWork 会员使用亚马逊 AWS 云服务提供的网络主机第一年可免除 5000 美元费用。

三、硅谷 Y-Combinator

Y-Combinator(简称 YC)是美国著名创业孵化器,2005 年由保罗·格雷厄姆(PaulGraham)在硅谷发起成立。YC 基于强大的创业辅导能力和不断出现的成功案例,构建起强有力的品牌影响力,成为全球孵化器的标杆。

(一) YC 的运营模式

YC 每年会定期接受创业团队提交的申请资料,对创业项目进行筛选,

---

① 1 英尺^2 ≈ 0.0929 米^2。

如果项目评审通过，YC 会向每个创业团队提供种子资金，以及为期 3 个月的创业孵化班。一般情况下，YC 对创业团队投入的种子资金金额约为 1.5 万～2 万美元，换取创业团队约 7% 的股份。

创业团队进入孵化班后，通过"办公时间"和"晚餐"两种方式开展活动。办公时间，创业团队会与 YC 的顾问团在办公时间进行沟通并向他们咨询相关问题。每周会有 1 次与 YC 合伙人共进晚宴的机会，互相交流项目的进展情况，并与被邀请来的演讲者（成功的创业者、风险投资人等）交流创业心得。

YC 会为创业团队举办"项目模型展示"。在这天，所有的创业团队首次向其他团队展示自己的创意。之后，YC 会组织创业团队对其他团队进行投票，思考如果他们是投资者，会选择投资哪个团队，以此启发创业团队从投资者的角度思考问题。第五周左右，创业团队的产品基本成型，YC 合伙人会利用媒体帮助创业团队进行产品推广，并最终发布产品。

在整个孵化周期进行到大约一半时，YC 会邀请红杉资本的合伙人与创业团队进行交流，红杉合伙人作为免费咨询顾问，为创业团队指出存在的问题，从而提前了解各个团队的情况，而创业团队则获得了近距离接触顶尖风险投资机构的机会，以便顺利地进行下一轮融资。之后，创业团队便开始为最终的"路演日"（demo day）做准备。"路演日"是 YC 专门为创业团队安排的与风险投资者、天使投资者等投资机构接触的机会。如果投资者对某个创业团队的产品感兴趣，则可以在"路演日"过后与创业团队私下进行交流。在"路演日"之前，YC 会安排"彩排日"（reheasal day）、"校友路演日"（alumni demo day）等，形式跟"项目模型展示日"相同，发动其他创业团队、校友资源共同资助完善"路演日"的展示材料。"路演日"过后，有的创业会不断进行融资，将企业做强做大；有的会被其他企业并购，从而实现对创业团队和 YC 的退出回报；也有的会面临清算的命运。

YC 通过向初创公司投入种子基金并提供训练营等服务，来换取初创企业的股份，在初创企业上市或被其他企业并购时退出获利。

（二）创新之处

一是严格的创业团队筛选标准。YC 筛选创业团队的能力是吸引投资者的重要原因之一。很多投资者认为，从 YC 毕业的企业，不需要做尽职调查就可以进行投资。YC 的创业团队筛选标准主要包括三个方面：创业构想、市场需求、团队。在创业构想方面，创业团队不需要具有非常高明的创意，但是能够为用户提供比现有技术更好的技术；市场需求方面，能够把握市场需求，不需要做完美产品，只需要发行试用版并不断根据用户反馈进行改善；团队方面，主要看中创业团队是否真聪明、是否具有坚定的信念及面对问题的灵活性。

二是具有强大的资源整合能力——校友网络。YC 拥有经验丰富的管理团队、高素质管理人员、创业者同伴社区及企业发展战略、品牌经营和公司治理结构方面的专业支持，侧重点是校友网络。YC 的"校友网络"类似于由初创企业创始人组成的兄弟会。为期 3 个月的培训期能为这些创业者创造持久、无限延伸和拓展的联系关系。YC 的"校友资源"不仅仅可以帮助公司筛选项目和提供咨询建议，也为后来再加入的创业者扮演了市场开拓者的角色。

三是为创业项目搭建了发达的融资渠道。YC 直接设立种子基金或由风险投资商和天使投资人另设立基金交由 YC 管理，为初创项目提供启动资金，帮助项目渡过起步期。搭建初创公司和投资商之间的桥梁，构建投资网络，为天使投资人和风险投资商及时进入项目早期阶段，获得丰富、优质的项目资源提供了平台。此外，通过工作日会谈、原型展示日、红衫资本对接日、天使投资对接日及项目展示日等营销渠道与不同的资本市场与技术市场持续性地对接，为入驻企业吸引投资、并购。

四、TechStars

TechStars 是美国久负盛名的孵化器之一，也是美国最具竞争力的孵化器之一。2006 年，大卫·科恩（DavidCohen）、布拉德·菲尔德（Brad Feld）、大卫·布朗（David Brown）和贾里德·波利斯（Jared Polis）创办了 TechStars，该公司在波士顿、博尔德、纽约市、西雅图设有分点，为初创公司提供为期 12 周的密集指导计划。

（一）TechStars 的运营模式

TechStars 的加速器一年两期，一般为期 3 个月，由创业导师指导企业加速项目。对创业者来说，如果能进入 TechStars，就意味着公司接触到了最前端、顶级的创业资源。每年申请季一到，创业团队蜂拥而至，据 TechStars 官网介绍，每年申请的成功率不足 1%，申请难度堪比常春藤名校。

（二）TechStars 的盈利模式

TechStars 提供 6000 美元给具有优秀想法的人，在筛选申报团队时，会特别建议创业者寻找合作伙伴，在团队运营、技术支持方面保持均衡水准。每个被选中的创业公司最多可以有 3 个人获得启动资金，即 18 000 美元的支持，在 3 个月孵化期内他们还会得到有经验的科技业老将和投资人的帮助，一旦获准加入孵化器项目后，企业创始人平均能吸引到近 100 万美元投资。TechStars 将更多的时间、资金和金钱投入到重视项目孵化的质量上，以及诸如重视对创业团队演讲能力的培养等细节。"小而精"的理念也是 TechStars 一直以来所标榜的。

从收益上看，TechStars 主要是用 18 000 美元的投资资金及 3 个月的孵化期换取孵化公司约 6% 的股权。在初创企业上市或被其他企业并购时退出获利。

（三）经验借鉴

一是孵化过程采用导师制。导师制是 TechStars 成功的秘诀之一。与 YC 不同的是，TechStars 的导师与工作人员会对孵化项目倾注更多时间和精力，由于拥有在共享空间中面对面工作的机会，创业团队们在进入孵化器的第一个月就可与创业导师们"亲密接触"，加强孵化器本身与项目之间的联系。TechStars 的导师辅导制度已经演变成一种文化习俗，早期参与 TechStars 创业项目的公司创始人现在已经成为导师，为那些新参与项目的创业者及其他创业群体中的公司提供指导。TechStars 的导师制模式被白宫看好，在此基础上展开了"创业美国"合伙人计划，创立"全球加速器网络"。

二是挑选标准严苛。TechStars 对入孵企业的挑选标准十分严苛，只有在全面考量一家初创公司所有团队成员的专业技能、产品及服务的成熟度与发展潜力、商业模式的可行性等诸多因素之后，Techstars 才会决定是否接纳这家公司。只孵化最具潜力的公司、保持尽可能高的初创公司存活率，是创始人大卫·科恩（David Cohen）建立 Techstars 的初衷，他认为 TechStars 所有的精力都应该花在质量上。TechStars 要做的事不是眼睁睁地看着哪些公司成功，而是要确保 TechStars 扶植的每家公司都能获得成功。

五、RocketSpace

RocketSpace 核心是"空间＋活动＋生态"，提供更多的服务，注重与大企业的生态合作。孵化器 RocketSpace 已成功孵化出 Uber 等 8 家独角兽公司（市值超 10 亿美元且未上市）。目前，RocketSpace 网站显示已经孵化 175 家创业公司，募集来自会员和校友的资金 47 亿美元，全球合作伙伴拓展至 60 家。

RocketSpace 每月都会从 100 家申请者中筛选出 20 家左右入孵。区别于一些孵化器平价甚至免费提供场地和服务的方式，"傲娇"的它不但向初创公司收取租金，并且该租金还是市价的近 3 倍之多，它最大的特点是整合资源，做生态系统，很多大公司都是其合作方。RocketSpace 收入来源比较多元化，盈利模式是"租金＋大企业咨询服务＋其他国家政府委托的项目和其他国出钱孵化的项目"。Rocketspace 的租金接近周边物业的 3 倍，很多大企业都是他们的客户。目前孵化器有十几个人的全职团队，工作内容是为大企业创新做咨询服务方案，而这项收入也占了孵化器总收入的一半。

六、500 Startups

500 Startups 实行五位一体的加速器模式，即"空间＋系统＋生态＋投资＋后台"。

加速器和孵化器最核心的区别在于，孵化空间是否具备帮助创业者快速成长的能力。加速器是美国最成功的孵化空间，数量极少，只占硅谷地区孵化空间的 5% 左右。美国福布斯榜排名前十的孵化空间包括 Y Combinator、TechStars、500 startups、DreamIt Ventures、AngelPad 等都称自己为加速器。

一是加速器都有能发挥实际作用的 Mentor 系统（创业辅导），Mentor 在加速器不是挂名，而是能发挥实际作用，能给创业者很多具体的指导和帮助。二是加速器一般都对接了较丰富的大企业生态，方便入孵企业与大企业对接。三是加速器更注重校友文化，由于加速器一季入孵的企业一般只有二三十家，所以入孵企业与加速器的运营人员、入孵企业之间会建立深厚的家人文化。

2010 年，Dave McClure 成立了 500Startups，这个名字的意思是他要投资并孵化 500 家创业公司。从现在来看，他们已经早早完成了该目标。目前 500 Startups 的官方网站显示，该平台已孵化超过 1000 家公司，涉及 50 个国家，2000 支基金。

500 Startups 的核心特点是聚集了 200 多位导师；项目通常采取合投的形

式；筛选入孵的项目都会给其种子投资；注重全球布局，喜欢投资有国际化思维的创业者，并且非常注重网络营销。500Startups 的盈利方式也比较多元，其收益一部分来自基金管理费（即投资人将钱交给 500startups 管理，后者收取管理费，占 1/3），一部分来自加速器计划费（向参加加速器计划的初创企业收取），还有一部分来自会议活动组织费、赞助费。

第六节　众创空间的概念、运作机制与发展建议

在建设众创空间之前，一定要建立对众创空间的正确理解，否则在实际操作上，很可能会走传统孵化器，甚至商业地产的老路。本节就从众创空间的若干关键问题入手，旨在分析众创空间的特征及运行机制。

一、厘清两个认识

（一）众创空间不是传统孵化器

孵化器作为扶持创新的重要载体在我国已经发展 20 余年，在国家高新区形成了从预孵化、孵化到后孵化的完整孵化链条，建立起了从创业苗圃、孵化器、加速器到产业园的科技企业扶植体系。

众创空间和传统孵化器同属创业服务机构，在功能上有一定的重合。但实际上，传统孵化器和众创空间还是有很大的区别：

1. 传统孵化器是提供空间导向，而众创空间是过程氛围导向

传统孵化器是以提供物理空间为导向的，其核心要追求一定的物理空间和强调孵化的成功率。所以传统孵化器的所有业务，首先保证一定的企业入驻，其次突出企业的孵化成功，在项目筛选上，要优中选优，评估上，强调入驻率和毕业率；众创空间则不然，众创空间是过程导向的，是面向大众的，其核心追求是培育创新创业的土壤、社交网络，宣扬创新创业文化。所以众创空间要低门槛，甚至零门槛，无论有无创业项目，都可进来了解创业，感受创业。使每个人在主观上对创业不再陌生，并把创业作为职业发展

和人生价值实现的另一个选择。

2. 在创业服务链上，众创空间位于传统孵化器的前端

传统孵化器一般要求有成形的项目才可入驻，而众创空间里，只要你有想法就可以进来"坐坐"，所以从整个创业服务链上，众创空间更偏向苗圃的概念，提供的是"预孵化"服务。在功能上，众创空间可以完成创业项目的初筛，然后交给孵化器"接棒"，做二次筛选。在现实中，也确实出现了创业项目从众创空间向孵化器的迁移。比如，创新工厂的很多的创业团队，都是在车库咖啡、3W咖啡等众创空间中待了一段时间，在发展得比较好之后，才搬迁到创新工厂。

（二）众创空间不是互联网平台，也不仅仅针对互联网创业

众创空间是线上与线下相结合的生态系统，在初级阶段，其实体属性大于虚拟属性，致力于为创新创业者提供社交场所。回溯众创空间的形成过程可以发现，在10多年前，国外Hackspace、TechShop、Fab Lab、Makerspace等各种类似形式的众创空间就已经逐步形成。此后，Maker（创客）概念被引入中国。

Hackerspace向硬件高手、电子艺术家、设计师、DIY爱好者和所有喜欢自己动手捣鼓各种东西的人提供了一个开放式社区，根据兴趣共同开发有趣和富有意义的项目，同时还举办包括电子、嵌入式系统、编程和机器人等不同主题研讨会和培训，并提供运营代理、融资支持和销售平台等运营服务。Metalab的主要项目包括提供基础设施、提供IT、新媒体、数字艺术、网络艺术和黑客文化等领域的物理空间，为技术创意的爱好者、创客、创始人和数字艺术家之间的合作提供服务。TechShop是一家基于会员制工作坊而组成的社区，可以为会员提供可供使用的工具、设备、教学、创作及支持人员，以便创造他们一直想创造的东西。Makerspace可以是一群有相同兴趣的人们互相分享空间和工具的兴趣团体，也可以是商业公司或非营利公司，还可以是学校或图书馆等的附属组织，其本质上是一个配备工具的社区中心。它为社区提供了制造设备，并为社区成员进行必要的培训，帮助他们利用现有资源进行设计、建模，并制作出那些无法靠个人力量完成制作的作品。

可以说，众创空间的本质是为一类人群提供社交和信息、资源、设备共享的社区，互联网平台扩展了其信息共享的效率和范围，但其体现形式不仅

仅是互联网平台，还包括形式多样的社区平台。同时，众创空间促进了互联网创业，但对于制造、设计等产业也具有深刻的影响，从而引发了产业的跨界融合。

二、众创空间的概念与特点

与传统的高风险、精英创业不同，"众创"并不是一个绝对概念，只要创业的规模不断增长，就在不断趋近"众创"的局面。当下，整个社会的创业活动，确实要比以往任何历史时期都活跃。导致当前"众创"局面形成的原因主要有以下几点。

（一）互联网的出现

一方面，互联网的出现，极大地降低了创业门槛。互联网的出现打破了信息壁垒，促进了市场信息流动，让更多的普通人能够看到创业机会。此外，大量线上创业服务平台的出现，让创业服务更加便捷和低价。比如AppCan，让不懂编程的创业者也能够将自己的创意变成跨平台的App。

另一方面，互联网产业本身和互联网对传统产业的改造活动，带来了巨大的创业空间。当前火热的创业活动，很大一部分集中在互联网和移动互联网领域。再加上"互联网+"的兴起。在可以预见的一段时期，在互联网、移动互联网领域，和互联网对传统产业的改造领域，存在着无数的创业机会。这也是创业行为能够更大规模发生的基本前提。

（二）民间资本过剩，投资机会稀缺

一方面，受金融危机的影响，全球实体产业不振，好的投资机会非常缺乏；另一方面，民间资本相对充裕。在这样的供给矛盾之下，资本都涌向了新兴的创业领域，尤其是互联网创业领域。好的投资机会较资本规模相对稀缺，也一定程度上降低了对创业项目的水准要求。这些投资案例的榜样效应，通过媒体传播被放大，也进一步升高了创业的热度，导致更多的人涌入了创业领域，形成了一个增量的循环。

（三）"此创业"实际上非"彼创业"

与以往各个历史时期的创业活动相比，互联网时代的创业活动呈现一些

新的特点，这些新的特点导致创业行为在某种程度上可以具有"频发"和"普发"的特点。首先，创业服务体系更加完善，服务更加专业化，使得创业者能够专注于核心技术的研发或核心商业模式的设计，这极大地降低了对创业者综合素质的要求，使更多的创业者能够入围成功的行列。所谓创业，已经不再是研发、制造、管理、营销和公关的大包揽，而是仅指创业的核心环节。其次，中国已经基本完成工业化，进入到服务业蓬勃发展的阶段。当前的创业主要集中在服务业领域，制造业领域的创业需要很高的技术和资本门槛，而服务业的创业对技术和资本的要求就很低，主要是商业模式上的创新，而与工业相比，服务业领域的门类和类型更多，所以当前的创业主要是指服务业领域的创业。

2015年9月8日，科技部印发的《发展众创空间工作指引》中指出：众创空间是顺应新一轮科技革命和产业变革新趋势、有效满足网络时代大众创新创业需求的新型创业服务平台。随着"众创空间"的不断发展，其内涵在实践中不断丰富。具体来看，主要包括以下几个方面：

一是众创空间的核心特点在于开放性和专业性。众创空间为互联网+跨界融合提供了新的平台空间，促进了区域间的协同、产业间的融合、平台间的合作、各类资源之间的连接。众创空间为创新创业者提供了相对开放的信息交流、技术合作、资本对接等方面的共享平台。首先，作为大众创业、万众创新背景下兴起的新型组织，众创空间的开放性是其必承载大众创业的特征基础，主要表现在低门槛、集成性、网络化三个方面。其次，与传统的创业服务机构不同，"众创空间"是在创业服务产业化的背景下兴起的，随着创业活动规模的不断扩大，将越来越向专业化的方向发展。比如36氪的媒体功能、联想之星的创业培训、达安基因的专业技术服务等，不同的众创空间在保持其开放性基础特征的同时，越来越重视向着垂直化、专业化的领域发展，演化出不同的类型。可以说，专业性是未来"众创空间"发展的核心竞争力所在。

二是众创空间的持续性在于资源和需求的充分导入。众创空间是承载创业活动的载体，其本身是一个"生产系统"，而该"生产系统"的原材料是创业团队和创业项目。众创空间的持续发展，在于有充足和持续的资源和需求的导入，资源是创业所需的人才、设备、技术和资本，而需求则是待解决的问题和市场机会。据不完全统计，截至2015年，全国各地的众创空间已达1.6万家。众创空间热潮的背后，是一大批三四线城市，乃至一线城市的很多众创空间缺乏创业团队的入驻，呈现出"有店无客"的状态，无法使众创空间持续高效运转。

三是众创空间的出现反映了互联网时代的创业模式的变革。众创空间致力于推动创新创业服务的专业化、平台化、组织化发展，并将拓展创新创业服务的范围。一方面，互联网对传统经济社会的改造，以及以互联网为基础的软硬件技术催生了巨大的创业空间，带来了无数的创业机会；另一方面，互联网本身使得信息规模迅速膨胀，信息传输更加便捷，提升了知识社会的发育水平，基于互联网的各项服务也进一步降低了创业门槛。互联网促进了大众创业万众创新时代的到来，也深刻的改变了创业的行为模式和发生规律。众创空间为一类群体在价值认同的基础上形成了资本对接，从而带动股权投资市场的深入发展。

与工业时代相比，互联网时代的创业活动的变化主要体现在三个方面：第一，创业的主体由小众变为大众。第二，创业活动不再是个人和创业团队的"大包揽"和"单打独斗"，而是创业团队专注核心业务研发，非核心业务外包给专业的创业服务机构。创业活动从"放养"模式，过渡到有专业化的分工协作的"孵化"模式，并由此涌现出一大批专业化的新型创业服务机构。第三，创业的文化属性增强。一直以来，创业一直是创富的代名词，创业是一个经济行为，但在大众创业万众创新时代，创业越来越成为一种人生价值和社会价值追求，成为一种生活方式和文化现象，这使得创业活动与社交、个性创造的联系更加紧密。

三、代表性众创空间及其运行机理

（一）类型一——资源对接型

主要针对初创企业所需的各类资源，形成开放式的对接平台，创业者可以根据自主需求寻找合作伙伴或投资人，从而达成创业的行为。资源对接型众创空间的案例见案例1。

案例1：车库咖啡

车库咖啡于2011年4月开始营业，是一家以创业和投资为主题的咖啡厅，创业者只需每人每天点一杯咖啡就可以在这里享用一天的免费开放式办公环境。车库咖啡不设入驻门槛，不进行项目筛选，实施低成本创业，使自己成了草根创业者的集聚地。

群体：实现了与创业相关的主要主体的聚集，包括创业者、投资人、创业导师、创业媒体，以及相关的创业服务主体。

空间：通过设立专门实体空间（咖啡馆）促进各类创业主体在物理空间的集聚；同时，通过线上空间渠道实现主体间的交流、信息共享。

服务：车库咖啡的创业服务更多是通过创业者的"互助"完成的，即创业者在这里通过交流碰撞，依据自身的优势、专长和资源，自发合作联结；同时，与北京银行等开展战略合作，提供专业资本服务。

效果：主要体现在降低创业资金成本和降低资源获取的时间成本。

（二）类型二——培训辅导型

充分利用其丰富的人脉资源，邀请了大量知名企业家、创投专家、行业专家等作为创业导师，在为企业开展创业辅导的同时，也帮助企业与各种资源进行对接。培训辅导型的众创空间案例见案例2。

案例2：联想之星

联想之星是联想控股旗下的综合性专业投资孵化机构。2008年成立，凭借专业化的投资和创业顾问团队，以及丰富的企业和社会资源，为高科技初创企业提供具有高附加值的资金支持和综合性孵化服务。联想之星开创了国内首个集合了免费的创业培训、天使投资和开放平台的"三位一体"科技创业孵化模式。

（1）创业培训

为创业者深度定制课程；

实战派企业家亲身授课；

专职辅导员全程关注。

（2）天使投资

专注于种子期；

科技企业深度孵化；

提升企业价值。

（3）开放平台

对接各类社会资源；

搭建人脉网络。

(三)类型三——媒体延伸型

由面向创业企业的媒体开始做起,逐步发展成为企业提供线上线下相结合的,包括宣传、信息、投资等各种资源在内的综合性创业服务平台。媒体延伸型的众创空间案例见案例3。

案例3:创业家

《创业家》杂志于2008年8月创办,并整合资源,设计和组织了以"黑马"为品牌的一系列创业交流、培训活动。目前黑马会、黑马营和黑马大赛已经成为创业领域最有知名度和影响力的高水平活动之一。

黑马会是充分整合创业家传媒旗下黑马营近200名中国最具成长性的公司创始人、黑马大赛评委团中近100位中国最活跃的投资人资源精心打造的一款高端俱乐部产品。它以培训、交流和互助为特色,团结最广大的创业者,共同学习、共同分享、互助,提高创业成功率。

黑马成长营以游学为主,固定主场,采用模块制授课,共包括7个模块《创始人成长》、资本、商业模式、创业管理、团队建设、市场与营销及毕业模块和一次毕业典礼。

黑马大赛是中国规模最大的创新型成长企业投融资选拔大赛。

(四)类型四——专业服务型

依托行业龙头企业建立的专业孵化平台,开展基于产业链方面的专业孵化与资源对接服务。专业服务型众创空间的案例见案例4。

案例4:微软云加速器

微软亚太研发集团于2012年7月正式启动微软公司在中国的首个创业加速器——云加速器。微软云加速器旨在深入中国的创业生态链,鼓励更多的创业者使用微软云计算平台进行技术开发及实现创新;同时为企业提供多方位的创业支持资源,以帮助创业者实现梦想。

提供服务:
(1)场地;
(2)微软云服务;
(3)创业辅导;
(4)培训课程。

四、高新区众创空间的相关建议

众创空间建多少,怎么建,都要根据不同区域的发展水平和资源条件有所区别。高新区除了要理解众创空间的内涵,更要清楚众创空间发展所需的基础和外在条件。众创空间不仅仅是一幢楼,一杯咖啡那么简单。如果忽视众创空间的基础和条件,盲目打造众创空间,那极有可能"门前冷落鞍马稀",不但达不到提升创新活力,反而可能会造成社会资源的巨大浪费。因此,在打造众创空间的过程中,要考虑以下几个方面。

(一)众创空间需要"大肚型"的人才结构

把一个地区的人才分为3种类型,第一种是高端人才,比如院士、"千人计划"入选者、首席科学家等;第二种是中端人才,包括企业高管、技术骨干、海归、名校毕业生等;第三种是普通人才,包括普通高校毕业生和从业者。一般来说,一个地区的人才结构是金字塔形状的,高端人才最少,中端人才其次,普通人才最多;而"众创"做得好的地区,其人才结构必定是"大肚型"的,即拥有大量的中端人才。比如,中关村是聚集了一大批一流高校的老师和学生;深圳拥有一大批企业高管和技术人才;上海则是名校海归多一些。

从服务对象上来讲,众创空间主要是面对中高端人才创业的。比如中关村创业"新四军"的提法。所以,高新区在建设众创空间的时候,需要考虑本地区是否具有"大肚型"的人才结构,如何培育"大肚型"的人才结构。中端人才数量的多寡,很大程度上决定了当地"众创"的规模和水平。

(二)众创空间需要软硬结合,线上线下结合

一方面,开放的办公区和免费的办公设施只是众创空间的硬件,而低价的集成创业服务,创业品牌和文化是众创空间的软件。硬件决定众创空间的发展下限,而软件才决定众创空间的发展上限。高新区在建设众创空间过程中,一定要注重软硬结合,尤其是创业服务品质的打造,这样众创空间的发展才有活力和生命力;另一方面,众创空间一定是线上线下结合的。因为只有拥有线上平台,才能使众创空间的创业服务真正具备便捷和低价的属性。未来全国将会形成一个众创空间网络,每个众创空间作为整个网络的节点,能够在网络上进行创业资源的配置和优势互补,线上平台是地区众创空间在

更大范围获取资源和维持发展活力的关键。

（三）众创空间需要系统的体制机制改革

目前多数人对众创空间的理解，大多只停留在它是一种新型的创业服务或创业活动空间的概念上。实际上，将众创空间理解成为一个体制机制的改革空间，甚至看成和自贸区一样重要的改革实验区，对中国当前和未来的发展，会有更积极的现实意义。众创空间的核心是要更多的普通人能够发起和参与创业，而围绕这个核心，就需要对创业企业的注册、监管、财务、法务等诸多方面的政策进行改革，此外，还涉及金融体制、税收体制、社会保障体制改革等诸多方面。可以说，众创空间是当前中国深化改革背景下，串联和集成各项改革内容的绝佳载体。让普通人能够安心地创业，能够便捷和公平的获取创业资源，应该成为体制改革的一个重要目标和衡量标准。

（四）众创空间的建设需要体现差异化

众创空间的营造离不开地方的需求和资源特色，各高新区应该体现差异化特征，打造适合区域发展的众创空间。在制造业相对发达的高新区，结合本地优势，重点在工业设计、文化创意、产业融合等环节形成需求开放、资源共享的服务平台；在生物医药、信息、新材料等新兴产业相对成熟的高新区，重点通过专业服务和投资促进，引导新兴市场，融合产业间各类要素的融合；在研发资源相对密集的高新区，重点通过专业服务和综合孵化，营造群体试错和迭代创业的氛围；在民间资本相对活跃的高新区，重点通过投资促进，进一步活跃创新创业的股权市场，吸引各类要素的聚集。

与国际相比，中国的创业形态还处于初期阶段，在激活创新创业方面还有较大的发展空间，"众创"正是对中国当前巨大创业空间的挖掘。由于中国不同区域的资源条件，发展水平差异很大，国家层面的统一主导，并不一定是每个地区的最佳发展路径。因此，"大众创业、万众创新"实际上是新时期，国家统一主导下的地方动员。高新区要改变等、靠、要的发展理念，而通过动员和解放本地区的创新创业力量，针对自身特点和需求，搭建众创空间，引导本地区的创新发展。当创业成为每个人的生活状态，真正的"众创"局面就会到来。

第七节　众创空间引领高新区实体产业转型升级

当前，随着全国各地一批有亮点、有潜力、有特色的众创空间的不断涌现，众创空间已成为大众创业万众创新的重要阵地、创新创业者的聚集地和中国新经济的代表，呈现蓬勃发展的良好势头。目前，全国已有约500家获国家各类支持的众创空间，这些众创空间与科技企业孵化器、各类大学科技园等共同形成了完整的创业服务链条和良好的创新生态，全面营造了创新创业发展环境，吸引了成千上万青年人创业创新，极大地激活了区域创新创业活力，形成"大众创业、万众创新"的生动局面。众创空间的兴起，反映出当前我国经济新模式、新业态不断涌现的新局面。而高新区作为我国实体产业最集中的地方，应挖掘众创空间服务实体经济转型升级的潜能，探索众创空间服务实体经济转型升级的方法和路径，成为众创空间发展最迅速、实体产业转型升级最有活力的地区。

一、众创空间引领实体产业转型升级的背景

近年来，随着国家及省市各地方层面支持众创空间发展的相关政策的出台，全国掀起了兴办众创空间的热潮。为进一步促进众创空间有序、健康发展，激发各类创新主体活力，有效支撑我国经济结构调整和产业转型升级，2016年，国务院办公厅发布《关于加快众创空间发展服务实体经济转型升级的指导意见》（下简称《意见》），为众创空间服务实体经济转型升级指明了方向。《意见》重点强调要继续推动众创空间向纵深发展，充分发挥科技创新在创业浪潮中的引领作用，鼓励支持骨干企业、科研院所、高校等利用优势专业和空间条件，围绕需求导向，在电子信息、生物技术、现代农业、高端装备制造、新能源、新材料、节能环保、医药卫生等领域，创办高水平、专业化的众创空间，大力培育科技型初创企业，促进创新创业与实体经济有效结合，切实服务于我国经济发展转型和产业结构调整。

《意见》的出台有三方面的重要意义：第一，肯定了众创空间的良好发展态势，以及对于促进经济发展，提高经济效益的正面作用；第二，强调了众创空间发展要服务实体经济转型升级的功能，将众创空间的发展纳入经济转型升级的主题当中；第三，给出了众创空间如何服务实体经济转型升级的

主要途径与举措，在顶层设计上明确了思路，做出了安排。

二、高新区是众创空间引领实体产业转型升级的主阵地

众创空间的诞生、发展与高新区有着很深的渊源。首先，众创空间就是在高新区诞生的。自2009年以来，在中关村、深圳、武汉等国家自主创新示范区，杭州、西安、成都等高新区，涌现出了创新工场、车库咖啡、创客空间、天使汇、亚杰商会、联想之星、创业家等近百家新型孵化器。这些新型孵化器各具特色，产生了新模式、新机制、新服务、新文化，集聚融合了各种创新创业要素，营造了良好的创新创业氛围，催生出了大众创新创业者的"新四军"，即"90后"年轻创业者、大企业高管离职创业者、科技人员创业者、海外及留学归国创业人员。众创空间的概念，很大程度上就是对这些新型孵化器的概括。

其次，高新区已经成为众创空间规模最大，发展最快的地方。近年来，全国各地的高新区通过不断吸引创新创业要素、集聚和培育主体、完善要素流动机制、优化机制运转环境等，着力营造创新创业生态，形成了大量容纳创业者、投资者、创业导师的创业社区，实现了聚团效应价值的最大化，率先形成了大众创业万众创新的新局面，涌现出了一大批有规模、有特色与有活力的众创空间。如天津高新区的"iV创新空间"、郑州高新区的"众创咖啡"、杭州高新区的"独角兽"、西安高新区的"创途在XIAN"等。2015年，武汉东湖高新区新成立众创空间33家；成都高新区新增众创空间和孵化器30家；石家庄高新区涌现出众创空间9家等。高新区通过建设众创空间，全面构建了高新技术转移转化通道和产业化平台，使得科技型中小企业大量涌现。

以成都高新区为例。2015年3月，成都高新区发布了《"创业天府"高新区引领工程方案》，被誉为"创业天府旗舰"的"高新众创空间"是方案中的亮点。成都高新区将在天府软件园F区和高新西区打造35万米^{2}的"高新众创空间"，建设创新与创业、线上与线下、投资与孵化相结合的"创业天府旗舰"，为移动互联、数字新媒体、大数据、云计算等创业团队和企业提供低成本、便利化、全要素的开放式综合服务平台，成为全国产业创新最活跃、高端创业资源最丰富和孵化服务能力最强的高新众创空间。该载体预计将容纳创新创业团队和企业3000家以上，聚集各种投资路演、交流推介、

培训辅导、技术转移等增值服务创业服务机构100家。

三、众创空间引领实体产业转型升级的机制

随着国家经济发展跨入"新常态"阶段，我国正面临着传统产业转型升级和新兴产业加速培育发展的双重使命。其中，传统产业转型升级的问题尤为迫切。金融危机导致世界经济萎靡不振，国际需求进一步萎缩。我国的经济刺激政策也进一步导致了传统产业的产能过剩。大量的人才、技术、资本和设备被束缚在传统产业领域，致使设备闲置、资本闲置、人才潜能无法发挥，导致传统产业在已有的产业领域和制度框架下，缺乏创新动力源。而众创空间的发展与实体产业转型升级结合起来，恰巧解决了众创空间的资源和需求导入的问题，同时也解决了实体产业资源闲置和创新活力不足的问题。

如图3-1所示，传统产业将自己已有的研发、检验、检测设备、内部员工等资源开放出来，形成对众创空间创业服务的支撑；同时将企业创新和转型的需求释放出来，形成众创空间里的创业项目。众创空间可以作为企业转型升级的过程中的一个关键环节。众创空间更像是一个"创业工厂"，企业的转型升级原先只靠内部的资源和传统的模式，现在则通过"外包"给众创空间，将内部问题"外部化"，不仅可以突破企业原有的资源束缚和制度惯性，更可以在众创空间内以更高效的方式，整合包括科研院所、政府部门等更广泛、更优质的资源。

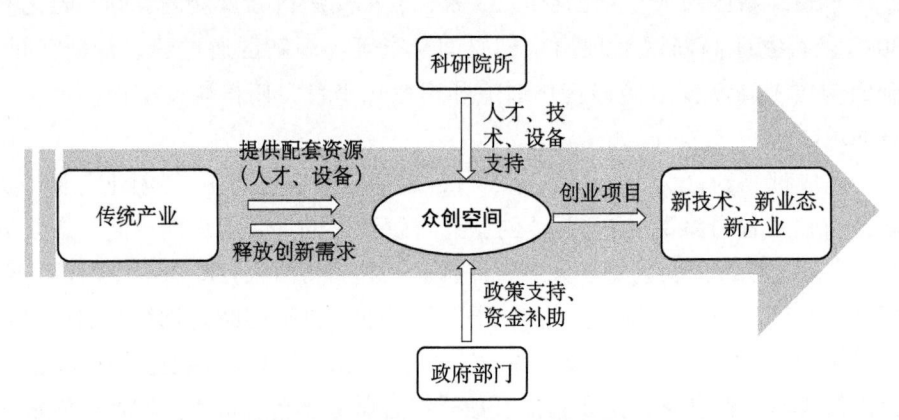

图3-1 众创空间与高新区产业升级的关系

由此可见，众创空间正是通过对高新区创新资源的有效配置，吸引优

质、闲散的科技资源参与创新创业，推动科技型创新创业的发展，促进企业提质增效，推动产业转型升级，服务实体经济发展。

四、加快高新区众创空间引领实体产业转型升级的措施

加快高新区众创空间引领服务实体产业转型升级的步伐，是针对当前我国经济发展命题的特色安排。未来，高新区众创空间在加快服务实体产业转型升级方面应重点做好以下几方面的工作：

一是以建设众创空间为重点，加快发展新型创业服务平台。以"创途在高新区"为核心，通过改造提升和新建一批众创空间，打造面向人人、服务大众的新型孵化载体群落。不设定入孵、毕业标准，对全社会所有人员开放，提供低成本、全要素的服务，为创业者打通从科技研究到产业经济的中间环节；围绕产业需求，建设面向产业专业化的众创空间，并积极探索"产业基金＋专业技术平台"的定向孵化模式，为"创客"和企业提供资金、技术、设备等增值服务；树立全球发展与全面开放的发展导向，继续深化海外孵化器建设模式，加强与全球创新高地的双向合作，构建国际化创业服务体系。

二是进一步提升众创空间服务于创新创业的能力。通过国家科技计划和政策性引导基金，对优秀创业团队和重点项目进行支持，对众创空间投入的、符合条件的研发费用适用税前加计扣除政策等，降低众创空间的建设和运营成本，调动建设主体的积极性。同时，支持众创空间为其创新创业者提供精准支持，包括创业直通车、实施虚拟注册、开设主题培训、进行投融资服务、设立创业平台等；推广预孵化机制，提升预孵化服务，针对初创企业和科技创业项目进行重点扶持，激发科技型企业创新创业活力。

三是加速科技型创新创业。以科技成果转移转化为重点，通过给予股权、分红等多种形式的激励，释放创新活力，引导科研院所、高校为创新创业增加技术源头供给，使科技人员成为双创主力军，进一步发挥科技创新的引领作用。鼓励科研院所立足其自身特色优势，针对科研院所技术、资源优势，形成与其优势相关的项目遴选、扶持与资源整合功能，打造特色化、专业化的产业孵育平台；完善科研院所孵育功能，加强专业技术服务平台及产业链资源支持，协助优质创业项目与资本、加速器等对接，帮助创业者成长。同时，积极对接"中国制造2025""互联网＋"等战略举措，促进龙头骨干企业在研发、生产、营销、服务、管理等方面创新，带动富有活力的中

小微科技型企业发展,为经济发展注入新技术、新装备、新模式,促使经济发展转型和产业结构调整。

四是打造众创空间生态圈。首先,高新区要充分发挥创新创业资源的集聚效应和创新创业活动的规模优势,最大限度地盘活办公楼宇、仪器设备、闲置厂房等资源,优化和完善现有创业服务机构的服务业态和运营机制,构建用户参与、互帮互助、创业辅导、金融支持的开放式创业生态系统,为创业者提供低成本、便利化、全要素的创业服务平台。其次,鼓励高新区内的龙头企业平台化发展,发挥其资源优势,发展研发众包、创业孵化等开放式创新,对内进行开放式研发变革,对外充分应用互联网平台连接创新资源,形成开放创新与创业孵化并存的企业创新创业生态圈,实现开放式的信息交流与分享。同时,全方位加强创新创业文化宣传,树立"想创业、敢创业、能创业"的创新创业文化精神,全面营造创新创业生态环境。

第八节 国家高新区众创、众筹与众包调研分析

——基于全国19个省市国家高新区的调研数据

一、研究背景和基本情况介绍

2015年9月29日,国务院印发《关于加快构建大众创业万众创新支撑平台的指导意见》(以下简称《指导意见》),《指导意见》中明确提出"以众创汇众智搞创新、以众包汇众力增就业、以众扶汇众能助创业、以众筹汇众资促发展,肯定了众创、众筹、众包、众扶等新模式、新业态的意义,提出加快发展四众,能够有效拓展创业创新与市场资源、社会需求的对接通道,搭建多方参与的高效协同机制,丰富创业创新组织形态,优化劳动、信息、知识、技术、管理、资本等资源的配置方式,为社会大众广泛平等参与创业创新、共同分享改革红利和发展成果提供更多元的途径和更广阔的空间"。

在此背景下,2016年4~6月,中国高新区研究中心通过科技部火炬中心,在全国"双创"形势较好的国家高新区,开展了众创、众筹、众包平台发展现状的专项调查。调查共发放问卷1400份,回收问卷1203份,其中有

效问卷 1015 份。参与问卷填写的平台主要来自全国 19 个省市的国家高新区。

问卷包括基本信息、众创业务、众筹业务、众包业务 4 部分，参与调研的平台根据开展业务的情况选择性填写。众创、众筹、众包业务的填写比例如图 3-2 所示。可以看出，参与调研的平台，95% 开展了众创业务，14% 拥有众筹业务，而 15% 拥有众包业务。

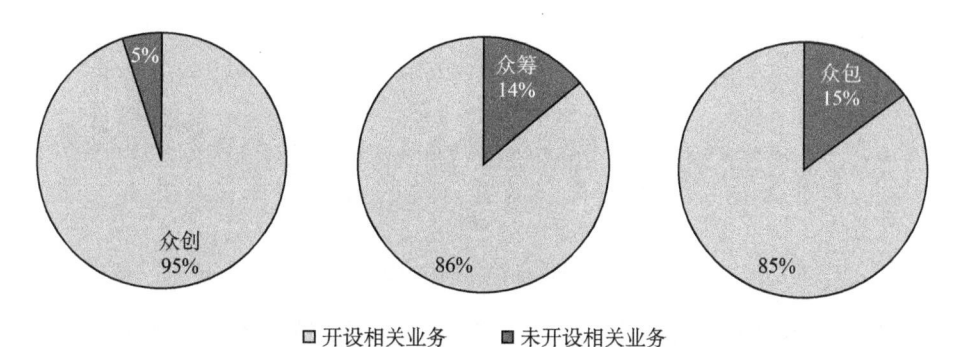

图 3-2 众创、众筹、众包业务的填写比例

下面，我们将基于调查问卷反馈的数据，对众创、众筹、众包平台的发展现状，从多个维度进行分析，并在本节末尾，对问卷数据反应的问题进行总结梳理。

二、众创平台的调查分析

参与调研的众创平台的成立时间分布如图 3-3 所示。可以看出，最早成立的众创平台（重庆高技术创业中心）可以追溯到 1992 年。整体来看，1992～2016 年，全国众创空间的发展经历了 3 个阶段："前众创"期、酝酿期和爆发式增长期。

1992～2013 年是"前众创"期，这一阶段处于国家层面正式提出"众创空间"的概念之前，在形态上，是属于传统的孵化器类别。此阶段的众创平台主体是国家高新区的创业中心、企业服务中心、孵化器和留学生创业园等，由政府创办，服务于招商引资，以提供办公空间和政策服务的孵化服务为主。

2013～2014 年是众创空间的酝酿期。这一阶段，在认识层面，关于众创空间的概念、内涵和作用的思考和研究不断深入，众创空间的概念开始流行，被政府、企业界和大众所熟知；在操作层面，随着国外众创空间模式传入我国，和创新工厂、天使汇、36 氪等我国众创空间的实践探索，众创空间的

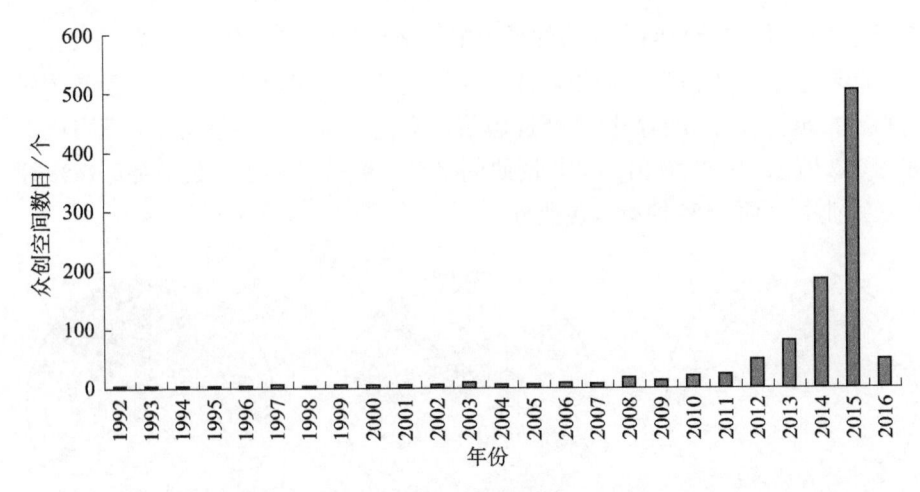

图 3-3　参与调研的众创空间的成立时间分布

运营模式和盈利模式逐渐清晰；在政策层面，国家密集出台了一系列政策文件，大力鼓励和支持众创空间的建设和发展，各地也相应了出台了一系列配套支持政策。这3个层面的变化为2015年众创空间的爆发增长提供了准备条件。

2015年至今是众创空间的爆发增长期，从图3-3可以明显看出，2015年是名副其实的爆发式增长年，2015年众创空间的增长率达到250%。

众创空间的运营团队的规模（人数）分布如图3-4所示，可以看出，大多数众创空间都是小团队运营，87%的运营团队人数都在30人以下。

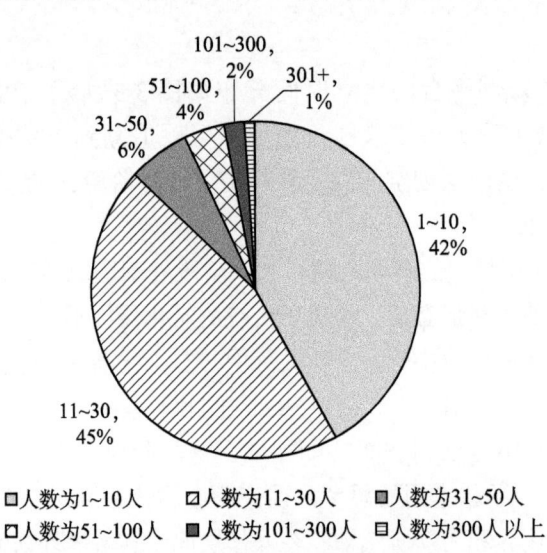

图 3-4　众创空间的运营团队规模

众创平台的所有制属性分布如图 3-5 所示，可以看出民营企业创办的众创空间占到 58.8%，其次是国有企业，占比 17.5%，排在第三位的是事业单位，占比为 13.8%。民营资本和民营企业作为创办众创空间的主力，其中既有在政策利好条件下，资本涌入众创领域逐利的原因，也有当前经济下行压力加大，企业试图借助众创空间建设，激发内部创新潜力或寻求外部创新资源，实现转型升级的原因。

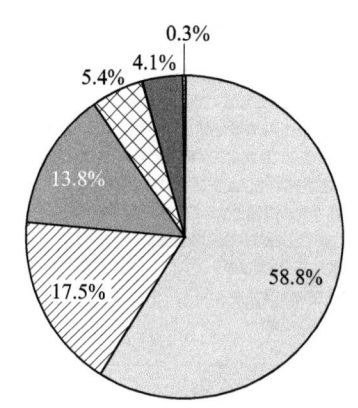

图 3-5 众创空间的属性分布

问卷中将众创空间划分为开放办公交流型、创客服务型、创业教育培训型等 7 种类型。参与调研的平台可以根据自身核心（或优势）服务类别进行填写（可填写多项）。调查结果如图 3-6 所示，可见开放办公交流型和创客服务型是主流的众创空间，占比均在 50% 以上；创业教育培训型、创业投融资服务型和专业技术领域型占比紧随其后，占比在 30%～50%。

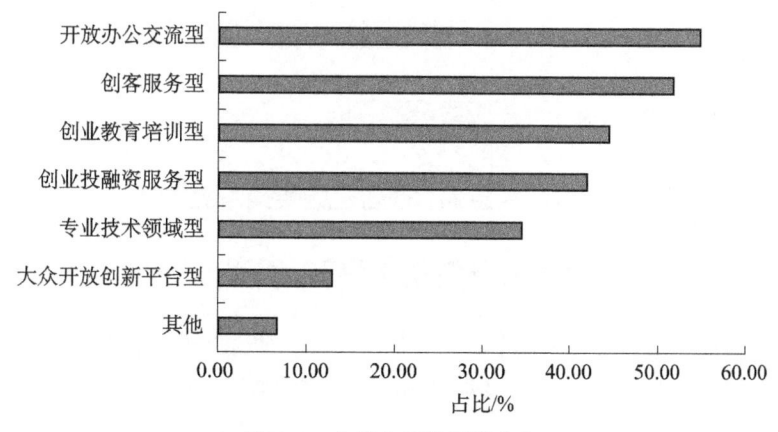

图 3-6 众创空间的类别分布

问卷将众创空间提供的服务种类划分为办公场地、创业培训、沙龙路演等13项，参与调研的平台根据提供服务的情况进行选择（可多选）。调查结果如图3-7所示。可见办公场地、创业培训、创业导师三种服务功能几乎是所有众创空间的标准配置，占比均达到90%；沙龙路演、投融资、财务法务、人力资源、知识产权也是较多提供的服务类别，占比均在50%左右。

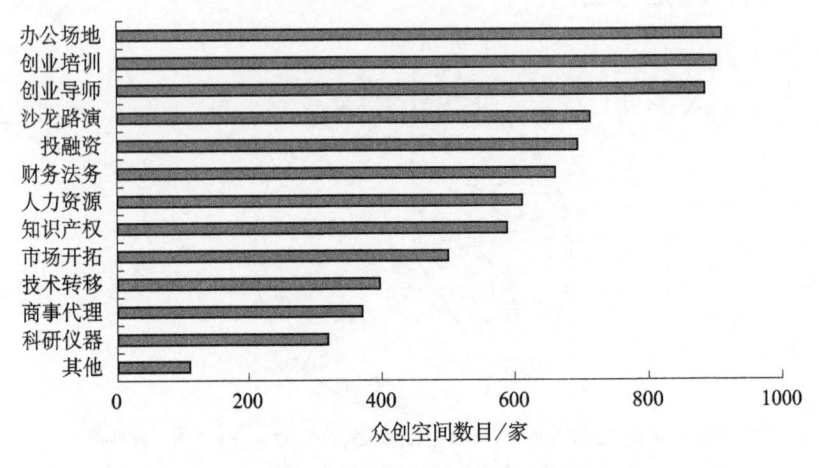

图3-7　众创空间提供的服务类别分布

关于众创空间孵化企业的状况，调查结果如图3-8所示。从图3-8中可以看出，参与调研的众创空间，平均累积服务企业数为51.3家，每个众创空间累积融资金额为1810万元，平均毕业企业数为47.9家，平均在孵企业数为35.8家。

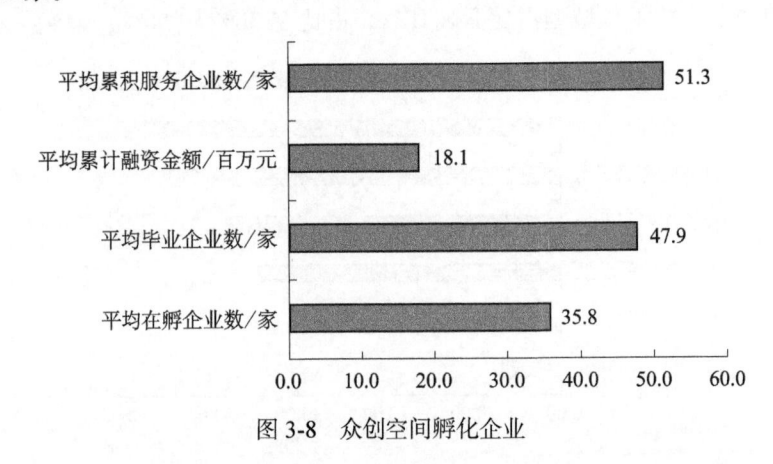

图3-8　众创空间孵化企业

问卷中调查了众创空间的主要收入来源（可选多项），调查结果如图3-9

所示。可以看出，服务收益是众创空间的主要收入来源，排在第二位的是房租物业收入，排在第三位的是投资收益，政府资助排在最后。从众创空间收入来源的分布可以看出，虽然房租物业收入仍是众创空间重要的收入板块，但服务和投资收益也占到了很大比例，以提供增值服务和风险投资获取企业的成长收益，这是众创空间不同于传统孵化器的一大特点。

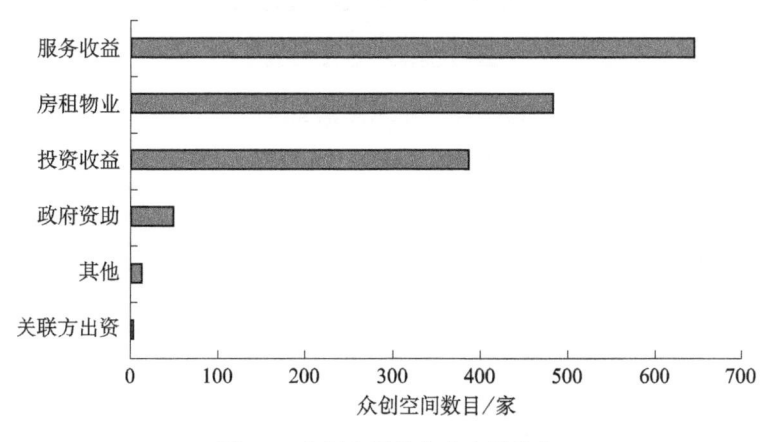

图 3-9　众创空间的收入来源分布

问卷中要求众创空间勾选自身当前面临的主要问题（可选多项），调查结果如图 3-10 所示。可以看出运营经费不足是众创空间普遍面临的关键问题。大约有近 1/3 的众创空间面临着专业服务能力不足、盈利模式不清晰的问题；此外，认为由于行业发展不规范、同质化情况严重影响自身发展的众创空间也占到 1/4 左右。

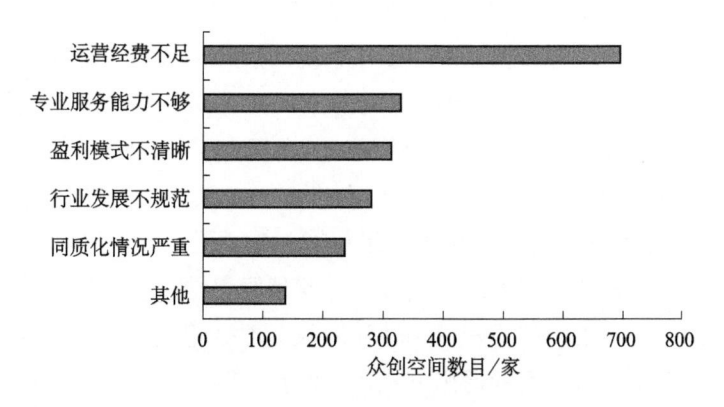

图 3-10　众创空间面临的问题

对于希望获得的政府支持（可选多项），调查结果如图3-11所示，绝大多数的众创空间希望政府在运营成本上给予一定补贴；此外，给予税收优惠或者以政府购买服务的方式给予资金支持，也是大多数众创空间希望获得的支持形式；也有众创空间希望政府促进科研仪器共享和参股支持。

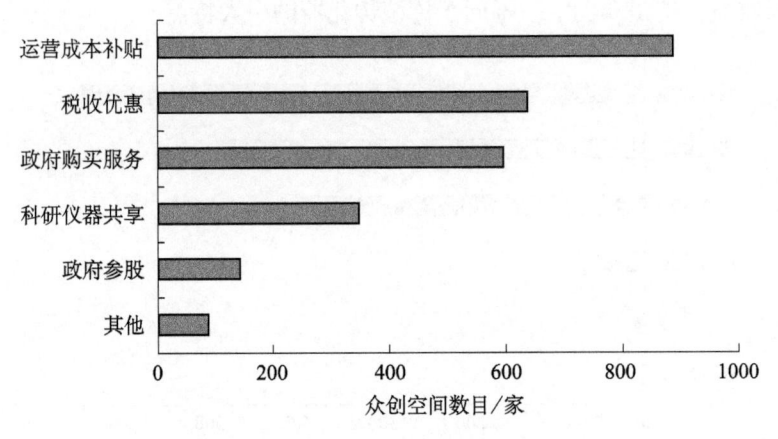

图 3-11 众创空间希望获得的政府支持

三、众筹平台的调查分析

参与调研的平台企业中，拥有众筹业务的共140家。众筹按照获取的回报的种类可以分为产品或项目众筹、股权众筹、公益众筹和债券众筹4类（每家平台企业可能有多类众筹业务），其中股权众筹根据证监会出台的相关意见，又分为公募股权众筹和私募股权众筹（互联网非公开股权融资）。股权众筹的概念多指公募股权众筹。参与调研的众筹平台的类型分布如图3-12所示。可以看出，参与调研的绝大多数众筹平台开展的是产品或项目众筹业务，其次是开展公募股权众筹业务的平台，大概占到1/4的比例。

问卷中要求众筹平台填写其平台上投资人主要的投资方式（可填写多种），并按照比例进行排序，调查结果如图3-13所示。从图3-13可以看出，股权转让是绝大多数投资人的退出方式。此种股权转让应当是创始人回购股权或者是向下一轮投资的投资机构转让股权。下一轮融资、并购退出、上市和挂牌，依次是紧跟其后的退出方式。我们在实际调研过程中了解到，众筹平台上的投资人，尤其是专业天使投资人和机构投资人，普遍会选择持有股

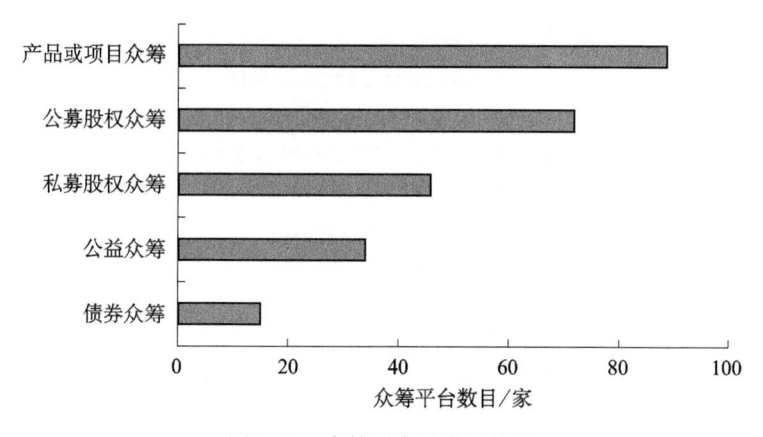

图 3-12 众筹平台的类型分布

权到下一轮融资或是上市,考虑到众筹平台的成立的年限一般少于 3 年,而一个创业项目到获得 B 轮、C 轮融资需要 3 年甚至更长时间,所以实际投资人退出的比例并不高,大多数处于项目持有期。

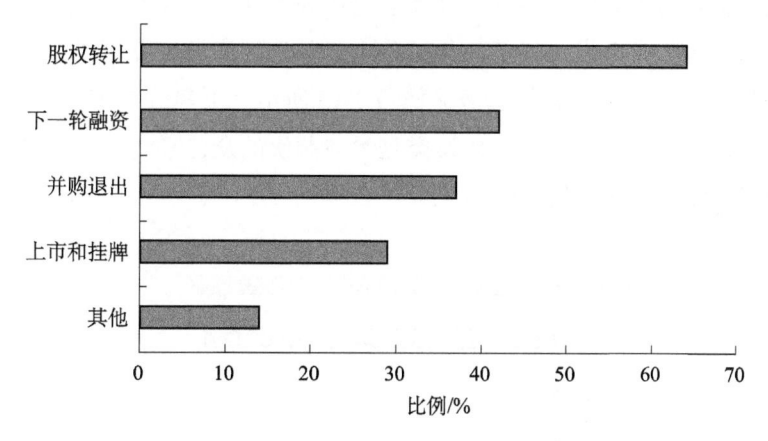

图 3-13 股权众筹平台的退出方式

关于众筹平台当前面临的主要问题(可选多项),调查结果如图 3-14 所示。由图 3-14 可以看出,盈利困难是众筹平台普遍面临的首要问题。网上募集资金难度大、缺乏合格投资人、政策法规缺失、项目质量不高是排在第二梯队的问题,勾选比例大概占到参与调研的平台的 70% 左右;投资人收益低、股权退出机制不完善、平台风险管控难度大,是排名排在第三梯队的问题,勾选比例大概为 50%。

153

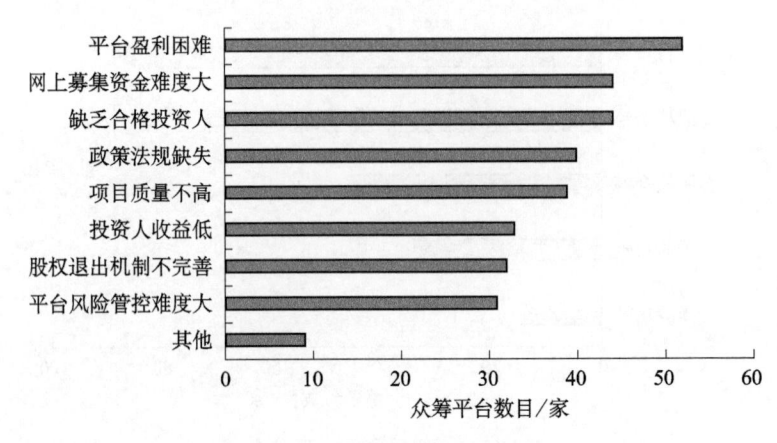

图 3-14　众筹平台面临的问题

四、众包平台的调查分析

在本次参与调研的平台中，开展众包业务的共有 158 家。在问卷的设计中，根据众包平台上发布任务的领域分布，分为创意设计类、技术研发类和特定任务类 3 个类别，其勾选情况如图 3-15 所示（可勾选多项）。从图 3-15 可以看出，创意设计类和技术研发类是参与调研的众包平台上的主要任务类型，而特定任务类只占到 10% 左右。

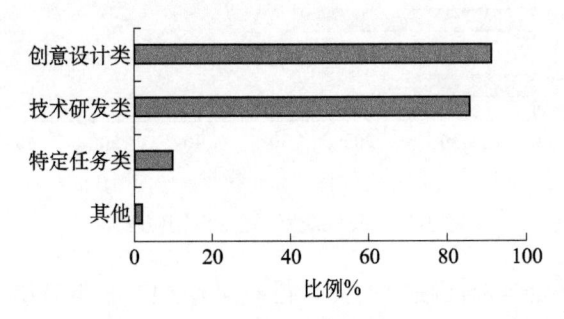

图 3-15　众包平台的类型分布

问卷中要求众包平台对自身的核心竞争力所在做出评价（可选多项），评价结果如图 3-16 所示，可以看出，客户资源丰富是众包平台首要的核心竞争力所在，而增值服务能力强、有信用保障和用户满意度高是位于其次的核心竞争力，勾选比例均在 50%～70%。

154

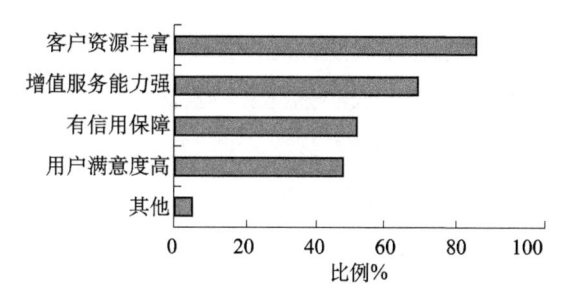

图 3-16　众包平台自身核心竞争力评价

关于众包平台当前面临的主要问题可选多个，调查结果如图 3-17 所示。由图 3-17 可以看出，平台盈利困难是绝大多数众包平台面临的首要问题，占比达到 80% 以上；而较难征集到有效需求、较难获得承包方对需求的积极响应和交易保障机制不完善也是大多数众包平台面临的问题，勾选比例均达到 40% 以上；平台的专业化服务能力不够也是一个重要问题。

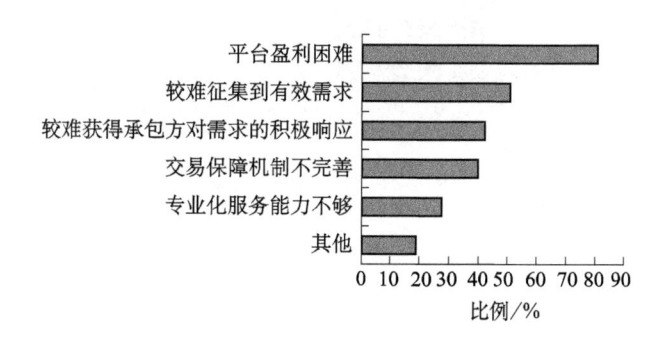

图 3-17　众包平台面临的问题

关于众包平台的众包机制（可选多个），调查结果如图 3-18 所示。可以看出，绝大多数众包平台采用招标制作为众包机制；雇佣制和计件制是位于第二梯队的众包机制，勾选比例达到 70% 以上；此外，悬赏机制也是一项重要的众包机制类别。

对于众包平台的信用保障机制（可选多个），调研结果如图 3-19 所示。可以看出，效果评估机制是当前大多数众包平台所采用的保障机制，占比达到 80% 以上，而信用违约处罚机制、风险保证金机制和平台积分评级制度也是较为主流的信用保障机制；也有不到 30% 的平台采用平台押金制度提供信用保障。

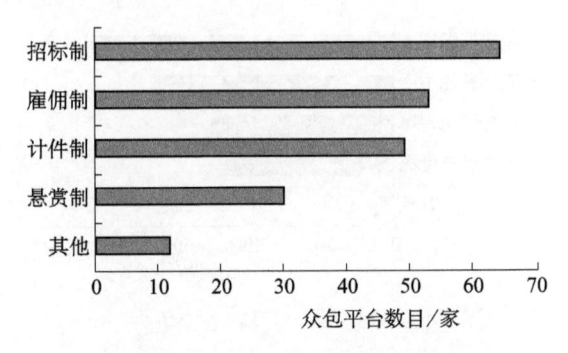

图 3-18 众包平台的众包机制分布

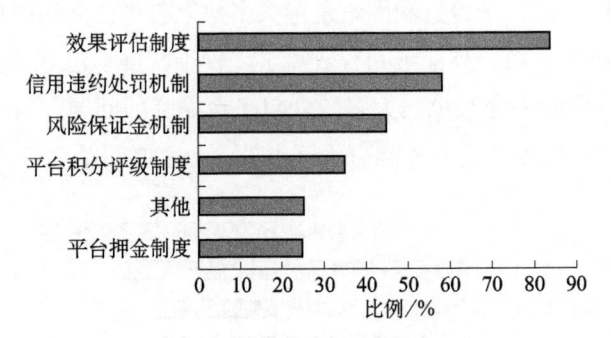

图 3-19 众包平台的信用保障机制

五、结论与建议

基于以上调研数据的分析，可以形成以下三点结论。

（一）众创、众筹、众包平台正处于行业的野蛮生长期和探索期

众创、众筹、众包平台是双创服务领域近3年内才兴起的新业态，而且在2015年经历了一轮爆发式的增长，从一般行业的发展周期来看，众创、众筹、众包行业正处于行业的野蛮生长期和探索期。这意味着：第一，随着各地配套支持政策的相继出台和资本的继续涌入，"三众"平台的数量还会进一步增多；第二，未来众创、众筹、众包行业会经历一轮（有的地区已经在发生）洗牌期，只有真正具有竞争力的平台才能存活下来，行业格局也会逐渐明朗；第三，由于整个行业处于摸索期，所以平台的盈利模式，平台与用户的权责，平台与政府的关系尚不明晰，"三众"行业会一直"问题频出"，并

将持续一段时期。

（二）众创、众筹、众包平台面临一些共性的问题和挑战

从调查的数据可以看出，众创、众筹、众包平台普遍面临一些共性的问题和挑战，主要有：第一，盈利困难。绝大多数众创、众筹、众包平台处于亏损的状态，缺少优质资源、平台服务能力不足、盈利模式不清晰、行业发展环境不成熟等都是重要的原因；第二，商业模式不清晰。众创、众筹和众包作为新生事物，其商业模式跟统一领域的传统企业的做法完全不同。从调查数据可以看出，很大一部分"三众"平台面临商业模式，尤其是盈利模式不清晰的问题，这一方面有自身资源和能力的问题，另一方面，也与整个行业的成熟度有关；第三，行业发展不规范。众创、众筹、众包平台都缺少明确的准入门槛和较完善的监管环境，导致行业平台质量良莠不齐，鱼龙混杂。在平台与平台的竞争方面，也容易产生"劣币驱逐良币"的现象。

（三）众创、众筹、众包平台的发展需要政府给予更多的关注和支持

众创、众筹、众包平台的迅猛发展是市场和政府双重推动下的结果。但站在政府的角度，在看到众创、众筹、众包平台在数量和规模上的增长的同时，也要考虑促进行业的健康、有序和可持续地发展。第一，根据不同地区的发展水平差异，"三众"平台的发展模式、路径和导向上存在差别，要避免盲目发展，造成社会资源浪费；第二，要改变简单粗暴的直接"给钱给地"的支持方式，根据"三众"平台在支持创新创业上的绩效进行量化，有针对性地支持，同时不断优化和完善对3类平台的支持政策，丰富扶持手段；第三，要加快行业规范、标准和法律法规的出台，规范众创、众筹、众包行业的发展，营造公平健康的发展环境，使真正有竞争力的平台能够脱颖而出。

第九节 国家留学生创业园转型发展的思考与建议

2013年5～6月，我随致公党中央、科技部火炬中心、中国留学人员创业园联盟等，一同考察调研了西安、昆明、济南、北京等多家留学生创业

园，旨在了解留学生创业园的发展现状和作用、认识留学生创业园新时期应该承载的使命，以及探索如何进一步提升留学生创业园的国际化服务能力，为我国实施创新驱动战略和推动经济发展方式转变做出更大贡献。

一、重要意义和发展趋势

据中国留学人员创业园联盟统计，自1994年，南京成立全国首家留学人员创业园以来，国家留学生创业园经过20余年创业与发展，到目前，已建成各类留学人员创业园超200家，孵化面积不低于300万米^2，近2.2万名留学人员在园区创业和工作。在园孵化企业超过9000家，累计毕业企业超过2万家，涌现出一批拥有自主知识产权、在各自领域位居国际前列的高新技术企业。目前在纳斯达克上市的中国高科技企业中，有近八成是留学人员创办的企业，总市值超过300亿美元。海外留学人员利用多年在海外留学形成的各种资源，通过人脉关系再招商、团队集体引进、实现海外上市、构建新型商业模式等方式，对加速中国与国际经济接轨和提升中国企业的国际影响发挥了举足轻重的作用。

当前，民营资本创办或介入留学生创业园的服务和管理，成为留学生创业园发展的新趋势。随着民营企业的快速发展和民营资本的迅速积累，一部分民营企业家开始热衷于留学生创业园的发展事业。早在2002年，首家民营企业创办的留学生创业园——汇龙森国际企业孵化器在北京经济技术开发区诞生，其专业从事于科技园区建设与管理、科技企业服务和科技投资业务，成为当时唯一经北京市科委认定的"高新技术产业孵化基地"，唯一经北京市人事局认定的"北京留学人员创业园"。本次调研组赴云南调研的云南海归创业园，也是由民营资本在2006年全额投资建设的留学生创业园，该海归创业园是目前云南省单体规模最大的高标准科技企业孵化器，拥有15.48万米^{2}场地，能容纳300～400家孵化企业，可解决5000～10 000个就业岗位。通过民营资本创办或介入留学生创业园管理，按照市场化需求，培养专业化服务队伍，构建现代管理制度，逐渐成为留学生创业园的发展趋势之一。

留学生创业园发展的另一趋势就是国际化，尤其表现突出的是2012年北京瀚海智业集团直接到硅谷（加州圣荷西市），创办中关村瀚海硅谷科技园，成为中国第一家在美国硅谷通过置业建立的高科技园区。当前，中关村瀚海硅谷科技园，依托美国硅谷的全球创业资源和在北京建立的6家科技园，搭建起了中国首家"中美企业创新中心"。2013年4月,瀚海中美企业创新中心与西安航天基地国际孵化器签订跨国孵化合作协议,旨在加强西安航天基地跨国孵化网络建设,为有意开拓国外市场的国内科技型企业提供一个良好的延伸服务平台;2013年6月,中关村瀚海硅谷科技园联合淄博高新区,在美国成立淄博瀚海硅谷生命科学园,开创了中国高新区国际化合作的新纪元,为淄博生命科学创业生态圈注入全新的价值与活力。可以说,中关村瀚海硅谷科技园正在成为中美科技创业企业发挥各自优势、实现彼此互动的国际化平台,成为留学生创业园走向国际化的一面旗帜。

二、新时期的使命与挑战

过去的40年,是我国开放中改革的40年,一定程度上也可以说,是改革适应开放的40年。通过开放国内市场、融入国际市场,发挥了我国劳动力成本低和国内市场需求旺盛的优势,再加上以信息技术为主导科技革命大爆发带来的历史性机遇,推动了中国经济40年的快速发展。

然而,从现在到未来的40年,随着信息技术革命进入饱和期和成熟期,以及市场同质化竞争进入日常激烈的历史时期,中国经济开始进入改革主导开放的40年,或者说,是立足全球发展趋势,探索中国特色市场经济改革的40年。

在这样的背景下,我国政府必须要尽快建立新的发展路径,以适应全球化产业发展、全球化技术发展、全球化制度建设、全球化市场竞争的趋势。留学生创业园,因为海外留学生的海外背景、海外资源及几十年的国内外融合的经验,是我国探索与国际接轨的最好的试点区域之一。

未来,应改变过去把留学生创业园仅仅作为我国海外留学生回国创业或就业的物理空间的想法,应将其作为中国适应全球规则、改变全球规则的"试验田",作为全球包括中国也包括任何国家的高端创业人才聚集和成就事业的高端人才"特区"。从这样的历史使命看,调研组通过实地调研和大量的资料调研认为,留学生创业园区面临三方面的挑战。

一是对海外高端人才引进的战略导向有必要进一步研究,提升到全球视野建立新的战略思维。目前,在全球各个国家对创新资源争夺日益激烈的背景下,中央政府倡导的以"政策优惠"吸引海外留学生回国创业或就业的战略导向,面临发达国家政府"无声"的抵制。大批海外留学生的回国创业及社会媒体的扩大性宣传,无疑让以美国为首的发达国家政府增加了"高端技术出口、技术机密外溢"的担心,甚至采取"强化打击、外贸保护"等间接报复性政策。这一点,也得到时任致公党云南省委主委、云南省侨联主席李嵘同志的认可。

从留学生回国创业的动力看,当前,更多体现在:①庞大市场需求带来更多创业的机会;②中央政府和地方政府大量资金投入的吸引。无论哪种动力,如果不能转化为对中国本土企业或中国企业家成长的促进,不能转化为对中国创新环境和土壤的改善,就不算作成功。调研组认为,这种动力的成本还是比较大的。市场机会的流失,无疑给国内创业企业家造成一定的挑战;政府财政资金的投入,无形给其他教育、医疗、人才培养等软环境建设需要大批量资金带来一定的压力。因此,如何强化人与人的亲和力、产业配套服务能力等环境建设,减少为吸引海外留学生回国的投入成本,也是发展留学生创业园区不得不考虑的问题之一。

当然,从管理有效性角度看,我国留学人员创业园区则从诞生之日起就处于一种无序发展的状态,缺乏统一规划。各地园区重视扩大规模和在孵企业数量,忽视在孵企业发展质量,使部分留学生创业园成为企业收容站。为了增强自己的吸引力,各地园区争相加大政策优惠力度,你提供 100 米^2 场地,我就提供 200 米^2,给一些留学生在不同创业园之间游走带来投机空间,使其成为"创业专业户",进行投机性经营。

二是对留学生创业企业能够提供专业化、高端化、针对性、有效性服务的组织载体不够,且尚未形成服务需求与服务供应彼此快速提升的良性运行机制。软硬件实力不匹配,硬件设施水平高,专业化孵化功能不足,创业园效率低下。有些留学生创业园有足够的孵化场地面积,有漂亮的大楼,有高速宽带通信等配套设施,与一些发达国家的科技企业孵化器相比毫不逊色,甚至有过之而无不及,可是在服务能力和服务层次等软实力方面,却与国外存在不少差距。欧美等发达国家的孵化器一般规模较小,平均只有几千平方米的孵化场地,不论是政府投资还是企业投资,为了降低成本,一般利用旧楼房甚至是经过改造的废旧厂房,但他们更注重为创业企业提供全过程专业化增值服务,如硅谷 IBI 设立市场研究室,为企业提供市场调研服务;加拿大卡尔加利技术公司孵化器提供组织发展与战略计划制定、法律、税务、种子投资、技术实施过程咨询、管理团队建设、知识产权等一系列服务,在企业的成长中起到关键性的扶助作用;以色列的孵化器由首席科学家办公室负责管理，以现金入股的方式对初创期企业进行投融资服务。而我国很多留学人员创业园区的主要精力还放在房产出租经营和物业管理方面。

具有全球水平的行业服务机构少，中介服务体系及机制不健全。留学归国人才创办企业，由于不熟悉国内情况，常常不得不花费很大精力来应对各种烦琐的手续，无法将更多的注意力放在技术研究、产品开发和公司战略层面。留学人员创业园区的工作人员虽然可以提供一些帮助指导，但创办一个企业牵扯事情头绪太多，园区工作人员又十分有限，这就需要整合社会资源，充分利用社会中介专业服务机构来解决这个问题。可是，花钱雇佣社会专业服务机构来办理这些事务将会提高企业运行成本，这对资金不宽裕的初创期企业来说是个非常敏感的问题。

三是作为与国际环境对接相对紧密的留学生创业园，需要进一步优化突出公平竞争的市场化环境，在国际化制度建设、全球化规则制定等方面有必要率先做出突破。社会服务效率不高，市场不够完善，就是当前留学生创业园面临的制度体系上的困难，也是我国政府面临的一大挑战。一部分留学生企业代表反映，"没有健全的管理系统和真正的平等竞争机制，对大多数留学回国创业的人是个很大障碍。"

"留学生归国创业、安居的管理与配套服务机构涉及外事、侨务、科技、教育、人事、民政、工商、海关、税务、商务、金融等部门"，而这些部门"力量过于分散、工作重复、效率不高"。同时，"留学人员对国家有关政策进行了解的渠道也不够通畅。留学人员的想法、意愿和创业与发展中碰到的种种问题难以及时反映到政府，高层领导吸纳留学生人员的智慧，发挥其对政府有关决策的参考作用做得也不够。"国内法律体制不够健全、商业环境不规范，市场游戏规则不完善、竞争环境不公平、地方保护主义壁垒封锁，有些地方政府政务不公开、不透明，以及人情社会色彩浓厚，严重阻碍了留学生回国创业的发展道路。

当然，也不否定，部分留学生长期生活在国外，受国外创业环境和文化熏陶的时间较长，对国内的社会环境和市场运作缺乏了解，回国后在创办企业的诸多方面常会感到"水土不服"而导致最终失败。

三、战略指导与发展建议

一是结合新时期国际竞争环境变化与国内新一轮综合性改革进程，战略性地制定留学生创业园未来10年的发展使命和规划纲要。中央政府有必要进行国家层面的统一规划，统筹布局，结合新时期国际竞争环境变化与国内新一轮综合性改革进程，制定"留学生创业发展规划纲要"，首先要拓展留学生的概念，由中国籍学生拓展到全球的留学生；其次，立足全球经济、政治、教育等大环境之下，明确留学生创业园在中国新一轮经济中应担负"融合全球创业者"的角色，制定更加明确的发展目标，尤其强调的是，这种规划背后思路的保密性和不公开性；最后，依据我国的改革进程，出台有关法律法规及政策，对各地留学人员创业园区的发展加以规范引导。地方政府和园区管理者也应立足长远，站在经济全球化的高度，紧跟经济发展潮流，结合本地实际情况，把握产业方向，在载体建设、政策制定、人员配备、产业协同等各方面未雨绸缪，制定相应的战略发展规划。

二是按照新的使命要求，结合当前管理中存在的突出性问题，明确留学生创业园管理的"第一责任"主体，自上而下地优化组织管理结构，分类、分步骤有效推进留学生创业园区建设。在明确留学生创业园服务体系建设的战略导向和使命后，建立高效、灵活的组织管理体系和用人制度，是确保留学生创业园健康发展的基本保证。调研组认为，首先有必要明确留学生创业园管理的"第一责任"主体，当前，教育部、中组部、科技部、人社部甚至商务部等都或多或少地介入留学生创业园的管理工作，为避免"多头管理、都管都不负责"的尴尬现象，当前有必要确定留学生创业园区的"第一责任"主体，然后其他部委配合。其次，从区域实际需求出发，按照"整体协调发展"原则，把全国留学生创业园进行分类管理，不同类别赋予不同角色，给予不同的资源。关于分类管理，建议专题研究。

从政府与市场的关系看，凡是市场能够完成的职能尽可能由企业组织完成，凡是由社会组织能够承担的任务一定由各类中介服务组织承担，探索政府购买服务的新型模式和制度。

加快政府职能转变步伐，由过去直接干预园区具体事务转变到以政策法规进行宏观引导、以创造有利发展环境来加强服务的模式上来。政府部门承担"指导、规划和协调"职能，适时适度启动外购服务，由社会机构和服务载体提供更加专业的调研、研究和咨询服务；同时，具体对留学生创业园的管理、运行、监督、评估等职能，尽可能由社会组织管理。为此，建议建立国家留学人员公共服务信息平台，具体担负留学生创业园区的数据采集和统计、政策评估和分析、对外交流与服务、社会资源引导和管理规范等职能。

三是建立全球化的服务环境，尤其大力建设具有国际水平的各类行业载体，提升专业化服务能力，以服务环境为动力，不仅吸引中国籍的海外留学生回国创业和就业，而且还要吸引全球其他国家的优秀人才来中国创业和发展事业。从世界范围看，孵化器已呈现出由综合性孵化器向专业性孵化器转变的趋势。与综合性孵化器相比，专业化孵化器更具有针对性，拥有专业化的创业设施、专业化的技术服务和公共技术平台、专业化的经营管理及政策指导。根据美国小企业管理局的统计数据，与普通孵化器相比，专业化孵化器孵化企业4年成活率提高30%。因此，留学人员创业园区应避免同质化竞争，各自针对本区域环境资源状况和产业特点，通过专业化、差异化发展战略，形成自己的鲜明特色，提高自身的核心竞争力。

为了引导留学生创业园大幅度提升专业化服务能力和国际化水平，建议中央政府通过专项计划，单列专项资金，设立"留学生创业园区优化提升引导资金计划"，一方面引导建立社会化运营的全国性管理服务公共平台，另一方面鼓励引导内资、民营且能够提供专业化服务和具有国际化水平的服务载体建设。

面向全球，加强服务团队建设。着力拓展管理服务人员的来源渠道，创新用人机制，引进一些科技创业、管理、财税、投融资、知识产权等方面的专业人才。同时，邀请全球创业孵化管理实践和理论研究等方面的专家，对园区管理服务人员开展创业孵化管理与建设、资金的使用与管理、各类服务活动的举办和交流、项目的申请与执行、入驻标准与毕业标准的制定与执行等方面的培训，不断提高服务团队的专业素质和服务能力。

配合我国金融制度改革，加强投融资体系建设。应着力建设区域投融资体系，为创业者提供多渠道、低成本、多样化的投融资解决方案；完善中小板、创业板市场，保证投资退出渠道的畅通；积极通过财政扶持方式降低风险投资的投资成本，尤其是对初创期企业的投资，可考虑给予适当的风险补偿，以鼓励更多的社会资本投资创业企业；制定风险投资人才战略，以培育和聘请相结合的方式，形成一支专业化风险投资专家团队；加快制定企业发行债券融资制度。

留学生创业园应向公司化和投资主体化方向发展。北京中关村国际孵化器有限公司是一家实行企业化运作的孵化器，采用"孵化＋创投"模式，自主筛选优秀创业项目进行投资，政府配套资金跟进，从而极大增强了各类风险投资公司和民营资本的信心，发挥了资金杠杆的放大作用，取得了很好的实践效果。这种有益的探索值得各园区认真学习借鉴。

四是探索海外连接试点，建立适应中国特色市场经济的、能够与全球接轨、并不断完善的制度和政策环境，引领中国创新环境改革步伐。大幅度提高政府效率，把"提高效率"作为政府制度改革的方向之一。政府应尽快成立一个高效的协调机构，整合人事、劳动、侨务、计划发展、教育、外经委，以及工商、税务等相关部门的资源，统一协调其工作，简化手续、理顺关系、整合力量，做好留学生创业的配套服务工作。同时为了能使留学人员可以很容易地了解到所需要的各种信息，还应建立一个便捷、可靠、全面的信息通道，为留学生创业择地、获得创业资源、开办企业等提供重要信息。

我们还应看到，现阶段政府为留学生创业提供了诸多优惠政策。但是，调研发现，其实对于海归来说，更希望政府能够积极改善国内现有的市场环境。而且从短期看，这些政策的确可以激励和帮助海归创业，但从长远来看，这是对其他创业人员的歧视，违背公平原则。国家应进一步深化市场经济体制改革，完善市场环境，提供一个法制健全、高效透明、公平公正的创业环境，这样才能从根本上帮助留学人员创业和就业。

试点推动社会信用体制建设，完善留学生及创业企业的担保制度，夯实留学生创业园区市场化制度的基石。发达国家市场经济建设已有200多年历史，市场经济的基石就是信用体系。以留学生创业园为试点，发挥留学生在国外形成的市场经济制度的适应能力，完善和推动我国的社会信用体系建设。如今，我国已有不少地方政府成立了创业投资担保公司，并倡导利用国内民营资本作为风险投资的方式来有效解决海归创业融资难问题。这一制度值得在留学生创业园区进一步发扬光大。

第十节　"互联网+"时代创新创业与经济范式转变

互联网在经济社会带来的变化，远远超越人们的想象，甚至未来对跨国制度建设、社会文明进步，以及全球资本、产业、人才等经济社会结构都会产生深刻的影响。我们认为，互联网革命直接带来的分享经济，使得创新进入2.0版本、创业进入3.0版本，并提出了互联网经济范式下产业、经济与社会的运行规则。

一、分享经济与创新创业

分享经济是指利用互联网等现代信息技术整合、分享海量的分散化闲置资源，满足多样化需求的经济活动总和。包含3个基本内涵：①分享经济是信息革命发展到一定阶段后出现的新型经济形态。互联网（尤其是移动互联网）、宽带、云计算、大数据、物联网、移动支付、基于位置的服务（LBS）等现代信息技术及其创新应用的快速发展，使分享经济成为可能。②分享经济是连接供需的最优化资源配置方式。面对资源短缺与闲置浪费共存的难题，分享经济借助互联网能够迅速整合各类分散的闲置资源，准确发现多样化需求，实现供需双方快速匹配，并大幅降低交易成本。③分享经济是适应信息社会发展的新理念。工业社会强调生产和收益最大化，崇尚资源与财富占有；信息社会强调以人为本和可持续发展，崇尚最佳体验与物尽其用。分享经济集中体现了新的消费观和发展观。

信息技术创新成为分享经济发展的最强推动力。互联网与生俱来的开放协作特质，适应并推动了一个乐于创造和分享时代的到来。移动互联网的发展和智能终端的普及实现了参与者的泛在互联，移动支付和基于位置的服务让分享变得简单快捷。网络与大数据分析技术实现了资源供需双方的精准高效匹配，极大地降低了个体之间碎片化交易的成本。社交网络及信用评价机制日渐成熟培育了新的信任关系。分享经济按照对象划分的主要类别如表3-1所示。

表 3-1 分享经济按照对象划分的主要类别

类别	具体内容
产品分享	如汽车、设备、玩具、服装等，代表性平台企业有滴滴出行、Uber、RenttheRunway、易科学等
空间分享	如住房、办公室、停车位、土地等，代表性平台企业有Airbnb、小猪短租、Wework、Landshare等
知识技能分享	如智慧、知识、能力、经验等，代表性平台企业有猪八戒网、知乎网、Coursera、名医主刀等
劳务分享	主要集中在生活服务行业，代表性平台企业有河狸家、阿姨来了、京东到家等
资金分享	如P2P借贷、产品众筹、股权众筹等，代表性平台企业有LendingClub、Kickstarter、京东众筹、陆金所等
生产能力分享	主要表现为一种协作生产方式，包括能源、工厂、农机设备、信息基础设施等，代表性平台企业有Applestore、Maschinenring、沈阳机床厂I5智能化数控系统、阿里巴巴"淘工厂"、WiFi万能钥匙等

作为互联网时代全新的经济形态，与传统经济模式相比，分享经济具有以下典型特征。

1）技术特征：基于互联网平台。正是因为有了互联网尤其是智能终端的迅速普及，使得海量的供给方与需求方得以迅速建立联系。互联网平台并不直接提供产品或服务，而是将参与者连接起来，提供即时、便捷、高效的技术支持、信息服务和信用保障。离开互联网，现代意义上的分享经济将不复存在。

2）主体特征：大众参与。足够多的供方和足够多的需方共同参与是分享经济得以发展的前提条件。互联网平台的开放性使得普通个体只要拥有一定的资源和一技之长，就可以很方便地参与到分享经济中来。同时，分享经济属于典型的双边市场，即供需双方通过平台进行交易，一方参与者越多，另一方得到的收益越大，两个群体相互吸引，相互促进，网络效应得到进一步放大。在分享经济中，参与者往往既是生产者又是消费者，个体潜能与价值得到最大限度发挥。

3）客体特征：资源要素的快速流动与高效配置。现实世界的资源是有限的，但闲置与浪费也普遍存在，如空闲的车座、房间、设备、时间等。分享经济就是要将这些海量的、分散的各类资源通过网络整合起来，让其发挥最大效用，满足日益增长的多样化需求，实现"稀缺中的富足"。

4）行为特征：权属关系的新变化。一般而言，分享经济主要通过所有权与使用权的分离，采用以租代买、以租代售等方式让渡产品或服务的部分使用权，实现资源利用效率的最大化。从实践发展看，分享经济将渗透到更多的领域，股权众筹等业态的出现已经涉及所有权的分享。

5）效果特征：用户体验最佳。在信息技术的作用下，分享经济极大地降低了交易成本，能够以快速、便捷、低成本、多样化的方式满足消费者的个性化需求。用户评价能够得到及时、公开、透明的反馈，会对其他消费者的选择产生直接影响，这将推动平台与供给方努力改进服务，注重提升用户体验。

6）文化特征："不求拥有，但求所用"。分享经济较好地满足了人性中固有的社会化交往、分享和自我实现的需求，也顺应了当前人类环保意识的觉醒。

分享经济让创新创业变得更容易。创新是生产要素的重新组合，通过分享、协作的方式搞创业创新，门槛更低、成本更小、速度更快，能够让更多的人参与进来。一方面，分享经济的发展使得生产要素的社会化使用更为便利，企业和个人可以按需租用设备、厂房及闲置生产能力，在更大范围内实现了生产要素与生产条件的最优组合，让创新变得更容易。另一方面，分享经济的发展降低了创新创业风险。对于很多创业者来说，借助分享经济平台进行低风险的"微创新"是实现更大创新的第一步。

分享经济改变传统经济组织方式，激发创新活力。一方面，分享经济使得人们可以在边际成本趋于零的条件下通过协作进行生产、消费、分享自己的商品和服务，这就会带来经济生活组织方式的新变化。在分享经济模式下，越来越多的个体可以通过平台直接对接用户，不必再依附于传统专业机构，这种新的组织方式被称为"大规模业余化"。在《人人时代》的作者克莱·舍基眼中，人与人之间形成一种临时的、短期的、当下的组合，而不是一种长期契约。另一方面，越来越多的企业、机构也会参与到分享经济中来，通过众包、众创等方式组织整合社会资源，参与到创新活动中来，大大提升创新效率，并大幅降低成本。比如企业可以通过分享经济模式让全球最合适的人参与到产品的设计营销等活动中，政府部门也可以通过众包方式提供公共服务。

二、互联网与创新 2.0

传统的创新是以技术发展为导向、科研人员为主体、实验室为载体的科技创新活动。创新 2.0 主要以互联网带来的新需求为着眼点，是面向知识社会的下一代创新，它以用户为中心，以社会实践为舞台，以共同创新、开放创新为特点。新一代信息技术发展催生了创新 2.0，而创新 2.0 又反过来作用与新一代信息技术形态的形成与发展，重塑了物联网、云计算、社会计算、大数据等新一代信息技术的新形态，并进一步推动知识社会以用户创新、开放创新、大众创新、协同创新为特点的创新 2.0，改变了我们的生产、工作、生活方式。Living Lab（生活实验室、体验实验区）、Fab Lab（个人制造实验室、创客）、AIP（"三验"应用创新园区）、Wiki（维基模式）、Prosumer（产消者）、Crowdsourcing（众包）等都是典型的创新 2.0 模式。从国家层面来说，国家提出的"互联网+"行动计划实际上就是创新 2.0 下的互联网发展的新形态、新业态，与创新 1.0 有诸多不同（表 3-2）。

表 3-2　创新 1.0 与创新 2.0 特点对比

特点		创新 1.0	创新 2.0
创新导向		以技术发展为导向	以需求为导向
创新的领域		特定的产业科技领域	全领域
创新主体		科研人员（院所和大企业衍生）为主体	多主体（大众创新）
创新载体		专门实验室（科研院所、大企业专门组织）	开放平台
创新过程（开放创新）	创新产品定位	1. 标准化大批量 2. 各自独立存在的产品	1. 个性化细分市场 2. 硬件产品终端化
	技术知识资源整合	以组织内部知识为主，线下有限渠道整合	开源平台、社交网络
	工作开展方式	封闭创新 1. 组织内部行为 2. 低效率自我改进	开放创新 1. 协同、众包 2. 用户参与，快速迭代
	用户角色	用户被动使用	用户参与全过程
	开发速度	受制于特定研发者	广泛参与而大大加速

三、互联网与创业 3.0（创业生态）

互联网在线平台是未来产业发展的支撑，也是创业生态系统变革的核心。在线平台从 3 个方面促进了创业生态系统变革。一是在创新创业要素的方面，这些在线平台形成了创新创业与要素之间的互联互通，形成开放要素平台；二是在市场需求方面，多种在线平台提供了潜在的海量客户，并为需求信息反馈提供了便利，形成了开放市场或用户参与平台；三是在创业群落方面，在线平台为创新创业者队伍提供了开放的组成空间和共生的创业群落。

随着互联网革命的到来，以"草根创业""大众创业"为代表的创业 3.0 浪潮在"新常态"下将带动中国经济的新一轮增长。从创业机会来看，创业 3.0 是行为变革（个人、组织、社会）带来的，由互联网广泛深度介入经济生活领域，与需求侧、供给侧充分结合所创造的全方位的机会。在创业领域、创业主体、创业服务、创业过程等方面都呈现出与创业 1.0、创业 2.0 截然不同的特征（表 3-3）。

表 3-3　创业 1.0、创业 2.0 和创业 3.0 特点对比

特点		创业 1.0	创业 2.0	创业 3.0
机会来源		制度改革（改革开放）	技术产业化（引进模仿）	技术推动（互联网和移动互联网，全球同步）
创业的领域		贸易为主	领先市场的技术	全领域
创业主体		精英（年广久、柳传志、史玉柱等）	精英（李彦宏、马化腾、马云等）	大众、草根、全民
核心资本		金融资本	金融资本+知识资本	知识资本
创业服务		—	政府为主，传统孵化模式，以硬服务为主	民间组织开始繁荣，众多新型孵化器诞生，提供全方位服务，以软服务为主
创业过程	资源整合	自筹	自筹+天使	众筹（网络平台）+天使
	商业模式	—	—	网络化、合作化
	与创新结合	资本型创业	创新型（技术推动）创业	创新型（市场促动）创业
	供应链组织	大型供应链和廉价工业区	—	按需生产，分布式制造，压缩中介环节
	团队建设	线下	线下	线上+线下

四、互联网技术经济范式下的深刻变革

范式首先由科学哲学家托马斯·库恩提出，指共同体成员共享的具有内在统一性的信仰、价值、技术等集合。这一概念后来为创新经济学所借用。多西首先使用技术范式的概念，把它定义成解决各种技术问题的一种通用模式；佩雷兹进而发展出技术-经济范式的概念，意指一套通用的或成为常识的技术和组织原则。总之，范式指的是在特定领域具有内在统一性和外在普适性的一组原则，范式转变意味着这些原则的同步变化从而使得事物整体进入新的状态。而范式之所以会转变是因为新的技术范式和经济范式能够创造比旧范式更高和更多的价值。

目前全球正在进入新的依托互联网的技术经济范式。能够形成互联网技术经济范式的原因在于互联网能够带来新的价值，或者更准确地说是发生价值颠覆（表3-4）。在互联网革命下，经济技术范式（或生产函数）发生改变，生产要素不仅仅是传统的劳动力、资本和技术，而更注重智力、知识和数据资源；生产方式从大规模专业化分工的围绕主导产业链组织转变为大众化个

性化需求的围绕互联网运营平台的产业生态组织；经济投入产业关系也不再是循环流转中的积累和剩余关系，而更多的体现为用户参与，生产方式众包等形式。可以说，互联网革命在全球范围内掀起一场影响人类生产生活方方面面的深刻变革。

表 3-4 新技术经济范式改变经济、产业和社会运行规则

运行规则	工业经济时代	互联网时代
社会分工体系	大规模专业分工生产	大规模社会协同（共享经济、网络协同和众包合作）
产业结构与形态	以工业经济为主导，以主导产品为中心的产业组织	以创新经济、创业经济为主导，以平台为核心的产业生态(跨界融合、"互联网+")
市场结构	大企业垄断	大企业与众多创业企业、小企业共生
企业组织	大规模企业组织	网络企业、生态群落、社群（组织边界正在"融化"）
生产方式	以企业自身组织为核心，标准化流水线生产，大规模、低成本	生产制造民主化（众包、消费者介入生产环节），小批量、多品种、私人或个性化定制
产品形态	所有产品各自独立	产品终端化，成为统一的网络世界的元部件
核心要素	资本为核心，甚至行政资源也很重要	人才与知识地位超然，生态依附很重要
创新创业主体	精英（政治精英和科学精英）	创新创业民主化（大众，包括精英）
资源配置	存在大范围供给与需求的不对称，导致资源浪费	优化配置手段多样化，效率提升、成本降低
生活方式和理念	生活与工作相分离强调计划	创新创业将逐渐成为一种主流生活方式，强调个人感受（说走就走的旅行）
社会群落与组织	以线下组织为主，以家庭、企业为重要组织单位	网络社会，社交群落成为重要社会组织
社会活动	线下	线上（微信、朋友圈等，网上购物，远程医疗）+线下

第四章 产业转型升级再思考与政府作用

第一节 产业变革新趋势与青岛蓝谷高新区产业选择

当前,以互联网、物联网和人工智能等新技术为代表的经济变革已经引起了产业发展和经济发展规律全方位的改变,新的产业发展趋势使得高新区的发展不能完全延续工业经济时代的产业发展思维。

一、新时期产业变革的发展趋势

（一）新的产业发展建立在新的一般性生产条件基础之上

新经济时代的一般性生产条件是信息的互联互通,"信息互联的本质改变了信息不对称这一过往市场经济的常态,"从而产生了与以往工业经济时代完全不同的新经济现象和新经济规律。定制生产、智力协同、精准供给、智慧物流、共享模式和分享经济等新现象和新规律渐成主流,对传统的农业生产、工业加工制造、商贸流通、生产和生活服务等经济活动领域产生了较大冲击。如以互联网和大数据等为代表的新一代信息技术,正从零售领域向制造产业、健康产业、教育产业、服务产业等深入渗透,企业和产业"变异"的节奏迅速加快,催生了O2O、P2P、众筹、众包、互联网保险、跨境电商、健康管理等各种新兴业态,平台经济、共享经济初具规模,"+互联网"、"互联网+"

和制造业服务化等产业发展趋势推动原有产业进行进一步的改造和升级。

（二）新经济时代的关键生产要素是知识、智慧和数据

新经济时代带来关键生产要素的改变。过去主导经济发展和财富增加的关键生产要素是自然资源、劳动力、土地和依附在工业生产条件上的资本，现在这些关键生产要素的重要性正在下降。因为信息的互联互通这一新的一般性生产条件的产生，使得智慧、知识和数据成了经济发展的关键生产要素。现在支撑经济增长和财富增加的主要力量是新兴的知识经济、创新的价值和广发的创业，是知识、智慧和数据创造了新的财富。新的关键生产要素的改变导致产业的发展必须同产业的创新创业紧密联系在一起。并且，就产业创新发展而言，在传统模式中，产业创新发展的模式主要表现为大企业主导的封闭式创新，在新经济时代，产业创新呈现出开放式、颠覆式、跨界创新等许多新特点，新兴产业渐成经济增长的主要支撑，一个新领域的创业企业往往只需要几年，就能够超越一个传统企业几十年的经济的积累。典型的新经济企业有小米、陆金所等独角兽企业。

（三）新的产业发展要着眼于培养有竞争优势的创新生态

新的一般性生产条件和新的关键生产要素也改变了产业发展和竞争的方式。以往产业的发展和竞争强调的是规模经济，发展路径主要是靠引进和植入发展成熟并具有一定规模的主导产业，通过主导产业聚集产业链上下游企业进而形成产业集群，依靠扩大生产或产业规模获取竞争优势。在新经济时代这种情形则发生了改变：一方面，规模生产产品的市场趋向饱和，既有的大规模生产的增长空间有限；另一方面，面向市场需求的新的生产供给方式越来越依赖于跨界组合的产品、服务和组织，这使得产品、服务和组织越来越呈现多元、个性化、定制化、分布式和网络协同的新特征；在工业时代，为规避外部市场的不确定性，加强产业链上下游企业整合是企业参与产业竞争的主要方式。步入新经济时代，信息不对称的状况和资源组合的方式都发生了改变，系统、开放、网状的产业生态和范围经济相对于产业链完备的规模经济更有竞争优势。

由此，产业的竞争优势在向塑造产业的生态竞争优势转变。对高新区而言，传统的大项目大招商功效渐微，区域产业发展的路径正向营造环境、培育新兴产业转变。国内先进高新区的优势产业如武汉光电产业、贵阳大数据

产业、苏州工业园区纳米产业、杭州互联网产业、宁波国际检测服务业、泰州生物医药产业等，均表现出营造产业生态加快新兴产业的培育和发展的趋势。

（四）创新创业是营造和维系新型产业生态的关键

就产业生态的发展和演化而言，引领和增进产业的持续创新是形成产业生态竞争优势的关键。产业生态的构成是多元化的，在供给和需求两个方面的演化都呈现出多元、复杂和不确定性，而能够维系这种多元范围正向演化的力量是创新和创业。因此，产业要有持续的生命力和竞争力就必须要建立和保持产业内部创新创业的活力。

这就导致推动产业发展要更多关注产业的创新。围绕产业链布局创新，通过构建集"政府服务、产业创新、创业孵化、资本推助"于一体的全方位的产业创新生态促进产业发展。尤其在新一轮产业变革中，产业发展更多依赖创新创业人才，因此创造留住人才的产业环境变得尤为重要。

二、新业态下蓝谷高新区产业发展的优势与挑战

青岛蓝谷高新区，于 2017 年 11 月 3 日，由山东省人民政府将即墨高新区更名而来，是一家省级高新技术产业开发区，位于青岛即墨市北部，素有"即墨北大门"之称，同时也处在青岛市蓝色经济区空间布局"一轴三带"中的烟威青综合发展带上，2001 年 1 月份由山东省人民政府批准设立。2006 年 7 月份，通过国家发改委对开发区的审核验收并予以公告；2012 年同原华山镇整合，整合后全区总面积 110 平方公里，下辖 50 个行政村，总人口 4.5 万。

青岛蓝谷高新区已落户内外资项目 100 余个，初步形成了以香港高迪数码为代表的电子及电子配件、以日本小西生物为代表的生物制药、以青岛奥博为代表的新能源、以青岛惠成为代表的新材料、以青岛舜能为代表的精密机械等产业基础。

（一）蓝谷高新区产业发展的优势

1. 高端科教机构集聚，创新资源优势突出

得益于近年来国家的重点部署和青岛市的强力打造，目前蓝谷高新区高端科教机构云集，创新的要素、资源和平台条件优势突出。蓝谷高新区现拥有海洋科学与技术国家实验室、国家深海基地、国家海洋设备质检中心、国

土资源部海洋地质研究所等"国字号"科研平台。山东大学、天津大学、四川大学、北京航空航天大学、西北工业大学、武汉理工大学等高等院校和科研院所的分部或基地在蓝谷高新区集聚。以海创·众创空间为代表的"海洋+"专业创客空间、青岛市科技企业孵化器、创新创业街区等创新创业平台正在加快打造。这些资源和条件优势已经开始发挥出引领创新的作用。青岛蓝谷高新区的科研优势为海洋科技、新能源新材料等高端产业集聚，以及新一代教育产业和知识交易市场的培育奠定了坚实的基础。

2. 基础设施建设大力推进，产业发展环境逐步优化

蓝谷高新区高起点推进基础设施建设，实施了总投资29亿元的30项重大基础设施配套工程建设。蓝谷城际轨道交通建设加快，基本实现全线贯通；以满足专业人才住房需求为目标的人才公寓建设和蓝色中心等商业综合体建设基本完成，人才居住环境和商务环境得到很大提升。

产业发展环境逐步优化。蓝谷高新区目前正稳步推进汽车产业新城、创智新区、伟东国际教育云产业园等专业园区建设，产业集聚的空间环境日臻完备；正在整合银行、证券、保险等金融资源，筹备开设蓝谷科技银行和蓝谷金融超市，创新创业软环境正在改善；山东省蓝色经济区海洋产业联盟等产业促进机构已正式运行，产业促进组织和产业公共服务平台正在打造。

（二）蓝谷高新区产业发展面临的挑战

这些新的变革趋势对蓝谷高新区的未来发展带来了挑战。一是目前在蓝谷高新区植入引领新变革的技术水平有限，"互联网+"和智能化生产等发展水平较低，新兴产业发育缓慢，严重制约着产业的转型升级；二是蓝谷高新区的科教资源优势突出，但科教资源优势尚未充分转化为创新优势，新关键生产要素的作用尚未充分发挥；三是产业和创新生态尚未形成，产业集群的发展处在较低阶段。这些都严重制约蓝谷高新区的创新发展，也是蓝谷高新区希望借助升级发展的历史机遇需着力解决的问题。

三、蓝谷高新区产业发展思路与路径

（一）发展思路

着眼于蓝谷高新区现有优势和面临的挑战，蓝谷高新区的产业发展思路

是：立足科教资源和创新平台优势，紧抓全球新兴产业发展趋势与全球产业布局重构的机遇，以科技创新引领产业发展；以产学研用一体、丰富高效的产业创新生态建设为主线，着力发展海洋科技产业和大健康产业；以引进培育重点企业、推动"互联网+"和延伸产业链为抓手，全面加快航空产业、汽车及汽车零部件产业，以及新能源和新材料产业等高端制造业的集群发展；以搭建创新创业孵化和公共服务平台为主线，培育互联网、大数据和人工智能等新兴产业，促进现代服务业、教育培训产业和知识市场的发展，不断催生新技术、新业态和新商业模式，使蓝谷高新区成为引领区域科技创新、辐射带动区域产业发展的高地。

（二）发展路径

1. 创新引领

充分发挥青岛蓝谷高新区现有科教院所聚集的优势，以创新引领产业发展。一是促进科教资源与企业创新的紧密结合，形成政府引导、市场主导、产学研相结合的产业创新模式，提升科技成果的转移转化效率；二是抓好产业创新创业平台建设，大力发展新型研发机构和众创平台，促进创新创业；三是引进培育创新领军企业和新兴产业，促进以企业为主体的创新，推动园区产业的转型升级。

2. 开放合作

全方位加强在科技创新、产业发展及市场拓展等方面的合作：一是紧抓"一带一路"倡议的机遇，通过深化海洋科技合作整合全球资源发展蓝谷高新区海洋产业，大力推进园区海洋科技产业全球化，提升蓝谷高新区的产业发展位势；二是建立域外创新资源和产业发展的高端连接机制，以战略联盟、产业联盟、技术联盟、共同组建产业基金等方式促进园区企业的跨区域合作；三是在园区层面建立与国内外先进园区的战略合作机制，利用园区产业发展空间大的优势，加快与国内其他园区实现人才、技术、资本等产业发展关键要素的共享，加快提升园区的产业实力。

3. 协同发展

做好"一区四园"的统筹发展和产城融合的协调发展。一是处理好产业发展与城市发展的关系，着眼智能绿色未来城市发展的趋势，优先选择能够融入城市发展的知识型产业；二是加强分园和专业园区产业发展的统筹协调，合理布局相关产业，提升园区产业承载能力和配套服务能力；三是紧抓高新区整体服务能力建设，处理好公共服务和市场服务的关系，助推现代服务业、技术和知识市场、现代教育培训产业发展，打造优良的创新创业生态系统。

四、蓝谷高新区产业发展选择

结合上述思路，蓝谷高新区产业发展的方向和选择是全面构建"以海洋产业为主导，以大健康产业为新增长点，以高端装备制造产业、新能源新材料产业、新一代信息技术产业为支撑，以现代服务业、现代教育产业和知识经济市场为培育的产业体系"。

（一）以海洋产业为主导

青岛蓝谷高新区发展海洋产业具备良好的政策优势、人才优势和基础产业优势。党的十八大报告确立了海洋强国战略，《中华人民共和国国民经济和社会发展第十三个五年规划纲要》中明确提出，"建设青岛蓝谷等海洋经济发展示范区"，确立了青岛蓝谷在国家海洋经济发展中的战略地位。青岛市第十一次党代会提出"实现蓝色跨越，抢占蓝色经济制高点，加快建设全国蓝色经济领军城市"，为青岛蓝谷海洋产业实现突破性发展提供了机遇。围绕海洋产业，青岛蓝谷已聚集大批高端海洋科研机构，拥有尖端的涉海技术和高端的涉海专业人才，较高的战略位势和创新资源的高度集聚使得海洋产业成为蓝谷高新区的主导产业。

（二）以大健康产业为新生长点

大健康产业有巨大市场发展潜力，青岛市有得天独厚的区位优势和产业基础，蓝谷高新区拥有即墨鳌山湾千米金色沙滩和海洋温泉两个稀缺资源，这些都为蓝谷高新区发展大健康产业提供了条件。蓝谷高新区借助升级国家高新区的机遇，致力于把大健康产业作为新经济增长点，与海洋产业的发展紧密融合，以海洋生物医药、海洋开发勘探的海洋产业为核心，延伸发展海洋休闲旅游、智慧医疗、运动和健身、健康管理与健康咨询等制造和服务相结合的大健康产业。依托大健康产业的发展带动和促进相关新兴产业和现代生活服务业的发展。

（三）以高端装备制造产业、新能源新材料产业、新一代信息技术产业为支撑

1. 装备制造业

装备制造业是基础性产业，具有技术密集、市场稳定等突出特点，其发展水平直接影响其他产业的竞争力。青岛是高端装备制造业的重镇，青岛蓝谷高新区发展高端装备制造业既符合当前装备制造转型升级发展规律，也契合当前产业布局。蓝谷高新区前期对新能源汽车及汽车零部件制造、航空制造等重点项目的引进为发展高端装备制造业奠定了基础。

2. 新能源新材料产业

新能源新材料产业与高端装备和海洋产业的发展有紧密关联，依托青岛的区位优势和蓝谷的科技优势，高新区要大力发展光伏太阳能、可燃冰等新能源动力产业，加快发展以增材制造为代表的新材料产业。

以集成电路、大数据、人工智能为代表的新一代信息技术产业。集成电路、互联网、大数据和人工智能产业既是新兴产业发展的方向，也是提升和改造传统产业的条件，是提升蓝谷高新区产业发展层级和水平不可或缺的产业。目前蓝谷高新区致力于集成电路、互联网、大数据和人工智能产业发展的创智新区已经投入运营。

（四）以现代服务业、现代教育培训产业和知识交易市场为培育

1. 现代服务业

现代服务业是目前蓝谷高新区发展的短板，高新区在创建国家高新区的过程中要加大力度促进现代服务业的发展，尤其要引进和培育科技服务业和生产服务业，健全园区内部的创新创业服务、信息服务、科技服务和金融服务，以服务业的发展促进科技成果的转化并释放科教资源活力。

2. 现代教育培训产业

新技术经济变革正催生新的教育模式，以"培养能够解决问题的人"为主旨的体验式教育培训产业正大规模兴起。蓝谷高新区依托科教资源密集的优势，今后要大力发展符合新时代发展要求的现代教育培训产业，依托新型

教育培训产业的发展促进园区高端和实用人才的培养,助推园区的创新创业和重点产业的发展。

3.发展知识和技术交易市场

青岛的未来必将是以海洋产业为引领的科技重镇,将成为全国乃至全球知识交流和技术交易的重要场所。蓝谷高新区要着眼于青岛市未来的位势,大力发展知识产权市场、技术交易市场和知识的资本化交易市场,发展众筹、众包等新型知识和资本的交易模式,以知识交易市场的发展推动蓝谷高新区的知识经济发展,提升园区整体的经济发展水平,增强园区科技创新的全球影响力。

第二节　新形势下高新区如何推动制造业转型升级

随着全球经济的持续萎靡不振,以及我国生产要素和人力成本的上升,中国制造业靠人力和资源要素投入的发展模式将不可持续,转型升级的压力越来越大。国家高新区制造业产业类别占所有产业的90%以上,可以说,制造业就是高新区的主导产业。高新区能找到我国制造业转型升级的破局之道,对于高新区的可持续发展和国家创新驱动战略的有效实施,有着十分重大的意义。

一、创新的缺失——中国制造业之殇

欧美发达国家的制造业是伴随着历次工业技术革命发展起来的,其制造业始于新技术带来的新产品,成长中又在技术上不断换代升级。欧美制造业中的百年企业,无一不是以创新发家,又在发展过程中一以贯之的重视创新。强大的研发实力和雄厚的技术积累,使得欧美制造企业牢固占据全球制造业产业链最高端,把握制造业技术迭代的话语权。

与欧美发达国家不同,中国既不是三次技术革命的发源地,又错失了第一次和第二次技术革命的发展机遇。在第三次技术革命到来时,中国通过改革开放,凭借庞大而又廉价的劳动力资源和优惠的招商引资策略,吸引了全

球大批的制造企业来中国投资设厂,中国制造业由此快速成长起来。从20世纪80年代只能生产拖拉机、自行车、缝纫机,到2017年成为世界最大的制造国,过去40年,中国的制造业规模增长了20多倍,占中国GDP的比重高达40%。全球80%的空调、90%的个人计算机、75%的太阳能电池板、70%的手机和63%的鞋子产自中国。

可以说,中国制造业发端于改革开放。其诞生是参与国际分工,承接发达国家的产业转移的结果。比如沿海地区的制造业主要是以OEM生产方式发展起来的。其超速发展和繁荣,依靠的是我国的廉价生产要素和低人力成本,还有全球化带来的巨量需求。

对比我国与欧美发达国家的制造业发展史,可以发现我国制造业有着完全不同的发展模式。欧美发达国家的制造业是先有创新,再有规模,并且通过创新不断实现产品的换代升级。而中国制造企业的发展模式则是直接针对已经定义好的产品,通过增加生产要素投入进行规模化扩张,创新环节的缺失是其最大特点。

中国制造业的发展模式,生产要素的作用远大于创新要素。可以说,创新的缺失,正是中国制造业之殇。中国制造业创新能力差的原因,可以归结为以下两点。

(一)中国制造业在全球产业链的定位

中国制造业一直处于"微笑曲线"的底端。中国的纺织业、制鞋业、玩具制造业、IT制造业等一直处于OEM阶段,中国只是一个"加工工厂",对于产品的开发设计和企业品牌的树立都很少涉及。而且即使有意在研发创新方面有所投入的中国企业,由于怕引起欧美企业对知识产权流失的担忧,使订单受到影响,往往会有意减少研发的投入,甚至完全放弃研发功能。从某种程度上来说,中国制造业在全球产业链的位置,导致中国制造企业的当期利益与研发创新向左,外国人只希望中国企业做到生产制造,而离研发越远越好。所以,中国制造业在全球产业链的角色一直被各种力量所固化,这使得中国制造业向产业链上游的爬升缓慢。即使当初期望以"市场换技术"的中国汽车产业,经过多年合资经营,却并没有获得多少乘用车制造的关键技术。据有关机构测算,每台iPhone手机价值贡献中,美国、日本、韩国分别凭设计和技术获得49.4%、34%和13%的利润分成,而制造生产的中国企业却占不到4%的价值贡献。

（二）中国制造企业缺少创新传统与创新环境

中国制造企业普遍忽视原始创新和自主创新。这主要体现在我国制造业的研发投入水平远远低于国际平均水平。据统计，国际上大公司的研发费用投入一般占销售收入比重在5%左右，甚至达到销售收入的10%～15%，而在我国制造企业中除了华为等少量企业外，绝大多数企业都达不到5%的水平。我国制造企业不重视创新，一方面是由于创新的投入成本太高，风险太大，购买国外成熟技术具有效率优势；另一方面也源于我国对知识产权缺少有效保护，从事自主创新的企业，其成果出来很容易被抄袭和仿造。企业普遍缺少自主创新的动力，而专注于获取订单和扩大规模。缺少创新导致我国制造业企业普遍"短命"，据粗略统计，中国制造企业的平均寿命为11.1年，其中寿命达20年以上的仅占7.9%，不足一成。

二、产业选择、升级策略、支持创新——实现转型升级的"旧三条"

中国制造业创新功能的缺失，埋下了之后要面临转型升级问题的伏笔。放眼全球其他国家和地区，不乏制造业转型升级的成功案例。东亚和东南亚的一些国家和地区开放时间比中国早，面临转型升级挑战的时间也比中国早。我们分析了东亚国家和地区的制造业转型升级经验，认为中国台湾地区制造业的转型升级经验最具普遍性和参考性。

中国台湾地区制造业的发展也源于承接发达国家的劳动密集型产业转移。这与中国大陆的情况类似。但是从劳动密集型产业，到资金密集型产业，再到技术密集型产业，中国台湾地区已经走出了一条制造业转型升级的道路。尤其是中国台湾地区的电子信息产业，从20世纪70年开始进入，经过20多年的发展已成为全球电子、信息产业中的重要力量，在最高端的IC设计环节，中国台湾地区IC设计营业收入已居全球第二位，有数家IC设计公司跻身于全球IC设计20强。中国台湾地区电子信息产业是现代制造业转型升级的典范之一。

中国台湾地区电子信息产业转型升级的经验，我们认为有一定的普遍性，可称为制造业转型升级的"旧三条"。第一，有预见性的产业选择。电子信息产业是20世纪80年代以来全球发展最为迅猛的高科技产业。中国台湾地区在20世纪80年代初即通过专家咨询，将电子信息产业确定支撑中国台湾地区经济发展的战略性产业。而在产业发展过程中，又准确预测了PC

和IC产业的繁荣。这使得中国台湾地区电子信息产业具有先发优势，避免了激烈的产业竞争。第二，有针对性的产业发展策略。中国台湾地区选择从最低端的元器件生产进入电子信息价值链，并逐步通过价值链上的知识溢出和企业自身的知识积累进入整机代工、核心零部件生产、技术平台研发及营销与服务环节。这种策略保证了中国台湾地区电子信息产业能够循序渐进地进行产业升级，而避免了过大的投入和外来的升级阻力。第三，对研发和创新有力支持。中国台湾地区著名的生产力促进中心和工业技术研究院，对于中国台湾地区产业的升级功不可没。中国台湾地区当局也从政策、资金和其他方面给予电子信息企业以极大的支持。中国台湾地区电子信息产业园的集群发展模式，也促进了电子信息企业间的互动交流，促进整个产业的有效提升。

三、创新全球化、互联网和中国大市场——实现转型升级的"新三条"

虽然东亚和东南亚的一些国家和地区在产业转型升级方面做出了有益的探索，但国际经济和技术环境一直在发生变化，庞大的中国制造业要实现转型升级，就要考虑到外部条件的变化。我们认为，创新全球化、互联网和中国大市场地位，是助力中国制造业转型升级的3股新力量，称之为中国制造业转型升级的"新三条"。

（一）创新全球化

金融危机之后，世界经济格局有所改变，创新资源加速在全球的布局，世界开始进入以科技创新全球流动为特征的创新全球化时代。创新全球化流动所围绕的是能够产生"创新"的知识及其有机载体——人，主要是推动创新的人才、产生创新的知识和促进创新的资本的流动，这种流动大大加速了技术、知识、信息、资本、人才等创新资源在全球范围的配置，给世界经济注入了新的活力。创新全球化的内涵包括创新资源配置的全球化、创新活动的全球化、创业活动的全球化和创新服务的全球化。

创新全球化增加了中国制造业通过创新实现转型升级的机会。越来越多的中国企业开始在海外设立研发机构，也有越来越多的国际人才来到中国，为中国企业服务。遍布全球的华人网络和中国日益强大的国际影响力。使得中国制造企业有机会在全球范围内整合创新资源，利用发达国家的人才和技术，为企业自身的转型升级服务。

（二）互联网

互联网从 20 世纪 90 年代开始出现，仅仅经过 20 余年的时间，就已经崛起为一股巨大的变革力量。传统经济形态中几乎所有产业类别，都在接受来自互联网的改造。互联网思维已经代替传统的工业思维，成为塑造新经济形态的方法论。在传统工业时代，制造业企业的价值观是"以制造为中心""以降低成本，扩大规模为中心""以产品为中心"。而互联网时代，用户体验至上，产品只是作为服务的载体，而服务要求快速迭代和创新。企业的价值观变为"以用户体验为中心""以提升价值为中心""以服务为中心"。中国的互联网产业完全不落后于西方发达国家的互联网产业，在金融、社交等某些领域的创新甚至要超过西方发达国家。

互联网的出现一方面在冲击传统制造业，使得传统制造业在成本、规模和产业链上建立的优势被严重的削弱；另一方面，也创造了传统制造业转型升级的机会。在当前，哪个制造企业能够率先拥抱互联网，把握住互联网化的要义，就能够"涅槃重生"，在新经济形态中占有一席之地。国内的大型制造业像海尔，已经开始进行互联网布局。

（三）中国大市场

中国是全球第二大经济体，拥有约 13 亿人口，是世界上人口最多的国家。中国的城镇化是世界上规模最大的城镇化，中国的城镇化和现代化进程，将持续带来巨量的市场需求。中国一直稳居汽车、工程机械和电子产品的第一大消费国。在世界经济体系中，中国具有毋庸置疑的大市场地位。

从某种程度上来说，谁拥有市场谁就拥有话语权。中国制造业虽然在技术上处于劣势，但有着依托国内市场巨大需求的有利条件。尤其在关系国家安全和民众生活保障的特殊领域，如通信设备、医疗设备和深加工食品，中国制造企业具有不对等优势。在这些领域中，中国制造企业要专注国内市场需求，生产出针对中国市场的产品，扩大市场占有率。依靠对中国市场需求的深刻把握和市场份额的拥有量与国外企业进行合作。使外国企业为中国企业的转型升级服务，而不是主导中国企业的转型升级。

四、"新三条"结合"旧三条"——高新区促进制造业转型升级的路径

我国的制造业起步于参与国际分工，是承接发达国家产业转移过程的结果。诞生之初创新的缺失导致我国制造企业普遍创新能力较弱，使得之后进行转型升级困难重重。从中国台湾地区电子信息产业转型成功的经验可以看到，有远见的产业选择，正确的产业发展策略，对研发创新的大力支持对产业转型升级的成功非常重要。中国的制造业转型升级的问题是共性的，也是个性的。创新全球化、互联网的出现和中国的大市场地位，是中国制造业转型升级的3个潜在机遇。我国高新区要实现制造业更快更好的转型升级，要把"旧三条"和"新三条"结合起来。

（一）联结全球创新资源，把握产业发展方向

高新区应该加强与全球其他创新区域的联系。一方面可以利用遍布全球的华人网络和更多的创新资源建立连接，以一种非空间聚集的方式向高新区聚拢更多的创新资源；另一方面，高新区也应该促进区内的创新要素向其他创新区域流动，扩大高新区的影响力和整合力。高新区在整合全球创新资源的基础上，就能够更加及时地了解产业关键技术前沿，把握产业发展的方向。从而进行提前布局，获得先发优势。

（二）拥抱互联网和依托大市场，优化产业升级策略

高新区应该认识到互联网对制造业产业链和产品形态带来的变革。积极引导区内制造企业应用互联网工具，对互联网时代的制造业产业链重组和制造业服务化趋势做出积极响应。另外，要引导区内制造企业专注国内市场，在有优势的细分市场扩大市场份额，主导产品升级节奏。利用互联网带来的变革机遇和大市场带来的话语权，不断优化自身的产业升级策略。

（三）打造产业创新生态系统，塑造高级集群形态

制造业产业集群的高级形态是创新型经济体，其特点是创新与财富的自组织、自循环增长。高新区要通过打造产业创新生态系统，来加速区内集群向高级形态迈进。这就需要高新区聚集创新创业要素，打造创新创业平台，促进知识和资本的高效流动，以活跃的创新创业推动传统制造业的转型升级。

第三节　推动产业转型升级的思路与策略研究

新时期，国家高新区管委会或主管机构不能仅仅为了发展产业而发展产业，中国的光伏产业、大豆产业几乎全军沦陷，就是典型的例子，而需要深刻领会全球经济一体化下产业竞争和发展的本质规律，深刻领会"培养企业并不一定能形成产业"，思考如何发挥政策的杠杆作用"引导产业接续发展"。围绕这些问题，本节重点分析主管机构在产业发展尤其是战略性新兴产业发展中的"缺位"现象，以及针对"缺位"现象如何开展应对策略和案例研究。

一、问题研判——主管机构在产业发展中的"缺位"现象

政府和市场是推动地方经济和产业发展的"两只手"，而在我国，市场经济体制还不完善，市场发育不够成熟，市场许多功能难以得到发挥，造成一定范围和程度的市场失灵，政府对经济和产业发展的干预和引导更加重要。尤其在战略性新兴产业领域，产业的"战略性"特征、我国的"赶超战略"、相对薄弱的新兴产业基础、创新投入的高风险性，都决定了我国必须借助政府的强制力量来保护和促进本国新兴产业的发展，增强和提高新兴产业的国际竞争力。

首先，部分主管机构对"产业"和"企业"的理解存在偏差，对产业发展的认识停留在引进大型项目、培植大型企业上面，以产业规模作为评价产业发展效果的首要指标。这种观念的产生有多方面的原因，一方面我国改革开放以来，对经济发展速度、规模历来比较重视，GDP是政府考核的关键指标，是政府官员政绩的直接体现；另一方面，我国传统产业大多为劳动力密集型产业，技术含量比较低，对创新和产业配套等要求比较低，规模决定效益。这种产业发展模式和思想在一段时间内是有其合理性的，但是随着我国创新驱动战略的提出、新兴产业的大力培育、对经济发展质量越来越关注，过去的大项目落地、大企业成长就代表产业发展的思想已经远远滞后于产业发展的要求，甚至会阻碍产业的发展。无锡尚德破产给我们敲响了这方面警钟，地方政府将发展光伏产业片面理解为扶持巨型企业、扩大企业和产业规模，押宝式采用各种手段支持尚德发展，其风险是显而易见的，一段时

间内，企业不断壮大，押宝成功，但万一企业由于外部或者内部因素经营受挫，带来的后果将是一个地方产业的覆灭。

其次，全球化时代背景下，部分主管机构在引导产业发展过程中，没有将产业置于全球价值链下规划和发展，国际化视野缺失。经济全球化带来的是竞争、合作和分工的全球化，我国产业的发展必须明确在全球价值链中所处的位置，针对性制定发展策略，才有可能实现真正的产业升级。而当前国际竞争环境愈加复杂，不同行业的价值链结构和垄断程度各不相同，甚至在某些行业，跨国公司已经实现全价值链的垄断。而部分地方政府在发展地方产业，甚至是主导产业过程中，没有树立全球化竞争的思想，产业的发展和培育集中在价值链中低端环节，对产业发展缺乏长期性布局，在全球分工中过度依赖加工制造环节和加工贸易，竞争战略过度依赖成本价格，而产业链和价值链中研发设计、营销、品牌和供应链管理等高端环节缺失，导致的结果必然是产业长期受制于跨国公司。

最后，地方产业的整体、长远统筹布局不够，产业接续性不足，缺少持续性发展动力。地方经济的可持续增长一方面有赖于每个产业的平稳发展；另一方面，更要处理好主导产业与新兴产业间的接续和协同关系，才能在主导产业发展遇到危机时，地方经济不会因此而遭受重大滑坡。目前我国许多地区，尤其是资源型城市和传统工业集中的城市，大多存在产业单一，产业接续性不足的问题，甚至某些地方一个产业产值占地区的比重在50%以上，这严重危害到地方经济的持续性和稳定性。比如2011年，福建省石狮市的纺织服装产业规模以上产值为389.8亿元，占规模以上工业产值50.3%，在国内实体经济危机较为严重的2012年，纺织服装产业外贸形势严峻，遭遇"寒冬"，直接导致石狮规模以上工业产值完成664.84亿元，同比下降14.3%。当然，近年来各地地方政府围绕产业规划做了大量工作，在产业发展方向和重点、发展策略、政策支持等方面进行了布局，但在产业协同和接续性及规划落实方面还需要进一步加强。

二、应对策略——主管机构应围绕问题及时补位，找准产业规划和引导的着力点

针对目前部分地方政府存在的产业理解偏差、全球化视野缺失、产业间协同统筹不足等问题，未来主管机构在产业规划和引导中，应采取以下三方

面措施。

第一，改变单纯依靠招引大项目、扶持大企业发展产业的观念，通过优化产业发展环境、完善产业链条、发展产业集群，增强产业竞争和抗风险能力。一方面，在对外招引项目过程中，以本地产业发展需求为导向，严格筛选项目，使招引项目能够为本地产业发展大局服务，其中尤其需要重点关注的是本地产业链条中缺少的环节和研发、设计、营销等价值链高端环节的项目；另一方面，构建包括管理咨询、技术咨询、法律咨询、知识产权管理、投融资服务等在内的产业服务体系，完善技术研发交易、人才、资金、信息等产业公共服务平台，提升行政审批、产业引导、人员培训、政策支持等政府服务能力，优化产业发展环境；由政府牵头，组织和利用行业协会、产业联盟等社会机构，强化产业上下游企业间联系，完善产业配套，在产业链同一环节的若干企业间建立良性的竞争和合作机制。

第二，立足全球价值链，根据本地产业基础、全球价值链类型和在全球价值链中所处的位置，探索各个产业不同的升级发展路径。Gereffi（2003）等按照市场交易的复杂程度，交易转换程度及供应商的能力，将全球价值链的结构类型进一步细分为5种，即市场型、模块型、关系型、俘获型和科层型。5种结构类型中，价值链主体的协调能力的不对称程度依次由低到高。地方产业发展过程中首先要明确本地各个产业在全球范围内价值链结构的类型及本地产业在价值链中所处的位置，才能针对性制定不同的升级模式和策略，实现产业在全球价值链中的升级。Humphrey和Schmitz（2002）认为，全球价值链中存在4种升级模式：通过对工艺、生产流程的改造以提高生产效率的工艺升级；引进新产品或改进已有产品的产品升级；通过重新组合价值链中的环节（如增加设计或营销环节）来获取竞争优势的功能升级；企业把从一个特定产业环节中获得的能力应用到新的产业领域或转向一个新全球价值链中的跨产业升级（或称为链的升级）。

第三，主管机构要注重主导产业与新兴产业间的接续性，实现地区多产业协同发展。当前各地产业发展中存在太过于依赖传统产业或者将地方经济都押宝在新兴产业上两种现象，这两种方式都是风险较高的不合理的产业发展方式，必须将现阶段的主导产业和作为未来经济发展动力的新兴产业进行统筹考虑，以主导产业为动力，以新兴产业为潜力，实现协同发展，才能使主导产业和新兴产业实现良性互动和良好接续，保证地方经济发展的稳定和可持续。主导产业与新兴产业的协同可以通过生产要素的转移与共享、市场的融合与互利等方式实现，即在主导产业发展过程中，注意引导劳动力、资金、技术等生产要素逐渐向新兴产业转移，利用主导产业的技术改造和结构升级为新兴产业提供市场，用主导产业的产品为新兴产业的发展提供物质和硬件基础。

三、沙场点兵——以安阳高新技术产业开发区为例谈地方产业协同发展

（一）安阳高新技术产业开发区产业现状

安阳高新技术产业开发区（以下简称安阳高新区）是位于河南省北部的国家级高新区，经过18年的发展，安阳高新区已经形成包括先进装备制造、电子信息、光伏新能源、生物技术等四大产业在内的明晰的产业形态，其中以数控机床为核心的先进装备制造业是园区的支柱产业，数控机床、组合机床、数控锻压设备、关键零部件等产品制造已跻身国内领先水平；电子信息产业作为安阳高新区曾经的重要产业，为安阳高新区积累了大量的人才、技术等生产要素，目前处于新产品和新领域的布局和转型阶段；光伏新能源产业是安阳高新区近年来着重发展的产业，已经初步形成完整的产业链条，但同国家光伏产业整体状况类似，正处于国际市场萎缩、国内市场刚刚开放的阵痛阶段；生物技术产业则规模较小，处于初级阶段，但有一定的科技资源，目前尚不具备参与全球竞争的实力，但具备长期培育和发展的潜力。

（二）产业协同发展之路

首先，安阳高新区要转变传统产业发展中引进大项目、扶持单个企业的发展思路，依托高新区现有的公共服务平台，将更多的资金和精力投入园区产业发展环境的优化，如打造先进装备制造、光伏新能源、电子信息等专业产业园，并与外部专业化园区管理公司进行合作，提高专业园区的运营管理水平；与园区内企业共同合作，搭建服务于先进装备制造、电子信息产业等的共性技术研发平台、技术检测平台、工业设计平台、技术信息平台等公共服务平台。通过产业发展环境的优化，为产业发展提供良性土壤，使产业形成内生发展动力，而不是过多依靠政府扶持发展。同时，安阳高新区要围绕

先进装备制造和电子信息产业链条现状，进行招商选资，选择性引进一批能够完善园区产业链的优秀项目，使产业散发更加旺盛的活力。

其次，安阳高新区要根据先进装备制造、电子信息、光伏新能源、生物技术四大产业的基础，各产业全球价值链的类型及所处位置，制定各个产业不同的升级发展路径。比如先进装备制造业，从全球价值链视角看仍处于俘获型价值链结构的低端环节，关键技术、核心零部件、议价权都掌握在国外巨头手中，企业对价值链的掌控能力较差。未来产业发展的基本思路是通过工艺创新和产品创新提升高新区先进装备制造业的关键技术研发水平，提高核心零部件的国产化率，提高园区企业与国际巨头竞争和合作的话语权，推动产业由俘获型价值链结构的低端环节，向关系型价值链结构的中高端环节转变。

最后，安阳高新区要对四大主导产业的接续性关系进行提前统筹布局，在地方产业发展的不同阶段，有所侧重，保证经济发展的稳定。现阶段来说，先进装备制造业是高新区的支柱产业，且其地位在一段时间内不会改变，因此高新区对先进装备制造业的支持和引导以稳定为主，保证产业创新和发展的稳定性和可持续性；电子信息产业及其衍生出来的新一代信息技术产业在信息时代是发展前景最为乐观的产业，但由于安阳高新区产业基础不够雄厚，因此在未来的2～3年，高新区主要的资金、政策、人才、技术资源等要适当向电子信息和新一代信息技术产业倾斜，争取使其成为能够支撑园区经济的第二支柱；光伏新能源产业未来前景非常光明，但现阶段面临生存危机，当前高新区主要应该对园内企业进行引导，引入外部力量进行合作，保证生存，循序谋求进一步发展；对于生物技术产业，园区应该更侧重于培养，为园区产业未来发展预留空间。

四、改革试点——以国家资产引导培养中国的民营科技大企业

作为长期研究中国高新区的学者，我有幸于2008年和2009年两次考察无锡尚德太阳能电力有限公司（简称"无锡尚德"），2010年在江西新余高新区升级为国家高新区之时，作为评审组专家，实地考察了位于江西新余高新区的江西赛维LDK太阳能高科技有限公司（简称"江西赛维"）。当时，真的为中国高新区能够培养这样优秀的民营科技企业而感到骄傲！

进入2012年，中国光伏太阳能产业由于种种原因面临着10多年来最大

的历史性困难,甚至用"灾难"来形容也不为过。无锡尚德和江西赛维虽为中国光伏太阳能行业的"领头羊"、全球知名企业,但也"在劫难逃",负债率升高、供应商催款、公司大裁员、被要求退市等一系列问题接踵而至。为避免企业倒闭、资产流失而导致影响社会稳定,无锡市政府曾经提出以国有资产购买无锡尚德 2013 年 3 月到期的 5.75 亿美元可转债,同时让银行对无锡尚德给予贷款,以此拯救危难中的无锡尚德;而新余市人大在 2012 年 7 月审议通过以财政预算支持江西赛维没能力偿还向华融国际信托有限责任公司融资的信托贷款。一时间,国有资产是否应该及应怎样支持这些曾经的优质科技企业,成为媒体、社会关注的热点。

有些人认为,政府救助江西赛维和无锡尚德,是以公共权力干预私权,以大部分人的利益补贴了少数部门的利益,显然是越过了政府本应有的边界。再怎么夸大这些企业对当地的贡献,政府替私营企业还债也是将公共资源向私人转移,破坏了社会公平。

当然,我并不完全否认这种观点,在市场经济下,政府的确应该维护社会的公平、公正及公共资源的有效性,而不应该过多、过深地介入私人或企业自身竞争的领域。然而,从维护国家经济长期稳定的角度看,国有资产在民营企业困难时出手帮助,也是有一定道理的,从以往的国际案例看,这种救助也是常见的,2008 年金融危机美国政府直接或间接投入数千亿美元救助通用、福特和克莱斯勒三大企业,21 世纪前十年日本政府曾经 3 次救助日本最大航空公司——日本航空公司。从经济学上讲,政府是否应该支持无锡尚德和江西塞维,这是一个政府与市场的关系问题,也是 200 年来不同经济学派不断讨论的问题,在这里,我不想陷入这种各说各有理的历史性争论,而想从中国崛起的角度,谈谈中国民营科技企业的问题,以及中国高新区新时期的历史使命。

2012 年 11 月 29 日,中共中央政治局常委集体参观了"复兴之路"展览,习近平同志发表"继续朝着中华民族伟大复兴目标奋勇前进"重要讲话,指出,近代以后,中华民族遭受的苦难之重、付出的牺牲之大,在世界历史上都是罕见的,改革开放之来,中华民族找到了实现中华民族伟大复兴的正确道路,取得了举世瞩目的成果[①]。

---

① 新华社,习近平:承前启后 继往开来 继续朝着中华民族伟大复兴目标奋勇前进. 2012 年 11 月 29 日. http://www.xinhuanet.com//politics/2012-11/29/c_113852724.htm.

过去的成绩不容忘记，但如果进一步分析支撑中国经济发展的产业或企业时，我们深感压力之大，大得有点让人难以喘息，我们自问自己，中国哪个产业或企业在全球市场竞争中具有明显的优势？诚然，中国有20多家国有大企业进入世界500强，但是如果没有一批民营科技企业进入全球行业中的领先地位，就很难说中华民族的崛起！中国高新区30年来培养了一大批像百度、sohu、华虹集团、上海宏力半导体、中芯国际、腾讯、大族激光、金蝶软件、中集集团、茂业等民营科技企业，但是，考虑到国际竞争环境的恶劣和艰险，我们还是建议，发挥国有资产的集体主义力量，融合民营经济的灵活性、高效性等特点，大力培养具有国际竞争力的民营高科技大企业，以此作为新时期国家高新区发展的历史使命。以国家资产引导培养中国的民营科技大企业作为国家高新区的历史使命，主要基于三点考虑：

一是国家高新区聚集了全国最丰富的创新载体和创新型企业，是我国创新强度最大的区域。国家高新区内共聚集了各类大学上百所，研究院所近千家，分别占全国的12.1%和20.8%；建立了国家工程（技术）研究中心263个，博士后工作站473个，全国1/3以上的高新技术企业和企业研发投入，以及近一半的企业科技活动人员都集中在高新区。

二是国家高新区管委会的管理人员是当前全国唯一的一批既懂企业发展又懂技术创新、既熟悉市场环境又熟悉政府公务的具有高学历的管理经营人才。在我近5年调研全国近80家高新区后，认为，国家高新区对企业的服务态度和效率，不夸张地说，是全国最好的，高新区的管理人员数量，大约相当于一般行政管理机构管理人员数量的1/5～1/10，也就是说，高新区1个行政工作人员的工作量，等于5～10个一般行政管理机构工作人员的工作量。

三是国家高新区已经有了一批国有资产性质的企业（中山国家健康科技产业基地发展有限公司、常州高新技术产业开发区发展总公司、上海张江高科技园区开发股份有限公司、中关村发展集团）开始探索以国有资产培养中国民营科技企业的道路或模式。2016年，我调研中关村发展集团时，再次强烈感觉到国有资产扶持民营科技企业的必要性和重要性。中关村发展集团于2010年4月1日成立时就背负"加大统筹协调力度，加快园区建设和产业促进步伐，高标准建设中关村国家自主创新示范区"的历史使命，在经营上提出实行"3+N"业务组合，其中3项业务是产业投资、园区发展和科技金融，同时开展高新技术产业投资、产业促进服务等业务。可以看出，中关村发展集团的业务，无论是园区发展、促进企业环境建设，还是产业投资、直接推动民营科技企业，以及开展科技金融、产业促进等，无疑都是直接或间接地以国有资产的形式推动民营科技企业的发展。

第四节　基于互联网的制造业生态系统研究

目前，互联网大潮正以前所未有之势席卷传统行业，在融合与碰撞之间，赋予了互联网在传统制造业生态链中新的角色。互联网正在改变着制造业的盈利模式，销售模式、研发模式和生产模式，促使制造业竞争上升到制造业生态系统的竞争，带来了产业制造模式的新变革，形成了基于互联网的制造业生态系统。

一、制造业生态系统的一般内涵与组成

产业生态系统最早由 Robert Frosch 和 Nicolas Gallopoulos（1989）提出。他们指出产业生态系统是一种类似于自然生态系统的闭环的循环体系，包含相互依赖的生产者、消费者和规制机构，它们相互之间及其与环境之间交换物质、能量和信息，其目标在于充分利用生产过程中产生的各种副产品，实现产业与环境的和谐。产业生态系统是仿照自然生态系统构建的，它是一个类比的概念，与生态系统有相类似的含义。产业生态系统不是指其各组成要素构成一个系统的组织，而是指其各方面之间的关系是系统性的，它是一个系统内所有要素累积而形成的因果关系。如同自然生态系统一样，产业生态系统也表现出由于各要素、各成员的相互联系、相互作用而形成的系统性特征。

综合以上观点，把制造业生态系统定义为：在一定时间和空间内由相关制造业产业链各方企业、消费者和市场与其所在的环境组成的整体系统，是制造业内的企业之间，制造业与其外部环境之间通过相互作用、相互影响而形成的相互依存的动态平衡系统，是制造业生态围绕被关注的企业的产业链向上和向下延伸，形成的一个链式结构。该系统主要成员包括制造业原材料

供应商、生产设备制造商、终端供应商、销售商、服务提供商、消费者、政府等（图4-1）。

该系统是一个多组织、多环节、多过程、多要素合作演化、共同作用的复杂的动态过程，它更加侧重于系统中的各构成要素是如何通过相互间的连接、依赖与协作，把产品研发、设计、生产出来并最终达至用户，实现价值的创造。同时，该系统各要素之间相互适应、共同进化、分工明确、互利共赢，整体具有开放、集成化特点，是一个具有自组织和自调节功能的系统。但该系统也存在封闭、要素分割、效率低下、动力缺乏的问题，其根本原因在于缺少有效的连接工具，使各个要素连接共享，协同发生作用。

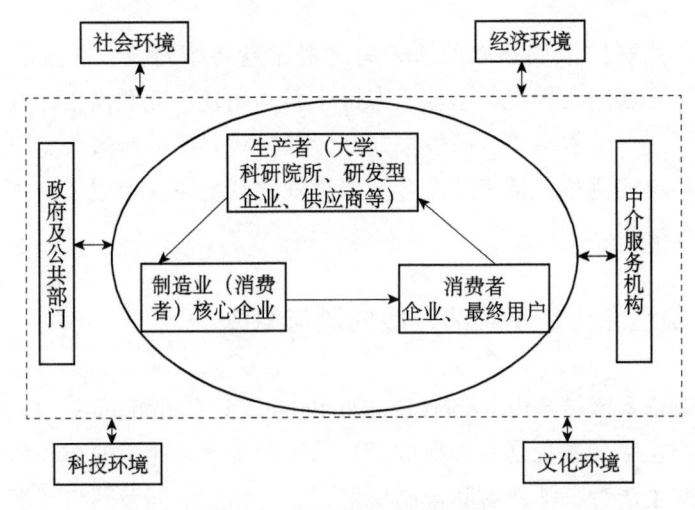

图 4-1 制造业生态系统框架

二、基于互联网的制造业生态系统的内涵与特征

（一）基于互联网的制造业生态系统的定义

与制造业生态系统相比，基于互联网的制造业生态系统是以互联网为平台，以消费者为核心，以营造创新生态为导向，围绕制造企业自身特色，为探索与培育制造业新模式，改变制造业传统生产组织和制造流程而形成的系统的、开放性的、网状的产业生态系统（图4-2）。在该系统中，通过借助了思维、理念、技术、平台等优势，互联网逐渐渗透到从研发、生产、销售到协同合作等在内的各个产业链环节，对整个产业链流程带来全方位

的重塑，形成新环境下产业链上的传统企业价值链的提升，从而放大产业链中的竞争优势。互联网主要通过网络提供全面的感知、移动的应用、云端的资源和大数据分析，实现传统制造业企业生产、管理、销售等环节的流程化和流程的数据化，重构制造业内部的组织架构，实现制造业的生产、经营、融资及其与外部的协同交互，实现制造业间的融合与制造业生态的协同发展。

此外，基于互联网的制造业生态系统中的各要素与制造业生态系统中的各要素侧重点也有所差别，具体见表4-1。

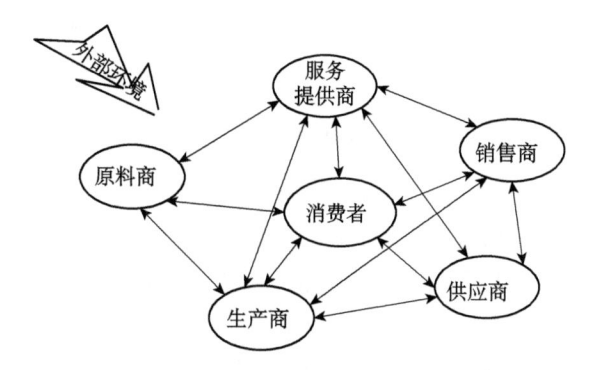

图 4-2 基于互联网的制造业生态系统框架

表 4-1 基于互联网的制造业生态系统与制造业生态系统的对比

要素	制造业生态系统侧重点	基于互联网的制造业生态系统侧重点
生产者：大学、科研院所、研发型企业、供应商等	1. 生产者以自我为中心，采用标准化、大批量、刚性缓慢的生产模式； 2. 与其他各要素之间深度合作，形成供应商、核心企业、顾客深度交互的一体化产业链	1. 根据消费者的需求来定制，将需求数字化、模块化； 2. 通过互联网促进原材料供应、零部件生产、产品集成组装等，使全生产过程变得更加精准协同
消费者：制造业（核心企业）	1. 根据产品开发顾客； 2. 只有产品能够满足用户的需求、获得用户的认可和接受，才能够实现其自身的价值； 3. 采取技术的核心主导产品的模式	1. 企业平台化、网络化、扁平化发展，只有运营总部而没有生产车间的网络企业或虚拟企业开始出现； 2. 打造线上渠道，触及潜在消费者； 3. 构建高度灵活、个性化、智能化的产品与服务的生产模式； 4. 拉近了用户和制造商的距离，从用户的需求、体验出发，产品的功能和质量都有可能借此跨出一大步

续表

要素	制造业生态系统侧重点	基于互联网的制造业生态系统侧重点
消费者：企业或终端用户	1. 消费渠道少； 2. 产品成本高	1. 倒逼生产制造环节，促使制造柔性化加速，成为系统核心要素，从"信息贡献者"向"过程参与者"的角色转变； 2. 产品购买渠道日趋丰富，线上消费成为趋势； 3. 客户至上，更加人性化
服务提供商	主要提供制造产品服务	1. 提高了产品附加值，实现了从制造产品为主向提供工程承包和远程运维服务的转变； 2. 服务业更加专业化、集成化； 3. 各类平台型服务业更加突出
外部环境	有一定的地区、组织、技术等界限	形成跨领域、网络化的协同创新平台，更加开放与协调

（二）基于互联网的制造业生态系统的本质

基于互联网的制造业生态系统的本质是利用互联网模式重构商业价值链，用互联网思维进化管理体系，用互联网技术提升竞争优势，从而降低制造业生产成本，提高生产效率。具体来看，主要包括以下三个方面的内涵：

一是在互联网模式重构商业价值链方面，基于互联网的制造业生态系统利用互联网的六大模式（免费、社群、长尾、跨界、平台、O2O）高度整合资源，重构整个商业价值链，以完成新商业环境下从价值链到价值网的转变，并在此过程中产生新的增值空间。

二是在互联网思维进化管理体系方面，基于互联网的制造业生态系统利用互联网的精神（平等、开放、协作、分享）再造管理体系，完成管理水平的进化升级。"平等、开放、协作、分享"不仅体现在企业与员工之间，员工与员工之间，更为重要的是企业与外界之间的关系。

三是在互联网技术提升竞争优势方面，基于互联网的制造业生态系统利用互联网技术实现业务流程的在线化，去中介、去渠道后释放出巨额利润空间；利用互联网技术来更精准地发现用户需求，最大限度地满足并超越用户需求，促使制造业生产更加柔性化、智能化，由此在盈利模式上，促使基于产品出售的一次性消费模式向基于产品出租的持续服务模式转变。

（三）基于互联网的制造业生态系统的特征

在互联网的冲击下，传统的制造业生态系统必须与互联网进行深入融合，把互联网、大数据、云计算等最新的技术作为创新的有力工具，同时在思维、理念、模式上予以重构。目前，互联网对制造业的影响日趋凸显，并已逐渐渗透到全产业链、全生命周期的各个环节，赋予了互联网在其生态链中新的角色，正在改变着制造业盈利模式、销售模式、研发模式和生产模式，促使基于互联网的制造业生态系统呈现出以下四大特征。

一是创新的全开放与融合趋势更加明显。基于互联网的制造业生态系统强调的是制造业平台化发展，要求制造业成为一个开放的平台，利用互联网技术的全球化、大众化、零距离、即时性等特点，整合高端创新资源，并联周边的服务，创造一个新的生态圈，挖掘新的商机，促使制造业从"封闭式"发展成为"开放式"的"聚宝盆"，促使创新突破部门条块分割的限制，走向开放协作与融合创新，从而增强制造业生态系统的开放性与包容性，拓宽经营范围，走出价值链低端。如小米利用互联网打通了公司内部整个产品团队和客户之间的"墙"，从而实现无缝开放式创新，而不是像传统的"开放式创新"模式所提倡的仅开放创新思路来源和创新成果利用两个部分；华夏幸福基业通过聚集、整合多样化的商业、产业、资本等外部资源，衍生出各色各样的传统业态和创新业务，通过合理的制度设计，创造出永续发展的互利共生的产业生态系统。

二是结构实现从价值"链"到价值"网"的转变。传统制造业生态系统的商业活动是围绕少量重要数据开展的，企业之间的协同是单向的、线性的、紧耦合的控制关系，生产商处于价值链的核心，对供应链实施控制。而基于互联网的制造业生态系统借助互联网平台能够获取全方位的、实时的、海量的数据，由此企业间的协作就像互联网一样，具备网状、并发、实时的协同能力，从而进一步实现从价值链到价值网的转变。价值链的特征就是控制其中核心部分，然后把非核心业务开放给上下游，结成战略联盟；而价值网的核心是与外界节点发生更多的联结与联网，在此过程中产生新的增值空间。如阿里巴巴以淘宝、天猫为平台收集用户数据，形成大数据平台，利用数据优势进军金融服务，包括第三方支付、小额贷、互联网基金、互联网银行、互联网保险等，同时控制线下物流体系，打通商品信息流、物流和资金流，围绕消费者生活构建网状生态系统。如打车软件将原本的闲散资源充分利用实现了供给端的"点石成金"，需求端则是"无中生有"，激活了原本狭小的市场空间，同时与各项生活服务的连接，形成早餐、快递等。

三是服务开始高度衔接与高效。在新时期，模仿型排浪式消费阶段基本结束，个性化、多样化消费渐成主流。由此反映到制造业领域，就是统一规格的大规模标准产品生产正在萎缩，而基于客户个性化需求的定制生产快速增长。而基于互联网的制造业生态系统的网状结构，使其具备客户直接到达能力和在线实时把握客户需求变化的能力，这将倒逼生产制造环节柔性化加速，促使需求端、零售端与制造业的在线连接更加紧密。同时，企业将更加重视用户体验，促使企业与用户之间，制造业与市场之间形成一个"互动、反馈、改进、创新"的循环生态，使其更有能力迎合当下与未来的市场需求。同时，还能实时把握物流速度、消费者的消费体验、售后服务等。互联网将拉动商业力量加快介入，带动以市场机构为主体的创新工场、车库咖啡、3W 咖啡、联想之星、亚杰商会、创客空间等创新型孵化器和以政府力量为主导的传统孵化器加速构成创新孵化网络，形成多种资源互联、线上线下一体的创业服务流水线，促使制造业服务更加系统、专业、高效。

四是生态化凸显，与供给、需求、环境等因素高度融合联动。智慧工厂和智能生产是德国工业 4.0 概念的两大主题。首先，智能化是生态化的基础，正是生产系统的智能化使得整个制造业系统呈现出了生态学的特征。智能化包括自组织，即设备高度自动化；自增长，即机器学习和自我优化能力；自循环，即自动根据消费需求调整生产设计与生产，形成一个闭环。其次，互联网技术在制造业领域的应用，打破了原有的产业链的概念，编织了一张机器与机器、人与机器连接的巨大网络，将大量的生产制造设备联网，同时也跟传统的互联网服务结合起来。这与传统的生产制造局限于车间内的场景不同，基于互联网的制造业生态系统已经突破企业院墙，与关系企业生产制造业的供给、需求和环境因素高度融合联动。

三、从制造业生态系统到基于互联网的制造业生态系统的演化机制

（一）前提条件——营利性和人的解放

首先，企业的最终目的是实现盈利，只有遭遇困境，或者为了更大的利润，才有动力去做技术升级或商业模式革新。打造基于互联网的生态系统之所以成为制造业企业，尤其是中国的制造业企业的必选项，是因为我国制造业企业一方面普遍面临生产管理混乱、制造精度下降、人力成本提高的问题，注重数量扩张的传统发展模式已不可持续；另一方面，对于大部分工业领域来讲，充分利用自动化、信息化和智能技术，对于优化经营模式，改善

经营绩效，提高生产效率，增加盈利的作用是显而易见的。例如西门子在实施智能制造后，100万件产品有缺陷的仅为15件，相当于产品合格率为99.9985%，极大地提高了生产效率；家电连锁企业过去的利润就比较高，结果京东把销售环节搬到了网上，马上就获得了用户的青睐，其核心就是用互联网的方法来提高效率、降低成本。O2O模式不仅可以降低营销成本，还能及时获取用户反馈来改进和优化产品。

其次，促使制造业企业拥抱互联网的另一个重要原因，是互联网技术的应用，带来了消费者需求更为高水平的满足和制造业工人人性的更高水平解放。世界著名物理学家加来道雄博士说过：每当现代技术和我们原始的欲望发生冲突时，获胜的都是原始的欲望。如果互联网技术只是加剧了流水线工人的"物化"和精神摧残，那企业任何趋向互联网的战略行为都会面临来自底层的抵制。但互联网技术的作用正好相反，它将工人从流水线上解放出来，从事更具创造性的活动，这又进一步强化了企业拥抱互联网的动机。

（二）核心动力——技术创新与金融资本

技术是产业发展的第一生产力。历次突破性的技术创新导致了传统价值创造体系发生根本性改变，带来了新兴产业的爆发式增长。技术创新对于产业突变、演变和进步的作用是毋庸置疑的。同样，在新产业创生和演变的过程中，金融资本的作用也不可或缺。卡萝塔·佩蕾丝在《技术革命与金融资本》中分析了技术变革与金融资本的关系。发现在前三次工业革命中，金融资本一直伴随着每次技术革命，成为重要的驱动力。在英国发生第一次工业革命的同时，英国的伦敦交易所就一直扮演重要作用。技术革命的初期，也正是金融资本在基础设施、生产设备和应用转化方面的疯狂投入期，这满足和加速了技术革命的进程和产业形态的演变。

所以，技术创新和金融资本是驱动从"非互联网"的制造业系统过渡到"基于互联网"的制造业生态系统的两驾马车。在精密加工、信息通信和人工智能方面的技术进步，以及足量金融资本的涌入，对于形成基于互联网的制造业生态系统至关重要。

（三）投入主体——政府、企业和产业组织三方结合

要打造基于互联网的制造业生态系统，需要联合政府、企业和产业组织三方的力量。这主要基于以下三方面的原因：

第一，与消费领域的轻资产特征相反，生产制造领域改造需要的资本非常巨大，动辄几个亿甚至于几百亿的投入，仅仅靠单个企业的力量根本无法承担。

第二，对新技术、新设备和新模式的尝试需要面临巨大的风险，而大部分企业是风险规避型的，在世界各国都抢占智能制造制高点的当下，需要联合各方力量分散风险。

第三，基于互联网的制造业生态系统必将是一个集需求抓取、研发设计、生产制造业和物流配送于一体的庞大体系，其建设需要多方参与，实现优势互补，强强联合。

所以，要推进打造基于互联网的制造业生态系统，需要政府从保障国家产业利益的角度出发，在基础设施、关键技术研发上进行投入；需要龙头企业在技术整合、标准制定方面做出示范；需要行业联盟协会组织在利益协调、联系企业与政府等方面发挥作用。

（四）实现路径——由局部突破到整体演进

目前，我国在打造基于互联网的制造业生态系统方面已经做了许多积极探索和尝试。如家电、服装、家具等行业正形成以大规模个性化定制为主导的新型生产方式，青岛红领、维尚家具、小米科技等一批创新型企业通过建立新的生产模式实现了逆势增长；工程机械、电力设备、风机制造等行业服务型制造业务快速发展，陕鼓、徐工、中联等企业全生命周期服务、总集成总承包服务日益成为企业利润的重要来源。再如，汽车、钢铁、石化等行业企业间的协同供应链管理水平的不断提高，宝钢与供应商之间建立了供应商早期介入（EVI）和及时生产（JIT）体系。这些企业转型的方向为打造基于互联网的制造业生态系统奠定了基础。

从这些企业的实践可以发现，在实施层面，打造互联网的制造业生态系统是一个由点到面，由局部到整体的过程。企业先是凭借自己在某个环节的比较优势进行突破（如小米手机、海尔洗衣机等），然后逐步搭建平台，或通过并购手段进行上下游整合，在系统成型之后，又不断进行优化调整，强化系统的比较优势。

四、我国打造基于互联网的制造业生态系统面临的现状和问题

（一）建设基础

制造业与互联网的融合正在不断加速。自2014年，我国制造业与"互联

网+"有了明显的互动,"互联网+"与企业和制造企业的合作明显增多。如在汽车领域,上汽和阿里巴巴携手打造"互联网+汽车";百度和宝马签署协议发展高度自动化驾驶技术;东风和华为签署战略协议,将在汽车电子、智能汽车、信息化建设等领域展开深度合作。在智能手机领域,360和酷派成立合资公司,将侧重于以"互联网+"为主要销售渠道的移动终端产品,建立强大的移动生态系统,设计、制造、营销和销售出色的智能手机和"互联网+设备",为中国用户提供创新体验。在智能家居领域,小米入股美的深耕智能家居产业链;魅族搭台海尔构建智能家居生态圈,以及阿里入股海尔物流等。目前,互联网对传统产业的融合与改造可谓遍地开花,已形成互联网金融、互联网交通、互联网医疗、互联网教育等多种新业态。

互联网加速重构制造业生态网络的时代已开启。随着制造业与互联网融合的进一步深化,制造业上下游之间的界限日益模糊,产业链条集合交叉,服务提供商和终端制造商不断向生产商渗透,生产商对终端、产业链掌控力不足,企业在产业链中的地位逐步削弱,导致制造业横向整合和纵向链条重塑,促使制造业从产业链竞争升级到产业生态系统的竞争,开启互联网加速重构制造业生态网络时代。如互联网技术与可再生能源即将融合形成"能源互联网"实现绿色电力共享,以3D打印和大数据为基础的分布式制造将彻底打通互联网和制造业。同时,一批具有互联网"基因"和创新思维的制造企业已经开始行动,试图用互联网思维颠覆传统制造方式,甚至重建行业规则。如阿里、百度、腾讯、谷歌等企业正借助互联网打造自己的产业生态系统;海尔集团积极倡导让用户参与到产品设计中的互联网思维,提出"在互联网时代重构海尔"的发展战略;美的集团大力推动实现由传统家电制造商向智慧家电制造商的战略转变。未来,互联网将改变经济增长模式,互联网的应用和互联网思维将改变整个商业模式,不断激发出商业新形态。

(二)优势方面

我国的互联网产业在国际上已经具备了比较优势。全球市值最高的前10家互联网公司,我国公司占据了4席,这是在历次技术革命都从未出现过的。我国拥有6.5亿网民,是美国的2倍;3.6亿网购用户,超过英德意法4国人口总和,如此巨量的市场规模,也是任何国家都无法比拟的。麦肯锡全球研究所发布的最新报告显示,中国企业正向互联网经济基石领域投入巨资,包括云计算、无线通信、新数字平台、大数据分析等,这些投入大多是中国互联网领域的 BAT 公司主导的。我国在互联网产业上的国际优势，确保我国制造业在向互联网转型方面会拥有很大的正向势能。我国的互联网巨头们具有强大技术实力和雄厚的资金储备，在改造和颠覆制造业方面，已经开始积极布局，并已经取得了显著的进展。

互联网经济引起了高度重视。2013 年，我国工业和信息化部发布了《信息化和工业化深度融合专项行动计划（2013—2018 年）》，其中特别指出要深化互联网在工业中的应用，推动中国制造向中国创造转变。2015 年 3 月，李克强总理在政府工作报告中首次提出"互联网+"行动计划，将"互联网+"上升至国家战略层面，在政策的大力推动下，为互联网搭建起了与传统行业融合的桥梁。"互联网+"战略的提出，意味着产业互联网时代的全面到来，各个行业如制造、医疗、农业、交通、运输、教育都将在未来数年至数十年间被互联网化。同时，李克强总理指出我国是制造业大国，也是互联网大国，互联网与制造业融合空间广阔，潜力巨大，实施"中国制造 2025"与"互联网+"行动计划，推进互联网和制造业融合深度发展，是建设制造强国的关键之举。

（三）面临的问题

我国的制造业发展水平参差不齐，主要表现在以下两个方面。

一是在工业化时间轴上占据了很长一段，从纯手工到先进的无人工厂都存在。目前我国制造业大多以劳动密集型产业居多，以技术密集型为主的高端装备制造业严重不足，并且存在着工业产品结构性短缺问题，自主创新能力不强。在很多领域，我国制造只占低端市场，而利润丰厚的高端市场，如制造芯片的光刻机、工程机械的液压系统、显示器的压缩芯片等仍需要大量进口。

二是在我国制造企业 500 强中仍然是传统产业企业占比较大，而世界 500 强则多以现代制造业企业为主，与世界制造业发达国家相比我国仍存在较大差距。

目前，德国制造业在技术上始终处于领先，抢占制造业高端市场，整体上处于工业 3.0 阶段，而我国制造业整体上仍处于 2.0 阶段。所以，未来我国制造业要实现向基于互联网的制造业生态形态转型，面临两步并作一步走的挑战，任务更为艰巨，问题更为复杂。

五、互联网重构制造业生态系统的典型案例

（一）海尔洗衣机互联工厂

海尔洗衣机互联工厂依托互联网进行了业务模式、盈利模式、生产模式、管理模式等方面的创新，打造了基于互联网的以消费者为核心的生态系统，形成了目前行业内可视化程度最高的工厂。该工厂全球用户的个性化、多样化需求能够直达互联工厂并得到满足，在可视化的平台上让用户和资源都充分介入到产品的设计和生产过程中来，实现了将碎片化、个性化的用户需求与智能化、透明化的制造体系零距离对接。

海尔洗衣机互联工厂带来的借鉴意义有以下三个方面：一是以用户为中心，注重开放式创新。海尔洗衣机互联工厂打破了传统工厂封闭式生产模式，通过开放互联让用户需求直达工厂，用户可全流程参与产品的设计与生产。用户通过PC、手机等终端可以实时看到生产信息，比如何时排产、何时上线等，以及安全、噪声等方面的核心质量信息。二是柔性化生产。海尔洗衣机互联工场以创造用户最佳生活体验为目标，从传统制造模式向个性化定制模式转型。首批由50万欧洲用户参与众创定制的洗衣机正式下线，意味着海尔"互联工厂"具备了为全球用户提供个性化洗衣解决方案的能力。三是生态化。海尔已经做到无灯工厂——没有电灯，没有人。机器人和生产线可以"对话"，市场信息过来之后，机器人和生产线会做出反应，满足个性化的需求。目前，1条洗衣机生产线由原来的92人缩减为现在的1人。

（二）西门子智慧工业

西门子公司创立于1847年，集成了目前全球最先进的生产管理系统，以及生产过程所需的软件和硬件，产生的专利数量达到60 000项。西门子是全球电气化、自动化、数字化领域的领先企业。在互联网时代，西门子在企业管理、业务模式和生产方式等方面开展了一系列创新，这既是德国工业4.0的方向，也是中国两化融合的方向。

西门子智慧工业的发展带来的借鉴意义有以下三个方面：一是制造网络互联化。西门子位于德国的安贝格工厂，真实工厂与虚拟工厂同步运行，真实工厂生产时的数据参数、生产环境等都会通过虚拟工厂反映出来，而人则通过虚拟工厂对真实工厂进行把控。二是生产线优化应用。华晨宝马铁西工

厂应用了西门子 LIS 超宽带实时定位识别系统的辅助，该厂的总装车间取消原来专门用于扫描车辆条形码的工位。该工厂，未来制造将高度灵活，一条生产线能同时生产多个车型；用户可根据个人喜好选择车型、车辆配置。三是提高生产效率。汽车生产设备制造商柯马（上海）工程有限公司采用西门子的产品生命周期软件，借助虚拟仿真技术发现设计中存在的缺陷及问题，在投产前就加以校正，使得生产线模拟的精准度达 98%，把产品上市时间缩短了 20%～30%。

六、构建基于互联网的制造业生态系统的建议

（一）加快建设工业互联网

制定和实施"工业互联网发展指导意见"，绘制工业互联网发展路线图。加快建设低时延、高可靠、广覆盖的工业互联网基础设施，开发面向信息物理系统研发应用的智能控制系统、工业软件和相关工具。推进物联网关键技术研发和应用示范，培育智能检测、全产业链追溯等工业互联网新模式。发展基于互联网的个性化定制、众包设计、云制造等新型制造模式，推动形成基于消费需求动态感知的研发、生产、销售和服务组织方式。发挥互联网企业的优势，引导其加快和制造企业密切融合，建立优势互补、合作共赢的开放型产业生态体系。

（二）大力发展智能制造

面向国民经济重点行业领域，发展智能制造单元、智能生产线、高档数控机床和工业机器人，提高重大成套设备及生产线系统集成水平。结合汽车、装备、电子信息、航空航天、纺织服装等行业特点，发展大规模个性化定制、云制造、智能物流管理。推进重点行业智能制造应用示范，鼓励有条件的企业分类开展智能车间、智能工厂、智能企业试点。进一步完善政策环境、健全服务体系、强化产业支撑、建立创新机制，逐步培育形成智能制造生态系统。

（三）着力培育新型工业组织

引导制造企业革新理念，加快向互联网生产方式转型，建立以用户为中心、平台化服务、社会化参与、开放共享的新型组织模式。建设面向制造业

的众创空间,为用户深度参与产品研发设计、生产制造、经营管理、销售服务等提供低成本、便利化、全要素、开放式的网络空间和资源共享空间。鼓励引导制造企业积极应用移动电子商务、在线定制、线上到线下（O2O）等新型业务模式。鼓励发展虚拟企业,支持企业通过互联网形成专业化分工、协同制造和产业链竞争等新型组织。

（四）推动制造业服务化转型

引导和支持制造企业围绕拓展产品功能、提升交易效率、增强集成能力、满足深层需求等,向服务环节延伸产业链条,发展在线监控、全生命周期管理、总集成总承包、融资租赁、供应链金融等新业务。大力发展面向制造业的信息技术服务业,加快提高方案设计和综合集成能力。支持融资租赁产品和服务创新,推广大型制造设备、生产线等融资租赁服务。发展壮大第三方物流、节能环保服务、检验检测认证、电子商务、服务外包、专业金融、培训教育等生产性服务业,创新业务协作流程,提高产业链整体效率。

（五）完善国家制造业创新体系

围绕制造业创新发展的重大共性需求,采取政府与社会资本合作、产学研用产业创新战略联盟等新机制、新模式,建设一批面向区域或全国的制造业创新中心,构建以企业为主体的产学研用协同创新网络。支持建设重点行业领域制造业工程数据中心、科学研究和试验重大设施、智能制造创新设计应用中心,促进科技基础条件平台开放共享。着力突破信息产业核心技术瓶颈,加快集成电路、高端通用芯片、基础软件等核心关键技术创新。

第五节 佛山、沈阳和湘潭高新区智能制造发展经验

随着中国经济进入"新常态",以大数据、信息服务、科技服务等高技术服务业态为动力,推动国家高新区制造业转型升级,成为新时期国家高新区发展的主旋律。调研发现,佛山、沈阳、湘潭3家高新区就是新时代高新区制造业转型升级的典型案例,为此,归纳总结3家高新区建设智能制造产

业体系的经验，为国家高新区推动制造业向智能产业转型提供示范和借鉴。

一、智能制造产业发展呈现四大态势

当前，新一代信息技术与制造业深度融合，形成新的生产方式、产业形态、商业模式和经济增长点，可以说以互联网、大数据等新一代信息技术革新为标志的新技术革命，引发了本轮的产业变革，使制造业呈现出4个发展态势。

（一）产业之间实现跨界整合

互联网经济的发展形成了一条以互联网为纽带的产业跨界和融合，产业之间的边界变得模糊。制造业服务业相互渗透、不同行业相互交叉，360不再仅仅是杀毒软件，还是智能终端；支付宝已经很难说清是金融产品还是互联网产品。一方面，传统企业积极用互联网思维武装自己，用互联网工具变革自己，许多被人们贴上"传统"标签的行业、企业正在推进"互联网+"进程。典型的如传统商贸、商超、零售企业纷纷向互联网转型，推动了我国网购市场高速发展。互联网教育、互联网娱乐、互联网医疗、互联网金融等正在持续发酵。另一方面，随着大数据、云计算、移动互联网的发展，互联网与传统经济的融合正在加速。移动互联网以前所未有的传播速度，云计算以超强的存储和计算能力，大数据以快速准确的挖掘能力，联袂向生产、消费领域深度渗透，促使生产、消费、服务和流通一体化。

（二）旧产业组织形式面临解体

新一代信息技术正快速向制造业的各个领域广泛渗透，改变了各行各业生产组织方式、要素配置方式、产品形态和商业服务模式，加速促进各行业信息网络化、数据智能化、平台生态化发展。首先，新行业、新业态、新模式不断涌现。互联网在颠覆一些传统企业的商业模式方面，成为不容忽视的力量，网上理财、网约车、智能家居横空出世，网络主播瞬时兴起跨入高收入职业行列。其次，大数据成为重要的投入要素。在以云计算为代表的技术创新大幕的衬托下，那些原本很难收集和使用的数据开始容易被利用起来，再通过各行各业的不断创新，大数据会逐步为人类创造更多的价值。再其次，企业成长方式在变革。网络营销影响力在增大，企业成长速度大大加快，2011年9月小米正式开放网络预订，半天内预订超30万台，高超的网络营销手段，让一个初创公司短时间内就成为知名的手机新锐。最后，信息技术改变人们的生活方式催生了新的需求。当移动支付流行时，自行车购买需求就面临共享单车的冲击，到了个新地点时，人们首要找的东西就是WIFI。

（三）产业高端化成为必然选择

这种高端化，从价值的角度来说就是要发展高附加值的产业，而从产品的角度来说，就是要生产高质量、多样性的产品，具体可以概括为4个方向：智能化、服务化、专精化和绿色化，4者之间并不是相互隔离，而是相互联系。智能化将成为制造业转型升级的必然方向，在《中国制造2025》《国务院关于积极推进"互联网+"行动的指导意见》等文件中，都提出了智能化的相关要求，工业4.0概念也将从龙头企业向中小企业、从高端制造业向传统制造业迅速传播。服务化将成为制造业转型升级的主流趋势，中国制造企业正试图摆脱因低端价值链所带来的价格竞争，努力向价值链两端延伸，以客户需求为中心，为客户提供端到端的服务，从而提升用户体验，创造源源不断的价值。专精化将成为制造企业发展新特征，德国和日本中小企业的成功经验都证明了"专""精"之路是中小企业成功的正确路径选择，也是促进产业升级的重要举措，《中国制造2025》也提出，进一步提高中小企业"专精特新"水平，发展一批专注于细分市场的专业化"小巨人"企业。绿色化将成为制造业生产的一大内容，建立高效、清洁、低碳、循环的绿色制造体系是当务之急，也是《中国制造2025》的重要内容，工信部正全面推进钢铁、有色、化工、建材、造纸、印染等传统制造业绿色化改造，降低重点行业能耗，提高产品制造效率。

（四）平台经济成为亮点

平台经济是以平台企业为支撑演化出的经济形态，随着信息技术的飞速发展，尤其是互联网技术的普及应用，催生了新一轮平台经济浪潮，软件应用商店、开放研发平台、电子商务平台、金融支付平台等都是平台经济的具体形式。平台企业则是依托特定市场资源的集聚优势，具有较强创新资源聚合能力、业务推广能力及关联企业服务能力，可供其他企业嵌入、推广相关产品及服务，并与之分享价值增值的新型企业组织，典型的平台企业有阿里巴巴、百度、小米等。互联网时代，越来越多的企业将成为平台，进行"内部创业"和"外部整合"。平台经济展现出4个特点：一是传统产业价值链式结构转变为价值网络式结构；二是企业之间主要基于供应、买卖关系转变为合作、分享关系；三是对产业至关重要的推动不再是品牌效应，而是平台的支撑；四是主要依靠内部创新逐渐过渡为开放创新。近几年出现的制造云平台、"众创空间""众包平台""众筹平台"等平台经济形式，同时也是新型服务模式和生产组织方式，对推动制造业的转型升级贡献了重要力量。

二、三家高新区发展智能制造业的几点经验

佛山、沈阳、湘潭，分别是我国广东、辽宁和湖南3省制造业发展的基地，都曾经为中国经济腾飞做出过巨大贡献。3家高新区所在城市市委市政府都提出大力发展智能制造产业。佛山是全国唯一的制造业转型升级综合改革试点，当前，佛山市市委市政府提出全力打造国家制造业创新中心。浑南区政府以沈阳智慧城市建设为契机，提出打造"沈阳高新区·中国智造谷"平台，为全区工业企业、高新技术企业和科技型中小企业提供互联网综合服务平台。湘潭市2015年出台《湘潭市制造强市五年行动计划》和《湘潭市智能化改造三年行动计划》，以推动装备制造业的转型升级为主攻方向，大力发展智能制造。

应该说，佛山、沈阳、湘潭3家高新区，在所在地的市委市政府的支持下，充分发挥本地制造业产业发展的优势，实施"互联网+"行动方案，在推动发展智能制造产业方面做出了积极的探索，形成一些值得总结的经验，表现如下。

第一，突出组织创新，优化创新环境，把发展智能制造业看作高新区"高"与"新"特征的基本表现。抓住高新区发展的本质特征"高"与"新"，就是抓住了智能制造产业发展的核心要求。国家高新区作为科技体制改革的产物自创建起就担负着"高"与"新"的历史使命，如果说过去30年国家高新区紧跟全球信息技术革命步伐，代表了中国以前没有出现过的，至少是尚未成为主流的以电子信息为代表的高新技术产业，是一种与国内相比的"高"与"新"，那么自现在起未来的20年，全球进入新技术革命爆发后的成熟期，中国经济体量进入"全球第二"，国内经济增长方式转型迫切。在这样的背景下，国家高新区需要续领新时代"高"与"新"的新使命，就

智能制造产业而言，需要积聚该领域高端的人才要素、丰富金融资本、大量的创新创业、努力建设优良的创新环境。

沈阳机床集团、新松机器人等是沈阳高新区的骨干企业，加强组织变革、联合创新、机制创新等，以此推动高新区智能产业发展，是沈阳高新区的一大亮点。沈阳机床集团大胆推出i5智能机床，即实施"i5核心技术、智能机床产品、智能工厂、云平台制造及金融租赁商业模式"有机集成的"i5战略"，其核心就是"贸易在云端，制造是地气，把机床、客户、终端消费都联到一起，资源共享，大幅度提升了行业发展效率"。这种组织创新就是基于沈阳机床的硬件和软件，整合商流、资金流和物流于一个平台。2016年，沈阳机床集团与浙江省嘉兴市、安徽省马鞍山市、湖北省钟祥市、江苏省盐城市分别签署战略合作框架协议，率先在全国布局i5智能制造谷，打造中国智能制造的升级版。未来3年沈阳机床集团将在这4个制造谷建设50家智能工厂，投入超过10 000台i5智能机床。

与沈阳高新区不同，佛山高新区则是通过整体优化创新环境，带动智能产业整体发展。佛山市市委市政府大力实施"百企智能制造工程"和"机器引领"计划，推动企业实行工业技术改造，实现智能制造发展。2016年，佛山共完成工业投资约931亿元，其中工业技术改造投资约450亿元，同比增长55.7%；全市共有877家规模以上工业企业开展了技术改造。佛山还探索成立了农行佛山首家科技支行，与农行签订38亿元授信意向协议，重点为科技型中小企业提供优质金融服务，助推佛山高新区培育出一批科技"小巨人"。同时组建了珠西装备制造按揭中心，获授信总额100亿元，帮助中小企业拓宽融资渠道和业务领域。

湘潭高新区是2009年新升级的国家高新区，当前还处于二次创业向三次创业过渡阶段，需要学习佛山高新区的经验，引进高端人才、打造创新平台、创造创新要素聚集的环境；同时以国家高新区三次创业"创新生态"理论为指引，围绕创新创业的内核，打造领先的市场、构筑活力的社会、建设宜居益业的城区、发展高端的产业、提供政策支持。智能制造产业生态体系建设的过程，其实质是科技成果转化、自主创新能力提升的过程，也是实现产业结构优化升级、培育新经济增长点的过程。

第二，千方百计，不拘一格，大幅度充实智能制造业发展所需核心技术的创新资源。知名财经作家吴晓波认为，中国制造业发展模式基本上靠"三来一补"等形式完成，直接导致中国制造业企业普遍缺乏核心技术。最近试飞成功的中国国产大飞机 C919，据 C919 型号副总设计师傅国华介绍，十年磨一剑，中国科研人员共规划、攻克了包括飞机发动机一体化设计、主动控制技术等在内的 100 多项核心技术和关键技术。当然，也不能否定，发动机、雷达、航电系统、起落架等子系统，基本来源外包，C919 的发动机为 LEAP-X1C 发动机，就是由国际公司美国通用电气与法国 SNECMA 联合研制。因此，国家高新区发展智能制造产业，必须大幅度充实有可能突破该产业核心技术的创新资源。

佛山市科技局联合武汉华中数控股份有限公司建设了佛山市智能装备技术研究院，1 年之内，引进了 70 多名研发人员，未来研究院将拥有 8～10 名世界顶级机器人工程技术专家，研发创新团队扩至 300 人。同样位于佛山高新区内的广工大数控装备协同创新研究院，成立 3 年多，也已成功引进美国科学院 David A.Weitz 院士等顶级人才 60 多名和 40 多个高端创业团队。此外，佛山高新区引进了清华大学深圳研究院、中科院西安光机电所、中国科学院电子学研究所、华南理工大学智能制造研究院等高等院校和科研机构，这些专家团队和研发技术人员，正在成为佛山机器人和智能制造发展的"超级大脑"。佛山高新区智能制造创新体系已初步成型。

湘潭高新区，虽然创建国家高新区不到 10 年时间，但是始终坚持将改革创新作为园区发展的动力之源，做到招商与招才并举、引资与引智并重，力求实现项目与人才的良性互动、经济发展与科技创新的同频共振。2015 年，启动建设院士创新产业园，成功吸引了中国工程院院士欧阳晓平、国家"千人计划"学者李正、美国杜兰大学教授孙立春、智能机器人行业领军人才张武、南华大学教授喻翠云、北京航空材料研究院教授陈大明、"973 计划"项目首席科学家卢铁成、英国谢菲尔德大学胚胎干细胞学博士李建良、英国阿斯利康公司首席科学官黄诗亨等一批科研界的佼佼者、行业领军人入园。2017 年 3 月，中星微集团创始人、中国工程院院士邓中翰带领他的研发团队，组建邓中翰院士工作站，落子湘潭高新区，致力于新型智慧城市建设技术开发应用产业化项目的实施和运营。

沈阳高新区以全力打造"中国 2025·智造谷"为目标，优先发展机器人、IC 装备制造两大标志性、代表性龙头产业，进一步明确高科技产业发展的总体规划——以高端制造业（机器人、IC 装备、数字医疗器械、航空航天装备、高档数控机床的核心系统与关键零部件）为产业体系的核心与主干，以软件和新一代信息产业为两翼和产业升级引擎，以大学科技城为主要载体，加快大数据产业园、锦联新经济产业园、国际软件园建设，打造沈阳信息技术产业基地。

第三，善于借力、跨界融合、区域联动，多层次丰富智能制造业发展的创新网络。互联网已经开始深入到产业、社会、经济等各个领域，使得全球要素流动变得更加通畅，高新区发展智能制造产业，必须要学会借力、善于借力，借力全球最先进的智能技术、借力全球高端的创新人才、借力智能制造的市场资本，把佛山、沈阳、湘潭及其他高新区凝结成紧密的创新网络，以此与城市、科研院所、行业组织实现跨界融合、区域联动，整体推动"中国制造2025"发展战略的深入实施。

湖南省社科院工业经济研究所副所长邓子纲2017年4月27日在湖南日报撰文《明晰战略路径，推进长株潭走在"中国制造2025"前列》提出，加快推进长株潭制造业生产力布局优化，构建发展新格局。依据现有产业基础，推进"长沙·麓谷创新谷"建设，应重点发展高端装备制造、新一代信息技术、新材料和生产性服务业；推进"株洲·中国动力谷"建设，应重点发展航空航天装备制造、新能源汽车制造和轨道交通装备及零部件产业；推进"湘潭·智造谷"建设，应整合高新区在机电一体化领域的科技创新资源，重点发展应用于工程机械、风电装备、城轨车辆和新能源汽车等领域的环保节能机电装备及零部件产业。而长株潭"三谷"，就是指长沙高新区的"麓谷"、株洲高新区的"动力谷"，以及湘潭高新区的"智造谷"。长沙、株洲和湘潭，是中国制造业最集中的城市群，相距不到1小时车程，为3家高新区加强协同、一致对外、共同构建湖南制造业转型升级提供了便利。

辽宁作为中国东北老工业区域的代表，与吉林、黑龙江同样面临人才流失、技术流失的困境。国务院关于同意沈大国家高新区建设国家自主创新示范区的批复同意沈阳、大连2个国家高新技术产业开发区（统称"沈大国家高新区"）建设国家自主创新示范区。同时，明确指出，沈大国家高新区要结合自身特点，积极开展科技体制改革和机制创新，在股权激励、科研项目和经费管理、科技金融结合、人才培养与引进、产学研用结合、创新创业服务体系建设、东北亚合作创新、知识产权保护与运用等方面进行探索示范。可喜的是，沈阳、大连两家高新区抓住国家自主创新示范区建设的机遇，提出主动融入国家"一带一路"倡议的建设，大力推动面向东北亚的开放合作，加强中德、中以合作，不断深化环渤海地区合作，继续推进东北四省区交流，建设东北亚开放合作的先导区。大力推动"中国制造"走出去，鼓励示范区内有实力的装备制造企业在境外建立产业基地和工业园区，形成一批具有国际竞争力和市场开拓能力的骨干企业。在示范区内高起点、高水平、高质量地规划一批重点央地合作项目，大力发展军民两用技术和军民结合产业，推进军民良性互动。

规划重要，落地更重要。佛山高新区充分发挥制造业的优势，借力中关村的智力资源，在国家科技部火炬中心的牵线组织下，于 2015 年，国家科技部火炬中心、中关村管委会、佛山市人民政府三方联合提出把佛山打造成中国"互联网+智能制造"试点城市，实现佛山制造业向数字化、网络化、智能化发展。两年来，全市共新增 46 家两化融合贯标试点企业，总数达到 103 家。顺德区北滘镇入选广东省首批"互联网+"创建小镇，禅城区张槎街道入选广东省首批"互联网+"培育小镇。佛山欧神诺陶瓷股份有限公司等 13 家企业入选 2016 年广东省互联网与工业融合创新试点企业。借助中国"互联网+智能制造"试点城市，佛山高新区制造企业与中关村技术、人才、资本资源，不断深化合作，扩大合作范围和领域，形成了一批像"维尚家具"这样的典型案例。

第六节 新能源装备——产业转型升级再认识及建议

能源革命成为新能源产业发展的关键词，而人类社会每次经历的科学技术革命通常都以能源革命为主要内容。我们通过分析国内外以风电、太阳能等为代表的新能源装备发展现状与趋势，找出我国新能源装备业转型升级的主要路径，并提出战略考虑与发展建议。

一、国内外新能源装备发展现状与趋势

随着全球范围内能源危机的冲击和环境保护及可持续发展的要求，开发利用包括风能、太阳能、生物质能在内的新能源成为大多数发达国家和部分发展中国家在 21 世纪能源发展战略中的基本选择。从发展基础看，欧美等国的新能源开发条件相对优于我国，比如德国、丹麦等国风电与负荷中心的

地理距离相对较短，可以就近接入，就地消纳，开发成本较低。从装备技术看，风电、太阳能发电等装备核心技术大多控制在美、欧、日等少数发达国家手中。从政府政策看，欧美等国家对新能源发展的政策比较完整，基本覆盖了新能源开发的各个方面，考虑了新能源开发各方的合理利益。未来10年内，在新能源装备核心技术方面，世界各国将集中力量攻关晶硅提纯技术、能源转换效率提升、大兆瓦级风电机组生产技术、新能源汽车电池、关键零部件技术、特高压输电、数字变电技术等，以及海上风电、太阳能光热发电等领域的技术，这些基础技术的攻克能够为各国新能源装备产业的未来发展并占据战略制高点提供关键支撑。

在风电装备方面，世界风电设备制造集中在欧洲的丹麦、德国、西班牙，亚洲的印度、中国和北美洲的美国，其中欧洲装备生产能力最大，占世界的50%以上。丹麦的维斯塔斯位居全球十大风电设备制造商中首位，市场份额达14.8%；中国华锐风电、金风、东方电气、联合动力4家企业入选全球十大风电设备制造商。风电装备技术的难点主要是水平轴风电机组技术、大容量单机风电机组、双馈异步发电技术等，装备技术将沿着陆上风电技术—近海风电技术—海上风电技术的路线发展。在太阳能装备方面，光伏电池生产主要集中在中国、日本、德国、美国等国家，德国、西班牙等国为主要应用市场。晶体硅太阳电池市场份额超过85%，其技术向着高效率和薄片化发展；薄膜太阳电池技术向着高效率、稳定和长寿命的方向发展。

二、全面创新管理的理论与实践价值

进入21世纪，经济全球化、网络化趋势更加明显，以IT技术、互联网的广泛应用为标志的新科技革命浪潮使得企业的生存与发展环境、经营目标与方式等发生了根本性的变革。在这种形势下，很多学者和实践家都发现仅依靠单一的某一领域的创新已经不能适应经济社会和产业发展的需要。全面创新日益正成为各级政府和企事业机构生存与发展的不竭源泉和动力。

全面创新管理是以培养核心能力、提高核心竞争力为导向，以价值创造、增加为最终目标，以各种创新要素（如技术、市场、组织、战略、体制机制等）的有机组合与协同创新为手段，通过有效的创新管理机制、方法和工具，实现"全员、全时空、全价值链创新"的构架。就产业发展来说，全面创新管理内涵应包括：要素创新，主要是指对产业和企业创新与发展的环境要素进行创新和完善，如科技创新、平台创新等；产业创新，主要是指对原有产业、企业进行改造，或者形成新的产业，包括产品（服务）创新、工艺改造、市场创新、架构创新等；空间创新，主要指国际化视野下的开放式创新，或新科技引领下的生活方式变革及其领域扩展，进而向周边市场辐射，如国际化创新、系统创新等；制度创新，主要指政府在区域经济发展中进行的体制机制创新，包括体制创新、政策创新、产学研创新等。

全面创新管理理论与传统创新管理理论的区别主要体现在创新的内容、创新的战略性、创新的空间范围、创新的组织性、创新的源头等方面。全面创新管理理论在企业经营实践中能很好地指导企业加强技术创新、管理创新、市场创新等，以增强企业的核心竞争力和国际竞争力。在产业发展方面，全面创新管理理论强调全系统的、全方位的创新，以创新为核心整合产学研各方面的资源，形成产业发展的内生动力和强大引擎。

由此，应积极推动全面创新管理，带动能源革命的快速发展，把新能源装备及其关联产业培育成带动我国产业升级的新增长点，促进新能源装备产业的转型升级及跨越发展。

三、新能源装备产业转型升级路径研究

我国新能源装备产业经过十几年的快速发展，已经从以引进为主到装备国产化再到大规模对外出口，装备技术在不断成熟，国际竞争力在不断提升。当前，以物联网、云计算、大数据为代表的新一轮技术革命和高效节能大功率新装备已经投产，以及由此促成了能源利用方式的变革和新能源产业的发展；另外，我国新能源装备产业仍旧存在结构性过剩、布局不平衡、并网和储能发展受阻等问题，这就要求新能源装备在全面创新管理理论的指导下，围绕习近平同志提出的四个能源革命，亟须在技术创新、产业创新、系统创新、体制创新等方面加大力度，实现跨越式发展。技术创新是新能源装备产业转型升级的内在动力，也是全面创新管理的微观层面，即技术要素创新；产业创新是新能源装备产业转型升级的直接推力，也是全面创新管理的中观层面，即全价值链创新；系统创新和体制创新是新能源装备产业跨越发展的引爆点，也是全面创新管理的宏观层面，即战略创新、管理创新和制度创新的综合体。

（一）以技术创新推动新能源装备由价值链中低端向高端发展

风电、太阳能装备技术创新的方向。风电装备方面，提高主轴承、变频控制系统等关键部件的国产化比例，加强对齿轮箱、发电机、叶片等关键部件的可靠性研究，提高其质量水平；开展气动及动力学设计技术、变距技术、控制技术等风电共性技术研究，研制适合我国国情的大功率、重量级新风电机型（包括海上风电）；建立风电开发与并网的智能支持体系。太阳能装备方面，开展太阳能光伏应用集成技术研究，将光伏发电系统与建筑相结合，实现太阳能热水、供暖、空调、供电在建筑中的综合利用；同时，推进太阳能热发电技术的开发研究，建立光热发电示范工程。

在电力并网方面，加大开展智能电网建设，提高电网安全监视和稳定控制的能力。充分利用先进的通信、信息和控制技术，实现电力供应的"安全、可靠、优质、清洁、高效、互动"。输变电设备制造业在注重主设备研制的同时，要重视配套设备和专用关键材料（如高导磁硅钢片、复杂成型绝缘件等）的研制，更要加强成套综合集成技术的研究，以期赶上西门子等国际水平。

新能源装备要转型升级，物联网、互联网技术是其强大的助力器。物联网是实现能源装备技术自主可控、促进产业结构调整、提升整体创新能力、推进两化融合的有力工具。新能源装备的发展要紧抓物联网技术与制造技术融合创新的机遇，深化物联网、互联网在产业中的应用，促进全产业链、全价值链信息交互和集成协作，加快能源装备向网络化、智能化、服务化转变，促进产业结构调整和转型升级。

例如，东方电气集团和上海电气集团分别建立了中央研究院，致力于信息化带动工业发展方向的共性技术、关键技术和超前技术的研究，促进形成工业自动化领域的创新能力及自主的知识产权，最终实现产业化从而提高机电产品的档次和成套能力。

（二）以产业创新带动新能源装备由生产制造向服务制造发展

从整体来看，我国新能源装备企业服务意识和能力颇显不足，经常出现产品全生命周期管理缺位、交货工期延误、运行调试故障频出等问题，这成为制造业服务化推进的一大障碍。"微笑曲线"表明，制造、加工、装配环节始终是利润率最低的环节，而产品研发、售后服务等服务环节则处于价值链曲线的高端。世界500强企业有56%在从事服务业，西方国家普遍存在两个"70%"的现象——服务业增加值占 GDP 比重的 70%，制造服务业占整个服务业比重的 70%。装备制造服务是振兴装备制造业的重要手段，反过来，装备制造业的快速发展也必然带动我国现代制造服务业规模化、产业化的加速。

那么，如何发展面向装备制造的现代制造服务业？首先，真正重视现代服务业与装备制造业的融合发展。现代服务业与装备制造业的关系是从"专业分工"到"优势互补"再到"产业融合"，实现现代服务业需要装备制造业在知识（技术）资本密集的基础上，再提高现代知识要素的配置力度。其次，大力发展与新能源装备制造相关的配套服务，打造完整的装备制造产业协作机制，形成从咨询、规划、研发、设计、制造、检验、调试、监测、维修、保养、到产品报废、解体或回收于一体化的产业链。再次，积极研究、加快拓展新能源装备制造服务的范围、广度、深度。通信技术和信息技术、新材料和新工艺技术、生物技术和生物制品、新能源和再生能源技术等新兴技术及其产业化，为先进核电成套设备研制、太阳能和风能等可再生能源发电设备制造、超大规模集成电路专用制造设备等提供了技术可能。

例如东电、哈电、上电等大型装备制造企业已经初步实现了从售前服务、成套设计、产品制造、安装调试到售后服务的一条龙业务链，完成了从单纯设备制造商向综合解决方案供应商的转型。因此，新能源装备制造业应积极顺应现代科技的发展和市场的变化，不断变革、创新制造方式和服务业态，发展产品定制、零部件定制、柔性制造、个性化制造等，在规模化、批量化生产的同时，注重满足不同的市场需求。

（三）以系统创新引领新能源装备由功能保障向新科技新生活发展

随着我国新能源装备业蓬勃兴起和发展壮大，便携式、分布式、多功能、高科技的新能源装备已经走进了千家万户，它已经改变了人们的工作和生活，而且会对我们未来的工作和生活产生更大的影响。从城市到农村，从工厂到家庭，新能源装备已经遍布社会的每个环节，几乎无处不在，让我们的生活变得更加舒适、绿色、美好。例如太阳能汽车、太阳能自行车、太阳能灯笼、电池、组件和光伏光热产品等光伏产业链上的众多产品，以及太阳能 LED 灯具、风电设备等与百姓生活密切相关的产品，正是系统创新带来生活方式及其领域的全面革新。

随着国家城镇化的推进和人们对环保问题的重视，"新城镇、新能源、新生活"是未来很长一段时间的不懈追求。当前情况下,各地区已经率先选择了一些资源条件好、市场需求大、具备建设条件的重点区域组织建设了一批新能源应用项目,形成规模化效应,同时积集探索适合本地新能源开发利用的系统的商业模式。

例如,2011年英特尔展示了一台基于Haswell架构芯片组、Windows操作系统的电脑,在没有太阳光的环境下,集成的太阳能电池甚至可以从亮着的灯泡中汲取能量。科学家设想,未来人们能够随身携带一种便携式的风力发电机(简称"风机"),风机能固定在使用者的手臂上,在操场上绕圈跑动,就可以获取长达数十分钟的手机通话时间;也可以在风机上配置多功能的电源适配插头,随时随地给iPhone、小米等手机供电,也能直接给使用USB接口的小电器供电。

(四)以体制创新掀起新能源装备产业大跨越大发展的新高潮

在顶层设计上,进一步建立健全顶层监管构架,让市场在新能源装备产业发展中起决定性作用,同时依法监管、依制度审批项目。首先必须改革新能源的定价体制,由未来市场导向和供需数量决定其价格;其次,要鼓励新能源装备企业进行市场竞争,进入国际市场提高自身竞争力;最后,能源监管也非常关键,依法行政,转变政府监管方式,必须从过去以项目审批为主,转变为战略和规划引导。其中重要的一点,体制创新要体现在我国混合所有制的改革中,鼓励在新能源项目开发建设方面,积极引进民营资本进入新能源发电领域,同时要切实兑现新能源发电的政策优惠和财政补贴,并逐步建立我国综合的能源市场体系。

四、思考与建议

加大新能源装备企业自主创新能力建设。从我国未来能源安全和能源战略的角度看,提高新能源装备制造业的自主创新能力迫在眉睫,尤其是建立在新技术革命推动下有利于技术创新的新体制和新机制,必须加大以企业为主体的自主创新能力建设,同时在国家层面构建新型的产学研多方协同创新的新机制。首先,必须制定基于互联网、云计算、物联网等新技术主导下的新能源装备产业发展规划及应用市场开发规划。其次,瞄准科技发展前沿,整合全国范围内的新能源科研院校及研究力量,以重大工程和重大技术攻关为依托，构建以企业为主体、市场为导向，产学研用相结合的能源装备研发创新机制，达到与国际同步的先进水平。再次，加大军工技术民用化力度，将"海洋石油981"等高端装备技术民用化，利用尖端技术驱动产业升级。最后，加大对新能源装备的知识产权保护。

加快建立健全有利于新能源装备技术升级的政策体系。结合我国新能源发展路线图及装备制造业转型升级的创新类型和特点，有区分地研究和制定相应的创新政策和政府补贴政策。通过制订首台（套）政策、设立专项资金、鼓励装备企业拓展产业链、支持服务型制造创新、引进高端人才、加大金融支持、支持应用新技术新产品、引导能源装备企业一体化运营等，构成一个完整的政策体系。对于组织制定和修订有关新能源技术、产品的国际、国地方标准或规范质量标准体系、监测体系的企业，给予资金或政策奖励。

加大宏观布局调控，积极引导并拓宽新能源装备应用市场。我国幅员辽阔，各地区具备不同的新能源发展优势，西部、北部风力、太阳能资源丰富，而东部、南部新能源需求旺盛；农村生物质、沼气等资源丰富，而城市居家的新能源需求很大。太阳能、风能、生物质能等装备的科技创新模式和路径有所差别，国家应建立新能源装备转型升级中长期规划的评估机制，并结合整体产业发展趋势制定相应的宏观调控措施，引导新能源装备企业拓宽应用市场空间。此外，国家及省市要加强太阳能、风能、生物质能等示范应用工程的建设与推广，加快完善新能源装备制造产业化应用服务体系。

逐步建立我国综合能源市场体系。建立综合能源市场必须考虑我国现在与未来面临的主要制度约束，尊重市场体系发展的客观规律，坚持国内能源市场与国际能源市场有机结合的原则，坚持"统一规划、分步实施、循序渐进、重点突破"的原则，按照"制度先行，存量重构，增量激活，渐进实施"的实现路径。其中完善政策、创新制度是能源市场建设的基本保障。

第七节 我国"互联网+现代乳业"的发展战略与思考

我国乳业经过2002～2008年高速发展，遭遇三聚氰胺事件后，进入全球化竞争的新阶段。截至2016年年底，全球27个国家1686家乳品企业在我国登记注册，其中包含55家婴幼儿配方乳粉境外企业。同时，国内乳业龙头企业积极布局海外，伊利、蒙牛公司在新西兰投资，建成新西兰最大的生牛乳深加工项目；光明食品集团以超过150亿元收购以色列最大食品公司Tnuva56%股权。

在全球化竞争的新阶段，我们调研伊利、蒙牛、圣牧高科、大地乳业等乳业企业后发现，我国原料奶价格始终高于国外，近5年保持每吨至少高1万元人民币（单位下同）的水平。2015年3月，海外原料奶价格每千克在2.8元左右，而我国的原料奶价格每千克为3.8～3.9元；更为关键的是，随着我国进口奶牛、饲料的增加，以及我国土地成本和就业成本的上升，原料奶的价格很难降下来。

由此，让我们联想到，2000年前后，国外大豆大量进入中国，使得我国大豆产业开启国际化阶段。据中国大豆协会副会长田仁礼表示，随后几年，海外企业尤其是美国ADM、邦吉、嘉吉和法国路易达孚四大跨国企业，通过控制转基因大豆的核心技术，以较低的价格冲击我国大豆市场，到2010年前后，我国几乎所有的油脂企业均选择从北美、南美大豆主产区进口大豆。邢乐在《中国大豆产业被外资控制后的若干思考》中指出，2013年，中国大豆进口量达到6338万吨（总需求量7200万吨），其中，进口美国大豆占到了90%以上，形成了美国对中国大豆进口市场的完全垄断。

乳业健康发展关乎我国农业产业结构的调整，关乎众多奶农就业和致富，以及国民健康素质的提高。为防止现代乳业重蹈中国大豆产业被跨国企业垄断之路，本节通过分析我国乳业发展面临的困境及其原因，借助互联网及其对现代乳业产业价值链重构，探寻现代乳业发展的出路，以此支撑我国农业经济转型和健康发展。

一、我国现代乳业发展面临的困境

生鲜乳供需失衡突出，本土原料奶大量滞销。2008～2015年，我国生鲜乳需求一直持续较大波动，陷入"牛奶降价—杀牛卖肉—奶荒—牛奶涨价—奶农买牛—牛奶过剩降价—再杀牛倒奶"的怪圈，2008～2009年，生鲜乳价格大幅下降，2012～2013年年底，"奶荒"严重，生鲜乳收购价格直线攀升。而从2014年2月开始，由于国际奶源供应过剩，奶价持续走低，国内乳品企业进口奶粉数量急剧增长，再加上本土生鲜乳产量也持续增加，乳品产业面临国内外奶源供给双重增加的压力，生鲜奶价格结束长达近5年的持续上涨态势，出现下跌"拐点"，全年持续回落。2014年12月，全国主要生鲜乳产区的平均价格为每千克3.81元，较年初下跌10.4%。青海、河北、山东、广东等地生鲜乳滞销，频发散户奶农倒奶杀牛事件。

外资巨头强势切入，本土乳企面临激烈竞争。我国乳业经过30年的发展，从区域市场竞争发展到全国市场的竞争，当前随着自贸区的广泛建立、中新自由贸易协定的签订，以及中澳自由贸易协定实质性谈判的结束，国际化的竞争与合作升级，我国乳业进入全球市场的竞争行列。目前，世界知名乳业企业主要集中在欧盟（瑞士、法国、荷兰、丹麦等）、新西兰、澳大利亚、美国、加拿大、日本等国家。荷兰合作银行[①]发布了《2014年全球乳业20强报告》，指出我国虽有伊利、蒙牛2家企业入围，但销售额与雀巢、达能、恒天然等世界龙头企业差距较大。越来越多的跨国乳企通过建立奶源基地、收购兼并、参股控股等方式进军我国市场，国内市场国际化总体态势基本形成。2008～2014年，我国乳制品进口一直保持30%以上的增幅，从35万吨增至211万吨，乳制品对外依存度由5.2%增至27%，奶源自给率逐步降低。我国乳制品消费主要集中在液态奶和奶粉领域，在液态奶行业，由于电商渠道的推动，进口量从1万吨增至32万吨，年均增长80%左右；在奶粉行业，竞争日趋白热化，进口量从10.1万吨增至105万吨，年均增长53%，本土品牌市场占有率由70%下降至40%左右，尤其在高端奶粉市场，外资品牌市场占有率超过80%，国产婴幼儿奶粉的市场多数在二三线城市，受居民购买力限制，价位普遍较低，乳企利润空间受限。如果外资品牌及资本在乳业加工、销售环节甚至牧场资源均实现渗透，甚至占据主导权，我国乳业上下游将陷入外资掌控的境况，丧失国际定价权，乳品加工行业也将陷入被动发展的局面。

消费者信心不足，信任重塑任重道远。我国乳业安全事件造成了企业诚信、奶农养殖信心、消费者信心、政府公信力等四大危机，严重影响到乳制品市场可持续性发展。我国乳业经过6年整顿和振兴逐步走出低谷，目前处于从信任危机向产业修复的过渡时期。但整体来看，国内消费者对国内乳品品牌的信心还尚未完全恢复，奶业在食品安全、疫病防控、环境污染等方面一直处于社会舆论的漩涡。增强企业信誉度，重建消费者信心仍然是乳企面

[①] 荷兰合作银行是全球最大的专注于农业及食品相关产业的商业银行之一，其每年发布的"全球乳业20强排名"被视为目前全球乳业的权威排行榜单。

临的重要挑战之一。

产品同质化严重，企业利润率较低。乳品属于快速消费品，由于技术水平类似，产品附加值较低，目前，乳制品市场"拿来主义"和跟踪效仿泛滥，导致产品同质化严重，替代性较高，消费者转换成本较低，市场竞争激烈，乳企难以形成属于自身的优势产品。另外，由于生产成本较高，以市场份额为第一目标等原因，国内乳企平均毛利润率为20%左右，净利润率仅为5.5%~6%，而外资乳企净利润率为15%左右。奶粉领域差距更大，国内乳企平均毛利润率为30%左右，外资企业为60%左右。

二、困境形成主要原因解析

综上所述，我国乳业发展面临着众多挑战，究其原因，内外兼具，以下主要从我国内部的成本、利益分配体系、创新水平等方面进行分析。

（一）本土原料奶成本较高

我国绝大部分奶牛采取全年舍饲圈养，加上优质奶牛来源短缺、优良牧草资源短缺[①]、牧场养殖管理不足、防疫费用高涨、土地价格和人力成本居高不下等因素，奶牛养殖系统性成本较高，鲜奶的成本价格是为4元/千克左右，按照牛奶喷粉的产率8:1计算，1吨奶粉的价格高达3万元以上。而新西兰、澳大利亚、美国、荷兰等欧美国家多数属于草地型奶业，采取放牧加补饲的饲养方式，廉价的放牧采食使奶牛的饲养成本具有很大优势，原料奶价格维持在3元/千克左右，按照牛奶喷粉的产率8:1计算，每吨奶粉的价格是2万元左右。此外，由于全球各地近年来都在大幅扩充牧场，全球原料奶出现供过于求，未来国际奶价将进一步降低。IFCN（国际奶农联盟）预计未来5年国际奶价将进入下行通道，由0.548美元/千克至2020年将降为的0.445美元/千克。

（二）产业价值链分配不合理

一般而言，乳业发达国家乳品价值链上的价值分配比率大致为：加工企

[①] 奶牛养殖成本中饲料成本约占55%，我国优质饲料对外依赖度较高，2014年进口干草100.5万吨，同比增加25.9%，占牧草需求量的一半，其中苜蓿草88.4万吨，同比增加16.8%，燕麦草12.1万吨，同比增加182.7%，而1吨苜蓿草价格高达3200~3500元。因此，国际饲料价格直接影响着国内奶牛养殖成本。

业占30%（有效价值），奶农与奶场占25%（有效价值），销售商占25%，包装材料占20%，有效价值为55%；与乳业发达国家相比，我国乳业价值链上各环节的价值分配与其贡献程度不相匹配，其中包装材料占30%，加工企业占25%（有效价值），销售商占20%，奶站占15%，奶农与奶场占10%（有效价值），有效价值仅为35%。

此种利益分配格局一方面造成奶农位于价值链底端，利润单薄，生产积极性较低，进而减缓优化奶牛品种，提高养殖管理水平，引进最新技术和管理方式的进程，这对于乳业发展的核心——奶源安全是不利的。另一方面配套产品攫取的利润过高，我国乳品包装机械及材料被利乐公司、国际纸业公司等国际企业垄断，其中利乐公司生产线在我国市场份额高达90%以上，并通过采用"捆绑式销售"（机械-材料），控制了70%以上无菌包装材料市场，利乐包材价格比国内同类产品贵30%左右，而且在我国售卖价格高于国外市场，公司利润率达到20%左右，我国乳品企业议价能力较弱，承担了较高的包装成本，而这一成本最后也转嫁给消费者，消费者每买一盒液态奶，有接近40%的费用在"买包装"。此外，乳制品从生产到消费者手中，流通环节成本较高，超市、大卖场凭借自己掌握销售终端的优势地位，向供货商们收取各种高额附加费用，包括配送费、广告费、促销员提成、超市进货返利费等十几种，受不断增加的"进店费"影响，流通环节成本占总成本的比例已经上升至20%~40%。

（三）技术积累整体较为落后

近年来，我国乳业领域创新水平不断提升，但整体来看，乳制品研发力量还较为薄弱，只有少数几个大的乳业集团拥有技术中心，研发仍处于模仿阶段，自主创新少，产品普遍处于中低档状态。例如乳铁蛋白、乳钙、功能性因子、膜分离技术等乳品深加工技术较为滞后；乳酸菌菌种和发酵剂主要依赖进口，成本较高，制约了乳酸菌产业和发酵乳制品的发展；婴儿配方奶粉与进口婴儿配方奶粉的执行标准和营养成分含量总体上无显著性差异，但在基础研究方面存在一定差距，我国改良型科研多，主要是参照国外相关产品配方进行添加或修改，无论是以DHA、益生元、乳铁蛋白为卖点，还是以α-乳清蛋白、OPO结构脂肪等为卖点，国内奶粉企业基本都是跟随国际领先企业步伐；此外，高端乳品机械及包装材料仍然被国外产品垄断。曾任光明乳业公司总经理的郭本恒表示，要缩小中外乳业的技术差距，关键在于国内乳企要大力开发拥有自主知识产权的核心技术。伊利集团董事长潘刚也指出不创新,无未来,只有通过不断创新,才能提升乳品行业的整体绿色水平和安全水准。

三、借助互联网寻找我国乳业出路

当前,以互联网为核心的新技术革命方兴未艾,以燎原之势重塑和颠覆着传统产业的发展模式。我国乳业作为典型的传统产业,为提升行业发展水平、增强国际竞争力,有必要尽早介入互联网,加快实现转型升级。

(一)打造基于互联网的乳业生态

随着互联网技术的快速发展,越来越多的企业选择建立电商销售渠道,或者用 O2O 的方式销售鲜奶,有效提升了乳制品的市场渗透率。另外,在牧场建设、物流运输、市场信息分析方面,大数据、物联网的应用也愈渐广泛。例如新希望乳业与顺丰旗下电商平台(顺丰优选)共同打造互联网牛奶"云牧场",推出目前国内首款只在互联网平台上销售的牛奶产品,并成为国内第一家入驻支付宝钱包服务窗的乳品企业。未来,互联网技术的深入应用将推动乳业企业在信息、研发、生产、物流、销售等方面的全面升级(表4-2)。

表 4-2 "互联网 + 乳业"的变化趋势

变革领域	传统模式	互联网化模式
牧草种植奶牛养殖	人工或低端农牧机械,经验管理,事后管理	无人机、机器人、物联网等广泛应用,实现全程追溯,实时监控,精准管理
研发创新	企业内部创新或与科研院所合作,相对封闭	开放式创新,用户参与,即时整合全球资源
生产过程	生产规模化、自动化、数字化、标准化,以集成芯片代替部分人的手工操作	生产高度智能化、网络化、灵活化、个性化,机器自组织,实现集中式控制向分散式增强型控制的转变
终端产品	传统乳制品,类别较少	产品多元化、个性化、智慧化,例如蒙牛 M-PLUS 纯牛乳
销售渠道	超市、商场、母婴用品店	综合性电商平台或企业自建平台,线下体验,线上支付
组织结构	马克斯·韦伯的科层制组织	扁平化组织,鼓励内部创业
商业模式	依靠销售产品实现盈利	打造行业生态圈,依靠服务获利
利益分配	奶农位于价值链底端,中间环节层次多,成本高	供需信息透明,奶农利益得以保障;压缩中间环节,传统销售商利润被压缩

（二）依托互联网，获取大数据

建设智慧牧场，实现养殖的信息化。结合大数据、云计算、物联网、移动互联网等先进理念和技术手段，打造智慧牧场。一是提高牧草产量和质量。运用生命感知技术、环境传感器、大数据分析技术等，诊断植物是否缺水、是否缺营养素、是否生病，温湿度是否合适，氨气是否超标等，通过相关数据的积累，提高种植及管理的精确性，实现氮磷平衡，测土配方，建立一整套标准化的种植流程，提高管理的精准性。二是提高奶牛单产。围绕营养和分群、繁殖管理、牛只舒适度、挤奶操作管理、疾病预防等环节，探索建立智能化管理链条，利用位置传感器、牧场机器人等设备，制定科学系统的奶牛需求和解决方案，形成以数据为支撑的奶牛电子识别系统、牧场管理软件系统、精确饲喂系统等多个系统集成，使数据成为现代牧场管理的驱动力。实现自动赶牛、自动榨乳、自动收集、自动制冷、自动清洗、自动隔离的全自动管理，避免生鲜乳的"二次污染"。运用二维码技术、无线视频识别（奶牛耳标）等标识技术，使得每头奶牛都有"身份证"，"身份证"记录了奶牛的个体身份、育种记录、健康记录，以及每天的食量、产奶量等相关信息，通过进食行为监测、步态监测、体温监测等，进行疾病预警或牛奶问题溯源。建立起奶源生产过程监控平台，实现奶源生产、运输环节的远程实时监控，由传统的结果检验向过程实时监控模式转变，无论是乳制品加工企业还是消费者均可通过摄像头24小时监控"属于自己的奶牛"，确保奶源质量，同时实现安全全程监控。

实现开放式创新，推进创新的高效化。建立把握个性化市场需求、灵活、高效、低成本的创新平台和研发流程，网罗全球创新资源，增强创新水平。通过建立网上实验室或研发社区或举办创新大赛，探索尝试网络众包研发，汇聚群体智慧，解决行业难题。主要纳入人群包括：科研院所顶尖科学家、世界知名乳企的成员、本专业在校大学生、对口政府部门负责人、部分忠实消费者及其他长期关注乳业发展的人员等。通过开放型平台的构建，实现不同人群的协同参与，将内部封闭研发与开放研发相结合、将研发过程与营销过程相结合，不断提升行业的信息透明度，并通过扩充外围网络的研发人员，实现创新资源的最大化应用，逐步增强行业技术积累。

构建数字工厂，实现生产的信息化。深化物联网、云计算、大数据等新技术在生产制造中的应用，使生产资源（生产设备、机器人、传送装置、仓储系统和生产设施）形成循环网络，实现生产设备智能化、生产过程智能化、最终产品智能化。一是探索使用机器人对原料奶进行检测检验，提高精准度，保证原料奶安全；二是加快工厂设施、产品模型和生产管理的数字化、智能化、柔性化，提升乳品制造企业资源能源利用、智能控制、安全生产、数据资产管理水平；三是鼓励企业运用大数据、云计算技术实现精准化定制生产，并保证所有产品的可溯源性，例如所有婴幼儿配方奶粉均采用电子标签芯片全程管理，通过每罐奶粉的芯片，可准确了解该罐奶粉的产地、牧场、工厂、生产线、生产时间等信息，有效地保证食品安全。

打造智慧物流，提高配送的效率。打造智能化物流系统，为乳业发展提供优质的配送渠道，保障乳品在流通过程中的安全性。加快物流行业公共信息平台建设，鼓励物流企业、行业间物流平台的信息共享，鼓励物流企业与阿里巴巴等电子商务企业合作，实现资源共享。大力推广集装和单元化装载、射频识别（RFID）、电子数据交换（EDI）、货物跟踪、自动分拣、自动导引车辆（AGV）等物流新技术。大力发展高效冷链物流系统，重点完善乳制品储藏、加工、运输和配送等冷链物流设施，完善保鲜保质设备设施，提高冷藏运输比例，实现从出库到消费者的全程无缝对接，提高配送效率，降低物流成本。

建立O2O销售体系，增强与用户的互动性。建立线上线下相结合的乳制品销售体系，一方面打造专业化乳业电商平台和移动APP，另一方面建立融合娱乐因素或餐饮服务在内的乳制品体验店。消费者可在体验店品尝口感后，在电商平台或移动App上进行牛奶信息查询、对比、订购；也可进行全产业链追溯，随时查询所购牛奶的源地、生产、包装及检验地点、时间等相关重要信息，例如牧场、工厂生产全过程的视频信息，实现从源头到终端全产业链条信息的透明和可追溯；此外，也可以积极参与线上讨论，对产品质量、口感、包装、成效等进行即时反馈。通过互联网平台，乳业企业可加强交易数据、购买用户的情况、使用习惯、体验数据的积累，通过数据分析不断进行产品创新和改进，提升消费者的满意度；并可根据地域、年龄、工作性质、收入等对消费者进行分级管理，提供有针对性的个性化服务；同时通过产品可追溯体系实现问题产品的快速召回，增强企业信誉度。

利用新媒体，强化消费者引导。充分利用App、微信、微博、36氪、虎嗅网等新兴传播媒介，重点关注快速反应、有话题、轻量级、社群化、常态化、参与感强的传播，依托电商平台开辟乳业专栏，普及行业信息，包括乳业发展史、乳业标准、乳业知名企业发展态势等，与消费者深入互动，最终形成良好的品牌效应。加快实现电商和社群的有机结合，以互联网式表白实现分享、共享等功能，例如推广"送牛奶、秀真爱"活动，在情人节、母亲节、女生节等特定节日倡导牛奶赠送，使得乳品销售突破简单的商品买卖范畴，变身为社交工具，以更加轻松幽默的方式与消费者建立信任。加大跨界营销力度，加强与娱乐节目、体育节目的跨界合作，与滴滴打车、快递打车等互联网企业合作，通过微博、微信及滴滴等 APP 向消费者发送"红包"，带动产品消费。包装媒体化，把产品的包装当作传播的媒体来设计，通过包装能够精确地传递出产品的核心信息，让消费者能够在接触产品的同时获得更多有效信息。一是借助二维码技术，引导消费者快速关注产品信息，增加消费印象；二是注重在产品包装设计上体现产品格调。

（三）基于大数据，重构价值体系

利用大数据，配以严格的管理体系，重塑中国乳业安全、营养、健康的品质。加大数据开放程度，让更多的人享用行业大数据，包括学者、创业者、生产者、消费者等，建议整合公共部门资源成立"中国乳业大数据交易中心"，形成"数据输入—数据加工—数据产出"的良性循环，逐步形成行业发展的"晴雨表"及互动活跃的乳业社区，增强产业发展活力。提升标准，严格管理，加强社会监督，是重塑乳业健康品质首要的基本条件，包括土壤标准、牧草标准、奶牛标准、生产标准、运输标准、安全管理标准、检测标准等；引入社会中介服务机构，尤其充分尊重消费者的意见，建立包含消费者、质检部门、媒体、第三方机构在内的多元化监督系统；引入个人和组织信用，与银行、旅游、就业、教育等相结合，持续性提升乳业的公信力。

优化流通环节，缩短交货周期，减少企业库存，提高利润率。依托电商平台，优化流通环节，减少超市、大卖场等的进店费，促进销售成本由 20% 降低至 10% 左右；同时企业根据客户订单进行生产，并根据大数据提前预测分析消费需求，及早备货，既有效减少企业库存，也快速响应客户需求。例如，2015 年 3 月 12 日，飞鹤乳业在其官网新上线互联网专供的婴幼儿奶粉品牌"舒贝诺"，消费者在其官网下单后，订单信息直接反馈给工厂并进行生产，然后通过物流直接发货到消费者手中，奶粉整个生产周期仅有 7 天，从生产到收货可以实现全程不超过 28 天。

降低乳制品价格，提高消费群体覆盖率。与国外相比，我国乳制品价格整体偏高，通过促进研发、生产、销售等环节与互联网的深度结合，可有效降低企业成本，进而拉动乳制品价格的回落，实现"人人喝得起优质奶"的目标。同时乳制品企业可以通过客户群的数据积累，延伸价值链或提供增值服务，进而寻找其他的利润增长点，如数据服务、技术服务、创业服务等，从靠产品实现盈利转向靠服务实现盈利。以奶粉为例，我国的奶粉价格全世界最高[①]，市场终端定价在250元左右的婴幼儿配方奶粉，其中生产成本为50元左右，包括原材料、生产人员工资、设备折旧、产品检测等，实际出厂价格一般为130～150元，但是层层分销造成渠道费用过高，包括物流配送、经销商、代理商和终端商利润，以及销售人员工资和提成等，占据了售价的20%～40%。2015年，新希望集团与新西兰上市公司新莱特联合推出"爱睿惠"原装进口奶粉，与京东合作推广，绕过了经销商和门店渠道，降低了营销成本，最终定价为99元，其定价远低于普通奶粉。

促进形成乳业生态圈，不断衍生新兴业态。依托互联网平台，实现行业大数据积累，包括人才数据、专利数据、交易数据、企业数据、用户需求数据等。通过数据挖掘和应用，逐步衍生出新的业态，形成持续迭代创新的乳业生态圈。例如信息服务业，包括市场供需分析、竞争分析、舆情分析等服务；技术服务，包括技术开发、技术咨询、技术转让等；智能硬件，包括智能冲奶机、专业牛奶杯、健康分析设备（内置传感器可对人体脂肪、水分、蛋白质、体重、骨重、肌肉等进行分析）等；营养保健业，包括保健食品研发、健康管理；金融服务业，包括供应链金融和消费金融。

（四）强化保障举措，建设乳业高地

为加快互联网对我国乳业的优化改造进程，必须建立配套的保障体系，包括呼吁国家农业部、统计局、工商行政管理总局、海关总署等联合出台"促进现代乳业信息化建设和数据社会化指导意见"，加快非保密或不涉及侵权的数据公开，包括生产类数据、社交类数据、销售类数据、行业类数据、技术类数据等；设立全球化研发主题，整合全球研发资源，并引导企业加强基础研究，加快提升乳业的技术贡献度；建立全球乳业知识产权导航计划，进行全球化知识产权分析，成立乳业知识产权运营基金，专注于乳业领域全球化的专利运营和技术转移，通过在全球进行市场化的收购和投资创新项目等多种渠道来集聚专利资产；成立"中国乳业产业风险平滑保险基金"，

---

① 广东奶业协会顾问王丁棉2012年对全世界30个国家的900克罐装奶粉价格进行比较，得出的结果是：折合为人民币，除了澳大利亚的平均价格达到160元，其他国家多为110～130元，而我国是240～250元。

降低行业的社会性风险；建设全球化产业技术联盟组织，加强行业交流和对话；建立人才培养基地和创业基地，夯实产业发展基础等。

第八节　创新型产业集群形成机理与政策重心

自 2011 年 7 月科技部发布《创新型产业集群建设工程实施方案》以来，全国各地掀起了一股争创国家创新型产业集群的浪潮，到目前为止，31 个省市有 41 个产业集群入选科技部火炬中心"创新型产业集群试点（培育）"试点。客观地说，通过建设创新型产业集群，引导传统产业的技术改造和升级，促进创新驱动集群的发展，是科技部提出并大力实施的一件非常有意义的引导工作。

一、自主创新与产业集群互相促进形成创新型产业集群

创新型产业集群，是自主创新与产业集群在市场竞争的环境中互相促进、互相演进形成的一种企业群体形态。

自主创新，通常认为是原始创新、集成创新和引进消化再创新，这是从技术或产品领域提出的，而从更加广泛或者说从区域意义上讲，我们认为，自主创新应该包括技术创新、组织与市场创新、制度与文化创新三个方面，如果技术创新是新产品形成的种子，那么组织与市场创新，就是新产品能茁壮成长的"土壤"，而制度与文化创新，就是能培养出更多新产品种子的空间环境。

产业集群的发展离不开三个要素：不断诞生的创业企业、产业内国际水平的龙头企业、企业间有形或无形的多形式连接。不断诞生的创业企业，是产业集群发展的活力和生命力。在高新技术产业，离开龙头企业，产业竞争力就难以维系。企业间的连接或者依靠大型公共研发机构；或者依靠龙头企业；或者依靠充足的服务产业；或者依靠无形的社会资本等，这种连接是产业集群形成、发展的必要条件。

产业集群与自主创新的互动体现在两个循环中（图 4-3）：一个循环是产

业集群向自主创新的拉动循环，即产业集群的发展需要引进和培养更多的企业创业，其中创业的基础就是来源于自主创新的成果，当然这种成果既可以来源于自身研发也可以来源于购买或资本合作；技术或工艺创新，从区域角度讲，离不开创新人才、技术积累、创新平台等创新创业环境；这种创新必须立足全球，采用开放式创新，与全球优势资源实现协同创新，才能在"速度赢得市场竞争"的今天，通过产业与知识关联、知识与知识关联、产业与产业关联，快速推进产业集群的自组织提升和发展。另一个循环就是自主创新向产业集群的推动循环，即自主创新形成的庞大创业群体，在全球经济一体化时代，必须引进和探索先进的商业模式，以此推动像微软、谷歌、百度、华为等一样快速成长为世界级企业，这种世界级企业带动的产业集群，需要在全球市场竞争中引领方向、持续获利。然而在中国特色市场经济制度下，高新区要培养出这样的企业，必然需要政府统筹、规划与市场形成合力，必须需要先进的文化制度。

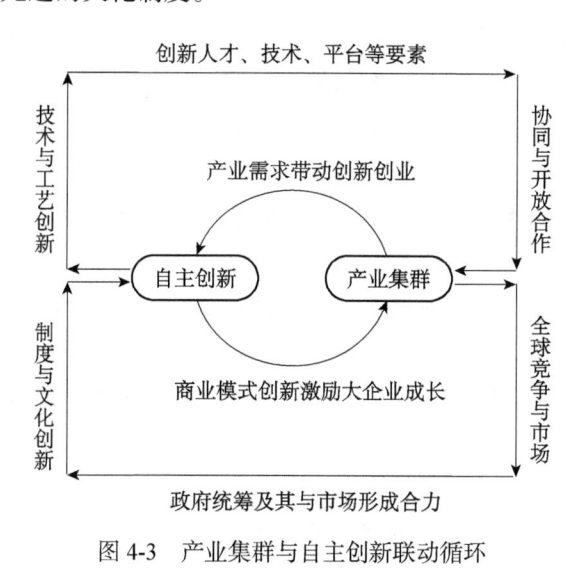

图 4-3　产业集群与自主创新联动循环

二、知识在产业组织内的顺畅流动是创新型产业集群表现的根本特征

近几十年来，随着知识经济的发展，社会生产中知识密集程度在经济结构等级中起着决定性的作用。基于知识积累的技术创新、模式创新、机制创

新等创新活动变得更加频繁。创新很大程度上决定着企业、地区和国家的经济活力和竞争力。这种背景下,产业集群的知识交流和创新互动的功能使产业集群经济组织形式进一步表现出突出优势。

由于地理位置接近,产业集群内部企业、机构和各种资源之间建立了多样化的正式或非正式的交流渠道,形成了密集的交流网络,便利了知识在集群内部的传播和积累。譬如,通过集群内雇员在企业间的流动、企业的衍生、商业信息的传播和刺探、公共媒体的宣传、专利和技术的转让、企业之间正式或非正式的合作等方式,使集群内知识交流变得更加频繁。而知识在流动和相互碰撞中更容易衍生出新的知识。

产业集群中,知识和信息流动及知识创造的方式部分被逐渐固化下来,例如:企业之间形成专利或技术转让市场,企业之间共同组成公共技术平台,同一产业的企业组成战略联盟,企业自发成立行业协会规范企业行为,企业与大学科研院所签订科技成果产业化协议,等等。同时,金融机构、法律咨询机构、专利机构、行业媒体等专业机构进入集群,为集群和企业发展服务。地方经济整体发展也逐渐与集群发展同步,地方政府也参与进来,制定优惠政策并创造条件推动集群发展。各机构之间的互动形成了自主创新的动力,加速了创新的产生、促进创新成果的传播、营造了创新的社会氛围、塑造了创新互动的机制。这样,产业集群形成了包含企业、大学、研究机构、政府、金融机构等在内的创新系统,知识流动成为产业集群形成、发展及壮大的内在要素,也是创新型产业集群表现出来的根本特征。

三、培养科技型大企业主导的创新型集群是政策制定的主要着力点

产业集群具有促进自主创新发展的组织优势,而自主创新更能助推产业集群进一步发展。在一个成功的经济区域中,产业集群和自主创新两者往往互动发展,构成质、量互动的区域经济发展过程。产业集群按照集群结构、产业集群创新源头的产生、产业集群与自主创新互动发展过程,大致有"中小企业集聚无明显核心的创新型产业集群""以龙头企业为核心的等级式创新型产业集群""以公共研发机构为核心的创新型产业集群""依赖外资的分布式创新型产业集群"四种典型模式。

不同模式,有各自不同的生存条件、发展路径和特点。但是,在当前全

球竞争白热化阶段，中国作为发展中国家，面临残酷的生存环境，因此，引导和培养以龙头企业为核心的等级式创新型产业集群，是当前政府政策引导的重点。

以龙头企业为核心的等级式创新型产业集群，存在一个或多个大企业处于核心地位，是产业集群的龙头企业，小企业多为龙头企业的配套企业，集群内企业之间存在明显的等级制度，龙头企业与小企业之间形成介于垂直一体化和市场交换之间的虚拟垂直一体化关系，核心公司从技术要求、产品质量和数量等方面控制中小企业的生产。

通常说，这类创新型产业集群的形成需要经过四个阶段，一是初创期，区域内企业开始聚集。因为专业优势，内部不断产生新的企业，外部企业不断向集群所在地聚集；企业之间逐渐建立联系；部分企业表现出明显的优势。二是发展期，区域内聚集优势日益明显，企业数量增加。企业之间的联系日益紧密；集群内一些企业规模显著增长，开始进行自主研发，针对产品进行技术和工艺改进。三是成熟期，产业集群规模继续扩大。少数企业因为技术、工艺、市场开拓、资本等优势成长为龙头企业，并建立自己的研发中心，进一步增强创新优势；以龙头企业为核心，本地资源进一步整合，建立起产业链和生产组织网络；产业集群对外部经济带动作用显现。四是优化期，集群规模稳定或持续扩大，形成稳定密集的集群网络。龙头企业掌握核心技术，拥有成熟的研发体系，有持续创新能力；龙头企业着力发展生产、服务外包，集中资源开展研发和模式创新、市场开拓等高附加值和高利润环节的建设；与其他大企业组成战略联盟共同开拓市场，或通过标准、专利、差异化的技术路线形成合作共赢关系。

以龙头企业为核心的等级式创新型产业集群，虽然有着强大的资源整合能力和市场竞争能力，但同样面临着自身的风险，就是整个集群依赖少数大企业的绩效，经常是集群与龙头企业共荣共损，一旦龙头企业经营出现问题，整个集群都将受到严重影响。因此，在产业自身的发展中，政府要有意引导和培养具有独立创业思维、独创性商业模式的创业企业；有意培养新兴企业形成所需的软硬件环境，通过创建公共技术平台、公共信息平台、技术交流平台，加速集群内知识和信息向新兴企业的流动；联合成长型新兴企业创立产业基金，支持成长型企业资本兼并，培养具有竞争性的更多领军型企业；同时，鼓励和支持成长型企业与集群外大型企业进行研发合作，组成战略联盟，加强技术发展趋势的联合研究。

第九节　政府如何引导产业集群实现创新型发展

改革开放40年，中国经济取得突飞猛进的发展，这一点毋庸置疑。然而，如果进一步分析支撑中国经济发展的产业或企业时，试问中国有多少企业与全球跨国企业相比能够表现出独一无二的竞争力？

一、充分认识产业竞争是科学引导集群创新发展的前提

从产业角度看，我国一大批产业不仅面临前行中的重大挑战，而且还面临着被控制、被封锁的巨大压力。李炳炎教授在《外资并购与我国产业安全》中指出，跨国企业通过并购来控制我国企业，2005年前后，海信电器被美国高通并购、上海汽车被美国通用汽车并购、海南航空被美国航空并购、江陵汽车被美国福陵并购、长安汽车被福特等两家企业联合并购、小鸭品牌被并购后消失，一系列并购行为使得我国28个产业被跨国公司控制了21个。2008年不完全统计显示，我国作为数控机床最大的消费国（年需求约60亿美元），但大部分需进口；作为最大的纺织设备市场，但高端设备每年的进口费用约为40亿美元；作为家电产品最大生产和消费国，但不拥有其核心技术；作为无线产品最大市场，但需付出巨额专利使用费；钢铁、稀土、铜等产品议价能力极为低下。

从国家竞争角度看，跨国企业并购背后暗藏着国家政府的行为和战略，搞清这一点是我国政府科学引导产业发展的前提。美国无疑是这场经济战争的操盘手，依靠四大战略控制全球经济，尤其是发展中国家的经济命脉。一是金融国际战略，美国华尔街的金融大鳄和银行、评级机构等，通过对冲基金，控制市场、国际组织等，压制发展中国家的金融组织和产业环节，使得这些国家的企业虽然凭借廉价劳动力能够创造部分收益，但这些收益又通过产业价值链传递最终被发达国家的跨国企业或金融组织占有；二是政治无畏战略，美国政府就是世界"大推销家"，动用各种手段极力向全球推销本国的文化理念和传统产品；三是军事领先战略，不惜血本布置高端军事研发项目，抢占高科技领域的最前沿，进而通过一大批军事企业向社会扩散先进技术；四是人才吸引战略，通过全球的知名大学和最先进的科研设施吸引世界上最优秀的大学生进入美国各领域从事高端研发和创新工

作。美国依靠四大战略牢牢控制着农业、石油、生物、制造等基础性和战略性产业。

二、前瞻思考、科学规划、脚踏实地，引导产业集群创新发展

虽然以美国为首的发达国家对我国产业已经形成了严密控制的局面，但是，发挥我们特色的集体主义先进文化和"集中力量办大事"的优秀传统，以先进的理念为指导，前瞻规划、突出重点，仍然有机会发展出一批具有国际影响力和竞争力的自主品牌企业，进而带动产业集群的创新发展。

第一，以创新集群的形态发展产业不失为当前政府规划引导产业跨越式发展的好方法。全球经济一体化直接导致目前企业竞争不仅是企业与企业的竞争，而且是产业链与产业链、产业组团与产业组团的竞争。依靠产业的集群化创新，有助于发挥企业"1+1>2"的效应，增强抵抗大公司的能力；有助于整合全球创新资源，通过企业合作创新，加快企业成长的速度，增强企业成长的能力。

第二，从未来需求和产业竞争的角度，前瞻思考，做好规划。研究经济社会的发展需求，科学选择和决策产业集群的发展方向。这种需求主要来源于别人的弱点、社会与市场的需求。譬如机器人、人造器官、激光、超导等就是未来重点发展的产业方向。制定产业规划，特别是充分考虑产业的竞争属性，即通过抢占国际市场、占领国际高端、突破跨国企业封锁、进入国际竞争的前沿、提升国际人才吸引能力等，设计规划任务。一定要突破现在很多地方政府或者专家学者过分依赖已有优势编制规划的传统思路；一定要突破一般化强调促进经济快速发展、解决社会就业难题等产业公共属性而编制发展规划。基于产业竞争属性编制的规划是保密的，绝不是公开的。

第三，处理好"自主创新与财富拥有""拿来主义与自力更生"的关系。中央和地方一系列文件突出自主创新，然而我们在发展产业时，不仅强调自主创新，更要强调如何获得财富。拥有了自主创新，不等于拥有了财富。只有把自主创新的产品，转化为拥有创新后的财富，才是真正的自主创新。然而，转化的条件是必须获得产业竞争的话语权或产业关键环节的控制权。目前，各个地方政府特别强调招商引资（智），我们不反对这种急于发展经济的思路和手段，但是，不能忽视民族品牌企业和民族企业家的培养，因为缺乏自力更生的企业家、缺乏核心能力的企业，谈整合全球资源、突破产业

锁定，不亚于"痴人说梦"！切记培养真正意义上的企业家，这是中国企业能最大的关键所在。华为虽好，培养出华为的"土壤"更值得我们学习和借鉴。

第四，集群创新，不是一蹴而就，而是时间积累与智慧的考验。中国经济 GDP 导向和领导干部"五年期"任职，往往促成了"大干快干"的工作风格，然而科技研发、技术创新并不是完全与时间成正比。地方政府引进研发机构和高端人才固然重要，但是如何用好智力资源更重要，这就需要在制度设计、机制创新等领域动脑筋、想办法，当然这也考验着各级领导的决策智慧。

第五，发展中国的资本市场和资本家，是做大、做强产业集群的必要条件。美国华尔街对产业市场的影响再度证明，缺乏金融市场、资本市场，想获得产业创新的价值和财富，难上加难。如果企业家是做强企业及发展百年企业的关键，那么资本家就是尽快作大企业和产业的推手，也是吸纳全球创新价值的关键。

第六，政府创新与政策创新，是引领集群创新的航标。规划和政策直接决定产业发展方向、集群创新效率和社会发展步伐。政府不仅需要由行政职能向服务职能转变，更需要自身的创新。虽然说政府服务已经是一种进步，但是这对于有效支持中国企业做大做强仍远远不够。政府必须加强自我学习、自我创新，使得自身决策和政策制定的理念能够跟上经济与产业发展的变化。国家发展经验表明，没有先进的制度，永远不可能超越对手。当前，政府制定政策，往往强调直接政策，如土地倾斜、税收返还、项目优先等，而忽视政策支持目标背后的规律和需求，以及政策的多样性和杠杆效应。如何用更少投入实现更多的目标、产生更大的效果，是政策创新永恒的主题。

第五章 国家高新区
——全球化战略与中国特色

第一节 全球化时代中国的创新崛起之路

中国正处于新旧模式交替的历史关头。当前也是中国实现创新崛起的有利时机。如果说低成本竞争模式客观上降低了企业的创新需求，那么随着要素成本的持续上升，加强创新能力建设已经成为中国企业必须穿越的"华山一条道"。同时中国经济的高速增长、市场规模的迅速扩张、不断提高的人均收入水平、不断增强的政府和企业投入能力、巨额外汇储备等也为中国创新崛起奠定了经济基础。如何发挥经济基础优势推动中国创新崛起是中国实现持续崛起的根本课题。

一、大国崛起的根本标志在于创新崛起

大国崛起必然伴随着新兴产业的崛起。大国崛起是个地缘政治现象，基础在于国内经济实力的增长。大国崛起往往伴随着新兴产业的崛起。蒸汽机和铁路最终造就了大英帝国；石油和汽车产业的兴起为美国霸权的兴起奠定了基础；日本和德国在战后废墟上的崛起也完全可以归结为产业崛起，日本在美国大规模生产的背景下创造了精益生产模式，德国更是在机械装备等产业领域成为世界第一出口强国。

产业崛起的根本在于创新能力崛起。如果说前现代社会的技术创新主要

靠个人发明家，带有较大的偶然性，那么现代社会的技术创新已经变成有组织的社会过程，日益成为一项系统工程，科技发展成为国家战略任务，个人发明让位于部门研发，技术创新也成为企业和政府的管理对象。在这种情况下，产业崛起的实质在于创新能力的崛起。雄厚的科学基础、良好的创新模式和鼓励冒险、宽容失败的创新文化已经成为产业创新的母体。这种母体的价值不仅在于支撑特定新兴产业，而且更在于形成持续创新能力从而引领多次产业革命浪潮。例如，美国不仅在20世纪上半叶引领了汽车、石油产业和大规模生产，而且在20世纪末期引领了信息产业和模块化生产，并且很有可能再次引领下一波生物技术产业革命。美国之所以能在长期经常账户逆差和巨额外债的情况下维持美元霸权，根本原因就在于其科技优势及其在科技优势基础上形成的军事优势和产业竞争优势。

二、中国创新崛起的三大背景

创新崛起，国运所系。放眼全球，瞻望中华民族的伟大复兴，着眼于创新崛起目标，需要了解中国不同于其他国家的三大背景。

首先是经济全球化时代。20世纪80年代特别是20世纪90年代以来，世界各国经济融合的步伐前所未有。与其他国家相比，中国是唯一可能在全球化时代实现崛起的大国，这同时意味着巨大挑战和机遇。挑战在于中国企业需要在创新能力较弱的情况下直面发达国家和跨国公司的严峻竞争，这种竞争甚至直接威胁到民族资本和国家经济的自主与安全；机遇在于中国可同时利用全球的资源和市场，中国巨大的外贸规模、外商投资和外汇储备等都是这一背景的独特产物。这与其他大国崛起的情况有所不同，其他大国往往是在本国产业非常发达的情况下实施海外扩张，而中国则是在强大创新能力尚未强大的情况下已经高度开放。在这一背景下，中国要推进创新崛起，不仅要继续"引进来"，而且要大力"走出去"；不仅要利用全球市场，而且要利用全球资源；不仅要利用全球经济资源，而且要利用全球科技资源；不仅要在国家、区域各个层面建立创新系统，而且要形成开放创新模式和建立开放创新系统。

其次是资源环境约束。资源环境约束是决定人类文明未来的重大全球性课题。在可预见的未来几十年内，以中国为代表的新兴市场如能持续推进现代化进程，必然需要大量的能源资源，并会对环境造成前所未有的挑战，这些是其他大国崛起过程未曾遇到的。地球资源不足以支撑中国按传统模式实现崛起，因此，中国现代化如果不想半途而废，就必须走出一条全新道路。这种新路无论是在新能源和节能环保产业，还是在低碳和循环经济理念，以及整个经济社会的可持续发展模式上，都需要创新能力的支撑。从这个角度来说，创新能力对于中国现代化成败具有生死攸关的意义。机遇在于，中国一旦在可持续发展方面成功走出新路，必将对全球有关产业和发展理念形成引领。因此可以说，中国不得不走在通往全球引领的道路上。

最后是全球增长大趋同。后危机时代世界经济格局的根本变化在于，全球增长引擎出现从发达国家到新兴市场和从西方到东方的两大转移；随着新兴经济体加速增长和发达经济体增长趋缓，世界经济发展水平出现大趋同之势。在此形势下，全球资本必将加速进入新兴市场特别是中国，这在加速中国发展的同时，也为中国经济带来更大的竞争压力，这种压力不仅在产业竞争方面，而且也将表现在宏观经济、国际政治和全球治理等方面。在这种情况下，中国依靠创新能力提升从而实现创新崛起的要求更加迫切，在激烈的国际竞争中赢得发展的主动权，最根本的是靠科学技术，最关键的是大力提高自主创新能力。

三、中国创新崛起的三大优势

第一，中国具有市场规模优势。规模优势是中国的首要优势。经济总量、进出口、外汇储备等指标在世界数一数二是中国规模优势的当前表现。随着中国经济的持续整合和内需扩张战略的启动，中国"世界工厂"正在迅速发展为"世界市场"，规模优势越来越多地表现在市场规模方面，这将是中国在未来世界经济竞争中占据主动的主要筹码之一，通过特定举措可以把这种优势转化为创新战略优势。例如中国的 TD-LTE 无线标准，中国巨大的市场规模足以支撑运营商牵头制定国际技术标准；中国的高铁产业之所以成功实施"市场换技术"战略，根本上也在于中国巨大的市场规模，而且中国的人口规模和人口密度也将使得高铁网络在商业上可行。在能源、交通、电信等基础产业领域，由于市场集中度较高，实施这种战略相对较为容易。中国战略性新兴产业的发展也应充分发挥这一优势。

第二，中国具有集中力量办大事的体制优势。集中力量办大事是中国的特色优势。这种体制优势特别适用于具有战略意义的创新工程，例如两弹一星、载人航天、奔月工程等战略项目。这种做法的合理性还在于：首先，集中力量是落后国家实现后发赶超的必然选择，发达国家经过几百年的积累，许多跨国公司不仅富可敌国，创新能力更具有持续深厚的积累，例如在生物制药产业领域，一家跨国巨头的研发投入可能超过中国整个行业的投入，在这种情况下，落后国家要实现赶超，唯有集中力量重点突破；其次，事实上越是后发国家就越注重发挥国家力量，美国对英国的追赶，德国、日本对美国的追赶，以及后来韩国的崛起，都鲜明地表现出这一趋势；最后，即使在发达国家，政府在创新能力建设中同样具有重大战略引领作用，例如美国的曼哈顿工程和阿波罗计划，美国的星球大战计划对于美国高技术发展同样有着重大作用。

第三，中国具有后发优势。后发优势是后发赶超具有的普遍优势。发达国家在现代化建设大体完成的情况下，即使拥有成熟的新技术，也难以承担巨大的重置成本，而后发国家可以根据历史条件采用最先进适宜的技术，例如日本在节能汽车方面相对于美国的优势，中国在发展新能源产业方面的后发赶超势头等。

四、中国创新崛起的根本问题

创新崛起，根本上是要实现国家创新体系崛起。所谓国家创新体系，简单而言指的是大学、科研机构、企业和其他组织等创新相关机构之间的互动合作，可通俗称之为"政产学研资用介"。创新体系的核心理念在于不同主体之间的内在联系和有效互动而非简单"扎堆"，这也是我国国家创新体系面临的主要问题。我国不仅长期存在科技经济"两张皮"的问题，而且其他主体之间也存在互动和协调不足的情况。

"政"即各级政府。面对新兴产业机遇，一哄而上、暴生暴滥是我国长期存在的一个典型现象，这一现象反映出不同地方政府之间缺乏统一协调，为此需要中央政府进行宏观部署、统筹安排和资源配置。

"产"即包括产业上下游的产业链条。企业的创新能力涉及产品设计、材料、工艺、核心零部件和装备等，我国企业长于加工组装，但在以上关键环节普遍存在对外依赖的现像，而单个企业在这些环节实现突破更是非常困难，有待加强产业协调、合力攻关，为此需要政府有针对性地大力支持。

"学"即大学。我国一方面存在大学生就业难的现象，另一方面企业普遍感觉缺乏人才，这反映了人才培养与实际需求的脱节。

"研"即科研机构。我国科技计划和项目更多显示出体内循环的特点，从立项到管理和成果应用都与产业结合不足，成果转化率过低的缺点更是长期饱受诟病，国家对科技的巨大投入与实际成果应用不足形成反差。

"资"是资本。一方面，巨额外汇储备和高储蓄率都反映出我国资本充裕甚至过剩的情况；另一方面，面向技术创新的创业投资又非常不足，创业资本也更多地偏向于成熟项目，整体上我国面向项目前期的融资环境和制度不完善。

"用"即用户。首先，市场规模是中国实现创新崛起的最大潜在优势，但是如果缺乏适当的体制机制设计，中国市场只会成为外资企业跑马圈地的舞台，中国集成电路长期依赖进口的局面难保不在新兴产业领域上演，为此需要企业与用户的协作创新。其次，对于新兴产业和中小企业来说，从需求侧进行市场扶持具有关键意义，例如现在的电动汽车、新能源、节能环保、智慧城市产业，通过政策导向可改变需求市场导向，而消费者行为的改变对于产业发展方向也具有关键意义。

"介"是对中介、平台、载体的简称。这一概念经放大就是有关创新服务业的发展，这在中国发展尤为不足，效果更是参差不齐。适当的平台载体和服务体系能够有效促进创新体系不同主体之间的互动合作，例如科技成果的二次开发平台和产业化服务体系，促进传统金融资本向风险资本转化的基金管理公司平台，作为项目承担主体的产业技术联盟等。

国家创新体系是一种开放创新系统。随着全球产业链的发展演进，国家创新体系越来越成为开放创新系统。在这种情况下，如何同时促进创新体系建设的自主性和开放性，并使两者实现良性互动，就是一个关键问题。首先，对于引进外资来说，需要解决促进外资知识溢出，增强外资根植性，和加强内外资企业关联的问题；其次，对于中国企业融入全球价值链来说，需要破解中国企业如何突破全球价值链封锁和向"微笑曲线"两端延伸的问题；最后，对于科技资源来说，需要解决国内与跨国公司争夺技术和人才，以及充分利用全球科技和人才资源的问题。

创新文化是国家创新体系建设的灵魂。这是我国目前最为薄弱的方面，也是改变起来最为困难的方面。为了建设创新文化，需要国家创新体系各主体的同时努力。政府需要改变以GDP为主的考核导向，加强自主创新的考核导向；企业需要改变以降低成本和价格为核心的竞争力模式，打造以创新能力和自主品牌为核心的竞争力模式；大学需要改变以知识灌输为主的教育方式，推行以创新意识和创新能力培养为主的教育方式；科研机构需要改变简单跟随国外研究方向的研究套路，加强创新精神特别是原创精神的建设；风险资本需要改变主要做前IPO项目的投资模式，加强对创业项目的关注和支持，等等。总之，创新是一场艰苦的长跑，需要持续积累，最忌急功近利；相应地，创新文化是各主体行为模式的改变，非一朝一夕之功，更需锲而不舍地推进。创新文化离不开宣传推动，但根本上不取决于宣传，它与整个国家创新体系建设相辅相成。

五、推动中国创新崛起的六大战略

在特定背景下，着眼于发挥战略优势，针对面临的基本问题，为推动中国创新崛起，有待实施以下六个战略。

（一）加强顶层设计

在国家部委之间，需要实施第三代创新政策，即以自主创新为目标，建立政府各部门体制和政策协调机制；在产业资本和金融资本之间，通过新三板、科技银行等金融创新试点方式建立创新促进机制；在科教系统与产业系统之间，需要以国家战略需求为导向建立科研机构与产业机构的对接平台，着眼于培养学生创造性这一目标改革教育体制；在地方政府之间，需要国家通过发展规划和政策资源进行宏观导向，引导地方根据不同的资源优势、基础条件和国家战略需求进行战略分工与协作，尽量避免过去一哄而上低端拼抢的弊病。

（二）建立市场杠杆

"世界市场"意味着市场需求是中国整合全球资源的最大筹码，为此需要体制设计和资源整合以建立主动权。在国企产业资本之间，以及国企与民企之间，依托产业链和共性技术促成创新协作；在节能减排方面加强市场准入管理和消费方式引导等。建立二元协同模式，推动开放式自主创新。所谓二元协同模式，指一方面以市场需求为基础吸收供应方技术成果；另一方面建立独立的自主创新平台，使之成为创新能力积累的平台和企业持续创新的平台，同时成为消化吸收引进技术的平台，从而提高技术换市场的有效性。

（三）实施领先战略

由于技术水平和产业水平的落后，以前中国主要是以跟随战略发展产业，特别是在技术推动的新兴产业方面。在后危机时代，中国有条件在部分战略性新兴产业领域实施全球领先战略。例如对于新能源产业革命来说，与其他产业相比，更多地表现为需求拉动，加之中国潜在的巨大需求，可以通过特定路径实施领先战略，具体包括面向全球牵头制定标准，建立技术平台，促成产业联盟，发起国际动议等方式。发达国家关于低碳产业在理念、模式和平台等方面的运作方式值得参考。中国在无线通信和高铁产业也表现出类似的苗头。

（四）整合全球资源

整合全球资源是全方位的。首先是科学资源。例如着眼于灵活延揽全球各国人才特别是高层次人才，发起设立一系列国际计划和平台，包括结合中国实际情况针对人类共同面临的全球性问题创设国际议题，搭建科技交流合作的平台和机制框架，设立面向全球的各种科技计划、科技奖项，承办和发起国际科学工程，使之成为国际人才聚集和国内人才培养的载体等。其次是技术资源。包括鼓励和支持企业技术引进、海外并购、设立海外研发机构，开展国际产学研合作，鼓励地方政府招引科技型中小企业，设立面向外国科技人员的创新创业载体，在国籍、就业、生活等方面为外国人才引进和流入提供体制便利和资金支持等。最后是体制资源。例如对于国际成功的科技体制机制大量引入和进行试点，根据不同技术和产业领域情况进行不同的体制安排探索等。

（五）促进灵活探索

政府统筹部署具有集中力量办大事的优点，但也有灵活性不足的缺点，而创新是对技术和商业的不确定性前沿进行探索的过程。对于前进方向大体确定的领域需要组织大军团作战，这对于后发追赶国家至关重要；对于不确定性较强的前沿领域则需要大批量小分队的试错，这对于有待实施领先战略的新兴产业同样重要。为此需要大力促进产业领域的创新创业，促进科技领域的自由探索，促进产业集群和产业组织创新方面的地方探索，以及促进教育领域自由探索和创新冒险精神的发展等。

（六）建设创新文化

为建设创新型国家，创新成果很重要，创新能力更重要，最重要的则是创新文化。中国长期产业和科技跟随的实践导致了创新文化特别是原创精神的萎缩。能够创新的前提是敢于创新和愿意创新。为了推动创新文化建设，有必要在各个领域加强宣传引导，并在创新精神的指引下调整各种体制机制。

六、国家高新区担当的角色

国家高新区需要建设兼具规模和创新能力的创新经济体。首先，30年来，多数国家高新区实现持续高速增长，年均增长速度达到20%～30%，分别对各地经济形成重要支撑，同时作为整体对国家经济总量形成重要支撑。其次，国家高新区正在致力于建设创新城区。如果说产业集群对于促进特定产业领域的创新创业具有特殊价值，那么作为多种高技术产业综合载体的国家高新区对于新兴产业的整体培育具有类似的特殊价值。不确定性是新兴产业的内在属性，创新型产业的集群效应和不同产业技术的交叉融合效应能够增加新兴产业崛起的概率。硅谷的案例表明，创新创业活跃的高技术产业密集区同时也是新兴产业的"孵化器"。最后，国家高新区越来越多地成为区域创新系统中枢，即区域创新主体汇聚、对接和融合的战略载体。例如长春高新区面向吉林省和长春市建设区域性研发基地、中试基地、创新创业基地、总部基地、金融商务高地、国际创新合作基地、成果产业化平台、二次开发技术平台和检验检测平台等，打造创新资源密集，创新服务业发达，创新体制机制高效的区域创新高地，在此基础上形成吉林省和长春市发展高技术产业和促进区域传统产业创新升级的战略引擎。

高新区管委会作为介于市场和政府之间的中国特色管理体制，应该成为我国建设创新型国家的产业推进组织。全球竞争不仅仅是企业的竞争，同时也是产业链的竞争、产业集群的竞争和产业生态系统的竞争。对于中国这样的后发国家来说，需要加强群体合力以实现产业链突围。国家高新区管委会在过去多年的探索中，已经探索创造出孵化器、加速器、产业技术联盟等多种产业组织形式，将来仍然需要作为产业推进组织在整合全球资源、配合国家战略部署和推动多主体灵活探索等方面不断推动产业组织创新，使自身作为产业组织形式的"孵化器"，在中国崛起过程中发挥不可替代的独特价值。

第二节　全球科学城历史演变及其对高新区发展启示

科学城原意是科学家专心从事科学研究的地方，但随着高新技术产业的兴起和蓬勃发展，科学研究与产业发展的关系越来越密切，科学城的内涵开始向科技园演变，从科学走向技术，从"技术推动"到与"市场拉动"相结合。同时，硅谷在产学研结合方面的探索和半导体产业的成功形成了巨大的示范效应，在全球范围内掀起了围绕科教密集区建设科技园区的浪潮，发挥大学科研院所对高科技产业发展的支撑作用。

我国高新区模式的建立，建区之初即以"发展高科技，实现产业化"为立区使命，某种程度是对硅谷园区经验的借鉴。在中国特色社会主义建设进入新时代的背景下，北京中关村、上海张江、成都、重庆等地又开启了新一轮的科学城的建设。我们梳理了全球科学城的内涵和功能的演变，又结合新时代我国科学城建设的使命和要求，认为新时期科学城的建设要围绕"四新"做好文章，即组织新科研、发展新教育、做强新孵化、建设新城区。

一、科学城的起源与发展

科学城发端于20世纪50年代美国的斯坦福研究园和苏联的新西伯利亚科学城。斯坦福研究园诞生于1951年，是硅谷的摇篮；而新西伯利亚科学城始建于1957年，是苏联乃至世界范围内影响较大的综合性科研基地之一，也是最早冠于"科学城"名称的科学园区。此后，硅谷半导体产业的崛起形成了巨大的示范效应，世界主要国家和地区纷纷以建设"科学城"（在名称上各有所异）的形式，促进科技与经济相结合，开发本地智力资源，促进高科技产业发展。我们认为，以下三个重要的历史事件催生了科学城的诞生和发展。

（一）二战开启国家系统支持科学研究时代

进入现代社会，在很长的一段时期，科学研究活动是基于科学家个人兴趣，由科学家个人投入（也有各种学会、教会资助）的方式存在的。科学研究活动是零散的、偶发的、缺少组织。然而，随着科学技术的发展，尤其是两次世界大战展示了科学技术决定战争胜负和国家命运的力量，科学技术与国家利益之间的关系日益密切，大大强化了各国支持科学研究的动机，并最终催生了国家支持科学研究的制度。

战争大规模的研究与开发计划，调动了政府、工业界和大学的大批工程师和科学家，使得战争双方取得了大量的研究成果，如雷达、计算机、火箭和炸药等。因此，在二战结束后，有组织、系统性、专业化的研究与开发活动受到空前重视。二战后，工业国家几乎以相似的速度迅速扩大了研究开发能力，甚至许多第三世界国家也趋向于建立政府的科学研究顾问机构、国家研究与开发实验室及其他类型科研机构，以从事核物理研究，并计划在某些情况下制造核武器（如阿根廷、印度、巴西等）。科学技术是国家发展的"推动力"，这一简单的线性模式在各国作为政府顾问机构的科学委员会中被广泛接受，进而开启了国家支持科学研究的时代。

（二）斯坦福大学工业园的探索性实践

二战后的"冷战"阶段，各国进入"科技创新竞赛"阶段。为了保持自身的军事科技优势，美国军方要求斯坦福大学的校长弗雷德·特曼创建一个应用电子实验室（Applied Electronics Lab，AEL）以从事机密军事研究。这使斯坦福大学的电子工程系得到了充足的经费支持，规模增加了近一倍，更重要的是，这种面向军方武器研发需求的合作关系，"使大学和产业形成一种共生关系（symbiotic relationship），在这种关系中，斯坦福大学将成为新的以技术为基础的产业智囊团（brain trust）。"通过一系列开创性的做法，斯坦福的科学研究与产业发展需求得到了有效的结合，这些做法到现在仍是促进科技与产业结合的主要模式。

1）创建了斯坦福大学杰出的工程系，推动对固态物理设备和其他技术的研究。这些研究成果为20世纪五六十年代出现的"电子革命"奠定了基础。

2）兴建斯坦福大学研究院（SRI），该院是专门从事国防相关研究并负责将军用技术转为民用技术的研究机构。

3）建设斯坦福工业园，将1000英亩[①]土地以象征性的租金长期租给工商业界或毕业校友创办企业，再由他们与学校合作，提供各种研究项目和学生实习机会。斯坦福成为美国首家在校园内成立工业园区的大学，这也成为斯坦福和"硅谷"发展的转折点。

4）建立"荣誉合作项目"，在企业讲授斯坦福大学的课程，使企业的工程师们能够掌握最新科技发展动态，同时使大学教授及时了解企业的发展

---

① 1英亩≈4046米^2。

状况和需求,加强企业和大学之间的联系。特曼因此被誉为"硅谷先驱"。1970年,斯坦福大学设立了技术转移办公室,这是世界上第一个专门的大学研究成果转化机构,开创了大学促进科研成果转化的新模式。

(三)科学园(科技园)模式在后发国家的兴起

20世纪80年代前,科学园(科技园)主要集中在以美国为首的发达国家。科学园(科技园)的模式首先在美国国内迅速扩散,然后成为其他各国模仿的样板。到20世纪80年代中后期,技术革命如火如荼,高科技产业伴随着全球化的浪潮获得蓬勃的发展,带来了丰厚的利润,有效支撑了国家实力的增长。由此,各国开始纷纷建设科学园(科技园),除了提升自身的科学研究实力,也服务了自身高科技产业的发展。其中,以后发国家最为踊跃。

后发国家作为后来者,赶超先发国家的一个重要途径就是发展科技。因为在经济全球化与知识经济时代,技术成为重要的生产要素,国家竞争优势的基础——比较优势逐步被绝对优势所替换。实践中,一些后发国家通过兴建科技园区,重视面向产业需求的研发,优化区域技术创新体系,从而走上新型工业化道路并实现跨越式追赶,尤其是新加坡和我国台湾地区等地区科技园的成功,产生了巨大的示范效应。后发国家出于发展本国经济和对发达国家展开技术追赶的目的,相继创建了一大批科技园区。我国高新区的设立和发展就源自于对硅谷模式的借鉴,也属于科学园(科技园)在后发国家兴起浪潮的一部分。

二、科学城的内涵演变

(一)科学城的内涵

从最早的科学城设立初衷上来看,是希望通过基础科学研究的集聚,促进协同效应,从而提高整体科学研究水平。所以,在选址上,有意选择僻静的地方,以保证科学家不受打扰,专心致志地做研究;在组织上,往往由国家投入、建设和组织。较为"正统"和严格意义上的科学城,其实是科学研究综合体的概念。国家在主客观上寄希望于科学城能促进高科技产业发展,科学投入能够转化为国家和人民的福利。

但是,以往的科学城的模式难以满足这种要求。"20世纪90年代,这些科学城开始反思发展路径的问题，采取各种措施更新了最初公社式的乌托邦发展观，重新定位科学城的发展目标"。新西伯利亚科学城、日本筑波科学城、韩国大德科学城等都开始通过构建科学家、企业家网络，支持面向产业需求的研发等方式，来增强科学界和产业界的互动。

从此，科学城的内涵从严格意义上的科学研究综合体开始转变为科学研究与应用研究，乃至高新技术产业培育为一体的科技产业园区的内涵，同时，更加注重产学研结合和科技产业培育。这是广义上的科学城内涵。目前，世界上的科学城，除一些明确冠以科学城的名称之外，还有许多研究园、科学园、科技城，在内涵上也是广义上的科学城，如美国北卡三角研究园、英国剑桥科学园、日本九州技术城，等等。

（二）科学城的类别

科学城从起源上来看，是聚焦科学研究的城市形态区域。随着高新技术产业的兴起，科学城基于获取科研经费的主观需要或是科学研究衍生出高新产业的客观结果，使科学城在科学研究能力之外，发展面向产业的应用研究能力。按照科学城在面向基础科学的科研能力和面向高新技术产业应用研究能力上的表现，可以大致将科学园划分为三种类型。

1）严格意义上的科学研究综合体。政府缜密策划，与制造业没有地域上的直接联系。案例：新西伯利亚科学城、大德科学城、筑波科学城、关西科学城。

2）高科技产业园区。政府发起并严格规划（新竹科学工业园区、张江高科技园区）、混合筹措兴建（法国索菲亚高科技园区）、大学倡议兴建（剑桥科学工业园区）。

3）依托科研院所建立或发展的技术-产业综合体。硅谷、波士顿128高速公路带、中关村（20世纪90年代之后）。

三、新时期中国科学城的使命要求

中国特色社会主义进入新时代后，在科教资源富集区域又开启了新一轮的科学城布局和建设。2016年，作为上海建设全球影响力的科技创新中心的重要举措，上海张江以建设综合性国家科学中心为契机，提出打造世界一流科学城，并于2017年8月发布了《张江科学城建设规划》。2017年，北京市提出建设中关村科学城、怀柔科学城和未来科技城三大科学城,作为北京建设全国科技创新中心的主平台。类似的,成都和重庆也都提出建设科学城的规划。我们认为,在新时期,我国科学城建设面临着新的形势和背景,承载着新的使命和要求。

(一)担负人类前沿知识探索使命

2010 年中国经济总量超过日本,成为世界第二大经济体。随后,中国的总科技投入也超过了日本,仅次于美国[①]。2016 年美国科学出版物《自然》杂志用长达 38 页的特刊表示,如今中国发表的高质量科学论文已位居世界第二且仍在迅速增多,中国即将成为全球最主要的研发引擎。《自然》公布的指数表明,美国、中国在高质量论文领域分列前两位。2012~2014 年,在中国的贡献率增长 37% 之际,美国同期却下降 4%。而今中国已是研发领域的第二大参与国,中国、美国在全球研发中分占 20% 和 27%。数据显示,2015 年美国军队把美联邦可自由裁量支出的 55% 消耗殆尽,科技领域仅得到 3%。就在美国打造并使用大量毁灭性设施之际,中国正壮大科学和技术事业。

2016 年,习近平同志在两院院士大会上的讲话中提到我国科技事业发展的目标是,到 2020 年时使我国进入创新型国家行列,到 2030 年时使我国进入创新型国家前列,到新中国成立 100 年时使我国成为世界科技强国。不仅是创新投入,在创新产出上,中国也正在崛起为世界一流的科技大国。而今,中国开始承担人类前沿知识探索的使命,承担该使命的突出表现是中国在宇宙空间、深海、基础物理方面的投入和动作。中国建设了世界最大的射电望远镜、人造太阳核聚变装置、上海同步辐射光源装置等。而新一轮的科学城建设,往往布局有大科学装置,设有前沿的科学研究目标,正是中国承担人类前沿知识探索使命的承载。

(二)服务"新常态"下产业转型升级

随着内外环境的深刻变化,我国经济进入"新常态",从高速增长转向中高速增长。从供给端看,人口红利衰退,储蓄率出现拐点,潜在增速下

---

① 《2016 年全国科技经费投入统计公报》显示,2016 年全国共投入研究与试验发展(R&D)经费 15 676.7 亿元,比上年增加 1506.9 亿元,增长 10.6%,增速较上年提高 1.7 个百分点;研究与试验发展经费投入强度(与国内生产总值之比)为 2.11%,超过欧盟 15 国 2.08% 的平均水平。

滑，劳动力比较优势丧失。从需求端看，人口结构拐点导致房地产引擎失速，全球化红利衰退，全球经济从失衡到再平衡，导致外需和外资引擎失速。传统的增长模式已走到尽头，中国经济必须顶住阵痛加快结构转型，寻找新的经济增长点。中国主要依靠资源等要素投入推动经济增长和规模扩张的粗放型发展方式已无法延续，以破坏环境生态为代价通过低端制造业产品出口增加就业累积外汇的老路已经到了尽头。

维持经济增长的命题落实到产业上，就是促进传统产业转型升级和培育新兴产业的问题。要促进传统产业转型升级，一个重要措施就是增加创新供给，包括技术、人才、资本，等等。科学城的建设就担负着为区域传统产业转型升级提供创新供给的使命。科学城产出的科技成果，培养出的科研人才，孕育出的科技产业，都是"新常态"下我国产业转型升级迫切需要的创新供给。

（三）承载新一轮高科技创新创业

改革开放以来，中国经历了4次创业浪潮。第一次是1979～1989年的草根个体户创业；第二次是1992～1997年的下海潮；第三次是1997～2000年的互联网创业；第四次是当前的大众创业。当前正处于新四次创业浪潮的时期。本次创业浪潮在主体和范围上更加广泛。以大学生、留学归国人员、企业高管和连续创业者、科技人员为主体，在范围上，涉及农业、制造业、服务业，以及不同产业的交叉领域。作为对本次创业浪潮的激发和承载，我国也大规模开启了创新创业基础设施的建设和环境的建设。而新的创新创业基础设施，就是包括各类科学城、科技城、特色小镇及众创空间的建设。在"双创"成为国家战略的背景下，科学城的建设在功能上要兼顾创新和创业，在设施上，要有众创空间等新型孵化器。

然而，同样作为创新创业载体和基础设施，科学城相对于其他载体，层次更高，更专注于高科技创业。值得注意的是，在高科技创业方面，海外留学生成为我国高科技产业赶超、引领世界的主力军。随着我国人才和创业环境的极大改善，提及中国大市场蕴藏的巨大机会，出现了新一轮的"海归潮"，2016年毕业后选择归国的留学生数量比2010年增长了4倍多。科学城依托优越的科技创业条件，就成为这些高端海归人才施展作为的地方。例如，从2009年起，有8位美国哈佛大学医学院的海归博士后，先后来到了中国科学院合肥物质科学研究所（别称合肥科学岛），利用合肥科学岛世界第二的强磁场装置，开展生物医药创业。

（四）响应互联网技术-经济范式变革

当前全球正处于以互联网、大数据、人工智能为标志的新一轮技术革命时期。历次技术革命都带来人类经济、社会包括政治形态的巨大变化。本次技术革命也不例外。技术革命之所以能引致如此之大的变化，是因为技术革命导致了人类社会底层运行规律和参数的变化，学界称为技术-经济范式变化。技术-经济范式的变化会导致人类的生产生活的组织模式的变化，互联网的出现，以及基于互联网的云计算、大数据、人工智能技术，更是将人类带入了新纪元。互联网带来的技术-经济范式变化如表5-1所示。

表5-1 互联网引发的技术-经济范式变革

序号	指标	互联网经济时代	工业经济时代
1	关键生产要素	数据或大数据、知识、智慧、资本等	资本、劳动力等
2	在企业和产业层面出现一种新的最佳行为方式	产业生态组织之下的大规模社会化协同、众包、众创、用户参与生产盛行	以企业内部经营为核心的大规模生产
3	需要具有新的劳动技能，这种技能影响劳动者的数量和质量，以及相应的收入分配	对互联网行业和相关技术人才需求大幅增长；知识就业、智慧型创新创业成为新经济时代的主流职业特征；互联网基本操作技能成为劳动者的必须技能	机器设备操作技能
4	出现充分利用新关键要素的新产品组合，这些产品将成为投资重点，在GNP中的比重也将不断增长	充分利用大数据生产要素的新产品和服务组合不断产生，如智能交通、互联网金融产品等	机器设备操作技能
5	出现充分利用新关键要素的根本性、渐进性创新	互联网相关技术创新、基于大数据的产品和服务创新、模式创新等	如基于电子计算技术的创新
6	在国内、国际出现新的投资模式和投资市场	众筹，集中在智能硬件、新媒体、移动互联网软件开发等领域	如纳斯达克市场的兴起等
7	形成新的基础设施投资高潮，这种基础设施投资将对整个系统带来适宜的外部性，并方便新产品的普遍使用和新生产流程的普遍应用	互联网基础设施投资，云平台、网络通道等基础设施成为政府、运营商、大企业的投资重点	如电话网络建设、通信基站建设等基础设施投资高潮
8	创新家-企业家型的小企业大量出现并趋向于形成一个新的产业部门	形成创新创业新高潮，造就了智能硬件、电子商务、O2O餐饮等新行业领域	如信息通信领域的创新创业机会

续表

序号	指标	互联网经济时代	工业经济时代
9	大企业迅速扩张或经营多样化集中于生产和使用关键要素秘籍的新部门	大企业成为平台性企业，以数据的流入和整合利用为核心	大企业以资本、资产的扩张为核心
10	形成新的商品消费与服务模式	O2O等，线上与线下相结合的各类消费与服务模式	线下的消费和服务

中国错过了以往历次技术革命，但基于巨大的人口数量（人口背后是巨大的数据优势）和特定的发展策略（独立发展），把握住了新一轮互联网技术革命的机遇，在互联网的技术创新、生产和应用方面呈现与美国共同领跑的态势，而且在某些方面（如移动支付）领跑世界。对新技术革命机遇的响应把握，既有优势的发挥和巩固，也是渗透我国当前与技术创新、产业和区域发展的一个重要思路。科学城的建设自然也需要考虑对新技术－经济范式的响应甚至引领。主要包括以下三个方面。

1）在技术创新和产业发展方向选择上，要考虑与互联网相关的方向。因为这些方向我国既有优势也有发展潜力。

2）在科学研究、教育、技术创新、产业孵育、社会治理方面勇于创新，探索试验新的组织模式。例如大数据科研、互联网教育、开放创新、大众创业万众创新等。

3）在科学城的形态打造上，要高标准甚至超前建设互联网基础设施，充分应用大数据、人工智能等技术进行创新服务、产业服务和城市治理。

四、围绕"四新"建设科学城

当前我国科学城建设处于一个变革的新时代。我们认为，科学城的建设要充分响应国家战略和科技产业发展趋势的变化，在发展模式和重点任务方面不拘一格，大胆创新，总结起来，就是要重点围绕"四新"，即新科研、新教育、新孵化、新城区做文章。

（一）组织新科研

《科学，没有止境的前沿》中界定了基础科学研究和应用技术研究的差别和联系。两者有不同的取向，有不同的组织模式，基础科学主要由政府公共财政经费支持，以发表论文为主要成果方式。应用研究主要由企业的研发投入支持，以专利、新工艺、新产品等为主要成果方式。由于属性和导向的差异，基础科学和应用研究活动往往割裂大于联系。随着高新技术产业的兴起和国家之间的科技竞争和发展竞争越来越激烈，在国家意志和市场力量的双重驱动下，科学研究和应用技术研究之间的联系越来越紧密，产学研活动越来越活跃。可以说大到国家，小到区域的高新技术产业发展，一方面取决于科教资源的多寡，另一方面取决于技术转移，科技成果转化的能力。产学研结合，尤其是科技成果转化的问题，由于我国科技体制的历史性原因，一直是制约我国国家创新发展的薄弱环节。国家一直在采取各种措施，促进产学研结合，提高科技成果转化效率。在国家的导向激励和地方的创新改革的能动性下，我国涌现了一些新的科研组织方式，这些科研组织方式有效弥合了科学研究和应用研究之间的鸿沟，加强了科学研究和应用研究之间的联系，提高了产学研结合水平。这种新的科研组织方式以"新型研发机构"为代表，我们称为"新科研"。

（二）发展新教育

传统的教育模式，尤其是传统高等教育的特征是：第一，集中学习，培养周期长；第二，以课堂理论教授为主，缺少实践性；第三，依靠国家财政投入。但是随着知识经济的进一步深化，知识的更新速度加快，终身的持续性学习成为必须；互联网的出现创造了新的技术条件，使得大量的优质的学习资源可以低成本，随时随地被获得；大型的科技企业巨头崛起，为了维持和巩固自身在科技创新方面的优势，或是针对性的培育自身所需的人才，越来越多的直接和间接的方式接入教育领域。以上三方面的变化，一方面意味着传统的教育模式已经越来越不适应经济社会发展的需要；另一方面，又充当着瓦解和革新原有教育模式的力量。教育已经处在变革的风口，需要充分应用新的技术手段，需要充分响应个人、产业和社会发展的需要。当前在教育领域已经涌现了许多新的模式和业态，如高校的创新创业教育学院，以慕课为代表的互联网大学，以西湖高等研究院为代表的企办大学，等等。我们提出的"新教育"的内涵就是面向产业高端科技需求的，以持续的高效的人才培养为核心，充分应用新的技术方式的教育模式。我国产业转型升级需要大量的中高端的人才供给，采用传统的教育模式很难满足需求。所以，科学城，尤其是中西部地区的科学城建设要在新的教育模式方面进行大胆的探索。

（三）做强新孵化

中小企业的成长是产业和经济发展的有生力量。在技术更新速率加快，市场需求瞬息万变的情况下，中小企业的作用越来越突出。在新技术的快速应用，市场需求的嗅觉和及时响应方面，中小企业比大企业是具有优势的，因为大企业往往比较"官僚化"和"低效率"，小企业"船小好调头"。学术研究也表明，在顺轨创新方面，大企业是有优势的，而在变轨创新方面，小企业具有优势。大企业在新技术应用方面的劣势也存在主观上的原因，柯达最先研发出数码照片的技术，却舍不得放弃自己在胶卷照片领域的地位，于是导致整个企业的倒闭。对中小企业的孵化是指政府主要以政策手段，市场主体主要以投资手段，对中小企业实施帮扶。我国的第一家科技企业孵化器就是在高新区诞生的（武汉东湖新技术创业者中心）。我国孵化器的发展经历了三个主要的阶段。2013年，李开复在北京中关村创办创新工场，将硅谷的创投孵化器模式引入中国，然后得到迅速扩散，各种新型孵化器不断会涌现，中关村将各类新型孵化器在图书城孵化器聚集发展，形成了中关村创业大街。随后国家大众创业万众创新的政策又进一步加火助力，导致以众创空间为代表的新型孵化器在全国各地遍地开花。我们提出的"新孵化"的内涵，就是以创投为核心的，综合技术开发、人力资源、管理、营销等多方面综合服务的新型孵化模式。

（四）建设新城区

我国以往建设的科技园区，在形态上更多是产业功能区的概念，方便生产和物流，缺少生活配套。随着产业由单纯的低端制造业迈向高端制造，第三产业也快速发展，这些科技园区开启了产城融合的进程，在形态上，开始逐渐增加科技、人文、绿色的元素，逐渐向宜居宜业的城市形态演变。不同于产业园区，科学城在名称上就是城市的概念，而且，产业园区创造价值的主要是机器（当然也包括依附于机器的工人的物理劳动），而科学城创造价值的主要是人，是人的智力劳动。所以科学城不仅一开始就要按照城市的形态打造，更要以"解放人、解放智力、解放思想"为核心，打造以人为本的城市形态。此外，信息基础设施的普及和互联网应用技术的进步，使得智慧城市、智能城市成为未来城市的发展趋向。例如，2016年，日本的

（2016～2020年度）科学技术基本计划中提出超智能社会[①]的概念，就是对未来智慧城市生活形态的一种概括和预想。我们提出的"新城区"的概念，主要有2层含义。第一是要以人为本，让科学家、创业者安心舒适，能够专心研究和创造。第二，是要充分利用先进信息技术，打造智慧城区的形态，这决定了未来城市服务能力水平和竞争力。

五、对国家高新区的发展启示

我国第一家国家高新区中关村的所在区域，实际上就是我国的第一家科学城。中华人民共和国成立后，中科院、清华大学、北京大学、北京航空航天大学等高校在这里的聚集，就是国家意志下打造的科学研究综合体。当前，很多地方的科学城，都是依托国家高新区进行建设，包括上海张江、重庆高新区等。从国家高新区和科学城的概念联系上看，高新区可以看作广义上的、更偏向产业端的科学城。而且经过近30年的发展，国家高新区整体已经进入了"三次创业"阶段，成为区域科技创新的核心区，致力于打造创新创业生态，无论在内涵还是形态上，"科研"和"城市"的元素都更加充分。

我们认为，国家高新区未来的发展，除了要继续做大做强高新技术产业，也要在新科研、新教育、新孵化、新城区方面做出大胆探索，在科技、人才、创业、环境等方面构筑起全面优势，这不仅是国家高新区科技产业发展的动力源泉，也是国家高新区实现可持续发展，建设成为世界一流科技园区的重要路径。

第三节 后金融危机时代中国高新区国际化发展思考

发端于2007年的金融危机席卷全球，各国政府纷纷采取财政、金融等多种手段力促经济尽快复苏，全球经济进入后金融危机时代。在后金融危机时

[①] 超智能社会被定义为：能够细分掌握社会的种种需求，将必要的物品和服务在必要时以必要的程度提供给需要的人，让所有人都能享受优质服务，超越年龄、性别、地区、语言差异，快乐舒适生活的社会。

代，我国已成为全球第二大经济体，但这种成绩更多是依靠低成本竞争优势实现的。当前，转变经济发展方式已经成为关系国家命运与前途且不得不迫切需要解决的核心任务。

一、创新全球化的挑战

创新全球化已经成为多数发达国家较为成熟的发展路径，各主要发达经济体通过多种战略部署和政策措施在全球范围内最大限度地整合创新资源，例如美国的"国际科学与工程合作"，韩国的"577战略"等。同时，发达国家不断强化自身在科技领域和经济领域的影响力，旨在全球范围内获取更多创新价值。

创新全球化对我国来说还是属于一个新命题。经过40年的改革开放，我国经济已经高度融入世界经济体系，但这一过程主要受益于全球产业转移，从全球分工的角度来看，我国是处于被动分工的角色，也可以说，我国的国际化发展是被动国际化，而非主动国际化。当前，我国要想在全球化进程中实现创新发展，则必须提升在国际分工中的主动设计能力，并着力解决好以下两个问题。

首先是全球创新资源整合问题。我国在前期发展过程中，主要是利用了全球性的生产资源，但对全球创新资源的利用较少，因此，整合创新资源的能力较弱。着眼未来，我国需要提升创新资源的承载能力，并加强创新资源的吸纳能力，全方位地整合科技资源、人才资源、产业资源和创新资本。

其次是全球创新价值实现问题。长期以来，我国的产业多处于全球价值链的底端，创新能力较弱，更谈不上收获创新价值。近年来，我国的一些企业和部分产业创新能力不断提升，但面临的竞争环境也愈加复杂，跨国公司已经不仅仅是控制创新链的某一环节，而是围绕创新链和创新体系进行全方位、立体化布局。我国要在全球范围内获取创新价值，就必须直面跨国公司的竞争与挑战，积极参与创新体系规则的建设，并打造自主产业链，努力构建我国企业所主导的产业创新体系。

二、高新区的重要作用

我国高新区经过30年发展，无论经济规模，还是创新能力，都已获得长足发展。在新的历史时期，我国明确提出将国家高新区作为参与创新国际竞争和争夺世界高技术产业制高点的主战场。从我国的创新全球化出发，国家高新区国际化道路应进一步发挥国际枢纽及产业高地的作用。

首先要发挥国际化创新枢纽的作用。我国高新区始终坚持国际化发展道路，部分高新区已经在聚集全球创新资源方面形成了一定的基础和能力。今后，高新区需要进一步完善和提升这种功能，在吸引、承载和整合三个方面实现向创新枢纽的转变。通过体制机制、平台载体和环境氛围等构造全球化的创新网络，对国际人才、风险资本和科研机构等创新要素和资源形成较大吸引力，从而形成全球创新资源的高度富集；在硬件环境、文化环境和生活环境方面，构建宜居、宜业的国际化知识社区，促进人才流动，促进科学、技术、文化等多方面交流，支撑大学和科研机构发展，从而促进创新要素的本地生长；通过创新孵化等多种手段，孕育并催生密集和活跃的创新创业，从而将这些创新资源有效整合到我国的创新体系中。高新区作为我国国家创新系统的重要组成，这种国际化创新枢纽作用的发挥有利于提升我国国家创新系统的开放程度和资源整合能力。

其次要发挥全球高新技术产业高地的作用。高新区是我国高新技术产业发展的沃土，在20世纪末被江泽民同志誉为"二十世纪的一个伟大创举"。目前，多数高新区都有着创新集群形态的基本构成，培养出了联想、华为等一批具有较强国际竞争力的企业，并孕育着一批具有自主知识产权，有成长优势的新兴产业。但我国大多数高新技术企业国际化经验不足，很多企业在国际化进程中受到挫折，在海外并购、跨文化管理、技术性整合等方面存在较多问题。从在全球范围内获取创新价值来看，我国高新区仍需进一步促进高新技术产业的国际化发展，并在此过程中，构建科技、产业、金融共同参与国际竞争的协同机制，着力强化产业创生、产业引领和产业控制能力，从而不断催生新的商业机会和新的产业业态，并能够不断造就引领全球性新兴产业发展的领军型公司，培育具有较强国际竞争力和产业链整合能力的龙头企业。

三、国际化发展的机遇与问题

（一）金融危机带来的机遇

金融危机在剧烈冲击全球经济体系的同时，也为我国高新区的国际化发展提供难得的历史机遇，这种机遇主要体现在两个方面。

一方面是国际化发展的战略空间。2007年的金融危机始于美国的次贷危机，但却从金融部门蔓延到产业部门，进而影响到各国社会体系，在这种冲击下，作为全球经济"领头羊"的发达经济体普遍低迷，对发展中国家的经济的引领作用减弱，而新兴经济体虽然保持了相对较高增长，但通货膨胀和恶化的外部需求正在侵蚀经济的健康运行。金融危机后，虽然各国也都积极采取措施控制危机蔓延，但这些政策既难以解决国内问题实现经济增长，也难以修补破碎的世界经济，反而促使全球经济中贸易保护、金融管理等多种问题的集中密集爆发。从整体上来看，全球经济原有的一体化发展模式已被打破，新的发展动力和机制仍然没有建立起来。就目前全球经济状况来看，谁将成为下一轮经济增长的"领头羊"还未可知，也正因如此，各国都积极加强双边合作和区域合作，重构本国在全球范围内的创新体系和生产体系，例如美国积极推行泛太平洋合作协定、金砖五国正在密切金融等领域的合作等。世界经济的这种动荡格局为我国高新区的国际化发展提供了巨大的战略空间。

另一方面是新技术革命的产业机遇。众所周知，在过去240年中，世界经济发展经历了5次技术革命，每次技术革命都是在核心国家产生，并扩散到全世界，每一次技术革命中，都会产生新的生产范式，那些能够引领技术革命和由此引发的经济范式革命的国家，将能够重构世界经济体系，成为全球经济发展的动力引擎。金融危机后，世界各国都加紧了在新材料、新一代信息技术、生物技术等产业领域的战略布局，力图以科技创新突破和新经济制度规则创立为基础抢占未来发展先机和战略制高点。但从目前来看，这些产业还没有成为世界经济发展的新增长点，在失去政府的补贴性政策后，产业发展出现快速下滑。这对象我国这样的后发国家来说，未来存在较大的产业机遇。

（二）国际化发展存在的问题

长期以来，高新区在国际化方面已经建立了扎实的工作基础，包括建立一批服务平台，培育一批服务机构、引进一些创新资源等，但着眼于整合全球创新资源，支持我国高技术企业全球运营来看，高新区的国际化工作仍存在以3个问题。

首先国际化资源未在高新区内有效整合。虽然部分高新区构建了一些国际化平台，成都高新区中欧中小企业创新合作平台、（深圳）国际科技合作商务平台、上海国际企业孵化器、（中关村）科技企业"走出去"一站式服务平台（iBridge）等国际化服务平台和信息库，培育了一批国际化服务机构，但各部门、各地区的信息、渠道和服务资源还没有实现共享，不能达到合理整合利用的目的，无法实现各地区各类创新载体之间协同推动国际化工作的局面。

其次国际化进程中缺乏协同。主要体现在三个方面，一是我国企业在国际贸易、并购等活动中，多是相互竞争，而不是协作，这导致我国企业在国际合作中，多处于劣势，而不能掌握合作的主导权；二是我国企业的国际化活动多是从自身出发，而较少考虑与产业链上下游其他企业协同国际化发展，目前，国际产业竞争已经转变为产业链竞争，只有密切上下游企业间的协同发展，才能获得产业链整体的竞争优势；三是我国企业国际化过程中，较少与科技组织和金融机构开展合作，当前的国际竞争早已不是技术竞争或资本竞争的单一模式，而是多种综合实力的较量，尤其是在面对跨国公司的竞争时，我国企业往往处于劣势，更需要加强与多种类型机构的合作，提升整体的竞争能力。

最后专业化服务体系还不完善。我国高新区内支撑国际化的专业服务体系虽有一定发展，但很多区域不仅数量少、服务范围有限，而且专业化水平也较低。从整体上来看，高新区内服务机构的国际化人才与经验相对缺乏。

四、高新区国际化发展政策建议

从高新区国际化发展存在的问题和面临的机遇出发，后金融危机时代，我国高新区国际化发展应着重做好以下四个方面。

（一）加强顶层设计

从国家层面上，构建高新区整体性的国际化（资源、信息和服务）网络。一方面依托火炬体系下现有国际合作平台，建设、完善和提升一批国际化重点服务平台。在平台建设的基础上，适时启动以火炬中心为核心节点、以各地重点服务平台为支撑节点的产业国际化网络建设工程，实现平台之间的互通和互动，形成各平台面向全国高新区提供服务的体制机制，并通过与国际各种服务平台载体建立广泛联系，以及在国外设立不同类型的平台服务机构等方式融入全球创新网络。另一方面加强部委间的合作与协同。我国其他一些政府部门同样拥有可以支撑高新技术产业国际化发展的资源和政策，例如商务部与很多政府部门和投资机构都签署了谅解备忘录（MOU），积极推动科技部与商务部、国开行、工信部等不同部委之间建立信息和资源共享的合作机制，将这些资源整合到高新区国际化发展平台网络中。

（二）实施针对性国际化策略

金融危机促进了双边和区域合作，我国高新区应抓住这样的历史机遇，结合不同高新区重点产业发展需求与战略性新兴产业的区域部署，在沿海、沿边和内地统筹布局，重点瞄准发达国家、新兴经济体和周边国家三大方向，实施有针对性的国际化策略。其中，面向发达国家侧重引进和利用技术、人才和风险资本等科技创新资源；面向新兴经济体侧重支持市场开拓和商业运营，例如长春高新区在加强与俄罗斯科技合作的同时，应大力支持区内企业在俄罗斯多种商业活动的开展；面向周边国家侧重在国家沿边开放战略的整体部署下展开创新一体化合作，例如南宁高新区应着重推动中国与东盟创新合作，利用我国的产业优势、技术优势和资本优势，推进双方产业合作，建立以我国企业为主导的产业链条，构建利于我国产业发展的区域市场环境。

（三）完善专业服务体系建设

充分利用国家计划的引导作用，明确政策着力点，依托各类创新载体，培育一批为高新技术企业国际化发展提供科技、经济信息咨询、国际技术转移、国际市场开拓、国际创新项目对接与孵化、人才引进及国际知识产权申请、国际标准认证、国际化经营咨询与培训等服务的专业化机构。同时，要加强对服务机构的指导、培训、考核与监督，推动资源共享和网络协作，建立定期交流机制，认真总结和及时推广创新服务模式，提高服务成效的成功经验，提升专业化水平。

（四）推动国际化中的协同发展

首先，以全国高新区产业为基础，加强协会等产业组织的发展，以论坛、网络等多种形式，促进高新区内企业的交流与沟通，推动高新区企业在国际化发展过程中的合作。同时，以多种政策手段提高科技组织和金融机构参与的积极性，提升高新技术产业的综合竞争能力，尤其是要抓住全球战略性新兴产业发展的契机,大力吸引科技、人才、风险资本等国际创新资源在高新区内聚集,充分利用全球创新资源,促进战略性新兴产业中的创新创业活动,提升产业发展的创新能力。

其次,大力支持中小企业通过开展联合研发等国际创新合作,最大限度和最有效地在全球范围内整合技术、人才、资本等要素发展新技术、培育新产业,创造新的经济增长点,高起点地提高自主创新和产业化能力,并以重大项目等多种政策手段,支持中小企业与大企业开展密切合作,构建自主产业链条,共同开拓海外市场。

最后,以高新技术企业为重点,培育一批具有较强国际影响力的企业做大做强,加强企业与大学科研机构的合作,提升创新能力,支持企业建立技术创新联盟和产业联盟,开展国际标准创建或认证,设立海外研发中心,整合全球创新资源,加强龙头企业与金融机构的合作,实施跨国并购和实现境外上市,提升龙头企业国际化发展水平、国际竞争力和整合全球产业链的能力,并通过龙头企业、高成长企业、科研组织、金融机构和国际服务平台等形成我国战略性新兴产业发展的重要框架支撑,促进我国企业主导的国际化产业创新体系形成。

第四节 国家高新区应加快实施国际化战略

2010～2015年,是中国经济由"开放,适应全球格局"迈向"走出去,改变全球格局"的转折期。新时期,赋予国家高新区"互联网、'一带一路'和区域经济协同、深化改革"等重大机会,如何把机会变为现实,我们认为,国家高新区应加速实施国际化战略,为此提出实施国际化战略的目的、思路、原则及方向性建议。

一、中国经济进入国际化发展的新阶段

2010～2015年,是中国经济由"开放,适应全球格局"迈向"走出去,改变全球格局"的转折期,原因如下。

1）2010年，中国GDP为58 786亿美元，超过日本GDP的54 742亿美元，一跃成为全球第二大经济体，终结了日本二战后40多年仅次于美国的"经济奇迹"；

2）2014年，中国对外投资规模首次超过利用外资规模，在近代历史中第一次实现资本净输出（资本净输出国），成为仅次于美国和日本的世界第三大对外直接投资国；

3）党的十八大以来，中共中央、国务院提出"一带一路"倡议，即"新丝绸之路经济带"和"21世纪海上丝绸之路"，围绕"一带一路"倡议，推出了亚洲基础设施投资银行、金砖国家开发银行、中巴经济走廊等一系列重大举措。

如果说中国成为全球第二大经济体，体现了中国经济体量的"大"，那么中国第一次成为资本净输出国，则意味着中国开始进入"强"的轨道。而中国提出"一带一路"倡议，将从根本上开启"中－美"主导的全球发展态势的大格局。

过去40年，中国经济处于"开放，适应全球格局"的阶段。通过开放市场，引入外部资本，基本跟上了信息技术为代表的第三次技术革命；通过对外开放，发挥了中国土地、劳动力等成本低的优势，使得国内产品快速进入全世界；通过对外开放，适应经济全球化，构建了中国计划经济向市场经济转型的改革路径和一系列管理制度。

从21世纪第二个十年开始，中国经济开始进入"走出去，改变全球格局"的新阶段。关键词是"改变"，改变不合理的经济规则，让中国经济拥有更公平、更平等的市场法则。当前，经济全球化日益加深，产业分工和转移的速度加快，科技进步日新月异。随着我国加入世贸组织具体承诺的逐步实施和国内市场的开放，园区在全球范围内集聚优势资源的渠道将更加通畅，市场竞争环境不断得到改善。中国经济迎来第二次信息化浪潮和党的十八大以来的一系列改革，赋予国家高新区新阶段难得的机遇。

二、能否抓住三大机会决定着高新区发展的未来

一是以中国和美国为引领的全球化互联网变革带来的产业转型的机遇。全球化互联网变革正以迅猛的速度改写着人类发展的历史，互联网通过改变人的思维，改变人的生活方式，改变人与人之间的关系，而重新构建了商业规则。中国以百度、阿里、腾讯等几大互联网巨头，与美国google、亚马逊、

facebook 等为代表的互联网公司，主导着全球互联网发展的态势。正是因为看清了新一轮技术革命趋势，中国政府及时出台了"中国制造2025"、"互联网+"行动计划、促进大数据发展行动纲要、"大众创业、万众创新"等一系列政策。作为全国第一方阵的国家高新区，必须适应互联网产业发展规律，有的放矢地抓住推动国家高新区产业转型发展的大好机会。

二是"一带一路"倡议所创造的抢占全球市场和提升全球竞争力的国际通道。2008年金融危机，中国政府4万亿投资惯性化、短期刺激了中国经济的增长，同时，也加重了中国传统产业产能过剩的危机。新时期，中央政府准确判断，当前中国经济处于经济增长速度换挡期、结构调整阵痛期和前期刺激政策消化期"三期叠加"的新阶段，为此，从全球大格局的角度出发，前瞻性提出实施"一带一路"倡议。我们认为，"一带一路"倡议，与过去30年我国实施"改革开放"的战略意义并重，它不仅关系着中国经济未来30年的走势，也关系着中–美新型大国关系的地位，以及双方主导的世界经济发展的新格局。作为科技体制改革的主阵地，有着20多年推动中国科技产业率先发展的国家高新区，责无旁贷地担负着"一带一路"国家和地区科技产业的支撑与发展。因此，落实"一带一路"倡议，既是国家高新区管委会的责任，也是国家高新区企业拓展全球市场的机遇。

三是区域协同发展与全面深化改革带给国家高新区高效优化环境和尽快提升创新效率的机会。京津冀协同发展、长江经济带、长三角、珠三角等，与经济、创新全球化，共同作用加快创新资源的流动。以京津冀协同发展为例，京津冀三地"协同发展"30年，但是，2015年才是协同发展真正落地的开始。2015年4月30日，中央政治局会议审议通过《京津冀协同发展规划纲要》指出，推动京津冀协同发展是一个重大国家战略，核心是有序疏解北京的非首都功能，并且明确了三地的功能定位。疏散对应承接。京津冀协同发展带动京津冀三地国家高新区承接北京央企总部或区域总部外溢的机会，带动三地国家高新区承接和利用北京高端医院、高端培训基地、高端软件及大数据人才、高端生物医药或环保装备领域的产业项目等外溢的可能性，与2015年9月新发布的全面创新改革试点相配合，赋予国家高新区发展千载难逢的机遇。

三、实施国际化战略有利于抓住历史性发展机遇

机会与挑战并存，这些机会不仅是国家高新区的机会，也是其他行政区

域的机会，如何把这些机会在国家高新区变为现实，就需要国家高新区在更广范围去拓展认识格局、在更深层次推动全面改革、在更有效程度去高效落实工作，这一切都需要"全球化开放、全球化认识、全球化提升"，把"全球化"作为我们认识的平台、作为我们工作的起点、作为检验工作的标准。

当前，位于第一方阵的国家高新区，围绕创新驱动，都在深入实施"国际化或全球化战略"。北京中关村、上海张江、浙江杭州等争先构建"全球影响力的科技创新中心"，已经上升到国家战略。2015年9月6日，国务院批复浙江杭州和萧山临江2个国家高新区建设国家自主创新示范区，旨在打造具有全球影响力的"互联网＋"创新创业中心、全球电子商务引领区、信息经济国际竞争先导区。西安、成都、青岛等高新区也都在积极投入到全球创新中心建设中，2015年，青岛高新区全球连接战略正式启动。1月25日，青岛高新区美国硅谷服务站在美国圣何塞市硅谷挂牌成立，同时，青岛高新区与瀚海硅谷科技园合作协议签约仪式、海外政策宣讲会和项目洽谈交流活动也在当日举行，这是青岛高新区实施创新驱动和全球链接战略迈出的重要一步。

国家高新区实施全球化战略，有助于全面提升领导干部对园区发展、技术变革、国家政策等方面的认识水平。过去，各个部门只关心上级部门要求和本职部门工作的思想，已经不适应全球化发展战略的要求。土地、规划部门，不了解产业创新不行，尤其面临土地审批与创新项目落地之间出现认识上的差异时，如果能够了解创新的不确定性就容易处理，否则容易出现"教条主义"。组织人事、宣传等部门，也需要了解技术创新、市场创新；科技部门与金融、创业、商业知识也有交叉，等等。2015年，中共中央、国务院关于深化体制机制改革加快实施创新驱动发展战略的若干意见指出，要坚持科技创新为核心的全面创新。国家政策也是来源于对全球经济社会发展的认识。国家高新区通过实施全球化战略，鼓励开放学习，提升干部队伍的认识水平，不仅有助于认识国家政策的内涵本质，也有助于认识国家政策制定的背景和原理，知其然，也知其所以然，对形成上下互动格局有积极的促进作用。

国家高新区实施全球化战略，通过学习了解全球经济发展的形势和全球创新资源流动的规律，由外至内，找准高新区发展的瓶颈，以问题为导向，有利于倒逼管委会深化改革和开展政策先行先试。当前，全球经济增长动力不足，国际货币基金组织总裁拉加德在2015年9月召开的二十国集团财长和央行行长会议表示，全球经济面临的主要挑战是经济增长的乏力和不均衡。以巴西、阿根廷为主的拉美国家，货币贬值，外债高企，资本外流，已经出现 1997 年亚洲经济危机的苗头。在全球经济形势不乐观的情况下，以中国、美国为主的互联网经济，呈现出持续增长的亮点。中国社会科学院信息化研究中心秘书长、《互联网周刊》主编姜奇平认为，从工业化向信息化，欧洲正在衰落，表现在全球互联网前 25 强中没有一家企业。现在只剩下中国和美国，目前全球互联网企业 25 强中，中美力量对比为 6∶14，正好为两国 GDP 之比。在新一轮的互联网经济加速发展的背景下，国家高新区有必要实施全球化战略，把握全球互联网市场，以及互联网对生物医药、节能环保等产业发展的机遇，建立自身互联网经济新发展的新亮点和新动力，内外互动，加快区域经济转型发展。

四、国家高新区实施国际化战略的目的与思路

国家高新区实施的国际化战略，旨在构建具有国际影响力的科技园区。这种国际影响力的科技园区，不是完全依靠招商引资的方式能够打造形成，而是通过国内外市场的自然连同、通过高端创新要素的市场化流动、通过生态化的高效运作的文化融合与环境机制自然形成的。

这样形态的园区，目前可以选择的参考是美国的硅谷、法国的索菲亚科学城等。法国索菲亚科学城开始时科技和经济基础几乎空白，除了尼斯大学外，周围没有其他高校和工业。建设科学城始于巴黎高等矿业学院院长拉菲特先生"在田野中建设拉丁区"的设想。在科技城建立以后，有巴黎矿业学校、尼斯地区商会、电信学校、法国石油研究院、国家科研中心及一些私营公司入驻科技城。在 20 世纪 80 年代中期，围绕索菲亚科学城的建设法国政府和区域组织刻意进行了国际性园区形态的打造，包括成立索菲亚－安提波利斯基金、组建"计算机科学研究所""欧洲技术研究所"等，到目前形成了多学科、高水平、国际性的科学技术中心。其特点主要表现为：目前有 27 300 个就业岗位，而这些就业岗位提供给来自全球 68 个国家或民族的职员；有 1300 家公司，其中 150 家海外资本公司；有 64 家由不同国家在这里设立的研究和教育机构，这些机构有来自 50 多个国家的 4500 名研究者和 5500 名学生。因此索菲亚科学城成为全球最负盛名的国际性科技园区。

20 世纪 90 年代，Krugman 等人就对在全球化或多区域竞争条件下形成全球经济优势的现象进行过深入研究。提出形成要素向特定区域的流动和形成特定的区位经济优势，关键在于改变 2 点：即降低"自然成本"和缩小

"社会距离"。"自然成本"是指影响经济和贸易活动的自然因素，如地区间空间距离、自然环境、运输条件等；"社会距离"是影响经济和贸易活动的社会因素，指地区之间文化、习俗、制度等方面的属性，越来越多的研究证明地区之间在文化、习俗、制度等社会因素方面的差异对地区间的经济往来会产生很大的影响。这2点实际上构成了一个区域的"交易成本"，如果没有受到其他强制性限制，支撑经济发展的要素为使自身报酬最大化，将向成本最低和报酬最高的地区（方向）流动。

从这样的理论视角出发，国家高新区要汇集国际性创新要素并形成区域创新综合体的领航，发展的思路和建设重点同样需要着眼于这两个方面：降低或减少园区的"自然成本"，改善或缩小"社会距离"。

第一，划定特殊空间，构建全球创新核心区。针对全球创新核心区，规划导向要从加速发展产业转向高效汇集全球创新资源。以往建设高新区的规划主要是从促进产业发展的方向着眼，全球创新核心区的建设思路应吻合新的目标定位而不仅重点强调促进产业，还应从汇集全球创新资源的角度，创造降低园区"自然成本"的条件和环境。前期的着力点主要应考虑建设发达方便的交通条件、通信条件，提供可方便实现国际化交流对接的场所、商务环境条件、全球高端人才的创造和创业环境与条件，以及舒适的工作生活场所和条件等，以此减低汇集创新要素的"自然成本"，形成对国际性创新要素的吸引和凝聚。

第二，改变过去潜意识地把"招引外资"和"引导企业走出去"作为高新区国家战略的基本思路，而要转变为：立足全球，从"资本与市场、知识与技术、创业与孵化、管理与品牌"等角度出发，全方面、一体化、前瞻性实施国际化战略。"全方面和一体化"是指投资的引入与走出去一体化、创新资源引入与渠道对接的一体化、创业孵化与能力建设的一体化、企业水平与园区管理标准的一体化等。"前瞻性"是指不仅仅跟踪全球领先的技术、优质的资本，而且随着互联网对经济社会的深层次改造，国家高新区需要树立敢于领先、勇于领先的理念，前瞻性开展技术开发，率先推动制度变革和政策试点。

五、国家高新区实施国际化战略的原则

（一）原则1——当前问题与长远需求相结合

调研具有国际化活动的企业面临的迫切性问题，以及在引入国际人才、

国际技术等创新资源和拓宽国际市场渠道、国际组织对接中遇到的关键性难题，以问题为导向，提出和实施加快国际化的工作方案。同时，面向园区整体国际化能力建设，从空间布局、创新载体建设、国际化制度、企业的国际化品牌等软环境建设等角度出发，提出需要长期坚持的国际化主题，将其列入国家高新区"十三五"规划，将长期与短期工作相结合，持续性推进国家高新区的国际化战略。

（二）原则2——改革试点与自我探索相结合

党的十八大之后，新一届中央领导明显加快了改革与政策试点。2015年9月7日，中共中央办公厅、国务院办公厅印发了《关于在部分区域系统推进全面创新改革试验的总体方案》，把京津冀、上海、广东、安徽、四川、武汉、西安、沈阳率先作为改革试验区域，要求其担负起先行先试的重任，其中，石家庄也是京津冀的重点区域。国家高新区实施国际化战略，需要争取国家各类改革与试点，包括全国创新改革、科技金融、大众创业万众创新、众创空间、自贸区、"互联网+"等。同时，根据高新区及区域发展的实际，自下而上凝练问题，譬如围绕高新区科技资产的归属问题、科技成果转让的三权问题、京津冀高新区协同的机制难题等，率先自我探索、自我改革，形成一定经验后，再上升到国家战略。

（三）原则3——市场推动与政府引导相结合

党的十八大报告提出，市场是资源配置的决定力量。在国际化工作中，率先发挥企业或社会组织的市场推动作用，是第一位的。从中关村园区、苏州工业园区等发展经验看，政府的积极推动和市场的有效需求是实施国际化战略不可缺少的二元条件，政府与市场的相互融合、相互促进是发展高新区产业的最好方式。其实，即使市场经济高度发达的硅谷，也遵循"政府引导+市场需求"的模式，硅谷的建设，离不开加州政府的支持，硅谷人才的吸引，离不开美国教育制度和绿卡制度。当前，国家高新区推动国际化战略，需要发挥市场推动与政府引导的双重作用。

（四）原则4——特色培育与全面介入相结合

从"资本与市场、知识与技术、创业与孵化、管理与品牌"等角度出发，全方面推动国际化战略，在前面已经说到。当前，国家高新区把生物医药、节能环保装备、信息技术等作为主导产业。未来，需要根据新的技术发展趋势，进一步凝练高新区发展的特色，类似杭州高新区的互联网产业、苏州工业园区的纳米产业、武汉的光电子等，当然，特色的凝练可以是无中生有、规划打造，也可以是市场发展、自然形成，或者是两者兼顾。特色培养是高新区发展的方向，全面介入是特色培养的路径或手段。

六、国家高新区实际国际化战略的建议

（一）提升理念和认识

过去高新区的国际化工作，主要是海外招商、招人或鼓励企业出口，实际上，实施国际化战略，是全球市场、技术、人才、制度一体化对接和相互适应的过程，甚至需要重构相互适应的局部领域的市场规则。

（二）争取各类国家政策试点

国家高新区应该尽可能争取国家自主创新示范区、全面创新改革试验区、自贸区、"互联网+"、众创空间等改革试点，尤其发展较快的高新区及沿边高新区，应积极与相关国家共同设计国际创新园区试点的制度和规范。例如，乌鲁木齐高新区在中亚、西亚地区合作不断深化，但是乌鲁木齐高新区自身经济体量、创新实力不足，那么完全可以设计多家高新区与周边国家的功能区域合作开发试点，一边推动工作，一边上报申请试点。

（三）围绕企业国际需求打造国际化服务平台与服务机构

加大对国际化服务平台和体系的培育和建设，设立权威性、综合性的外商投资咨询服务机构，向外商提供随时的咨询服务，包括接待、联络、引介、信息和法律咨询，以及接纳投诉等服务；在海外著名园区设立商务中心，随时向国外投资商宣传介绍国家高新区，并引导其来高新区投资。

（四）为企业提供金融帮助，加大"走出去"步伐

从财政预算中单独切块设立外经外贸专项扶持资金，结合国家、省、市专项补助资金，加大财政、金融保险方面的支持力度，为企业的国际化提供资金支持。对于园区企业在自主创新、国际参与度、知识产权、国际化品牌等方面给予重点支持。

（五）疏通生产要素的国际流通渠道，提高园区对国内外资源的吸纳能力

以目前高新区现有的外商投资企业为基础，成立外商投资企业协会，为外商投资企业和外籍人士提供良好的互动平台，充分发挥政府部门在外商投资企业之间的桥梁和纽带作用，增进企业与企业、企业与政府、企业与经济团体之间的了解、友谊与合作；建立宣传网络，全方位、多层次、多角度地宣传国家高新区的科技实力和优越的投资环境形象，创造更多贸易、投资及合作的机会。大力发展中介组织，培育中介服务市场，为区内产业国际化发展提供高质量的服务；实施"高新区英才计划"，集聚和培养有利于产业发展的国际一流人才，建立人员进出境便捷通道；畅通创业资本进入和退出渠道，吸引国际、国内风险投资，促进园区产业发展，充分发挥政府成为区内各企业国际化发展的桥梁作用。

（六）完善园区投资软、硬环境，创建尊重企业家精神的国际创新特区

选择适宜空间，打造高新区国际化的硬环境，实现生活配套的便利化与国际化；软环境方面，注重政府的服务意识、法制环境、市场机制等方面的建设，进一步落实《中华人民共和国专利法》《中华人民共和国商标法》《中华人民共和国技术合同法》《中华人民共和国反不正当竞争法》等相关法律的实施，改善法律环境，创建尊重企业家精神的国际创新特区。

（七）加强政府间的交流和合作，为高新区国际化提供便利

通过政府间的交往，争取合资合作项目获得东道国政府的支持，保障企业能够享受该国的优惠政策，实现合作共赢。从管委会在职人员中，每年选择10～20个干部，与国际水平较高的高新区或科技园区，譬如生物医药产业较好的印度、制造业发达的德国等，开展多形式、广泛的人员交流。

第五节　创新生态系统全球演化与中国实践

众所周知，进入21世纪以来，科技创新能力的强弱已成为国际竞争胜败的主导性因素。然而，企业创新能力的强弱又取决于什么呢？我们研究

发现，企业创新能力仅仅是度量国家创新能力的短期性关键因素之一，而支持企业创新能力的创新生态体系才是长期影响国家创新能力的更重要的要素。

创新生态系统是国家创新系统的重要组成部分，是微观企业创新活动的"土壤"和"动力之源"。所谓"土壤"就是指企业或产业创新发展所需要的研发设计、科研条件、创业孵化、技术交易、知识产权、投融资等专业化服务的科技服务机构、平台、网络及其与全球市场和政府形成的网络关系。所谓"动力之源"就是指企业创新本身的动力，即创新创业文化，包括企业家精神、社会文化环境、道德、价值观，以及具有一定群体性质的意志、毅力、专注、团队意识、责任意识等。

创新生态系统又不同于国家创新体系，前者属于功能性环境，后者属于整体性环境。国家创新系统是20世纪80年代才兴起的理论，OECD的报告指出，它是指公共和私营部门中的组织结构网络，这些部门的活动和相互作用决定着一个国家扩散知识和技术的能力，并影响着国家的创新业绩。由于各国历史背景、政治、经济制度状况不一，因此有着不同的国家创新系统。

就当前而言，国内创新生态系统的概念，与国际上的基本一致。美国总统科技顾问委员会（PCAST）2003年正式提出创新生态系统（innovation ecosystem），这个理论认为：美国的技术和创新领导地位取决于有活力的、动态的"创新生态系统"。其特点是：①突出了创新系统的动态演化性；②创新系统创新要素的有机聚集；③强调了系统的自组织生长性。

党的第十八届三中全会明确提到要"建设创新型国家，必须创新体制，加快推进国家创新体系的建设"。作为国家创新体系的重要组成部分，创新生态系统是衔接创新主体，挖掘创新资源，营造创新环境，增进外界互动的桥梁、纽带和土壤。科技部火炬中心率先以国家高新区为载体启动建设创新生态系统，开启了我国创新生态体系建设的先河。

一、创新生态系统的全球演进及其对经济的影响

（一）全球化演进

创新生态系统的全球化演进大致经历了3个阶段：技术创新—国家创新系统—创新生态系统。工业经济时期并未形成创新体系的概念，在内涵上更

多的偏向熊彼特（JosephA.Schumpeter）提出的"技术创新"，强调技术向工业和社会的扩散。在20世纪五六十年代后才陆续提出创新体系的概念，但是依旧强调"研发——生产销售"线性创新，认为科技研发投入会自动带来社会技术进步，重视研发投入而忽略了创新过程的系统属性。这个时期科技创新的特点表现为线性的，并且是相对缓慢的增长。

1987年，英国著名技术创新研究专家弗里曼（C.Freeman）在对日本创新效率和经济发展的研究基础上，首次提出了"国家创新体系"这个全新的概念，由此掀起了全球创新生态系统研究第二轮浪潮。此时互联网经济呈爆炸式发展，推动工业经济步入知识经济，信息社会快速到来。国家创新体系强调技术创新与制度创新的整合，各行为主体的制度安排及相互作用能有效降低创新活动中技术和市场的不确定性，克服单个企业技术创新的能力局限，使得一国的技术创新取得更好的绩效。其科技创新的特点表现为边界模糊，增长速度极快。

进入21世纪以来，一些国家如日本出现所谓的"系统失灵"，即虽然在研发投入上力度不减，但创新成果并不明显；而一些地区如美国硅谷一跃成为持续增长的代表，由此带来新一轮有关"创新生态系统"的研究，日益受到各国推重。"创新生态系统"被视为推进技术和经济发展所必需的机构和人员的相互作用的动态系统，强调在更大的范围内实现创新资源的优化配置，使创新成为推动整个经济社会发展的战略性力量，由以往关注系统中要素的静态构成，向关注要素之间、系统与环境间的动态过程转变。

（二）对经济发展的影响

如果对美国和欧洲前500家企业进行排名，我们会发现，美国企业在20年左右会变化1/3，而欧洲企业在50年左右才会改变。欧洲著名企业如德国大众、西门子，瑞典爱立信、沃尔沃，法国雷诺、标致雪铁龙、欧洲空中客车等，以老牌企业居多，而且偏向传统汽车工业制造；而美国著名企业如摩根、埃森哲、IBM、intel、Apple、Facebook、高智发明等，相比更年轻化，且以互联网、金融等新兴产业居多。对比两国的创新生态系统，会发现欧洲虽然强调创新要素的网络化，但是总体来讲，创新动力不强，导致新型企业诞生不足，整体经济活力不够。美国采用的创新生态系统对经济影响可见一斑。

创新生态系统认为，产业和产业的竞争更多体现在环境竞争，因此美国非常重视环境的培养而不是直接干预市场。例如，虽然美国没有明确提出战略性产业，但美国的石油、粮食、文化、高科技，都是作为战略性产业培养；金融、政治、人才、军事等战略，也都是站在国家战略层面去思考。因此，立足于营造好的市场环境，将是发挥创新生态系统效用的关键。

二、创新生态系统理论的中国实践

（一）中国火炬工作进展及成效

2011年8月，科技部火炬中心开启《科技服务体系火炬创新工程实施方案（试行）》试点工作；2013年4月，又印发了《科技创新服务体系建设试点工作指引》，将科技服务体系建设由宏观政策指引转向中微观具体的工作指引；同年9月，科技部批复13个地区开展试点工作。根据科技服务体系建设的成效，这些试点地区可分为2类：一类是国内引领型高新区，包括深圳、西安、成都、广州、苏州工业园和天津6家；另一类是具有明显特色的高新区，包括长沙、绵阳、济宁、东营、襄阳、东莞、杨凌7家。

针对第一类高新区，创新生态系统的重点在于：①积极参与国际化进程，包括国际资源的引入（如深圳、广州、天津等）、国家市场的拓展（如深圳）、国际服务网络接入（如成都）、国际服务标准建设（如广州）、国际化开放（如西安）等；②科技服务新业态的培养，包括国际服务业（如深圳、天津）、互联网行业；③战略性新兴产业的发展，包括纳米产业、生物医药产业（如广州、成都）。

针对第二类高新区，创新生态系统的重点在于：①促进政府职能转化，即政策创新（如绵阳、济宁）；②完善科技创新服务结构；③鼓励与传统产业相融合；④突出各自的特点和问题（如杨陵强调市场化；绵阳突出发挥国家科技城的制度优势，帮助企业快速成长；襄阳重点发扬在新能源汽车领域的国际话语权；东莞重点挖掘企业需求，优化创新体系）。

（二）核心目的与重点任务

总结已开展试点地区的经验，针对我国目前在产业升级、新兴产业培育、城市发展等方面的迫切需要，我们认为，当前阶段创新生态系统建设应当紧紧围绕以下4个核心目的进行：一是促进传统产业升级或资源优化；二是促进战略性新兴产业培养和做强；三是促进科技服务体系局部或整体优化及城市功能完善；四是促进局部功能性服务产业提升竞争力。

围绕以上创新生态系统建设目的，要重点对以下4项任务进行推进：一是集聚高端要素，优化创新生态系统结构；二是围绕创新需求，增强科技服务能力；三是加强协同整合，提升科技创新服务系统效能；四是创新体制机制，营造创新生态系统发展环境。

需要注意的是，创新生态系统的建设要特别注意对刚萌发但和国际接轨的新业态如"创客"现象的关注。"创客"现象目前在我国一线城市比较活跃，如深圳柴火创客空间"我为造物狂"，北京创客空间"想法当实现"，上海新车间"中国第一家"等，研究营造适宜其发展的微观生态环境，有利于引领性促进新兴产业的形成和发展。

第六节 挖掘全球科技金融发展的中国特色

美国硅谷成功一条非常重要的经验就是：科技创新离不开资本的参与，并且两者结合越紧密创新的效果越好，原因在于，一方面，面向市场的科技创新必将进入产业化过程，需要资本作为生产要素来投入；另一方面，资本获取高收益的逐利目的与科技创新相结合，由利益驱动科技创新过程，将大大加快科技发展速度。所以科技与金融相结合，即科技金融的发展，是全球发达国家旨在提升企业创新能力、培育新兴产业发展和提升国家竞争力最重要的基础环节。

一、科技金融的特点和关键点

科技金融必须作为区别于传统金融的相对独立的金融服务业来发展，原因在于传统金融在支持科技创新发展上存在职能失灵，不能有效地支持科技企业成长和新兴产业发展，这由科技创新过程的特点所决定，同时又被中国金融体系的特点所强化。

从创新过程来看，科技创新具有很强的不确定性。技术创新能否顺利产业化在市场上实现其价值，新兴技术能否发展成为一个产业，不仅取决于技术是否成熟，还深受产业链的配套水平、产业发展的政策环境、市场接受程度等多种因素的影响。创新过程的不确定性给创新投资带来比一般资本投资更高的风险。从中国的金融体系来看，中国金融体系以银行为基础，以国有商业银行为核心的银行系统是资本供给的主要中介，提供社会生产所需的资本信用，但同时商业银行又是货币政策的执行者，其稳定性和资金安全性对国家货币政策至关重要，所以银行往往以资本安全为首位考虑。所以创新过程的高风险和银行资本安全考量的落差，造成了科技型企业和新兴产业很难通过银行获得贷款融资。在传统金融业务下，科技创新的资本需求和银行的资本供给之间难以形成有效对接。所以，在科技创新过程中需要一个有别于传统金融的特殊的金融部门，它愿意承担更高的风险，了解科技创新过程，对创新发展前景能做出更准确的判断，因而也愿意支持科技企业和新兴产业发展，这就是科技金融部门。

科技金融实质上是实现科技企业和新兴产业发展与金融资本的对接，使创新找到资本的支持实现产业化，而资本找到合适的投资对象并最终获得收益。所以科技金融的关键点在于信息对接（实现互相"找到"的问题）和风险控制（投资能获得收益）。如果没有充分的信息交流，投资者就不能充分了解创新的内容并对它的产业化前景做出相对准确的判断；如果没有一定的控制风险的机制，那么资本投资就不能保证一定的获利水平。因而，发展科技金融也应主要集中在两个方面：第一，通过平台和机制建设，拓宽企业与资本信息沟通渠道，减少由于创新的专业性造成的信息不对称。第二，建立合理的风险分担机制，降低创新投资者的投资风险，保障他们合理的投资收益。

二、科技金融发展的中国特色

近年来，中国提出自主创新发展战略，做出加快培育和发展战略性新兴产业的决定，使我国大力发展科技金融变得十分迫切。我国各地方政府，特别是高新技术产业开发区几乎都把发展科技金融作为重点工作之一。在发展科技金融过程中，高新区一直以美国等发达国家为师，学习美国硅谷银行的资本投资方式成立自己的科技银行（科技支行或分行），复制美国互联网产业天使基金和风险投资发展的政策环境来吸引风险投资资本的聚集，以以色列创投母基金为模板建立政府引导基金和国创母基金等。但是中国高新区在仿效国际经验的同时，围绕孵化、培育科技型中小企业和发展战略新兴产业，需要因地制宜地探索一些具有中国特色的科技金融服务模式。

（一）"政府孵化平台+创业风险投资"模式

为了加快科技成果产业化，集中解决创新创业过程中普遍存在的问题，国内地方政府以高新区为载体，成立了大批科技型中小企业创新创业的服务平台，从20世纪80年代中期开始的科技创业服务中心[①]，逐渐形成了包括科技创业服务中心、国家级省级等各级孵化器、大学科技园、留学生创业园等的多元化孵化平台。近些年，孵化器在主要高新区获得巨大的发展。这些企业在入驻孵化器时，都经过了相关机构的认证和筛选，或者是招商部门从国外和全国各地引进的优秀团队和企业，发展前景广阔，自然成为创业风险投资所青睐的投资对象。同时孵化器中的创业企业为获取政府政策支持，与政府机构有着多渠道联系，如高企认定、申请政府主持的创新项目、争取各种政府补贴，等等。通过这些联系，政府掌握了丰富的企业信息，而这些信息对风险投资人来说至关重要，信息越充分越有利于投资人降低投资风险。所以各种投资机构接受孵化器工作部门的推荐，在孵化器里寻找投资对象。孵化器成了创业企业和创业投资对接的平台。目前，很多孵化器把吸引风投资本，推介投资企业作为服务内容之一。同时，孵化器举办的各种沙龙、项目路演和对接会，进一步加强了企业和资本的信息交流和对接。甚至有些孵化器为了吸引风险投资，制定了"跟投"政策，如果创业投资对在孵企业进行股权投资，则政府跟投一定数量的资金，以分担投资人的风险。

除了上述松散性的孵化平台与创业资本的合作，一些高新区在积极探索孵化器与风险投资的制度化的合作机制，如武汉东湖创业服务中心在科技企业孵化器与创业投资协作的论题上进行了积极的探索。

如图5-1所示，武汉东湖新技术创业中心采取与创投机构进行股本合作的协作模式。东湖新技术创业中心负责项目评审、孵化和孵化企业的日常服务，同时与光谷创业投资基金、华工创投有限公司、宝安科技园等以股本合作的形式对孵化企业进行创业投资。

[①] 20世纪80年代至90年代初，成立的科技创业中心或科技创业服务中心，在本地高新区成立之后，都普遍并入了高新区。

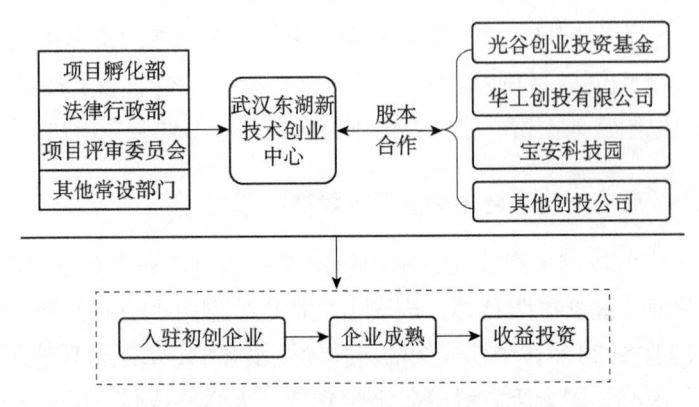

图 5-1 武汉东湖新技术创业中心与创投公司股本合作模式

"孵化器+风险投资"的模式降低了创业投资与风险企业之间的交易成本，如项目搜寻成本、谈判与签订投资合约的成本及监督投资合约执行的成本等。对于与在孵企业有密切关系的孵化器来说，由于它经历了孵化企业的早期生命周期，能够比较容易地了解到创业企业的技术前景、市场状况和管理层的能力等信息，这就极大地减少了创业投资与风险企业之间的信息不对称性，为创业投资提供了低风险、低成本的项目筛选渠道，降低了风险资本的信息费用。

"孵化器+风险投资"的模式推而广之，在加速器、产业园等促进企业成长和产业培育的政府平台载体可以复制，如加速器和风险投资的合作，产业园和产业基金的合作（如"苏州纳米城+纳米产业基金"的形式）等。这些科技金融发展模式都利用了政府企业孵化和产业培育平台汇集信息的功能，降低了企业和风险投资对接的信息成本和资本投资的风险。

（二）"科技贷款+政策性担保（+风投）"模式

中国是以商业银行为主要信用中介的金融体系，所以银行贷款始终是企业融资的重要渠道。除了国有商业银行，有政府背景的城市银行也是地方支持高科技企业和发展新兴产业的重要资源。但是银行出于资本安全的考虑，对中小规模的科技型企业贷款一般会提出抵押要求，而轻资产的科技型中小企业又缺少抵押物，所以银行贷款和中小企业的融资需求之间不能对接。为了解决这一问题，部分高新区（如中关村、杭州高新区）成立了科技担保公司，为符合园区发展导向的企业提供信用担保，使企业达到银行的资产抵押要求，成功获取银行贷款。以中关村为例，中关村 2000 年成立了中关村科技担保有限公司,该公司定位于为园区科技型中小企业提供贷款担保,针对不同企业群体建立了各具特色的绿色通道:针对留学人员创业企业群体设立了"留学人员创业担保贷款绿色通道";针对重点产业设立了"集成电路设计企业专项担保贷款绿色通道"和"软件外包企业专项担保贷款绿色通道";针对高成长企业群体制定了"瞪羚计划担保贷款绿色通道"等。

科技担保公司有效解决了科技型中小企业贷款融资难的问题,一方面,担保公司代替银行继续进行贷款项目的信用审核,并用自有资产做贷款抵押,分担银行贷款的违约风险;另一方面,企业通过担保公司的增信,达到银行要求的放贷条件,降低了融资成本。担保公司在对安全性要求较高的银行和需要贷款支持的科技企业之间搭起了桥梁,实现科技企业和银行贷款之间的资本供需的对接。

中国实行较为严格的银行监管,规定了银行贷款利率的上限,所以银行的科技贷款虽然是高风险业务,但只能获得和一般贷款同样的利息收益,这对银行来说是一种"损失"。硅谷银行正是通过股权投资的高收益来弥补科技贷款的损失,创造了"债券投资+股权投资"的模式。然而,中国同时也禁止银行进行股权投资。某些高新区为了绕过银行监管,制定了允许政策性担保公司进行股权投资的政策,使得投资方(科技银行和科技担保)在企业成长过程中获得相应的收益。如杭州高新区创投服务中心的政策性担保公司开展了股权投资业务,其收益可以在创投服务中心的总盘子下与科技银行的科技贷款业务实现收益平衡[①]。

"科技贷款+政策性担保(+风险投资)"模式是在中国以银行为基础的金融体系,并对银行实行严格监管的制度下,灵活借鉴硅谷银行"债务投资+股权投资"的模式并本土化的模式。担保公司通过企业增信和提供贷款担保,实现了银行借贷资本和科技型中小企业资本需求之间的对接,同时通过专业的贷款项目审核降低了债权投资的风险,并通过股权投资增加了投资收益。

(三)"政府引导基金+创投母基金"模式

以以色列创业投资母基金和澳大利亚创新投资基金为代表的政府创业投资母基金模式也被我国各地政府积极仿效。北京、上海、深圳等地的政府引导基金发展较早,并已颇具规模。近些年,我国政府引导基金发展十分迅速,特别是我国做出培育发展战略性新兴产业的决定之后,多地成立了专项

[①] 科技银行和担保公司同属创投服务中心机构。

战略性新兴产业的政府引导基金。仅以发展最为迅速的江苏省为例，早在六七年前，江苏省已成立江苏省新兴产业创业投资引导基金（2010年成立，首期 10 亿元）、盐城市新兴产业创业投资引导基金（2011年成立，首期 1 亿元）、泰州市新兴产业创业投资引导基金（2011年成立，首期 5000 万元）、泗阳县新兴产业创业投资引导基金（2011年成立，首期 1 亿元）、南通市新兴产业创业投资引导基金（2012年成立，首期 1 亿元）、徐州市新兴产业创业投资引导基金（2012年成立，总规模 1.5 亿，首期 5000 万元）、苏州市新兴产业创业投资引导基金（2012年成立，首期 4000 万元）等多支新兴产业创投引导基金。

在政府积极设立政府引导基金的基础上，我国甚至出现了以投资和管理政府引导基金为主营业务的创投公司，如深圳市创新投资集团有限公司。深圳市创新投资集团有限公司通过委托管理、战略合作、股本合作等形式已建立了 47 个政府创投引导基金，其中包括中央级的创投引导基金 2 个，省级创投引导基金 14 个，市级创投引导基金 29 个，县级创投引导基金 2 个，形成了全国性的投资和服务网络，基金总规模达 85.55 亿元人民币。通过与政府合作成立政府引导基金的实践，深圳市创新投资集团有限公司积累了丰富的经验，建立了一套完善的政府创投引导基金的管理办法，一定程度上弥补了地方政府运作创投引导基金经验不足的缺陷。

"政府引导基金＋创投母基金"的模式，一方面有效地放大了政府资金的作用，使有限的政府资金通过参与发起设立子基金，吸引了大量社会资本参与到创业投资行业；另一方面，由于政府资金的介入，以及合理的制度安排，有效降低了商业性资本参与创业投资的风险，提高了商业资本的收益。

中国科技金融发展中，地方政府充当着十分重要的角色，从设立政府引导基金、对创新创业进行支持和奖励、设立以政府为投资主体的担保公司，到以地方政府融资平台全资建立创投公司，地方政府无疑已经成了科技金融体系的实际推动者、建设者和主要投资人，它们逐渐摸索出了一套既适应我国的经济体制结构，又学习和吸收了不少国际先进经验的科技金融服务体系。

三、面临的问题和发展导向

中国科技金融发展有鲜明的政府主导的特点，使政府发展科技企业和战略新兴产业的主观能动性得到了极大的发挥,并且在调动资源、整合资源、搭建平台等各方面起到了市场和私人部门不可替代的作用,但是同时,政府主导的特点也造成了市场活力调动不足、民间资本参与不足,财政资金投入过多、政府职能延伸太广的问题。

在中国特色的科技金融业中,政府资金占据了大半江山——政府资金或者直接以财政拨款的形式,或者以政府融资平台建立创投公司的形式,或者设立引导基金,或者进行科技贷款绿色通道和提供科技担保,或者对相关机构直接进行奖励和补贴。但是政府的社会公共属性,使其财政收入具有公有性质,而科技金融属于高风险投资,政府资金的广泛介入将带来政府资产流失进而引起社会矛盾加剧的风险。所以,不论从合理性方面还是风险方面,抑或是效率方面,政府资金都应该改变前期对科技金融直接支持的方式。同时,我国民间资本经过数十年的高速积累,数量甚众,却大多徘徊在科技金融部门之外。据央行温州支行2011年上半年的调查显示,仅温州市民间借贷市场规模就已达到1100亿元,其中用于一般生产经营的仅占35%,闲置资金规模高达440亿元;浙江民间资本总规模近万亿。这些资本至今没有合适的渠道有效引导到实体经济,特别是新兴产业的发展中来,而大多以民间高利贷和投机资本的形式存在。所以,中国科技金融下一步的发展应着力在通过支持民营资本成立孵化器、引导民营企业家和民间资本成立天使投资协会或联盟、降低投资基金进入门槛从而吸引小额民间资本进入创投基金和产业基金等方式,把社会上大量游离的民间资本吸收进目前的科技金融服务体系,同时探索调动民间资本活力创造新型科技金融发展平台的激励政策,如鼓励和规范民间资本成立服务基金、利用在线社区成立网上创新创业小额投资平台等,创造出更有活力的科技金融投资方式。

如果政府逐渐从科技金融的直接投资者的角色转型,那么政府的职能应集中在哪些方面呢?根据高新区科技金融发展经验,政府在科技金融中的功能应定位为基础平台搭建、资本引导和资本监管者。

第一,高新区管委会在支持科技企业成长和培育新兴产业发展中丰功居伟,园区企业通过各种政策渠道与政府和政府相关机构建立了多方位的联系,在此过程中,企业发展的各种信息在政府中都有存档,但是目前在政府各部门信息交流不畅的情况下,这些信息被分散在不同的部门。政府应在已有信息的基础上搭建统一的企业和产业信息平台,作为企业、产业和金融资本之间的信息结合点,便利两者的对接。在信息平台的基础上,政府可以吸收民营机构进行具体操作和二次开发利用,如进行信用信息的征集、发布信用报告、企业管理咨询、资本投资咨询等。

第二,政府从资本投资者转向资本引导者。在引导方式上,以政策引导为主,资本引导为辅;而资本引导,以引导基金、信用担保等方式为主,以贷款、直接资本投入等方式为辅。减少直接的资金投入,而利用引导基金的杠杆作用,放大政府资金的功能,以吸引和引导民间资本投资为导向,在降低政府直接参与投资的风险的同时激发民间资本活力。

第三,政府从风险投资的参与者转向规则制订者和运作监管者,不断完善科技金融监管体制和运作机制。如针对不同投资机构制定不同风险监管,防止资本投资蜕化为资本投机;规范投资参与主体之间的利益分配;制定资本准入、退出和补偿机制等,使民间资本在有序的框架内支持科技产业的发展,实现企业和资本的共赢,以及各参与主体的共赢。

第七节　硅谷指数与国家高新区创新指数比较研究

美国硅谷(Silicon Valley)是全球先进科技园区的代表,自20世纪60年代振兴起,硅谷成为之后技术革命发源地和成功的高科技园区代表,成为众多国家发展高科技产业过程中标杆式的效仿对象。随着硅谷的快速发展和影响力的不断提升,1995年硅谷指数(Silicon Valley Index)首次发布,之后在每年年初进行发布,硅谷指数已经成为全美科技发展的风向标,更嬗变成为全球衡量科技园创新能力的著名指标。

在我国,国家高新区已经成为我国依靠科技进步和技术创新支撑经济发展、走中国特色自主创新发展道路的一面旗帜。随着国家高新区队伍的不断壮大,2013年科技部推出了"国家高新区创新指数",并每年发布《国家高新区创新能力评价报告》,全面监测和评估分析国家高新区创新发展进程。国家高新区创新能力评价工作已经持续开展了5年,成为在全国范围内推进创新调查和创新能力评价的先行示范。

我国国家高新区创新指数与美国硅谷指数,是中美两国发展科技园区监测指标体系的代表,因此有必要对这两个指数进行详细对比,以便发现两者之间的异同，获得一些启示，并通过对比分析促使国家高新区创新指数更好地引导国家高新区的高质量发展。

一、指数对比分析

（一）指数背景对比

硅谷指数和国家高新区创新指数都是评价和指导地区经济发展的重要手段。在各自的历史机遇和时代背景下发展起来，两者发展起源、发展方式和社会文化背景存在着巨大的差异。

1. 发展起源不同

我国国家高新区的建设是我国政府发展推动国家经济和科技体制改革的重要成果。1988年8月，我国国家高新技术产业化发展计划——火炬计划开始实施，创办高新技术产业开发区和高新技术创业服务中心被明确列入火炬计划的重要内容，截至2018年6月底，我国已经拥有169家国家高新区。作为创新密集区域的典型代表和国家创新系统的核心中枢，其发展历程折射着我国经济社会创新发展的变迁。在此背景下，由科技部火炬高技术产业开发中心和中国高新区研究中心共同研究制定的国家高新区创新能力指数是一套完整的、能够全面监测和管理全国所有高新区的创新能力建设，并为其下一步发展提供理论和现实依据。

从地域上看，硅谷（Silicon Valley）位于美国加利福尼亚州，是旧金山市和圣何塞市之间一块30英里[①]长、10英里宽的狭长地带。1951年斯坦福大学教授弗雷德·特曼提出创建斯坦福研究园区（Stanford Research Park）的构想，之后企业不断内聚形成规模庞大的硅谷科技园区。硅谷是当今电子工业和计算机业的王国，是高科技技术创新和发展的开创者，该地区的风险投资占全美风险投资总额的1/3，依托于科研力量雄厚的美国顶尖大学，主要包括斯坦福大学（Stanford University）和加利福尼亚大学伯克利分校（UC Berkeley），同时还包括加州大学其他的几所校区和圣塔克拉拉大学，等等。硅谷以高新技术的中小公司群为基础，同时拥有谷歌、Facebook、惠普、英特尔、苹果、思科、英伟达、甲骨文、特斯拉、雅虎等大公司，融科学、技术、生产为一体。硅谷作为世界新经济模式的开拓者，其成功的主要因素有

---
① 1英里≈1.6千米。

以下 7 个方面：一流的教育资源、丰富的人力资源、独特的创业文化、成熟的风险投资机制和庞大的风险投资资金、富有弹性的组织结构、完善的孵化功能和专业的服务体系、恰当有效的政府政策和法律体制。

硅谷指数（Silicon Valley Index）由硅谷联合投资（Joint Venture Silicon Valley）编制，定量分析一定时期或某个时间硅谷地区经济与社会发展情况，是"可测量，可实现，并以结果为导向"的反映区域发展的综合评价报告。硅谷指数 1995 年首次发布，之后在每年年初进行发布，为企业"领导和决策提供分析基础"，是研究硅谷地区发展情况的重要资料，已经成为硅谷风投走向、企业发展与新兴产业培育的重要风向标。该指标体系在 2007 年进行过一次重要调整。2007 年以前，指数主要分为两个部分，第一部分是区域发展趋势性指标，如经济增长、就业率、工资、出口等；第二部分是年度进展观察，包含经济创新发展、居住环境、社会包容性和社区民主等内容。2007 年之后，确定了人口、经济、社会、空间和地方行政的主体框架，沿用至今。

硅谷和我国高新技术园区在发展起源上有着本质的不同，硅谷是高校、企业家、资本等自然流动聚集起来的产业区，而我国高新区是政府探索深化改革、加快体制创新的试验区，由政府管理并且指导发展。

硅谷指数作为硅谷发展的"晴雨表"其典型特点是着重关注硅谷经济成长与社区发展指标，综合社会发展、经济增长、创新驱动、政府治理等方面，全面评价硅谷地区发展的状况。国家高新区创新指数建立是以创新驱动发展的战略为背景，政策导向明确，目标性和导向性相较硅谷指数更加强烈。

2. 政府定位不同

我国高新区是经国务院批准成立，旨在促进高新技术及其产业形成和发展的特定区域。因此我国高新区的发展主要依赖于宏观政策的支持，并不会完全由市场操控。政府给予大力经济、人才、空间等方面的支持，力求实现软硬环境的局部优化，最大限度地把科技成果转化为现实生产力。因此高新区的建立是符合我国国情的体制创新、科技创新的重要成果。我国国家高新区创新指数，主要通过中科院高新区研究中心等专业机构的深入的研究，科技部火炬中心负责制定并以科技部的名义发布。因而，从指标体系的制定、公布，再到指标的具体应用都是典型的政府行为，这种方式能更加精准地抓住高新区创新能力的关键要素，制定出适合中国国情的指标体系。因此我国国家高新区创新指数中政府的职能、导向和作用不可忽略。

硅谷的产生和发展是在自由市场经济的背景下产生的，企业和市场是推动其经济发展的主要动力。所有的企业存亡、发展方向都有市场决定，成功的企业必然经得起市场检验，政府只起到推波助澜的作用，而推出的相关政策只起辅助作用。例如政府立法保护知识产权，国防部门通过增加开支来协助硅谷半导体和电子产业发展等。因此硅谷指数只客观反映硅谷人口、经济、环境、空间等方面的真实情况，不涉及政府任何意识行为。

因此，硅谷是倾向于激发企业和市场的主体作用，而中国高新区，政府的直接干预和激励是促进其快速发展的主要动力。这一差别将完全决定各自指数的设计。

3. 人文环境不同

美国移民人口较多，硅谷更是吸引着世界各地的人才聚集，人口多样性导致文化的多样性。在硅谷，随时可以听到不同的语言，领略不同的文化，这个地区包容性很大，任何高学历的人才都可以在这里发展。不同的语言文化差异也铸就了硅谷开放包容的宽松人文背景，形成了"勇于创业，宽容失败，机会均等，容忍背叛，乐于分享"的独特硅谷文化。创新创业的不断兴起也带动了风险投资市场的快速发展，高效的市场化风险投资体系与创新创业文化是硅谷保持经济竞争优势的关键驱动力。因此创新创业成了硅谷指数的五个一级指标之一，其中用于监测风险投资的指标占到了创新创业指标的半数之多。

我国高新区由于始建较晚、发展大环境相对落后、承担的历史使命比较特殊等原因，在建设与发展过程中长期偏重高新区的经济发展、技术创新、企业孵化、产业培育等功能。各高新区虽然都具有各自的发展特色，但未形成自己独特的人文环境，因此国家高新区创新指数的选取更加注重创新能力的评定和创新成果的计量。

（二）设计理念对比

1. 我国国家高新区创新指数设计理念

我国国家高新区创新指数是由科技部火炬高技术产业开发中心和中国高新区研究中心共同研究制定的国家高新区创新能力指数，是一套完整的、能够全面监测和管理全国所有高新区的创新能力建设，并能指导其下一步发展方向的指标体系，是政府主导的指标体系，在国家创新驱动发展的战略背景下，以"创新驱动经济发展、科技经济深度融合"这个基本思路展开，其折射出的核心理念是"技术创新"与"经济发展"，映射出的国家高新区的主要关注点是以"技术创新"与"经济发展"为核心的"经济片区"，全面客观地监测国家高新区创新能力，反映高新区创新能力优劣成为国家高新区创新指数的核心设计思想。

2. 美国硅谷指数设计理念

《硅谷指数》的编制由非营利性社会组织硅谷网络联合投资编社会完成，该组织以富有弹性的人员和创新网络结构运行，形成了具有扁平化、灵活性治理结构特征的、以项目研究为基础的沟通平台。因此硅谷指数的发展能紧贴硅谷当前经济发展的需要，也就能够得到更大的推广和运用。同时也可以随当前经济状况的变化，灵活地做出调整，使指数的服务性和指导性更为凸显。

硅谷指数设计的立足点是以人本主义为核心。硅谷指数不像常规评价体系，将注意力集中在经济指标上。其经济类指标只有4个，只占指标总数的12.1%。硅谷指数更多的是从适合人生存的角度出发进行评价，其设定体现出对人本身的重视，指标体系中各个细化指标从不同视角反映人的具体生活状况，营造一个适合人们生活的社区，成了制定硅谷指数的基本理念。

3. 中国国家高新区创新指数和美国硅谷指数设计理念对比分析

通过分析可以发现我国国家高新区创新指数和美国硅谷指数在设计理念方面存在很大不同。国家高新区创新指数主要目的是监测高新区的创新能力、促进高新区经济发展，指标的设置针对性很强，能够对高新区创新能力做出全面的评价，通过研究分析就可以深入掌握高新区创新能力的优势和短板，能够为其后续发展提供可靠意见指导，是一种目的性很强的政策监管指标。硅谷指数经过长期的发展，已经成为服务硅谷经济发展的重要组成部分，以人为本的设计理念使硅谷指数更加贴近实际。从适合人生存的角度出发评价，与以往注重经济、技术指标的思路相比，国家高新区创新指数无疑是更全面的，往往可以反映更深层次的问题，我们建设开发区的根本目的在于满足人民生活水平提高的需要。事实上，开发区是一个居民总体文化水平较高的地区，居民对生活水平提高的重视程度是比较高的。营造一个适宜生活的社区，不仅是经济发展进步的体现，也是保持高新区吸引力的一个重要条件。

(三) 指数内容对比

硅谷指数和国家高新区创新指数，都是监测和指导区域经济发展的重要评价体系。硅谷指数虽是一种全面的评价指标体系，但主要关注点仍然在创新创业方面，我国国家高新区创新指数是一套以创新能力为主要监测方向的针对性指标，两者虽然覆盖范围不同但仍然具有较大的可比性。通过对硅谷指数和国家高新区创新指标在指标功能、数据来源等方面的深层分析，可以发现国家高新区创新指标体系的优势和不足，为更进一步优化和丰富我国指标体系的发展提供参考。

1. 我国国家高新区创新指数内容分析

国家高新区创新能力评价指标体系由创新资源集聚、创新创业环境、创新活动绩效、创新的国际化及创新驱动发展5个方面构建而成，下设25个二级指标。指标体系以"创新驱动经济发展、科技经济深度融合"这个基本思路展开的，因此评价不仅关注创新能力的状态，更重要的是创新发展实现的经济效益。同时，在当前短期内难以开展大规模问卷调查的条件下，创新过程的"黑箱"无法打开，国家高新区创新能力评价只能以现有统计为基础来构建，主要是通过对创新所带来的产出形式变化和经济增长的贡献来反推创新能力的水平。在这25个二级指标中有7个指标用来监测对于研发的人才和经济的投入力度，有7个指标用于监测构成高新区创新能力主体的各类机构和企业数量，有9个指标用于评价高新区创新能力所取得的成果，2个指标反应从业人员的基本收入状况。这些指标主要监测创新的自主性，强调技术上的主导权、控制权、形成自主研发和自主知识产权的能力，是针对我国在经济发展过程中过渡依赖于技术引进而缺乏原始技术、核心技术和关键技术的创新能力而提出来的。

2. 硅谷指数内容分析

硅谷指数主要由三级指标组成，一级评价指标主要包括人口（people）、经济（economy）、社会（society）、环境（place）、治理（governance）5个部分。二级评价指标有15个，包括人口流动和变动、就业、收入、创新创业、商业空间、经济腾飞基础、早期教育、文化艺术、医疗保健、安全、生态环境、交通、住房、市民参与、税收。三级指标有79个。无论是硅谷指数中确定的目标，还是目标的制定过程，都体现出对全民参与硅谷建设的强调。有了最广泛的民众参与，就有了促进社区发展的最深层的动力，就能最大限度避免发展中出现问题的可能。

需要注意的是，硅谷指数的评价指标体系具有较大的灵活性，除一级指标相对固定外，每年的二级及三级评价指标并不完全一致（本节依照2016年的硅谷指数），以反映硅谷地区的新形势、新问题。我国国家高新区创新指数结构上则相对稳定、统一、连贯，这为各高新区评价中的统计、比较工作提供较大便利，体现出一定优势。然而，这种稳定和连贯一定程度上也限制了指标体系的"灵敏性"，迟滞了对环境变化的"感知"能力。尤其是在将指标体系作为引导高新区发展的政策工具的情况下，这种限制和迟滞作用的负面影响更加突出。

3. 我国国家高新区创新指数和硅谷指数内容分析对比

通过对我国国家高新区创新指数和硅谷指数二级和三级指标的研究，发现硅谷指数设计是以人本主义为核心，各个细化指标从不同视角反映人的具体生活状况，首先关注"人"生命的各个阶段：婴儿、幼儿、儿童、青年、成年、老年，每个阶段都有与之对应的指标进行监测；其次关注"人"生活与发展的各个方面：婴儿免疫、幼儿保健、学前教育、小学读写能力、收入、住房、医疗、交通、安全、政治参与等，关注的方面贴近生活，能真实地反映出硅谷居民的生活状况；同时还关注生活在硅谷地区的不同收入社会群体：高收入者、中等收入家庭、接受救济者等，能对高中低各个层次的群体进行监测。这种指标设定体现出对人本身的重视，"人"才是一切经济发展的根本的设计理念，凸显"人"的生存质量对于硅谷健康发展有根本意义。对比来看我国国家高新区创新指数在指标选取上受整体指标数量和数据可获得性的限制，指标选取存在很多客观因素的制约，例如在对外籍人才招揽方面，硅谷指数通过监测非本土人口比例和出生率来进行说明，能够进一步反映其全球人才引进战略实施的深度和广度，这种指标的设置对人才招揽程度更加有说服力。国家高新区创新指数中，对于整体的人才引进，用企业中海外留学归国人员和外籍常驻人员占比反映，反映类型人才数量、比例结构，但是没有反映出人才的成长性及长期可持续发展程度。

在创新创业板块硅谷指数更加侧重于监测风险投资的力度，在2015年硅谷指数在创新创业板块共包括16个三级指标其中仅风险投资和天使投资指标就有 8 个，占比 50%，风险投资业被称为硅谷发展的"金融发动机"，硅谷指数倾向于监测整个园区对于初创企业的投资力度，这种指标设定不仅能够说明园区对于初创企业的投资程度，更能够说明整个园区对于创业的重视程度和创业活力。显然，硅谷的资本市场成熟度高、发展完善且充满活力。我国国家高新区创新指数更倾向于创新能力监测，以及对于初创企业的服务机构数的监测，这种指标体制通过监测政府对企业帮扶力度，来说明园区整体的创新创业能力。在这种模式下企业的初期生存率会高于硅谷，但后期成长较为乏力。两种指标体系的侧重方向不同深层原因主要在于国家制度和发展模式的不同。

（四）指数功能对比

我国国家高新区创新指数，以政策导向为基础，主要关注高新区创新能力建设，旨在监测和引导高新区创新能力的提升。因此我国国家高新区创新指数具有面向全国所有高新区的普适性，同时突出指标体系的引导功能，将国家创新发展的战略目标导向贯穿到评价指标体系中，以指标促发展。并且监测分析的结果能够为国家政策制定提供依据、指导高新区经济发展，具有反馈指导的作用。

硅谷指数指标的功能定位和在经济发展中的作用突出表现在"服务"两字上，是描述性、总结性、启示性的指标体系。《硅谷指数》报告是一个开放的评价报告，面向全世界公布，各个层面都可以获得有价值的信息，本节通过 3 个层面来解读。人员层面：硅谷地区企业领袖、公共部门领导等提供一种基于自然发展状态的决策启示，还能让生活在其中的人了解与自己生活息息相关的包括福利、教育、医疗、住房、文化等在内的各项指标发展状况。政府国家层面：当地政府部门可以从中及时掌握硅谷经济当前的发展形势和存在的问题，通过及时制定相应的政策规定来避免未来经济发展可能存在的风险隐患。硅谷作为美国最具代表性的新型园区，其发展的状态和方向具有引领和指导美国整体经济发展方向的意义，因此美国国家层面可以通过深入解读硅谷指数表现进而指导全国经济发展。世界层面：硅谷开创了以小博大、以高新技术产业带动和引领世界科技发展的新局面，而硅谷指数作为硅谷经济发展的晴雨表也就成了世界各国重点关注的对象之一。

通过上述分析可以看出在硅谷指数和国家高新区创新指数在指标的功能方面具有一定的相似性，但以不同为主。它们的相同点是：国家高新区创新指数和硅谷指数都具有反映园区经济发展形势，预测未来发展中可能出现问题的功能；在园区层面和国家层面协助政府制定相关政策。不同点是：在应用范围上，硅谷指数不具备普适性，仅适合于指导硅谷本地区的经济发展，面向对象单一，这是由硅谷指数的自然属性决定的。而我国国家高新区创新指数是一个监测全国 169 家国家高新区的指标体系，具有广泛的普适性。在功能发挥上，硅谷指数主要表现出较强的服务性，影响较广无论对于硅谷本身还是国家甚至世界都具有一定的指导意义。而国家高新区创新指数主要表现出在监测和指导上的功能，通过这种指标体系的设置以形成一种以监测和引导促发展的有利局面，同时也是国家监测和管理各地区高新区落实国家政策导向的一种有效方式。

我国国家高新区创新指数是一份专门为监测高新区创新能力而制定的体系，指标体系所监测的方向以创新为主，是一份针对性较强的指标体系。旨在研究高新区创新能力的程度，通过合成创新能力指数、监测指数的发展趋势，以及开展不同区域、不同类别高新区群体间的对比，直观地对国家高新区整体创新能力的动态变化进行观察和评估。

硅谷指数是一个全面的指标体系，讲述硅谷地区的发展状况，反映硅谷的经济实力与社区发展情况，是一种较为全面的整体的评价指标。它能对多元化的人才结构，高效增长、繁荣共享的创新经济，保护环境、融洽舒适的宜居社区等进行全面的监测，而不只是局限于一点，其最终结果也不合成指数。因此从指数评定的对象来看，我国国家高新区创新指数和硅谷指数所面对的范围不同。

（五）数据来源对比

数据是所有监测指标的实体，是说明一切的基础，而数据的有效性会直接影响监测指标结果的可靠性。对于监测指标体系来说，数据的来源、可信度、人为参与度等因素都将对监测结果产生决定性的影响，因此可靠、可信的监测数据是一套指标体系发挥作用的重要保证。

1. 我国国家高新区创新指数数据来源

我国国家高新区创新能力的全部数据来自于国家科技部火炬高技术产业开发中心（后面简称火炬统计中心）。火炬中心的数据是政府通过行政手段的方式，要求每年各高新区按照统一的规定上报包括企业数、年末从业人员数、工业总产值、利润率、进出口额在内的多项指标数据。建立全国性的数据统计中心和完整的监测制度，确保了数据的可靠性和保密性。同时由于数据统计的目的就是为了监测高新区的发展，为评价报告提供基本依据，因此数据的针对性较强。

2. 硅谷指数数据来源

由于硅谷指数的发布属于民间企业行为，因此在数据来源方面硅谷网联并没有自己独立的数据中心，大部分数据从美国官方公布的各项数据中整理得来，仅小部分数据由硅谷网联调研得到。硅谷指数数据来源主要由以下几方面组成：人口方面，数据主要来自美国人口普查局、劳动统计局、人口统计局等；教育学习方面，数据主要来自全国教育统计中心、加州教育局；工作就业方面，由加州就业发展局提供的数据、美国劳动统计局提供的数据和硅谷网联的独有数据组成；还有其他方面数据来自全国企业时间序列数据库、健康发展局、美国专利及商标局、纽约时报等，以及硅谷网联自行调研的数据。数据来源的广泛性，以及硅谷指数的透明性和目的性，确保了硅谷指数的数据可靠性。同时由于硅谷指数基本不和其他地区进行横向比较，最多与美国和加州平均情况进行比较，因此有目的性的人为干预因素基本不存在，进一步保证了数据的权威性。但由于硅谷指数没有自己的数据采集中心，采集的数据都是以政府部门发布的数据或相关部门公布在官网公布的数据为依据，因此欠缺保密性和针对性，相关数据只有通过数学计算和处理才能使用。

3. 我国国家高新区创新指数和硅谷指数数据来源对比

美国政府数据统计体系远比我国完备发达。美国属于分散型的政府统计体系，有近100个联邦机构从事各自分管领域的政府统计工作，其中，美国有13个联邦机构的主要职能是从事统计工作。为保证分散型政府统计工作有序、高效地运行，美国建立了一整套统计工作管理和协调机制，在组织结构上，白宫行政管理和预算办公室（OMB）负责监督、管理、协调和指导所有联邦机构的统计活动；在管理机制上，制定一系列详细的统计法规、政策制度、标准和准则，组建联邦机构间统计政策委员会、方法委员会等协调机构，规范整个联邦政府统计工作流程，提高统计数据质量和统计工作效率。采用的统计调查方法主要是，普查、抽样调查、跟踪调查、问卷调查、电话调查等。数据处理方法是，自动化表格打印、数据归纳处理系统、数据存取工具、电子报表系统、标准产品文件结构。我国数据统计体系相对滞后，由各级统计部门调查统计并逐级上报，调查统计可靠性不高、统计标准相对不足、统计调查方法相对落后。

因此硅谷指数数据来源比较广泛，可以更加灵活自主地选择数据内容和信息来源，虽不能确保数据的准确性，但能够排除人为因素的影响，透明程度较高。国家高新区创新指标数据全部来自火炬统计中心，数据的针对性较强，能够监测到反映创新能力的各项指标数据，由于数据由政府部门负责管理，因此保密性较好，但由于指标的排序特性存在为排名而虚报、假报、人为干预的不良因素存在。

二、指数对比启示

创新指数是一个国家或地区科技管理体制的重要组成部分，对于扩大科技创新的社会影响力、提升公众对创新驱动发展的认知参与度、增强政府创新治理效能具有积极意义。创新指数应具有较强的成长性，与区域创新能力的现实之间形成良性互动。纵观国际上主流的创新指数的发展历程，可以发现创新指数框架体系的发展就是一个不断积累、逐步完善的过程，具有一定的成长性，而成长性意味着创新指数的现实性、适应性和前瞻性。我国国家高新区创新指数正处于起步成长的阶段，通过对比硅谷指数和国家高新区创新指数的异同，我们可以发现两者在上述各个方面的差异，这种差异对我国国家高新区创新能力指标体系的设计乃至高新区自身的建设与发展都具有一定启发意义。

丰富国家高新区创新指数人文指标，深层次反映高新区创新能力。硅谷指数体现出的硅谷地区"创新型城区"与"综合型社区"发展趋势，以及对硅谷地区不同社会群体、对人的生命不同发展阶段和对人的生存发展各个方面的"关怀"与"审视"，给我们很大启示。但由于我国国家高新区起步较晚，起点较低，初创时期正值国家处于模仿、追赶发展阶段，因此长期被视为国家的政策工具，成为实现国家目标的政策手段，实际上发挥的主要是"经济片区"的功能。反映在指标体系中就会出现相关的经济指标占主导地位，国家高新区创新指数亦是如此。因此，国家高新区创新指数主要通过监测高新区创新的投入、产出，以及创新效率等反映高新区硬性创新能力方面的因素来评价高新区创新能力，而对"人"及其所处环境和状态的关注微乎其微。人作为一切创新的动力源，是未来发展最核心的资源，加强对人本身及其所处环境的监测，不但能够从深层次反应高新区的创新能力和可持续发展能力，也能倒逼高新区向综合性园区的发展。

强化指标体系的理论支撑，明确指标的选择方向和选择条件。创新指数是用来科学评价创新系统性行为的，而建立可行的创新指数理论模型，是科学衡量创新能力的关键。我国国家高新区创新能力指数的创新能力评价框架是以投入-产出为基础的创新过程的理论基础模型来构建的，具有一定范围的普适性。硅谷指数是基于特定区域创新能力的指标框架的构建，依据具有明显的地区发展导向。国家高新区创新指数自2013年起才开始使用，到2018年为止时间才不过5年的时间，因此指标框架的合理性还未充分得到检验。

在指标选择上，明确选择指标的条件是确立指标体系的基础条件。硅谷以市场为导向，中国以政府政策为导向。因此硅谷指数指标的选择条件即指标是衡量有关地区长期健康发展基本情况的先导；反映社区的兴趣和关注点；通常情况下在统计学上是可测量的；评价结果输出而不是输入。按照这个标准选择的硅谷指数中的指标都具备了相当的合理性和公开性。指标体系不能照搬，指标选择必须符合目标园区的发展特性。下面将硅谷指数和国家高新区创新指数在基本创新能力指标的维度下进行对比（表5-2）：

表5-2 硅谷指数与国家高新区创新指数的对比

指标类别	硅谷指数	国家高新区创新指数
人力资源类指标	√	√
科技人力资源类指标	√	√
受教育人力资源类指标	√	—
研发经费类指标	—	√
政府研发经费投入类指标	√	√
企业内部经费投入类指标	—	√
市场融资类指标	√	√
研发机构类指标	—	√
专利产出类指标	√	√
制度创新类指标	√	—
技术成果转化类指标	—	√
创新产品类指标		
创新效率类指标	—	√
国际贸易类指标	—	√
宏观经济类指标	√	√
创新服务类指标	—	√
生活环境类指标	√	—

续表

指标类别	硅谷指数	国家高新区创新指数
结构性指标数 / 个	33	22
具体指标总数 / 个	79	25
结构性指标比重 /%	42	88

指标设置不仅要反映投入产出的结果，还要反映创新要素的聚集过程、创新要素的使用效率，因此从表中可以看出两个指标体系都注重对创新结果类、创新环境类、人力资源类指标的关注，但硅谷指数能更深一步关注到对人才的教育程度和园区对人才的吸引程度。差异在于硅谷指数更倾向于对硅谷园整个产业状态的关注，更注重自身发展；国家高新区创新指数更注重对高新区创新能力进行量化评价，这一点通过结构性指标所占比重可以看出。结构性指标是构建创新能力评价指标体系的重要准则，特别是评价范围尺度大需要横向对比的指标体系，如果想要完全排除经济体量的影响，用结构性指标更合适一些。由于硅谷指数是一个区域性评价指标体系，具有明显的地区发展导向，因此结构性指标仅占到总指标的42%。我国国家高新区创新指数在2016年对全国范围内147家高新区进行了横向评比，因此结构性指标占到总指标的88%，这种指标选取方式强化了比值型指标，弱化了规模型指标，以消除片面追求总量、规模大小等由区域大小及其他偶然因素引起的差异性影响。

增强创新指数的成长性和"敏感性"，与高新区创新能力之间形成动态的良性互动。高新区和硅谷作为中美两国新经济发展的核心枢纽，相比于传统经济"快速、高效、灵巧、敏感"已成为它们的专属代名词。灵活高效的经济模式，也必然要求对其进行评价的指标体系要适时做出相应的变化，才能更全面地反映对应园区的发展状态。在这方面硅谷指数相比于我国国家高新区创新指数更加灵活，由于硅谷指数的地区导向性，因此硅谷指数可根据当年硅谷的发展状态灵活做出调整。硅谷指数除一级指标相对固定外，每年的二级和三级评价指标会进行动态的调整，以更加贴合硅谷最新的发展动态。由于我国高新区创新能力评价指标需要对全国所有高新区进行监测，因此要求每一个指标贯穿各个统计年份，讲求指标的连贯性，而且通常指标体系在适用年度内会保持数量与内容的一致，一般不会采用体系外的指标。而"连贯性"在一定程度上也限制了指标体系的"灵敏性"，迟滞了对环境变化的"感知"能力。可以考虑从两个方面来进行改善：一方面，我国国家高新区创新指数可考虑打破体系结构上的"惯性"，在保持整体稳定的情况下，可根据各年度的新情况设置一些"专项指标"；另一方面，可动态地对部分指标进行调整或纳入新的指标，新的指标不必拘泥于静态指标，可从动态角度考虑创新活力因素，深入研究创新活力、产业创新集群、创新网络、国家或地区创新环境等因素与创新能力的关系，将静态指标和动态指标相结合，使国家高新区创新能力指标体系得以不断完善。

加强对制度性、服务性、基础性的园区创新因素的监测力度，营造更好的园区的创新创业环境。对于任何一项经济社会活动而言，法制化建设意味着该项活动的标准与规范迈向成熟，而在任何一个区域的创新体系中，政策法规在营造和改善创新环境方面起着决定性作用。国际上成熟的创新指数都将法规制度建设及其成效摆在了突出的位置，硅谷指数也同样包含有制度创新类指标。这表明创新指数不仅要针对企业、研发机构、高校等创新主体，还要面向战略规划的政策法规制定者和设计、执行计划的管理者。而我国高新区创新指数还未对创新制度的制定指标予以关注。硅谷的中介服务机构较之于我国高新区更为发达有效，硅谷指数也包含对各服务机构的能力水平进行监测的指标。而我国国家高新区创新指数仅有一项指标对各类创新机构服务数量进行了监测，但数量的多少无法从根本上保证各类服务的效果，因此在此方面可以考虑让高新区加强与社会组织的联系，发挥社会力量在高新区建设中的作用，通过高新区与社会组织联系紧密程度来反映高新区服务质量的好坏。信息通信技术在经济社会发展的各个领域中的渗透力较强、辐射面较广，因此对信息通信技术及信息化基础设施的监测评估，本质上是对构建创新网络、促进创新辐射的重视。硅谷指数虽未直接对信息化条件做监测，但商用空间、交通、环境等各方面对硅谷的基础设施进行了监测。我国国家高新区创新指数虽不必将各项基础设施纳入考察的范围，但也应有针对性的将对创新创业环境有巨大影响的基础元素纳入考虑范围，如信息通信技术建设。

三、对比分析结论

不同的国家体制催生不同的经济模式，不同的发展模式诞生不同的发展样式，不同的发展样式需要与之相适应的监测指标。硅谷指数和国家高新区创新指数差异的最根本原因在于国家体制的不同、发展模式的不同和发展阶段的不同，因此各自园区所需的监测指标体系也截然不同。

总体来看，硅谷指数和我国国家高新区创新指数可比性不高，这是因为美国硅谷和我国高新区在发展起源、历史进程、社会背景、经济基础等方面存在着显著的差距。相较于硅谷指数，我国的国家高新区创新指数具有自身的特色性和引领性，是符合中国特色的对高新区有真正指导意义的指标体系。

国家高新区的政策使命决定了国家高新区创新指数功能的特色性。我国国家高新区是国家政策的产物和实现国家目标的载体，而国家高新区创新指数的推动主体是科技部的职能部门，代表的是决策者和管理者的诉求，可以说国家高新区创新指数不仅是要客观监测高新区发展状态，同时被赋予政策引导的功能和使命。而硅谷指数基本不涉及政策层面的因素，只是针对园区自身的客观发展情况而言。

国家高新区的功能定位决定了国家高新区创新指数监测内容的特色性。国家高新区创新指数是一套以创新能力为主要监测方向和引导方向的针对性指标体系，这是因为就发展阶段和功能定位而言，我国国家高新区仍然是国家和地方推动创新发展的功能区，是以"技术创新"与"经济发展"为核心关注点的"经济片区"；而硅谷指数是一种全面的监测指标体系，硅谷更多地呈现出"综合性发展城区"的状态，因此其主要关注点虽然在创新创业方面，但同时着重关注硅谷整体经济成长与社区综合发展情况。

我国统计体系现状决定了国家高新区创新指数指标和统计的特色性。国家高新区创新指数统计建立在我国数据统计体系的基础之上，我国民间统计组织不发达，基于这种现实情况，国家高新区创新指标数据全部来自火炬统计中心，所以数据获取渠道较为单一，但数据的针对性较强，能够监测到反映创新能力的各项指标数据，由于数据由政府部门负责管理，因此保密性较好。硅谷指数没有自己的数据采集中心，采集的数据都是由政府部门发布的数据或相关部门公布在官网的数据，以及硅谷网联自行调研的数据，数据来源较为广泛，但相对欠缺保密性和针对性。

国家高新区创新指数对群体的监测和评价功能具有引领性。国家高新区创新指数是对高科技园区群体的监测和评价，而硅谷指数是对个体园区整体发展情况的监测和跟踪，两者在监测范围上存在很大差异，可以说一个为地方性监测指数，一个是国家级监测指数；一个是对个体的监测，一个是对群体的监测。目前国际上基本不涉及针对高科技园区群体所制定的指数和评价体系，因此，从这个意义上说，我国国家高新区创新指数工作在国际上来说也具有一定的引领性。

目前，国家高新区创新指数的发布引起了社会和媒体的广泛关注。基于国家高新区创新指数形成的《国家高新区创新能力评价报告》已经连续出版五年，并在近两年向社会发布，反响良好，并逐渐成为我国向世界展示高新区发展情况的有效渠道。

更为重要的是，国家高新区创新能力评价工作，促进了地方政府和高新区对创新监测工作的重视，在全国高新区范围内形成了创新监测的上下联动效应。目前，北京、天津、西安、长沙、合肥、广州、株洲、重庆、杭州、苏州工业园等高新区均已经或者正在建立园区创新发展指数或创新监测制度。

因此，国家高新区创新指数是立足我国高新区现实情况和发展需求的一套指标体系和工作体系，应该在合理吸纳国际经验的同时，坚持国家高新区创新指数的特色性，保持自身的理论自信、道路自信和制度自信。

第六章 国家高新区坚守创新政策试验田角色

第一节 转型背景下国家高新区创新政策理念三次演变

国家高新区从创办到现在已经走过了30年的时间，其间伴随、参与和引领了中国社会及经济布局的变迁。在中国经济的转型背景下，高新区是市场的先知先觉者，也是创新政策的先行先试者，在不断地提升中国经济发展的高度和拓展经济领域广度的背后，凝聚着指导高新区发展的政策理念。回顾过去，30年来指导高新区建设的创新政策理念发生了三次转变，一是传统线性模式创新政策理念的建立；二是向基于创新系统要素相互作用现代政策理念的转变；三是正在探索的基于全部门参与和面向社会可持续发展的"第三代"创新政策。这些发展理念的建立和转变，既是不同时期中国经济社会变迁的历史反映，也是推动高新区不断发展壮大及为社会做出更大贡献的内动力。

一、第一代创新政策——基于传统线性创新模式的政策理念

国家高新区设立的初衷是促进科技成果的转化，加强科技与经济的结合，背景是世界先进国家从20世纪70年代以来新技术发展方兴未艾，我国改革开放进入深水区。1992年，邓小平同志南方讲话后我国在经济领域开始逐步确立市场的主体地位，科技体制改革进入攻坚阶段。中国在计划经济体制下的一大弊端就是科技部门和经济部门隶属于不同的系统，均按国民计

划,从各自部门目标来设立发展要求,这样科技和经济之间缺乏有效联系。加之当时部门之间信息是封闭的,在科技部门出现大量科研成果闲置和浪费的情况,而经济部门对科技的诉求并不明显,这就为政府采用第一代创新政策激活科技资源并植入经济活动提供了经济社会的背景。

基于线性创新模式实施的第一代创新政策,就是将技术创新理解为一种科技推动型的线性过程,即技术创新主要在研究开发方面发现新的技术原理或新的工艺流程等,经过原型设计和试验,再经新产品开发和生产,直至营销,在管理方式方面是垂直的。为了推动科技成果为经济建设服务,当时的政策走向是"放活科研机构、放活科技人员",科技体制改革的主要导向是促进科技以多种形式进入经济,推动科技经济一体化的发展。政府颁布的有关政策要点是将竞争机制引入科研机构内部,增强科研机构的动力与压力,推动科技进入经济。政策供给集中在拨款制度、技术市场、组织结构及人事制度等方面,鼓励研究、教育、设计机构与生产单位的联合。

二、第二代创新政策——基于创新系统要素相互作用的政策理念

世界科技在20世纪90年代日新月异,尤其是信息技术的数字化、网络化、智能化,以及生物技术等高技术的不断突破,对经济、社会发展和人们的工作生活方式乃至思维方式带来新的变革。过去对技术创新的理解不利于动员更多的参与者加入创新的过程,而科学技术在创新中的作用是全方位、多层次的,创新过程中的产品开发、设计、试制、营销等各个环节,都需要从科技中进行自身完善和改进。20世纪末期日益激烈的国际经济竞争态势彰显了创新系统与国家特质的关系。在全球化时代,政府在科技发展及国家经济社会发展中更加凸显了创新系统的存在。OECD国家普遍在用国家创新系统这种新的理解平台来考虑科技政策的制定和实施,以便更好地理解各种科技政策相关者在经济社会发展中的角色和作用。1995年国家科委与加拿大国际发展研究中心合作项目"中国科技体制改革回顾"通过对中国科技体制从1985年以来10年改革的回顾最终形成一份报告《十年改革——中国科技政策》。这份报告是第一个将国家技术创新系统的概念纳入中国官方科技政策制定视野的,以此播下新一代创新政策理念的种子。

随着科技体制改革的进一步推进,科技部门和生产部门之间的鸿沟逐渐在弥合,一方面是科学技术开始显现在经济发展中的促进作用;另一方面是

经济部门开始产生大量对科技的需求，它们之间更多的是相互作用模式，其目标是强调经济和社会效益，特点是集成创新，政策开始迈向第二代创新政策。在这个阶段，创新呈现相互作用模式，既保持技术创新推动企业发展的传统线性路径，又体现了企业创新需求对技术创新及科研管理的反向推动作用。同时，产学研合作、合作研发，以及大学、政府、市场和社会组织都不同程度地参与到创新发展过程中。这种体系最大的特点就是集成创新，因此国家高新区的发展理念更加注重区域创新体系的构建。国家高新区形成了自身的创新政策体系，发展了以创新环境产业化为架构的政策内容，包括促进企业创业的孵化器政策、提升中小企业创新的科技型中小企业创新基金、大学科技园建设、产学研建设、风险投资引导基金、产业技术联盟、技术市场交易、企业上市等一系列政策，这些政策实践极大地推动了我国创新型国家建设的步伐。总体上看，政府对科技园区的积极支持，大有"另起炉灶"的意味，即从一个新的起点上，以企业为主体，通过市场机制进行科技与经济发展直接相关的技术开发和服务活动，形成布局合理、结构优化的科技经济力量配置格局，这既符合科技体制改革的目标，也顺应经济体制转型的要求。

三、第三代创新政策——基于全部门创新的当代政策理念

伴随着传统生产要素在经济增长中的作用不断弱化，而知识和技术、创意等新的生产要素在社会经济发展中作用的进一步凸显，很多高新区发展陷入了迷茫或停顿期，过去依靠区域政策所形成的发展模式虽然让很多高新区迅速积累了资本，但也让很多政策制定部门形成了路径依赖，疏于对高新区如何发展进行深层次的思考，这必须要进行改变。在创新驱动经济发展中，土地部门涉及支持创新的土地政策调整，过去完全工业经济下，强调投资强度和"当下"利益的政策受到了挑战，对知识经济的土地政策，强调的是难以预期的、未来产生突破性收益，与工业经济下的土地政策，有着很大的区别。环保部门、规划部门、外贸部门、建设部门甚至人事部门、组织部门等，在创新要素的参与下，可能都面临或多或少的调整，这就是第三代创新政策产生的社会现实需求。

在后危机时代，尤其是新兴产业群雄逐鹿的关键时期，一时间谁也看不到未来发展的走向，先做准备者必定具备较大优势，而过去的在条块分割情况下的政策制定体制必须做根本变革，以适应未来产业发展的需求。因为过

去的政策是面向已有产业，而现在的政策应该在尽最大可能的情况下适应或者为新兴产业的出现创造各种有利条件。当直接政策不能产生作用时，必须在条件政策上做更多思考和布局。创新政策必须迈向第三代创新政策，其是横向或全面模式，管理上注重部门间横向协调与合作，创新目标从科技和经济转向可持续发展、社会稳定、增加就业等横向战略性目标。要求把创新作为各行业和各领域的核心。"第三代创新政策"主要反映创新的总体环境，需要同其他传统政策相互渗透和联系，并强调国家和地方政府在鼓励创新方面发挥更为重要的作用。第三代创新政策的核心特征是它将"创新"放在了所有政策领域的中心，这并不是说所有的政策领域都需要创新，而是说它需要不同的政策领域共同在战略上发挥作用，以便实现战略目标，这些不同领域更适宜于将"创新"作为一个被政策影响的因素来考虑。

国家高新区建设作为一项综合性较强的系统工程，涉及规划、土地、外经贸、劳动人事等众多领域和部门，不是哪一个部门能独立承担的，只有通过政府行为，加强协调才能较好地解决。已有的政策制定体制主要是从科技领域出发来统筹规划园区发展的，因此，国家高新区的行政主体地位不能得到保障，为其在实际中开展工作带来诸多不便。另外，国家高新区的发展决定一个国家在未来一段时间的产业战略布局，体现一个国家在世界经济、科技中的竞争力，因此，政策制定需要从更广阔的视角来综合考虑。新时期创新已经成为未来中国发展走出困境的唯一出路，国家高新区在创新中发挥着举足轻重的作用，将构筑我国战略性新兴产业的核心载体。从政策理念上来讲，国务院批准成立中关村自主创新示范区，目的就是在更大程度上协调和调动各种创新资源，火炬中心也将国家高新区战略提升为当前阶段的一项重大工程。同以前重视创新样板、依赖科研过程的创新政策不同，无论是从国际竞争不断加剧的趋势看，还是从国内低成本竞争优势减弱的现实看，我国经济发展方式已经到了必须由依靠增加物质资源消耗向主要依靠科技进步、劳动者素质提高、管理创新转变的历史阶段。正是在这样的背景下，我国从2010年开始加大了国家级开发区的批准力度，力图以国家级开发区为重要支点，加快我国经济发展方式的转变。

综上，30年来，在转型发展的背景下，国家高新区创新政策理念经过了三个阶段的转变，第一个阶段是在技术线性演化模式下基于研发的创新科技成果转化；第二个阶段是从区域发展的角度进行的创新体系的构建；第三个阶段创新已经超越了创新系统本身，政策横架在一个更为广阔的领域里牵动不同部门之间的互动和合作，以实现综合目标。

第二节　国家自主创新示范区政策评述

从 2009 年 3 月，中关村国家自主创新示范区成立，到 2016 年 7 月重庆国家自主创新示范区成立。全国共建设了 17 家国家自主创新示范区。在创新政策方面先行先试，是国家自主创新示范区的重要使命。截至 2016 年 12 月，全国 17 家[①]国家自主创新示范区发布的政策文件，总结了当前国家自主创新示范区政策设计和创新的三大主题四种模式，并指出了当前国家自主创新示范区政策创新方面存在的问题。最后，给出了国家自主创新示范区未来在政策创新突破方面的相关建议。

一、国家自主创新示范区概况

国家自主创新示范区（简称"自创区"）是指经中华人民共和国国务院批准，在推进自主创新和高技术产业发展方面先行先试、探索经验、做出示范的区域。

截至 2016 年 12 月月底，全国共有 17 家自主创新示范区，其名称、成立时间如表 6-1 所示。可以看出，在除了西藏和新疆，我国的主要区域都具有至少一个国家自主创新示范区。

表 6-1　全国 17 家国家自主创新示范区分布

序号	成立时间	国家自主创新示范区名称
1	2009 年 3 月	中关村国家自主创新示范区
2	2009 年 12 月	武汉光谷国家自主创新示范区
3	2011 年 3 月	上海国家自主创新示范区
4	2014 年 6 月	深圳国家自主创新示范区
5	2014 年 10 月	苏南国家自主创新示范区
6	2015 年 1 月	长株潭国家自主创新示范区

---

① 2018 年 2 月，宁波和温州高新区获批建设国家自主创新示范区，由于时间原因，暂且不在本次评述中。

续表

序号	成立时间	国家自主创新示范区名称
7	2015年2月	天津滨海国家自主创新示范区
8	2015年6月	成都国家自主创新示范区
9	2015年9月	西安国家自主创新示范区
10	2015年9月	杭州国家自主创新示范区
11	2015年11月	珠三角国家自主创新示范区
12	2016年4月	辽宁沈大国家自主创新示范区
13	2016年4月	山东半岛国家自主创新示范区
14	2016年4月	河南郑洛新国家自主创新示范区
15	2016年6月	合芜蚌国家自主创新示范区
16	2016年6月	福厦泉国家自主创新示范区
17	2016年7月	重庆国家自主创新示范区

国家自主创新示范区在发展定位上都围绕创新主题，又具有各自的特色。全国17家自主创新示范区的目标定位和发展特色如表6-2所示。

表6-2 全国17家国家自主创新示范区的定位与特色

序号	名称	定位	特色
1	中关村国家自主创新示范区	全球有影响力的科教创新中心	探索了在科教资源密集区域实现科技与经济有机结合的路径和方式，成为我国最具活力的创新中心
2	东湖国家自主创新示范区	世界一流的高科技园区，享誉世界的"光谷"	成为推动资源节约型和环境友好型社会建设，依靠创新驱动发展的典范
3	张江国家自主创新示范区	—	成为培育战略性新兴产业的核心载体和实现创新驱动、科学发展的示范区域
4	深圳国家自主创新示范区	具有全球影响力的科技创新中心	依托创新资源集聚和体制机制优势，探索了以城市为主体推进示范区建设，打造国家科技体制改革"试验田"、原始创新协同创新先行区、战略性新兴产业重要增长极、创新性企业孵化中心、开放创新与合作国际枢纽、珠三角地区科学发展示范市
5	苏南国家自主创新示范区	具有国际竞争力的创新型经济发展高地	以城市群为基本单元、发挥科教人才优势和开发开放优势，打造创新驱动发展引领区、神话科教体制改革试验区、创新一体化先行区
6	天津国家自主创新示范区	具有国际竞争力的产业创新中心	以产业创新为重点，聚焦科技中小企业发展，打造京津冀协同发展产业先行区、开放创新先行区、转型升级引领区、创新主体聚集区
7	长株潭国家自主创新示范区	具有全球影响力的"一带一路"创新创业中心	打造创新驱动引领区、体制机制创新先行区、军民融合示范区、两型社会建设先导区、城市群协同创新试验区、中西部创新发展增长极

297

续表

序号	名称	定位	特色
8	成都国家自主创新示范区	新兴的国际创新创业中心	发挥成都的产业优势和创新资源集聚优势,打造高端要素富集区、创业生态标杆区、新兴产业引领区、改革开放模范区、西部创新发展首位区
9	西安国家自主创新示范区	丝绸之路经济带"创新之都"	围绕科技体制改革和军民融合发展,打造创新驱动的引领区、创新创业的生态区、军民融合的示范区、改革开放的模范区
10	杭州国家自主创新示范区	具有全球影响力的"互联网+"创新创业中心	聚焦互联网领域,打造创新驱动转型升级示范区、互联网大众创业示范区、科技体制改革先行区、全球电子商务引领区、信息经济国际竞争先导区
11	珠三角国家自主创新示范区	国际一流的创新创业中心	以区域为建设单元,发挥珠三角地区的产业优势和创新资源优势,着力培育良好的创新创业环境,全面提升区域创新体系整体效能
12	郑洛新国家自主创新示范区	具有国际竞争力的中原创新创业中心	建设成为具有较强辐射能力和核心竞争力的创新高地,打造我国开放创新先行区、转型升级引领区、协同创新示范区、创新创业生态区
13	山东半岛国家自主创新示范区	全球影响力的海洋科技创新中心	充分发挥山东半岛地区的创新资源集聚优势,全面提升区域创新体系整体效能,打造转型升级引领区、创新创业生态区、体制机制创新试验区、开放创新先导区
14	沈大国家自主创新示范区	东北亚科技创新创业中心	建设成为东北老工业基地高端装备研发制造集聚区、转型升级引领区、创新创业生态区、开放创新先导区
15	福厦泉国家自主创新示范区	具有国际影响力的科技创新中心	建设科技体制改革和创新政策先行区、海上丝绸之路技术转移核心区、海峡两岸协同创新示范区、产业转型升级示范区
16	合芜蚌国家自主创新示范区	打造具有重要影响力的产业创新中心	努力把合芜蚌国家高新区建设成为科技体制改革和创新政策先行区、科技成果转化示范区、产业创新升级引领区、大众创新创业生态区
17	重庆国家自主创新示范区	打造具有重要影响力的西部创新中心	打造具有重要影响力的西部创新中心,努力把重庆高新技术产业开发区建设成为创新驱动引领区、军民融合示范区、科技体制改革试验区、内陆开放先导区

二、国家自主创新示范区政策创新主题

通过对全国17家国家自主创新示范区的政策文件的梳理,以及对政策分布领域的分析,我们认为当前自创区的政策主要聚焦为三个方面的主题。

(一) 主题一——创新创业

提升自主创新能力是自创区的目标导向和使命归宿。培育更活跃、更高质量的创新创业活动自然是自创区政策设计和创新的首要主题。在政策设计逻辑上，其核心是"引导和支配各种资源向创新创业领域倾斜配置"。包括加大政府财政对创新创业的资金投入、引导市场主体加大创新投入、完善创新创业基础设施、构建有利于创新创业的制度环境等。涉及的具体政策主题有：科技体制改革、创业服务、科技金融、知识产权、人才和政府创新采购等。

例如，中共上海市委上海市人民政府《关于加快建设具有全球影响力的科技创新中心的意见》中提出"对基础前沿类科技计划（专项），强化稳定性、持续性的支持；对市场需求明确的技术创新活动，通过风险补偿、后补助、创投引导等方式发挥财政资金的杠杆作用，促进科技成果转移转化和资本化、产业化。"；苏南自创区南京市委市政府出台的《关于大力实施创新驱动发展战略，当好苏南国家自主创新示范区建设排头兵的意见》中提出"建立以风险投资基金、创新券、风险补偿等金融手段支持研发和产业化的财政支持机制"；中共成都市委《关于系统推进全面创新改革加快建设具有国际影响力的区域创新创业中心的决定》中提出要"赋予创新领军人才更大人财物支配权和技术路线决策权"等。整体来看，17家自创区都通过一系列政策文件，加大了对创新的投入水平，提出了增强创新能力的较高的目标要求。

(二) 主题二——简政放权

简政放权是贯穿自创区政策设计的另一个重要主题，是"创新倒逼改革"的自然结果。创新活动具有很大的不确定性，需要发挥市场和民间的主动性，需要开放容错的市场和社会环境。我国政府存在"管的太宽，管得太死"的问题。简政放权，才能释放和激活市场和民间活力。涉及的具体政策主题有：商事制度改革、税收改革、国企改革、社会组织改革等。

在商事制度改革方面，上海市委市政府发布《关于加快建设具有全球影响力的科技创新中心的意见》提出"着力推进政府管理创新。针对企业创新投资难、群众创业难、科技成果转化难，加快政府职能转变，简政放权，创新管理。加大涉及投资、创新创业、生产经营、高技术服务等领域的行政审批清理力度。"

在权力下放方面，由部委到地方的权力下放，如国家质检总局发布的《关于支持长株潭国家自主创新示范区建设的意见》中"支持示范区探索特种设备安全监管机制改革，构建基于风险的特种设备分类监管新模式"；由政府到社会机构的权力下放，如《成都高新区加快建设全面创新改革核心引领区实施方案》中提出"探索第三方平台模式提升服务效能。积极探索政府公共服务向基层下移，实践'小政府、大市场'平台模式，推进政府技术性、服务性职能向行业协会转移。"；由省市到园区的权力下放，如《关于加快建设西安国家自主创新示范区的若干意见》提出"授权西安自创区管理机构对区内企业进行高新技术企业资格认定和复审，并按国家有关规定申报备案。"

整体来看，全国17家自创区在简政放权的政策力度和实施力度上要超过其他区域，尤其在涉及创新创业活动的商事制度改革方面，突破最多，进度最快。

（三）主题三——市场化改革

市场化是与简政放权并行的一个政策创新主题，互相关联但也存在差异。我国政府直接或间接地掌握着大量的资源，但由于体制机制原因，这些资源在体制内低效、甚至无效地流动。市场化改革除了包含将体制内的资源释放给市场，对体制内单位进行公司制度改革，也包括对市场化创新主体的更大力度的培育支持。涉及的政策主题有：科教体制改革、国企改革、军民融合等。

如《支持成都高新技术产业开发区创建国家自主创新示范区十条政策》中提出"鼓励产业技术联盟、产业技术研究院、企业技术中心等新型创新组织登记为公司制法人，成为市场化的创新主体。"；湖南省委、省政府印发《关于建设长株潭国家自主创新示范区的若干意见》中提出"引导社会资本参股转制院所，支持转制院所通过上市做大做强。"；《中共河南省委河南省人民政府关于加快推进郑洛新国家自主创新示范区建设的若干政策意见》中"探索高新区在保留干部档案身份的前提下，实行任用制与聘任制、合同制相结合的岗位薪酬模式。"等。

整体来看，自创区市场化改革的目标是激活体制内资源，发挥市场在资源配置方面的作用。从政策发布情况来看，科技体制改革方面的政策最多，突破性和创新性也最大。

三、国家自主创新示范区政策创新模式

通过将全国 17 家自创区发布的政策条文与国际、国内其他区域（包括自创区之间）的相关政策条文的对比分析，以及结合当前创新活动规律的变化。我们总结了当前国家自主创新示范区政策创新的四种模式。

（一）模式一——响应国家文件

自创区密集设立的时期，也是国家层面战略制定和调整，政策发布的密集期。国家层面做出了全面深化改革、创新驱动发展、"一带一路"、大众创业万众创新、"互联网+"等一系列重要的战略部署，并出台了相应的政策文件。对国家层面的改革和战略主题，以及顶层政策的响应，构成了自创区政策创新的一个重要模式。

例如，《成都市"互联网+"2015—2017 年三年行动计划》是对《国务院关于积极推进"互联网+"行动的指导意见》的响应；而中共上海市委、上海市人民政府《关于加快建设具有全球影响力的科技创新中心的意见》中"探索实施国有企业股权激励和员工持股制度。"的条文是对财政部、科技部、国资委联合对外发文的《国有科技型企业股权和分红激励暂行办法》的响应；《关于加快建设西安国家自主创新示范区的若干意见》中"支持西安自创区大胆探索科技成果评估和市场定价机制；探索科技成果所有权、处置权和收益权统一改革试点；探索深化股权激励改革，积极开展高等院校、科研院所、国有控股企业下属单位的股权和分红激励试点"等条文是对中共中央、国务院《关于深化科技体制改革加快国家创新体系建设的意见》的响应。

（二）模式二——学习先进经验

借鉴国际和国内其他区域创新政策先进经验是一种重要的政策创新模式。一方面发达国家在创新政策方面积累了丰富的先进经验，OECD、美国、以色列等一直是我国创新政策学习和对标的对象；另一方面我国区域发展不平衡，区域之间在发展经验和政策经验方面的学习也十分频繁。尤其是自创区的设立明显的分为两个时段，大部分自创区是 2014 年以后成立的，后来的自创区都在学习较早成立的自创区的政策经验。

在学习国际政策经验方面。2015 年 6 月 16 日中共青岛市委青岛市人民

政府《关于大力实施创新驱动发展战略的意见》中提出"探索建立专利、商标、版权'三合一'管理体制。"实践知识产权专利、商标、版权"三合一"体制，符合知识产权合一管理的国际惯例；浙江省政府《关于加快杭州国家自主创新示范区建设的若干意见》中提出"规范和促进科技服务业发展。支持年杭州市扩大创新券、服务券应用，培育科技服务市场主体。"创新券制度最早起源于1997年荷兰林堡省实施的"研究券"，由于其突出的政策成效后来在多个国家和地区推行。

在自创区之间的学习方面。中共青岛市委青岛市人民政府《关于大力实施创新驱动发展战略的意见》中有"各区市政府、功能区管委要按'一区一街一基金'要求，利用现有设施，大力推进创业街区建设，强化金融支撑，加快打造各具特色的创客空间。"创业街区的概念和实践最早来自于中关村自创区的创业大街，后来向全国扩展。

（三）模式三——基于区域特色

当前全国17家自创区遍布全国东西南北。不同的自创区区域差异很大，体现在经济发展水平、资源禀赋、区位条件、产业类型、历史文化等多个方面。基于区域的禀赋特色开展政策创新，是各个自创区重要的政策创新模式。

例如，上海作为重要的国际金融中心之一，在政策创新方面，多体现"金融特色"。中共上海市委、上海市人民政府发布的《关于加快建设具有全球影响力的科技创新中心的意见》中就有多项科技方面的特色内容。包括"加快在上海证券交易所设立'战略新兴板'，推动尚未盈利但具有一定规模的科技创新企业上市；争取在上海股权托管交易中心设立科技创新专板，支持中小型科技创新创业企业挂牌。"等内容。

深圳作为创客之都，其政策创新中多有"创客"的内容。比如深圳市人民政府《深圳市关于印发促进创客发展若干措施（试行）》中有"开展创客众筹专项融资试点"；"创客空间用地纳入新型产业用地范畴，在全市产业用地供应计划中优先安排"等内容。

西安拥有众多的军工企业，军民融合是其自创区示范的重要主题之一。陕西省委省政府《关于加快建设西安国家自主创新示范区的若干意见》中有"建立军工科技资源使用和服务价格补偿机制，推动国防科技重点实验室、军工重大试验设施向民口开放；争取武器装备科研生产许可与装备承制资格联合审查认证试点。"等内容。

(四)模式四——培育新生事物

当前正处于以互联网为标志的新一轮技术革命的当口。各种新技术、新模式、新业态、新产业不断涌现。而且我国社会主义市场经济和区域发展也在不断形成新的创造和经验。有相当一部分新的政策设计,是针对这些新生事物的。在国家层面有《国务院关于积极推进"互联网+"行动的指导意见》《关于加快构建大众创业万众创新支撑平台的指导意见》等文件,地方层面有广东省《关于支持新型研发机构发展的试行办法》等文件。

在当前自创区出台的政策文件中,有相当一部分政策条文是针对出现的新业态和新趋势。在新业态方面。例如,《关于加快建设成都国家自主创新示范区的实施意见》中提出"探索建立科技金融众筹平台";湖南省委湖南省人民政府《关于建设长株潭国家自主创新示范区的若干意见》提出"新型研发机构在政府项目承担、职称评审、人才引进、建设用地、投融资等方面享受与国有科研机构同等待遇";《成都高新区加快建设全面创新改革核心引领区实施方案》提出"鼓励龙头科技企业实施平台化战略;建立网上虚拟设计院。"

四、存在的问题

各自创区在获批之后,都普遍进入了一轮政策文件编制和发布的密集期。政策创新的意愿大大增强,政策创新的频率大大提升。但从当前自创区发布的政策内容来看,还明显的存在以下三个方面的问题。

(一)问题一——具有创新性、突破性的政策条文比例仍然过低

全国现在共17家自创区,对于新成立的自创区,至少有规划、建设方案和支持意见等基本政策文件。对于成立较早的自创区,分门别类的政策文件就更多。然而,这些政策文件中真正具有创新性、突破性的政策条文比例偏低,大多只是既有政策的"加强版"。这样的现状与自创区政策创新,先行先试的示范主题不符。当然,这也许与我国中央和地方的权力结构,部门之间的权力条块分割相关。真正具有政策创新意愿,又具有政策创新能力的自创区,只限于17家自创区中实力较强,政治影响力较高的几家。

（二）问题二——政策不够务实，操作性较差

考察全国17家自创区的政策文件分布和类型可以发现，大多数的自创区只发布了综合性的、纲领性的政策文件，比如建设方案、支持意见等。这些支持意见大多由自创区所在的上级单位发布，本身落地性较差。同时，分析自创区的具体政策条文，发现很多政策条文只是国家层面政策文件中条文的复述，缺少向实践层的拓展。而且在表述上，多用"探索""支持""强化"等含义模糊的字眼。这些原因导致了自创区的一些政策"虚"大于"实"，止步在纸面上。

（三）问题三——政策"碎片化"，缺少系统性和统筹安排

创新活动本身就涉及多主体、多领域，是系统性的经济社会行为。而一个国家和区域的自主创新活动，则还有政治和制度安排因素的影响。通过对全国所有自创区政策文件的分析，发现政策条文的"碎片化"，是大多数自创区的通病。自创区很少能够基于创新的生态系统观，在创新的要素、创新的机制、创新的动力和创新的环境等多方面做出系统性安排。这一方面，与自创区在对创新活动的认知存在问题有关，另一方面，也与自创区在不同政策点上面对的客观阻力有关。

五、相关建议

国家自主创新示范区的设立是新时期国家实施创新驱动发展战略的重要制度安排。国家期望自创区通过先行先试，率先在提升自主创新能力，发展高科技产业方面贡献一批制度和政策设计经验。当前，成立时间最早的中关村自创区已经走过了7个年头，而成立最晚的重庆自创区才设计数月。对于大多数自创区来讲，在政策上的摸索和探求才刚刚开始，对已经出台的政策，政策实施的效果还有待观察。我们认为，未来自创区在政策创新方面应当重点做好3个方面的工作。

第一，要紧扣自身自创区建设的主题。各自创区在申报之时都对自身自创区建设的目标和特色主题进行了凝练总结。未来在政策设计上，要紧扣自身自创区建设主题，无论是科教体制改革、军民融合、科技金融还是其他主题，都是国家急需经验产出的领域。

第二，提升政策研究、创新和突破能力。不同自创区的政策研究能力相差很大，获批自创区之后，都应当加强政策研究的能力建设，建设高水平的政策研究机构和队伍。此外，还要充分利用自创区"招牌"，提升位势，动员相关部门单位参与，提升自创区的政策突破能力。

第三，要加强政策实施和评价，建立反馈调整机制。对已经出台的政策文件，要加快拿出具体的配套实施方案，避免政策只停留在纸面上，加强实施力度。而且要建立政策成效量化的、动态的评估机制，根据政策实施的效果，对政策进行修正和调整，形成政策更新的循环。

第三节 国家高新区与我国技术市场的战略转型

国家高新区是重大科技成果的发源地，也是重大科技成果的需求地，所以由于自身的功能作用，国家高新区成为技术市场的重要物理载体，这也是前些年把技术市场管理办公室整合到科技部火炬中心的重要原因。据不完全统计，2017年国家高新区企业承接国家科技计划项目10 332项，在生物技术、量子科技、纳米技术、航空航天、卫星通信领域实现了重大突破，在高铁、北斗导航、大飞机等国家战略性领域的关键技术研发中，均有国家高新区的突出贡献。武汉东湖高新区研发出全国首款量产40纳米"北斗"芯片；天津滨海高新区发展以大飞机、直升机、无人机、新一代火箭、卫星和空间站为核心的"三机一箭一星一站"；苏州工业园区采用自主研发芯片的世界首台十亿亿次超算系统"神威·太湖之光"居世界之冠；合肥高新区承接中国科学院量子信息科学国家实验室建设，统筹组织实施量子技术领域的国家重点研发计划和相关工程；株洲高新区诞生中国第一条完全自主知识产权的中低速磁浮列车。

以科技成果转移转化为主线，国家高新区充分把握新经济时代下企业成长规律，培育创新创业生态，大批非线性成长企业、影响世界的大公司在国家高新区涌现，成为新时代新兴产业的引领者。2017年，国家高新区集聚了5.23万家高新技术企业，占全国高企总数的近四成；上市企业（主体）1270家，"新三板"挂牌企业（主体）4285家，占2017年年底全国"新三板"挂牌企业总数的 36.9%；营业收入超百亿元的企业 267 家，超千亿元的企业 10 家，诞生了华为、腾讯、阿里巴巴、小米、大疆等一批具有世界影响力的高新技术大企业。中关村、深圳、张江、杭州等国家高新区聚集了一批引领人工智能、基因组学、精准医学、区块链、新能源等新兴产业崛起的独角兽企业。2017 年我国独角兽企业达 164 家，其中 125 家在国家高新区。

技术市场是我国科技体制改革的突破口，是伴随着贯彻落实"经济建设必须依靠科学技术，科学技术工作必须面向经济建设"的战略方针发展壮大起来的。从十一届三中全会到十八届三中全会，30 多年来，我国技术市场经过了"萌芽与初创""规范与成长""健全与快速发展"3 个阶段。进入 21 世纪以来，我国技术市场的交易规模和领域不断扩大，技术市场成交额由 1999 年的 532 亿元增至 2016 年的 11 406.98 亿元，各个层次、多种形式技术交易活动遍及我国社会、经济发展的各个领域，大大推进了科技成果的商品化、产业化和国际化。

新时期，我国经济增长由"高速"进入"中速"阶段，对技术市场的发展有何影响？党的十八大报告第一次提出"发挥市场在资源配置中的决定性作用"，这一新提法、新认识，技术市场如何响应、落实？带着这些问题，我们先回顾了技术市场 30 年的发展，然后结合新时期的发展要求，提出我国技术市场面临的 8 个方面的战略转型。

一、30 年我国技术市场发展的基本判断

（一）历史记载伟大成就，目前迈进快速通道

经过近 30 年的发展，以企业为主体、市场为导向、产学研相结合的技术创新体系已经初步建成，技术市场在推进这一体系的建设中功不可没。正是技术市场的蓬勃发展，给企业带来了无限的生机和活力，企业在技术市场中大显身手，以替代高等院校和科研机构，成为技术市场的主力军。

2016 年共成交技术合同 320 437 项，成交总额为 11 406.98 亿元，平均每项技术合同成交额为 355.98 万元，同比增长 11.16%。全国技术合同成交额占全社会研究与试验发展（简称研发，R&D）经费的比重大幅上升，由 2015 年的 69.41% 提高到 72.76%，提高了 3.35 个百分点。尤其是，重大技术合同占全国交易总量七成，1000 万元以上的重大技术合同成交 10 658 项，同比

增长 11.15%；成交额为 8732.63 亿元，同比增长 18.49%，占全国技术合同成交总额的 76.56%，比上年提高 1.63 个百分点。

企业技术交易持续放量。企业输出技术 218 387 项，成交额为 9881.41 亿元，占全国技术合同成交总额的 86.63%，同比增长 16.57%；吸纳技术 211 078 项，成交额为 8773.18 亿元，占全国技术合同成交额的 76.91%，同比增长 17.54%。

（二）基本结构初步形成，运行机制有待提升

技术市场，由技术商品供应方、需求方、推动技术转移的管理者、中介机构等机构和网络组成。目前，我国共有各类技术交易和服务机构近 2 万家，有技术产权交易机构近 40 家，提供信息、交流、展览、洽谈、技术融资等服务活动，促进技术产权与金融资本相结合；有创新驿站站点 83 家，协同工作模式对技术转移的促进作用已逐渐显现；有各级常设技术交易市场近 200 家，从事技术开发、转让、咨询、服务等技术交易与经营活动。

当然，从对创新驱动战略的积极贡献及提升国际竞争力角度看，技术市场运行机制有待进一步快速提升。由于体制上的局限性，导致技术市场的发展存在着机制性的缺陷。技术商品的流通、转移极为不畅，高校和科研机构科技成果被大量闲置，科技成果无法顺畅地通过公开市场流转进入经济领域实现其使用价值。技术市场发展机制上的障碍来自以下 3 个方面。

第一，审批复杂。高校和科研机构产出的科技成果均按照国有有形资产进行管理，根据《中央级事业单位国有资产处置管理暂行办法》（财教〔2008〕495 号）规定，中央级事业单位处置单位价值或批量价值在 800 万元以上的国有资产，经主管部门审核后报财政部审批。转让科技成果需要层层报批，程序烦琐、周期长，这不仅消磨了科技成果持有单位和科技人员的积极性，也使高新技术成果在漫长的报批过程中逐步失去市场竞争力。

第二，激励不足。科技成果使用价值的实现过程是一个相当复杂的过程，需要科技工作者付出超人的智慧和艰辛的劳动，但目前对科研人员和实现科技成果使用价值的人员的奖励力度较小，激励作用有限。由于科技成果转化的奖励比例较低，一些科研团队和人员往往通过签订技术开发、技术咨询合同，或者通过私下交易方式来实现科技成果的使用价值。科研团队和高校、科研院所的利益都不易得到保障。

第三，很多现有的科技成果其使用价值很难实现。由于科研项目立项的

市场化导向不足，很多研发机构在科研项目立项时，更多地瞄向了高、精、尖，瞄向了国际领先或填补国内空白，而对市场的实际需求把握并不精准，导致生产出来的科技成果与市场脱节，使用价值难以实现。

市场的活跃的前提条件是买卖双方有着强烈的交易需求。科技界普遍认为美国在技术转移方面效率较高，这得益于美国完善的市场机制。推动美国技术转移快速发展的另一个重要因素是《拜杜法案》（Bayh-Dole Act）的颁布和实施。美国《拜杜法案》规定：大学对政府资助获得的研发成果拥有自主知识产权，大学可以通过专有或非专有的方式进行技术转移，技术转移的收入必须在科研人员和科研机构之间进行分配。这一规定极大地激发了科研机构和科技人员推动技术转移的积极性。而我国，由于复杂的审批程序和有效激励不足，科研机构和科技人员推动技术转移的积极性并没有充分发挥出来。

二、新时期，我国技术市场面临的新形势

（一）中国作为全球第二大经济体，必然要求技术市场在提升经济质量中发挥更大作用

历经 30 年飞速发展，中国超越日本成为仅次于美国的世界第二大经济体。第二大经济体的背后，是经济发展模式的亟待转型。在旧有的增长模式下，我们不但透支了中国的环境和资源，而且也过度透支了中国的人力资本和权益资本。技术市场，是高效配置创新资源的有效手段，需要在新一轮提升经济质量中发挥更大的作用。

（二）产业技术革命正进入换挡期，赋予技术市场加快培养新业态的历史使命

从长周期角度看，每个产业从产生到衰落基本上是 50～80 年，信息技术自 20 世纪 70 年代产生，经过 50 多年，开始进入成熟期和稳定期。改革开放 40 年，中国经济之所以取得历史性突破，很大原因在于信息技术的成长期与中国开放后低成本优势的叠加。现在，新的产业还没有崛起，信息产业难以再出现突破式增长，在产业技术革命的换挡期，哪个国家技术市场机制更灵活、创新转化为财富的效率更高，全球创新资源自然就会流向这个国家，那么，这个国家就最可能产生引领新业态的技术革命。我们希望，通过技术市场的作

用，不断做好迎接新科技革命的准备，为续写中国经济辉煌发挥更大的作用。

（三）十八届三中全会突出市场的决定性作用，必然要求探索技术流动新动力和新机制

党的十八大报告提出，经济体制改革是全面深化改革的重点，发展技术市场，健全技术转移机制，要进一步发挥技术市场配置科技资源的决定性作用。客观地说，当前技术市场配置创新资源的动力、能力、机制及一系列政策，都需要重新思考和调整。只有拥有高效的技术和知识流动机制，才能持续释放技术交易、技术转移的动力和活力，才能真正服务创新型国家建设、服务经济发展方式转变和产业结构调整，为科技支撑加快经济发展方式转变、全面建设小康社会做出重要贡献。

（四）全球创新要素跨界融合，要求技术市场适应互联网时代开展全球整合

随着经济全球化进程的不断加快，技术与人才、资本、市场、制度等高端要素结合越来越紧密，甚至技术与制度的结合就可以产生新的业态。随着创新全球化步伐的加快，技术转移的国际化趋势日渐突出，主要表现在以下四个方面。

第一，开放式创新成为必然趋势。随着资金、人才、技术、信息等要素在全球范围内的快速流动，技术转移全球化进程进一步加快，以跨国公司、研发机构与政府为主体的国际技术转移成为技术转移主要形式

第二，国际技术转移进入技术经营时代。随着"封闭式创新"到"开放式创新"的转变，一种新型的技术转移模式也随之兴起，即技术经营（Management of Technology）。技术经营的初衷是为了解决科研成果的商品化和市场化问题，这一直是各国技术转移中的难点。

第三，大型与超大型技术专利投资与经营公司兴起。技术经营的一个重要特点是鼓励企业积极利用外部资源，即通过购买和联合开发等方式获取战略性技术。在这种背景下，一些公司开始购买专利，之后通过专利授权和专利诉讼获取利润，因此也被形象地称为"专利海盗"。

第四，技术专利与技术标准日趋融合，技术垄断形势更为严峻。发明和专利作为商品能够为企业带来巨额利润，因此各个企业甚至各个国家争相通过专利标准化的方式巩固和提升自身在尖端技术领域的领先地位。以专利为

基础创立技术标准，进而引导产业发展，谋求超额利润成为发达国家和领先企业的竞争利器。

国际技术转移的这些新趋势，对我国技术市场的发展提出了新的挑战，尤其是高智发明公司所代表的国际技术经营新趋势所带来的挑战更为严峻：一是造成我国关键领域专利成果与国有资产流失；二是严重威胁我国的技术安全；三是进一步加剧国际技术垄断；四是一定程度上压缩我国技术型企业的发展空间。面对如此严峻的新的形势，技术市场的发展如何迎接挑战，保证国家的技术安全，就成为不得不考虑的问题。

三、我国技术市场发展需要战略大转型

（一）技术交易——数量与速度并重，速度要求提升

毋庸置疑，过去 10 年，中国技术交易额快速增长，基本保持在 25% 左右的增长速度，对创新体系建设和经济转型发展起到了积极的推动作用。但是，中小企业活跃程度不高也是一个不争的事实。这样，不仅会造成大企业实力和市场份额不断增加，同时也限制了小企业的发展，造成小企业活跃度不高的问题。另外，随着互联网自身的发展和与已有产业形态的结合，互联网对经济社会的影响，将超过很多人的想象。互联网带社会最大的冲击就是"速度"，过去产品通过经销商销售，现在通过互联网，速度快了几倍、几十倍；过去，研发是依靠实验室、依靠团队，工业技术市场化的时间少则四五年，现在通过互联网，建设社区团队，美国人设计、中国人制造、欧洲人销售，研发的效率大大提升，苹果公司、小米公司这类快速成长的企业，就是互联网带给产业快速发展最好的案例。

因此，技术交易，过去强调数量增长，现在数量与速度都很重要，但是，因为以前很少强调的速度，现在变得无比重要，需要把"速度"作为衡量技术交易的重要指标，具体体现在：首先立项时，要考虑技术走向市场化的时间周期。其实，国外在评估技术时很早就考虑技术成果第一次市场化的时间。其次交易中，要把技术的流动性、人才流动性、信息的流动性作为引导相关主体的主要指标，因为，当前，全球竞争，除了考虑谁占有，更加重视通过什么机制让大家第一个获得利益，所以竞合关系已经变得非常普遍。最后政策设计和评估时，也应该把流动性和速度作为引导的方向，因为技术

交易速度的提升，转化的频度、转化的范围、转化的直接或间接效果，会得到大幅度提升。

（二）企业发展——市场与创新并举，创新更要强化

客观地说，企业作为技术输出和吸纳的双向主体，大概在10多年前就开始了，尤其在2016年，企业法人技术交易双向主体地位稳固。企业既是最大的技术输出方，也是最大的技术吸纳方，全年输出技术218 387项，成交额为9881.41亿元，占全国技术合同成交额的86.63%；吸纳技术211 078项，成交额为8773.18亿元，占全国技术合同成交额的76.91%。

从企业发展角度看，市场是企业的第一需要，也是基本生存的前提，而创新是企业能够持续生存、不断赢得竞争力的基本保证。所以，市场和创新，对企业都很重要，但是从国家角度、长远角度看，创新应该是我们更加倡导和鼓励的方向。

（三）中介机构——综合与专业并列，专业要求更急切

我国技术市场的基本结构已经成型，这是技术市场发展成熟的一个基本标志，但是，技术市场内的组织载体，尤其是技术转移中心、技术（产权）市场、创新驿站等，大都是综合性机构，什么行业的技术都知道、都可以推动，什么功能如信息、评估、人才等都可以提供，但是，专业性机构非常少。

调研发现，近些年技术转移机构的发展速度减缓，正规经营且有能力的技术转移机构骤减，中介组织处于萎缩状态。技术市场中介组织建设薄弱，能力欠缺。国家技术转移示范机构示范作用不强，市场化技术转移机构生存能力堪忧。此外，中介服务体系需要不断高端化、规范化和专业化发展。因此，如何提升组织载体的专业化能力，已经成为技术市场发展的战略重点之一。

（四）组织网络——健全与效率并存，效率要求更高

调研有人反馈，技术市场中科技创新主体相互脱节现象严重，政府只管投资，不管收益；高校与科研院所只管研发，不管产业化；而企业只能管技术成果的产业化，对技术的投资和研发方向都无法制约。更为严重的是，对科研人员来说，由于不能分享技术成果产业化的收益，只管拿钱干活，他们对技术成果产业化的积极性并不高。最终导致政府、科研院所、企业和科研人员似乎都该对技术成果的产业化负责，但谁又都不负责。

当然，我国自主创新和科技产业化存在着重大制度障碍，一方面，由于传统计划经济体制的延续，科研人员积极性不高，科研项目"开花多结果少"，产出数量严重不足；另一方面，由于缺乏有效的全国性技术交易平台，科研单位寻找买家成功率很低，造成大量科技资源浪费。国家对科研投入巨大，投入产出数量失衡，关键是科技工作者没有积极性。高校、科研院所的科研项目经费70%以上来自政府，为了得到政府资助，他们更多是对政府负责而非对市场负责。科研项目的结题，多是由政府主管部门组织学术专家验收，科研项目的立项、研制和结题全过程都与产业化主体企业相脱离。同时，由于缺乏技术交易发现、培育、评估体系，高校和科研机构的技术供给潜力得不到深入挖掘。因此，把效率作为核心探索全国性组织网络建设，也是为未来的重要研究课题。

（五）人才——数量与价值并存，价值更加强调

由于技术经纪人，对技术、管理、谈判等都要熟悉，因此需要广博的知识领域，需要比较深厚的科学技术知识，了解各个时期科技发展趋势、多学科的发展现状和未来发展动向；同时还需要广博的社会性知识，包括懂得经济、贸易、金融和无形资产评估等方面的知识，熟悉和掌握《中华人民共和国专利法》和《中华人民共和国合同法》等一些相关的法律知识等；另外，还需要具有促使科技成果转化的综合能力，如判断能力、谈判能力等，甚至还需要一定的工作经验；等等。

就整体情况而言，我国的技术经纪业仍处于初级阶段，全国具有执业资格的技术经纪人数量非常有限。技术市场主体之一的中介方——技术经纪人的严重缺位，使技术商品的流向缺乏调控和引导力，形成了科技成果供、需方转化信息不畅通的"瓶颈"问题。因此，如何扩大技术经纪人数量的同时，提升技术经纪人的社会价值，让更多的人认可、并积极投身于技术服务，是技术市场提高自身运行质量的必经途径。

（六）政府——管理与治理并行，治理更要突出

从我国技术市场管理体制的演变可以看出，国家层面的技术市场管理机构的权限和权威性呈萎缩趋势。管理机构的权限减少，社会组织能力跟不上。技术市场管理是一项综合性的管理工作，涉及工商、财政、税务、审计、物价、银行、海关等多部门，当前面临着社会职能提升、执法队伍不

足、部门职责不清等一系列问题。

十八届三中全会提出，创新社会治理，增强社会发展活力，提高社会治理水平，要改进社会治理方式，激发社会组织活力。技术市场涉及部门多、利益广，需要进一步提升管理水平和管理能力，同时更加突出治理能力；要顺应中央政府"下放行政权力，充分发挥市场决定作用"的方针政策；也需要在治理方式、治理手段、治理理念等方面创新。

（七）法规——规范与执行并重，执行更需重视

我国技术市场法律规范的基本框架虽已建构，但存在关于技术市场的法律规定过于原则、规范之间相互矛盾冲突、立法层次过低、立法滞后、缺乏灵活性等问题，严重影响了对技术市场相关社会关系的法律调控，同时也影响了国家创新体系的创新效率。2014年6月6日国务院对相关政策落实开展全面督查，这是新一届政府成立以来，国务院对所作决策部署和出台政策措施落实情况开展的第一次全面督察。这也是落实新一届政府"不放空炮"的承诺。

技术市场的政策法规框架，确已形成，但是在执行中的问题还很多，因此，进一步落实国务院"不放空炮"原则精神，从执行层面，重新梳理过去的政策法规，及时发现问题，选择适合时机，进一步修正完善；同时，根据执行中发现的问题，制定新的政策法规。更要重视政策执行，要树立"言必信、行必果"的施政新风，做到守土有责、奋发有为，杜绝松松垮垮、大而化之的工作状态，纠正推诿扯皮、拖延应付等庸政懒政行为，兑现新一届政府向人民做出的"说到做到，不放空炮"的庄严承诺。

第四节　关于技术市场战略与改革试点的再思考

30多年来，我国技术市场走过了从无到有、从小到大的发展历程，发展成就巨大。技术市场的制度建设不断推进，技术市场的商品市场属性普遍认同；技术市场的机制建设不断增进，技术交易的内涵不断丰富，交易种类和交易方式不断扩展，使我国技术市场规模不断扩大，技术成交额快速增长；技术市场发展的环境更加优化，技术市场与商品市场、产权市场和资本市场

的内在联系不断增强，对促进科技体制改革和创新驱动发展的作用愈发突出，已成为社会主义市场经济体系建设和国家创新体系建设的重要组成部分。

新时期，国际国内经济形势的快速变化对技术市场的进一步发展不断提出新的需求和新的要求：一方面，中国产业体系和市场规模的庞大使技术交易的品类和交易范围日趋扩大；另一方面，中国产业价值链层级低、结构不合理、发展方式滞后的矛盾也对增进技术市场的功能和内涵不断提出新的要求。尤其是以互联网为代表的新技术变革日新月异，知识、智慧和数据作为新关键生产要素显性进入经济系统，新技术经济范式迅速成为经济发展的主导，为新时代背景下技术市场的发展日益增进新的内容和新的形式。这些背景的变化都对技术市场在新时期的发展提出了新的和更高的要求。

我们认为，新时期发展技术市场具有全局性、战略性作用，为此提出：首先，应该"创新"发展我国的技术市场；其次，以技术市场为手段优化配置科技创新资源；再次，以技术市场为标杆加快我国知识经济发展；最后，强化技术市场发展原则与组织领导。

一、创新发展技术市场

20世纪80年代，为了推动科技与经济的结合，促进科技成果的商业转化，我国开启了发展技术市场的实践探索。主要举措是搭建专门用于开展技术交易的场所和平台，设立专门用于开展技术交易的登记机构、交易场所和技术转移中介等机构，这些常设场所和机构曾经是我国技术市场存在的主流形式。

但随国际国内经济环境的不断发展演变，技术交易的品类和方式、技术市场的存在形式和功能内涵在不断发展变化。首先，随改革开放的不断深入和国民经济的迅猛发展，技术交易行为广泛发生，并且大量发生的技术交易行为未必通过特定的交易场所和平台；其次，交易"标的物"的性质也在不断发展和转化，从过去基本表现为确定科技成果或知识产权的交易扩大到非确定性的研发过程和不确定知识状态的交易，其实目前大量创新创业早期阶段的资本介入就表现为对不确定状态的技术和想法（知识和智慧）的交易；最后，集中用于开展知识和技术交易的场景也呈多样化的存在，尤其是在互联网引发的新技术经济范式下，众筹平台、众包平台，以及表现为孵化器、众创空间等的双创（创新创业）平台都成为新时期发生技术交易的集中场所。因此，新时代背景下技术市场表现出了不断增进的交易内涵和多元化的存在形式，这些新的内涵和新的存在形式都是新时期技术市场发展必须着眼的内容和范围，是创新发展技术市场的基础和前提。

（一）促进发展知识和技术的前置交易

知识和技术的前置交易表现为尚处研发状态或不确定性结果状态的知识和技术交易，是知识凝结资本的早期形式。实际上随着经济的发展和竞争的加剧，企业或市场组织为谋求长远的竞争优势或远期目标盈利，大量开始了科技成果或知识产权早期阶段的投资，这就带来了知识或技术的交易行为前置。并且就发展趋势而言，向早期阶段的投资——尤其表现为对研发和创新创业阶段的投资，已经成为科技成果转化的主流形式。这些新的行为和形式要求技术市场要有新的功能覆盖。主要内容包括但不限于以下三个方面。

第一，发展向研发和创新创业早期阶段的投资。对研发和创新创业行为早期阶段的投资扩大了知识和技术交易的内涵，尽管目前大量发生的向研发和创新创业早期阶段的投资以并没有特定交易场所的形式存在，但这些行为的发生体现了广泛存在的知识和技术前置交易。因此，要支持天使投资机构、天使投资人和风险投资机构的发展，引导和鼓励这些机构向研发和创新创业早期阶段投资；要鼓励民间和社会资本参与天使投资和风险投资，促进扩大面向前置交易的社会资本或资金规模；结合大众创业万众创新的新特点，鼓励民间或大众对创新创业的直接投资行为。

第二，促进新型双创平台的建设与发展。必须认识到，目前广泛兴起的、以众创空间为代表的双创平台建设已经成为促进科技成果转化的主流形式，并且大量发生在双创平台上的创业投资主要就表现为对形成知识和技术前置阶段的投资。实际上很多发展优良的双创平台本身已经成为开展知识和技术前置交易的场所，成为技术市场在新技术经济条件下的有机构成。因此，要动员多方力量建设和发展双创平台，尤其要引导和促进创业投资与双创平台的有机结合，鼓励双创平台向集"研发和技术条件支撑、办公和孵化条件配套、资本投资、集成服务"于一身的四位一体的方向发展。

第三，鼓励互联网技术经济条件下的众筹行为和众筹平台发展。众筹行为尤其是项目（或产品）众筹和股权众筹主要表现为尚处不确定阶段的想法和创意对资本的吸纳，表现出知识和智慧对资本的凝结。在创新创业早期阶段进行项目（或产品）众筹和股权众筹的平台成为新形势下技术市场的新型前置交易场所，其为丰富和扩大技术市场的形式和内涵增进了新的内容。因此，要大力鼓励市场和企业主体的探索实践，尤其要鼓励面向创新创业的众筹平台发展；各级政府部门要针对不同性质的众筹平台细化政策导向和提升监管能力，在有效防范风险的基础上，探索能够有效支持和管控众筹平台发展的制度规范和政策。

（二）放活和拓宽现品技术交易

要适应国民经济发展的新需求和互联网技术的广泛应用，需要放活和拓宽现品技术交易。主要应着眼于增强技术市场的信号机制，弥合技术供需双方的信息不对称，让市场定义创新和对创新的定价功能充分发挥，加快知识和技术的流动与扩散，激活广泛层面的创新创业，使创新在更广泛的领域创造价值，并使技术和创新成果最大限度地实现应有的经济价值。

第一，进一步发挥现行技术市场运营平台和机构、技术转移平台和机构等的作用。现有技术市场运营机构要积极探索适应互联网技术经济条件的发展转变，全面建立满足知识和技术供需双方需求的信息平台和连接网络；支持现有运营机构提升自身能力，包括应用大数据等最新的信息技术手段提升对技术成果的鉴别能力和定价能力，鼓励开展多种形式的专业化服务，提高满足供需双方的"技术落地"服务水平；创新交易模式，鼓励探索发展技术发标、竞价交易等新型交易方式，并在互惠互利和公平公开的原则基础上，鼓励开展知识产权经营。

第二，促进知识和技术创新领域的众包行为和众包平台发展。以"众包"的方式发布知识和技术需求是互联网技术经济发展的新业态和新模式，"众包"广泛扩展了需求信号也极大地调动了知识和技术资源，扩大了需求拉动的知识经济和技术创新，大量发生的"众包"行为本身就是新时代背景下的知识和技术交易行为。而"众包"平台也成为知识和技术的集中交易场所，成为技术市场新的构成形式。各级政府要从技术市场发展的大局出发，研究和探索针对这一新生事物的管理规范和支持政策，包括：加大政策引导和支持力度，促进众包行为和众包平台的发展；构筑制度环境，对发生在众包平台上的劳动保障、税收、争议仲裁等建立规制；提升监管水平，维护公平竞争，保障"众包"行业的良性发展。

第三，鼓励和发展多元化和多种形式的技术交易。各级政府部门要通过完善信息基础设施，促进信息公开，加强信用体系建设和法律法规建设等手段，促进技术交易行为的多元化和多种形式开展。尤其对有形技术交易市场"场外"以技术入股、技术服务、技术咨询等形式广泛存在的技术交易行为，要纳入支持政策的覆盖范围。尤其要依据《中华人民共和国促进科技成果转化法》的原则精神，进一步完善和保障技术交易合同的履行，并建立相应的财会、税收和法律制度，有效保障交易双方的收益和权益。

（三）探索和发展技术资本交易市场（后置市场）

知识和技术的前置交易体现了知识和技术的资本凝结，完成了技术资本化的过程，也形成了凝结资本的知识"物权"或产权。但资本化的知识和技术能否合规合理地实现资本的增值和变现，则取决于技术资本市场的发育。就现实而言，技术的资本化交易广泛存在，如发生在创业公司中创业投资或风险投资的股权退出、创业公司的B类或C类融资、公司持有知识产权的股权出让等都表现为知识产权的资本化交易。但就现实发展而言，目前这些广发的交易行为缺乏便利、高效和规范有序的交易场景和管道，缺乏"有形"的满足实现技术资本化交易要求的市场。这直接影响到逐利资本的合理退出，影响到创新价值的高效发挥，进而也影响到我国资本市场的发展壮大。因此，在新的发展阶段，创新发展技术市场的重要议题是探索发展我国的技术资本市场。

第一，探索开展技术资本交易市场的试点示范。选择重点地区和重点领域开展技术的产权化资本或股权再交易的示范试点。鼓励一些发展较好的区域产权交易市场（四版市场）先行先试，对凝结资本的知识产权或股权的再交易进行探索，为创业投资方、风险投资方乃至个人所拥有的知识投资或创业公司股权开设交易通道；优选一些发展较好的众筹平台公司开展众筹股权的再交易试点；政府相关部门要积极作为，针对新现象要研究形成新的管理规范，开展新的规则和制度试点，引导技术市场新业态和新模式的良性发展。

第二，增进现行技术市场与金融机构、股票市场和债券市场的有机联系。政府相关部门要探索建立新的制度和规则，选择符合一定条件的现行技术市场运营机构，面向登记技术交易产权的持有者，开展股权融资和债券融资，建立技术市场与债券市场、新三板市场等的对接机制和通道，打通技术市场和资本市场的联系。促进资本化知识和技术的再融资、增值和变现。

第三，形成合理的技术市场结构层级，丰富和完善资本市场体系。进一步探索和完善技术市场的制度和法规建设，从前置交易和前置市场、现品交易和现品市场到后置交易和后置市场，形成我国技术市场良性合理的层级结构，进一步扩展技术交易的形式和内涵，也通过技术市场的发展进一步促进我国资本市场的发展壮大。

二、以技术市场为手段优化配置科技创新资源

创新发展技术市场要进一步发挥技术市场的信号机制和利益导向机制，优化科技和创新资源的配置。在新经济发展的时代背景下，这主要表现在国有（或公共）科技创新资源和市场化（或社会）科技资源两个方面。

（一）优化国有（或公共）科技创新资源配置

第一，深化科技体制改革，促进新型研发机构发展。国有（或公共）科技创新资源（包括国家科技机构和大学等）要进一步加快科技体制改革的步伐，探索开展科研活动的新组织、新模式。尤其是要借鉴西安光机所等的探索，发展集"合作研发、创业转化、资本投资、集成服务"于一身的四位一体的集成研发平台或新型研发机构，这样的新型研发机构既为知识生产的供需双方提供了交易场所，也为社会资本的知识投资提供了平台，因此其本身就是技术市场的有机构成。

第二，完善民间资本介入公共研发的制度和管理。公共研发部门和机构要打破由公共财政主导科学研究和知识生产的制度设计，全面构建社会和民间资本支持科学研究和介入知识生产活动的通道。包括：探索民间资本介入公共研发活动的相关制度设计，在信息披露、投资规则、享有权益方面形成规则和制度，尤其在国家科技计划和项目中，要设计开放的，面向社会公开募集资金的，公私资金合作投入的规则和制度，并保障私人或私人机构投入的权益；国家和地方相关部门要鼓励地方高校、科研院所等机构率先进行自发探索，拓展对公共研发部门的合作、投资、资助等研发投入渠道，并把先进经验向全国推广；政府财税部门要加强对民间资本介入研发过程的财税激励，扩大国家科研活动的资金来源，形成全社会多元化的对知识生产的投资活力。

（二）优化市场化（或社会）科技创新资源配置

第一，以众创、众筹和众包平台为抓手，促进大众创业万众创新。实践

证明，双创平台可以有效聚集创新创业人才，众筹平台可以有效整合创新创业资本，众包平台可以有效汇集知识资源，三众平台已经成为技术市场在新技术经济条件下的存在形式。因此主导技术市场发展的政府管理部门要把工作和职能有效延伸到三创平台，加大对这些广发的市场化公共服务平台的引导、监管、扶持和支持力度，让三众平台成为助推我国技术市场发展的新动力，成为整合社会创新资源的主阵地。

第二，加强对市场化研发活动和产业技术创新活动的政府支持。应继续加大政府对市场化研发活动和企业创新主体的财政资金支持，包括采取对企业研发的政府立项支持、政府创新基金支持、研发经费的加计扣除政策等，刺激和增进我国技术市场的资金供给水平；尤其是对涉及国家安全、支柱产业和高新技术产业中明显具有公共利益属性的技术创新和产业活动，应加大支持力度，充分调动民间资本，提升技术市场的规模和效率；要充分发挥好吻合市场经济规则的政府作用，运用政府采购和价格补贴等手段发展技术市场，扶持"幼稚"市场，如加大对首台套创新产品的采购力度、对涉及公共利益创新产品的政府补贴，助推技术市场发展。

三、以技术市场为标杆繁荣和壮大我国知识经济

着眼于"新常态"国民经济发展的新需求，要通过创新发展技术市场促进我国知识经济的发展，为我国实现由资源驱动向创新驱动的发展转变提供新动能和新空间。

（一）技术推动科技服务业大发展

第一，强化市场导向机制，进一步促进科技成果转化。参照《中华人民共和国促进科技成果转化法》的原则和精神指引，全面落实科技成果"三权"制度改革措施，进一步下放高校和科研院所科技成果的使用权、处置权和收益权；把"三权"改革与完善国有无形资产管理制度相结合，研究通过知识凝结资本的方法方式，全面推动大学和科研机构与经济部门和产业组织的结合，加快原创新技术成果的产出和输出；各级政府要鼓励国有和公共部门开展职务科技成果权混合所有制试点，以及落实和完善科技人员挂职、兼职和在岗离岗创业的具体实施办法，强化市场机制的导向作用，促进知识和技术的转移转化。

第二，拓展技术市场的内涵和市场空间，促进知识服务业发展。技术市场的发展本身会带动开展技术交易的服务部门和服务业发展，也由此会间接带动知识服务业的发展。知识服务业的繁荣程度是对技术市场发展程度的检验。要以创新发展知识市场为抓手营造有利于我国知识服务业发展的良好环境，促进技术市场运营和服务机构、技术转移部门和机构、会计审计和律师服务、技术评估和咨询机构、创新创业的服务和孵化机构等与知识服务业相关的机构的发展；尤其要结合互联网带来的新技术经济范式，促进通过网上开展服务的新兴服务业发展，发展新业态和新模式经济，扩大新经济空间，为我国经济发展提供新动能；促进技术市场参与主体从技术供需双方的"两元"结构向多元和广泛的社会参与主体转变，发展在知识经济形态下的创业和就业。

（二）技术市场与资本市场、互联网协同发展

第一，增进技术市场的交易内容和交易形式，促进资本市场发展。知识和技术的属性不同于一般有形商品，随时代的发展，技术市场要有效满足创新经济的发展需求，必须突破交易的内容和范畴，深度介入技术转移转化链条的前端和后端，发展知识和技术的前置交易市场和资本化知识和技术的后置交易市场是必须之举。通过技术市场向前置市场和后置市场的延伸，可发展和壮大我国的资本市场。要鼓励现行商品市场、物权和产权市场、保险和证券市场、金融机构等积极开展与技术市场的组织和功能联系，搭建与技术市场对接的渠道或利用已有的平台发展技术的资本化交易，让技术的资本化交易成为推动我国资本市场发展的新支点。丰富国民的金融理财渠道，助长我国整体的国民经济资产势力。

第二，建设数据平台和构筑连通网络，发展我国技术市场的网络体系。互联网的广泛应用突破了原有技术市场的时空限制，大数据等技术的发展也极大提升了技术市场的运营范围和服务能力。因此，不同区域和各种类型的技术交易场所、技术交易服务机构和技术市场参与部门，都要探索建立跨地区和跨类别的网络连接，建设基于数据储存和处理能力的技术平台，在相互互动和融合的发展过程中，逐步形成技术交易类型、交易模式、确权、定价和交易服务等规范和标准；各相关交易场所和市场运营机构自身要制定技术市场基本服务的相关规范，提升利用信息技术开展交易服务的能力，并做好技术交易的登记记录和数据统计；条件成熟时，考虑建设全国统一的技术交

易登记大数据平台,开展对全国技术交易场所的考核评价,提升整个行业的发展水平。

四、强化技术市场发展原则与组织领导

鉴于技术市场对国家创新驱动发展日渐突出的重要作用,在中央政府层面要加大对技术市场管理的组织与制度建设。

(一)技术市场发展原则

发挥市场的主导作用。坚持市场导向的技术市场发展机制,发挥市场配置资源的基础性作用,充分营造有利于知识、智慧和数据等交易和交换的市场,促进科学技术、知识和数据等新关键生产要素的商品化、产业化、资本化。

发挥政府的统筹和引导作用。发挥政府在技术市场发展的国家布局、制度建设和规则制定等方面的统筹作用,营造有利于技术市场发展的良好环境。同时强化政府在平台建设、公共服务、市场运行等方面的引导、扶持和监督作用,做好区域性和多元化技术市场发展的引领示范。

秉持开放共享发展理念。鼓励地方政府、企业和产业组织、社会机构等多方参与技术市场建设,发展多种形式和多元内容的技术交易行为,建设促进技术交易的场景和平台,尤其是鼓励产学研部门和技术转移服务机构等搭建开放共享的技术交易网络平台,实现创新资源充分对接、快速流动与有效配置,促进技术市场的多元化发展。

坚持创新引领发展。着眼于新技术变革和新经济发展趋势,探索推动技术市场发展的新体制、新机制、新业态和新模式,尤其是要有效融合众创、众包、众扶、众筹等新理念,发展多层次技术市场,并强化技术市场与商品交易市场、物权和产权市场、资本市场的联动,壮大技术市场规模,整体推动我国经济提质增效。

(二)技术市场组织领导

加强领导组织建设,探索建立联合治理模式。探索建立由科技部、财政部、国家发改委、工信部、商务部、证监会、银监会、保监会、中国人民银行、工商总局等联合成立的我国技术市场的领导体制,组建(或指定)常设管理部门,形成对我国技术市场发展的跨部门综合协调,整体推进我国技术

市场的发展。

加强宏观指导，强调协同推进机制。常设管理部门自身要提升宏观管理能力，在工作推进上要强化中央和地方协同，形成共同推进技术市场发展的合力。各地方政府和部门要充分认识到发展技术市场的重要性，将发展技术市场工作纳入重要工作日程，完善工作机制，明确和落实责任分工，加强对技术市场发展的指导、引导、支持和监管，加大政策、资金和条件保障的供给力度。具体技术交易场所和技术市场运营机构要不断提升自身的运营水平和服务能力，大胆开展新业态和新模式的技术市场功能探索。鼓励发展相关行业组织和充分发挥行业组织的作用，推动开展行业合作和加强行业自律。

完善支持技术市场发展的相关法律法规和研究制定新的支持政策。在促进技术市场的发展过程中，要根据各地方和各类型技术市场发展的实际需求，完善促进技术市场发展的相关政策和法规体系建设。在政策和法律法规的推进过程中，尤其强调先行先试的示范试点，根据各实践部门行之有效的经验，研究出台有针对性的支持政策和有共性的管理规范；现阶段各地方政府部门和技术市场参与主体尤其要依据新修订的《中华人民共和国促进科技成果转化法》，制定和落实支持技术市场发展的相关政策措施；同时，着眼于我国技术市场发展的新趋势和新需求，基于政府与市场的共生关系进一步研究探索新的法规和制度建设，包括适时开展对《中华人民共和国技术合同法》的研究和修订。

第五节　新时期推进技术资本化试点的条件及对策分析

党的十八届三中全会在深化科技体制改革中提出"促进科技成果资本化、产业化"，对于推动科技体制改革创新具有重要意义。新时期，科技成果资本化、产业化是推动科技与经济结合，促进科技成果转化为现实生产力的基本途径，是在众创、众筹、众包、众扶成为大众创业、万众创新共享经济时代的基本特征的前提下，进一步发挥市场在科技资源配置中决定性作用的内在要求。

一、技术资本化是推动科技成果转移转化的新路径

（一）技术资本化内涵

资本化在现代经济学里指的是资本通过进入商品生产交换流程得到新增加值的过程，这是一切资本的基本运行形式。技术资本化是将科技成果、知识产权等技术形式转化为资本的形态进行流通和交易，进而通过技术创新成果市场化运行以实现创新价值的增值的过程。在这个过程中，以技术供给方、需求方为主体的技术市场与资本市场、人才市场有效融合，并开展以技术为核心的金融服务，实现技术创新的市场导向机制。技术资本化主要包括两个方面：一是通过对知识（技术）创造过程的资本介入，实现技术与资本结合。比如通过资本实现技术研发与产业化所需的人才、设备、产品和市场等的对接，形成技术产品或企业组织，从而促进技术的价值实现。二是通过做市商的方式，赋予技术以资本（债券、股权等）的形式，使其可以充分流通和交易，提升资源的配置效率。比如，做市商在综合分析市场所有参与者的信息，以及衡量自身风险和收益的基础上形成报价，投资者在报价基础上进行决策，并反过来影响做市商的报价，从而促使技术的初始定价；在此基础上，吸引投资者、证券公司、创业团队等参与，通过技术股权交易、债券融资等方式，实现资源的优化配置和技术的增值。

技术资本化有以下特点：一是科技技术或成果作为投资，可以享有企业增值利润，科技成果持有方可通过交易和退出，将科技成果的价值转化为创造知识资本的新资本；二是技术资本化对企业具有持续的创新性，新产品不断进入市场，解决了一次性科技成果转化的弊端；三是技术资本化具有控制性、垄断性和高回报性；四是科技成果资本化既有利于企业自主创新力和产品竞争力的提高，也有利于作为技术创新源的科研院所和高等院校的成果转移转化。

（二）技术资本化与科技成果转化

根据《中华人民共和国促进科技成果转化法（2015年修订）》，科技成果转化是指"为提高生产力水平而对科技成果所进行的后续试验、开发、应用、推广直至形成新技术、新工艺、新材料、新产品，发展新产业等活动。"科技成果持有者可以通过自行投资、换让、许可、合作条件、作价投资（折

算股份或者出资比例)等方式进行成果转化。修订后的《科技成果转化法》加入了多条金融、融资支持措施,支持科技成果转化的条款[①]。这为实现技术资本化,推动科技成果转化提供了法律保障。

从国家政策层面来看,早在2010年,为加快科技成果转化,全面建设创新型国家,科技部会同中国人民银行、中国银监会、中国证监会、中国保监会联合开展"促进科技和金融结合试点"工作,以试点带动示范,加快形成多元化、多层次、多渠道的科技投融资体系。如,上海张江示范区充分借力上海建设国际金融中心、上海自贸区的优势,大胆推出金融专项产品和特色金融服务,形成"1+2n"的扇形重点突破格局;成都高新区积极打造以新型融资模式为内容的科技金融服务体系,探索出由政府引导、民间基金积极参与,以及以企业股权融资、债权融资等为主体的新型融资模式;江苏省推动设立"科技成果转化风险补偿专项资金",引导银行以低息贷款支持科技型中小企业成果转化和产业化。

从具体的实践案例来看,高智发明的"专注于发明融资,专注于发明和专利的资本化"模式无疑对推动我国的技术资本化和科技成果转移转化具有借鉴意义。高智发明针对发明交易市场资金缺乏流动、价格不透明、功能失调的现状,专门为发明创造建立一个专业行业来实现其资本市场,其投资模式以技术为唯一核心,下设3股基金,分别为发明研究基金(ISF)[②]、发明投资基金(IIF)[③]、发明开发基金(IDF)[④],投资对象可以直接面向知识资产。高智模式为技术资本化搭建了平台,尤其对拥有创意或者雏形技术的企业和个人提供了资金支持渠道,对于高校、科研院所的发明活动具有极大的激励作用;同时,加速了知识产权流转,将知识产权转化成为可量化并流通的"资产",提升了专利作为一种资产的可交易程度和流动性,活跃了技术交易市

---

① 第三十五条:国家鼓励银行业金融机构在组织形式、管理机制、金融产品和服务等方面进行创新,鼓励开展知识产权质押贷款、股权质押贷款等贷款业务,为科技成果转化提供金融支持。国家鼓励政策性金融机构采取措施,加大对科技成果转化的金融支持。

第三十七条:国家完善多层次资本市场,支持企业通过股权交易、依法发行股票和债券等直接融资方式为科技成果转化项目进行融资。

第三十八条:国家鼓励创业投资机构投资科技成果转化项目。国家设立的创业投资引导基金,应当引导和支持创业投资机构投资初创期科技型中小企业。

对自有知识产权的自产自销经营方式:以公司自己的科学家团队为主要投资对象,在成果成熟并获得知识产权后售出,获取利润。

助前景广阔的发明创意并帮其申请国际发明专利,作为对价取得经营权,销售并分利的模式。

对具有市场前景的发明创造和专利技术,通过先购买后改进的方式进行新一轮开发,并将开发后成果加以许可或转让,然后从中获利。高智通过该项基金已获取的许可使用费达10余亿美元。

场,将许多沉睡在实验室里的知识产权成功地推进了市场。

二、推进技术资本化的四大主要条件

(一)知识产权保护制度是实现技术资本化的制度保障

知识产权制度依法对创新成果进行科学审查、产权界定,明确产权的范围和归属,是市场经济条件下技术资本化的前提和基础。完善的制度是促进科技成果资本化、产业化的保障,也为知识产权在成果转化中发挥应有的作用创造了条件、开拓了空间。当前,我国基本建立了与世界一致的知识产权法律制度,尤其在我国经济发展的新阶段,实施更加严格的知识产权保护制度。从2015年8月全国人大常委会表决通过新修订的《中华人民共和国促进科技成果转化法》,到2016年2月国务院颁布《实施〈中华人民共和国促进科技成果转化法〉若干规定》,再到2016年4月国务院办公厅印发《促进科技成果转移转化行动方案》,科技成果转移转化从修订法律、制定配套政策到部署具体行动的"三部曲"已经形成,实现了科技成果转移转化有法可依、有法必依的新突破。但是,现行法律法规缺乏惩罚性规定,《中华人民共和国专利法》规定专利侵权赔偿实行"填平原则",《中华人民共和国促进科技成果转化法》草案也规定对虚假欺骗转化行为实行"填平"原则,对权利人的保护力度较弱。而且,知识产权实际侵权赔偿标准过低,据统计,我国专利侵权实际赔偿额平均只有8万多元,商标只有7万元,著作权只有1.5万元,远低于一些发达国家的标准。此外,知识产权司法保护仍缺乏统一标准。在北京、上海、广州试点建设知识产权法院取得重大进展,但仍没有解决知识产权侵权审判标准不统一和赔偿标准不统一问题。同时,我国还缺乏高素质的专业化知识产权法官队伍,行政执法缺乏调查和法定处罚手段,而且行政与司法衔接不够,这些都影响技术资本化和产业化的积极性。

(二)完善的利益分配机制是技术资本化的动力源泉

由于研发与创新具有极大的外溢性,很多国家都将相当规模的公共资源投入到公共部门或私人部门研发活动中,由此产生的专利等技术成果如何确权和进行利益分配,在相当长的时间内都没有得到有效解决。1980年,美国通过《拜杜法案》,让大学、研究机构能够享有政府资助科研成果的专利权,这极大地带动了技术发明人将成果转化的热情,是美国从"制造经济"转向"知识经济"的标志。目前,我国在科技成果资本化、产业化方面仍存在短板,核心问题之一即是缺乏合理完善的收益分配机制,导致高校、科研院所的大批科技成果束之高阁,未转化成现实生产力。为破解科技成果转化率低的难题,我国对科技成果收益分配制度作了许多探索和尝试。尤其是党的十八大以来,陆续出台了一系列改革措施和配套制度。2014年,由财政部、科技部、国家知识产权局联合发布的《关于开展深化中央级事业单位科技成果使用、处置和收益管理改革试点的通知》,被视为中国版的《拜杜法案》。该通知明确规定:"试点单位可以自主决定对其持有的科技成果采取转让、许可、作价入股等方式开展转移转化活动,试点单位主管部门和财政部门对科技成果的使用、处置和收益分配不再审批或备案。"随着科技成果转化"三部曲"的形成,国家针对科研人员、高校、国有科技型企业分别制定了指导意见,如《关于实行以增加知识价值为导向分配政策的若干意见》,鼓励科研人员通过科技成果转化获得合理收入,加强科技成果产权对科研人员的长期激励;《关于加强高等学校科技成果转移转化工作的若干意见》《中国科学院关于新时期加快促进科技成果转移转化指导意见》,提高高校院所科技成果转移转化能力;《国有科技型企业股权和分红激励暂行办法》,扩大股权激励适用范围,明确激励对象、激励方式和实施条件、激励方案的管理等内容。这些政策的出台进一步明确科技成果转化的利益分配,极大地激发了科技成果资本化产业化的内生动力。

(三)健全的技术市场是技术资本化的重要渠道和载体

技术市场是我国重要的生产要素市场,是社会主义市场经济体系的重要组成部分,也是科技成果资本化、产业化的重要渠道。改革开放以来,我国技术市场发展取得了巨大成就,市场规模迅速扩大,技术交易日趋活跃,交易形式不断创新,服务水平日益提高,为优化科技资源配置,加速科技成果向现实生产力转化,提高企业的技术竞争力,促进经济结构调整和经济发展做出了卓越贡献。近年来,我国技术市场的发展更加强调市场导向,催生了一批市场化运作的交易服务平台,加速了科技成果的资本化。如"科创365科技成果转化平台"(简称"科创365平台"),就是通过运用互联网大数据技术,为知识产权和科技成果转化提供一站式多要素服务,推动专利和科技成果的转化。同时,企业也可把需要攻关项目放到"科创365平台",向全国相关科技人员作精准推送，有需要的科技人员也可通过 App、微信等方式与发布项目的企业进行互动洽谈。目前，"科创 365 平台"已在上海市部分高校设立联络站，帮助上海市中小企业解决科研成果信息不对称难题。与此同时，"科创 365 平台"建立 20 亿元科创基金用以促进优秀科技成果转化，并将与上海电信合作，为全国 600 多万家中小微企业提供知识产权信息推介和技术攻关对接服务。

（四）科技金融创新是实现技术资本化的推动力和加速器

科技金融是促进科技开发、成果转化和高新技术产业发展的一系列金融工具、金融制度、金融政策与金融服务的系统性、创新型安排，是由为科学和技术创新活动提供金融资源的政府、企业、市场、社会中介机构等各种主体及其在科技创新融资过程中的行为活动共同组成的一个体系，是国家科技创新体系和金融体系的重要组成部分。科技与金融的深度融合已经成为一个国家经济长足发展的基本动力和科技成果资本化的重要推力。从国家层面来看，为推动科技成果资本化进程，近年来，科技部、财政部设立国家科技成果转化引导基金，并通过设立创业投资子基金、贷款风险补偿和绩效奖励的支持方式，带动金融资本和民间投资向科技成果资本化和产业化集聚，进一步完善多元化、多层次、多渠道的科技投融资体系。北京市通过实施无偿资助、贷款贴息、风险补偿、股权投资、资本金注入等多种举措，打造"科技金融综合服务平台"；组建了全国第一个面向科技成果早期项目的"前孵化"运营平台，引导财政资金牵头成立天使投资母基金；设立"北京市科技成果转化创业投资引导基金"，与国家的科技成果转化引导基金联动。此外，随着资本市场的完善，更多的技术成果通过资本市场实现转化和产业化。比如把科技成果以股权或者以资产方式进行并购，像 GOOGLE、微软这样的技术先行者和领导者，在发展过程中也是通过上百次的重要并购来不断获取和强化新的技术能力的。

三、新时期推进我国技术资本化的对策建议

加快构建严格的知识产权保护制度。一是在现有的法律体系基础上，切实推动知识产权保护法律法规修订和完善工作，目前我国在知识产权保护方面涉及的法律法规多且散，缺乏统一性、协调性和实操性，需要进一步对

法律法规之间衔接不够、相互矛盾的部分理顺关系，克服长期存在的表述不清、界限模糊、法律语言不规范、政策性表述多、容易引起歧义的问题。二是要推进知识产权保护司法管理体制和审判审理体制改革。推进知识产权民事、刑事、行政案件"三审合一"；积极发挥知识产权法院的作用，探索跨地区知识产权案件异地审理机制，打破对侵权行为的地方保护。三是探索实施惩罚性赔偿制度，加大知识产权侵权的惩罚力度。要按照改革要求，降低侵权行为追究刑事责任的门槛，调整侵权赔偿标准；加强知识产权诚信制度建设，实施"黑名单"制度，构筑面向全国的知识产权保护网络；通过规范政府部门行政执法的行为，建立规范科学透明公开的行政保护体制机制。四是重构知识产权保护体制机制。推进知识产权保护和管理体制改革，逐步形成以司法保护为主、行政保护为辅，社会组织维权援助的新体制。推进企业、科研机构和高等学校知识产权保护和管理制度改革；以加强创新政策、知识产权保护制度、创新驱动评价导向制度和科技管理体制改革为重点，推动政府科技管理职能转变。

加快发展和完善技术市场。一是完善技术市场法律法规体系。加快落实新修订的《中华人民共和国促进科技成果转化法》，完善和落实科技成果"三权"制度改革措施；抓紧研究制订促进技术市场发展和技术转移的相关法律法规，规范技术转移行为，保护知识产权，促进知识流动和技术转移；完善激励技术市场的政策体系。二是优化技术市场服务体系。大力培育和发展各类科技中介服务机构，引导科技中介服务机构向专业化、规模化和规范化方向发展；开展国家技术转移示范工作，加强技术转移机构建设，强化技术转移服务机构全球资源链接能力，积极实施"走出去"和"引进来"。三是创新技术转移机制模式。开展跨行业、跨区域、跨国家的技术转移；完善促进技术转移的投融资模式，加快形成多元化、多层次、多渠道的投融资体系。四是利用"互联网+"，加强技术市场平台建设。依托全国技术市场一体化布局，运用"互联网+"，构建国家技术交易网络平台；鼓励地方结合实际创新需求，完善区域技术交易服务平台功能；加快建立各区域中心间的协作网络，形成全国科技成果转移转化统筹格局。五是加强技术市场人才队伍建设。结合技术市场体系建设，建立严格的考核和资质管理制度；加强人员培训与资质管理，培育专业化、高水平的技术转移人才队伍。

推动科技金融创新，促进技术与金融深度融合。一是鼓励天使投资机构和创业投资机构与创业孵化平台开展合作，利用"创投+孵化"模式，为科研机构科技成果转化和产业化提供资金、平台与业务等组合支持。二是充分利用股权众筹、新三板、区域股权交易中心等平台，促进高校、院所及科研人员以技术成果作为无形资产作价入股科技企业，鼓励金融机构以股权投资的方式支持科技企业转移转化技术成果。支持科技企业利用企业债券、公司债券、短期融资券、中期票据等新型债务融资工具和集合融资工具，进行科技成果转化项目融资。三是支持知识产权评估、技术转移、专利代理、信用评级、信用增进等科技金融中介服务组织发展，鼓励各类科技金融服务机构利用互联网、移动互联网、大数据等技术，建设科技成果转化和产业化投融资信息服务平台。四是鼓励股权众筹、网络信贷和第三方支付等互联网金融企业为科技成果转化和产业化创新金融产品和服务模式，推动建立面向科研机构线上、线下的多层次投融资服务体系。加强对服务科研机构科技成果转化和产业化的小额贷款公司、互联网金融企业等新兴金融机构的支持力度。

积极探索技术资本化的新模式。一是探索新型技术经营模式，鼓励民间资本设立专利技术经营机构（如高智模式），通过设立基金、建立专利池、专利授权等方式建立专利技术的资本市场，实现知识产权的市场化运作。二是创新技术定价与服务机制，开展技术债权化试点。依托市场认可与市场调节，鼓励技术交易双方、多方在平等协商、逐项核价的基础之上确定技术价格；鼓励金融及金融服务机构运用大数据对科技企业进行经营分析预测，形成科技企业信用评级体系，依托信用评级对科技企业开展债权融资。三是充分发挥知识产权运营联盟作用，加强知识产权运营试点机构跨行业、跨区域、跨部门的沟通和交流，推动协同共享，制定知识产权许可、转让、竞价交易的服务规范和标准，引导联盟成员探索设立知识产权运营基金、开展知识产权质押、知识产权证券化等金融创新模式。

第六节　国家高新区——供给侧改革的坚守者和引领者

自2015年11月中央财经领导小组会议以来，旨在提高全要素生产率的供给侧改革成为国家政策导向的关键词，并成为"新常态"时期推动我国经济增长的改革动力之一。目前，针对供给侧改革的具体措施还处于探索阶段，大致归纳为扩大有效供给、降低企业成本、培育新产业、化解产能过剩等方面。

一、国家高新区是供给侧改革的坚守者

自1988年以来，以中关村、上海张江等代表的国家高新区，始终坚持"发展高科技，实现产业化"的宗旨，向社会源源不断地提供高科技产品，本质就是供给侧改革的主要内容之一。国家高新区通过聚集创新资源，优化创新环境，始终把提高生产效率和促进经济内生增长作为自身发展的使命，也是供给侧改革的主题。总体来看，我国高新区经过30年的发展，在推动高新技术产业化、体制创新和优化经济结构方面都遥遥领先，成为中国高新技术产业化的重要示范基地。

新时期，中央政府一方面继续推动传统的投资、消费、出口三驾马车继续发力，更重要的是认为，在原有的需求不足、拉力不够及供需错位时，需要从供给端的推力入手，调整经济结构，使要素实现最优配置，从而提升经济增长的质量和数量。同时，供给侧改革是着力于通过改革实现经济结构的调整和优化，从而避免潜在增速的大幅下行，其实质是十八届三中全会"全面深化改革"在要素领域的延续和聚焦。国务院及国务院办公厅连发《关于积极发挥新消费引领作用加快培育形成新供给新动力的指导意见》《关于加快发展生活性服务业对促进消费结构升级的指导意见》两个文件，也是旨在形成新的供给和新的动力。

二、新时期国家高新区供给侧改革的切入点

当前高新区发展的总体形势可以概述为两个方面，一个是以"新常态"为背景的全面深化改革和创新驱动发展战略部署；一个是以互联网经济为背景的全面创新和国际化。

我国经济发展正面临增长速度换挡期、结构调整阵痛期、前期刺激政策消化期"三期叠加"的复杂局面，面临着人口红利减少、环境资源压力增加的双重压力，"新常态"成为我国经济社会发展新的阶段性特征。在该阶段，经济发展、消费、投资、出口、生产能力和产业组织方式、区域发展相对优势及资源配置方式等均发生了深刻的变化。经济发展动力正从传统增长点转向新的增长点；个性化、多样化消费渐成主流，通过创新供给激活需求的重

要性显著上升；传统产业相对饱和，但基础设施互联互通和一些新技术、新产品、新业态、新商业模式的投资机会大量涌现，对创新投融资方式提出了新要求；全球总需求不振，我国低成本比较优势也发生了转化，影响了我国出口竞争的相对优势；从供给不足到传统产业供给能力大幅超出需求，产业结构必须优化升级，新兴产业、服务业、小微企业作用更加凸显；人口红利逐渐消失，要素的规模驱动力减弱，经济增长将更多依靠人力资本质量和技术进步，必须让创新成为驱动发展新引擎；数量扩张和价格竞争正逐步转向以质量型、差异化为主的竞争，提高资源配置效率是经济发展的内生性要求，要求形成统一透明、有序规范的市场环境；环境承载能力已经达到或接近上限，必须推动形成绿色低碳循环发展新方式；全面刺激政策的边际效果明显递减，既要全面化解产能过剩，也要探索未来产业发展方向，需要全面把握总供求关系新变化，科学进行宏观调控。

在此背景下，党的十八届三中全会通过了《中共中央关于全面深化改革若干重大问题的决定》（简称《决定》），形成了指导中国改革发展里程碑式的纲领性文件。提出"完善和发展中国特色社会主义制度，推进国家治理体系和治理能力现代化"的总目标。全面深化改革涉及税收、国企、行政审批、市场机制、金融、科技、农村、开放、政治、司法等多个领域（表6-3）。

表6-3 影响高新区发展的全面深化改革议题

项目	内容
税收体制改革	《深化财税体制改革总体方案》已颁布，出台一系列改革措施。包括：加快建立规范的地方政府举债融资机制，营改增试点进一步扩大范围，完善促进就业创业、支持小微企业发展的税收政策，减少和规范涉企收费，清理规范税收等优惠政策等
国企改革	深化国有企业改革，以管资本为导向的总体设计方案已经出台
行政审批改革	行政审批制度改革深入推进，国务院重点围绕投资和生产领域，累计取消下放700多项行政审批事项，尤其改革商事制度力度空前，释放出简政放权和放活经济的强烈信号
市场机制改革	打破行业垄断壁垒，实行公开透明的市场化定价，成为改革的重头戏。国务院陆续放开电信业务、非公立医院医疗服务等26项商品和服务价格，着眼于建立更加符合市场规律、更加灵敏的价格机制
金融改革	在放开市场准入方面迈出坚实步伐，有序放开金融机构市场准入，首批5家试点民营银行获准筹建，存款保险制度建设取得实质性进展。完善上市公司退市制度，"沪港通"正式启动，资本要素的市场化迈出重要一步
科技体制改革	中央加快了科技体制改革步伐，出台深化中央财政科技计划（专项、基金等）管理改革方案；决定将国家重大科研基础设施和大型科研仪器向社会开放；更大范围推广中关村试点政策，加快推进国家自主创新示范区建设

续表

项目	内容
农村土地制度改革	启动农村承包地、集体建设用地、宅基地"三块地"的改革。引导农村土地经营权有序流转,部署农村土地征收、集体经营性建设用地入市、宅基地制度改革试点
扩大开放	提出构建丝绸之路经济带和21世纪海上丝绸之路,设立亚洲基础设施投资银行、丝路基金,建设中国(上海)自由贸易试验区并总结推广试点经验,深化以备案制为主的对外投资管理方式改革,推进贸易投资便利化,提出推动建设亚太自由贸易区的倡议
政治体制改革	全面依法治国。科学立法、民主立法的路线图逐渐清晰。推动科学民主依法决策、推进国家治理体系和治理能力现代化、出台加强中国特色新型智库建设的意见
司法公正	中央全面深化改革领导小组审议通过《关于司法体制改革试点若干问题的框架意见》,在上海等6个省市启动试点工作,司法体制改革迈出了实质性步伐。包括在北京、上海、广东设立知识产权法院,进一步强化知识产权的运用和保护,为公平竞争的社会主义市场经济秩序创造良好法治环境

同时,互联网正以改变一切的力量,在全球范围掀起一场影响人类所有层面的深刻变革,人类正迎接一个新的时代到来。就经济领域的价值来看,互联网的本质是一个强大的资源配置工具,几乎所有经济要素都能以极低的成本接入互联网,要素配置规模空前高涨。互联网作为新兴产业、促进产业升级的工具、要素配置的工具和社会治理的工具,深刻影响了高新区的发展路径(表6-4)。

表6-4 互联网的作用

层面	效用	案例
作为一个新兴产业	电子信息制造、物联网、智能硬件和互联网服务,都是增长强劲,极具前景的新兴产业	美国硅谷兴起;中国台湾地区、日本的电子信息制造;中国中关村、深圳的电子信息产业
促进产业升级的工具	提升传统产业的附加值;优化传统产业的资源配置	智能家居;找钢网、途牛网
提升经济要素的投入规模	接入互联网的人和物都可参与生产;降低门槛;打破界限	优步(Uber)、滴滴顺风车;众筹;大众创业、万众创新
社会治理的工具	政府服务平台;培育社交网络;开启民智	公共大数据决策;网络舆论监督

因此,国家高新区需要深化供给侧改革,一是在要素层面,矫正要素配置扭曲,提高全要素生产率,扩大有效供给;二是在企业层面,进一步突出

企业在创新创业中的主体作用，激发新企业的快速成长；三是在产品或产业层面，强化产业结构调整与转型升级，运用"互联网+"等手段，提升产业竞争力；四是在公共服务层面，创新服务手段和服务意识，形成与高新区创新发展相适应的服务模式。

三、国家高新区供给侧改革的相关建议

（一）要素层面

着眼于提高供给的质量和效率，着力激发市场主体的自身活力，使各类要素能够便利地进出市场，自由地创造价值，自主地实现价值，形成经济持续增长的不竭的动力。

加大研发投入，鼓励两众两创，提升创新转化。立足高新区现实和未来的发展需求，鼓励重大技术突破及其转移转化；搭建要素共享与配置平台，加速技术、资本、人才等多种要素的协同配置；做好创新创业生态建设，积聚与高新区发展相关的创新创业要素。

着力发展新型研发机构，推动研发机构建立"前瞻性研发、市场导向的创新、创业孵化和创业投资"为一体的组织或平台。"前瞻性研发"主要与创始院所的基础性研究紧密关联；"市场导向的创新"主流模式是形成与产业界联合的"合作实验室"；"创业孵化"是新型科技机构本身需要搭建开放创新创业支撑孵化平台，既促进自身成果的转化也开放吸引创新创业人才；"创业投资"是该科技机构有股权或决策权参与的、能够为创业或科技成果转化进行资本投资的资本平台。

（二）企业层面

发展"互联网+"的平台型企业。平台型企业是具有信息交互平台、生产经营运营平台和能够提供生产经营要素支持平台的企业，这样的企业可以发生在所有领域，也可以有多种不同用途的平台表现。通过平台型企业的培育，增强企业的凝聚力和创业系的形成。

引导企业建立研发部门或兴办创新创业支撑平台，发挥企业家的创新潜能，强化企业在创新创业中的主体作用。

促进新型孵化器建设，尤其是以依托和运用互联网平台的桌面办公为

主、需求场地较小、团队规模较小、多团队的集中办公和压缩办公，并主要由市场力量和社会力量主导建设的孵化器。

鼓励依托互联网的大众创业、万众创新，鼓励大学生创业、科研衍生创业和人才创业、连续创业者和离职创业等，着力扩大高新区企业总量；引导创业企业快速发展，形成瞪羚企业、独角兽企业等。

（三）产业层面

以创新驱动产业升级，培育新兴产业，创造新供给。以创新升级的新供给激发多层次的新需求，在更高层面实现供需均衡。创新特别是科技创新对推动产业升级、发展新兴产业、培育新供给具有重要作用，将物联网、大数据、3D打印等新兴技术创新性融入产业，通过创新引导制造业的柔性化、智能化、精细化，推动服务业向价值链高端延伸，促进传统产业转型升级。

以培育互联网产业为抓手，发展新兴产业。互联网产业主要包括互联网硬件、互联网软件、互联网内容和互联网服务。就当前现状和趋势而言，互联网产业与未来的新兴产业集群发展紧密相关。通过新兴产业、新兴业态发展，形成新的经济增长点，加快新供给新兴产业的成长。

（四）服务层面

在新的形势下，政府以往很多传统的服务行为都变得不再重要，这就需要政府响应变化，创新工作方式，为新发展和新优势的建立提供新型服务。这种新型服务重点表现为政府在实体空间里为创新和发展提供的"连接"服务。主要包括政府为创新和发展的资源整合及空间拓展搭建实体或线下"连接"机制，通过"连接"体现政府的嵌入和为事物确定性的信任"背书"，从而促进和支持市场或社会主体的发展。

一是本地"连接"，建立本地创新资源和产业资源各种形式的"连接"机制，比如成立高新区数字联盟，推动本地数据资源的开放共享；主导建立或嵌入本地内产学研联盟促进组织及跨界融合的产业发展组织；引导和嵌入本地企业家联谊组织和创新服务协会等社团或社群组织。

二是跨区域"连接"，为市场主体的跨界和跨区域拓展搭建渠道和提供服务，比如建立与国内其他高新区在某专项事物上的联结协议，共同营造孵化空间；建立政府与相关领军企业的联系；在产学研结合的意义上，发展政府与大院大所的合作机制,等等。

三是全球"连接",在"一带一路"框架下寻求全球合作,推动资源对接、产能合作、创新合作等,带动相关行为主体的全球化拓展和对国际资源的开放吸纳。

第七章 国家高新区综合评价理论与实践

第一节 国家高新区创新指数的提出和应用

一、创新指数提出的背景

随着全球对创新的关注，以及各个国家和地区创新发展战略的提出，国内外有关研究机构从不同的角度建立了创新能力评价指标体系，并对相应的国家或地区进行创新评价和排名。国外有欧盟创新记分牌（IUS）、全球创新指数（GII）、OECD的科技产业记分牌（STIS）、硅谷指数（ISV）、英国城市知识竞争力指数（WKCI）、麻省创新经济指数（IMIE）等；国内有中关村指数等，这些指数研究对创新能力的实证评价做出了有益的探索，为国家或地区的创新发展提供了事实依据。

党的十八大提出，"科技创新是提高社会生产力和综合国力的战略支撑，必须摆在国家发展全局的核心位置"，强调要坚持走中国特色自主创新道路、实施创新驱动发展战略。为全面贯彻落实创新发展战略，《中共中央国务院关于深化科技体制改革加快国家创新体系建设的意见》（中发〔2012〕6号）提出"建立全国创新调查制度，加强国家创新体系建设监测评估"的要求，为有效研究制定创新发展的策略与政策提供决策依据。

国家高新区作为我国创新密集区域的典型代表和国家创新系统的核心中

枢，是我国践行创新发展战略的主战场和主要依靠力量，由此成为国家整体创新能力评价工作中的重要环节。而且国家高新区 30 年的创新发展已经率先建立了以创新为核心的火炬统计体系，在开展创新监测评价工作方面有着较好的基础性支撑，相应地也应在全国范围内通过推进创新调查和创新能力的监测评估发挥高新区的先行示范作用。建立指标体系并开展创新能力评价有助于增进对高新区创新发展的全面认识，增强对现状、趋势、存在问题和差距等的分析，为引导高新区的良性发展和为制定更加有效的政策提供依据。因此，建立国家高新区创新指数势在必行。

二、创新指数设计思路、过程和结果

（一）设计思路

结合创新能力评价工作的整体部署，考虑到实际操作过程中的制约因素，国家高新区创新能力评价需要针对一些现实问题有所权衡、取舍和侧重，因而在具体设计时遵循以下思路：

第一，有意识地区分国家高新区创新能力评价与国家高新区综合评价的内涵差异。国家高新区综合评价是国家管理和指导高新区发展的政策工具，其定位是"政策评价"，主要考察高新区对国家制定的战略导向和工作目标的完成情况。国家高新区创新能力评价是对现实发展情况客观的系统评价，不同于政策评价具有一定政策目标的主观导向性，系统评价关注的是高新区实际运行的效率和创新带来的转变与贡献。

第二，以创新所带来经济和社会结构特征的变化映射创新能力变化。国家高新区创新能力评价是在国家创新驱动发展的战略背景下，以"创新驱动经济发展、科技经济深度融合"这个基本思路展开的，因此评价不仅关注创新能力的状态，更关注创新发展实现的经济效益。同时，在当前短期内难以开展大规模问卷调查的条件下，创新过程的"黑箱"无法打开，国家高新区创新能力评价只能以现有统计为基础来构建，主要是通过对创新所带来的产出形式变化和经济增长的贡献来反推创新能力的水平。

第三，以国家高新区中企业群体的创新能力作为国家高新区创新能力的主体表征。企业是国家高新区区域创新体系的最基本微观单元，作为技术创新活动的主要承担者，技术创新对经济增长的促进作用也是通过企业创造的效益来实现的，企业是创新的主体和支撑经济增长的基本生产单元。国家高新区建设的目的是提高企业的创新创业活力，因而国家高新区内企业的创新能力可以在一定程度上代表和反映国家高新区的创新能力水平。

第四，以逻辑分析和统计分析为基础甄选和集成指标。通过研究国际上广泛被接受的创新评价发现，无论是全球创新指数、欧盟创新记分牌还是硅谷指数，其评价指标体系都采用的是多层次指标模型。多层次模型能够将复杂问题层次化，可在各因素之间进行简单的比较和计算，具有实用性、系统性、简洁性等许多优点。对指标体系结构合理性判断的一般标准是：一级指标要有一定集成度，一级指标过多难以准确刻画个功能模块间的内在联系；每个一级指标下的二级指标数量要合理，数量过多会使一级指标泛化，数量过少又难以全面反映一级指标的内涵。对于指标检验的一般方法是：先运用定性方法预选指标，然后运用鉴别力分析、相关性分析等定量方法进行定量判断，删除高度相关和鉴别力不强的指标，最终建立创新能力评价指标体系。

（二）设计过程和结果

国家高新区创新能力指标体系是在充分考虑我国高新区的发展阶段和现行统计制度的基础上设计制定的，既具有一定的理论性，又具有较强的可操作性。结合相关创新理论和国家高新区创新发展的典型特征，借鉴国际和国内创新评价的实践经验，研究确定国家高新区创新能力评价指标体系（图7-1），重点从创新资源集聚、创新创业环境、创新活动绩效、创新的国际化和创新驱动发展5个方面进行国家高新区创新能力的综合测度和评价研究。每个方面的评价通过5个创新指标完成，创新指标的选取原则遵循系统性与独立性相协调、总量指标与相对指标相平衡、有效性与可操作性相适应、动态性与可扩展性相结合的原则。

创新指标为评价体系的基本单元，通过多层递阶综合评价方法形成对国家高新区创新能力发展状况的系统监测和评估，本次评价共采用了25个二级指标，对全国169家国家高新区的发展情况进行指标数据的监测、收集和处理，并最终以综合创新指数的形式整体反映高新区近些年来创新发展的动态趋势。

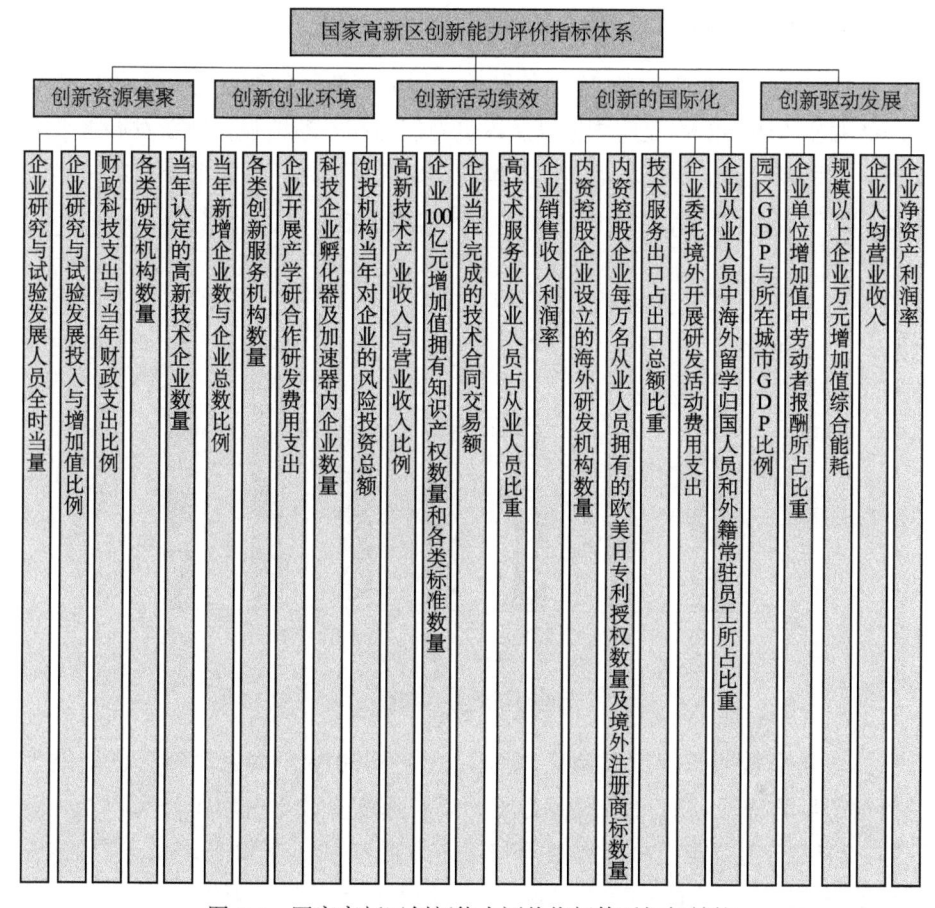

图 7-1 国家高新区创新能力评价指标体系框架结构

三、创新指数应用分析

（一）数据来源

评价对象选取截至 2016 年年底全部 147 家国家级高新区，评价指标体系涉及数据均来源于经国家统计局批准、火炬中心组织实施的国家高新区年度统计调查（2016 年数据[①]），包括：国家高新技术产业开发区企业统计报表、国家高新技术产业开发区综合统计报表。

---

① 2017 年高新区的数据尚未最后对外公布，所以选择 2016 年的数据开展分析。

（二）总指数和一级指标分析结果

从整体测算结果看，从 2010 年开始，国家高新区创新能力总指数持续增长态势明显（图 7-2），表明国家高新区创新能力在不断增强，创新发展水平不断提升，积极有效地响应和落实了我国的创新发展战略。具体来看，2016 年国家高新区创新能力总指数为 199.1 点，6 年内增长了 99.1 点，基本翻了一番[①]。

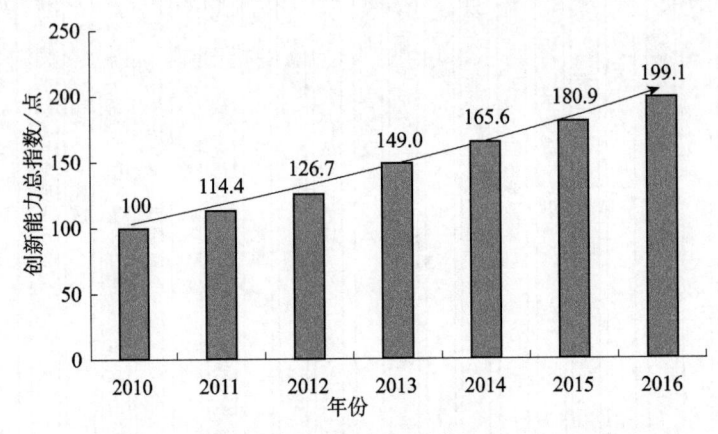

图 7-2　国家高新区创新能力总指数 2010～2016 年

具体从指数增长幅度和速度来看，2011～2016 年国家高新区创新能力总指数历年的增长幅度均在 12 点以上，增长速度多数年份均在 10% 以上（图 7-3）。2016 年创新能力总指数增幅和增速分别为 18.2 点和 10.1%，进一步说明国家高新区在过去的一年中创新发展工作取得了长足的进步。

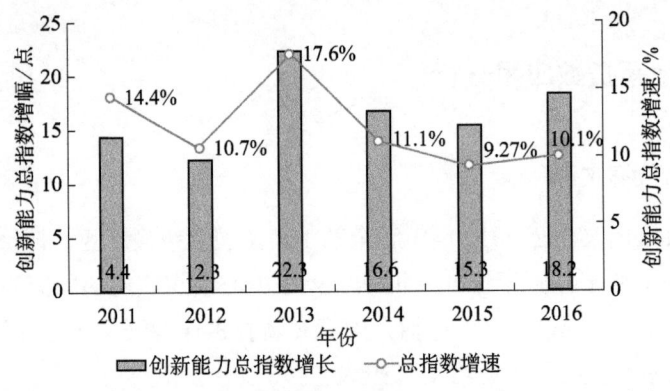

图 7-3　国家高新区创新能力总指数增长情况（2011～2016 年）

---

① 科技部火炬高技术产业开发中心，中国科学院科技战略咨询研究院中国高新区研究中心. 国家高新区创新能力评价报告 2017. 北京：科学技术文献出版社，2017.

(三)五个分项指数表现及变化趋势

具体到国家高新区创新能力的 5 个分项指数情况,首先从分指数的变化趋势来看,5 个分项指数整体保持持续增长态势,其中以创新创业环境指数和创新的国际化指数的增长趋势最为显著,尤其是创新创业环境指数呈现指数式增长态势,说明在全国大众创业、万众创新的战略背景下,国家高新区能够积极运用各项鼓励创新创业的政策工具,迅速有效地响应和引领全国的双创浪潮。而创新活动绩效指数和创新驱动发展指数则呈缓慢增长趋势,由此反映出国家高新区从创新资源要素的集聚和整合,到创新活动绩效的显现,直至转化为内在的创新驱动经济发展的能力是一个渐进而缓慢的过程。

其次从分项指数的具体数值来看,2016 年国家高新区创新资源集聚指数为 186.0 点,创新创业环境指数为 337.3 点,创新活动绩效指数为 134.4 点,创新的国际化指数为 285.4 点,创新驱动发展指数为 129.3 点,同样是创新创业环境指数和创新的国际化指数最高,说明国家高新区在创新创业环境和创新的国际化方面已经形成了累计优势,这两方面是带动高新区创新能力总指数不断攀升的主要因素(图 7-4)。

同时从投入产出角度而言,创新资源集聚和创新创业环境指数 6 年来分别提升了 86.0 点和 237.3 点,而创新活动绩效和创新驱动发展指数的增长幅度则相对较低,分别提升了 34.4 点和 29.3 点。这表明国家高新区在创新投入产出效率方面还有进一步提升的空间,并且这将是一个长期而艰难的过程。

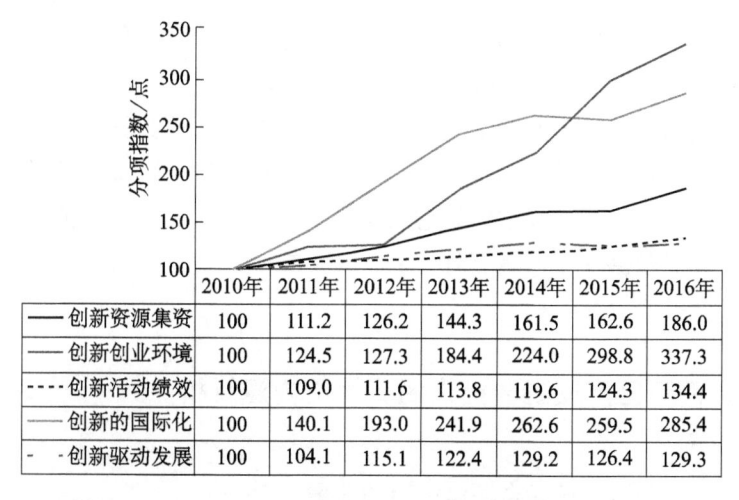

分项指数/点	2010年	2011年	2012年	2013年	2014年	2015年	2016年
—— 创新资源集资	100	111.2	126.2	144.3	161.5	162.6	186.0
—— 创新创业环境	100	124.5	127.3	184.4	224.0	298.8	337.3
---- 创新活动绩效	100	109.0	111.6	113.8	119.6	124.3	134.4
—— 创新的国际化	100	140.1	193.0	241.9	262.6	259.5	285.4
-·- 创新驱动发展	100	104.5	115.1	122.4	129.2	126.4	129.3

图 7-4 国家高新区创新能力 5 个分项指数(2010~2016 年)

四、创新指数应用展望

国家高新区历经 30 年的建设和积累已经步入"三次创业"阶段，作为我国创新密集区域的典型代表和国家创新系统的核心中枢，其发展历程折射着我国经济社会创新发展的变迁。为积极响应国家和科技部层面关于开展创新能力监测评价工作的要求，自 2013 年开始，科技部火炬高技术产业开发中心和中国高新区研究中心共同研究制定了国家高新区创新能力评价指标体系，并持续发布相应的评价报告，成为在全国范围内推进创新调查和创新能力评价的先行示范。《国家高新区创新能力评价报告（2017）》已是系列评价报告的第五期，目前，作为编写组组长之一，我带领课题组正在推动《国家高新区创新能力评价报告（2018）》的编制工作。

第二节　产城融合研究与指标体系构建

产城融合是"新常态"时期在我国经济转型升级的背景下，为了破解城市和产业发展"两张皮"的难题而加速兴起的一种发展模式，已成为当前我国以国家高新区为代表的产业园区开发的主要模式及我国城镇化建设的热点问题。为了进一步推动我国产城融合建设，亟须建立一套科学、先进的产城融合指标体系，形成评价、指导、示范和引领效应。

基于此，以三次创业阶段的国家高新区为样本，从其打造能够激发创新并依靠创新支撑发展的新型城市的核心内涵导向出发，通过案例借鉴，引入智慧型知识城区、均衡发展等理念，围绕产城融合的形态、功能、效果 3 个维度，构建了包括 3 个一级指标，8 个二级指标，39 个三级指标的完整国家高新区产城融合指标体系。

一、高新区产城融合提出的背景与内涵解析

（一）高新区产城融合概念提出的背景

2013 年 7 月，曾经享誉世界的底特律"汽车城"提出破产保护，标志着

一个"强产弱城、产业结构单一、服务功能羸弱"的城镇的没落，同时引起了人们对产业集群与城市功能互动问题的深思。而我国在产业集群与城市功能互动方面提出以各类高新区为代表的产业园区发展模式。然而，产业园区与主城区的区位距离使得城市空间布局呈放射状扩张的同时也带来了产业与城市功能的割裂，如产业园区的产业发展往往依赖主城区的资源，却由于空间掣肘不能与主城区紧密相连；产业园区的产业服务配套功能不完善，无法脱离单纯产业功能区的角色，反而将其压力转嫁给周边的村镇。因此，产业与城市的融合问题便产生了，并且以高新区为主要的诉求主体。目前，产城融合已经成为我国高新区发展及城镇化建设的热点问题。

由此可见，高新区的产城融合是在我国经济社会转型升级的背景下，相对于产城分离的现象提出的一种发展模式。同时，高新区产城融合又有其自身的特点，即它是基于其城市功能滞后于产业功能、生活空间滞后于生产空间、社会事业发展滞后于经济发展的现实而提出来的。因此，高新区通过产城融合发展，不仅有利于促进产业创新发展，提升经济增长质量，还有利于健全城市功能，提升城市品质，从而带动区域健康发展。

（二）高新区产城融合的内涵解析

学术界普遍认为产城融合是产业发展与城市功能融合互动的一种发展模式，应注重两者同步发展，如刘明认为，产城融合的本质是产业和城镇协调发展，实现良性互动[1]。此外，张道刚认为产城融合中产业和城市之间是相互作用的，城市化与产业化要有一定的匹配度，要把产业园区作为一个城镇社区来建设，提出了"社区营造"理念[2]。同时，部分学者提出了以人为本的产城融合的内涵，如李文彬，张昀等学者认为，如果产城融合是一种城市发展目标，那么城市应该以人为本，一切功能围绕人的需求展开[3]；侯汉坡教授，在其城市规划研究中提出了"产·城·人融合"的理念[4]。再者，从国家政策导向来看，党的十八届三中全会通过的《中共中央关于全面深化改革若干重大问题的决定》强调推进以人为核心的城镇化建设，推动产业和城镇融合

---

[1] 刘明.产城融合建设天府新区的文化视角初探.四川省干部函授学院学报，2011，（4）：20-22.
[2] 张道刚."产城融合"的新理念.决策，2011，（1）：1-2.
[3] 李文彬，陈浩.产城融合内涵解析与规划建议.城市规划学刊，2012，（7）：99-101.
[4] 侯汉坡，李海波，吴倩茜.产城人融合（新型城镇化建设中核心难题的系统思考）.北京：中国城市出版社，2014.

发展。由此可见，我国产城融合强调的是"以产兴城、以城促产、产城人互动"的过程[①]。

就我国高新区而言，在其建设初期主要围绕高新技术产业发展，积极吸纳大量就业人口，而人口的集聚又催生研发、商贸、物流、医疗、交通、学校等城市功能配套需求；随着城市配套功能的不断完善，服务业逐步兴起，进而又促进高新技术产业与人口的集聚，消除了产业区与商业区、居住区的空间功能割裂，最终形成产、城、人互为促进的良性循环生态系统，在整个过程中人的需求和产业需求是始终贯穿其中的。因此，结合以上分析，把高新区产城融合定义为：以城市为基础，承载产业发展，以产业为保障，驱动城市功能完善，并以人为本提供宜居环境，在二、三产业协调发展的基础上，实现产业、城市、人的融合发展，进而形成"人、产、城"深度交融互通、相互连接促进、和谐共生的一种新型社区的发展模式。

二、国家高新区产城融合发展阶段与新特征

2013年11月，随着《国家高新区率先实施创新驱动发展战略共同宣言》的发表，正式吹响了国家高新区第三次创业的"号角"。从产城融合发展角度来看，国家高新区的发展经历了从工业园区到科技工业园区，再到新型城市的转变。该时期的国家高新区通过创新驱动、战略提升等措施，促使园区建设与新型城市的发展融为一体，并体现出了能够激发创新并依靠创新支撑发展的核心内涵。具体体现在三个方面。

第一，更加注重知识人口集聚。从就业人口集聚来看，该阶段人口结构更加复杂化，工人人口占比大幅下降，高技术人才、海外高层次人才、产业领军人才、创新创业人才等高端知识人口占比不断提升。这是由于高端知识人口能够激发创新，促进知识产生与价值放大，促使其产业具备响应变革、创造变革乃至引领变革的能力。而知识人口的集聚将促使国家高新区配套能级不断增加，尤其是创新创业、科技研发、互联网教育、文化消费、休闲娱乐等高端职能将成为其未来产城融合发展的主要方向。

第二，宜居宜业的智慧型知识城区建设成为必然趋势。"互联网+"时代，国家高新区通过云、网、端等新基础设施的不断完善，推动园区逐步向宜居

[①] 侯汉坡，李海波，吴倩茜.产城人融合（新型城镇化建设中核心难题的系统思考）.北京：中国城市出版社，2014.

宜业的智慧型知识城区转变，促使产业社区、知识社区、众创空间、虚拟空间等载体延伸与整合，消除空间功能割裂的问题，实现与周边区域的有机融合，促使生产、生活、生态功能平衡发展，形成生态化产业经济群落。它注重的是一种智慧化社区营造的理念，如国外的纽约曼哈顿、国内的苏州工业园等，提供的是一种宜居宜业的良好环境，推动产业空间形态与城市功能形态较好融合，打造的是产、城、人互为促进的良性循环系统。

第三，能动发达的社会网络与社交网络更为重要。社会网络与社交网络主要包括企业家联谊组织、创业投资社会联盟组织，以及能够提供专业化服务的中介、咨询、培训的社会组织等。中关村国家自主创新示范区产城融合发展经验表明，能动发达的社会网络和社交网络是其产城融合的内在组织经络，它能极大地推动园区城市氛围的培育，决定了其发展程度，成了其优势所在。

但总体来看，目前国家高新区产城融合发展仍面临一些问题：一是生活空间缺乏。在经济利益的驱动下，国家高新区土地利用仍然主要着眼于"工业区建设"，空间形式主要以生产要素和经济要素为主，生活要素相对不足。二是土地资源浪费。随着国家高新区所在省市对其经济考核力度的不断加大，国家高新区发展导向转向"招大引强"，造成土地利用率低、用地布局分散、地块开发散乱等问题。三是与周边区域发展不均衡。当前，国家高新区的发展与周边区域不能有机的融合在一起，导致生产、生活、生态功能的不平衡发展，科研、生产、商务功能不能有机组合。

三、国家高新区产城融合指标体系构建视角与案例借鉴

（一）构建导向

国家高新区产城融合指标体系的构建，不仅要满足现阶段的发展需求，还要积极响应新时期的变化，形成更加科学合理的指标体系，以便进一步指导国家高新区发展。因此，国家高新区产城融合指标体系构建应把握两个方面。

第一，符合阶段性发展需求。当前，在三次创业阶段的大背景下，国家高新区定位与功能不断升级，其产城融合发展必须承担起相应的使命。这就要求新时期国家高新区产城融合建设要着眼于三次创业阶段的特征，注重以人为本的产业与城市的互动、均衡发展、知识社区营造的理念等。

第二，积极响应新时期的变化。如新技术范式变革下，国家高新区产城融合发展应注重智慧园区建设、能动发达的社会网络和社交网络营造等；特

色小镇雨后春笋般地涌现，国家高新区应依托自身特色优势积极创建特色小镇，进一步推动产城融合发展。

（二）案例借鉴

1. 产城融合发展经验——济南高新区产业发展与城市建设高度同步

自2016年扩区以来，济南高新区形成了"一区两城两谷"的发展格局，把城市建设与产业发展上升到同等地位。以产业拉动城市建设，以城建促进产业增长的产城融合发展模式，正成为济南高新区发展建设的新思路。目前，济南高新区产城融合已成为济南市亮丽的城市名片。

济南高新区产城融合发展带来的借鉴意义有以下四方面。一是注重城市功能建设。规避传统小区内部商铺零散布局，立足于"大社区、大组团"进行功能定位和开发建设，建立服务于社区的商业，实施邻里中心模式，打造集商业、文体、卫生、教育等多种业态于一体的"一站式"商业服务设施。二是发展高端产业。按照"以产促城"的思路，瞄准全球产业链重点领域、技术链主流方向和价值链高端环节，打造一批具有全球竞争力的独角兽企业、高成长性的瞪羚企业，积极推进高新技术产业发展。三是注重智慧城市建设。在积极推进云、网、端等智慧基础设施建设的同时，加快布局智能低碳交通系统，打造国际领先的智慧生态基础设施应用展示与示范区。四是积极优化软环境。如临空经济区积极打造集观光、休闲、生活、绿色生态于一体的现代化景观新园区；生命科学城努力打造城市"绿肺"；同时，积极优化教育环境，引入国际学校。

2. 产城融合指标体系构建——相关文献梳理

目前，国内大多数学者在产城融合指标体系构建方面，主要从产业发展水平、城市化水平、产业与城镇融合等方面入手，其中产业与城镇的融合包括人口、空间、城市功能等方面的融合。

例如，黄建新、花晨等学者在《江西产城融合发展测评与研究》中，以产城融合发展水平为目标层，设立了产城融合系数、产业发展水平、城镇化质量3个二级指标，以及第三产业就业人数占城镇就业总人员数比率、全员劳动生产率、人均工业废水排放水平、社会保障和就业财政支出占公共财政总支出比率、第二三产业增加值占GDP比重、城镇固定资产投资占总投资比重、城镇人口增长率、人均公园绿地面积等 10 个三级指标[①]。

苏林等学者在《高新园区产城融合的模糊层次综合评价研究——以上海张江高新园区为例》中,以产城融合为目标层,设立了经济发展水平、创新活动、园区配套、城市化水平 4 个二级指,以及经济规模与效率、利润与税收、资产与负债、国家级科技企业孵化器、人力资源、科技活动与科技产出、基础设施建设、环境保护、社会文化事业、园区安全、工业化与人口城镇化、工业化与社会城镇化、工业化与空间城镇化等 15 个三级指标[②]。

王霞、王岩红等学者在《国家高新区产城融合度评价指标体系》中,围绕工业化发展、城镇化发展、产城融合系数 3 个一级指标,设立了经济规模与效率、利润与税收、资产与负债、国家级科技企业孵化器、人力资源、科技活动与科技产出、基础设施建设、环境保护、社会文化事业、园区安全、政务透明度、创新服务机制、工业化与人口城镇化、工业化与社会城镇化、工业化与空间城镇化等 18 个二级指标,以及 77 个三级指标[③]。

孙红军、李红等学者在《产城融合评价体系初探》中,围绕空间融合、功能融合、人口融合 3 个目标层次,确定了园区与城镇空间距离、居民平均出行时间、园区职工在城镇购房率、园区职工在城镇落户率、市政设施产城共有率、公共设施产城共有率 6 个指标层[④]。

从现有文献来看,现有产城融合指标体系的构建都缺乏对新变革的响应,如在园区基础设施方面,缺乏云、网、端基础设施的统计;在城镇化发展方面缺乏推动新知识人口的集聚指标,而新知识人口集聚是生态化产业群落发展的基础,也是有活力的产城融合形成的基础。此外,产业助推城市发展方面的指标需要进一步突出,以实现与周边区域发展的有机融合。

四、国家高新区产城融合指标体系的建立

(一)建立思路

以三次创业阶段的国家高新区为样本,从其打造能够激发创新并依靠创

[①] 黄建新,花晨.江西产城融合发展测评与研究.江西社会科学,2016(2):61-67.
[②] 苏林,郭兵,李雪.高新园区产城融合的模糊层次综合评价研究——以上海张江高新园区为例.工业技术经济,2013,237(7):12-16.
[③] 王霞,王岩红.国家高新区产城融合指标体系的构建及评价.科学学与科学技术管理,2014,35(7):79-88.
[④] 孙红军,李红.产城融合评价体系初探.科技创新导报,2014,(2):248-251.

新支撑发展的新型城市的核心内涵导向出发，结合其产城融合的特征、趋势及存在问题，围绕产城融合的空间融合（空间形态）、功能完善（功能形态）、辐射支撑（效果形态）三个维度，构建国家高新区产城融合指标体系（图7-5）。

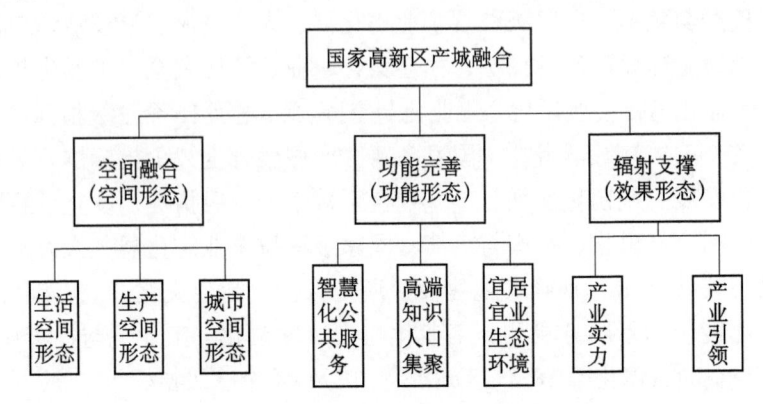

图 7-5 国家高新区产城融合指标评价体系

1. 空间融合

以人为本是产城融合的核心动力。新时期，国家高新区产城融合的新空间形态是"人·业·城"和谐共生的一种形态，体现的产城融合的形态与度。因此，其空间融合主要包括生活空间形态（人）、生产空间形态（业）、城市空间形态（融合）三个方面。其中生活空间形态主要包括交通、居住、生活公共服务等；生产空间形态主要指产业生产形态，主要包括企业孵化、厂房建设、商务服务、产业布局等；城市空间形态主要是生产与生活空间的融合、高新区与城区及区域的融合。

2. 功能完善

新时期，国家高新区产城融合不但追求与周边区域有机的融合，实现生产、生活、生态功能的平衡发展，科研、生产、商务功能有机组合，而且也追求在"互联网+"战略下，云、网、端等新基础设施不断完善的智慧城区建设。同时，国家高新区作为知识创造和源头创新研发的高地，需要进一步巩固和发挥好这样的优势，因此，国家高新区还需要做好能够承载知识活动的城市建设和社会建设。综合来看，国家高新区产城融合的功能完善应包括智慧化公共服务、高端知识人口集聚，以及促使知识人口集聚的良好宜居宜业生态环境等方面，它反应的是国家高新区产城融合应具备的功能。

3. 辐射支撑

国家高新区产城融合的最根本目的就是把多元产业发展培育纳入城市空间整体布局，从而促进区域发展，实现均衡发展。因此，产业发展对区域的辐射带动作用是产业助推城市发展的一个重要指标，是衡量国家高新区产城融合发展的一个重要因素，反应的是其所达到的一种效果。此外，产业发展对区域的辐射带动作用主要包括产业实力、产业引领两个方面。

（二）建立原则

第一，科学性。力求立足实际情况，对国家高新区产城空间融合发展提出具体的量化指标，以保证本研究的科学性。

第二，全面性。产城融合的实施是一项全局性、综合性的工作，涉及空间、人口、产业等各个方面。本节力求全面兼顾各个方面，全面评价国家高新区产城融合的程度。

第三，直观性。本评价体系尽量做到简洁易懂，在定性研究的基础上，进行量化分析，可较直观地验证国家高新区在产城融合方面存在的问题。

第四，可操作性。以结合国家高新区发展实际为导向，在指标选取上尽量选择可获取的指标，以保证指标体系的科学性及合理性。

（三）指标体系构建

基于以上分析，国家高新区产城融合指标体系应包括3个一级指标，8个二级指标，39个三级指标，详见下表7-1。

表 7-1 国家高新区产城融合指标体系

一级指标	二级指标	三级指标
空间融合	生活空间形态	1. 基础服务设施投入力度
		2. 当年新增公共文化、体育、卫生设施等的面积
		3. 人均拥有道路面积、人均公共汽车数量、10千米平均通行时间
	生产空间形态	4. 管委会当年财政支出中对科技的投入额
		5. 高端会展、会所、酒店等商务载体的数量
		6. 当年新增孵化器面积、众创空间数
		7. 单位面积的标准厂房面积、工业用地单位面积资产投入强度
		8. 工业用地占开发面积的比例
		9. 工业用地单位面积营业收入额
		10. 单位实际开发面积工业增加值、税收总额、净利润

续表

一级指标	二级指标	三级指标
空间融合	城市空间形态	11. 居住人口与就业人口比、职工在区内落户率、园区从业人员增长率
		12. 市政设施共有率
		13. 居民平均出行时间
		14. 特色小镇建设数量
		15. 社会与社交网络数量
功能完善	智慧化公共服务	16. 当年新增云、网、端等智慧基础设施投入
		17. 无线网络覆盖率、因特网光缆到户率
		18. 智慧交通、智慧安防等智能终端使用率、建设率
		19. 政府政务自动化服务程度
	高端知识人口集聚	20. 本科以上学历人员数和占比
		21. 高端科技活动人员数和占比
		22. 当年吸纳高校应届毕业生数
		23. 海外留学归国人员和外籍常驻员工占从业人员的比例
	宜居宜业生态环境	24. 万人拥有医疗机构数和医疗保险参保率
		25. 万人拥有各类教育机构数和教育经费支出占比
		26. 当年适龄儿童入学率
		27. 人才公寓建筑面积
		28. 建成区绿化覆盖率、人均公共绿地面积
		29. 空气质量达到国家二级标准天数比率、PM2.5低于50的天数
		30. 万元增加值综合能耗
辐射支撑	产业实力	31. 高技术产业营业收入占营业总收入比例、高新技术企业数占比
		32. 营业收入超10亿元高新技术企业数
		33. 世界500强投资企业数、瞪羚企业数
		34. 独角兽企业数
	产业引领	35. 园区GDP占所在城市GDP比例
		36. 出口总额与所在城市出口总额比例
		37. 当年新注册企业数与所在城市当年新注册企业数比例
		38. 园区GDP增长率与所在城市GDP增长率比例
		39. 人均工业增加值与所在城市人均工业增加值的比例

五、指标执行与工作建议

新时期，随着城市和产业发展对国家高新区的功能和定位的不断升级，这要求国家高新区产城融合发展主动响应区域格局变动和新经济发展带来的新要求，进一步发挥示范、引领作用。因此，未来，国家高新区产城融合发展亟须以新的产城融合指标体系为导向，围绕自身短板，加强监测与规划引导，形成具有自身特色的产城融合发展模式，同时，未来应重点做好以下3方面工作。

第一，加快智慧城市建设。智慧城市建设既为宜居生活提供了便利，也为知识和信息的交互提供了条件，是促进有活力的产城融合发展的基础和前提。如济南高新区把智慧城市建设作为新一轮园区基础设施建设的主体任务。

第二，优化宜居宜业生态环境。以满足人的生产和生活需求为出发点，提供优质载体、完善配套服务，健全民生服务体系；积极加强节能降耗、加快环境保护与生态建设，打造智慧、绿色低碳科技新城。

第三，创新产城融合体制机制。国家高新区产城融合发展的内在动力在于体制机制的创新，应高度重视创新的引领作用，通过转变政府职能、完善基层自治、加强制度建设，实现国家高新区高效的社会治理，为产城融合发展提供不竭动力。

第三节　科技金融研究与指标体系构建

科技与金融的结合，已经成为我国践行创新驱动战略，发展大众创新创业，提升企业创新能力，促进新兴产业发展，提升国家竞争力的基础环节。国务院印发的《"十三五"国家科技创新规划》中，特别将"健全支持科技创新创业的金融体系"作为独立一章进行论述，明确提出支持科技金融发展。国家高新区作为我国推动科技成果转化、孵育科技企业，推动高技术产业发展的重要载体，已经成为我国科技金融发展重地。亟须建立一套科学、合理、先进的指标体系，以便对国家高新区科技金融发展形成评价、指导、示范效应，更好地服务于我国创新经济发展。

基于此，从科技金融的内涵出发，在案例借鉴的基础上，结合国家高新区对科技金融发展的特色需求，从"投入－产出"的角度，初步构建了包括3个一级指标，10个二级指标，43个三级指标的国家高新区科技金融指标体系。

一、高新区科技金融内涵理解

科技金融的概念属我国独有，是伴随着中国科技体制改革和金融发展不断深化而逐渐产生的。在国外，较多的是从金融对科技贡献角度出发，研究金融对技术创新的促进作用，代表性的如熊彼特、麦金农和肖等。在我国，"科技金融"这个概念最早出现在1993年，深圳市科技局首次提出"科技金融携手合作扶持高新技术发展"。但其后相当长的时间内，我国金融界与学术界对"科技金融"却缺乏一个明确完整、科学的定义。直到2009年，"科技金融"才开始得到系统性的研究。其中，赵昌文等（2009）对科技金融的定义受到大多数学者认可。他认为："科技金融是促进科技开发、成果转化和高新技术产业发展的一系列金融工具、金融制度、金融政策与金融服务的系统性、创新性安排，是由向科学与技术创新活动提供融资资源的政府、企业、市场、社会中介机构等各种主体及其在科技创新融资过程中的行为活动共同组成的一个体系，是国家科技创新体系和金融体系的重要组成部分。"除此之外，代表性的观点还有：房汉廷（2010）认为科技金融是科技创新与金融创新的结合，具有政策价值，其本质表是一种创新活动，是技术-经济范式，表现为科学-技术资本化过程，是金融资本有机构成提高的过程[1]。李心丹、束兰根（2013）从企业的生命周期理论和金融资源整合理论的角度，提出科技金融是金融资源供给者依托政府科技与金融结合的创新平台，通过对创投、保险、证券、担保及其他金融机构主体等在内的金融资源进行全方位的整合创新，为科技型企业提供贯穿其整个生命周期的创新性、高效性、系统性的金融资源配置、金融产品设计和金融服务安排[2]。以上各观点虽然认识角度不同，但在科技金融的功能上意见一致，都强调了科技金融作为政策工具，目的是促进金融活动与科技创新紧密结合，保障科技活动的价值实现。

从国家高新区角度来看，科技金融是科技园区以实现创新要素聚集、科技成果转化、新兴产业发展等为目的，推动科技创新活动与金融资源配置相互融合、共同促进，而进行的一切金融活动的总和。从内涵上理解科技金融有以下3方面的特征。

第一，科技金融的根本目的在于降低科技创新活动的不确定性。科技创新活动受到技术水平、市场空间、政策环境等多因素的影响，科技创新的投

---
[1] 房汉廷.科技金融的兴起与发展.北京：经济管理出版社，2010.
[2] 李心丹，束兰根.科技金融：理论与实践.南京：南京大学出版社，2013.

资面临较大的风险。而以银行为核心的传统金融业务以保值增值为目标，科技金融的出现则填补了这一空白。

第二，科技金融是科技产业与金融产业的融合。科技产业的发展为金融产业的发展提供新空间，金融产业的发展给科技产业的发展提供新动力。

第三，科技金融不完全等同于我们现在所说的金融科技。单从目标来看，金融科技是通过云计算、大数据等前沿科技手段，服务于金融产业促进其效率提升；而科技金融是通过创新金融业服务方式，服务于科技创新创业。从本质上看，金融科技是一种特定的科技产业业态，类似的如生物科技等；而科技金融，是一种特定的金融业态，类似的如消费金融等。从活动主体来看，金融科技主要是以互联网金融企业为代表的技术驱动型企业，如支付宝；科技金融包括为科技型企业提供服务的各类金融机构、中介服务机构、个人或团体等，如科技银行等。从实现的方式来看，金融科技主要借助技术的突破，如大数据、人工智能等；科技金融则主要通过金融产品的创新、金融服务的提升等来实现。

二、国家高新区科技金融发展现状和主要问题

国家高新区作为我国推动科技成果转化、孵育科技企业、推动高技术产业发展的重要载体，对资本的使用具有独特需求。在过去的20多年中，国家高新区勇于探索，大胆改革，通过完善相关政策法规、联合工作机制等方式，推动科技金融从无到有，从弱小到不断壮大，促进了科技与金融的有效结合，在提高园区技术创新水平和成果转化等方面发挥了非常关键的作用，成为我国科技金融创新的试验田（表7-2）。

表7-2 先进国家高新区在科技金融方面的探索

科技金融创新	案例借鉴	主要做法
创新融资渠道	中关村：构建多层次的科技金融体系	中关村科技金融已经初步形成"一个基础，十条渠道"。"一个基础"是指以企业信用体系建设为基础，以信用促金融；"十条渠道"包括创业投资、天使投资、境内外上市、代办股份转让、并购重组、技术产权交易、担保贷款、信用贷款、企业债券和信托计划、信用保险和贸易融资
科技银行金融产品创新	杭州高新区：推动产品创新	杭州高新区以硅谷银行为模板，发展本土化的科技银行，即杭州银行科技支行。以科技支行为核心发展起多种面向科技中小企业的金融创新产品，建立了银行、政府、担保机构之间紧密合作的业务发展模式。杭州银行科技支行还推出了银投联贷、跟进贷款等贷款方式

续表

科技金融创新	案例借鉴	主要做法
提升金融杠杆效率	苏州工业园：规模最大的国创母基金	苏州工业园创建"苏创投"，针对不同发展阶段的企业，设立不同的运作模式。在投资初创期企业的投融资机构有原点创投、凯风创投等公司；在投资成长期企业的投融资机构包括中新创投、华亿创业投资基金、融风科贷等；投资于扩张期企业的投融资机构包括风元基金、享风基金、融创担保等机构；投资于成熟期企业投融资机构包括中新创投、PE子基金等
提升政府服务	张江高新区：中小企业金融服务中心	张江集团与工商银行上海市分行、交通银行上海市分行联合开发设计了惠及科技型中小企业的"未来星"征信系统——科技型中小企业信用评级系统、"启明星"计划——根据中小企业不同发展阶段提供系统的金融服务产品、"科技支行"——交通银行上海市分行专门为张江园区设立的科技支行、"科灵通"系列产品——专门服务于科技型中小企业的系列贷款产品、"投贷宝"——帮助中小企业对接银行和风险投资机构的投融资共享平台等金融服务新产品

总的来看，国家高新区科技金融发展呈现出以下6个特点。

第一，服务主体更多。提供科技金融服务的主体，除了以银行为代表的传统金融机构、中介服务机构，也包括有投资需求的团体、企业、新型孵化器等。

第二，服务对象更多。随着众创时代到来，科技金融服务的对象更多，除了有融资需求的科技型企业，有知识产权或专利的个人、团队，甚至有创业想法的个人，也能因好的创意拿到风险投资。

第三，服务渠道更为丰富。除了科技支行开设的抵押贷款、融资租赁，各种科技融资平台不断涌现，股权融资、债权融资、保险等纷纷开始与科技产业结合，互联网等新一代信息技术在金融领域的应用，使得众筹、"互联网+"股权融资等成为热点。

第四，服务模式更为多元。由推动银行进行金融产品改革，到搭建科技金融综合服务平台、建设金融超市，再到组建产业基金、ppp融资等，科技金融服务模式更加多元。国务院印发的《"十三五"国家科技创新规划》在第十七章"健全支持科技创新创业的金融体系"第三节特别提到要"促进科技金融产品和服务创新"，科技金融改革创新步伐将进一步加快。

第五，服务环境更为完善。随着国家对高新技术产业园区发展的重视，科技经费筹集和投入力度逐步加大，科技创新示范工作不断推进。国内发达高新区如中关村、武汉光谷、上海张江等，也纷纷率先结合发展实际，制定支持科技金融发展的专项政策，组建科技金融服务平台，鼓励科技金融的发展。

第六，服务成效更为显著。科技金融服务的环节由产业化向前端研发，甚至创意环节延伸，极大地缩短了科技公司成长壮大的时间，产生了更多的独角兽企业，带动了产业的发展。

不可否认的是，国家高新区科技金融发展仍在快速发展阶段，还面临一些问题。一是科技企业融资困难仍然普遍存在。由于银行、投资公司等金融机构对融资对象条件要求较高，科技型企业具有"轻资产、高风险"特点，只能获得最基本的服务，融资成本高、额度少。二是信息不对称问题仍然较为突出。作为资金需求方，科技企业运用金融手段、金融工具的能力偏弱；而社会资本由于风险不可测、信息不对称等原因难以进入，这种现象在初创企业、小微企业表现得更为明显。三是从事科技金融的复合型人才少。这类人才既要掌握科技前沿技术，又要熟悉金融工具特性；既要善于解读科技、金融政策，还要了解企业经营和金融运作。

三、国家高新区科技金融指标体系构建需求及案例借鉴

（一）构建需求

国家高新区科技金融指标体系的构建，需要满足一定的功能需求。我们认为，应当能体现"三大导向、三大功能"。

"三大导向"是指：一是符合国家政策导向。鉴于我国科技金融的特殊性，科技金融所面临的国家政策环境，以及高新区的体制机制改革，都会对科技金融的构建都产生比较大的影响。二是符合高新区阶段发展需求。科技金融发展与高新区资源禀赋、经济发展程度、创新创业活跃程度等息息相关，位于一线城市、东部沿海城市的高新区，科技金融发达程度明显优于我国其他区域。因此，在制定不同国家高新区科技金融指标体系时，选取具体指标时不能一刀切，需要符合高新区自身企业发展和产业发展需求。三是具备对新形势的反映及响应能力。科技金融的建设路径、产品种类、服务方式等是与时俱进的，指标体系的构建应当能反映这些创新变化，符合未来发展趋势。

"三大功能"是指：一是指标体系的设计应该能够全面、客观反映高新区金融对科技资金支持的状况。二是具备监测功能，能引导高新区及时发现

在科技金融体系构建过程中的不足，推进科技金融服务体系建设。三是便于横向与其他园区比较，产生直观的优势和短板判断，为高新区保持优势、提升短板给予意见和建议。

（二）案例借鉴

1. 国外科技金融指数借鉴

美国、日本、德国等主要发达国家市场体系较为发达，科技发展迅速，科技金融发展较快。这些国家基于自身的科技金融实践模式及其特点，形成了各有侧重的类统计体系。美国金融对科技的资金支持主要通过风险投资市场、资本市场、风险贷款市场3个市场实现，主要由相关的行业协会分别进行统计或估算。日本金融对科技的资金支持主要通过金融中介，以银行信贷为主，风险投资市场和资本市场为辅，统计主体包括日本央行、日本风险投资中心（VEC）、日本证券业协会等。德国主要是间接融资，金融对科技的资金支持主要通过银行信贷，以风险投资市场为辅，统计主体包括德国中央银行、德国风险投资中心（BVK）等。

总的来看，以上科技金融指数均从国家这一宏观角度出发，在指标统计上并不适用于高新区层面。

2. 国内科技金融指数借鉴

国内对于科技金融指标体系的研究，比较有借鉴意义的如赵昌文（2009）等提出的科技金融指数系统、曹颢（2011）等提出的科技金融发展指数、黄德春（2013）等提出的科技金融发展指数，以及武汉市研究发布的武汉科技金融指数（2016）。

赵昌文、陈春发、唐英凯等指出科技金融指数系统由科技金融总指数、科技金融分指数和科技金融专门指数3个子系统组成[①]。其中科技金融总指数由创业风险投资指数、科技资本市场指数、科技贷款指数、科技保险指数、研究与发展指数及科技金融环境指数6个科技金融分指数组成；科技金融专门指数包括科技金融市场化指数、科技金融政府作用指数及科技金融信心指数3个部分。该指标体系全面系统，但更适合用于区域、国别层面；同时，内容纷杂，多数指标数据不易得，目前只停留在理论层面。

曹颢、尤建新等按照科技资源经费投入－产出效率的思路，构建的科技

---

① 赵昌文，陈春发，唐英凯．科技金融．北京：科学出版社，2009．

金融发展指数含4个一级指数、10个二级指数[①]。4个一级指数包括科技金融资源指数、科技金融经费指数、科技金融产出指数、科技金融贷款指数。该指数从政府角度出发，侧重于科技经费的使用效率，对市场资源配置主导作用关注不够。

黄德春、陈银国、张长征等基于科技型企业成长视角，构建了科技金融发展指数，包括2个一级指标、5个二级指标、15个三级指标。2个一级指标包括金融支持和外部环境支持[②]。该指数有利于引导科技金融市场根据企业成长周期提供相应的金融工具，但对高新区而言，部分三级指标设计无意义且无法统计，例如中小板综合指数，应当是全国证券市场的综合表现而不是高新区范围。

武汉市金融工作局与普华永道合作，2016年11月22日发布了全国首个科技金融指数——"武汉科技金融指数"。该指数综合科技金融发展的环境、人才、科技创新、金融资本4个核心要素及武汉科技金融现状，设立了科技金融需求指标、科技金融流动指标、科技金融商业环境指标、科技金融人居配套指标、科技金融供给指标、科技金融人才指标等6项一级指标和39项二级指标。该指数将科技金融作为单独的产业来考虑，设计了科技金融风险指数、科技金融资源指数等指数。从高新区角度来讲，更关注科技金融如何支撑科技产业发展，因此并不适用于高新区。例如在科技金融人才指标上，设计了两院院士人数、高校毕业生人数等，但这并不是高新区科技金融要考察的重点。

四、高新区科技金融体系构建思路和实践

（一）设计思路

高新区科技金融指标的设计需要站在高新区的角度，更多的体现出科技成果转化、科技企业创新、科技产业成长的支撑。按照"供给-产出"的思路来构建高新区科技金融指标体系，有助于直观地考察科技金融的效果。其中供给包括政府（经费）供给和市场（资金）供给；产出主要包括各种专利、科研成果的商品化产业化；外在环境因素包括参与科技金融活动的主体、科技金融平台建设，以及科技金融相关制度政策等。

[①] 曹颢，尤建新，卢锐，等.我国科技金融发展指数实证研究.中国管理科学，2011，19（3）：132-140.

[②] 黄德春.科技型企业成长支撑视角下科技金融发展指数研究.科技进步与对策，2013，30（20）：108-111.

1. 供给

科技金融有效供给，即作用于企业的，来自政府或者市场的支持资金。主要通过科技金融工具和金融工具创新来体现，科技金融工具必须是可能会作用于科技企业的工具创新，比如知识产权质押贷款等创新性的工具。其中，政府供给主要是政策性资金，包括科技经费、政府补贴，以及创业引导资金、产业发展专项资金，也包括政府为撬动市场资本而设立的各种引导基金。市场供给通过多层次资本市场来实现，主要来源于资本市场、信贷市场、保险市场。资本市场目前已形成主板、创业板（二板）、全国中小企业股份转让系统（新三板）、区域性股权交易市场（四板、OTC）等板块。

2. 产出

科技金融的成效，主要通过科技金融要素聚集、科技成果转化、产业发展等3个角度进行考察。其中，科技金融要素聚集，主要通过科技企业获得科技金融的实际支撑体现；科技成果转化，主要通过技术交易、专利产出、经费投入商品产出来衡量；产业发展，主要通过科技金融对高科技产业、其他新兴产业的带动性，以及科技金融产业本身的发展来衡量。

3. 环境

包括参与科技金融活动的主体、科技金融平台建设、科技金融相关政策环境。其中，参与科技金融活动的主体，不仅包括传统的金融机构、中介服务机构，也包括政府，以及参与金融活动的个人或团体。科技金融平台建设，包括产权交易所、信用平台、互联网金融平台等融资平台或服务平台建设和创新能力的提升。科技金融政策环境，主要指高新区鼓励科技金融发展的相关政策。

（二）设计原则

高新区科技金融指标体系遵循以下5个原则。

第一，系统性。各指标之间具有一定的逻辑关系，指标间相互独立，又彼此联系，从宏观到微观层层深入，共同构成一个有机整体。

第二，科学性。指标选择能客观真实反应高新区科技金融发展现状，并能用于指导高新区当前阶段科技金融发展。

第三，可测性。指标需要具有很强的现实可操作性和可比性，数据易获且计算方法简明易懂。

第四，定量指标与定性指标结合。用定量指标计算，可使评价具有客观性，便于用数学方法处理；与定性指标结合，又可弥补单纯定量指标评价的不足，以防失之偏颇。

第五，绝对指标与相对指标结合。绝对指标反映总量、规模，相对指标反映某些方面的强度或密度。

（三）指标体系基本框架

基于上述设计思路和设计原则，我们设计了国家高新区科技金融指标体系的基本框架，包括3个一级指标、10个二级指标、43个三级指标。具体如下（表7-3）：

表7-3 国家高新区科技金融指标体系框架

一级指标	二级指标	三级指标
供给	政府	1. 财政科技投入
		2. 财政科技投入占财政支出比例
		3. 扶持科技成果转化资金
		4. 科技金融专项资金
		5. 创业投资引导基金规模
		6. 产业基金带动的社会投资额
	资本市场	7. 获得天使投资项目数
		8. 股权众筹规模
		9. 初创企业吸纳风险投资额
		10. 创业风险投资退出率
		11. 小微企业吸纳风险投资额
		12. 中小板（创业板）市价总值
		13. 累计A股及海外上市数
		14. 累计新三板上市企业数
		15. 上市科技企业融资额
		16. 上市企业当年对境外直接投资额
		17. 当年外商实际投资额
		18. 当年地区性股权转让中心交易项目数
		19. 企业及私募股权基金对高新技术企业实际投资额

续表

一级指标	二级指标	三级指标
供给	信贷市场	20. 小企业贷款余额占所有贷款余额比例
		21. 科技信贷额
		22. 担保贷款补贴资金额度
		23. 企业银行授信额度总额
		24. 债务融资工具支持科技创新融资额
		25. 知识产权质押贷款余额
		26. 科技融资租赁融资额
		27. 科技担保项目总数
	保险市场	28. 科技保险保费
产出	要素聚集	29. 科技企业获得科技金融的实际支撑
	成果转化	30. 技术市场成交合同额
		31. 专利产出率（专利申请授权量／科技经费支出）
		32. 出口／R&D 投入
	产业发展	33. 对科技产业推动作用（定性）
		34. 科技金融产业发展状况（定性）
		35. 新兴产业发展（定性）
环境	主体培育	36. 科技金融从业人员密度（科技活动人员／地区总人口）
		37. 科技金融服务机构数
	平台建设	38. 科技贷款产品创新水平
		39. 金融工具创新性（定性）
		40. 互联网金融平台数（如众筹、网贷、第三方支付等）
		41. 产权交易所（技术交易所）数量
		42. 信用体系建设水平
	政策支持	43. 科技金融的税收优惠程度

五、指标执行与工作建议

在当前全球孕育新一轮创新竞争高潮、我国加快转变经济发展方式的大背景下，我们为国家高新区加强引导金融资源向科技领域配置，加快科技成果转化，培育创新型企业提供了新的思路。结合我国科技金融发展现状，建议国家高新区未来加强以下三方面工作。

第一，研究制定符合具有地方特色的科技金融指标体系。国家高新由于自身发展阶段、资源禀赋不同，对科技金融的需求和工具创新会存在区域差异。建议结合自身特点，突出监测与规划引导，形成具有自身特色的科技金融发展模式。

第二，进一步创新融资工作服务方式。围绕科技金融工具、组织、制度等供给侧改革，通过引入社会专业基金管理机构或成立独立的科技金融公司，推动政府资金市场化运作，提升政府资金使用杠杆效率，完善从实验研究、中试，到生产及流通的全过程科技创新融资渠道。

第三，进一步完善科技金融服务环境。加强互联网基础设施建设，建立符合科技型企业需求的融资方式。搭建科技型企业融资平台，尤其是针对小微企业的政策性担保平台、创投资本对接平台、天使基金平台等政府服务平台；完善银政企对接机制，缩小资本供求双方信息不对称，鼓励金融产品创新；聚集科技银行、证券公司等金融机构、投融资中介服务机构、信贷担保机构，联合互联网金融公司开发个性产品，助力科技型企业进入多层次资本市场。

第四节　创业生态研究与指标体系构建

在新技术革命浪潮冲击、我国大规模市场的推动和国家鼓励"大众创业、万众创新"的号召下，全国众多地区创新创业蔚然成风。国家高新区作为自主创新的核心区和新兴产业的策源地，更是涌现出了一批具有代表意义的创业群体和创业企业。但整体来看，中关村、上海、杭州、深圳等先进高新区的创业环境良好、创业人才集中、创业活动频繁、创业层级较高，而其他多数高新区在营造创业生态，培育创业企业方面还需进一步破题。通过深入分析创业生态的内涵、高新区创业发展的阶段与特征，并参考了全球创业观察、全球创业指数、考夫曼创业活动指数、全球创业生态系统指数、中国城市创业指数、中国创新创业指数等国内外知名创业指数，构建了国家高新区创业生态指标体系。

一、创业生态内涵解析

科技的高速发展推动经济走向了信息网络时代，导致企业面临的环境变得愈加复杂和多变，经济活动从独立性向网络性改变。将经济体和组织看成是一种可以被改造以达到利润最大化的机器的逻辑受到越来越大的挑战，人们开始将生态学和生态系统的思维运用到组织研究领域。Tansley（1935）最早提出了生态系统的概念，随后历经了几十年的研究和发展，自然生态系统的理论得到了广泛的认同和深入研究。生态系统是指在自然界的一定的空间内，生物与环境构成的统一整体，在这个统一整体中，生物与环境相互影响、相互制约，并在一定时期内处于相对稳定的动态平衡状态。组织生态学是1970年以后从社会经济学发展起来的一种新的组织理论视角。Hannan和Freeman在1977年提出企业种群和组织生态等概念，认为应该把企业群落和它所依存的外部环境结合起来共同分析和解决问题，采用生态观的思路对以往的组织适应观进行了理论补充。Moore（1993）基于组织生态观视角首次正式提出了商业生态系统（Business Ecosystem）的概念，借用自然生态系统的概念来描绘当今市场环境中的企业活动，强调企业不再是单个的企业，而是商业生态系统的一员，在商业生态系统的情境下企业需要与对手及整个生态系统共同进化，而不是去消灭竞争对手和其他组织。随着研究的拓展，生态系统隐喻被运用到了组织研究的各个领域，包括创业研究领域。随着组织生态系统研究的不断深入和研究工具的不断开发与完善，包括自组织理论、涌现、复杂适应系统在内的相关理论的不断补充，拓展了生态系统隐喻在组织研究中应用的广度和深度。

　　创业生态系统研究是属于组织生态系统研究的一个组成部分或分支。目前已有的多个层面的创业领域的研究从基础理论上对创业生态系统的相关主题进行了阐述。微观层面上来说，创业行动策略和创业支撑要素的研究解释了创业生态系统内部的一些微观特性和行动机制。创业行动策略是创业生态系统的新创企业这一核心行动主体的战略选择。创业支撑要素指的是支持和促进新创企业成长的外部组织和机构。已有的研究探讨了风险投资机构、政府管理机构、孵化器、研究机构等外部组织对于创业活动的支持和促进，这些要素共同组成了创业生态系统的微观构成元件。中观层面上来说，创业网络研究解答了创业生态系统的一些观特性和互动机制方面的问题。创业网络是创业行动的各类微观支持要素的综合，采用网络关系这一总体描述来揭示创业行动与各类组织群体之间的关系和结构。在创业网络关系视角之下，新创企业可以通过创业网络取得多种资源和优势，并通过网络内部的结构优势和互动关系提升创业能力和创业绩效。宏观层面上，创业环境研究解答了创业生态系统的一些宏观特性和系统范围方面的问题。创业环境既是创业生态系统的内部环境，也是创业行动开展和发展的外部环境。由美国百森商学院所发起的全球创业观察研究（GEM）是创业环境方面比较典型的研究和实践。此外，其他该领域的学者也对特定地区鼓励创新创业行动的环境要素进行了研究，例如 Acs 等学者（2012）所发起的全球创业与发展指数项目（GEDI），主要关注的是一个地区中的创业氛围对创业活动的影响；世界银行集团每年发布的营商环境便利指数（EDBI）则是关注一个国家或地区的制度要素对创业活动的影响。

二、构建导向和案例借鉴

（一）构建导向

研究创业生态要结合当前整体宏观形势和高新区的发展趋势。首先是全球经济格局正经历深刻变化，我国以"一带一路"倡议为核心积极参与全球经济体系的治理，因此应该在全球视野下开展创业生态的研究，包括国内外创业要素的整合和利用；其次是新技术经济范式变革如火如荼，要围绕响应新技术革命，触动和激发互联网创业构建创业生态指标体系；再次是我国经济进入"新常态"，转型压力较大，高新区作为促进经济转型升级的重要引擎，创业生态指标体系的构建要反映创业对引领"新常态"、促进经济转型做出的贡献和带来的价值等相关内容；最后是国家自主创新示范区的设立标志着国家高新区的建设发展进入了以构建创新经济体为核心的三次创业阶段，应聚焦新阶段的发展趋势构建指标体系。

整体来看，高新区创业生态指标体系的构建，不仅要满足现阶段的发展需求，还要积极响应新时期的变化，形成更加科学合理的指标体系，以便进一步指导高新区发展。以上4方面的变化是本次建立指标体系的基本着眼点。因此，把本次对创业生态指标体系的研究定位于"监测、评价和引导"，需要反映的是高新区创业生态是否形成符合新阶段的发展特征，是否能在全球范围内吸纳和整合创业资源，是否响应及利用新技术革命，以及是否有效支撑经济转型。

（二）案例借鉴

对创业相关的指标体系进行梳理，具有代表意义的包括全球创业观察、全球创业指数、考夫曼创业活动指数、全球创业生态系统指数、中国城市创业指数等。

全球创业观察（Global Entrepreneurship Monitor，GEM）系列报告是由国际上著名的英国伦敦商学院和在创业教育上全美排名第一的美国百森学院共同发起成立的国际创业研究项目。主要关注全球成员国和地区的创业活动势态，进而以较为客观全面的指标衡量其创业活跃程度，发掘创业与当地经济增长和国家发展的作用机制。GEM 模型在区域经济、政治、文化的前提下，以 9 个创业环境条件——金融支持、政府政策、政府项目、教育和培训、研究开发转移、商务环境、市场开放程度、有形基础设施、文化社会规范的评测为核心，衡量区域创业机会、能力，研究其促成创业活动和区域经济增长的贡献。全球创业指数（Global Entrepreneurship Index）自 2010 年起每年由全球创业发展研究所以报告形式发布，以测度国家创业生态系统的效率为目标，并试图探索阻碍创业生态系统形成与发展的因素。指标体系包括创业态度、创业能力和创业愿望等三大指标、14 项子指标，对全球 137 个国家和地区的创业环境进行分析和评估。考夫曼创业活动指数是美国境内首个利用大规模数据，从城市、州和国家 3 个视角追踪分析创业活动的指数，指标包括新增企业家、机会型创业、创业密度、企业主比例等。中国城市创业指数由中国人民大学发布，对我国主要城市的创业总体水平、创新水平和创业产业发展水平进行综合地评估，由 1 个创业总指数，创新型创业指数和产业型创业指数 2 个不同视角的创业分指数，政策环境、市场环境、文化环境、创业者活动 4 个基础维度指数构成。

三、国家高新区创业生态指标体系

（一）基本思路

结合新阶段高新区发展的变化趋势，高新区创业生态指标体系的设计，重点围绕反映高新区"三次创业"核心内涵、创业要素整合国际化、响应新技术革命、促进区域经济转型等 4 个方面的评价导向，来构建评价体系的基本框架。

（二）构建原则

第一，系统性，全面关注高新区创业生态各个方面的情况，包括环境、人员、成效等，并选取有代表性的指标。

第二，科学性，指标既要反映创业规模和总量，又要反映创业质量和成效，科学、全面地测度高新区的创业生态建设情况。

第三，可操作性，立足于高新区发展实际，充分考虑指标的可采集性、可对比性，以及指标之间的互补性、独立性。

第四，灵活性，高新区发展是动态变化的过程，在保持关键指标稳定性的同时，随着实际发展变化适时调整相关指标，以便指标体系能始终准确反映高新区创业趋势，实现稳定性与动态性的统一。

（三）指标体系

基于以上分析，国家高新区创业生态指标体系包括 3 个一级指标、9 个二级指标、35 个三级指标，详见下表 7-4。

表 7-4　国家高新区创业生态指标体系

一级指标	二级指标	三级指标
创业环境	创业平台	1. 国家级孵化器数量
		2. 科技部备案的众创空间数
		3. 各类孵化器面积及入驻率
		4. 设立孵化载体的企业和科研院所数量（或占比）
	创业服务	5. 创业导师数量
		6. 创业培训机构数量
		7. 新创企业注册平均耗时
	创业文化	8. 已开展创业教育课程的大学数量
		9. 全球性和全国性创业大赛次数
		10. 月举办创业活动次数
创业要素	创业主体	11. 外来人员占比
		12. 在校大学生数量
		13. 每年新增创业人才数量
		14. 创业人口占比及增长情况（创业密度）
		15. 本科学历以上人数占创业人员比重
		16. 创业人员组成结构比例（大企业高管、科研机构人员、连续创业者、大学生、海外归国人员）
	领先市场	17. 市场开放性
		18. 政府创新产品采购支出
		19. 私营经济的活跃性（民营企业占比）
	创业资本	20. 政府创业投资引导资金总额
		21. 当年获得创投机构的风险投资额
		22. 参与创业投资的民间资本总额

续表

一级指标	二级指标	三级指标
创业绩效	创业规模	23. 科技企业孵化载体在孵企业数
		24. 当年新创办科技企业数（或占企业总数比例）
		25. 创业者成功率（创业生存率）
	创业质量	26. 机会型创业占比
		27. 公开披露的获融资项目数量
		28. 独角兽企业数
		29. 新三板上市企业数
	创业成效	30. 在孵企业行业分布（%，新兴产业创业企业在总数中占比）
		31. 创业国际化程度（团队中海外人员占比、海外市场或客户占比）
		32. 创业企业吸纳就业人数
		33. 创业企业开拓"新市场"情况或市场占有率
		34. 创业企业营业收入及增速
		35. 创业企业收入在营业总收入中占比

四、指标执行与工作建议

层出不穷的创新创业是一个区域诞生新兴产业，实现新旧动能转换的重要基础，是实现可持续发展的动力源，因此形成良好的创业生态是国家高新区新时期的重要工作着力点之一。这里构建的创业生态指标体系，为国家高新区营造创业生态、集聚创业人才、提升创业服务提供了一定的参考视角，同时对于引导高新区开展创业活动评价监测工作具有重要意义。

第五节　基于 ISM 张江创新指数案例研究

上海张江国家自主创新示范区（以下简称"张江示范区"），经过30年的探索与发展，已经形成了科技创新要素集聚、产学研联动发展、服务平台较为健全、战略性新兴产业加速崛起的良好局面。目前，张江示范区三次创业与国家自主创新示范区建设步伐一致，初步形成了一区二十二园的发展格局，作为上海创新高地和自贸区扩区后的重要支撑，张江示范区承载着上海创新驱动发展、建成具有全球影响力的科技创新中心的核心使命。为了加强张江示范区的创新管理，强化示范区自身的创新引领能力，更好地实现创新发展目标，引领上海向着"具有全球影响力的科技创新中心"迈进，需要统筹规划和定期审核，构建一套科学、先进的创新发展评价指标体系即"张江创新指数"。

从张江示范区打造高效运行的创新经济体的核心导向出发，运用解释结构模型分析的方法，解析创新经济体系要素之间的关系结构，作为张江创新指数设计的结构依据，最终形成包括 5 个一个指标、12 个二级指标、63 个三级指标的张江创新指数指标体系。

一、指标体系构建的概念模型和框架结构

从科技园区的演变路线来看，国内外的一流科技园区已经深度融入了城市与社会（图 7-6），园区所承载的功能形态（知识社区、工业区、科教区、商务区、休闲旅游区等）和园区的产业形态（知识服务业、文化创意产业、互联网经济带来的新兴产业业态等）越来越多元化。创新的时代内涵已经发生变化：过去的创新主要从物理系统角度出发，强调创新的投入、产出、过程等，把创新看作一种经济手段；而现在的创新应该从生态系统的角度出发，强调通过创新来适应、创造、引领变化，把创新看作变化后的一种状态，深入融合到产业、经济、社会、环境等各个方面。

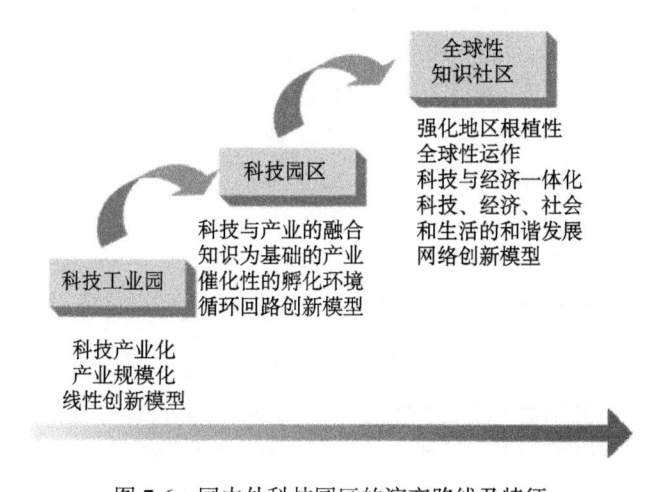

图 7-6　国内外科技园区的演变路线及特征

因此，我国的国家高新区尤其是世界一流园区、创新型科技园区等较为先进的园区，应该向着创新经济体的方向发展，逐步形成支撑创新创业的生态系统。构建张江创新指数指标体系也应该以先进的创新理念为指导，即以"创新经济体"作为整个指标体系设计的概念模型。

创新经济体是以创新创业为核心的循环和开放的系统，旨在从经济学的角度考察张江示范区创新发展的效率和成效。根据创新经济体的分析模型，将张江创新发展的愿景分解为创新创业、新市场与商业环境、新经济与产业结构、新文化与人口结构和新城市与社会发展，以这5个方面作为张江创新指数设计的目标要素，并引申出指标体系的框架结构。张江创新指数指标体系框架结构由一级指标和二级指标构成，一级指标即为"创业与创新表现、经济与产业结构、市场与商业环境、城市与社会发展、文化与人口结构"5个融入创新状态的维度，二级指标主要根据各个创新维度的作用、表现方式来确定。

二、创新经济体的解释结构模型分析

（一）解释结构模型（ISM）

解释结构模型（ISM）是美国 J.Warfield 教授于1973年作为分析复杂的社会经济系统有关问题的一种方法而开发的。其特点是把复杂的系统分解为若干子系统（要素），利用人们的实践经验和知识，以及电子计算机的帮助，最终将系统构造成一个多级递阶的结构模型。该方法被广泛应用于能源经济、投资风险、价格评估、知识和创新管理等领域。其基本方法是先用图形和矩阵描述各种已知的关系，在矩阵的基础上再进一步运算、推导形成一个明晰的结构图，来解释系统结构的特点。

（二）创新经济体系统要素的确定

进行解释结构模型分析之前，需要确定影响创新经济体运行的系统要素。在确定系统要素的工作中，先对目前国内外有关创新经济体研究和ISM应用的相关文献和资料进行了调查研究。然后，以创新经济体的5个核心要素为基本分析维度，以"创新－经济社会价值"的实现过程为分析主线，融入全球新技术革命范式要素、中国的大市场地位、全国创新驱动发展战略内涵等相关时代背景，结合对国家高新区未来发展态势的分析及对大量国家高新区的调研、访谈和相关认知，由 ISM 执行专家小组，从"创业与创新表现、经济与产业结构、市场与商业环境、城市与社会发展、文化与人口结构"5 个部分，分 12 个方面讨论甄选出 32 个创新经济体系统要素（表 7-5）。

表 7-5　创新经济体系统要素集合

一级指标	二级指标	创新经济体系统要素
创业与创新表现	创新创业投入	1. 创新创业人才投入；2. 创新创业经费投入；3. 创新创业载体建设
	创新创业成效	4. 源头性的科研创新；5. 颠覆性的技术成果；6. 知识产权建设成果；7. 创新的直接经济效益；8. 高质量的创业成效
经济与产业结构	企业成长	9. 创新型企业数量；10. 企业国际创新合作；11. 企业经济体量和效益
	产业发展	12. 产业结构调整；13. 高新技术产业发展；14. 产业创造价值的能力；15. 产业集群建设成效
市场与商业环境	金融发展	16. 新型金融业态发展；17. 社会资本的有效运用；18. 信用体系建设
	商业环境	19. 商用空间和配套环境；20. 高新产品流通环境；21. 商业法律环境建设
城市与社会发展	生态建设	22. 环境建设与节能降耗
	社会发展	23. 收入和住房保障；24. 公共医疗和教育
	基础设施建设	25. 城市交通的便捷性；26.ICT 基础设施建设
	园区治理	27. 园区发展手段的强化；28. 园区的改革与创新
文化与人口结构	文化建设	29. 社会文明建设；30. 园区品牌建设
	人口结构	31. 国际人口比例；32. 创新型人口比例

（三）系统要素的解释结构模型的建立

确定邻接矩阵 A 和可达矩阵 M。根据研究资料的分析整理和 ISM 专家小组评议，明确 32 个系统要素对其后的可达要素的直接影响关系，建立邻接矩阵 A。系统要素和关系确定之后，就可以根据上表得到系统邻接矩阵 A（表 7-6），然后利用 MATLAB 软件通过邻接矩阵 A 对可达矩阵 M（表 7-7）进行求解。

表 7-6　系统邻接矩阵 A

	1	2	3	4	5	6	7	8	9	10	11	12	13	14	15	16	17	18	19	20	21	22	23	24	25	26	27	28	29	30	31	32
1	0	0	0	0	0	0	0	0	0	0	0	0	0	0	0	0	0	0	0	0	0	0	0	0	0	0	0	0	0	1	0	0
2	0	0	0	1	1	1	0	1	1	0	0	0	0	0	0	0	0	0	0	0	0	0	0	0	0	0	0	0	0	0	0	0
3	0	0	0	0	1	1	0	1	1	0	0	0	0	0	0	0	0	0	0	0	0	0	0	0	0	0	0	0	0	0	0	0
4	0	0	0	0	1	1	1	0	0	0	0	0	0	0	0	0	0	0	0	0	0	0	0	0	0	0	0	0	0	0	0	0
5	0	0	0	0	0	0	0	0	0	0	0	0	0	1	0	0	0	0	0	0	0	0	0	0	0	0	0	0	0	0	0	0
6	0	0	0	0	0	0	0	0	0	0	0	0	0	0	0	0	0	0	0	0	0	0	0	0	0	0	0	0	0	0	0	0
7	0	0	0	1	0	0	0	0	0	0	0	0	0	0	0	0	0	0	0	0	0	0	0	0	0	0	0	0	0	0	0	0
8	0	0	0	0	0	0	0	0	0	0	0	1	0	1	0	0	0	0	0	0	0	0	0	0	0	0	1	1	0	0	0	0
9	0	0	0	0	0	0	0	0	0	0	0	0	0	0	0	0	0	0	0	0	0	0	0	0	0	0	0	0	1	0	0	0
10	0	0	0	0	0	0	0	0	0	0	0	0	0	0	0	0	0	0	0	0	0	0	0	0	0	0	0	0	0	0	0	0
11	0	0	0	0	0	0	0	0	0	0	0	0	0	0	0	0	0	0	0	0	0	0	0	0	0	0	0	0	0	0	0	0
12	0	0	0	0	0	0	0	0	0	0	0	0	0	0	0	0	0	0	0	0	0	0	0	0	0	0	0	0	0	0	0	0
13	0	0	0	0	0	0	0	0	0	0	0	0	0	0	0	0	0	0	0	0	0	0	0	0	0	0	0	0	0	0	0	0
14	0	0	0	0	0	0	0	0	0	0	0	0	0	0	0	0	0	0	0	0	0	0	0	0	0	0	0	0	0	0	0	0
15	0	0	0	0	0	0	0	0	0	0	0	0	0	0	0	1	0	0	0	0	0	0	0	0	0	0	0	0	0	0	0	0
16	0	0	0	0	0	0	0	0	0	0	0	0	0	0	0	0	1	1	0	0	0	0	0	0	0	0	0	0	0	0	0	0
17	0	0	0	0	0	0	0	0	0	0	0	0	0	0	0	0	0	1	0	0	0	0	0	0	0	0	0	0	0	0	0	0
18	0	0	0	0	0	0	0	0	0	0	0	0	0	0	0	0	0	0	0	0	0	0	0	0	0	0	0	0	0	0	0	0
19	0	0	0	0	0	0	0	0	0	0	0	0	0	0	0	0	0	0	0	0	0	0	0	0	0	0	1	1	0	1	0	0
20	0	0	0	0	0	0	0	0	0	0	0	0	0	0	0	0	0	0	0	0	0	0	0	0	0	0	0	0	0	1	0	0
21	0	0	0	0	0	0	0	0	0	0	0	0	0	0	0	0	1	0	0	0	0	0	0	0	0	0	0	0	1	0	0	0
22	0	0	0	0	0	0	0	0	0	0	0	0	0	0	0	0	0	0	0	0	0	0	0	0	0	0	1	0	0	1	1	0
23	0	0	0	0	0	0	0	0	0	0	0	0	0	0	0	0	0	0	0	0	0	0	0	0	0	0	0	1	1	1	0	0
24	0	0	0	0	0	0	0	0	0	0	0	0	0	0	0	0	0	0	0	0	0	0	0	0	0	0	0	0	0	1	1	0
25	0	0	0	0	0	0	0	0	0	0	0	0	0	0	0	0	0	0	0	0	0	0	0	0	0	0	0	0	1	0	0	0
26	0	0	0	0	0	0	0	0	0	0	0	0	0	0	0	0	0	0	0	0	0	0	0	0	0	0	0	0	0	1	0	0
27	0	0	0	0	0	0	0	0	0	0	0	0	0	0	0	0	0	0	0	0	0	0	0	0	0	0	0	0	0	0	0	0
28	0	0	0	0	0	0	0	0	0	0	0	0	0	0	0	0	0	0	0	0	0	0	0	0	0	0	0	0	0	0	0	0
29	0	0	0	0	0	0	0	0	0	0	0	0	0	0	0	0	0	0	0	0	0	0	0	0	0	0	0	0	0	0	0	0
30	0	0	0	0	0	0	0	0	0	0	0	0	0	0	0	0	0	0	0	0	0	0	0	0	0	0	0	0	0	0	0	0
31	0	0	0	0	0	0	0	0	0	0	0	0	0	0	0	0	0	0	0	0	0	0	0	0	0	0	0	0	0	0	0	0
32	0	0	0	0	0	0	0	0	0	0	0	0	0	0	0	0	0	0	0	0	0	0	0	0	0	0	0	0	0	0	0	0

注：表中的"0"和"1"，分别表示纵坐标要素对横坐标要素"无影响"和"有影响"，下同。

表 7-7　系统可达矩阵 M

	1	2	3	4	5	6	7	8	9	10	11	12	13	14	15	16	17	18	19	20	21	22	23	24	25	26	27	28	29	30	31	32
1	0	0	0	1	1	1	1	1	1	1	1	1	1	1	1	0	0	0	0	0	0	0	0	0	0	0	0	1	1	1	1	0
2	0	0	0	1	1	1	1	1	1	1	1	1	1	1	1	1	0	0	0	0	0	0	0	0	0	0	0	1	1	1	1	0
3	0	0	0	1	1	1	1	1	1	0	1	1	0	1	1	0	0	0	0	0	0	0	0	0	0	0	0	1	0	0	1	0
4	0	0	0	1	1	1	1	0	0	1	0	0	1	1	1	1	0	0	0	0	0	0	0	0	0	0	0	0	0	0	0	0
5	0	0	0	0	1	0	1	1	1	0	1	0	0	1	1	0	0	0	0	0	0	0	0	0	0	0	0	1	1	0	1	0
6	0	0	0	1	0	1	1	0	0	1	0	1	0	1	1	1	0	0	0	0	0	0	0	0	0	0	0	0	1	0	0	0
7	0	0	0	0	1	0	1	0	0	0	1	0	0	1	1	0	0	0	0	0	0	0	0	0	0	0	0	1	1	0	1	0
8	0	0	0	0	1	0	1	1	1	0	1	1	0	1	1	0	0	0	0	0	0	0	0	0	0	0	0	1	1	0	1	0
9	0	0	0	0	1	0	1	1	1	0	1	1	0	1	1	0	0	0	0	0	0	0	0	0	0	0	0	1	1	0	1	0
10	0	0	0	1	0	1	0	0	0	1	0	0	1	1	1	1	0	0	0	0	0	0	0	0	0	0	0	0	0	0	0	0
11	0	0	0	0	1	0	1	1	1	0	1	1	0	1	1	0	0	0	0	0	0	0	0	0	0	0	0	1	1	0	1	0
12	0	0	0	0	0	0	0	0	0	0	1	1	0	1	1	0	0	0	0	0	0	0	0	0	0	0	0	1	1	0	1	0
13	0	0	0	1	0	1	0	0	0	1	0	0	1	1	1	1	0	0	0	0	0	0	0	0	0	0	0	0	0	0	0	0
14	0	0	0	0	0	0	0	0	0	0	0	0	0	1	1	0	0	0	0	0	0	0	0	0	0	0	0	0	0	0	0	0
15	0	0	0	0	0	0	0	0	0	0	0	0	0	1	1	0	0	0	0	0	0	0	0	0	0	0	0	0	0	0	0	0
16	0	0	0	0	0	0	0	0	0	0	0	0	0	1	1	1	0	0	0	0	0	0	0	0	0	0	0	0	0	0	0	0
17	0	0	0	0	0	0	1	0	0	0	1	0	0	1	1	0	1	0	0	0	0	0	0	0	0	0	1	1	1	0	1	0
18	0	0	0	0	0	0	0	0	0	0	1	0	0	1	1	0	0	1	0	0	0	0	0	0	0	0	1	1	1	0	1	0
19	0	0	0	0	0	0	0	0	0	0	0	0	0	1	1	0	0	0	1	0	0	0	0	0	0	0	0	1	0	0	0	0
20	0	0	0	0	0	0	0	0	0	0	0	0	0	1	1	0	0	0	0	1	1	0	0	0	0	0	1	1	1	0	1	0
21	0	0	0	0	0	0	0	0	0	0	0	0	0	1	1	0	0	0	0	0	1	0	0	0	0	0	1	1	1	0	1	0
22	0	0	0	0	0	0	0	0	0	0	0	0	0	1	1	0	0	0	0	0	0	1	0	0	0	0	0	1	1	0	1	0
23	0	0	0	0	0	0	0	0	0	0	0	0	0	1	1	0	0	0	0	0	0	0	1	0	0	0	0	0	0	0	1	0
24	1	1	1	1	1	1	1	1	1	1	1	1	1	1	1	1	1	1	1	1	1	1	1	1	0	0	1	1	1	1	1	0
25	0	0	0	1	1	1	1	1	1	1	1	1	1	1	1	1	1	1	1	1	1	1	1	0	1	0	1	1	1	1	1	0
26	0	0	0	1	1	1	1	1	1	1	1	1	1	1	1	1	1	1	1	1	1	1	1	0	0	1	1	1	1	1	1	0
27	0	0	0	0	1	0	1	0	0	0	1	0	0	1	1	0	0	0	0	0	0	0	0	0	0	0	1	1	1	0	1	0
28	0	0	0	0	1	0	1	0	0	0	1	0	0	1	1	0	0	0	0	0	0	0	0	0	0	0	0	1	1	0	1	0
29	0	0	0	0	1	1	1	1	1	0	1	1	0	1	1	0	0	0	0	0	0	0	0	0	0	0	1	1	1	0	1	0
30	1	1	1	1	1	1	1	1	1	1	1	1	1	1	1	1	1	1	1	1	1	1	1	0	1	1	1	1	1	1	1	0
31	0	0	0	0	0	0	0	0	0	0	0	0	0	1	1	0	0	0	0	0	0	0	0	0	0	0	0	0	0	0	1	0
32	0	0	0	0	0	0	0	0	0	0	0	0	0	0	0	0	0	0	0	0	0	0	0	0	0	0	0	0	0	0	1	0

对系统要素进行级间划分。依据可达矩阵 M，找出每个系统要素的可达集 P、先行集 Q 和交集 S（表 7-8）。若 P=S，则相应的 S 中的要素为最上层要素，得出最上层要素后，将其从表中划掉，再用同样方法求得下一层级的各要素，这样便可一级一级地把各要素按层级划分出来。32 个系统要素根据相关的作用关系被划分为 7 个层级：第一级要素也就是最上层要素包括要素 11、要素 14、要素 15，第二级要素包括要素 11、要素 12，第三级要素包括要素 7、要素 31，第四级要素包括要素 6、要素 32，第五级要素包括要素 4、要素 5、要素 8、要素 9、要素 10、要素 20、要素 28、要素 29、要素 30，第六级要素包括要素 1、要素 2、要素 3、要素 16、要素 17、要素 18、要素 19、要素 22、要素 25、要素 26、要素 27，第七级要素包括要素 21、要素 23、要素 24。

表 7-8 系统要素可达集、先行集和两者交集

序号	可达集 P	先行集 Q	交集 S
1	1, 4-15, 20, 28-31	1	1
2	2, 4-15, 20, 28-31	2	2
3	3-15, 20, 28-31	3	3
4	4-15, 20, 28-31	1-5, 8-10, 16-30	4, 5, 8-10, 20, 28-30
5	4-15, 20, 28-31	1-5, 8-10, 16-30	4, 5, 8-10, 20, 28-30
6	6, 7, 11-15	1-5, 6, 8-10, 16-30	6
7	7, 11, 14, 15	1-10, 16-30	7
8	4-15, 20, 28-31	1-5, 8-10, 16-30	4, 5, 8-10, 20, 28-30
9	4-15, 20, 28-31	1-5, 8-10, 16-30	4, 5, 8-10, 20, 28-30
10	4-15, 20, 28-31	1-5, 8-10, 16-30	4, 5, 8-10, 20, 28-30
11	11, 14, 15	1-32	11, 14, 15
12	11-15	1-6, 8-10, 12, 13, 16-32	12, 13
13	11-15	1-6, 8-10, 12, 13, 16-32	12, 13
14	11, 14, 15	1-32	11, 14, 15
15	11, 14, 15	1-32	11, 14, 15
16	4-18, 20, 27-31	16-18, 21, 23, 24, 27	16-18, 27
17	4-18, 20, 27-31	16-18, 21, 23, 24, 27	16-18, 27
18	4-18, 20, 27-31	16-18, 21, 23, 24, 27	16-18, 27
19	4-15, 19, 20, 28-31	19	19
20	4-15, 20, 28-31	1-5, 8-10, 16-30	4, 5, 8-10, 20, 28-30
21	4-18, 20, 21, 27-31	21	21
22	4-15, 20, 22, 28-31	22	22
23	4-18, 20, 23, 27-31	23	23

续表

序号	可达集 P	先行集 Q	交集 S
24	4-18, 20, 24, 27-31	24	24
25	4-15, 20, 25, 28-31	25	25
26	4-15, 20, 26, 28-31	26	26
27	4-18, 20, 27-31	16-18, 21, 23, 24, 27	16-18, 27
28	4-15, 20, 28-31	1-5, 8-10, 16-30	4, 5, 8-10, 20, 28-30
29	4-15, 20, 28-31	1-5, 8-10, 16-30	4, 5, 8-10, 20, 28-30
30	4-15, 20, 28-31	1-5, 8-10, 16-30	4, 5, 8-10, 20, 28-30
31	11-15, 31	1-5, 8-10, 16-30, 31	31
32	11-15, 31, 32	32	32

在级间划分的基础上，对级内系统要素之间的关系进行考察。两个同级的系统要素所在行和列的元素如果完全相等，那么两者属于同一强连通子集，由于强连通集合内要素关系的等价性，可以将各强连通集的元素合并，看作是一个要素。在对强连通集进行了压缩的基础上，对可达矩阵 M 按照级别顺序进行行和列初等变换，得到创新经济体系统要素间关系的缩减矩阵 M'（表 7-9）。

表 7-9 创新经济体系统要素关系缩减矩阵 M'

	11, 14, 15	12, 13	7	31	6	32	4, 5, 8, 9, 10, 20, 28, 29, 30	1, 2, 3, 19, 22, 25, 26	16, 17, 18, 27	21, 23, 24
11, 14, 15	1	0	0	0	0	0	0	0	0	0
12, 13	1	1	0	0	0	0	0	0	0	0
7	1	0	1	0	0	0	0	0	0	0
31	1	0	0	1	0	0	0	0	0	0
6	1	0	1	0	1	0	0	0	0	0
32	1	0	0	1	0	1	0	0	0	0
4, 5, 8, 9, 0, 20, 28, 29, 30	1	1	1	1	1	0	1	0	0	0
1, 2, 3, 19, 22, 25, 26	0	1	1	1	1	0	1	1	0	0
16, 17, 18, 27	0	1	1	1	1	0	1	0	1	0
21, 23, 24	0	1	1	1	1	0	1	0	0	1

建立结构解释模型。根据缩减矩阵中要素之间的相互作用关系，可以相应的给出创新经济体系统最终的 ISM 模型（图 7-7），是一个七级的递阶系统，从上到下依次为第一层至第七层，箭头代表各要素之间的可达关系。

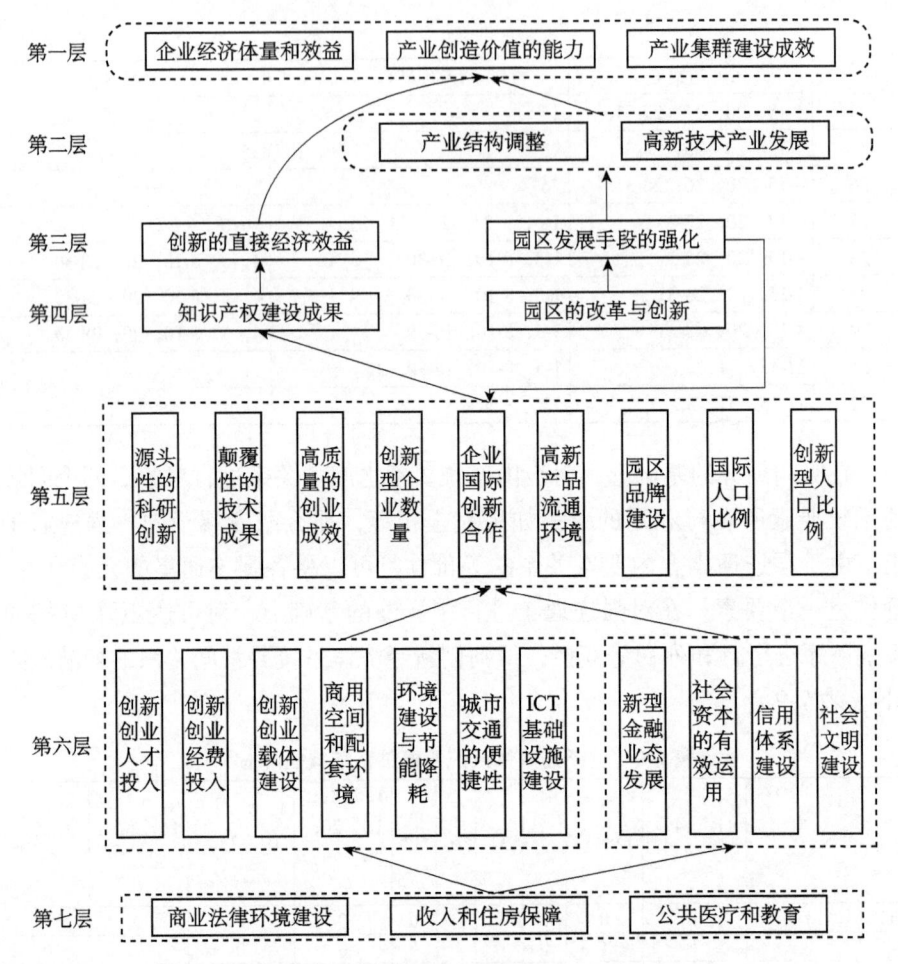

图 7-7 创新经济体系统的解释结构模型

（四）创新经济体系统要素内在关系分析

根据创新经济体运行效率和成效影响因素的不同层次，将其划分为创新经济体系统运行效率和成效的成果表现、直接动力、深层动力和基础支撑。

第一层是创新经济体运行效率和成效的成果表现：打造区域创新经济体，提升创新经济体系统运行效率和成效，最终是要实现区域经济成效的提升，包括企业和产业所取得的经济体量、经济效益及产业集群的建设成效等。

第二、三、四层是影响创新经济体运行效率和成效的直接动力：创新成果的产出和应用、产业结构的调整和优化、高新技术产业的发展、园区改革创新和发展手段的强化，这些因素可以直接影响创新经济体运行效率和成效。

第五层是影响创新经济体运行效率和成效的深层动力：高效高质的创新创业活动和成效、企业的创新合作和创新实力、园区高新产品流通环境和品牌建设，以及国际和创新型人才，是推动创新经济体运行的深层次动力，持续促进园区创新经济成果的产生。

第六、七层是影响创新经济体运行效率和成效的基础支撑：创新效率和成效的提升，需要创新经费、创新人员等基础性创新投入的支撑，需要对创新活动产生全方位影响的生产、生活、生态环境的支撑，这些要素对创新经济体的运行动力提供原始的基础支撑。

三、张江创新指数指标体系的建立

基于研究目的，需对张江示范区的创新发展能力进行针对性的评价研究，在进行具体的指标选择时，既借鉴国内外已有评价指标的研究成果，又要加入张江示范区特色指标。由专家小组研究制定具体的指标选择原则，指标的选择主要遵循两个原则：第一，所选指标需比较准确地体现所有32个系统要素内涵，尽量全面呈现张江创新发展状态，暂时不考虑数据的可获得性；第二，考虑指标形式的互补性、均衡性，尽量均衡考虑总量型、质量型、增速型等各类指标，以便更加全方位反映张江创新发展情况。经过专家小组的多轮讨论，并充分听取张江示范区相关人员的意见，建立起张江创新指数系统的多层次评价指标体系，包含63个三级指标。

"创业与创新表现"从创新创业投入、创新创业成效两个方面，选取了R&D活动人员密度、顶尖创新创业团队数、R&D经费投入强度、新型孵化器面积占比、创业企业获得风险投资额、新增发明专利数、连续创业的企业家数、新创办科技型企业增长率等16个三级指标。

"经济与产业结构"从企业成长、产业发展两个方面，选取了科技小巨人企业、营业收入超30亿元高新技术企业、企业在海外设立研发机构、上市企业利润、高技术产业收入比重、服务业比重、人均增加值、优势产业全国首位度、重点产业创新聚集度等14个三级指标。

"市场与商业环境"从金融发展、商业环境两个方面，选取了新兴金融机构聚集度、互联网金融或保险机构可用资本、申请信用评估企业占比、国有控股资产性公司可利用资金、商用空间总面积、商用房屋租金、跨国公司区域总部数、基于互联网的商品交易额、商业违法违规事件等14个三级指标。

"城市与社会发展"从生态建设、社会发展、基础设施建设、园区治理四个方面，选取了综合能耗、工业污水处理率、绿地覆盖率、人均年收入、收入房价比、医疗服务机构数、通勤时间、人均数据量、无线网络普及率、园区改革和制度创新等12个三级指标。

"文化与人口结构"从文化建设和人口结构两个方面，选取了人均参与社会公益活动时间、在职教育经费支出、全球品牌影响力、吸纳高校应届毕业生、国际性人才占比、高学历人才占比等7个三级指标。

第八章 国家高新区体制机制创新理论与实践

第一节 关于国家高新区体制机制最近调查

2017年10月，科技部火炬高技术产业开发中心向全国157家高新区（不含2018年2月国务院新批准的12家国家高新区）发放创新调查问卷。截至2017年12月月底，实际收回问卷154份。本次调查分为8个方面，其中一个方面就是高新区管委会体制机制创新和行政效果，这个方面调查问卷设计了9个选择性问题，分别是：

1）请问贵高新区拥有以下哪种市级管理权限？
2）请问贵高新区是否配置独立行使有关职能的机构？
3）请问贵高新区所在省、市是否出台相关支持高新区发展的政策？
4）请问贵高新区管委会的行政级别？
5）请问贵高新区管委会"一把手"负责人的行政级别？
6）请问贵高新区的党工委书记或管委会主任是否由市委、市政府领导兼任？
7）请问贵高新区管委会人员身份、中层正职干部年收入与本市市直机关同级人员收入比例是多少？
8）请问贵高新区是否改革企业工商注册制度？
9）请问近两年来贵高新区或所在市政府是否研讨、探索、出台鼓励创新创业的相关政策？

据此问卷，对全国154家国家高新区体制机制开展了统计调查，形成如下调研查报告。

一、市级管理权限

提交问卷的国家高新区，除桂林高新区外，均拥有1种及以上市级管理权限。在国家高新区拥有的管理权限中，排在前三位的分别是：一级财政管理权、市级经济管理权限、建设行政管理权（图8-1）。

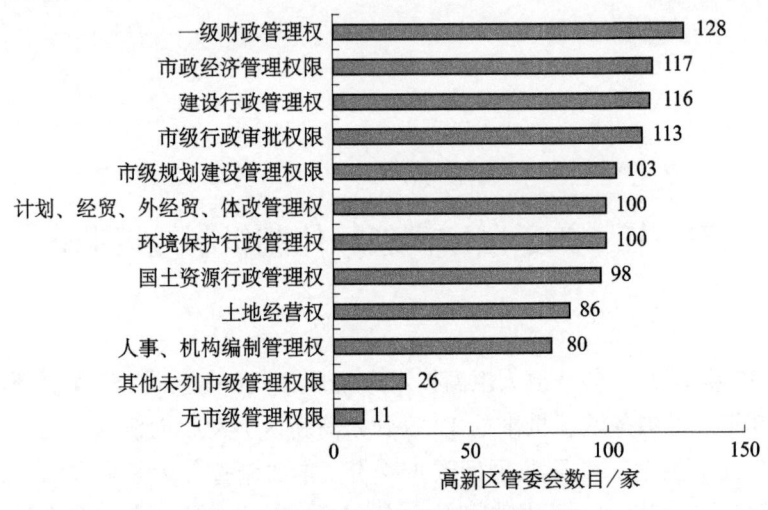

管理权限	高新区管委会数目/家
一级财政管理权	128
市政经济管理权限	117
建设行政管理权	116
市级行政审批权限	113
市级规划建设管理权限	103
计划、经贸、外经贸、体改管理权	100
环境保护行政管理权	100
国土资源行政管理权	98
土地经营权	86
人事、机构编制管理权	80
其他未列市级管理权限	26
无市级管理权限	11

图 8-1　高新区管委会拥有的管理权限

二、拥有独立职能机构

147家高新区配置有独立行使有关职能的机构。在调查问卷中，填写未配置的高新区有7家，分别是：安顺、哈尔滨、上海张江、深圳、中关村、株洲和淄博高新区。在我们以往对高新区的调查中，上海张江、中关村、深圳主要有规划、协调、政策等功能，确实没有类似土地、人事、财政等行政职能，但是哈尔滨、株洲和淄博高新区应该具有一定的行政职能，安顺是2017年新升级的国家高新区，也可能没有行政职能。总之，本节分析主要依据问卷调查分析，除明确知道是错误的，剩下的我们都假定问卷调查具有一定的真实性，以下类同。

在国家高新区独立行使的10种职能机构中，排前三位的是：经济发展局、科技创业服务中心、科学技术局（图8-2）。

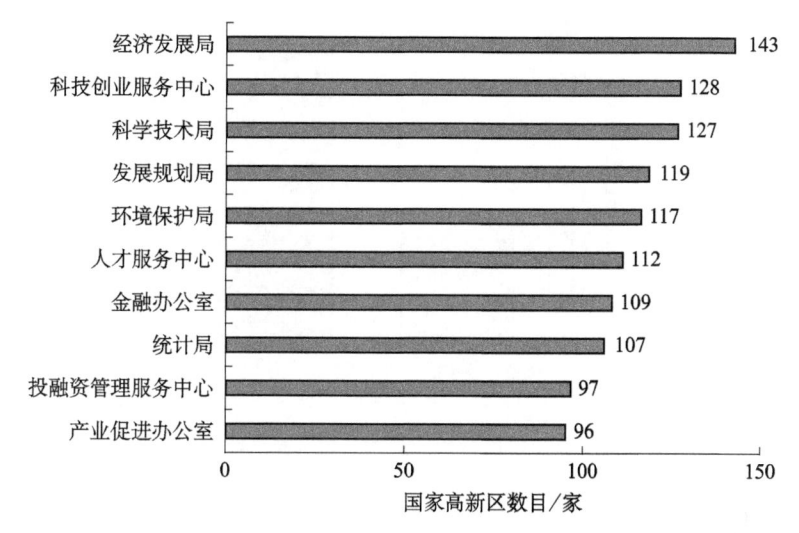

图 8-2　国家高新区配置的独立行使有关职能的机构

三、省市政策支持

148家国家高新区所在的省市政府出台支持高新区发展政策，占比96%，较2016年增长了18家（图8-3，图8-4），说明，省市政府在新一轮创新驱动发展中对国家高新区给予了高度的重视和支持。未出台发展政策的高新区有5家：分别是海口、黄三角农高区、锦州、内江和长春净月[①]。

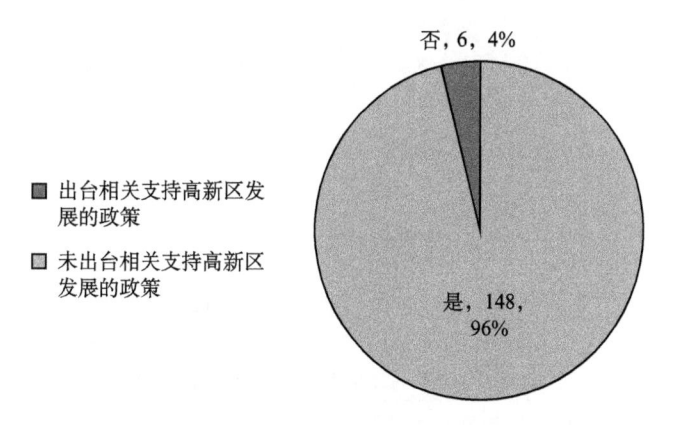

图 8-3　2017年出台相关支持高新区发展的政策情况

---

① 有一家高新区对该问答未作回答。

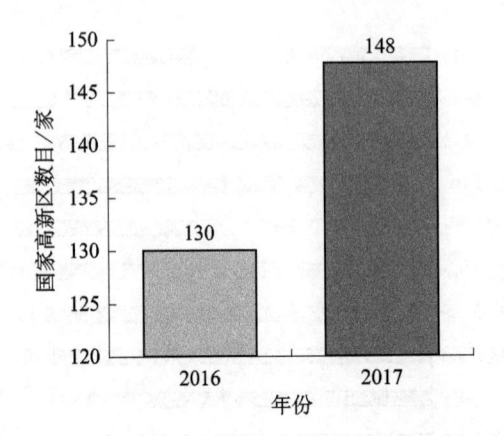

图 8-4 2016～2017 年，省、市出台相关支持高新区发展政策的高新区数目变化情况

四、管委会行政级别

国家高新区管委会行政级别的分布中，45% 的为正县（处）级（70 家高新区），42% 的是副地（厅）级（64 家高新区），16% 的是正厅（局）级（16 家高新区）（图 8-5 和表 8-1 所示）。

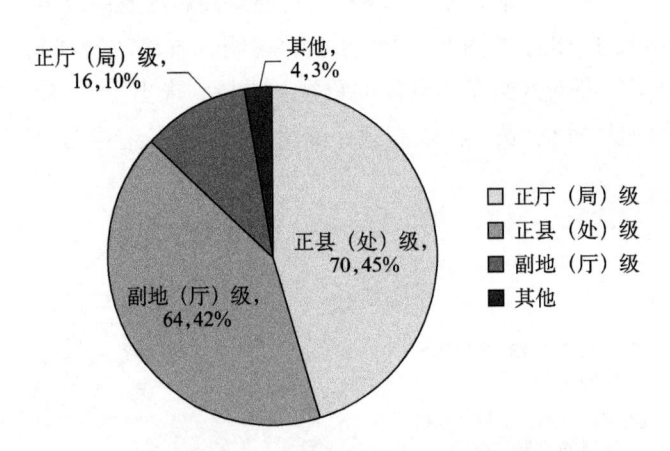

图 8-5 2017 年高新区管委会行政级别

表 8-1 国家高新区管委会行政级别列表

序号	正县（处）级	副地（厅）级	正厅（局）级	其他	无问卷/未填
1	安康	安阳	成都	本溪	包头
2	安顺	蚌埠	东湖	嘉兴	郴州
3	鞍山	保定	哈尔滨	三明	长治

续表

序号	正县（处）级	副地（厅）级	正厅（局）级	其他	无问卷/未填
4	白银	璧山	黄三角农高区	铜陵狮子山	
5	宝鸡	常州	南京		
6	北海	承德	青岛		
7	兵团石河子	大连	泉州		
8	昌吉	大庆	上海张江		
9	常德	德州	上海紫竹[①]		
10	常熟	赣州	深圳		
11	德阳	广州	沈阳		
12	东莞	贵阳	天津滨海		
13	鄂尔多斯	杭州	杨凌		
14	佛山	合肥	长春		
15	福州	济南	中关村		
16	抚州	济宁	重庆		
17	阜新	江门			
18	桂林	江阴			
19	海口	景德镇			
20	河源	昆明			
21	衡阳	柳州			
22	呼和浩特	洛阳			
23	淮安	绵阳			
24	黄冈	南昌			
25	惠州	南宁			
26	吉安	南阳			
27	吉林	宁波			
28	焦作	青海			
29	锦州	清远			
30	荆门	厦门			
31	昆山	汕头			
32	莱芜	石家庄			
33	兰州	石嘴山			
34	乐山	苏州			

① 上海紫竹高新区是由上海市闵行区人民政府、上海交通大学、上海紫江集团、上海联和投资有限公司等7家股东单位共同投资组建，按照企业化运作，不应该为正厅（局）级设置，应在其他中，但是，问卷中填为正厅（局），本节暂时不作修正。

续表

序号	正县（处）级	副地（厅）级	正厅（局）级	其他	无问卷/未填
35	连云港	苏州工业园			
36	辽阳	太原			
37	临沂	泰安			
38	龙岩	泰州			
39	泸州	唐山			
40	马鞍山	威海			
41	莫干山	潍坊			
42	南通	乌鲁木齐			
43	内江	无锡			
44	攀枝花	芜湖			
45	平顶山	西安			
46	莆田	咸阳			
47	齐齐哈尔	湘潭			
48	衢州	襄阳			
49	绍兴	萧山			
50	随州	孝感			
51	通化	新乡			
52	渭南	新余			
53	温州	徐州			
54	武进	延吉			
55	仙桃	宜昌			
56	咸宁	益阳			
57	宿迁	银川			
58	烟台	鹰潭			
59	盐城	长春净月			
60	燕郊	长沙			
61	扬州	肇庆			
62	营口	中山			
63	榆林	株洲			
64	玉溪	淄博			
65	枣庄				
66	漳州				
67	镇江				
68	郑州				
69	珠海				
70	自贡				

五、主要领导行政级别

国家高新区一把手行政级别分布,57%为副地(厅)级,27%为正县(处)级 12%为正厅(局)级,其他情况则有4%(图8-6)。

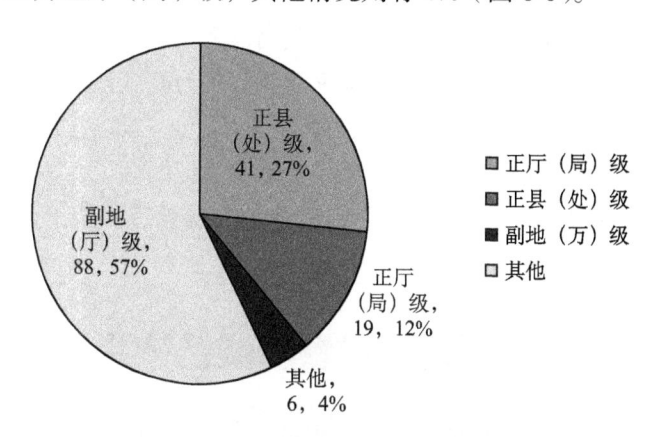

图 8-6　2017 年国家高新区一把手行政级别分布情况

六、管委会负责人与市领导关系

高新区的党工委书记或管委会主任由市委、市政府领导任职的有69家,占比45%(图8-7)。

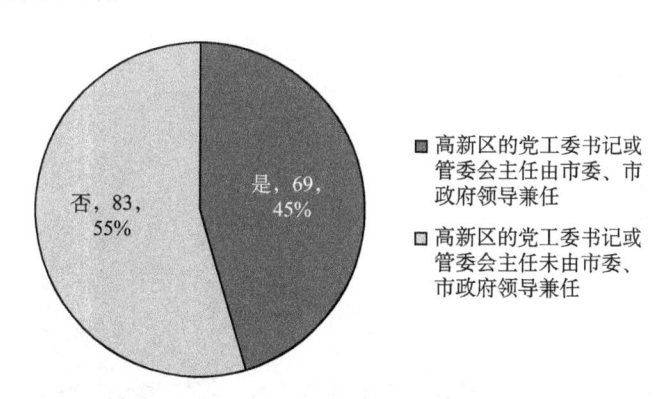

图 8-7　高新区的党工委书记或管委会主任由市委、市政府领导兼任情况

七、人员构成及收入

高新区管委会人员身份分布，排名前三的是事业编、公务员、高新区雇员（图 8-8）。

中层正职干部年收入与本市市直机关同级人员收入比例为 126.16%，较 2016 年有所提升（图 8-9），不过，国家高新区作为高新技术产业发展的主战场、作为全市经济发展的创新高地，管委会人员经常是"白加黑"、"5+2"，收入高于市值部门也能够理解，按照某个市委书记的话说，"高新区压力大、任务重，收入就得要高，我希望高新区成为全市最优秀的干部最愿意去的地方"。

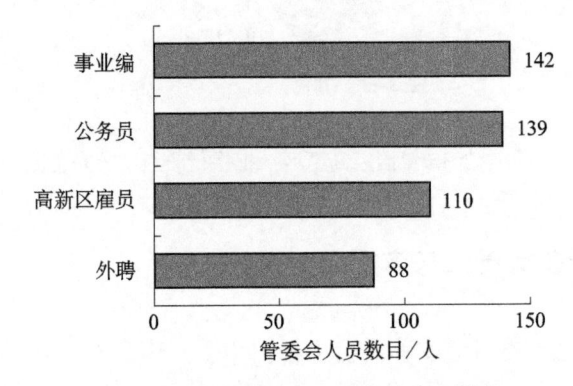

图 8-8 高新区管委会人员身份分布情况

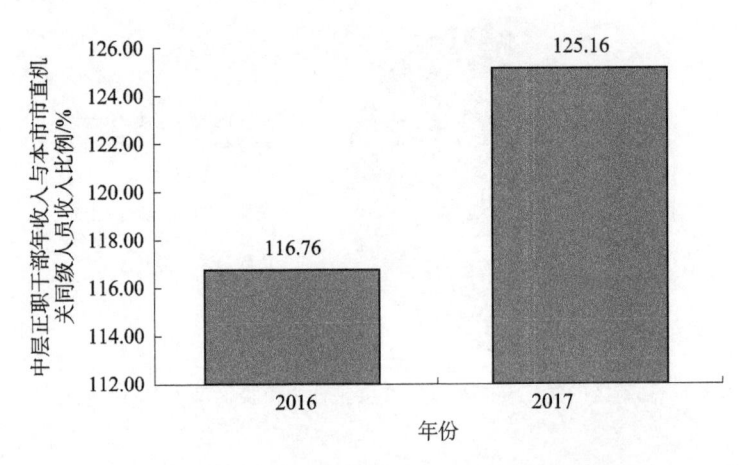

图 8-9 2016～2017 年管委会人员收入比较情况

八、企业工商注册制度

92家高新区推行比五证合一更为便捷的措施,占有效样本比例59.74%;只有2家高新区收取五证一章的工本费,占有效样本比例1.29%;有121家高新区全部申报表格均能实现网上填写提交,占有效样本比例78.57%。可见,高新区在行政管理改革上还是走到了全国的前列。

高新区办理企业工商注册平均需要3个工作日,较2016年4个工作日缩短了1个工作日;到工商注册机构拿到营业执照等全部证照的次数为1次,而2016年均值为2次。

九、园区及市双创政策

近2年来高新区或所在市政府研讨、探索、出台鼓励创新创业的相关政策的情况为,平均每家高新区约出台8类专项政策(共9类)。其中,排名前三的分别是:出台支持创新创业的政策、出台促进科技服务体系建设的政策、出台知识产权激励和保护政策(图8-10)。

政策类型	高新区数目/家
出台支持创新创业的政策	151
出台促进科技服务体系建设的政策	151
出台知识产权激励和保护政策	150
出台环境保护和绿色发展政策	146
出台促进科技成果转化的政策	146
出台人才政策	143
出台科技金融政策	143
出台国际化发展政策	126
出台高新技术企业政策	100

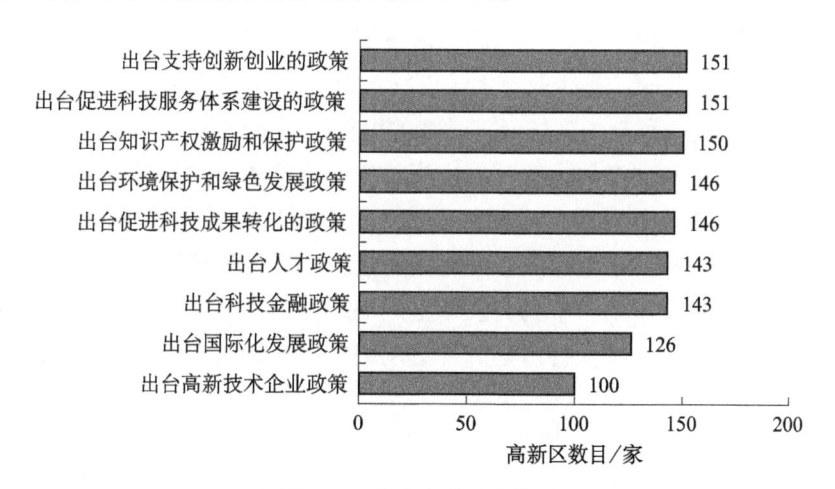

图8-10 出台相关政策情况

最后需要再次说明的是,本次调查主要依赖于调查问卷,个别高新区由于填报失误或误填引起的错误,必然导致统计结果的准确性会受到影响,因此,本次调查结果在保持大部分客观正确的基础上,遇到分析个别高新区时,还需要与具体高新区实际情况相互对照比较,才能得出更加准确的结论。

第二节　国家高新区创新发展与政府职能转变

在对创新驱动发展的研究中，一般的研究重点停留在政策本身，政府在整个创新发展中充当一种外部变量。而事实上政府在创新过程中的角色是复杂的，在经济发展过程中始终扮演着重要的角色，尤其是对后发国家而言。创新是一个不断变化的过程，创新驱动发展，需要政府承担一定的角色，那么实现创新驱动发展到底需要什么样的政府呢？这是一个仁者见仁智者见智的事情，但有一点可以确认，那就是并不存在一个终极的、放之四海而皆准的政府角色。在对政府角色进行分析前，首先需要结合中国高新区的实际发展来澄清一些认识误区，进而对政府角色的内涵做出准确的说明。

一、高新区创新发展的几种常见观点

观点1：高新区是市场选择、企业推动，并自发形成有效的治理模式。

第一，这种观点属于是典型的硅谷模式的反映，本身并不符合中国高新区发展的实际，原因在于就中国高新区发展而言，主要是中央政府总体协调和统筹的结果，其次才是企业、大学、社会组织等联动形成的园区形态。

第二，这是一种自由市场经济学派的解释。吴敬琏曾说，"如果我们热心于发展我国的高科技产业，就首先应当热心于落实各项改革措施，建立起有利于高新技术以及相关产业发展的经济和社会制度"，这些观点将政府定位为"服务者"的角色来规范高新区的制度选择，认为高新区是市场和特定社会文化制度的自发产物。市场自发型范式的解释是基于成熟市场机制和社会网络，忽略了政府在不完善市场和社会网络中的积极构建作用，以及政府主动调整和利用知识的能力[①]

第三，基于市场自发型范式，衍生出很多有关高新区发展的理论和认识。譬如，新产业区理论认为，创新来源于地方文化中的网络环境，包括蕴含企业家精神、企业竞争合作的制度和社会结构，具有很强的地域根植性；创新环境理论，把企业看成是环境的产物，把创新环境视为培育创新和创新性企业的场所，环境是创新所必需的。在环境中是否能够得到技术诀窍、地

---

① 汤志林. 治理结构与高新区技术创新. 北京：社会科学文献出版社，2012.

方性联系和地方性投入;是否能接近市场;是否能得到高素质劳动力,都是决定区域创新性的因素。因此,高新区企业之间的地理接近,可以降低交易成本,更能实现知识传递与扩散,能大大降低企业合作的不确定性和风险。区域惯例、诚信、文化等非正式制度形成非正式交易网络,区域间的行为主体通过地域上的交流和学习,以及竞争合作发生知识共享,同时结成一些正式和非正式的关系,以减少不确定性和降低交易成本。

可见,观点1的认识初衷来源于技术创新活动是市场自发行为,其产生、扩散和应用均取决于市场机制和相应的社会资本网络。因此,政府在创新中的角色是源自于市场自由主义视角的"服务者"角色,在经济活动中充当"守夜人"一职,其自身的治理结构独立于园区发展。

观点2:高新区是由大学、企业和金融三要素组成,与传统工业园区或产业集聚区不同,科技园区的特点在于它是以大学或科研机构作为支撑或依托,加上密集资金的投入。

第一,该观点认为我国高新区的发展是典型的由政府主导的科技园区,政府具有明确的技术创新尤其是自主创新目标,通过行政手段集聚企业、大学、科研机构、中介组织等创新网络要素,行为工具选择以积极培育完善市场机制和社会网络为标准。当然,这种观点比较符合中国高新区发展的实际情况。但是,中国高新区不仅是国家的高新区,也是地方的高新区,人事、土地、管理等受制于地方政府的授权,因此,高新区的属地化的管理更多地成为地方经济收入增长的重要抓手。在具备多重职能的前提下,并非创新要素投入占有很大比重,这一点不同于完全由中央政府资助的日本筑波科学城,其具有明确的科技创新和赶超目标,筑波科学城是打造日本国家级科研和教育中心的重要举措。另外,新加坡的肯特岗和韩国的大德高新区建设初期都是由中央政府直接主导,相关政策以法律的形式颁布。美国北卡罗来纳州的研究三角地区也是政府成功干预的典范。我国台湾地区新竹科学工业园也是典型的政府构建型的科技赶超型园区。

第二,考虑技术创新活动中存在市场机制难以自身解决的问题的缺陷,如技术创新活动的市场外部性、高风险(不确定性)、收益时间长及资源稀缺性等特征,需要政府积极介入来弥补市场机制的不足或者实现区域赶超发展,这一点本身并没有任何问题,只是作为政策主体的政府怎么做,以及做到何种程度和效果如何是需要深入考虑的问题。在将政府视为创新要素组织者的观点中,典型理论包括区域创新系统理论和三螺旋理论等。区域创新系统理论认为，在一定的地域空间和开放的边界内，生产企业、研究与开发机构、高等院校、地方政府机构和服务机构等主要的创新主体之间的社会交互作用，构成了创新系统的组织和空间结构，从而形成一个社会系统，强调制度因素和治理安排对于知识的形成、利用和扩散的重要作用；三螺旋理论认为，政府、企业和大学的"交叠"才是创新系统的核心单元，其三方联系是推动知识生产和传播的重要因素，在将知识转化为生产力的过程中，各参与者互相作用，从而推动创新螺旋上升。因此，观点2更多是强调政府作为创新发展的积极推动者，通过弥补市场缺陷，构建创新网络来促动高新区的发展。

观点3：高新区的发展既需要政府的强力支持，也需要市场要素的激励和推动，不同阶段，不同要素所起的作用有所不同，并且每个园区都经历要素集聚、产业主导、财富积累、创新突破几个阶段。

这一观点一定程度上反映了我国一些高新区的发展路径，即前期主导构建，招商引资，具备一定的经济规模；后期产业做强，市场社会网络兴起，创新网络化，我们可以把这种观点称为高新区的发展阶段论。但这一发展路径演变的重要前提是，与正式政策目标相一致的实际行为目标和政策能力。一旦实际行为和政策工具发生扭曲，则创新转型不会发生。因此，高新区经济规模增长并不必然导致创新发展。

综上，通过对国家高新区创新发展的辨析可以发现，自由市场经济学派不能完全解释和指导中国高新区发展，中国对市场经济体制是有选择和有改造地加以运用的；创新网络构建者角色也不完全符合中国高新区政府的实际运作情况；高新区发展阶段论虽然能够在一定程度上解释和指导高新区的创新发展，但忽视了高新区发展中政策主体的实际行为与政策目标的偏离。

二、政府在高新区发展中的实际角色

政府在经济活动中的角色一直是理论界研究关注的重点，不同历史时期和不同国家（地区）政府角色存在很大差异。如果把创新理解为是一种经济活动，那么政府在创新中的角色和在经济中的角色一样莫衷一是。传统观点认为以政府为代表的公共事务部门在创新驱动发展中发挥着重要的作用。政府在创新中一方面是制定政策与法规，创造有利的创新环境，对创新给予宏观调控和指导，提高创新系统效率，促进知识的创生、扩散和应用；另一方面是提供资金，以弥补企业或其他部门投资的不足和投资取向的不合理，尤其是关注涉及国家长远利益和公益性的创新活动。

（一）高新区管委会的性质

高新区管委会作为地方政府管理高新区的代理人，其在本质上属于政府。1991年9月原国家科学技术委员会和原国家体制改革委员会联合发布《关于深化高新技术产业开发区改革，推进高新技术产业发展的决定》（国科发改字640号），提出："按照精简、高效、服务的原则，建立和完善开发区新型管理体制，促进高新技术成果商品化、产业化和国际化。各开发区要因地制宜地建立决策、管理机构，赋予相应的权限，代表当地政府行使行政职权，统一对内对外，集中有效地协调解决开发区发展中的重大问题，并在工商、税务、财政、金融、国际合作交流、外贸、进出口等方面形成配套、高效的服务功能，为企业提供综合服务。"1992年国家科委体制改革司又印发《1992年高新技术产业开发区综合改革总结及明后两年工作要点》，提出"高新技术产业的发育和发展取决于建立新型的体制、机制，形成良好的企业内部机制和外部环境，加快高新技术成果商品化、产业化和国际化，这是开发区实施科技体制、经济体制及行政管理体制等综合配套改革的基本出发点"。到1996年原国家科委又进一步发布了《国家高新技术产业开发区管理暂行办法》，明确提出，国家高新区受国家科委组织领导，科技部火炬中心是全国高新区的具体主管部门，负责归口管理日常业务工作。国家高新区所在省、市人民政府是当地开发区的领导机关，其主要职责是把握开发区的办区方向，落实国家关于开发区的有关政策。

受国家科技部指导，高新区执行一个领导小组、一个管委会和一个国有（总）公司的运行体制，管委会作为市政府的派出机构。直至今日，这种设计也仍然成为支持高新区体制创新和发展的基础。高新区管理委员会（简称"管委会"）是高新区的日常管理机构，一般是市政府的派出机构[1]，在市政府的授权下行使市级综合经济管理职能和部分行政管理职能，负责制定并组织实施高新区发展规划和政策、全面管理高新区各项日常工作，通过协调组织资源、推动体制机制创新、发展创新服务体系等促进高新区发展。因为各个

---

[1] 个别高新区为省政府派出机构，例如杨凌高新区为省政府派出机构，享有地市级行政管理权、省级经济管理权和部分省级行政管理权；新升级国家高新区的管委会大多在升级后逐步调整为市政府派出机构。

高新区所采取的管理体制不同，管委会承担的职责范围有所差异，高新区的管委会机构规模差别很大。

（二）高新区管委会的政策能力

组建高新区管委会的目的是建立一种整合的履行创新功能的政府机构，将与创新经济发展相关的各种经济职能授权给管委会，使其能够专注于园区的功能性开发建设，对企业创新和产业发展提供针对性支持，而其他庞杂的行政和社会事务均留给其所在的行政区承担。不同地方高新区管委会的政策能力有较大差异，但很多地方为了管理的便利，实际中对高新区管委会都进行了经济和行政事务的全面授权，即高新区区域范围内的各类经济和社会事务都由高新区管委会承担。在这些高新区虽然形式上管委会还不是一级政府，但实质上已成为一个突出强调功能发展职责的"区域政府"。这包括与行政区合并、建立新区、代管辖区的各类高新区。很多地方将市级（甚至省级）政府规划、土地、工商、税务、财政、劳动人事、项目审批、外事审批等经济管理权限都充分授权给高新区管委会，给予高新区较为充裕的土地收入和财政收入留存，使其具备自主制定和执行创新发展的政策能力，以及可以整合资源推进高新区的建设[①]。从实际效果看，获得充分授权并拥有独立财政的高新区，因为能够更自主地根据需求配置支持政策、资源和服务，通常具有更大的发展活力和增长潜力。

（三）高新区管委会的行为目标

虽然有的国家高新区在名义上是"省－部－市共管共建"，但实际上是"以市为主"来负责具体的建设和管理，只是在业务上接受国家科技部的宏观管理和指导。在管理体制安排上，几乎所有的高新区都采取了市政府派出机构的管委会管理模式，并成立了由市长和副市长挂帅，以及以科技、教育、发改、国土、高新区管委会、所在行政区等部门主要领导为成员的高新区领导小组[②]。高新区管委会成为在特定的区域内专注于功能性开发建设和促进高新技术产业发展的"经营性政府"和"发展型政府"，其在实际活动中的行为目标除了经济发展的常规目标外，还有特殊利益诉求。

---

① 也有少数高新区（比如中关村、深圳、上海）不具有直接的经济和行政管理职能而只负责政策、规划与综合协调工作。

② 杨凌高新区管委会是省政府派出机构。

由于高新区的属地化管理，就地方经济的发展而言，高新区的支撑作用表现得非常突出。实际上，自高新区诞生开始各地就把高新区作为推动地方经济发展的主要抓手，建设国家高新区、振兴地方经济成为各地竞相建设高新区背后的主要利益动机。30年的发展，高新区在完成推动地方经济发展的目标和使命上取得了巨大成就，高新区对其所在城市经济发展的贡献越来越大，许多高新区也已成为区域或地方经济的支柱。一般情况下，高新区经济产出的增加，占所在城市经济比重的增长说明当地高新区发展状况良好，政府重视高新区的发展，对于创新驱动发展不是坏事。但创新的投入往往具有滞后效应，创新型企业的成长需要一定的周期，在中国地方政府有限的任期内要想实现政治收益有点鞭长莫及，因而随着地方经济利益的凸显，高新区的发展与扩张往往会出现偏离技术创新或创业轨道的问题。

市场经济充分并且完善的情况下，政府更多是承担服务者的角色，服务于区域创新载体的发展；在市场条件不成熟和不完善的条件下，政府的积极规划和产业诱导是启动高新区发展的助推器。积极的愿景规划和战略计划能够促进制度变化和加强区域能力建设，为区域的发展提供有效的基础设施和制度保障，从而增强现有资源和市场的产出效果。中国对市场经济体制是有选择和有改造地加以运用。经营者强调了地方政府在经济发展中的重要作用。"经营者"的角色内涵指政府在区域发展中通过积极的经营和运作，发挥强干预作用致力于园区规模的扩大和自身利益的最大化。从经济意义上来说，经营者角色往往是为了扩大区域经济规模，而不关心通过什么方式和手段来增加规模。

三、创新驱动发展中的政府角色内涵

我国高新区的发展仍处于后发赶超阶段，完全基于市场竞争的自组织发展能力尚不充分，未来的发展仍然需要有政府的保护、引导和支持。在这方面，我们已经积累了许多成功的经验，当然也存在不少问题，这需要在充分分析和研究我国高新区政府角色的基础上来解决创新驱动发展的问题。

尽管从政治过程和政策表述来看，国家（主要是科技部等高新区主管机构）和高新区所在省市政府也是高新区创新发展政策的政策主体，但根据中国高新区的实际发展情况来看，属地化的管理中对高新区发展起直接作用的依旧是高新区管委会。为了使管委会这一政府角色的行为目标趋近于创新发

展的政策目标，就必须在政策主体的治理上下功夫，无外乎以下两种情况。

（一）角色选择

第一，创新驱动发展政府角色的选择，在国家高新区已经发展的今天，指望所有的高新区尤其是新升级的、处于西部地区的国家高新区，以创新为导向，实现资源要素向创新要素的转化，践行国家目标和中央意志显然是不切实际的。因此必须重点突出，有必要选择发展比较好的，能够代表国家整体发展导向，在某个产业能够具备全球主导设计能力的高新区来实现政策目标和行为目标的统一。

第二，创新驱动发展政府角色的塑造，旨在通过对政策主体绩效考核约束体系的改善和增进上下层级之间有效互动的政策流程的优化来缩小行为目标和政策目标之间的间隙。

第三，创新驱动发展政府角色的设立，简单说来就是在面对新的产业变局和全球战略重置的情况下，模仿类似中国台湾地区新竹和韩国大德的高科技园区管理模式，设立由中央政府直管的高新区，直接代表国家的发展意志和政策导向，从而使政策主体跨越央地两级治理结构中来自地方目标的约束，达到政策目标和政策主体的真正统一。

（二）政策能力

在创新驱动发展中，政府的政策能力十分重要。政策能力一方面来源于中央政府和省市政府的政策授权；另一方面则来自于政策主体的行为意愿和领导班子及团队整体素质，但其在园区发展中最终体现在以下四个要素上。

第一，资源要素，可以指土地资源、自然资源等，也可以指知识资源、人力资源等，这些是园区发展的硬件要素和发展质量提升的重要保障。政策主体动用和组织这些资源的能力大小关乎园区的可持续发展。

第二，产业要素，指园区如何主导产业的集聚。政策主体产业规划能力既取决于原有产业基础，也和其探析自身优势及市场趋势的产业分析判断能力息息相关。

第三，资本要素，是指通过金融创新，多渠道融资，实现资本推动。伴随着高科技产业的高风险和高收益的是大规模的资本金投入，因此政策主体动用资本的能力对于支持政策客体的创新至关重要。

第四，管理要素，指园区运营如何精细化管理，向管理要效益，强化园区运营载体建设，这方面的能力是园区政府自身建设问题。

第三节 国家高新区变革与创新型政府建立

与奉行自由主义的欧美国家科技园区相比，我国政府在高新区30年的发展过程中发挥了更加特殊的作用，引导中国高新区事业取得了辉煌成绩，政府的管理创新激活并释放了高新区的创新能量。当前，经济发展规律的变化需要不同的政府形态与之适应，全球竞争格局下知识经济和创新经济融汇，改变了发达国家政府对待创新的态度和方式，这种变化在金融危机前后对比明显。30年后的今天，我国政府何去何从？"小政府"能否继续引领中国高新区决胜未来？政府如何革新才能适应高新区发展需要？关于这些问题可以从政府创新的视角中找到答案。

一、经济转型诱发政府变革

OECD知识经济专题报告指出，未来经济的发展基础建立在知识的生产、分配和使用上。知识作为继土地、劳动、资本之后的第四种生产要素，突破了"资源有限性"对经济发展的束缚，发展知识经济、确立国家竞争优势成为发达国家政府需要肩负的新使命；金融危机后，发达国家不约而同地选择加大创新力度作为重振经济的主要抓手，"创新不力，动摇经济"已经成为世界主要国家政府的共识。世界经济大势下，中国高新区的管理者需要谋思求变。

（一）从被动适应转向主动干预

在重大技术变革和创新机遇面前，风险、不确定性和高昂的创新成本导致市场并非配置创新资源的最有效选择。知识经济驱动下的创新，需要政府从投资基础设施建设、刺激经济增长转向投资科学知识、高新技术、高端人才、科技金融、战略性新兴产业等具有巨大增值潜力的资产，引导经济、产业发展摆脱低端化和"逐底"①的路径锁定转而进入高端化和"逐顶竞赛"的发展轨道。金融危机后，奉行自由主义的美国提出重振制造业、推动再工业化，成立了白宫制造业政策办公室，改变了美国拒绝制定、实施产业政策的传统，释放了政府加大经济干预的强烈信号，疑似美国要发展"计划经济"。"小政府、大社会"作为我国高新区管理的基本理念源于新自由主义限制政府干预经济的思想，在当前全球竞争格局中这种理念只能被动适应经济变化并且已经落后于我国部分高新区的创新实践，能够主动出击、引领变化的创新型政府更能带动区域发展走上创新之路。在这方面，"江苏模式"和"浙江模式"提供了经验对比。

（二）从封闭管理转向开放创新

当今世界，区域创新资源稀缺会导致发展压力骤增。高新区仅仅依靠政府资源搞创新的"封闭式管理"模式已经难以为继，政府需要利用有限的资源，发挥管理创新、服务创新、政策创新、制度创新的杠杆作用，撬动、分享外部创新资源，更好地服务企业的创新需求。开放式创新能够促进多元创新主体行为边界的相互渗透，帮助政府有效利用、整合外部知识、技术、人才、信息、资本等创新资源，形成与企业、大学、科研机构、中介组织等主体的互动反馈机制。深圳先进技术研究院、常州科教城、苏州"冷泉港亚洲"和独墅湖科教创新区已经成为我国高新区在区域创新资源禀赋不佳条件下实现开放创新的典范。

（三）从行政服务转向创新服务

国家高新区正在向着以提供创新服务为主的"新服务型政府"转变。服务型政府以提供行政服务、公共服务为主，基本解决了"一次创业"时期政府行政效率低、公共服务供应不足等问题；从"二次创业"开始，越来越多的高新区将服务的重点放在打造创新环境，构建区域创新系统和部门创新系统，组织创新网络，促进创新要素"聚合"和"聚变"并由此不断衍生、触发新的创新活动和制度环境等，以创新服务为主的政府服务开启了"新服务型政府"时代。当下，高新区对于企业的吸引已经从比政策、比环境进入到

---

① "逐底"（race to the bottom）又称为竞次，即打到底线的竞争。在竞次的游戏中，比的不是谁更优秀，谁在科技、教育等方面投入了更多资源，而是比谁更次，更糟糕、更能够苛待本国的劳动阶层，更能够容忍本国环境的破坏。"逐顶"（race to the top）主张通过投资科研和教育、改革经济结构、提高人力资本等方法，进行逐顶竞赛。

比服务的阶段，越来越多的高新区注重通过优质的、特色化服务吸引创新资源和项目落地。苏州工业园发展纳米产业过程中，在园区管委会科技发展局设立了纳米处，负责纳米产业相关事务；引进了中国科学院纳米所作为知识平台；组建了苏州纳米科技发展有限公司，推动纳米技术创新与产业化；成立了纳米基金，负责纳米产业投融资服务；建设了国家纳米技术国际创新园，为产业创新发展提供空间；打造苏州纳米城，在纳米新材料、纳米光电子等五大产业领域以新兴产业需求为导向，构建产业生态系统。

二、政府行动框架调整

（一）战略管理

面对复杂创新环境带来的挑战，战略管理已经成为政府管理范式转变的重要组成部分。围绕创新型国家建设和自主创新战略，"二次创业"明确了高新区以提升自主创新能力为核心的发展导向，高新区需要肩负起"四位一体"和"五个转变"的战略使命。在国家层面，国家高新区是我国自主创新的战略高地、培育和发展战略性新兴产业的核心载体、转变发展方式和调整经济结构的动力平台、实现创新驱动与科学发展的先行区域。在区域层面，国家高新区在实现区域经济增长、产业创新发展、资源城市转型、县域经济转型、民营经济转型、延边开放等战略中发挥了重要示范作用。

（二）顶层设计

作为一项系统工程，国家高新区的创新发展需要顶层设计。经过20年以地方政府为主导的探索后，地方政府在权限范围内能够为高新区创造的成长空间已经有限，高新区的发展需要在国家层面形成自上而下的制度化规范和系统化推进举措。2008年，国家启动的"三类园区"建设——世界一流科技园区、创新型科技园区和创新型特色园区，统筹不同类型高新区的发展战略、目标定位、产业选择和政策创新，形成对发展模式的差异化探索。2009年，国家经济科技发展进入战略机遇期，建设国家自主创新示范区进一步释放了北京中关村、武汉东湖、上海张江3家高新区深入探索创新模式和发展路径的潜力；由国家有关部门和北京市共同组建的中关村创新平台，采取特事特办、跨层级联合审批模式，落实国务院同意的各项先行先试改革政策，示范了在国家创新战略中高新区加强顶层设计的意义和价值。

（三）流程再造

20世纪90年代初，国家赋予国家高新区的优惠政策带给高新区较大的竞争优势，历经20年的发展这种政策的驱动力开始减弱。近年来，国家政策调整的方式逐步由自上而下的政策驱动转变为自上而下、自下而上相结合的渐进式改革，通过赋予地方政府和高新区更大的政策自主性来调动地方政府政策创新的积极性。在政策调整过程中，部省市共建高新区成为中央政府和地方政府的共识。目前，长沙、苏州、无锡、常州、佛山等地区的高新区已经分别与科技部火炬高技术产业开发中心、省科技厅和市政府建立了部省市共建关系，以高新区创新发展为纽带加强部省市政府间的合作协调，为高新区的创新发展带来了更多的资源和政策支持。

（四）三螺旋模式

创新和科学知识、技术、经济增长之间的复杂关系和平衡需要政府、公共部门和私人企业共同精心培育。政府通过建设平台、载体和网络拉近大学、科研机构与企业的空间距离，促进知识、技术的溢出或转移；通过项目支持、政策扶持等方式支持企业的创新活动，促进知识的商品化、产业化；政府自身也在创新实践中型塑了知识化、创新化、服务化的品质。政府、企业、大学协同创新的"三螺旋"（Triple Helix）模式已经成为国家高新区实现以知识为基础的创新的示范性发展模式。实现三螺旋模式的基本方式有两种，一是培育孵化器、加速器、大学科技园等混成组织；二是形成新型政产学研合作模式。例如，在政府支持下，烟台高新区内的制药企业与烟台大学各出资50%组建了烟台大学药学院，成功开创了制药企业集"教育教学－科研创新－实际应用"于一体的新药研发模式，使人才培养、科学研究和生产实践一体化，实现政产学研的实质性联合。

三、政府行为边界变化

（一）配置资源

配置资源是政府解决市场失灵、系统失灵的重要手段，日趋复杂的创新活动促进了政府职能的专业化分工。在政府主导下，国有开发公司、事业单位、投资集团等政府意志的执行者在各自职能范围内分担着配置创新资源的责任，追求更高的创新绩效成为政府资源配置的新目标。高新区管委会为实现创新价值而协调各类创新资源，协同各部门共同推动区域的创新发展，如经营土地、培植税源企业、扩充财政，保障高新区环境建设、服务供给、政策配置，以及扶持企业创新发展。国有开发公司和各类事业型服务机构发起或引导创建多种形式的创新服务机构和公共创新平台，营造创新发展环境，弥补创新需要的市场缺失环节，衔接和疏通创新价值链，提升区域价值。创投公司、担保公司、投资集团等为创新企业提供风险投资、贷款担保、产业投资等金融支持，帮助企业分担创新风险，实现了跨越发展。

（二）服务创新

伴随创新过程的复杂化和知识分工的深化，在尊重市场规律的基础上，政府需要从服务于创新活动重点环节、关键领域的"片段化"服务转向服务于创新过程的"全方位"服务，具体过程包括"新知识、新技术—产品原型—规模生产—商业模式—市场价值"。目前，精简、统一、高效、一站式的行政服务仍是高新区服务的重要组成部分，但更多的高新区将政府职能的重点放在构建新型公共技术平台、产业技术平台和大科学战略平台上，培育三螺旋模式和混成组织，建设创新型产业集群和科技服务体系，打造人才、科技金融等政策特区，发展第三代创新政策，培育区域创新系统、部门创新系统和创新网络，围绕知识配置创新资源已经成为多数国家高新区的自觉行动。

（三）联合治理

联合治理源自创新主体之间内在的联合创新需求，其目标在于促进潜在合作需求者之间的对接和建立有利于创新合作的制度文化环境，形成有效整合利用创新资源的开放创新网络。在我国政策语境下，公共私营合作制（Public-Private-Partnership）表现为"官助民办""官民共建"等形式。随着我国高新区建设市场化程度的提高及民营企业参与经济活动能力增强，政府与民营企业合作已经成为高新区发展的一种重要项目融资模式和公共服务供给方式。大连高新区在软件园建设过程中形成了政府和企业联手撬动了软件和信息服务业发展的"官助民办"模式。"官助"指政府出政策支持搭建环境，在政策、投资环境及吸引人才等方面扶助产业。"民办"是指由民间出资金建设软件园，民营企业作为专业的软件园解决方案提供商，负责软件园的开发、运营和管理，具体包括软件园的基础建设、环境规划、产业定位、招商引资、产业服务及配套管理等职能。上海紫竹高新区是我国目前唯一一家由政府、企业、高校联合投资，并以民营企业作为投资主体，运用市场化运作方式开发建设的国家高新区，开创了民营企业建设国家高新区的先河。

四、向创新型政府转型

（一）面临的问题与挑战

国家高新区在政府管理创新方面取得了诸多成绩，但在向创新型政府转型过程中仍面临问题与挑战。在转型动力方面，省市政府支持高新区创新发展至关重要，赋予国家高新区市一级经济管理权限，并在财政、土地、规划、人事等权限方面放权给高新区符合国家行政管理改革趋势。在创新导向方面，应避免"政府失灵"，防止高新区在经济指标、建设资金的压力下出现导向偏离、功能异化，主要问题包括重视"大招商、招大商"忽视科技型中小企业培育；过度看重战略性新兴产业忽视传统产业技术升级改造；偏爱引进世界500强、央企，却对于前述企业外溢性弱、根植性差、创新产出低等问题束手无策；重制造业轻服务业等。在产业选择方面，产业缺少核心技术，同质化、低端化等问题仍然严重。在体制机制方面，高新区需要完善领导小组、联席会议等组织保障，需要做好"一区多园""政区合一""代管乡镇"等模式下的协调工作。在创新文化方面，政府比企业更需要创新文化熏陶，创新发展是长期事业，高新区领导要有打造"百年基业"的觉悟和眼光，高起点定位、高标准要求，切忌急功近利，短期利益可解一时温饱，投机行为必将抑制高新区的长期发展。

（二）创新型政府的品格

1. 战略导向型政府

建设战略导向型政府需要国家高新区推进自上而下、自下而上相结合的政府改革，加快高新区管理体系的流程再造，构建战略性管理平台，完善体制机制建设，提高制度创新能力，形成多元化的战略路径，实现高新区管理的战略提升。根据高新区的初始禀赋、发展水平、战略定位，基础较好的高新区可以采取领先战略，在知识经济条件下整合知识创新、技术创新和产业创新，构成完整的"创新链"，并不断向创新链的前端转移，引领创新发展的方向；基础薄弱的高新区可以制定后发赶超战略，大力引进战略性平台载体和创新资源，从传统产业或者产业低端环节迅速转入高新技术产业或者切入产业链高端环节，节约创新"试错"所需的大量成本，实现跨越式创新发展。

2. 学习型政府

建设学习型政府需要政府采取开放创新发展模式，整合全球创新资源，不断从外界汲取新的知识和信息，将新的管理思想持续导入政府日常工作。政府通过与企业、大学、科研机构、中介组织、咨询公司等主体的信息交流和互动，根据环境变化和信息反馈对政府权力结构、管理体制、政策工具和创新文化等进行调整或重组，不断纠正政府的"越位""失位"问题，避免政府失灵现象。目前，三螺旋模式已经成为建设学习型政府的重要途径，学习型政府将政府的学习行为转化为管理和服务的创造力，保证政府能够有效应对创新过程中的复杂性和不确定性。

3. 创新服务型政府

建设创新服务型政府需要树立政府服务创新的理念，养成政府服务创新的能力，推动政府创新服务的规范化、专业化，在服务范围不断扩大、服务内容持续创新、服务质量精益求精的基础上，多元化政府提供服务的方式和手段。探索创新服务市场化运营，可以在政府提供创新服务的领域引入竞争机制，或者建立公私合作伙伴关系，将政府创新服务的决策与执行分开，将服务的提供者与服务的生产者区分开，促进政府、企业、非营利组织及其他主体的竞争发展，实现服务生产者的多元化并存，让创新主体拥有在丰富的、高质量的服务中选择服务的权力。

4. 网络化政府

建设网络化政府需要推进联合治理，一方面政府应当是创新网络的积极参与者和构建者，通过网络治理机制来最大限度地改进创新服务，为创新主体提供更多的机会和资源；另一方面，政府要创造一种激励和促进多元主体联合创新的制度环境，包括设立共同的战略目标、搭建创新合作平台、推动跨行为边界的活动、完善信用体系建设、加强政策与制度的稳定性和互补性等，使得经济活动主体能够通过自主建立技术合作、产业合作、战略联盟及社会关系与人际关系等实现积极互动、灵活弹性的网络治理机制，强化政府与非政府主体的合作与协调，使各种正式与非正式网络发挥最大的创新效力。

5. 效益型政府

建设效益型政府需要强化对高新区管委会领导创新经济发展目标的政绩考核，在《国家高新技术产业开发区评价指标体系》下，坚持国家高新区发展的创新内涵和政策评价的基本导向，加强政府在发现创新价值、配置创新资源、投资创新发展、分配创新价值等方面的调控能力，将评价指标作为分析国家高新区创新发展情况的重要工具和引导国家高新区发展方向的核心抓手，用高新区的发展支撑起中国和区域创新的未来。

第四节　国家高新区"四个跨越"的再认识

为贯彻党的十八大精神，落实《关于深化科技体制改革加快国家创新体系建设的意见》和全国科技创新大会的要求，科技部关于《印发国家高新技术产业开发区创新驱动战略提升行动实施方案的通知》（国科发火〔2013〕388号），提出国家创新进入第三次创业阶段，即创新驱动、战略提升阶段，要求实现"四个跨越"：从前期探索、自我发展向肩负起创新示范和战略引领使命跨越；从立足区域、集约发展的资源配置方式向面向全球、协同创新的产业组织方式跨越；从要素集中、企业集聚的产业基地向打造具有国际竞争力和影响力的创新型产业集群跨越；从工业经济、产业园区向知识经济、创新文化和现代生态文明和谐社区、高科技产业增长极跨越。"四个跨越"为未来国家高新区的发展指明了道路。

一、四个跨越的本质

从内容来看，四个跨越包括产业、环境、体制机制三大部分。其中，产

第八章 国家高新区体制机制创新理论与实践

业要互联互通全球创新资源，加快创新，打造创新型产业集群；环境要更加注重软环境建设，加快环境与产业的高效融合，促进产业有效发展；体制机制要根据新形势发展要求，因地制宜地深化管理体制改革和创新，从而推动高新区整体跨越式发展。

从形式来看，高新区四个跨越包括发展模式、发展动力、建设重点、发展路径、园区形态、经济形态6部分。其中，发展模式要从外延式向内生式转变，发展动力要从要素驱动向创新驱动转变，建设重点要从注重硬环境建设向注重软环境建设转变，发展路径要从招商引资向自主创新转变，园区形态要从产业孤岛向现代城市功能区转变，经济形态要从工业经济向创新经济转变（图8-11）。

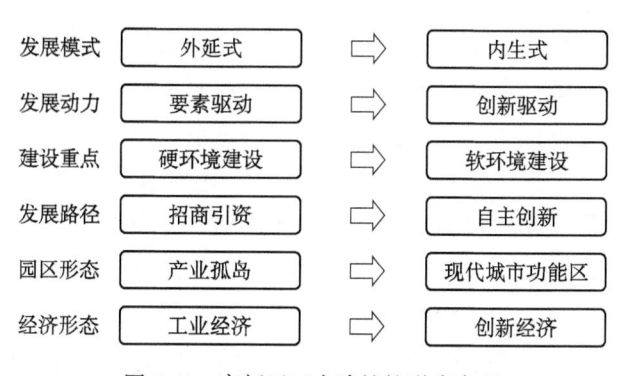

发展模式	外延式	⇒	内生式
发展动力	要素驱动	⇒	创新驱动
建设重点	硬环境建设	⇒	软环境建设
发展路径	招商引资	⇒	自主创新
园区形态	产业孤岛	⇒	现代城市功能区
经济形态	工业经济	⇒	创新经济

图8-11 高新区四个跨越的形式表现

从目的来看，四个跨越是以把国家高新区建设成为自主创新的战略高地，培育和发展战略性新兴产业的核心载体，转变发展方式和调整经济结构的重要引擎，实现创新驱动与科学发展的先行区域，抢占世界高新技术产业制高点的前沿阵地和以更强大的创新能力服务于创新型国家建设为目的。

从总体来看，四个跨越是以加快转变经济发展方式为主线，以增强自主创新能力为核心，以深化改革开放为动力，以促进科技与经济社会发展紧密结合为重点，全力提升国家高新区科学发展水平，使国家高新区真正担任起国家和地方使命，即支撑创新型国家和国家创新体系建设，深化改革开放、探索中国特色的自主创新道路，推动工业化集约发展的模式，支撑中国新一轮的经济增长、产业结构调整、发展方式转变，引领、辐射、带动区域经济发展，培育战略性产业、积极参与国际合作与竞争，带动新四化建设等。

二、四个跨越的现状

（一）四个跨越的实现基础

第一，国家强劲的政策支持。新时期国家进一步确立了国家高新区的战略地位和功能作用，如2009年，国务院批准中关村科技园区、东湖高新区、张江高新区建设国家自主创新示范区，这使得国家高新区的发展具有更加明确的全局性、战略性意义。

第二，产学研合作高效运行。高新区自创立以来不断探索推进产学研合作的模式和机制，形成了政、产、学、研、资、介等多方力量共同参与的"混成组织"或"混成地带"，构建起"大学（科研院所）-政府-企业"的创新"三螺旋"结构，为产业创新发展提供了强劲动力。

第三，创新资源集聚。国家高新区通过不断集聚人才、资本、技术、知识等创新资源，形成了以企业为主体的创新体系。该创新体系的企业创新活动活跃，技术、产品、商业模式不断出新，如中关村的互联网产业、新一代移动通信产业；无锡高新区的物联网产业；杭州高新区的电子商务服务业等。

第四，高新技术产业集聚。目前，国家高新区已经成为全国高新技术企业比重最大的区域。如华为、中兴、联想、百度等企业已成长为全球知名的大企业（集团）；中关村的芯片设计、张江的集成电路制造、东湖的光通信等产业集群已具有相当的规模和国际竞争力。

第五，创新型城区与现代化城市融合。目前，国家高新区已经逐步呈现出从传统的科技工业园区向现代科技经济城区转变的发展态势，如中关村自主创新示范区、深圳高新区、广州高新区、苏州工业园、大连高新区等，都明显具备新型城区的发展形态。

（二）四个跨越面临的问题

国家高新区通过不断发展，虽然取得了巨大的成就，但也面临着诸多问题，例如：

1）如何主动整合、利用国际高端资源，引领实现创新驱动？
2）如何保持园区体制机制的先进性、政策制度适应性？
3）如何进一步增强高新区发展的动力、活力和效率？
4）如何保持经济持续、健康、高质量发展；如何催生具有颠覆性、原创性的技术和产业？

5）如何增强技术、资本、市场的控制力，培育一批在全球有话语权、影响力的领军企业，培育具有全球技术主导权的战略性新兴产业集群？

6）如何做好产城融合、创新社会管理创新？

三、四个跨越的现实条件

（一）主动吸取先进国家高新区的成功经验

结合现有基础与面临的问题，主动吸取先进国家高新区的成功经验，未来国家高新区应以"三个"为抓手，加快实现四个跨越："三个坚持"即坚持深化改革，坚持扩大开放合作，坚持创新发展；"三个结合"即中央与地方的结合，政府与市场的结合，科技与经济的结合；"三个持续不断"即持续不断集聚创新要素资源，持续不断营造创新创业环境，持续不断培育创新创业主体。

（二）结合新形势，实施创新驱动战略

党的十八大报告明确提出"大力实施创新驱动发展战略"，把创新对国民经济发展的重要性提高到全新的高度；习近平同志强调"实施创新驱动发展战略决定着中华民族前途命运"；党的十八届三中全会也指出"加快转变经济发展方式，加快建设创新型国家，推动经济更有效率、更加公平、更可持续发展"。由此可见，实施创新驱动战略是立足全局、面向未来的重大战略，是加快转变经济发展方式、破解经济发展深层矛盾和问题、增强经济发展内生动力和活力的根本措施。因此，实施创新驱动战略是新形势下高新区发展的必由之路，也是高新区实现四个跨越的根本动力。

四、四个跨越的实现路径

（一）路径之一——先行先试

从前期探索、自我发展向肩负起创新示范和战略引领使命跨越，要求国家高新区要充分发挥先行先试的示范、引领作用。

因此，未来国家高新区应按照中央关于深化科技体制改革的新要求、新

部署，不断深化改革，强化统筹协调，促进科技资源的优化配置和开放共享；大胆探索改革措施，先行先试，进一步破除影响科技与经济结合、影响科技创新效能发挥的障碍，激活科技要素。

实现路径：一是高新区政府要敢于先行先试，创新管理体制机制，扮演好产业组织者、市场开拓者、改革探索者、价值发展者、创新需求的服务者、自主创新责任人和战略投资人等角色；大力优化管理体制，主要包括提升管理位势，探索多元的联合治理模式，实施高效化、扁平化、专业化的管理，确立科学的考核评价制度，强化创新与产业促进，提升园区的支撑、服务、运营能力与水平，注重管理模式的阶段性和渐进性发展等。二是高新区政府要完善政策支持体系与环境，创新发展资源的战略性配置、优化产业发展生态的政策，着重解决系统的有效性，主要包括人才（人才资源优先开发战略）、股权激励、技术转移、创业、校企合作、土地资源集约利用、优化园区开发模式、上市、吸引民间和社会投资、国际合作、跨区域合作等政策。

（二）路径之二——互联互通全球创新资源

从立足区域、集约发展的资源配置方式向面向全球、协同创新的产业组织方式跨越，要求国家高新区要面向全球，走开放式创新道路，互联互通全球创新资源。

因此，未来国家高新区要面向全球，走开放式创新道路，大力吸纳全球创新要素，整合全球创新资源，加快现有的资源配置方式向面向全球、协同创新的产业组织方式跨越。

具体策略：一是高效整合本地资源，加快与国内外资源对接。充分利用企业、高校、科研院所、地方政府等方面的创新创业资源、能力，搭建创新平台，如产业协会、产业联盟等，构建创新体系，提高区内企业水平，加快与国内外资源对接。二是面向全球，全面融入创新网络。依托创新体系，实施走出去战略，面向全球，开拓吸纳资本、人才、技术、信息等创新资源的渠道，全面融入全球创新网络，将高新区打造成为高新技术企业"走出去"参与国际竞争的服务平台和抢占世界高新技术产业制高点的前沿阵。

（三）路径之三——打造创新型产业集群

从要素集中、企业集聚的产业基地向具有国际竞争力和影响力的创新型产业集群跨越。未来国家高新区要围绕战略性新兴产业的培育和发展，积极推进创新型产业集群建设，加快科技成果在产业集群内的转化；加强集群发展规划的科学性，整合各种创新资源，力争集群在新兴产业的重点细分领域取得国际话语权，在原创性、核心技术上取得突破，从根本上改变产业跟从、技术依赖的格局。

具体策略：一是充分利用骨干企业，加快创新载体的功能建设，提高创新载体的服务水准，用高水准的创新服务，使中小企业收益，从而促使集群创新能力快速提升。二是充分利用企业、高校、科研院所、地方政府等方面的创新创业资源、能力，形成创新网络，切实提高产业组织水平；有效借助外力，促使全球化的资源与本地资源有效融合，促使产业水平跨越式提升。三是同步提升产业资本能力、创新能力和组织能力。在资本能力方面，重点规范和优化风险资本的运作模式；在创新能力方面，重点把握正确的创新方向和创新队伍的建设；在组织能力方面，重点形成政府、企业、服务机构之间的紧密、有效合作的新局面。

（四）路径之四——坚持产城融合

从工业经济、产业园区向知识经济、创新文化和现代生态文明和谐社区、高科技产业增长极跨越，要求国家高新区在园区形态上要坚持产城融合，打造宜居、宜商、宜业的现代化科技新城。

因此，未来国家高新区应注重从产业孤岛向现代化城市功能区转变，这就要求国家高新区要注重园区环境从硬环境建设向软环境建设转变、注重创新创业生态系统建设，构建和谐发展的现代化科技新城。

具体策略：一是推进历史文化与现代科学技术深度融合，使高新区成为一个内部和谐、各种关系相互促进、具有自我复兴能力的创新型社会形态。二是把握创新价值实现的核心导向作用，以及为此所需要配置知识和技术、资金和资本、人才和企业家、市场和服务等直接环境要素，不断集中区域创新资源，并通过生态环境、创新环境和社区环境的建设吸引国内创新资源，加快创新创业生态环境建设。三是同步追求技术价值、经济价值、社会价值；协同推进园区发展能力、创新能力、国际竞争力；统筹城乡发展、改善民生、营造便捷的生活环境、创建智慧园区；坚持生态先行、集约利用土地、发展循环经济；加强社会管理创新、营造良好的创新创业文化氛围，实现高新区科学发展、可持续发展。

五、四个跨越的重要意义

实现四个跨越，对国家自主创新示范区而言，有利于深化改革、政策先行先试；对世界一流高科技园区而言，有利于着力实施创新引领战略，打造国际竞争力集群；对创新型科技园区而言，有利于实现创新驱动的发展模式，建成现代城市功能区；对创新型特色园区而言，有利于坚持创新驱动、内生增长、优势突出，形成特色鲜明的发展模式和特色产业集群。

实现四个跨越，在产业创新方面，有利于以保护生态为前提，以整合资源为重点，实现产业技术革命性突破；在模式创新方面，有利于积极探索建立适合园区发展的新模式，实现全球商业模式创新；在制度创新方面，有利于举全市之力，大力支持园区发展，实现理念持续提升与制度改革，积极推动产业转型升级。

从总体看，国家高新区实现四个跨越，是实施创新驱动战略的内在要求和阶段性目标，有利于高新区强化创新驱动，提高自主创新能力，支撑园区经济跨越式发展，从而带动所在区域经济跨越式发展。

展望未来，国家高新区在新技术革命，尤其是互联网革命与移动互联网革命对社会产生深刻变革背景下，要加强对创新机遇的捕捉，加快落实创新驱动，大幅度提高自主创新能力，加快实现四个跨越，带动区域经济跨越式发展，为国家经济再次腾飞做出贡献。

第五节 加快依法制定"国家高新区条例"

国家高新区自 20 世纪 80 年代末、90 年代初成立以来，就担负着"科技体制改革先行军、科技与经济融合试验田"的角色，在 30 多年的试验过程中，历经"市政府的派出机构、两免三减半税收政策、一区多园空间托管"等一系列改革与政策试点，在经济建设、城市发展、创新驱动等方面取得了历史性的成就。

当然，在 30 年的发展中，因为缺乏统一的管理条例，使得高新区管理体制也面临着"与行政区合并，到底好还是不好""向市场化改革，应该到什么程度"等一系列问题。顺应我国依法治国的新趋势，本节通过对新的发展导向、高新区新的责任及面临的新问题等的分析，建议国家科技部门"十三五"期间应适时启动"国家高新区条例"的制定工作。

一、党的十八届四中全会吹响依法治国号角

党的十八届四中全会，是在我国在全面深化改革关键时期召开的一次重要会议。改革开放30多年来，我国经济建设取得了举世瞩目的成就。但随着我国经济进入转型发展的关键阶段，我国在经济层面面临更深层次的矛盾和问题。这些矛盾和问题的解决，最终还是要依靠法治的方式。通过法治建设防控深化改革中的风险，保障我国经济的持续繁荣，也是我党新时期在经济领域的重大举措。党的十八届四中全会《中共中央关于全面推进依法治国若干重大问题的决定》的发布，实际上吹响了依法治国的总号角，标志着我国各领域的法治建设进入新一轮的加速推进阶段，对于社会主义法治国家建设和我国经济建设都具有里程碑意义。

二、制定"国家高新区条例"势在必行

高新区基本法律的缺失引致诸多问题。国家高新区在成立初始，就带有国家在经济领域试验的性质，且缺少明确的立法支持。截至2017年，全国共有近40部关于高新技术产业开发区的法规，但是没有一部真正意义上的有关高新技术开发区的全国性法律或法规。已有的有关高新区的法律法规，绝大部分是国务院及其各部委、地方人民政府及其职能部门和高新技术开发区的管理委员会制定的。这些政策在特定的历史时期，发挥了各自的作用，然而，新时期，存在着很大的片面性和局限性。高新区基本法律的缺失已经导致了诸多问题。比如，高新区管委的行政主体地位模糊，在法律上缺少明确定义；许多高新区管理体制缺乏规范性，领导经常更换，带来高新区发展思路和发展模式的变化，一定程度上已经影响到高新区发展的长期性和稳定性；许多高新区盲目出台优惠政策，陷入恶性竞争，等等。

引导高新区未来发展需要一部统一的国家法律。从世界上许多发达国家的经验来看，对于特殊经济区的管理和引导，都是通过立法来实现的。许多发达国家在国内已经形成了一套较为系统和完善的高新技术开发区的专门立

法，以此来保障高新技术开发区在专有的相关法律约束和指引下进行发展。我国加强对高新技术开发区统一和专门立法，可以规范政府行为，依法行政，也是依法治国方略的直接要求。通过制定"国家高新区条例"，从宏观方面对国家高新技术产业开发区进行管理，为国家高新区的制度创新和技术创新提供一个良好的法律保障，从而为国家高新区未来的发展保驾护航。

三、制定"国家高新区条例"条件具备

党的十八届四中全会的《中共中央关于全面推进依法治国若干重大问题的决定》，创造了良好的立法契机。从党的全会历史上看，党的十八届四中全会是我党执政以来第一次以研究全面推进依法治国为主题并通过这方面"决定"的党的全会。党的十八届四中全会通过的《中共中央关于全面推进依法治国若干重大问题的决定》对推进我国依法治国作了全方位的论述和重要部署，包括全面推进依法治国的时代背景、指导思想、总目标、重大任务和法治体系等。可以说，《中共中央关于全面推进依法治国若干重大问题的决定》是全面推进我国依法治国的总纲，是我国依法治国，建设社会主义法治国家新的"里程碑"，将依法治国方略带入实质性的推动阶段。可以预见，在未来几年内，将会有一大批法律法规出台或修订完善，在这个时候制定"国家高新区条例"，在国家层面能够获得良好的支持，各级政府也会积极响应。

各领域配套法律的逐步完善，打下了坚实的立法基础。20世纪90年代确立依法治国基本方略，到党的十四大报告明确提出要加强立法工作，特别是要抓紧制定和完善保障改革开放、加强宏观经济管理、规范微观经济行为的法律法规。经过20余年的建设，我国围绕社会主义市场经济的主要环节，已经构建起较为完善的法律体系框架，《中华人民共和国公司法》《中华人民共和国合同法》《中华人民共和国中国人民银行法》《中华人民共和国劳动法》《中华人民共和国对外贸易法》等各类规范市场主体、维护市场秩序、促进对外贸易等方面的重要立法陆续颁布，一批民商、经济、行政、社会领域的法律法规相继制定。特别是在新时期，有关知识产权、技术交易和风险投资等领域的法律法规的相继出台，为国家高新区进行"三次创业"，实践创新驱动发展，提供了更可靠的法律保障。

高新区在推进法治方面的探索，积累了充足的经验。设立高新技术开发区之初，我国并没有发展高新技术开发区的经验。各地高新区在《国务院关

于批准国家高新技术产业开发区和有关政策规定的通知》（国发［1991］12号）赋予的一系列优惠政策基础上，分别出台了自己的条例和规定。2001年，中关村颁布实施了《中关村科技园条例》。《中关村科技园条例》是关于高新技术科技园发展的一部基本法律性质的条例，从科学技术、经济制度、教育体制等多方面进行创新性和突破性的规定。把体制改革和制度创新的成果最终通过法规的形式固定下来，建立了园区发展的准绳和框架，也提供了对园区企业进行指引、规范和强制等措施的法律依据。最近，2017年12月2日在江苏省第十二届人民代表大会常务委员会第三十三次会议上，江苏省人大常委会通过了《苏南国家自主创新示范区条例》，并自2018年2月1日起施行。据不完全统计，截至2017年，全国156家国家高新区加上苏州工业园区，80%以上都制定了自己的园区条例或规定，在园区立法方面积累了充足的经验。

四、制定"国家高新区条例"的建议

我们认为，"国家高新区条例"应当明确以下3个方面的内容。

第一，明确国家高新区的总体目标、基本任务和功能定位。首先是国家高新区"四位一体"的重要定位，促进技术进步和增强自主创新能力的重要载体、带动区域经济结构调整和经济增长方式转变的强大引擎、高新技术企业"走出去"参与国际竞争的服务平台、抢占世界高技术产业制高点的前沿阵地。其次是新时期国家高新区实现"四个跨越"的重要任务，从先行探索自我发展，向肩负创新示范和战略引领使命跨越；从立足区域、集约发展的资源配置方式，向面向全球协同创新的组织方式跨越；从要素集中、企业集聚的产业基地，向国际影响力的创新型产业集群跨越；从工业经济产业园区，向创新经济的高科技社区跨越。

第二，明确国家高新区的管理体制和职责权限。首先是国家高新区的管理机构，如高新区管理委员会的法律定位，职责权限和运行机制等。具体包括国家高新区管理机构的性质、级别、法律责任和行政权限等。要在资产管理、城市管理、土地管理、人事管理和考核等方面做出详细明确的规定。尤其要限定和规范高新区管理机构的权力和权力行使，在高新区管理机构不违反法律的情况下，赋予行政主体资格和相关经济、规划、项目审批等的权限，同时加强高新区上级政府的监督权。

第三，明确国家高新区的发展政策和手段。针对国家高新区的发展战略和发展抓手的具体方面，包括科技创新、产业金融、创业投资、财政、人事、工商、税务等方面，给予指导性的规定，为下一级或是地方性立法提供依据。此部分的规定要结合最新的实施创新驱动国家战略的背景，和国家高新区进行"三次创业"的现实需要，加强在创新、创业、国际化和产城融合方面的内容，为国家高新区的发展提供具有前瞻性的指导，并留有灵活发展和探索发展的空间。

总之，党的十八届四中全会通过的《中共中央关于全面推进依法治国若干重大问题的决定》，将依法治国提升到前所未有的高度。国家高新区经过30多年的发展，已经成长为中国最有实力和最有活力的区域，并在新时期承担着实现创新驱动发展国家战略的重任。然而，当前我国还没有一部国家层面的对高新区做出明确统一定位，并指导其发展的基本法律。这与国家高新区的重要地位极不相称，并已经影响到了国家高新区的健康持续发展。

把握依法治国方略实质推进的契机，加快制定出台"国家高新区条例"，十分必要，也十分迫切。我们建议国家科技主管部门适时出台"国家高新区条例"，并将其纳入当前科技体制改革或"十四五"规划整体考虑，加速推进。作为实践依法治国的重要任务之一，作为引导国家高新区未来发展的重要手段，"国家高新区条例"的出台必将成为依法治国的重要举措和高新区发展的重要里程碑。

第六节　资本运营乃体制机制改革的一大方向

全球经济进入调整期，中国经济进入"新常态"，国家高新区持续发展的动力何在？我们参考新加坡、韩国、以色列等国家发展的案例，提出未来20～30年国家高新区需要通过体制机制创新，提升度园区资本运营能力，通过资本运营，放大资本效应，进而促进创新创业、培育新兴产业发展、推动经济转型。

一、资本运作对促进国家高新区发展的重要作用

科技创新与金融创新的紧密结合,是社会变革生产方式和生活方式的重要引擎。从欧美发达国家和美国的硅谷创新中心的发展经验来看,金融发展和创新对促进高新技术产业发展和产业的升级替代发挥了举足轻重的作用。就我国高新区目前发展情况看,资本运作和金融创新也有着十分重要的意义。

第一,从园区层面看,资本运作能够有效整合和盘活资源,发挥体制优势。不管是中关村、张江高科等先进高新区,还是一些创业初期的高新区,政府都掌握大量资源,包括土地、政策、资金、品牌,等等。通过资本运作,可以将大量资源资本化,成为园区管委会落实发展战略的强大推动力量,为园区基础设施建设、公共服务供应、科技创新引领、多种资本带动等提供有力支撑。

第二,从产业层面看,资本运作能够有效整合资金链、产业链、创新链,推动高新技术产业发展。通过提高资本运作,围绕产业链部署创新链,围绕创新链完善资金链,可以促进经济资源的有序流动,推动创新资源整合和优化配置,为产业升级提供经济基础条件;可以促进资本与技术高效对接,实现对高技术和高科技企业市场化的筛选,提高产业创新的效率。

第三,从企业层面看,资本运作能够为高科技企业提供有效的融资渠道,极大促进企业发展。高技术企业发展有赖于各个环节的金融支持,良好的资本运作能够为科技研发和成果转化提供必要的资金支持和风险控制手段,促进高技术成果的持续开发和产业化,为企业持续健康发展和成长注入源源不绝的推动力。

二、资本运营促进园区发展的典型案例分析

目前,我国高新区普遍采用以国有投资公司为主体的开发模式,开发公司按照高新区确定的总体规划和功能定位,承担投融资、土地开发、基础设施建设、招商引资、产业发展和功能配套等职能。但是,在实际操作过程中,存在运营模式单一、资产营利能力薄弱、资金压力大、负债率高、市场化运作能力不强等突出问题,国有投资公司转型迫在眉睫。本节拟通过对中关村发展集团、张江高科及重庆渝富集团在国有资本投资运营方面的经验进行系统总结,为高新区全面提高资本运作水平提供有益参考。

（一）中关村发展集团

为整合市、区两级资源，加大各分园和产业基地的统筹协调力度，加快建设中关村国家自主创新示范区，2010年，北京市委市政府整合原各园区开发建设公司，成立了中关村发展集团。中关村发展集团扮演的角色是平台统筹者，兼具"政府"与"公司"双重属性，通过运用市场化手段进行创新资源配置和金融创新，在产业投资、科技金融和园区发展等方面完成了对资本的驾驭和对金融资源的整合。

第一，不断创新产业投资方式，促进战略性新兴产业发展。围绕战略性新兴产业集群创新发展，集中力量投资和服务落地大项目。一方面将以往无偿资助科技项目研发、重大科技成果转化和产业化项目及高成长性企业的财政资金，转变为政府股权投资、知识产权共享等新型财政支持方式，吸引社会资本跟进。另一方面，通过探索对重点产业领域采取"产业链节点组群式投资""点对群投资""群对群投资"、政企投联动、投保贷典租联动等多种方式来投资高新技术产业链，发挥政府投资平台的导向和带动作用，实现国有资本引领放大功能，带动金融机构和各种社会资本力量积极参与进来，形成资本集聚，推动中关村示范区战略性新兴产业的集群式发展（表8-2）。

表8-2 中关村发展集团投资方式与具体做法

投资方式	具体做法
产业链投资	2010年12月，在国内首次以"集群投资"方式，对战略性新兴产业物联网各关键节点的8家企业投资近6000万元，强力打造覆盖物联网整条产业链的"超级舰队"，实现了国有资本从"点投资"向"链投资"的延伸
点对群投资	采取联合投资策略，发挥集团国有资本投资引领作用，带动社会资本联合投入；采取分批投资策略，根据企业发展阶段，分批投入、降低风险
群对群投资	2011年，以集群方式，联合宽带资本等7家社会投资机构，组成"资本群"，对14家云计算领域的"企业群"，进行"群"对"群"投资，发挥资本带动者和产业组织者作用
政企投联动	致力于搭建企业和政府之间的通道，为企业连通政府资源，为政府寻找企业资源，充分发挥了示范区市场化大平台的作用，促进了项目集群落地，有效加快了项目落地周期
投保贷典租联动	把投资的小微企业打包推荐给金融机构，进行"投保贷"联动批量化运作，提高融资效率。帮助企业将规范运营与相应增值服务结合，全方位支持小微企业做大做强
委托贷款加认股权	"委托贷款加认股权"是指企业以股权质押，并给予中关村发展集团一定比例的认股权，中关村发展集团出面担保帮企业从银行获得贷款，解决了企业流动资金不足的问题

第二，搭建中关村"百千万"科技金融服务平台，发挥政府引导作用，撬动社会资本支持创新型高技术企业发展。目前中关村发展集团初步形成了创业投资、科技担保、小额贷款、科技租赁等多元化科技金融服务体系，初步覆盖了科技型企业成长全过程和产业发展全链条。为进一步缓解小微企业融资难问题，发挥政府引导作用，2013年年底中关村发展集团搭建了以中关村中小科技企业为主要服务对象的"百千万"科技金融服务平台。围绕项目源头、企业不同阶段、行业领域三大维度，吸引社会资本共同构建"中关村基金系"。如，在2014年底成立北京集成电路产业投资基金；与清华大学、北京大学、中国社会科学院成立了基金；与斯坦福大学合作成立了丹华基金；和以色列合作成立了"中以创新发展基金"等。截至2014年年末，中关村发展集团参与设立的各类基金59支，带动社会资本600亿元以上，政府公共资金的杠杆作用放大10倍，支持中小微企业占比超过80%。

第三，以园区建设为载体，加速中关村创新资源扩散。我国科技园区的开发建设，已经从第一代的"一厂一区"模式、第二代的"政府主导、园区化运营"模式，进入到以"企业化主体开发、专业化运营管理、模块化增值服务"为特征的园区产业地产运营商模式。中关村发展集团正是第三代产业园区地产综合运营商的典型代表，它统筹推动了中关村生命园三期、中关村高端医疗器械产业园、国防科技园、延庆园、房山园、中关村壹号等一批特色产业基地的规划建设，将单纯的开发建设提升为园区的综合运营服务，显著提高了园区的产业组织水平和服务能力。同时，中关村发展集团搭建的"一司一金"（中关村咨询投资公司＋中关村区域合作母基金）区域合作平台，以京津冀和环渤海为重点，辐射中关村创新资源，拓展了中关村的辐射带动力。比如与滨海新区共建"天津滨海－中关村科技园"，与天津宝坻共建"京津中关村科技新城"，既辐射带动了当地发展，又弥补了中关村产业空间不足的缺陷，通过对外合作获取资源收益，反哺中关村的发展。

（二）张江高科

张江高科于1996年4月在上交所挂牌上市，是由张江开发公司联合上海久事公司作为共同发起人，采用公开募集方式设立。在全球经济融合发展背景下，在国际国内科技创新竞争新态势蓬勃发展，上海张江高科园区全球科创中心建设，以及自主创新示范区、自由贸易试验区两大国家战略聚焦下的"双自联动"的发展机遇下，伴随着新一轮国资国企改革，张江高科以科技投行为发展方向,着力加强资本经营在公司创新升级发展中的支撑性应用,改变过去以工业地产开发运营为主导的"重资产、慢周转"模式,打造新型产业地产营运商、面向未来高科技产业整合商和科技金融集成服务商的"新三商"运营模式。通过金融创新促进产业地产和产业投资的协同推进,把有形的地产资源转化为无形的股权资源,实现盈利模式由"土地红利"向"资本红利"和"创新红利"转变。

第一,从园区大房东向高科技发展合伙人转型。张江高科目前拥有约275万米^{2}的产业地产空间,为园区众多高科技企业提供了发展所需要的物理空间。2015年6月,张江高科打造众创平台"895创业营",开启张江高科"房东+股东"模式,加快向投资前端靠拢,从单纯的"空间提供商"向创新创业企业的"时间合伙人"转变。"895创业营"由创业营、成长营、上市直通车三大板块组成,报名企业覆盖了种子期、成长期、IPO项目等在内的不同发展阶段。通过帮助企业匹配与其相适应的创业陪练、天使投资、投贷联动金融服务、对接企业上市的多层次资本市场通道、人才服务、宣传推广、市场拓展等各类资源,为创新创业企业提供全周期、全方位的集成服务。

第二,从"国有房企"向"科技投行"转型。目前,张江高科房地产业务依然占主营业务收入80%左右,作为打造"全球影响力的科创中心"上市开发主体,张江高科正以科技投行作为战略发展方向,加大科技投资力度,通过直接投资、与各类基金合作等渠道和方式,积极调动社会资源,促进高技术产业发展。一是瞄准互联网金融、科技金融等新兴金融业态,投资上海金融发展基金。该基金从2010年80亿元扩张到近期最高240亿元的估值,使张江高科投入的5亿元资金成倍增值。二是瞄准集成电路产业链,投资"武岳峰基金"。该基金以6.395亿美元联合竞购美国新型存储芯片的上市公司——芯成半导体,成功击败了全球行业老大赛普拉斯。这有助于张江高科参与全球IC产业链的并购,提升中国集成电路产业参与国际竞争的实力。三是瞄准上海"四新"经济的重点领域,投资新技术、新业态、新模式的代表企业。2014年,张江高科投资了上海首批新三板上市企业"点点客",投资1000万元参与定增,占股5%。目前,其总市值约为25亿元,增值超过10倍。

第三,从园区开发商向创新创业集成服务平台转型。改变以往单纯粗放的物业租售关系,转而寻求与创业者的共同发展,通过产业投资、科技服务等方式实现与创业者的共赢。一是强化产业服务功能。利用为生物医药和集成电路的"医+E"企业提供发展所需的物理空间，以及包括科技金融服务在内的增值服务，进一步拓展张江高科参与全产业链布局的空间。二是强化创新创业服务功能。利用张江高科拥有张江园区孵化器空间面积2/3的优势，发展众创空间，通过"孵投贷"的结合和辅导陪练、宣传推广、资源对接，提供便捷的创业服务，营造良好的创新创业生态环境，助推一批高科技企业成长。三是强化融资服务功能。张江高科与中国银行、浦发银行等，实行了投贷联动的战略合作，利用与创投结合的银行融资额度，为创业企业提供融资服务。抓住自贸区扩区的机遇，携手中国银行分别做了自贸区扩区后FT账户首笔人民币贷款和首笔外币贷款，打通境内外两个市场、本外币两种资源，进一步开辟了新的融资渠道，有效降低了融资成本和汇兑成本。

（三）渝富集团

渝富集团成立于2004年，因改革而生、凭创新而兴、力图破解银企债务死结，是经重庆市人民政府批准组建的全国首家地方国有独资综合性资产经营管理公司。渝富集团充分发挥重庆国企改革重要操作平台作用，实施"三大重组（债务重组、土地重组、资产重组）+战略投资"运营，即以市场化方式打包处置包括金融类企业在内的国有不良债务和资产，服务国企改革；通过土地收储向破产和搬迁企业提供周转资金，为金融资本、产业资本运作提供支撑；对地方金融类、工商类国企进行战略性投资，优化国有经济布局，以市场化方式开展股权投资、控股经营、市值管理。2013年，渝富集团开始"两转三化"的市场化转型，初步形成以"股权管理、资本运作、金融控股、产融结合"为特点的国有资本投资运营公司基本形态。

第一，在业务上形成"三条主线"。渝富集团将在积极参与重庆"五大功能区"基础设施建设、推动产城融合的进程中，以市场化方式开展收购式土地储备和整治开发；将在建设长江上游金融中心、培育战略新兴产业的进程中以市场化方式开展股权投资、控股经营、市值管理；将在服务国企改革、国有经济战略重组的进程中，以市场化方式开展并购重组、债务处置、资产经营管理。

第二，实施"三个资本运作"。一是土地资本发动，通过土地的规划整治提升土地价值，增强公司的资本实力，为金融资本、产业资本运作提供支撑；二是金融资本提升，通过打造全牌照的金融投资控股集团，利用金融杠杆放大资本运作规模，更好地为实体经济服务；三是产业资本运作，在有进有退、优化调整现有战略新兴产业、支柱产业布局结构的同时，组建主导型投资基金群，支撑重点项目、开展战略投资，服务地方经济发展大局。

第三，完善"三种管控模式"。渝富集团将对现有6个全资子公司，合理放权、充分授权，发挥其运作平台功能；对现有17户控股经营企业，切实履行股东权利、承担股东责任，逐步增强主导性和协同性；对现有25户参股经营企业，积极发挥股东作用、维护股东权益，促进国有资本保值增值。

三、提升国家高新区资本运营能力的几点建议

第一，加强资源整合和优化配置。高新区要整合和盘活园区内的各种资源，特别是土地、品牌、政策等资源，打造资本运作平台，逐步实现资源资产化、资产资本化、资本证券化，不断提升资本实力，为金融资本、产业资本运作提供支撑。高新区对各类经营性的园区资产，尽可能按照商业化模式运营；对传统的隶属于行政管理部门和事业单位的园区资产也实施企业化管理、市场化运作，提高园区资产和资本运营的效益。

第二，充分利用社会资本。高新区要通过打造全牌照的金融投资控股集团，发挥政府资本运作平台的导向和带动作用，利用金融杠杆放大资本运作规模，带动金融机构和各种社会资本力量积极参与进来，形成资本集聚，更好地为实体经济服务，推动新兴产业集群式发展。积极参与企业改制上市、重组整合、国际并购，推动产业资本与金融资本的融合发展。

第三，专业化运营专业化管理。高新区的资本运作水平取决于运营团队的专业化水平。要通过国际知名猎头公司，面向海内外引进高层次高水平运营团队；学习中关村发展集团和张江高科的先进经验，推动资本运作平台通过多种方式更好为创新创业服务；坚持以事业凝聚人、以信任尊重人、以真诚打动人、以平台锻炼人、以机制激励人、以文化塑造人，努力营造拴心留人的良好环境，积极为各类人才搭建干事创业、持续发展的舞台。

第四，服务园区整体发展战略。高新区的资本运作最终的落脚点还是在产业上，要在强化对国家宏观政策、产业政策进行跟踪研究的基础上，建立

科学有效的投资评价机制和产业筛选机制，选择和培育那些符合园区未来发展方向，且能够提供稳定现金流支撑的优势项目和具有较强营利支撑的新的经济增长点进行扶持，支撑园区产业结构优化和调整升级，实现持续健康发展。

第七节 案例研究：沈阳高新区"政区合一"管理体制

为了适应园区的跨越式发展，各地高新区在最初领导小组、管委会和总公司的体制结构的基础上，根据自身发展情况对管理体制进行了改革和创新，形成了"委托管理""政区合一""经营型园区""协调管理"4种比较有代表性的管理体制模式。高新区的管理模式在不同的发展阶段会进行一定程度的调整，沈阳高新区在2010年经历了从"委托管理"模式到"政区合一"模式的转变，2017年12月沈阳高新区又将进行新一轮的体制机制改革，对原来的"政区合一"模式进行进一步修正。

一、文献综述

对于高新区采用的"政区合一"发展模式，我国学者一直存在争议。刘京、仲伟周（2010）认为"政区合一"制度是高新区管理体制机制向传统行政体制回归的动向和趋势，体制回归后果恶劣[1]；韩伯棠等（2005）认为"政区合一"模式是高新区解除原有管理模式束缚，进行大胆创新后成功的结果[2]；刘新竹（2015）以沈阳高新区的发展为例，认为"政区合一"模式是具有示范和推广意义的发展模式[3]；程郁、吕佳龄（2013）通过青岛高新区与广州高新区发展情况对比分析出"政区合一"模式并不会必然导致高新区发展的优劣，"政区

---

[1] 刘京,仲伟周.我国高新区体制回归动因及对策研究.科学学与科学技术管理,2010,31(3):16-19.
[2] 韩伯棠,方伟等.行政区与高新技术开发区合一的管理模式研究.北京理工大学学报,2005,7(3):41-44.
[3] 刘新竹.沈阳浑南高新区管理体制创新案例研究.城市发展战略,2015,(5):90.

合一"模式的良好运行需要满足特定的发展条件[①]。制度模式没有绝对的好坏之分，但是相同的制度模式在不同的制度环境下释放的能量却不尽相同。

二、沈阳高新区最初形成"委托管理"模式的动因

沈阳高新区原名沈阳市南湖科技开发区，始建于1988年5月，1991年3月被国务院首批批准为国家级高新技术产业开发区，1996年5月改称沈阳高新技术产业开发区，是科技部重点支持的高新区之一。在2010年以前，沈阳高新区的管理模式一直是"委托管理"的模式。2010年2月，沈阳市政府决定将沈阳浑南高新区与所在地的行政区——东陵区的南部区域合并，并将邻近的沈阳国家航空高技术产业基地及周边的三好街、出口加工区、新兴产业园、航高基地和大学科技城同时并入，整合为沈阳市浑南新区。合并后，浑南新区进行了一系列管理体制改革，形成了一个具有高度整合性的地区政府管理机构。自此，沈阳高新区形成了"政区合一"的管理模式。

我国高新区的建设不像美国硅谷、128公路等园区由大学、基金会等社会力量建设和管理，也不像日本"筑波"、韩国"大德"园区等以中央政府直接主导建设和管理，我国高新区的建设主要依托地方政府兴建和发展。就沈阳高新区而言，其主要是依托沈阳市及浑南区进行建设，在宏观上科技部对沈阳高新区进行管理和指导。在管理机制上，沈阳市政府派出领导小组成立沈阳高新区管委会，形成市领导挂帅、其他部门主要领导担任成员的领导小组。沈阳市政府将规范、土地、工商、税务等充分授权给高新区管委会，其他庞杂的行政事务由行政区承担。这样沈阳高新区形成了专注于功能开发和促进高新技术产业发展的功能管理体制，形成了"精简、统一、高效"的"委托管理"模式。

但是经过十几年的发展，特别是我国高新区进入"二次创业"阶段，国家高新区已经不再是传统意义上仅承担开发建设、产业发展的科技工业园。随着科技人才的规模化集聚和相关配套服务业的发展，高新区日益成为科技、经济、商务、生活、文化、社会、资源环境和谐发展的现代科技城区，成为各地城市化发展的先驱力量。与之相伴随的是相关社会事务和社会服务功能的增加，高新区管委会已有的授权职责和权限已经越来越难以满足高新

---

① 程郁，吕佳龄.高新区与行政区合并：是体制复归，还是创新选择.科学学与科学技术管理，2013，34（6）：91-93.

区发展的现实需求。由此，很多地方出现了进一步向高新区扩大授权的现象，从经济管理权限扩大到高新区实质上享有了行政区的各项权力并承担相应社会事务管理职能，成为一个"准行政区"。一些地方甚至直接以高新区为基础创建新的行政区或与其所在行政区合署办公，实现经济管理与社会管理的有效整合。所以2000年以后，在国家高新区进入"二次创业"阶段，许多高新区将高新区与行政区合并，行政区管理机关与高新区管委会合并，采取"一套人马、两块牌子"的运作方式。沈阳高新区也是在这波浪潮中，将以前的"委托管理"模式转变为"政区合一"模式。

三、实行"政区合一"模式后沈阳高新区的发展历程

"政区合一"模式是高新区与所在行政区合二为一，采取两块牌子一套人马的管理体制，高新区实际上是完整的一级"区域政府"，全权负责区域内的开发建设、功能服务和社会事务。"政区可以"模式一定程度上克服了高新区内外发展不平衡问题，有利于城区内部的协调发展。"政区合一"模式有整合资源和管理的优势，利于高新区从上而下推动各项事业的发展。但是"政区合一"模式也有其弊端，行政区的官僚体制、沉重的社会负担和繁琐的事务会阻碍高新区的发展，高新区的管理机制可能会由原来"精简、统一、高效"复归到原来的官僚和管制性政府的保守和低效，同时，中央对高新区及行政区的发展导向不同，也可能阻碍高新区的创新发展。

（一）沈阳高新区"政区合一"模式的初步改革

沈阳高新区在实行"政区合一"模式后，进行了两个方面的改革。一是合并精简组织机构。沈阳高新区与东陵区的党群、行政、经济、社会管理等事务进行合并，将浑南新区的政府机构由原来的81个整合31个，党群机关由15个精简为9个。二是实行聘任制改革。进行精简机构必然伴随着部门编制和领导人员的压缩，为人员的压缩配合更为具体和严格的聘任管理制度，促进人员配置更加高效。同时对公务人员进行绩效考核制度，制定了《浑南新区聘任制领导干部管理暂行办法》和《公开选拔区管领导干部暂行办法》，对高新区处级以下的干部实行全员聘任制，将激励制度措施和惩罚手段相结合，意在激发在职人员的积极性。"政区合一"模式一定

程度上解决了高新区发展的体制机制问题，为沈阳高新区发展提供了资源和政策的支撑。同时为沈阳高新区的发展提供了更多的发展空间，合并后的高新区将原高新区南部区域、沈阳国家航空高新技术产业基地一块并入，并将周边一部分区域划入，高新区面积从 120 千米^2 扩大到 600 千米^2，高新区发展空间得到扩大。

（二）沈阳高新区"政区合一"后的弊端

随着时间的推移，沈阳高新区的发展遇到了瓶颈。合并后的优势并没有很好的发挥，同时"政区合一"后的一些弊端没有很好的处理。

第一，高新区和行政区体制冲突并没有解决。浑南新区通过合并初步实现了两种体制的有机结合，但行政区管理体制对高新区的包围引起了高新区内外部新旧两种体制的碰撞和冲突。由于在合并过程中突出了行政区体制的刚性作用，使得高新区原来宽松、高效、灵活的管理体制受到了一定程度的抑制。合并后高新区的载体不明确，区内各功能区之间的角色定位模糊，协同整合关系不密切。在对外展示宣传的过程中，甚至出现了只见浑南区不见沈阳高新区的现象，相比于相对强势的行政区——浑南区，沈阳高新区处于相对弱势的地位，沈阳高新区原来"精简、高效、统一"的体制优势无法发挥、促进产业创新发展的效能无法体现。

第二，政府服务意识有待加强。在对部门的合并和原有行政权力的重新分配，机构撤并、增减、优化组合的过程中，以行政权力分配资源、以行政手段管理经济的职能未见明显减弱。高新区的主要职能是促进高新技术产业化，这就要求高新区的领导要有"产业"意识，相对传统行政区的领导在产业发展方面更加"专业"，对待企业更加具有服务意识。但是沈阳乃至整个东北作为我国老工业基地，其体制性问题相比其他地区更加明显，思想观念不够开放，对企业及产业的服务意识欠缺。"政区合一"后由于行政区追求稳定发展的目的与高新区追求创新发展的目的没有妥善解决，合力难以体现，部分工作行政办事效率出现下降的现象。

沈阳高新区在 2010 年后，进行的"政区合一"的体制机制改革，其整体经济指标大体呈现下降趋势。当然，这与东北经济衰落等大环境有关，但是也能一定程度上反映沈阳高新区体制机制改革的低效性。体制机制的改革不仅没有将"政区合一"的优势激发出来，而且没有摆脱"政区合一"发展模式的弊端，沈阳高新区的发展必然受到一定的影响。

由于沈阳高新区在"政区合一"管理体制改革后发展出现了一系列问题，2017年12月，沈阳高新区在"政区合一"管理模式的基础上进行了又一轮体制改革，在原来"大浑南"的基础上，重新设立高新区管委会，行政区区长兼任高新区主任，设立了火炬综合办公室、创业中心2独立的处级单位和党政办、产业促进办、政策研究办、自创办、对外联络办5内设部门。沈阳高新区希望通过"政区合一"体制模式的优化，理顺沈阳高新区的体制机制，破除"政区合一"管理体制弊端，激发沈阳高新区发展活力，打造沈阳高新区创新生态。

四、沈阳高新区管理体制改革方向

2010年以后，高新区已经进入"三次创业"阶段，从单纯的关注产业的规模和质量向关注城区生态转变，高新区最终会打造成为一个创新发展的新城区，所以"政区合一"发展模式本身并没有制约沈阳高新区的发展，但是如何很好地利用"政区合一"模式是沈阳高新区应该思考的。借这次沈阳高新区体制机制改革的契机，沈阳高新区应从以下4个方面激发其创新活力，促进沈阳高新区创新发展。

（一）确立沈阳高新区的主导和核心地位

在"政区合一"管理体制下，要体现高新区的优势和效率，需要确立高新区的主导和核心地位。在对外联系和宣传上，要全方位突出"高新"概念。在处理高新区与行政区的关系中，不是沈阳高新区隶属和依附于浑南区，而是浑南区的建设要紧紧围绕如何满足高新区的发展需要而展开，沈阳高新区的产业功能建设是浑南区政府的首要任务。

（二）赋予管委会相对独立的权力

目前沈阳高新区管委会设置的部门主要是高新区的业务发展部门，但是其财权、人权等权限浑南区并没有下放给管委会。沈阳高新区重新设立管委会的目的就是要利用小政府"精简、高效"的优势，该优势体现的前提是要有一定的独立性和自主性，具体体现在将经济、财政、规划、土地、人事等权限下放到高新区管委会，对于创新人才和优秀项目的引进、园区土地的规划、园区人事的变动拥有决策权。所以沈阳市政府及浑南区应最大限度地授权高新区在其管辖范围内拥有市本级所有的经济与社会管理权限，赋予高新区充分的自主权，提高决策效率。

（三）建设高素质行政管理队伍

有管理能力、会专业技术、懂国际化运作的高素质干部队伍是高新区事业不断发展的保证。加强人才激励机制的创新，对于吸引人才、留住人才，充分调动人才的积极性和创造性有着十分重要的意义。沈阳高新区第三次创业、自创区建设、园区产业转型升级过程中，所遇到问题的复杂性会远远超过现阶段高新区干部队伍的知识储备和经验。因此，沈阳高新区不仅要促进产业的转型升级，也要在一定程度上促进领导队伍结构的"转型升级"，打造一支具有国际眼光、富有创新精神、充满生机活力的领导干部队伍。通过集体到知名大学培训、请知名教授到高新区授课、与本地大学合作办学的方式，根据不同岗位对任职人员的知识、能力和思想要求，确定相应的培训内容和方式，制定培训计划，大规模轮训干部，使干部思想更解放、眼界更开阔、能力更全面，切实保证高新区管理人员素质的不断提高。

（四）促进服务型政府建设

转变政府职能，就是要把政府工作的重点转到创造良好发展环境、提供优质公共服务上。"精简高效"是高新区的特色，沈阳高新区要走出全能行政的误区，从增强经济社会发展活力，充分调动园区企业的积极性和创造性的角度出发，定位于服务型政府的角色，正确认识和处理好简政放权与加强管理的关系。

第九章 国家高新区高质量发展评价、标准和政策

第一节 我国经济高质量发展内涵辨析

党的十九大报告指出,我国经济已由高速增长阶段转向高质量发展阶段,正处在转变发展方式、优化经济结构、转换增长动力的攻关期,建设现代化经济体系是跨越关口的迫切要求和我国发展的战略目标。但其内涵到底是什么?从党的十九大报告与2017年经济工作会议关于高质量发展的相关表述中,我们可以直观地总结出一些关于高质量发展的关键词,例如以人民为中心的发展思想、发展更平衡、降低风险、创新驱动发展、经济结构完善、经济效益提升、绿色发展、现代化经济体系、中高速发展等。因此可以说,高质量发展是我国经济进入"新常态"以来各项经济转型发展的一个综合性表述。这里参考众多学者、官方的说法和理解,抓取一些共性的关键语义,认为可从以下若干个方面来把握高质量发展的主要内涵。

一、高质量发展应是创新为第一动力、创新驱动的发展

近40年来我国以劳动力与资本要素驱动的外延式经济发展模式取得了巨大的成就,但已遇到了瓶颈并衍生了很多低质量发展后果。当今世界经济社会发展越来越依赖于理论、制度、科技、文化等领域的创新,国际竞争力越

来越体现在创新能力上。科学技术是第一生产力，创新是发展的第一动力，创新"乘数效应"越大，对经济发展的贡献率就越大，发展质量也就越高。我国经济要进一步发展并行至世界经济的前沿，必然进一步要从旧模式转向新的以创新驱动的模式。

二、高质量发展应是更优经济结构、更高经济效益的发展

我国已是全球第二大经济体与最大贸易国，但经济结构仍处于中下水平，经济效益无论是从宏观层次的人均GDP、劳动生产率、全要素生产率与投入产出率，还是中观层次的能源/资源消耗率、产能利用率、资金使用效率与科研转化率，或是微观角度的人均产量、产品销售率、销售利润率与中高产品占比等来看，与发达国家相比仍有较大的距离。价值规律是市场经济的基本规律，它的本质要求就是以最小的生产要素投入（费用）取得最大的产出（效益），世界工业化、现代化的历史，就是经济和产业结构随着技术革命不断优化和升级的历史，从而不断促进新产品、新行业、新产业发展，带来国民经济整体效率和效益的提高。因此，优化经济结构、提升经济效益自然是高质量发展的重要内涵之一。

三、高质量发展应是坚持全面深化改革和对外开放的发展

同过去40年一样，在高质量发展阶段，改革开放依然是发展的必由之路和强大动力。从发展不平衡不充分来看，虽然主要原因是生产力发展水平不够高，但有些领域的发展不平衡不充分则与导致资源错配的体制机制弊端密切相关，必须靠深化要素市场化改革才能从根本上解决。实现高质量发展，相关政策体系需要全面更新，要制定新的指标体系、政策体系、标准体系、统计体系、绩效评价、政绩考核体系等，这也是改革的重要方面。对外开放也是改革，开放倒逼改革、促进改革，高水平的开放是高质量发展不可或缺的动力。因此，推动高质量发展，必须加快完善社会主义市场经济体制，使市场在资源配置中起决定性作用，更好发挥政府作用，进一步扩大对外开放，推动形成全面开放新格局。

四、高质量发展应是绿色成为普遍形态和内在要求的发展

绿色发展是当今世界潮流,更是新时代我国人民对美好生活的迫切需要,也是经济社会可持续发展的内在要求。就我国而言,过去几十年饱受环境污染、生态破坏之苦,严重拉低了人民的幸福指数,为此,党的十九大报告将建设生态文明提升为"千年大计",把可持续发展战略作为全面建成小康社会决胜期重大战略之一;中央经济工作会议把加快推进生态文明建设作为推动高质量发展的重点工作,把污染防治作为三大攻坚战之一,确保经济向绿色方向发展。因此,推动绿色发展,为子孙后代留下一个美好的生活环境,形成人与自然和谐发展的现代化建设新格局,是"高质量发展"的重要内涵和标志。

五、高质量发展应是以人民为中心,共享均衡式的发展

毋庸置疑,这应该是高质量发展的首要内涵。经世济民,即为经济,此是经济的根本宗旨,发展经济就是要使社会繁荣,百姓安居。造福于人民、普惠于人民无疑是经济发展的最终目标。党的十九大报告提出坚持以人民为中心的发展思想,共享和均衡发展则是坚持以人民为中心的发展思想的重要体现。使全体人民更加公平地共享发展成果,缩小人与人之间的贫富差距、城乡之间的生活差距、地区与地区之间的发展差距等,既是高质量发展的根本目的,也是充分调动绝大多数人积极性、主动性、创造性,形成推动高质量发展强大动力的必要条件。因此,高质量发展要求经济发展能够更好地造福于人民,并且要更直接、更迅速地造福于人民,包括为人民提供更好的更高层次的教育、工作、收入、社会保障、医疗服务、居住条件、生态环境和精神文化生活。

由以上辨析可知,高质量发展必然是体现"创新、协调、绿色、开放、共享"五大新发展理念的发展,创新发展解决的是高质量发展中的动力问题,协调发展解决的是高质量发展中的不平衡问题,绿色发展注重解决的是高质量发展中的人与自然和谐问题,开放发展解决的是高质量发展中的路径和空间的问题,共享发展解决的是高质量发展中的公平正义问题。

第二节 新时代国家高新区高质量发展导向

高质量发展具有突出的特色性，也就是说高质量发展的目标是一致的，但是不同区域、不同主体在推动我国高质量发展中有着不同的定位，承担着不同的责任，其实现高质量发展的路径和着力点具有自身独特性。所以，这就要求每个区域应根据自己特色，充分发挥比较优势，形成各具特色、整体优化的系统高质量发展。

具体到国家高新区层面，应该立足高新区自身发展阶段和发展特色，确定高新区未来高质量发展的方向、路径。

一、国家高新区着力打造高质量创新经济生态

我国实现高质量发展的核心动力是创新，随着经济社会变革和创新理论发展，创新范式正在不断演进和升级而创新本身也经历了一系列的范式演变。已有的创新范式研究主要经历了基于新古典经济理论与内生增长理论的线性创新范式（创新范式1.0），以及基于开放式创新理论与研发投入产出的创新系统范式（创新范式2.0）两个阶段。当前全球科技创新与经济一体化进程加快，高科技企业在全球范围内形成了具有类似自然生态特征的"创新生态系统"（创新范式3.0），推动市场竞争由单个企业竞争演变为产业链竞争，进而升级为创新生态系统之争。目前，创新生态概念受到发达国家的普遍重视和采纳，包括出现在OECD的种种文件和报告中，以及从创新生态系统角度来研究中国和印度等国家。

在我国经济"新常态"下，创新生态系统已成为一种新的市场竞争模式与创新范式，创新驱动的本质直接体现为创新生态系统驱动产业、技术和人才发展，并且未来企业、产业、区域、国家必然以创新生态圈为生存与发展的基础。因此，只有一个国家和地区创新生态系统强大，创新才能充满活力、才具有竞争优势。构建创新生态系统的根本目标是，在可持续发展理念下促进创新持续涌现，通过将创新投入、创新需求、创新基础设施与创新管理在创新过程中的有机结合，实现高质量的经济发展。

二、国家高新区创新经济生态模型和内涵

国家高新区创新经济生态的营造，最终要形成以创新创业活动为核心、以高端产业为价值承载、以发达的市场网络和空间为条件、以益业宜居的城区为环境依托、以多元创业文化和人才组成的活力社会为要素支撑的开放和自组织的创新经济生态（图9-1）。这一生态构成中，创新创业是核心观察对象，政府政策为外部作用力，由此这也契合了学术界普遍采用的创新生态六要素模型，即：创新创业、产业、市场、文化、社会和政策。

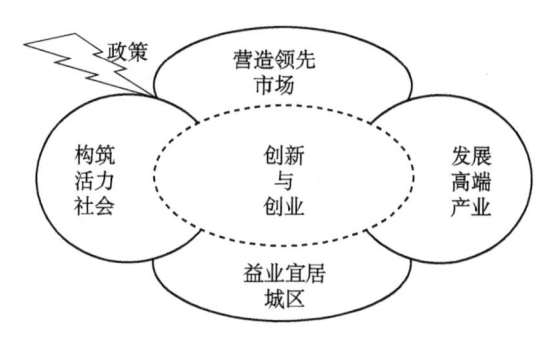

图 9-1 国家高新区创新经济生态六要素示意图

第三节 国家高新区高质量发展评价指标体系

推动国家高新区的高质量发展，首先要构建评价高质量发展的评价指标体系，只有这样才能更加科学的对高新区经济社会发展水平进行多维度衡量，并找出国家高新区当下经济高质量发展所存在的缺陷和面临的问题，引导未来国家高新区的高质量发展。

一、指标体系架构建立

以"创新、协调、绿色、开放、共享"五大发展理念为引领，围绕高新

区高质量发展的发展动力、发展支撑、发展路径、发展环境、发展绩效五大方面，凝练出新时代国家高新区"提升创新能力和创业活跃度、促进结构优化和产业价值链提升、提高开放创新和国际竞争能力、塑造生态环保和宜居包容的环境、实现创新驱动和高质量发展"等五大政策发展导向（图9-2）。

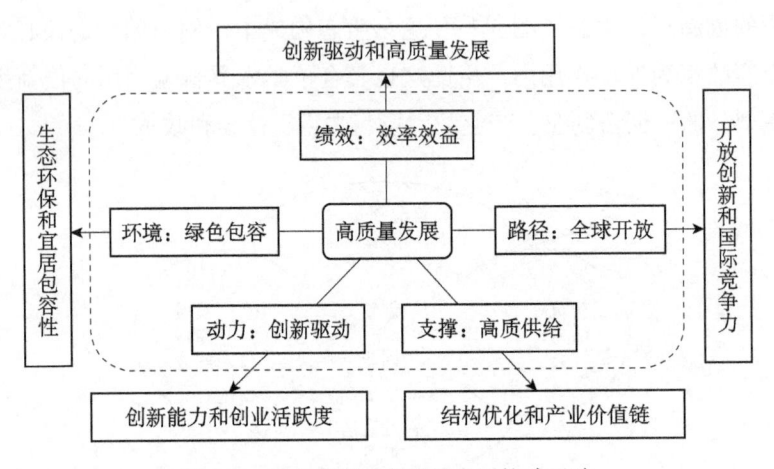

图9-2　国家高新区高质量发展构建思路

第一，在发展动力上，要强调创新是引领发展的第一动力，有效激发全社会创新潜能和创业活力。当前，我国经济发展正处于动力转换节点，须摆脱要素驱动的路径依赖，坚持走创新驱动发展之路，加快推动"以科技创新为核心的全面创新"，在推动发展的内生动力和活力上争取根本性转变，为经济持续健康发展打造新引擎、培育新动能、拓展新空间、构建新支撑，推动发展动力变革。国家高新区应依托相对丰富的科技资源和研发条件，营造和优化创新创业生态，提高自主创新能力和创业活力，着力打造创新创业高地。

第二，在发展支撑上，要加快向提高供给体系质量转变，着力打造高质量现代化产业体系。当前，我国经济运行面临的突出矛盾和问题是结构性失衡，必须以供给侧结构性改革为主线，以完善产权制度和要素市场化配置为重点，从结构优化、效率效益提高找出路，推动发展效率变革，加快提高供给体系质量。国家高新区应依托产业经济优势，持续推动经济结构优化和产业价值链提升，加快发展现代服务业尤其是知识密集型服务业，促进园区产业迈向全球价值链中高端，增加高质量产品和服务的有效供给。

第三，在发展路径上，要提升全球拓展和竞争能力，形成全面开放新格局。目前全球化进入4.0时期，创新全球化加速，中国以贸易加深跨国经济联系，以投资输出产能和资本，并在这两个过程嫁接人民币国际化战略，最终中国经济的影响力会伴随着全球化4.0而提升。国家高新区的发展必须立足全球化4.0阶段特征，注重全球合作与连接，面向全球开展创新活动、集聚创新资源，加大技术、产品和产业的国际合作，提高开放创新和国际竞争能力，塑造全球的竞争优势。

第四，在发展环境上，要坚持以人为本、生态优先、包容并蓄的原则，逐渐形成满足人民日益增长的美好生活需要的环境支撑。推动高质量发展的最终目的，是要满足人民日益增长的美好生活需要，人民的需要不再仅仅局限于物质文化方面，在民主、法治、公平、正义、安全、环境等方面的要求也日益增长。实现高质量发展必须跳出纯经济领域，外延拓宽至国家治理能力、社会治理水平、生态文明体系和民生权益保障，乃至于体现人民获得感、幸福感、安全感、价值感的诸多方面。国家高新区应该通过不断优化城市形态、完善园区综合服务功能，塑造良好的生态环保条件、打造宜居包容的生活环境，提高从业人员的幸福度和舒适度，实现良性循环健康发展。

第五，在发展绩效上，要强调创新对于发展的实际推动作用，突出高质量发展的实际经济、社会效益。实施创新发展战略，推动高质量发展，需要我们以发展结果和绩效为导向，关切创新发展战略实施和高质量内涵式发展的实际成效，通过切实提升社会和经济效率、效益，让创新和改革发展的成果更多更公平惠及全体人民，朝着全体人民共同富裕不断迈进。国家高新区应努力让创新在园区社会经济发展中发挥更大的作用，有效提高全要素生产率，让创新的成效更多地体现在对经济社会的贡献方面，推动园区实现创新绩效和质量效率。

二、一级指标内涵解析

结合国家高新区高质量发展的五大政策导向，构建高质量发展评价指标体系的5个一级指标，分别为：创新能力和创业活力、结构优化和产业升级、开放创新和国际竞争、生态环保和宜居包容、创新绩效和质量效率。

（一）创新能力和创业活力

国家高新区要推动高质量发展，就要立足相对丰富的创新创业资源优势，打造更加优质的创新创业平台、引导更广泛的创新创业投入，以产生更高质量的创新创业成果，以创新创业为动力激发全社会创新潜能和创业活力。创新能力和创业活力指标，重点反映在我国创新驱动战略背景下，国家高新区在推动创新创业方面的表现和成效，主要从创新资源、创新产出、创业活力等方面设置相应的二级指标。

（二）结构优化和产业升级

国家高新区要立足产业优势，不断优化产业结构、提高产业质量、提升产业效率效益，打造高质量现代产业体系，为园区的长期发展提供高质量经济供给。结构优化和产业升级指标，重点反映在我国强调高质量供给导向下，国家高新区在调整经济结构和推动产业转型升级方面的表现和成效，主要从经济结构优化、企业成长促进、产业层级提升等方面设置相应的二级指标。

（三）开放创新和国际竞争

国家高新区要在全面开放和深化改革的大背景下，进一步提升在全球范围内的对外开放水平，在更广阔的空间集聚和配置全球资源要素、开展国际竞争合作、提升国际化服务能力，力争打造具有全球影响力的创新经济体系。开放创新和国际竞争指标，重点反映在创新全球化和我国全面开放战略背景下，国家高新区在集聚和配置全球资源、开展国际竞争与合作及开放创新等方面的表现和成效，主要从全球创新交流、全球创新竞争、国际市场开拓等方面设置相应的二级指标。

（四）生态环保和宜居包容

国家高新区需要通过打造良好的基础服务设施、完善的公共服务体系、宜居的生态环境及高效园区政务服务等，提升园区多方连接和服务能力，促进园区综合服务的高质量发展。生态环保和宜居包容指标，重点反映在我国推进绿色、共享发展的号召下，国家高新区在塑造宜居宜业、产城融合发展环境等方面的表现与成效，主要从生态环境的优化、宜居宜业建设举措、园区综合吸引力的提升等方面设置相应的二级指标。

(五)创新绩效和质量效率

创新绩效和质量效率指标,重点反映在我国进入高质量发展的背景下,国家高新区在以创新驱动经济和社会效益效率提升等方面的表现与成效,主要从创新驱动的表现、效率效益的提升、高质量经济成效等方面设置相应的二级指标。

三、评价指标体系的建立

根据国家高新区高质量发展评价体系的架构和一级指标的内涵,按照"系统性和重点性结合、监测和引领并重、通用与特色结合、兼顾指标的可获取性、可对比性,以及指标之间的互补性、独立性"的指标选取和设计原则,最终形成了包括5个一级指标,40个二级指标的国家高新区高质量发展评价指标体系(表9-1)。

表9-1 国家高新区高质量发展评价指标体系

一级指标	视角	含义	二级指标
创新能力和创业活力	创新资源	创新经费	企业内部研发经费支出占营业收入比例
		创新人才	企业研发人员全时当量数占从业人员比例
		创新平台	省级以上研发机构数
	创新产出	单位人员成果	企业当年每万人发明专利授权数
		单位投入成果	企业当年每千万内部研发经费支出发明专利申请数
	创业活力	大众创业	园区当年新增工商注册企业数
		科技创业	园区当年各类孵化机构内新增在孵企业数
		创业投资	园区当年获得创业风险投资机构的风险投资额
结构优化和产业升级	经济结构优化	产业结构	高技术服务业收入占营业收入比例
		人员结构	企业本科及以上学历人员占从业人员比例
	企业成长促进	创业孵化机构	园区孵化器、加速器、国家大学园、备案的众创空间数
		科技企业培育	园区当年新认定高新技术企业数
		高成长企业发展	独角兽企业和瞪羚企业数
	产业层级提升	龙头企业带动	园区研发经费内部支出超过5000万元的企业数
		创新含量	企业每100亿元营业收入所含有效发明专利数和注册商标数
		附加值提升	园区产业增加值率

续表

一级指标	视角	含义	二级指标
开放创新和国际竞争	全球创新交流	平台交流	园区企业在境外设立研发机构和外资研发机构当量数
		创新交流	企业当年开展产学研合作费用占营业收入比例
		人才集聚	企业外籍常驻人员占从业人员比例
	全球创新竞争	国际商标	拥有海外注册商标的企业数占企业总数比例
		自主品牌竞争	高新技术企业出口额占营业收入比例
		服务竞争	企业技术服务出口占出口总额比例
	国际市场开拓	设外机构	拥有境外分支机构的企业数占企业总数比例
		对外投资	园区当年新增有海外直接投资的企业数
生态环保和宜居包容	生态环境的优化	环境保护	所在城市天气 PM2.5 低于 50 的天数占比
		节能降耗	单位增加值综合能耗
	宜居宜业建设措施	基础教育	园区重点高中、初中、小学和国际学校（含双语幼儿园）当量数
		医疗条件	园区各级各类医院当量数
		住房条件	所在城市每平方米住房均价与园区从业人员月工资性收入比例
	园区综合吸引力	人才吸引力	企业海外留学归国人员占从业人员比例
		就业吸引力	企业当年新增从业人员数
		财政储备力	管委会当年可支配财力
创新绩效和质量效率	创新绩效	科技成果转化	企业人均技术合同交易额
		创新经济贡献	当年研发投入强度达 5% 企业的收入占营业收入比例
		经济规模化	企业当年新增营业收入额
	效率效益的提升	劳动效率提升	企业劳动生产率
		人员收入	企业从业人员、人均工资性收入
	高质量经济成效	高水平成果	企业当年 PCT 专利申请数
		高质量企业	当年在境内外上市和挂牌的企业数
		低负债发展	企业总资产利润率

第四节 国家高新区高质量发展标准体系

一、关于标准的概述

（一）标准的概念、特点和作用

标准是通过标准化活动，按照规定的程序经协商一致制定，为各种活动或其结果提供规则、指南或特性，是共同使用和重复使用的文件。标准以科学、技术和经验的综合成果为基础。

标准化是为了在既定范围内获得最佳秩序，促进共同效益，对现实问题或潜在问题确立共同使用和重复使用的条款及编制、发布和应用文件的活动。标准化以制订、发布和实施标准达到统一，确立条款并共同遵循，来实现最佳效益。

标准具有民主性，是各利益相关方协商一致的结果，反映的是共同意愿，而不是个别利益；标准具有权威性，标准要按照规定程序制定，必须由能够代表各方利益，并为社会所公认的权威机构批准发布；标准具有系统性，需要协调处理标准化对象各要素之间的关系，统筹考虑使系统性能和秩序达到最佳；标准具有科学性，来源于人类社会实践活动，其产生的基础是科学研究和技术进步的成果，是实践经验的总结。

标准是经济社会活动的技术依据，是国家基础性制度建设的重要内容，标准也是促进技术进步、促进创新成果转化的桥梁和纽带，标准能加快市场化和产业化步伐，引领新业态、新模式发展壮大。

近年来，标准和标准化活动从经济领域不断向社会治理、文化建设、生态文明等方面拓展，成为与战略、规划、政策同等重要的国家治理手段，在推动经济提质增效升级和结构性调整、支撑法治政府建设、构筑国际竞争优势、推进高水平对外开放中的基础性和战略性等方面的作用日益显现。

（二）我国标准化工作情况

标准决定质量，有什么样的标准就有什么样的质量，只有高标准才有高质量。标准关系到社会经济生活的方方面面，标准化对国计民生发挥着非常重要的基础性作用。

1. 标准类型

党中央、国务院高度重视标准化工作，2001年成立国家标准化管理委员会，强化标准化工作的统一管理。2017年11月4日颁布了新修订的《中华人民共和国标准化法》，明确了标准包括国家标准、行业标准、地方标准、团体标准和企业标准。按照标准化改革的目标要求，要把政府单一供给的现行标准体系，转变为由政府主导制定的标准和市场自主制定的标准共同构成的新型标准体系。政府主导制定的标准整合精简为4类，分别是强制性国家标准、推荐性国家标准、推荐性行业标准、推荐性地方标准；市场自主制定的标准分为团体标准和企业标准。

2. 不同类型标准制修订程序与实质要求

第一，标准制定的实质要求。制定标准应当有利于科学合理利用资源，推广科学技术成果，增强产品的安全性、通用性、可替换性，提高经济效益、社会效益、生态效益，做到技术上先进、经济上合理。禁止利用标准实施妨碍商品、服务自由流通等排除、限制市场竞争的行为。

第二，强制性标准是底线，是红线。对保障人身健康和生命财产安全、国家安全、生态环境安全及满足经济社会管理基本需要的技术要求，应当制定强制性国家标准。

第三，对满足基础通用、与强制性国家标准配套、对各有关行业起引领作用等需要的技术要求，可以制定推荐性国家标准。

第四，对没有推荐性国家标准、需要在全国某个行业范围内统一的技要求，可以制定推荐性行业标准。

第五，为满足地方自然条件、风俗习惯等特殊技术要求，可以制定推荐性地方标准。

3. 标准制定和修订程序

（1）强制性标准

国务院有关行政主管部门依据职责负责强制性国家标准的项目提出、组织起草、征求意见和技术审查。国务院标准化行政主管部门负责强制性国家标准的立项、编号和对外通报。国务院标准化行政主管部门应当对拟制定的强制性国家标准是否符合前款规定进行立项审查，对符合前款规定的予以立项。

省、自治区、直辖市人民政府标准化行政主管部门可以向国务院标准化行政主管部门提出强制性国家标准的立项建议，由国务院标准化行政主管部门会同国务院有关行政主管部门决定。社会团体、企业事业组织及公民可以向国务院标准化行政主管部门提出强制性国家标准的立项建议，国务院标准化行政主管部门认为需要立项的，会同国务院有关行政主管部门决定。

强制性国家标准由国务院批准发布或者授权批准发布。

法律、行政法规和国务院决定对强制性标准的制定另有规定的，从其规定。

（2）推荐性标准

1）推荐性国家标准由国务院标准化行政主管部门制定。

2）推荐性行业标准由国务院有关行政主管部门制定，报国务院标准化行政主管部门备案。

3）推荐性地方标准由省、自治区、直辖市人民政府标准化行政主管部门制定；设区的市级人民政府标准化行政主管部门根据本行政区域的特殊需要，经所在地省、自治区、直辖市人民政府标准化行政主管部门批准，可以制定本行政区域的推荐性地方标准。推荐性地方标准由省、自治区、直辖市人民政府标准化行政主管部门报国务院标准化行政主管部门备案，由国务院标准化行政主管部门通报国务院有关行政主管部门（表9-2）。

表 9-2 我国标准体系对比说明

我国标准体系	类型	功能	制定和管理主体	范围
政府主导制定标准	强制性国家标准	侧重于保基本	国务院各有关部门负责强制性国家标准项目提出、组织起草、征求意见、技术审查、组织实施和监督；国务院标准化主管部门负责强制性国家标准的统一立项和编号，并按照世界贸易组织规则开展对外通报；强制性国家标准由国务院批准发布或授权批准发布	严格限定在保障人身健康和生命财产安全、国家安全、生态环境安全和满足社会经济管理基本要求的范围之内
政府主导制定标准	推荐性国家标准	侧重于保基本	国务院标准化主管部门、国务院各有关部门和地方政府标准化主管部门分别负责统筹管理推荐性国家标准、推荐性行业标准、推荐性地方标准制定和修订工作	推荐性国家标准重点制定基础通用、与强制性国家标准配套的标准；推荐性行业标准重点制定本行业领域的重要产品、工程技术、服务和行业管理标准；推荐性地方标准可制定满足地方自然条件、民族风俗习惯的特殊技术要求
政府主导制定标准	推荐性行业标准	侧重于保基本	同上	同上
政府主导制定标准	推荐性地方标准	侧重于保基本	同上	同上
市场自主制定标准	团体标准	侧重于提高竞争力	具备相应能力的学会、协会、商会、联合会等社会组织和产业技术联盟协调相关市场主体共同制定。对团体标准不设行政许可，由社会组织和产业技术联盟自主制定发布，通过市场竞争优胜劣汰	选择市场化程度高、技术创新活跃、产品类标准较多的领域，先行开展团体标准试点工作。支持专利融入团体标准，推动技术进步
市场自主制定标准	企业标准	侧重于提高竞争力	企业根据需要自主制定、实施企业标准。建立企业产品和服务标准自我声明公开和监督制度，逐步取消政府对企业产品标准的备案管理，落实企业标准化主体责任	鼓励企业制定高于推荐性国家标准、推荐性行业标准、推荐性地方标准，具有竞争力的企业标准。企业标准在该企业内部适用

二、构建国家高新区高质量发展标准体系的总体思路

（一）选择纳入发展绩效目标设计的核心指标

结合国家高新区高质量发展评价指标体系，考虑到标准在国家高新区中的普适性，拟定标准的指标以可量化指标，尤其是相对量指标为主，反映强度、效率和绩效，比如研发投入强度、万人发明专利授权数、劳动生产率、亩均营业收入等。具体如下表9-3所示。

表 9-3 纳入高质量发展绩效目标设计的核心指标

一级指标	视角	含义	二级指标
创新能力和创业活力	创新资源	创新经费	企业内部研发经费支出占营业收入比例
		创新平台	省级以上研发机构数
	创新产出	单位人员成果	企业当年每万人发明专利授权数
	创业活力	创业投资	园区当年获得创业风险投资机构的风险投资额
结构优化和产业升级	经济结构优化	产业结构	高技术服务业收入占营业收入比例
		人员结构	企业本科及以上学历人员占从业人员比例
	企业成长促进	创业孵化机构	园区孵化器、加速器、国家大学园、备案的众创空间数
		科技企业培育	园区当年高新技术企业数
		高成长企业发展	独角兽企业和瞪羚企业数
	产业层级提升	附加值提升	园区产业增加值率
开放创新和国际竞争	全球创新交流	平台交流	园区企业在境外设立研发机构和外资研发机构总数
		人才集聚	企业外籍常驻人员占从业人员比例
	全球创新竞争	服务竞争	企业技术服务出口占出口总额比例
生态环保和宜居包容	生态环境的优化	节能降耗	单位增加值综合能耗
创新绩效和质量效率	创新绩效	科技成果转化	企业人均技术合同交易额
	效率效益的提升	劳动效率提升	企业劳动生产率
		土地效益提升	亩均营业收入
		人员收入	企业从业人员人均工资性收入
	高质量经济成效	高水平成果	企业当年PCT专利申请数
		高质量企业	当年在境内外上市和挂牌的企业数

（二）分类制定参考标准

截至 2018 年 6 月底，全国有 114 家高新区是 2007 年以后新升级的国家高新区，这些新升级的高新区大致总收入不到所有国家高新区总收入的 1/4，区域发展不平衡问题明显。那么，在推动高新区高质量发展进程中，需要根据园区发展水平，分类建设、分类指导，既要按照高质量发展要求，建设世界一流的高新区，又要统筹考虑国家高新区整体发展，设定高新区发展的一般性标准。为此，我们拟制定 2 类标准：一般性标准和高质量标准（表 9-4）。其中，一般性标准作为指导国家高新区发展的底层标准；高质量标准作为引导世界一流科技园区、创新型特色园区发展的参考依据。

表 9-4 国家高新区高质量发展标准类型

类型	适用范围	作用	依据
一般性标准	新升级高新区	作为新时代引导国家高新区发展的底层标准，明确新升级高新区发展的最低标准	关键指标要达到现有国家高新区第 120 名的水平；同时，结合 110～130 名高新区均值
高质量标准	世界一流高科技园区	培育世界一流的高新技术企业，发展世界一流的高新技术产业，营造世界一流的高新区环境，在技术创新、产业发展、创新主体培育、创新效率等方面实现重大突破	关键指标要达到现有国家高新区第 20 名的水平；同时，结合 15～25 名高新区均值及目前世界一流园区均值
	创新型特色园区	建设一流创新型特色园区，形成具有特色的创新型产业集群，引领区域经济高质量发展	关键指标要达到现有国家高新区第 50 名的水平；同时，结合 40～60 名高新区均值及目前创新型特色园区均值

（三）确定高质量发展绩效目标值

根据以上国家高新区高质量发展标准的类型，重点选择 20 个指标，应用科技部火炬中心收集的全国高新区 2016 年的数据，测算出国家高新区高质量发展绩效参考值和目标值（表 9-5）。

第九章 国家高新区高质量发展评价、标准和政策

表 9-5 国家高新区高质量发展绩效参考值和目标值

核心指标	一般性标准参考值和目标值 新升级高新区目标值	第120名数值	第110～130名均值	世界一流高科技园区目标值	高质量标准参考值和目标值 第20名数值	第15～25名均值	世界一流高科技园区均值	创新型特色园区目标值	第50名数值	第40～60名均值	创新型特色园区均值
企业内部研发经费支出占营业收入比例/%	0.60	0.60	0.66	2.50	2.50	2.48	3.02	1.80	1.79	1.82	1.74
省级以上研发机构数/家	20	22	23	180	175	180	391	85	85	84	93
企业当年每万人发明专利授权数/件	10	11.2	11.1	70	68	65.3	84	35.0	33.6	34	35.7
园区当年获得创业风险投资机构的风险投资额/亿元	0	0	0	3	2.8	2.8	21.1	0.2	0.2	0.2	0.5
高技术服务业收入占营业收入比例/%	0	0	0.0	10.0	10.70	10.90	17.65	3.00	3.10	3.00	4.97
企业本科及以上学历人员占从业人员中比例/%	10.0	12.3	11.9	40.0	37.90	38.70	48.90	25.00	25.50	25.90	25.03
园区孵化器、加速器、国家大学园、备案的众创空间数/家	3	3	3	35	35	35	97	15	15	15	19
园区当年高新技术企业数/家	20	21	20	400	369	385	2510	135	134	133	173
独角兽企业和瞪羚企业数/家	—	—	—	—	—	—	—	—	—	—	—
园区产业增加值率/%	15.0	15.4	15.4	25.0	26.9	27.0	22.74	20.00	22.2	22.2	19.44
园区企业在境外设立研发机构和利外资研发机构总数/家	0	0	0	35	34	33	220	10	9	10	22

439

续表

核心指标	一般性标准参考值和目标值			高质量标准参考值和目标值						
	新升级高新区目标值	第120名数值	第110~130名均值	世界一流高科技园区目标值	第20名数值	第15~25名均值	世界一流高科技园区均值	创新型特色园区目标值	第50名数值	第40~60名均值	创新型特色园区均值
企业外籍常驻人员占从业人员比例/%	0.00	0.02	0.02	0.50	0.44	0.45	0.80	0.20	0.18	0.18	0.20
企业技术服务出口占出口总额比例/%	0.0	0.0	0.0	5.0	5.5	5.0	10.21	1.00	0.5	0.6	1.82
单位增加值综合能耗/吨标准煤	1.200	1.212	1.378	0.150	0.103	0.109	0.148	0.200	0.219	0.214	1.110
企业人均技术合同交易额/亿元	0.01	0.01	0.01	1.20	1.20	1.21	2.78	0.30	0.29	0.31	0.24
企业劳动生产率/%	17.0	17.2	17.5	40.0	41.3	41.4	38.3	30.0	31.5	31.6	26.8
亩均营业收入/亿元①	—	—	—	—	—	—	—	—	—	—	—
企业从业人员人均工资性收入/万元	6.0	6.0	6.0	12.5	12.6	12.4	14.0	9.5	9.4	9.5	9.3
企业当年PCT专利申请数/件	0	0	0	50	50	54	1002	10	5	6	20
当年在境内外上市和挂牌的企业数/家	5	5	5	120	124	121	758	35	32	33	48

① 这个指标，由于土地管理的差异性，很难得出可靠的数据，但随着发展和管理规范，未来从全国高新区的亩均产值中应得到该数字。

三、推进标准体系建设工作的有关建议

（一）提升位势，强化管理，争取建设成为推荐性国家标准

党的十八届三中全会提出，政府要加强发展战略、规划政策和标准的制定和实施。标准作为国家治理体系的基础性制度安排，已成为与战略、规划、政策同样重要的国家治理手段。推动国家高新区高质量发展，设计出高新区发展绩效目标，并将其上升为推荐性国家标准，应成为新时期国家高新区发展的基本遵循。目前，我国推荐性国家标准项目分为重大项目、基础通用项目和一般性项目，立项评估由国家标准委国家标准技术评审中心负责具体实施。建议将国家高新区高质量发展绩效目标参考标准作为一般性项目，尽早提出立项建议。

（二）成立标准体系建设领导小组，统筹推进标准建设工作

加强组织领导，建议成立高新区高质量发展标准体系建设领导小组，由科技部火炬中心任领导小组组长和标准提出单位，统筹协调推进标准建设工作，小组成员包括标准起草单位和支持单位（如中国科学院科技战略咨询研究院、中关村国家自主创新示范区、苏州工业园区、张江高新区、中国标准化研究院、中国质量认证中心、中关村标准创新服务中心等），加强中国国家标准化管理委员会对标准体系建设工作的政策指导，形成分工明确、各司其职、多方支撑的有效工作机制。

第五节 国家高新区高质量发展政策体系

一、高质量发展政策体系内涵

随着创新理论的完善和发展，政策体系也在进一步完善和发展。由于传

统的线性创新政策模式无法应对科学、技术、市场相互作用的复杂系统，政府从制定单一的科技政策演变为制定创新政策体系。Gaudin 等（1985）认为创新政策是经济、社会、文化、教育等的综合体，是一个整合的概念。创新政策并非指政策本身的独特性或创新性，而是为促进创新活动的产生和发展而运用的各种政策措施。区域创新政策体系是指政府为了促进区域的创新驱动发展而制定的一系列相互关联、相辅相成的政策有机组合体。

现在国家高新区已经进入"三次创业"阶段，高新区的竞争也进入了"创新生态"营造能力的竞争。2017年中央经济工作会议提出"要加快推动形成高质量发展的指标体系、政策体系、标准体系、统计体系、绩效评价、政绩考核"。创新政策体系的建立，不仅是创新生态建设的要求，也是推动我国高质量发展的应有之意。基于高新区创新生态模型的构建和国家高质量发展的要求，对高新区创新发展的政策体系提出以下框架性政策建议（图9-3）。

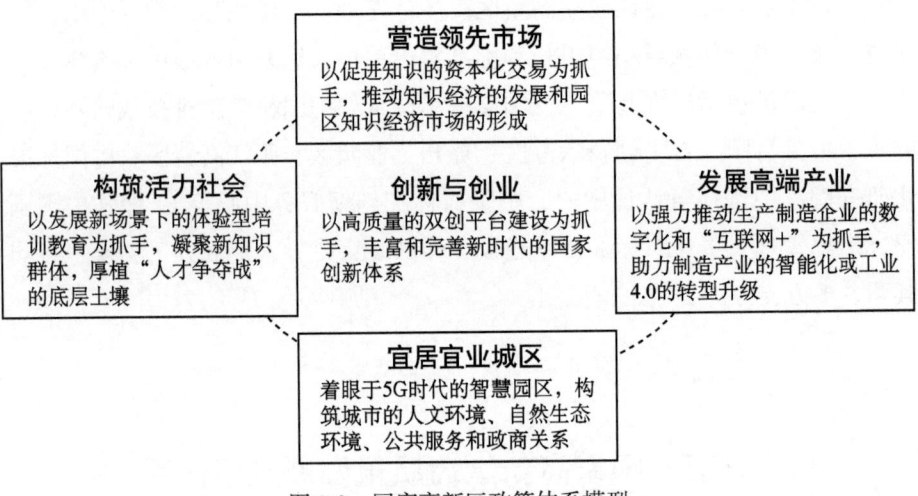

图9-3 国家高新区政策体系模型

二、高新区高质量发展政策体系构建标准

推动高质量发展要明确其政策体系，在宏观政策层面上要做到尊重市场、尊重规律、尊重趋势。当前我国市场还存在着低水平竞争、集中度不足

的现象，部分中小企业发展质量还不高；同时部分行业存在着扭曲市场机制的垄断现象，这都需要通过政策体系的建立去规范和引导，从而实现高质量的发展。

高质量发展的政策体系要把数量型政策与质量型政策相结合，把长期政策与短期政策相结合，把正向引导与负向约束相结合，运用负面清单制度来引导高质量的发展。从完善宏观政策、产业政策、微观政策、改革政策、社会政策等多个方面健全更高质量发展的政策体系。

在宏观政策中要把握好经济发展的基调与大方向，在发挥财政政策、金融政策等数量型政策的基础上，更加重视人力资本政策、技术创新政策等质量型政策的作用。在产业政策中落实对行业的指导与帮扶，积极引导战略性新兴产业的发展和传统产业的改造升级。

在微观政策上加强对企业的激励从而提升其竞争力，在社会政策上给予民生更多的关注。同时政策体系的核心在于有效的协调竞争政策与产业政策，即以竞争政策为基础，通过建立和维护竞争秩序来保护市场机制的有效运行，从而通过产业政策来促进产业结构的升级。

此外，高质量的政策体系要求政府更多地把政策重点倾注在培育科技创新上，并以此促进战略性新兴产业发展与传统产业升级转型相结合，达到传统制造业与互联网的深度融合，即两化融合，以信息化为支撑促进经济高质量发展。同时高质量发展的政策体系还要求政府通过出台一系列政策文件去加强知识产权的保护和管理，抑制以降低质量为代价的恶性竞争。

三、政策体系的建立

（一）创新创业政策框架

综合对全国创新创业政策的观察，从"双创平台、创新载体与主体、辖区研发投入、社会创业投资、创新创业人才"五个方面，多维度总结出76条具体政策（表9-6）。

表 9-6 创新创业政策列表

角度	维度	政策框架	具体政策
双创平台（众创空间、科技企业孵化器、加速器、产业联盟、技术创新联盟等）	双创平台搭建主体、领域	支持企业、科研院所、高校等创建双创平台	鼓励龙头骨干企业围绕主营业务方向建设众创空间
			鼓励科研院所、高校围绕优势专业领域建设众创空间
			在重点产业领域发展众创空间
	鼓励搭建国际化、高端化高质量双创平台	鼓励搭建国际化、高端化双创平台	建设一批国家级科技创新平台和双创基地
			支持高水平众创空间、创新创业孵化功能升级
			布局"3+M+N"格局众创空间，实现创新创业孵化功能升级
			支持跨国技术转移和国际研发合作
			加强众创空间的国际合作
	双创平台搭建、运营给予资金支持或税收减免优惠	对双创平台搭建、运营给予资金支持或税收减免优惠	实行奖励政策和补助政策（落实促进创新的税收政策）
			"双创"孵化载体支持
			引导金融资本支持
			公共场地房租补贴
			绩效奖励
			设施补助
			活动资助
			科技企业孵化器运营补贴（绩效补贴）
			国际合作支持
	双创平台相关服务机构	加快创新公共服务及服务平台建设	加快科技创新公共服务平台建设
			强化创新创业公共服务

444

第九章　国家高新区高质量发展评价、标准和政策

续表

角度	维度	政策框架	具体政策
创新载体与主体	高校、科研机构、国企体制机制改革	对科研人员进行股权、期权、分红权等多种形式奖励	股权激励试点政策
		进行科技成果混合所有制、处置权、收益权改革	支持在蓉高校院所开展职务科技成果权属混合所有制改革
			支持在蓉高校院所开展科技成果处置权改革
			支持在蓉高校院所开展科技成果收益权改革
		高校、科研院所为促进科技成果转化建立市场化服务机构	支持在蓉高校院所共建研发创新平台并开放共享创新服务资源
			鼓励建立市场化的技术转移机构、知识产权交易机构和科技成果评价机构
			推动在蓉高校院所与县（市）县共建环高校院所成果转化区
	人才支持政策	高校院所在职人员支持政策	鼓励高校院所科技人才和大学生创新创业
			下放科技成果使用、处置和收益权
			鼓励科技人员离岗办企业
			提高科技成果转化收益比例
			允许科技人员兼职取酬
		高端人才（包括留学生及外籍人员）创新创业支持政策	拓宽高校院所科技人才创新创业融资渠道
			支持和鼓励留学人员和外籍人士到成都高新区创新创业
			实施成都人才新政
	企业支持政策	对创业企业（团队）奖励	对众创空间中的企业（团队）进行绩效奖励
			大学生创业企业房租补贴

445

续表

角度	维度	政策框架	具体政策
辖区研发投入	企业研发投入	提升企业自主创新能力	鼓励孵化企业加大研发投入
			对科技型企业年度直接研发经费给予补贴
			对经认定的重点自主知识产权项目进行资助
			对企业研发投入进行支持
	政府研发投入	加强科技创新投入与管理	鼓励建设公共研发平台
			在张江高科技发展专项资金中单列自主创新专项
	研发机构支持	研发机构政策支持	研发机构申请项目进行支持
			对研发机构设立补贴
社会创业投资	金融机构先关支持政策	对引进金融机构的补贴政策	鼓励各类金融机构和金融服务资源在示范区集聚发展
			对新设金融机构和金融服务机构进行落户补贴
			对金融机构的中介服务机构进行补贴
			推动科技金融专营机构的建设
		鼓励企业股权、债务融资	大力发展股权投资
			鼓励科技贷款贴息
			鼓励直接债务融资贴
		促进企业多层次市场融资	鼓励非上市科技企业上市后备资源库，稳步有序扶持企业上市
			丰富和完善科技企业上市进行股份制改造

446

续表

角度	维度	政策框架	具体政策
社会创业投资	金融机构先关支持政策	完善科技金融服务体系	积极发展融资租赁
			大力推行科技保险
			健全风险补偿机制
			深化信用体系建设
			鼓励金融服务平台建设
			鼓励金融创新
			加强光谷科技金融品牌建设
	风险投资机构支持政策	对风投机构进行补贴	对新引进的风险投资机构进行补贴
		对风投机构进行奖励	通过绩效考核对风投机构进行奖励
	对科技型募资企业进行支持	对募资企业进行补贴	推动企业上市融资并探索科技型企业融资和投资退出机制
创新创业人才	高端人才资助政策	高端创业人才资助政策	对创业人才进行股权、资金支持
			对企业长期创新人才、高端管理人才、高端中介服务人才等进行资金支持、股权支持
			对企业短期创新人才项目配套资金资助
		高层次人才项目配套资金支持	对高层次人才项目配套资金资助

447

续表

角度	维度	政策框架	具体政策
	高端人才平台支持、保障与服务政策	高端人才平台支持政策	博士后工作站支持政策
			对引进人才的企业、第三方中介机构进行资金奖励
		高端人才保障与服务政策	提供高端人才职称评定绿色通道、保障其子女教育等服务
			推荐高端人才申报国家"千人计划"等人才项目
创新创业人才	大学生就业创业	大学生创业人才引进政策	实施"凤巢计划"
			设立"光谷奖学金"和"扎根光谷奖"
			开展"才聚光谷"行动
		大学生创业人才服务政策	打造人力资源产业园
			构建"创业种子池"

（二）创新创业政策示例

根据上述创新创业政策框架，结合对中关村、成都、上海张江、武汉东湖等国家高新区政策的总结，这里列出促进创新创业发展的政策示例以供其他高新区参考和借鉴（表9-7）。

第九章 国家高新区高质量发展评价、标准和政策

表9-7 创新创业政策示例列表

角度	维度	政策框架	具体政策	示例
双创平台（众创空间、科技企业孵化器、加速器、产业技术创新联盟等）	双创平台搭建主体、领域	支持企业、科研院所、高校等建双创	鼓励龙头骨干企业围绕主营业务方向建设众创空间	按照市场机制与其他创业主体协同聚集，优化配置技术、装备、资本、市场等创新资源，实现与中小微企业、高校、科研院所和各类创客群体的有机结合，有效发挥引领带动作用，形成以龙头骨干企业为核心，高校院所积极参与，辐射带动中小微企业成长发展的产业创新生态群落（国家级）
			鼓励科研院所、高校围绕优势专业领域建设众创空间	发挥科研设施、专业实验室、技术积累等优势，充分利用大学科技园、工程（技术）研究中心、重点实验室、工程实验室等创新载体，建设以科技成果转移转化人员为主要内容的众创空间，通过集聚高端创新资源，增加源头技术创新有效供给，为科技型创新创业提供专业化服务（国家级）
		在重点产业领域发展众创空间		重点在电子信息、生物技术、现代农业、高端装备制造、新材料、新能源、节能环保、医药卫生、文化创意和现代服务业等产业领域先行先试，针对产业需求和行业性共性难点，在分领域建设众创空间（国家级）
		建设一批国家级创新平台和双创基地		依托国家自出创新示范区、国家高新技术产业开发区等试点建设一批国家级双创基地。发展各具特色的双创基地。国家高新技术开发区、国家级经济技术开发区等结合国家战略布局以当地特色产业发展，发挥重点园区创业要素聚集优势，打造一批具有当地特色的众创空间、企业孵化器、加速器及产业园共同形成创新创业生态体系（国家级）
	鼓励搭建国际化、高端化创新平台	支持高水平科技创新平台建设		提升科技创新资源保障能力，对国家实验室、国家重大科技基础设施建设建设，国家重点实验室和行业带动性的龙头企业在东湖高新区建立研发中心，分别给予1亿元、5000万元的建设经费支持。对世界500强企业和行业带动性的龙头企业在东湖高新区新获批的国家级重点实验室、工程研究中心，按照不超过其投资总额30%的比例，每年给予最高1000万元的资金支持。对企业牵头组建新获批的国家级重大实验室、工程研究中心及企业技术中心，给予200万元一次性奖励（武汉东湖）
		布局"3+M+N"格局众创空间，实现创新创业孵化功能升级		打造"3"个众创空间引领区。支持成都高新区"菁蓉国际广场"按照"国际创新创业中心"战略定位，引进国际知名孵化机构，重点围绕电子信息、生物医药、高端装备制造业等产业，打造成都市创新创业核心引领区。加快建设成都天府新区"天府菁蓉中心"，引进知名研发机构，形成以智能制造、移动互联网、大数据为主的产业集群，打造西部创新创业第一城。优化郫县"菁蓉小镇"规划布局，加快推进大数据产业研究院、军民融合孵化中心等创新平台建设，着力建设具有全球影响力的创新创业小镇

449

续表

角度	维度	具体政策	示例
双创平台（众创空间、孵化器、加速器、产业技术创新联盟等）	鼓励搭建国际化、高端质双创平台	布局"3+M+N"格局众创空间，实现创新创业孵化功能升级	**打造"M"个众创空间集聚区**。支持武侯区联合四川大学建设磨子桥创新创业街区，成都高新区联合电子科大建设"一校一带"、金牛区联合西南交大建设环交大智慧城，锦江区依托民营资本建设汇创园广场，双流区建设天府新区大学科技创新园集聚区。**打造"N"个众创空间专业特色区**。鼓励引进知名大学特色专业（市）县立足特色优势产业，在电子信息、生物医药、轨道交通、高端装备制造、都市现代农业、文化创意和现代服务业等重点产业领域，发展专业众创空间，服务支持实体经济。及时兑现创新创业载体相关资助管理政策，对新建创业苗圃和科技企业孵化器给予30万~50万元经费补贴（成都高新区）
		支持跨国技术转移和国际研发合作	吸引全球知名企业、高校、科研院所与国外企业孵化机构开展对接合作，共同建立高水平众创空间，支持众创空间先进的国际化理念，资金支持，最高500万元。对技术转移服务机构上年度认定登记的国际项目按照技术交易额的10%给予奖励，最高200万元。对国内企业或机构建立并获国家部委认定的国际技术转移中心、国际联合研究中心、示范型国际科技合作基地，给予300万元一次性奖励。对企业国际研发合作费用给予30%补贴。单个企业年度支持最高200万元（武汉东湖）
		加强众创空间的国际合作	鼓励龙头骨干企业、高校、科研院所与国外创业孵化机构合作建立创业投资基金，支持众创空间引进先进的国际技术，按实际投资额给予10%资金支持。支持众创空间发展的国际化水平，大力吸引和提升众创空间发展的国际化水平，大力吸引和支持港澳台及国外骨干技术、资本和市场等资源，整合和利用国外技术、资本和市场等资源，外国人才到众创空间创新创业，在居住、工作许可、居留等方面提供便利条件（国家级）
双创平台资金支持	对双创平台搭建、运营给予资金支持或税收减免优惠	实行奖励政策（落实促进创新创业的税收政策）	有条件的地方要综合运用无偿资助、业务奖励等方式，对众创空间软硬件设施给予补助。支持国家科技基础条件平台为符合条件的众创空间提供服务。发挥财政资金的杠杆作用，采用市场机制引导社会资金和金融资本进入技术创新领域（国家级）
		"双创"孵化载体支持	支持国际知名或经国家备案的众创空间到东湖高新区设立分支机构，按照分阶段事后补贴的支持方式，给予最高500万元装修补贴，以及最高60元/（米²·月）、面积不超过1000米²的3年房租补贴。符合条件的众创空间、科技企业孵化器创新运营管理模式，提升创业服务能力。对年度绩效考核评价成绩合格以上（含）的众创空间、科技企业孵化器给予最高50万元奖励。每年设立3亿元专项资金，支持"创谷"建设和存量空间资源集中连片开发，服务高新区高新技术产业发展，打造创新创业载体（武汉东湖）

450

续表

角度	维度	政策框架	具体政策	示例
双创平台（众创空间、科技企业孵化器、加速器、产业创新联盟等）	双创平台资金支持	对双创平台搭建、运营给予资金支持或税收减免优惠	引导金融资本支持	引导和鼓励各类天使投资、创业投资等与众创空间相结合，完善投融资模式。鼓励天使投资基金入驻众创空间和双创基地开展业务。选择符合条件的银行业金融机构，在试点地区探索为众创空间内企业创新活动提供股权和债权相结合融资服务，与创业投资、天使投资机构试点投贷联动（国家级自主创新示范区）。鼓励国家高新技术产业开发区设立天使投资基金（武汉东湖）
			公共场地房租补贴	对众创空间提供的公共办公和活动交流场地，给予 50% 的房租补贴，最高 30 元/米²/月，补贴面积最高 1000 米²（武汉东湖）
			绩效奖励	众创空间直接投资在孵企业（团队）每投资一个项目超过 10 万元（含）的，按投资 10% 的比例给予奖励，单个投资项目奖励最高 100 万元；对引入社会机构投资在孵企业（团队）的，每投资一个项目超过 50 万元（含）的，给予 1 万元奖励。对年度绩效考核结果在合格以上（含）的众创空间给予不超过 50 万元奖励。每年评选 20 名光谷创业明星，给予每名创业明星 10 万元奖励（武汉东湖）
			设施补助	按照众创空间场地装修改造费用的 50% 给予后补助，单个众创空间场地装修改造支持金额最高 200 万元；对众创空间出资购买（租赁）用于创业服务的开发工具、公共软件等技术服务设施，按照设备购置（租赁）费用的 30% 给予后补助，单个众创空间支持金额最高 50 万元；对于投资建设服务于实体经济的众创空间智能制造装备（工具）搭建小型生产中试公共服务平台，支持金额最高可达到 300 万元（武汉东湖）
			活动资助	众创空间开展具有全国性、行业性、国际影响力的创新创业服务活动，对经备案并通过审核的活动，按照其举办各类创业活动实际支出的 50% 给予后补助，单个众创空间每年支付金额最高 100 万元（武汉东湖）
			科技企业孵化器运营补贴(绩效补贴)	对年度绩效考核结果在合格以上（含）的孵化器给予不超过 50 万元奖励
			国际合作支持	众创空间在全球创新尖峰区域设立分支机构，连接全球创新资源，根据其投资建设情况、孵化服务绩效可以给予一次性最高 200 万元的资金支持（武汉东湖）

451

续表

角度	维度	政策框架	具体政策	示例
双创平台（众创空间、科技企业孵化器、加速器、产业技术创新联盟等）	双创平台相关服务机构	加快创新公共服务及平台建设	加快科技创新公共服务平台建设	以浦东创新港建设为载体，打造张江创新服务集聚区；以政府购买专业服务的形式，支持已入驻园区的行业协会发展，充分发挥其服务企业的平台和桥梁作用；推动园区重大科技文化活动的开展；以正在推进的联合南方技术交易市场（GSTE）工作为契机，结合已入驻张江的孚中创新中心等机构，合作建立张江国际科技合作公共服务平台（上海张江）
			强化创创创业公共服务	综合运用政府购买服务、无偿资助、业务奖励等方式，支持中小企业公共服务平台和服务机构建设，为科技型中小微企业提供全方位专业化优质服务。各市（州）、县（市、区）要分级设立众创咨询服务平台，加强电子商务基础建设，开展基于互联网的创新创业综合服务。建立面向创新创业者的专利申请绿色通道，对小微企业申请发明专利进行资助（成都高新区）
创新载体与主体	高校、科研机构、国有体制机制改革	对科研人员进行股权、期权、分红权等多种形式奖励	股权激励试点政策	在示范区内的国有高新技术企业、院所转制企业、高校、科研机构中进行股权和分红权激励改革，对做出突出贡献的科技管理人员实施技术入股、股权奖励、分红权等多种形式的激励（中关村试点后全国推行）

452

第九章 国家高新区高质量发展评价、标准和政策

续表

角度	维度	政策框架	具体政策	示例
创新载体与主体制机制改革	高校、科研机构、国企体制改革	进行科技成果混合所有制、处置权、收益权改革	支持区域内高校院所开展职务科技成果权属混合所有制改革	鼓励高校院所与发明人或由发明人团队组成的公司（以下简称"发明人"）之间，通过约定以股份或出资比例方式进行知识产权奖励，对既有职务科技成果进行分割确权，以共同申请知识产权的方式分割新的职务科技成果权属。发明人可享有不低于70%的股权（成都）
			支持区域内高校院所开展科技成果处置权改革	支持在蓉高校院所对其持有的科技成果，可以自主决定以转让、许可或作价投资等方式向企业或其他组织转移。许可或作价投资过程中，除涉及国家秘密、国家安全外，不需审批或备案。支持在蓉高校院所科技成果转化，通过协议定价、在技术交易市场挂牌交易、拍卖等市场化方式进行定价，单位领导在履行勤勉尽责义务、没有牟取非法利益的前提下，免除其在科技成果定价中因科技成果转化后续价值变化产生的决策责任。支持在蓉高校院所2年内无实施转化的科技成果，可由成果完成人或团队通过与单位协商作价运用实施（成都）
			支持区域内高校院所科技成果收益权改革	科技成果转化所获收益全部留归单位，纳入单位预算，并可按不低于70%的比例，用于对科技成果完成人员和为科技成果转化做出贡献的人员进行奖励。在蓉高校院所从承担的市级科研计划项目经费和企业委托开发项目经费中按需支取劳务费开支性收入人员（包括财政拨款工资性收入人员、科研需要引进的人才、一次性取得单位岗位绩效工资总额管理（不含内设机构）正职领导、其他领导可按比例形式给予科技人员个人奖励、奖金等奖励。股份或出资比例激励，出资比例获得分红获得股权转让收益、股权、出资人在取得股权、出资比例获得分红或股权转让收益者权让、股权、出资比例奖励时，暂不缴纳个人所得税；对其所得依法缴纳个人所得税（成都）
	高校、科研院所为促进科技成果转化建立市场化服务机构		支持区域内高校院所共建研发创新平台并开放共享创新服务资源	支持在蓉高校院所际之间与院所、企业共建国家级、企业共建国家级"2011协同创新中心"，并给予国家建国家级（工程）实验室、工程（技术）研究中心、对高校院所新获批的国家级重点（工程）实验室、工程（技术）研究中心，经认定可给予最高200万元资助。对高校院所与在蓉科技型企业共建的产学研联合实验室，经认定可给予最高30万元资助。鼓励在蓉高校院所向我市放检验检测等创新服务资源，为各类创新主体提供技术服务，并根据服务的数量和质量给予高校院所和管理团队相应补贴及奖励（成都）

453

续表

角度	维度	政策框架	具体政策	示例
创新载体与主体	创新载体与主体	高校、科研机构、国企体制机制改革	鼓励建立市场化的技术转移机构、知识产权交易机构和科技成果评价机构	鼓励高校院所建立市场化运作的技术转移机构，对其促成国内外高校科研机构向成都市企业转化的科技成果，按技术合同中实际发生技术交易额的2%对技术转移机构给予补助，年度最高200万元；支持在蓉高校与成都市企业联合开展技术攻关、产品研发，按实际发生技术交易额的3%给予企业补贴，年度最高200万元；允许高校院所、技术转化项目政府类引导基金退出时优先受让，按实际发生技术交易额的3%给予高校研发类引导基金给予奖励。优化科技成果转化组织推进奖励机制，每年对业绩突出的国家、省、市级技术转移示范机构，一次性给予50万元、20万元、10万元奖补。对新获批国家级、省级的国家级、省级知识产权交易，一次性给予100万元、50万元建设经费补贴。支持在蓉高校院所依托国家级、省级知识产权交易服务站点，鼓励建设市场化的知识产权交易机构为高校院所技术交易、作价入股提供第三方的成果评价服务，根据其服务的数量和质量，每年最高可给予10万元补贴（成都）
			推动区域内高校院所与区（市）县共建环高校院所成果转化区	支持在蓉高校院所联合所在区（市）县利用校内及周边土地，用于建设公共技术平台、成立技术成果中试熟化基地，扶持高校院所成果转化项目，组建技术转移机构（知识产权交易中心）、开展科技创业孵化服务等。相关区（市）县成果转化项目在规划编制、公共配套、土地利用、项目报建、财政税收、房屋征收等方面开通绿色通道、特事特办（成都）
	人才支持政策	高校院所在职人员支持政策	鼓励高校院所科技人才和大学生创新创业	鼓励高校院所科技人员在完成本职工作前提下在职创业，允许高校院所非正职领导因成果转化需要离岗创业，3年内保留人事关系。通过"企业提需求+高校院所出编制+政府给支持"的模式，支持在蓉高校院所与企业共同吸引一批海内外高层次创新创业人才。对带技术、带项目在蓉新领办企业的高校院所两院院士、国家"千人计划"和"万人计划"入选者，四川省"千人计划"入选者，中科院"百人计划"入选者，长江学者、国家杰出青年等高层次人才人才给予100万元研发经费资助。带项目在蓉新领办企业的国内外高校院所硕士以上科技副职称以上科技人才给予20万元研发经费资助。对到在蓉新领办企业担任副高职称以上（或科技特派员），联合开展关键技术合作研发的国内外高校

454

续表

角度	维度	政策框架	具体政策	示例
创新载体与主体	人才支持政策	高校院所在职人员支持政策	鼓励高校院所科技人才和大学生创新创业	院所副高以上职称科技人才给予10万元研发经费资助。院所在蓉高校在校学生到校院地共建的创新创业载体创新创业，创新创业实践业绩可按照相关规定计入学分。对成都市与国内外高校及企业联合培养的战略性新兴产业领域在职硕（博）士给予50%学费资助（成都）
			下放科技成果使用、处置权和收益权	下放科技成果使用、处置权和收益权。对财政资金支持形成的、不涉及国防、国家安全、国家利益、重大社会公共利益的科技成果使用权，处置权和收益权。单位主管部门和财政部门对科技成果转化审批或备案，科技成果转化所得收入全部留归单位，纳入单位预算，实行统一管理，处置收入不上缴国库（成都）
			鼓励科技人员离岗创办企业	鼓励科技人员离岗创办企业。符合条件的科研院所科技人员经所在单位批准，可带科研项目和成果、保留基本待遇到企业开展科研工作或创办企业，3年内可保留人事关系。工龄连续计算，薪级工资按规定正常晋升，保留其原聘专业技术岗位等级，不影响职称评定。单位建立相应管理办法。规范科技人员离岗期间和期满后的权利和义务。科研院所科技人员在符合法律法规和政策规定条件下，经所在单位批准从事创业或创办企业时取得合法收入（成都）
			提高科研人员成果转化收益比例	提高科研人员成果转化的收益，按至少70%的比例划归成果完成人及其团队所有。科研院所科技人员（包括担任行政领导职务的科技人员）职务科技成果转化收入，科技成果转化重要贡献人员和团队的奖励、计入当年单位工资总额，不受当年单位工资总额基数、不纳入绩效工资总额管理（成都）
			允许科技人员兼职取酬	利用财政资金设立的高等学校、科研院所中的人员在完成岗位职责和聘用合同约定任务的前提下，依法经所在单位批准，可在四川省兼职从事技术研发、产品开发、技术咨询、技术服务等成果转化活动，以及在四川省创办、领办科技型企业，并取得相应合法股权收益或薪资。允许高等学校和科研院所按一定比例流动岗位，吸引具有创新实践经验的企业家和企业科技人才兼职（成都）

455

续表

角度	维度	政策框架	具体政策	示例
创新载体与主体	人才支持政策	高校院所在职人员（包）支持政策	拓宽高校院所科技人才到创新创业融资渠道	扩大天使投资引导资金规模，引导社会资本参与建立不低于10亿元的天使投资基金，促进高校院所科技成果转化。扩大科技企业债权融资风险补偿资金池规模至50亿元，引导和鼓励金融机构对入驻高校院所融资或高校院所孵化企业知识产权质押融资贷款，并对实现融资的人员领办的科技人员在蓉领办的企业给予最高1000万元的债权融资补贴。加快推进产业扶持资金"补（拨）改投"进程，构建资金"投"基金，人才扶持资金等各类金融扶持基金，带动社会资本支持初创期、早中期创新型企业发展。积极发展科技小贷公司，进一步完善多层次资本市场，拓宽创新创业融资渠道（成都）
	高端人才（包括外籍人员）及外籍学生创新创业支持政策	支持和鼓励留学人员和外籍人士到成都高新区创新创业	建立相应的服务绿色通道，及时办理外籍人士就业手续、居住证。根据实际需要签发有效期为2～5年的多次往返签证。海外高层次人才如有需要，可优先安排子女就学（成都）
		实施成都人才新政	设立20亿元人才发展专项资金，按需拨付；探索建立"企业提需求+高校出编制+政府支持"的联合引才机制，建立中国（成都）海外人才离岸创新创业基地，开设外籍人才停居留特别通道，创建中国成都人力资源服务产业园，优化人才发展平台（成都）
	企业支持政策	对众创空间中的企业（团队）进行绩效奖励	对众创空间直接投资在孵企业（团队）每个奖励，单个投资项目超过10万（含）的，按实际投资10%的比例给予奖励，单个投资项目奖励最高100万元；对引入社会机构投资在孵企业（团队）的，每投资一个项目超过50万元（含）的，给予1万元奖励。对年度绩效考核结果合格以上（含）的众创空间（上海浦江），给予最高不超过50万元奖励。每年评选20名光谷创业明星，给予每名创业明星10万元奖励（成都）
		大学生创业企业房租补贴	大学生创业企业首次入驻孵化器的，第一年租赁面积100米²以内，100~300米²部分给予50%房租补贴，以下同）；100~300米²部分给予50%房租补贴。对于在孵化器创业卡座的大学生，房租补贴部分，第二年到第四年租赁面积300米²以内，给予50%房租补贴，给予市级补贴部分，给予费用全免（上海张江）

456

续表

角度	维度	政策框架	具体政策	示例
辖区研发投入	企业研发投入	提升企业自主创新能力	鼓励孵化企业加大研发投入	对具有自主知识产权的孵化企业的年度直接研发经费部分，经认定予以30%的补贴，当年总额不超过50万元
			对科技型企业年度直接研发经费给予补贴	鼓励符合张江高科技园区产业导向，拥有自主知识产权的科技型创业企业（经营时间不超过3年，注册资金、年销售额在500万人民币以下，有较可行的盈利模式，市场潜力大，技术水平先进，工艺条件成熟，经营团队熟悉本技术领域发展）加大研发投入，经认定后，对该企业年度直接研发经费给予30%补贴，期限不超过3年（上海张江）
			对经认定的重点自主知识产权项目进行资助	加快推进高新技术成果转化。对于经认定的重点自主知识产权项目转化进行一次性资助，单个项目不超过30万元，单个企业不超过100万元，对其中具有战略价值和重大突破的项目，经严格认定给予不超过200万元的资助（上海张江）
		对企业研发投入进行支持	对高新技术企业、技术先进型服务企业和高新技术产品备案企业的研发投入，按10%的比例给予补贴，单个企业每年补贴经费额度最高500万元。对首次通过认定的高新技术企业、技术先进型服务企业和新技术产品备案企业，分别均给予5万元奖励；对重新认定的高新技术企业给予3万元奖励（武汉东湖）
	政府研发投入	加强科技创新与管理	鼓励建设公共研发平台	建设一批面向生物医药、文化创意、医疗器械、光电子器件、集成电路、动漫、信息安全、软件等产业领域的专业科技孵化基地；重点建设一批围绕生物医药、集成电路、动漫、信息安全、软件等领域的研发公共服务平台建设相结合（上海张江）
			在张江高科技发展专项资金中单列自主创新专项	在张江高科技发展专项资金中单列自主创新专项，专项资金支持向园区企业科技创新的直接投入比例，并逐步提高对园区企业科技创新的投入倾斜（上海张江）
		研发机构政策支持	研发机构设立补贴	对新认定的自主创新研发机构，其实现的增加值、营业收入，后3年给予50万元，前3年内给予100万元，补贴（上海张江）
研发机构支持			对研发机构申请项目进行支持	为提高企业自主创新能力，鼓励企业积极申报浦东新区级、市级和国家级企业技术开发机构（以下简称"研发机构"）的认定，整体设置在浦东新区目经认定的浦东新区级、上海市级和国家级研发机构可以申请资金资助。根据其项目研发费用给予资助。对于微电子、软件、生物医药等重点领域的研发机构和国家级、上海市级和国家级重点项目，资助额度分别不超过500万元、300万元和100万元；对其他行业的研发机构，资助额度分别不超过120万元、100万元和80万元（上海张江）

续表

角度	维度	政策框架	具体政策	示例
社会创业投资	金融机构支持政策	对引进金融机构的补贴政策	鼓励各类金融机构和金融服务资源在示范区集聚发展	对在示范区新设或新迁入的具有独立法人资格的银行业金融机构总部、地区总部给予其注册资本（营运资本）1%的落户补贴，补贴金额最高1亿元（武汉东湖）
			对新设金融机构进行落户补贴	对在示范区新设或新迁入的具有独立法人资格的证券公司、保险公司、期货公司、信托投资公司、金融租赁公司、资产管理公司、财务公司、基金管理公司、汽车金融公司、消费金融公司等非银行业金融机构总部、地区总部给予其注册资本（营运资本）1%的落户补贴，补贴最高5000万元（武汉东湖）
			对金融机构进行补贴	对在示范区注册新设或新迁入的直接隶属于金融机构和会计师事务所、律师事务所、资产评估、信用评级等金融中介服务机构给予其注册资本1%的落户补贴，补贴金额最高500万元（武汉东湖）
		推动科技金融专营机构的建设		对专营机构发放给科技型中小企业非担保、非抵押的信贷业务，按照贷款额度的1%标准予以补贴，单一专营机构每年本项补贴最高500万元（武汉东湖）
		大力发展股权投资		对股权投资机构该年投资2家以上示范区科技型企业的，按照其当年投资示范区企业的实际投资额给予1%奖励，每家机构每年本项奖励最高100万元；对投资示范区初创期科技型中小企业的，按照当年投资示范区企业的实际投资额的10%给予投资奖励，每家机构每年本项奖励最高200万元（武汉东湖）
	鼓励企业股权、债务融资	鼓励科技贷款贴息		鼓励开展信用贷款、知识产权质押贷款、保证保险、商标、版权等知识产权质押贷款融资、产业链融资等各类科技创新信贷。对示范区科技型中小企业利用信用贷款融资的基础利率80%给予贴息奖励，放款日的人民银行同期公布的基础利率及其他融资方式基准利率，每家企业每年本项奖励最高100万元（武汉东湖）
		鼓励直接债务融资贴		直接债务融资贴息奖励示范区科技型中小企业发行公司债、企业债券、中期票据、短期融资券等债务融资工具融资，企业私募债及其他直接债务融资的规模，按照不超过募集资金人账日的人民银行基准利率计算利息的50%补贴，根据企业依于人账日的票面利率基准利率计算的，按实际票面利率，对于成功发行直接债务融资的人民银行直接债券，每家企业每年本项最高100万元（武汉东湖）

458

续表

角度	维度	政策框架	具体政策	示例
社会创业投资	金融机构相关支持政策	促进企业多层次资本市场融资	鼓励非上市科技企业进行股份制改造	鼓励非上市科技企业进行股份制改造，在企业改制（包括新设）过程中，未分配利润等转增资本所形成的股东个人所得税，涉及资本公积、盈余公积、纳税确有困难的，在符合相关规定的前提下，可申请予以缓缴（武汉东湖）
			丰富和完善科技企业上市后备资源库，稳步有序扶持企业上市	积极推动示范区科技企业在主板（含中小板、创业板、"四板"）和武汉股权托管交易中心（"新三板"）、全国中小企业股份转让系统（"新三板"）、公开发行股票的企业，给予每家最高650万元融资。支持企业境内外首次公开发行股票的企业，给予每家最高200万元（市、区两级）的支持。对于在武汉股权托管交易中心挂牌的企业，给予每家最高60万元（区级）的一次性奖励。示范区上市配股、增发方式或示范区企业以3年期及以上中长期债券或票据方式完成资本市场融资，按年度给予融资企业一次性50万元奖励（武汉东湖）
			积极发展融资租赁	鼓励科技型企业通过融资租赁的方式取得为科技研发和创新创业服务的设备、器材等。对企业融资租赁而发生的融资费用给予20%的补贴。鼓励融资租赁机构为区内科技型企业补贴，按其当年为区内企业提供的融资总额之1%补贴，每家机构每年补贴最高200万元（武汉东湖）
			大力推行科技保险	鼓励示范区科技型企业参加科技保险，对购买科技保险的示范区科技型企业给予其投保费用的60%保费补贴，每家企业每年补贴最高60万元（武汉东湖）
			健全风险补偿机制	逐步设立50亿元风险补偿资金池，提供科技信贷服务形成的本金损失，通过与示范区银行等金融机构合作，对其为示范区科技型中小企业贷款损失，单笔最高80%的风险补偿。对与金融机构合作的示范区新增科技信贷规模配2%的风险补偿。单笔补偿最高500万元。对合作金融机构每年增科技投资协议约定贷款条件的，按照其新增科技中小企业贷款初创期科技型中小企业，给予风险补偿。对创期科技型中小企业，退出股权时发生的实际投资损失的，给予不超过实际投资本金损失60%的风险补偿。单笔补偿最高500万元（武汉东湖）
		完善科技金融服务体系	深化信用体系建设	对于参与评级的示范区企业信用给予信用评级费用100%的资金补贴，每家企业补贴最高一项补贴最高4000元。鼓励企业信用促进会发展会员，每发展一家会员1000元的补贴，鼓励提高示范区企业的信用意识，对每年获得示范区信用星级三星以上企业的信用奖励补贴（武汉东湖）

459

续表

角度	维度	政策框架	具体政策	示例
社会创业投资	金融机构先支持政策	完善科技金融服务体系	鼓励金融服务平台建设	对经管委会认定的金融服务平台，按其平台开发费用的50%给予平台开发费用补贴，对其运营费用给予20%最高30万元补贴（武汉东湖）；对示范区企业最高200万元补贴；
			鼓励金融创新	鼓励示范区内各类金融机构和金融要素市场有关金融单位针对示范区企业特点在金融产品创新、技术创新、服务创新、管理创新、组织形式创新等方面开展金融创新。对示范区做出突出贡献的金融创新项目和金融监管委员会认定后，按其所服务单户企业年度融资金额的5%给予最高20万元，累计不超过300万元
			鼓励金融人才聚集	加大示范区各类金融机构引进高级管理人员的支持力度，对其高管人员薪水给予一定的补贴，其中，对高级管理人员年收入在50万~80万元的，每年给予年薪6%的补贴；对年高级管理人员年工薪在120万~150万元的，每年给予年薪7%的补贴；对高级管理人员年工薪在150万元以上的，每年给予年薪9%的补贴（武汉东湖）
	风险投资机构支持政策	加强光谷科技金融品牌建设	对举办经管委认定的金融专业化、国际化、品牌化高端论坛等活动的，按实际活动经费的50%给予活动组织方补贴，每次活动最高50万元，每家企业每年本项最高100万元（武汉东湖）
		对新引进的风险投资机构进行补贴	对新引进的风险投资公司，从事对张江高科技园内高科技企业的风险投资业务实现的营业收入、利润总额形成功能地方财力部分，3年内给予100%补贴（武汉东湖）
		通过绩效考核对风投机构进行奖励	对风险投资公司投资园区高新技术创业型企业，3年内按授投资企业因此实现的增加值、营业收入、利润总额形成功能地方财力部分，给予风险投资公司20%奖励（武汉东湖）
	对科技型募资企业进行支持	推动企业上市融资并探索科技型企业融资和投资退出机制	积极开展非上市股份公司上市股权转让试点；结合科技部科技型中小企业成长路线图计划，推进园区科技企业进入上市"绿色通道"；鼓励园区企业进入海内外资本市场直接融资，探索科技型企业融资和创业投资退出渠道（武汉东湖）给予一次性补贴（总额不超过15万元）

460

第九章 国家高新区高质量发展评价、标准和政策

续表

角度	维度	政策框架	具体政策	示例
创新创业人才	高端人才资助政策	高端创业人才资助政策	对创业人才进行股权、资金支持	创业人才入选重点创业人才项目的，给予300万元资金资助，并提供200万~1000万元的股权投资；入选优秀创业人才项目的，给予100万元资金资助，并提供100万~1000万元的股权投资
			对企业长期创新人才、高端管理人才等进行资金支持	对企业创新长期人才、企业高端管理人才和企业高端金融财务人才给予30万元资金资助。根据企业需求，可提供100万~1000万元的股权投资
			对企业短期创新人才、高端中介服务人才进行资金、股权支持	对企业创新短期人才、高端中介服务人才给予30万元资金资助。根据企业需求，可提供100万~1000万元的股权投资
		高层次人才项目配套资金支持	对高层次人才项目配套资金资助	对通过东湖高新区申报，新入选国家"千人计划"创业人才与创新团队项目的高层次人才，按照就高不重复的原则，新入选国家"千人计划"其他人才项目和湖北省"百人计划"的高层次人才，按照就高不重复的原则，给予100万元的配套资金资助，并提供100万~1000万元的股权投资
	高端人才平台支持、保障与服务政策	高端人才平台支持政策	博士后工作站支持政策	对新批准建立的企业博士后科研工作站，给予50万~100万元资金支持；对新批准建立的企业博士后产业基地，给予30万~50万元资金支持
			对引进人才的企业、第三方中介机构进行资金奖励	对人才驻孵化器的3551人才企业，3年内给予房租补贴；对3551人才企业购买经人才办认定的第三方中介服务机构的财务、金融、管理、人力资源等服务的，3年内给予补贴，对引才效果显著的海外联络站、中介机构和企业，给予资金奖励
		高端人才保障与服务政策	提供高端人才职称评定绿色通道、保障其子女教育等服务	建立3551人才企业科技人员职称评定"绿色通道"；在居留和出入境、外汇资本结汇、海关通关、进口关税缴纳等方面给予政策支持和优惠待遇；在居住证制度、社保办理、境外驾照换领、医疗保障等方面完善相关服务
			推荐高端人才申报国家"千人计划"等人才项目	对贡献突出的3551人才，优先推荐其参加国家、省、市有突出贡献中青年专家和受国务院特殊津贴省市政府专项津贴的评选，以及国家"千人计划"、湖北省"百人计划"、省"编钟奖"和武汉市"黄鹤友谊奖"等人才项目的申报；优先推荐贡献突出的外籍人士申报"国家友谊奖"

461

续表

角度	维度	政策框架	具体政策	示例
创新创业人才	大学生创业就业	大学生人才引进政策	实施"凤巢计划"	按照拎包入住的标准，为大学毕业生提供功能齐全、舒适便利的人才公寓，为营造东湖开发区宜业、宜创环境，建设若干处环境优美、配套完善的光谷青年社区。鼓励社会资本、企事业单位参与青年社区、人才公寓建设，对为大学毕业生挖供包人住标准提供人才公寓，日房租不超过周边市场价7折的相关单位，根据实际情况给予适当财政补贴。落实"人才住房券"制度，以奖励形式发放"人才住房券"，用于企业人才和大学毕业生购、租住房
			设立"光谷奖学金"和"扎根光谷奖"	与在武汉的高校合作，每年安排不少于300万元设立"光谷奖学金"和不少于200万元设立"扎根光谷奖"，由东湖开发区和高校评选发放。"光谷奖学金"支持学习成绩优异、有意向在东湖开发区创业的全日制在校大学生；"扎根光谷奖"支持在社会实践、创新能力、综合素质等方面突出，在东湖开发区自主创业，在小微企业或基层岗位就业且服务期达3年及以上的大学毕业生
			开展"才聚光谷"行动	引导企业实现从招求人到转变，每年组织一千金万岗高校行"活动，在各大高校举办巡回政策宣讲及大学生就业恳谈会，送东湖开发区就业政策和就业岗位进校园。推动校友咖啡建设，组织定期组织光谷知名企业在各校友咖啡开展大学生创业主题沙龙，为大学生创业提供全方位服务，各类创业导师及相关专家、学者和大学生面对面交流
		大学生创业人才服务政策	打造人力资源产业园	建设人力资源产业园，培育和引进海内外知名人力资源机构为大学毕业生引进提供人才中介服务。对首次入住人力资源产业园内知名人力资源机构，区域总部设在东湖开发区的，一次性给予最高10万元的办公用房租金补贴；对全国总部设入东湖开发区成功就业的，给予人力资源机构400元/人的就业服务补贴，对当年新推荐应届大学毕业生到东湖开发区企业成功就业的，每年最高补贴20万元。设置"伯乐奖"，每年评选引进大学毕业生到光谷贡献大的东湖开发区企业和人力资源机构，给予10万元奖励
			构建"创业种子池"	支持拥有科技成果的大学生在东湖开发区创办科技型企业，东湖开发区每年评选出优质项目列入大学生"创业种子池"，并按照创业者现金出资额10%的比例给予无偿资助，单个项目资助额度最高50万元。鼓励企业孵化器加大对大学生创业专业服务机构的孵化企业创新创业等业务支持力度，对年度实际孵化并推荐入选"种子池"项目的众创空间、科技企业孵化器等机构，科技企业孵化器等机构奖励最高50万元，单个专业服务机构奖励最高5万元，对入选一个项目给予5万元奖励

462

（三）产业发展政策框架

综合对全国产业发展政策的观察，从"企业培育和产业发展"两个方面，多维度总结出 8 条具体政策（表 9-8）。

表 9-8　产业发展政策列表

角度	维度	政策框架	具体政策
企业培育	企业支持政策	以人工智能产业为例的企业支持	每年设立不低于 2 亿元的人工智能产业发展专项资金
			集聚产业高端人才
			引进和培育领军企业
			企业智能化改造补助
			支持企业知识产权海外布局
			支持企业境外设立分支机构
	互联网企业	支持企业实现"互联网+"	"互联网+"示范项目投资补助
			"互联网+"创业投资基金
	独角兽企业	独角兽企业补贴	对独角兽企业进行补贴，支持独角兽企业创新发展
产业发展	产业服务（以医药产业为例）	打造创新创业体系	对经认证的药物进行奖励，并对入驻孵化器企业进行补贴
		建设公共技术服务平台	对搭建的公共服务凭条进行补贴

（四）产业发展政策示例

根据上述产业发展政策框架，结合对武汉东湖高新区现有政策分析，这里列出促进产业发展的政策示例以供其他高新区学习和借鉴（表 9-9）。

（五）营造领先市场政策框架

综合对全国营造领先市场政策的观察，从"思想市场和会展经济，依托互联网的交易市场和平台，'互联网+仓储'、物流和服务"三个方面，多维度总结出 14 条政策（表 9-10）。

（六）营造领先市场政策示例

根据上述营造领先市场政策框架，结合对武汉东湖、上海张江、重庆两江新区等地区政策分析和总结，这里列出促进营造领先市场的政策示例以供其他高新区参考和借鉴（表 9-11）。

表 9-9 产业发展政策示例列表

角度	维度	政策框架	具体政策	示例
企业培育	企业支持政策	以人工智能产业为例的企业支持	每年设立不低于2亿元的人工智能产业发展专项资金	重点支持集聚高端人才、领军企业引进和培育、产学研深度合作等工作（武汉东湖）
			集聚产业高端人才	对新落户东湖高新区的领军企业和独角兽企业引进的高级技术人才人才给予奖励，每人最高不超过100万元，单个企业最高不超过2000万元。对年度个人经济社会发展贡献大于5万元的企业员工，每年给予其个人地方经济社会发展贡献奖励，单个企业每年不超过200万元（武汉东湖）
			引进和培育领军企业	对在东湖高新区新设立总部、第二总部、研发中心的领军企业和独角兽企业，三年内研发人员规模每增加100人，给予1000万元的企业发展奖励，单个企业最高不超过1亿元。对于本人工智能某个细分领域取得全国领先地位的企业，可按照"一事一议"的方式予以支持（武汉东湖）
			企业智能化改造补助	对企业运用智能装备和智能产品进行生产过程智能化改造，推进机器人应用，建设智能工厂/数字化车间，以及发展个性化定制服务、全生命周期管理、远程监控运营维护和在线支持服务等，项目投入在100万元及以上的，经评估后，按实际投入的20%进行后补助，单个企业补贴金额最高500万元（武汉东湖）
			支持企业知识产权海外布局	对企业通过《专利合作条约》（PCT）申请国外专利的按2万元/件给予奖励。对企业注册马德里协定国际注册商标成功注册商标的企业分别给予200万元/件给予奖励。对主导创制、参与创制国际标准的企业分别给予200万元/项、50万元/项的资金支持。对企业参加或承办国际标准相关工作会议给予5万元/年或10万元/年的资金支持。单个企业年度总额最高500万元（武汉东湖）
			支持企业境外设立分支机构	支持具有先进技术、品牌优势、规模实力或市场基础的企业开展跨国经营，对企业境外新设研发、市场等分支机构，按照30%的比例给予前期费用支持，其中研发分支机构最高给于300万元，市场分支机构最高给于100万元（武汉东湖）
互联网企业		支持企业实现"互联网+"	"互联网+"示范项目投资补助	每年在大数据、云计算、光电子信息、生物医药、节能环保、交通物流、现代金融、现代农业、益民服务等领域择优支持一批"互联网+"示范应用项目。对项目投入在100万元及以上的，经实际投后，按实际投入的20%进行评估后，单个企业补贴最高300万元（武汉东湖）

464

第九章　国家高新区高质量发展评价、标准和政策

续表

角度	维度	政策框架	具体政策	示例
企业培育	互联网企业	支持企业实现"互联网+"	"互联网+"创业投资基金	设立光谷"互联网+"创业投资基金，对知名创业投资机构在高新区设立"互联网+"创业基金和天使基金的，可按最高比例不超过50%，总额不超过1亿元参与引导投资。创投机构投资的外地优秀企业的，总部迁入高新区或在高新区设立区域总部的，按创投机构实际投资额的10%对创投机构予以奖励，单个机构年奖励金额最高500万元
	独角兽企业	独角兽企业补贴	对独角兽企业进行补贴，支持独角兽企业创新发展	对上一轮融资达5000万元且估值达5亿元，在高新区新设（迁入）企业总部或区域总部的企业，以及区内本土企业，连续3年对其自用办公场所租用金进行补贴，补贴面积最高2000米²，补贴金额最高50元/（米²·月）（武汉东湖）
产业发展	产业服务（以医药产业为例）	打造创新创业体系	对经认证的药物认证进行奖励，并对入驻加速器建设企业进行补贴	对获得美国食品药品监督管理局（FDA）、欧洲药品管理局（EMEA）、世界卫生组织（WHO）等国际药品生产规范（cGMP）认证的生物医药企业最高给予一次性500万元奖励。对自主研发的药品，获得美国FDA或欧盟药品质量指导委员会（EDQM）药品注册许可证并在园区实现产业化的，给予每个产品最高一次性300万元奖励；对入驻加速器、办公用房租用面积在2000米²（含2000米²）以下部分，按20元/（米²·月）的标准给予补贴（武汉东湖）
			技术平台奖励	对联盟牵头组建的技术平台，获批国家级、省级研发机构的，分别给予200万元、50万元一次性奖励（武汉东湖）
		建设公共技术服务平台	展示和体验中心建设补助	支持联盟牵头建设行业展示和体验中心，对于展示面积不少于100米²、参展单位数量不少于15家、良好呈现产业链或系统解决方案整体效果的，按照建设费用20%给予补助，每个展示和体验中心支持金额最高100万元（武汉东湖）
			行业活动支持	支持联盟主办或承办有品牌效应的行业活动，对于国际权威产业组织参与、对于国家行业主管部门参与、会议规模不少于300人的全国人的国际性活动，给予50万元支持；对于国家行业主管部门参与、会议规模不少于200人的全国性活动，给予30万元支持（武汉东湖）
			运营经费补贴	对运营规范成熟，推动产业发展效果明显的联盟，给予每年最高30万元/家的运行经费补贴；对新获批的国家级产业联盟给予50万元一次性奖励（武汉东湖）

465

表 9-10 营造领先市场政策框架列表

角度	维度	政策框架	具体政策
思想市场和会展经济	思想市场的政策支持	支持科技成果的转移转化	支持高校院所科技成果转移转化
		探索资本的	推动企业上市融资并探索科技型企业融资退出机制
	会展经济的政策支持	会展经济品牌推广、资金支持	品牌推广及会展活动补贴
			会展专项支持
依托互联网的交易市场和平台	互联网企业	电子商务企业补贴	企业与企业家活动支持
			电子商务应用和服务奖励
		企业智能化改造	企业智能化改造补助
		互联网企业政策补贴	对互联网企业进行政策补贴
	平台经济	平台经济补贴	鼓励依托互联网的平台经济的发展
"互联网+仓储"、物流和利服务	"线上+线下"结合发展	"互联网+物流"、创新创业等	"互联网+高效物流"
			"互联网+创业创新"
			"互联网+电子商务"
			"互联网+协同创造"

466

第九章　国家高新区高质量发展评价、标准和政策

表9-11 营造领先市场政策示例列表

角度	维度	政策框架	具体政策	示例
思想市场和会展经济	思想市场政策支持	支持科技成果的转移转化	支持高校院所科技成果转移转化	对高校院所科技成果实现向企业转移转化的，按照实际成交价的3%给予职务科技成果完成人和为成果做出重要贡献的人员补贴，每年每人最高50万元；按照实际成交价的5%给予受让该科技成果的企业补贴，每年每家企业最高200万元。对高校院所科技人员在职务科技成果转化中获得的收入所形成的市区两级财力贡献，给予全额奖励。对年技术合同认定金额达到100万元、1000万元、1亿元的单位，分别给予1万元、3万元、5万元的奖励
		探索资本的	推动企业上市融资并探索科技型企业融资和投资退出机制	积极开展非上市股份公司股权转让试点；结合科技部科技型中小企业成长路线图计划，推进园区科技企业进入上海内外资本市场直接融资，鼓励园区企业进入上海内外资本市场直接融资，并对其改制相关费用给予一次性补贴（总额不超过15万元）；探索科技型企业融资和创业投资退出新渠道（武汉东湖）
	会展经济的政策支持	会展经济品牌推广，资金支持	品牌推广及会展活动补贴	鼓励"互联网+"企业开展品牌推广活动。对高新区"互联网+"企业年品牌推广费用在500万元及以上的，按实际支出费用的5%进行补贴，每家企业年补贴金额最高100万元。支持社会机构在高新区开展具有全国性、行业性影响力的"互联网+"高端峰会、论坛、会展等活动，经认定的，按照其举办活动场地租赁费用的50%进行后补助，单个机构每年补贴金额最高100万元（武汉东湖）
			会展专项支持	东湖高新区管委会每年组织区内企业参加一定数量的知名展会。并对参展企业给予奖励，境内展单户企业每场奖励5000元，境外展单户企业每场奖励2万元。东湖高新区每年编订《国际知名展会参考目录》《目录》展会进行产品推广的，单户企业每场奖励2万元。每户企业累计每年奖励不超过3场（武汉东湖）
			企业与企业家活动支持	以企业家协会为平台，鼓励引导市场力量开展各类活动，提升企业家整体水平。东湖高新区每年安排专项资金，鼓励社会上各类服务企业公共平台通过开展讲座、沙龙、培训等活动，帮助企业家提升经营管理水平，促进企业家之间的沟通交流和互助合作（武汉东湖）

467

续表

角度	维度	政策框架	具体政策	示例
依托互联网的交易市场和平台	互联网企业	电子商务企业补贴	电子商务应用和服务奖励	对年线上交易额首次达到1000万元、1亿元、10亿元、50亿元的电商企业，分别一次性奖励20万元、30万元、50万元、100万元（武汉东湖）
		企业智能化改造	企业智能化改造补助	对企业运用智能装备和智能产品进行生产过程智能化改造、数字化车间，以及发展个性化定制服务、全生命周期管理、远程监控运营维护和在线支持服务等，项目投入在100万元及以上的，经评估后，按实际投入的20%进行补助，单个企业补贴金额最高500万元（武汉东湖）建设智能工厂/车间，推进机器人应用、建设智能工厂
		互联网企业政策补贴	对互联网企业进行政策补贴	给予基于"互联网+"、大数据、云计算、IT与生命健康产业融合的智慧健康领域生物企业0.4元/度/年的电费补贴，单个企业每年补贴金额不超过50万元，同一企业享受该政策不超过3年（武汉东湖）
平台经济		平台经济补贴	鼓励依托互联网的平台经济的发展	鼓励运用互联网信息技术等手段，搭建双边或多边的信息、交易和增值服务等平台，对运营应平台的企业，经认定后，根据企业对园区的贡献程度，在5年内给予一定补贴（上海张江）
"线上+线下"结合发展	"互联网+物流"、创新创业等		"互联网+高效物流"	加强无线射频识别、多维条码、卫星定位技术在重庆市物流行业信息化数据共享水平。物流监管部门统筹整合流公共信息平台，促进跨行业、跨区域的数据共享共用，探索实现铁路、港口、空港、同区基地等多式联运的数据共享共用服务。利用移动互联网、大数据、物联网技术，建设区域性现代化电商物流中心和公共仓储配送中心；探索发展物联网物流保险、产业链（重庆两江）
			"互联网+创业创新"	强化创业创新支撑，鼓励猪人戒网络公司等大型互联网企业和两江云计算产业园IDC企业利用技术和资源优势，向企业和创业团队开放平台接口、计算能力、数据信息等资源。积极发展众创空间，推动互联网产业发展优势明显的北部新区、渝中区、九龙坡区、渝北区、巴南区、沙坪坝区、永川区等，整合各类资源，建设一批多层次的双创空间、创业学院、创业空间和"互联网创业创新服务平台，建立一批孵化器、加速器、专业孵化器、大型综合解化器等新型互联网创业创新服务平台等

468

第九章　国家高新区高质量发展评价、标准和政策

续表

角度	维度	政策框架	具体政策	示例
"互联网+仓储"、物流和服务	"线上+线下"结合发展	"互联网+物流"、创新创业等	"互联网+创业创新"	联网+双创"示范基地。支持市内高等院校科研院所开放实验室和检测认证，软硬件等资源，支持企业开发技术产品研发。支持各类"互联网+"领域企业技术中心、工程（技术）研究中心、工程实验室等创新平台建设。积极推广众包、用户参与设计、云设计等新型研发组织模式，推动跨区域、跨领域技术成果转移和协同创新（重庆两江）
			"互联网+电子商务"	鼓励电商、物流、商贸、金融等行业企业建设农业电子商务综合服务平台，促进农特产品触网营销。支持企业发展生鲜速递、特产专业农产品定制开发和朝天门等大型专业电子商务公共服务网营销。支持企业发展生鲜速递、特产专业农产品定制开发和朝天门等大型专业电子商务公共服务服务桥企业和生产制造企业面向个性化、定制化消费需求开展电子商务应用。推进解放碑、观音桥等商圈智能化升级改造，打造智慧商圈网和网上商业街。优化重庆跨境电子商务公共服务平台功能，实现海关、检验检疫、国税、外汇管理、电商、物流、数据分析于一体的重庆跨境电子商务后援基地。加快建设集保税商品展示、物流、交易、服务、数据分析于一体的重庆跨境电子商务市进充分发挥"渝新欧"国际铁路货运大通道的作用，支持引导跨境电商进出口物流在重庆市进行集散分拨。引导传统制造和商贸流通企业加网络转型，与跨境电商良性互动。加强电子商务应用和模式创新，支持企业发展C2B、O2O、移动电子商务等电商新业态，鼓励企业发展社交电商、"粉丝"经济等网络营销新模式
			"互联网+协同创造"	以建设智能制造单元、智能车间、智能工厂为发展方向，开展智能化、运用物联网、智能机器人、增材制造等技术推进生产过程智能化。打造重庆工业云创新服务平台，开展制造业大数据创新应用试点。促进互联网与设计、制造过程融合，大力推广基于云计算服务模式的网络协同设计、众包、虚拟仿真、在线3D打印等新技术应用构建网络化协同制造公共服务平台。重庆长安帆集团等开展网络协同制造、柔性制造等新型制造和商业模式创新。支持长安汽车股份有限公司、发展网络协同制造、柔性制造等新型制造和商业模式创新。支持长安汽车股份有限公司、开展基于个性化产品的服务模式和商业模式创新。鼓励资源共享、装备、消费品等制造业务，开展基于个性化产品的服务模式和商业模式创新。鼓励资源共享、先进发展用户需求导向型制造新模式。利用互联网大数据技术，实现出产品制造向"制造+服务"升级。利用互联网技术，提高城市功能维护等个性化产品的智能区智能制造业集聚示范区，提升区内企业协同配套水平，建设一批精细化管理、专业化服务、智能化发展的智慧性制造业集聚示范区

469

（七）构筑社会活力政策框架

综合对全国构筑活力社会政策的观察，从"知识教育和培训产业，促进消费、休闲娱乐、健康服务，人才政策"三个方面，多维度总结出4条政策（表9-12）。

表9-12 构筑社会活力政策列表

角度	维度	政策框架	具体政策
知识教育和培训产业	支持教育和培训产业发展	支持互联网等新型教育产业	探索新型教育服务供给模式
		支持培训产业发展	企业人才培养补贴
促进消费、休闲娱乐、健康服务	跨境电商、高端消费	支持全球电子商务、文化创新、新型娱乐等	加大对大型文化娱乐、演出等浦东新区重大文化产业项目的扶持力度
人才政策	外籍人口，年轻人口落户等	人才落地便利化	外籍高层次人才来华签证和工作的便利化改革

（八）构筑社会活力政策示例

根据上述构筑社会活力政策框架，结合对重庆两江新区、上海张江等区域典型政策分析和总结，这里列出促进构筑社会活力的政策示例以供其他高新区学习和借鉴（表9-13）。

表9-13 构筑社会活力政策示例列表

角度	维度	政策框架	具体政策	示例
知识教育和培训产业	支持教育和培训产业发展	支持互联网等新型教育产业	探索新型教育服务供给模式	建成"渝教云"在线教育服务平台，推进各级各类优质教育资源联网共享。通过互联网技术，发挥都市功能核心区教育资源优势，探索推进对渝东南、渝东北等偏远地区农村师资欠缺学校异地同堂上课等网上教学模式，促进区域教育均衡发展。利用互联网技术，提供多层次、多品种网上教育资源。鼓励开展个性化教学、在线答疑、师生互动、学生交互式学习等网络教育服务（重庆两江）
		支持培训产业发展	企业人才培养补贴	支持企业人才培养和引进。给予企业新增人员3000元/人的培训补贴，单个企业年补贴不超过500人次。鼓励高校院所、职业学校组织在校生参与企业工程实践，给予企业每学生最高1000元/月的实践补贴，单个企业年补贴不超过50万元（武汉东湖）

续表

角度	维度	政策框架	具体政策	示例
促进消费、休闲娱乐、健康服务		跨境电商、高端消费	加大对大型文化娱乐、演出等浦东新区重大文化产业项目的扶持力度	加大对大型文化娱乐、演出等浦东新区重大文化产业项目的扶持力度，对投资商按项目实现营业收入、利润总额形成的区地方财力部分的一定比例予以财政补贴，补贴比例为500万元以下的30%、40%，500万元以上的超出部分为41%、50%。对引进重大文化产业项目注册在浦东新区的文化中介企业和文化经纪人，按其为该项目提供服务实现的营业收入、利润总额形成的区地方财力部分，给予40%、50%的财政补贴（上海）
人才政策		外籍人口、年轻人口落户	人才落地便利化	外国人才可享受7项出入境便利政策，创业资助最高可达1亿元，优秀外国留学生毕业后，可直接在杭就业并享受相应补贴（杭州）

（九）建设宜居宜业城区框架

综合对全国建设宜居宜业城区政策的观察，从"绿色生态宜居城市建设，交通、教育、医疗等公共服务，智慧城市建设和运行"三方面，多维度总结出4条政策（表9-14）。

表9-14 建设宜居宜业城区功能列表

角度	维度	政策框架	具体政策
绿色生态宜居城市建设	创新绿色生态	绿色生态建设	鼓励绿色发展
			"互联网+绿色生态"
交通、教育、医疗等公共服务	公共服务政策支持	鼓励教育培训、健康医疗等商业模式创新	根据教育培训、健康医疗、交通出行等新业态、新特征，鼓励商业模式创新
智慧城市建设和运行	智慧城市	互联网全面覆盖	推进宽带和通信网络升级，实现光纤宽带城区和行政村全覆盖、4G网络城区深度覆盖和乡镇全覆盖

（十）建设宜居宜业城区示例

根据上述建设宜居宜业城区政策框架，结合对重庆两江新区现有政策的重点分析，这里列出促进建设宜居宜业城区的政策示例以供其他高新区学习和借鉴（表9-15）。

表 9-15　建设宜居宜业城区示例列表

角度	维度	政策框架	具体政策	示例
绿色生态宜居城市建设	创新绿色生态	绿色生态建设	鼓励绿色发展	对以节能减排为目标开展技术改造项目，并购置安装高端"三废"处理设备，在投产后 VOCs、COD 年排放浓度低于国家排放标准 20% 以上的生物企业，对其设备购置费用给予 20% 补贴，补贴总额不超过 100 万元
			"互联网+绿色生态"	建立和完善全市基于地理空间信息的生态环境大数据基础框架和共享平台，实现生态环境数据互通和开放共享。结合互联网大数据技术分析，优化监测站点布局，加强环境质量和主要污染物排放等在线实时监控，建成统一的信息管理平台，实现在线查询和定制推送。加快建立重庆重点行业能耗监测评估和预警信息系统，构建节能减排技术支撑体系。构建三级气象预警信息发布平台，加强森林火灾预测监控等防灾减灾体系、乡镇地下综合管廊等智慧化管理。支持基于物联网、大数据等灾体系建设，推进海绵城市，水资源管廊等智慧化管理。支持基于物联网、大数据等技术，开展废旧资源（危险废物除外）回收信息平台、数据分析、创新再生资源回收模式
交通、教育、医疗等公共服务	公共服务政策支持	鼓励教育培训、健康医疗等新业态、新模式创新	根据教育培训、健康医疗、交通出行、新媒体等领域的新业态、新特征、新模式创新，适应新经济发展需求，按照"法无禁止即可为"的原则，开展信用监管、弹性监管和事中事后监管，包容处于发展初期的新业态发展
智慧城市建设和运行	智慧城市	互联网全面覆盖	推进宽带和通信网络升级，实现光纤行政村全覆盖，4G 网络城区深度覆盖和乡镇全覆盖	实施 "i-chongqing" 工程，搭建全市公共区域免费 WiFi 网络，完善国家级互联网骨干直联点建设，推动国际数据大通道建设。加强两江仙桃国际云计算产业园、渝北仙桃大数据谷、北部新区云计算基地、大渡口移动互联网产业园、渝中区信息消费产业园、"互联网+"产业承载区建设，完善上下游产业链，推动"互联网+"增值应用。加强"互联网+"关键领域重要信息系统的安全保障，落实信息安全等级保护制度，建立互联网应用创新能力体系，开展网络安全监测通报、监督管理、标准认定，应急处置和创新能力体系，开展网络安全监测加强信息网络基础设施安全防护和用户个人信息保护

472

第十章 国家高新区未来 30 年展望

第一节 打造高端复合型人才培养机制迫在眉睫

2017 年，科技部印发《"十三五"国家科技人才发展规划》，在目标中提出，我国 R&D 人员全时当量由 2014 年的 371 万人年达到 2020 年的 480 万人年以上，R&D 研究人员全时当量由 2014 年的 152 万人年达到 2020 年的 200 万人年以上，每万名就业人员中研究开发人力投入由 2014 年的 48 人年提升到 2020 年的 60 人年以上。

2018 年 7 月 中共中央办公厅、国务院办公厅印发了《关于深化项目评审、人才评价、机构评估改革的意见》，并发出通知，要求各地区各部门结合实际认真贯彻落实。

2018 年以来，全国 20 多个城市加入"人才争夺战"，政策优惠前所未有。西安市近期出台的一项政策成为全国各地"人才争夺战"的冰山一角。只要凭借身份证和学位证在手机 APP 上办理，就能够在半个小时左右落户西安。而且学历要求降低，全日制普通高等院校、中等职业学校（含技校）毕业，或具备国民教育同等学力的人员及留学回国人员均可。

在我国迎接知识经济和缔造创新型国家的努力中，人才已经成为转方式、调结构的关键智力来源，成为决定区域竞争力的核心要素，也成为在很大程度上决定国家未来命运的战略资源。需要强调的是，对人才的尊重和善用，贯穿了从平台打造、人才引进到环境建设和机制完善的全过程，绝非孤立地引进和投资这样简单。我国国家高新区 30 年的发展建设中，践行了以环境吸引人才、以人才优化环境的可持续发展道路，为国家制定人才政策提供了不少可供研究和反思的经验，也部分形成了国家相关政策制定的基础和参照。

一、国家高新区正在成为创新创业人才集聚的高地

如果我们把中国国家高新区发展的历史简单地还原为顶层推动和底层探索这 2 条线索的话，那么显然，以陈春先为代表的最早一批在中关村"下海"创业的科技人员，则当之无愧成为这场"中国新革命"的缔造者和引领者。回顾这段历史我们看到，从陈春先在中关村创办"北京等离子体学会先进技术发展服务部"开始，到我们耳熟能详的陈庆振创科海、柳传志建联想、李彦宏起百度……以中关村为典型代表的国家高新区留给人们的一个深刻印象，就是以科技人员为主体的各行业杰出创新创业人才，纷纷投身于此、大显身手。

当然，30 年来国家高新区的发展壮大，除了这些光彩耀人的"科技明星"之外，还有大量的大学毕业生、海外留学人员、高级经理人、从事现代服务业及加工制造的各类人才，他们源源不断地进入高新区，为高新区促进知识生产进行源头创新和加速科技成果商品化、产业化夯实了基础。值得我们注意的是，国家高新区集聚优秀人才的努力和所取得的成绩，不仅体现在高学历、高层次人才数量的不断攀升上，同时，高新区的人才政策和其他相关政策也在不断丰富和完善。在创立伊始，国家高新区就坚持以环境吸引人才、以事业造就人才、以机制激励人才，通过建立孵化器、提供创业资助、鼓励设立研发机构、减免创业企业税收、给予人才补贴及支持科技人员离岗或兼职创业等优惠政策和措施，支持人才创新创业，通过在实践中不断探索，逐步建立起以产业需求为导向的人才培训体系和适应创新发展需求的人才管理制度。2000 年后，随着各地国家高新区先后迈入"二次创业"的发展新阶段，各类引进和培育创新创业人才的计划或举措纷纷出台，例如从 2006 年开始，无锡、苏州、深圳等多个地区的国家高新区，先后启动了高端创新人才引进计划，成为大力吸引、积聚创新人才的先行者。以 2008 年 12 月中组部启动"千人计划"为标志，各地竞相提出更优惠、更具竞争力的政策，同时努力推进体制机制创新，力求突破部分束缚人才发展的制度性障碍，为人才在高新区、开发区的发展提供更广阔的平台空间、更便利的服务和更舒

适的生活环境，不断凸显开发区、高新区的人才"高地"效应。总体上，目前国家高新区已经形成了相对完善的人才政策体系和人才服务体系，有望率先形成人才集聚与产业聚集相互加强、创新人才发展与高端产业发展相互促进的良性循环局面，从而为全国范围的人才发展和人才工作提供良好的样板。

二、从企业家精神到创新创业的文化

在电视纪录片《公司的力量》里，对于流光溢彩的创富年代，有这样一段讲述：传奇时代一定是由传奇人物演绎的。创富年代的主角是企业家。什么是企业家——熊彼特把企业家称为"破坏性创造"的人，认为他们为获利而生，是资本的化身。企业家们因市场而生，在市场中长大。他们懂得配置资源，他们善于在生产过程中重新组合资源，打破传统的均衡状态。企业家是有能力、有眼光、敢冒风险、有能力实现梦想的人。他们追求最大限度的利润，但同时，还受一种文化的、精神的力量支配。马克斯·韦伯在对近代资本主义兴起的研究中指出，基于新教伦理的"企业家精神"是近代资本主义制度得以建立的根本支撑。"企业家"是遵循着工具理性原则，以克己、勤勉、努力工作等待上帝的"召唤"、以实现被"救赎"的人群，他们努力挣钱、积蓄和再生产，以被"救赎"作为自己的"天职"（calling），而这与赖以谋生的"职业"（vocation）是截然不同的，"挣钱不是贪婪，也不为谋生，而是使命，是精神，是改变个人命运的最好途径"。因此，是这个群体促成了近代资本主义精神滥觞。

更近一点，还有一本关于创新的书很好阐释了创新的文化和尤为难能可贵的，作为国家精神的创新精神的养成，就是《创业的国度——以色列经济奇迹的启示》。这本书的作者，一个美国人和一个以色列人，从以色列的兵役制度、研发计划、移民政策等多个方面，从很不像是"创新"的事件里，刻画出这个国家何以创新能力如此旺盛的原因。本书中的一部分，"高科技的耕耘者"，有这样一句导言，"最谨慎的方式就是放胆一试"，这恰是"企业家精神"的一个重要写照，当然在这本书里，作者很生动地描述了"放胆一试"的底气源自于哪里——比如以色列的兵役制度会迫使一个年轻人养成快速反应和即时决策的能力，所以这里有一个形象的说法，"军队就是一个大孵化器"；这里的移民政策所导致的不确定感从根子上去除了人们守成的习惯，等等。再举一例，就在不久前，扎克伯格高价收购了 Instagram，实际上早在

2004年，Instagram的创始人凯文还在斯坦福大学时就打算做图片社区，那时扎克伯格就想拉他入伙做Facebook的图片分享功能，凯文纠结许久还是拒绝了邀请；然后到了2011年年初，Instagram迅猛崛起，扎克伯格第二次提出收购，凯文再次拒绝；最终到了第三次，扎克伯格迫于潜在的巨大威胁，再次开出天价，Instagram终于点头应允了。这个有趣的故事告诉我们的正是创业者的精神，生生死死何足惧哉，你看硅谷的多少企业和企业家们，几进几出更替沉浮，而这正是硅谷的魅力所在。

当然，眼下中国国家高新区的发展建设尚未形成如硅谷般的规模和纯熟，小企业起伏跌宕的命运受制于除了技术之外的诸多因素，非市场的力量依然构成决定市场运作的关键一极。但是必须承认，在国家高新区这片土地上，如果你去走走看看，必定可以感受到创新和创业的勃勃生机在四处生长。数次的调研，把我们这些研究者带入到国家高新区创新创业的实景当中，许许多多的创业故事都起始于一个最初的创业的念头，由于高新区齐全的扶持政策——孵化器、启动资金、创业导师——而落地生根，也依托后续的扶持——加速器、引导和鼓励上市——而壮大、设立异地分公司，甚至走向国际市场。

这样的故事比比皆是，为了避免厚此薄彼，恕我们不再以实例列举。但是我们要思考一个问题，所谓企业家精神和创新的文化，是可以孤立存在的么？既为文化，必有其超越了个体的地方，也有人为难以迅速推动和改变的性质，那么这对于我们认识人才工作，提出了什么样的挑战？

我们来看一个著名的研究。美国社会学家萨克森尼在对硅谷和128公路——美国两个著名的科技园，128公路曾经承担了美国军方相当数量的研发任务——的比较研究中指出，硅谷之所以后来居上，最重要的原因就是那里有一种创新的文化，而这个文化的典型体现，就是建立在创业者中间的地方网络和基于网络的紧密联系，它们作为文化的载体，不仅酝酿、滋养"虚"的环境氛围，更提供"实"的技术与各类信息及最关键的因素——资本。这个发现后来被萨克森尼沿用到对印度创新能力的研究中，很多从硅谷回来的创业人员架起了班加罗尔和硅谷之间的桥梁，他们是"空中飞人"，源源不断地输送回最先进的技术和理念，同时培育起印度本土的创新生境，使各种创新本地开花。无须讳言，这一点中关村中的部分创业者们做得则是并没有让人很满意，这里目前很多的"空中飞人"还是以硅谷作为主要的信息港和活动基地，国内的科技园区则更像是一个个飞地，他们多事空投而很少问津在本地的网络构建。

显然，人才的成长和发挥作用，最需要一个有机的环境，尤其是小环境，这包括齐备的创业平台、高效的合作团队、低廉的人际交流成本、便捷的对外沟通渠道、丰富的朋友圈子（人脉）、可以承担的生活负担，等等。比如我们去做调研，很多创业者可以进驻孵化器，领军人才可以拿到启动资金，但是他们很多人说，我们没有优秀的研究生、我们买仪器很不方便、团队的成员租不到公寓，等等。乍听上去似乎都无关创新，但正是这些点点滴滴，支撑起了那些金字塔的"塔尖"，支撑起了创新事业的生生不息。

三、优化环境培养人才比引进人才更重要

无锡高新区 2010 年曾经高调推出"530 计划"提出要建成集聚高层次人才、培育高新技术产业、发展高端服务业、具有高品质人居环境的"人才特区"。这其中包括深化和拓展"530"计划、实施"百千万"人才工程三年行动计划、推进以吸引软件与服务外包产业人才为重点的"123"计划、以吸引物联网技术和产业领军人才为重点的"1113 工程"行动计划等。随着一部部重磅人才计划的相继出台，无锡的人才招揽已经迈入"后 530 时代""泛 530 时代"。

与此同时，我们不难发现，各地都在紧锣密鼓地制定和出台各种人才计划，各个省对"千人计划"人才的争抢甚嚣尘上，一些经济欠发达的边远省市也不甘落后，使尽解数欲与富省富地试比高。对此，人才计划的实质是什么？就是简单地砸钱么？紧跟着的一个疑问就是，国家花了高价"买"回来的那些人才，他们人尽其才了么？再追问一句，人才计划的绩效如何考核？

人才发展，已经面临着严峻一问。人才政策，将何去何从？我们需要什么样的政策来确保人才能够真正成为创新和创业的不竭动力？所以，我们认为，优化环境培养人才比引进人才更重要。在追求创新驱动发展的年代，旨在激发创新能力的政策设计必须以打造适宜的宏观环境为基本关怀，这包括两个方面的内容。

第一，创新政策及相应的人才政策，应当纳入国家战略层面的设计与考量之中。一个富于高度和前瞻性的战略是制定行之有效的政策的前提，在战略缺失或含糊的情况下，很可能导致政策缺乏导向性、系统性和连贯性。令人痛心却又屡见不鲜的一个事实是，目前很多地区将人才工作简单定位在不

惜代价引进甚至就是"买进"海外人才，却不去建设能够让人才充分发挥其价值的工作平台和制度环境；海外人才被吸引回国后却内耗于国内繁缛的人事制度、落后的仪器设备条件和微妙的政治文化当中。而破解这些问题显然已经不是单纯的人才问题，仅靠一方基层政府是很难见效的，这要由国家来进行切实可行的顶层设计并配之以令行禁止的执行主体。

第二，基于上一点或者部分包含上一点，就是人才政策已经对不同政策部门的协同工作提出新的要求。2011年3月，中央组织部等部委与北京市委、市政府联合印发《关于中关村国家自主创新示范区建设人才特区的若干意见》，拉开在中关村国家自主创新示范区建立首个国家级"人才特区"的序幕。这一事件的政策含义在于，中组部与北京市委市政府及中关村自主创新示范区，三者将合力协同推进人才工作，这是典型的高位运作。随后颁布的《加快建设中关村人才特区行动计划（2011—2015年）》提出，建设人才特区要实施自主创新平台搭建工程、高端成果转化扶持工程、新兴产业发展带动工程、科研学术环境创建工程及北京人才公寓建设工程等6项工程，以及推行资金奖励及财政扶持政策、股权激励政策、人才培养政策、人才兼职政策、居留与出入境政策、落户政策、进口税收相关政策、医疗政策、住房政策和配偶安置政策等10项政策。如果我们不去细究具体的实施细则，仅从条目来看，如果没有各个部门的通力合作，很难想象该计划可以落到实处。

中关村国家自主创新示范区人才特区事业一开，效仿者甚众，就在中关村的框架之下，各地纷纷穷己之力，开启人才特区建设的热潮。继中关村之后，随着武汉东湖科技园区和上海张江科技园区获批建设国家自主创新示范区，这3个园区在人才工作方面都出台了诸如"股权激励""代持股专项资金"等政策；"张江新十条"更是以前四条都直接指向人才吸引而博得一片好评，这些已经开始的探索应当在得到高层肯定并切实推动的情况下，予以制度化、规范化，从而实现政策的理性运作。

良禽择木而栖，贤者唯才是举。中国国家高新区30年来的发展历程，也是一部中国社会发展与转型的剪影。20世纪80年代改革初启，邓小平同志"尊重知识、尊重人才"的讲话曾经大大解放了禁锢中的科技教育事业，随后，知识和掌握知识的人起伏于改革波澜之中。当前，科教兴国和创新发展已经上升为国家战略，人才也又一次被推向发展的核心。但是我们要切记，人是目的，不是手段，更不是工具，只有明确了这一点，人才方能尽显其才，以创新为驱动的发展才可能成为可持续的发展。

第二节　第三次工业革命与高新区发展转型

2012年以来，关于第三次工业革命的讨论不断见诸报道，无论是企业家、政府官员，还是科研工作者都对第三次工业革命高度关注，国内部分高新区也开始针对第三次工业革命中所涉及的产业进行布局，因此进一步讨论第三次工业革命与高新区发展的关系具有十分重要的意义。

一、对第三次工业革命的理解

当前关于第三次工业革命的定义主要有两种，美国学者里夫金认为互联网技术与可再生能源的结合，将使全球出现第三次工业革命；《经济学家》杂志编辑麦基里认为工业革命主要体现在生产方式的革命，当前正在经历的第三次工业革命，其核心是数字化制造，智能软件、新材料、灵敏机器人、新的制造方法及一系列基于网络的商业服务所形成的合力，以及产生的足以改变经济社会进程的巨大力量。

谈到第三次工业革命，就不得不提技术-经济范式，在每次的工业革命中，技术进步都是形成经济格局转化的基本动力，技术的发展推动了管理组织、资源配置等方式的发展，新的经济范式也在这一过程中建立起来。同时，技术也是在这样的发展过程中受到社会的形塑，新的经济范式的形成对技术的发展又具有很强的影响作用。从经济发展的长周期来看，人类经济史上已经发生了6次科技革命和2次工业革命，目前正处于第六次科技革命和第三次工业革命的前夜。因此，国内贾根良教授就指出这是第六次科技革命所引发的第三次工业革命。这与里夫金等人的观点有相合之处，也就是这次的工业革命是以第五次信息和远程通信技术（当前主要是互联网技术）和其所推动的经济发展方式为基础的，这种正在形成的新经济方式是第三次工业革命的前提和环境。因此，虽然第三次工业革命刚刚开始，但我们却可以从互联网产业所引发的资源配置和生产组织方式方面对这种范式的转化有初步了解。

（一）对资源配置的影响

近几年互联网金融不断壮大，这其中不仅包括金融的互联网化，更重要的是基于互联网技术，形成信息交互，资源共享，优劣互补，并从这些数据信息中挖掘出价值，从而改变金融资源的配置方式。例如 Lending Club 正在改变传统银行的运行模式，这家公司通过记录潜在借款人的信用记录，然后将投资者与寻找资金的人匹配起来，实现客户对客户（P2P）的直接贷款，过去 5 年中，该公司促成的贷款数量基本每年都会翻番，2012 年甚至增长了 2 倍，谷歌刚刚成为这家公司的战略投资者。另一个则是 Kickstarter，这家众筹网站通过对公众募集小额资金，让有创造力的人获得资金，以实现自己的梦想。

（二）对产业组织的影响

互联网产业的发展正在深刻地影响着生产组织的模式，很多专家学者从制造方式角度提出未来是以互联网为基础的智能化制造，"分散生产，就地销售"。从产业全球组织方式来看，互联网推动的产业组织是对单一产业链模式的一种颠覆。单一产业链模式中，产品边界较为清晰，技术轨道也相对稳定，产业发展中的技术学习较为困难。而以互联网为基础的多种技术融合，推动了生产组织模式、商业模式的快速发展，从而使各种产品的应用领域更加广泛，原有产业发展的边界不断模糊，产品应用领域的扩展使原有学习模式和技术轨道存在很大的变化性，跨产业链的组织方式大量涌现，促进了新的技术和产业发展模式的形成。例如乐视网基于自身的内容优势，联合富士康、夏普、创新工厂推出超级电视，就为参与的各个企业开辟了一条新的发展道路。

目前，这些正在发生的改变必将对第三次工业革命的发生与发展产生重要的影响。从历史上看，我国已经错过了前两次工业革命，因此，在面对第三次工业革命时，我国各界都意识到其对经济和社会发展的重要性，但从现实基础来看，抓住此次工业革命的机遇，我国依然面临着巨大的挑战，同时也存在赶超的空间。

1. 追赶的极限

巨大的挑战主要在于长期以来形成的经济发展思想和模式，也就是追赶的极限。在改革开放之初，我国经济和产业的很多方面都较为落后，又恰逢全球经济一体化的大潮，因此，我国的产业发展和东亚很多国家一样奉行的是发展型国家模式。所谓发展型国家是指国家有意识地将发展视为优先，利用政策工具，将国内稀有资源投入重要产业部门，以提升国家的生产能力和竞争能力。具体来说，就是利用国际产业分工的机会，切入到产业价值链中的某些段落，政府通过政策手段沿产业链配置资源，形成产业布局，并对重点企业的发展和创新进行扶持，快速实现产业的规模化，在这一过程中，部分企业的学习能力和创新能力得到大幅提升，实现沿产业链的升级。

这种方式无论是在中国还是东亚一些国家、地区的发展中都发挥了重要作用，但这种发展模式本身就存在追赶的极限，政府的作用是基于对技术和产业发展具有较强的认识和把握能力，企业的学习和创新能力是基于既有产业链发展中大规模生产而形成的。而面对新兴产业和赶超的机会窗口时，这种发展模式并不能有效预计未来的发展，甚至会形成路径依赖，从而错失发展的机会。

在我国上一轮战略性新兴产业的发展中，就充分暴露了这样的问题。在中央提出大力发展战略性新兴产业后，各个地方就开始根据产业链，大规模招商办厂，同时配置资金、科研机构、人才等资源。一时间，各地重点产业雷同，产业生产规模迅速扩大，但学习、创新能力并没有建立起来。在国内外市场趋冷的情况下，这种过剩的生产能力无法消化，价格竞争使很多企业经营面临困境，甚至倒闭，学习和创新过程也因此中断。我国很多高新区在这一过程中也是采用同样的发展模式，没有形成内涵式发展，并没有成为战略性新兴产业发展的重要载体。

2. 未来的空间

从当前来看，我国在智能、材料等技术领域落后于发达国家，而新的生产方式又将削弱我国生产成本的优势，似乎我国又将在这一轮新的工业革命中落后于西方。但从世界经济发展史来看，第二次工业革命时，美国、德国并不是新技术的发明者，但依靠国内资源动员，构建新的经济发展范式，实现了对英国的赶超。目前，我国同样存在这样的可能性，这主要得益于我国互联网产业发展与国际存在并行空间。

我国互联网产业虽然起步晚于国外，但发展迅速，由于种种原因，国外互联网企业在国内的发展较为缓慢，而国内企业则快速崛起，形成了一批有影响力的领军龙头企业。对国内外互联网产业有着深刻了解的李开复坦承，"跨国公司通过中国子公司（无论交由外国人或美籍华人管理）来落地运营某个复杂产品的时代已过去。'这太困难了。等他们还在学习、适应时，宝贵的时间就已飞快流逝，其间，中国竞争对手会快速崛起，而且发展得比这些跨国公司还快。'"这种发展的差异造就了中国互联网产业的并行空间。

虽然在技术方面，我国的互联网产业相比国际巨头还有一定的差距，但在与中国经济与社会的深度融合上，国际巨头无法与国内企业相比。更为重要的是我国互联网产业正在对产业组织和社会进行深度改造。

平台公司快速发展。阿里巴巴、腾讯、百度在各自领域都已成为中国市场的领军企业。2017年中国网络零售总额高达67 100亿元，淘宝、天猫、京东占近83%。

线上线下深度融合。从1999年电子商务兴起，到现在已经13年，B2C、C2C已经改变了人们的生活方式。近几年，O2O逐渐兴起，餐饮、休闲、服装业、快消行业等行业开始借助互联网发展，拓展了线上线下融合的广度。同时，在这种融合中，新的发展模式也在形成，例如易到用车是一个提供司机的分时租车平台，该企业通过数据挖掘，进行车辆的调配和安排，大幅提高运营效率，并根据密集行程的分析结果，优化了机场到CBD之间的价格和里程，进一步提高用户转化率。

互联网金融逐渐兴起。国内除了一些P2P平台外，阿里巴巴的金融部门正在将这种新型金融模式不断推向深化，以数据和信用为核心构建金融平台，并在此平台上推出了阿里小贷、众安在线（互联网保险）、商诚融资担保、一达通等服务和公司。

互联网生态远景初现。在互联网产业快速发展的背景下，未来的生态远景逐渐显现，一是平台型企业正在构建庞大的商业环境，促使更多的个人和服务融入这样的环境中，进一步创造新的需求和服务，拓展互联网产业发展的空间；二是一些互联网公司正在利用自身的优势，加快整合传统制造业，构建新的产业链条，例如前面提到的乐视网；三是基于互联网所创造的资源和产业组织进行创新创业，例如在深圳出现的"淘宝＋华强北＋珠三角＋Kickstarter"的模式。在这一进程中，云计算、大数据等新技术和新模式逐渐融入我国的产业系统，正在成为发展的动力和方向。

总体来看，这种并行空间使得我国能够利用互联网产业的内生发展力量、国内重要的市场资源，以及关键技术环节的研发构建起新的发展模式，并在第三次工业革命中形成较强的竞争力。

二、国家高新区的转型与应对

高新区作为我国融入上一论新经济发展的重要载体诞生、发展、壮大，在30年的历程中，在我国的高新技术产业化中扮演着重要角色，已经聚集了大量的创新资源、产业资源，部分高新区已经成为高新技术产业创业的沃土。

面对全球正在发生的第三次工业革命，高新区应当在我国面临的挑战和机遇中，探索出一条新型发展道路，抓住这次机会窗口，促进中国经济和社会又好、又快的发展。高新区要充分利用我国互联网产业发展所创造出的并行空间，促进产业发展，并使新技术、新的商业模式的发展内嵌在这种并行空间。简单来说，高新区应做以下三方面的转变。

第一，环境建设导向的转变。我国高新区发展中十分重视环境建设，在不同时期侧重点各有不同，在早期发展阶段，高新区环境建设主要面向招商引资，以基础建设为主；在二次创业阶段，高新区针对创新创业的需求，着重打造区域创新环境。当前，高新区需要结合第三次革命的发生的基础和条件，将知识和智慧生态系统建设作为环境建设的重点，建设多种网络互联互通的智能网络系统，完善基础设施；加大区内外多种机构、人员的交流互动，将3D打印、大数据等新技术、新知识引入高新区，创造良好的学习、交流、讨论的氛围，丰富区内外人员沟通的渠道和方式，构建政府、企业、科研工作者新的合作关系，促进广泛的沟通和智慧碰撞，加快新知识的产生和应用；促进互联网精神和创新精神的融合，增强区域创新资源的"黏性"。

第二，企业培育方向的转变。在创立的初期，高新区主要是以培育与高新技术产业有关的企业为主，在二次创业阶段，高新区以培育创新型企业为主。当前互联网产业快速发展，并对其他产业产生了深远影响，高新区应重点培养与互联网产业紧密相关的企业，促进产业的数字化、智能化、网络化发展，利用互联网技术，改变生产的方式和产品的形式，例如运用网络组织生产、销售，运用数据挖掘优化生产方式，并提供完善的服务系统；借助信息、通信及网络平台，推动产业组织的网络化，促进产业融合，拓展新的产业链条，打破地理集群的空间局限，发展虚拟化的产业集群；在产业融合的关键节点上，促进新企业的大量诞生，加快产业融合。

第三，资源配置方式的转变。以往，高新区配置资源经历了从土地、资本向创新资源的转变。当前，高新区需要响应资源组织的新趋势，转变资源配置的方式，建立基于互联网的资源配置体系。这其中既有技术的应用，利用互联网拓展资源范围，将区内外多种资源联网，并通过技术手段实现提高资源配置效率，更重要的是要利用大数据等技术和模式，加快本地社会资本的网络化，面向互联网对资源的改造和组织，将本地经济活动中所产生的社会资本数字化、网络化，在区域内发展出新的基于互联网技术的资源配置方式和服务模式。

第三节　中国经济转型与高新区发展机遇

我国自2008年全球金融危机以来，以"降低对外依存度扩大内需市场、调整经济结构转变经济增长方式、淘汰高污染高能耗过剩产能大力发展战略新兴产业、改变世界加工厂地位提升自主创新能力、实施创新型国家战略"等为标志，加速进入了经济发展转型期。这是我国对国际经济政治局势变化的反映，也是对中国经济发展长期积累的问题反思的结果。近期美国特朗普总统掀起的全球贸易战、土耳其经济危机、中东危机已然处于动荡时期等，再次证明2008年全球金融危机后中国更大力度加快经济转型的重要性和迫切性。

长期来看，中国未来经济将更加依赖中国内部市场，更加强调经济质量和经济创新，更加加速开拓中国自主可控的经济发展外围空间。中国高新区经过30年的发展，在体制机制、创新资源、创新环境等方面具有明显的优势，在发展新兴产业、企业创新创业、园区与社会融合发展、园区发展国际化等方面积累了不少有益的经验，当下在中国经济转型过程中，高新区应把握和顺应中国经济转型发展趋势，继续发挥高新区在中国经济创新发展中的引领带动作用。

一、后金融危机时代国际经济发展局势

2008年金融危机的爆发，其实质是前30年美国建立在信用扩张之上的经济繁荣的破产，美国信用扩张支持了美国债务的发展，支持了美国政府的巨额军费开支，支持了美国社会的超前消费，支持了华尔街金融集团的暴富。危机的到来是宣告前30年的债务开始进入清算程序。第一种债务清算，是国家间债务的清算。因为美国世界霸权的现实性存在，对美国国际债务的清算转化为对美元信用的质疑，围绕此前美国长期主导的国际金融制度和国际货币制度，各国间展开政治博弈，多个国家提出建立区域性货币来替代美

元，不少国家加强了国家双边货币互换和货币直接支付。而在欧洲，经历了和美国相同的产业转移、金融泛滥和消费扩张的发达国家，则因为欧元区的成立而失去独立的印钞权力，所以欧洲国家的国际债务清算则通过主权债务危机的形式表现出来。第二种债务清算，是国家内部私人债务的清算。大量金融机构在危机中资不抵债而破产；金融体系下的分配不公则由贫困阶层发动的"占领华尔街"运动和表达对社会分化和失业不满的反政府和反社会行为来"清算"。这两种清算过程仍在继续。

西方国家在危机爆发之后也在积极寻求走出危机泥潭的路径。首先，通过重振本国实体经济缓解经济恶化和社会失业压力。以美国为例，一方面打击主要竞争者以保护内部市场，从对日本丰田起诉以支持美国三大汽车公司，到对中国通信产品进行双反调查，目的都在于为本国企业和产品争取市场；另一方面，寄希望于通过发展新兴产业，通过技术革命推动新一轮的实体经济爆发，目前美国加大页岩油、页岩气的开发则是这方面的典型。但是新产业的发展受制于国家的投资能力和国内相关产业利益攸关团体的利益博弈，各国债务庞大，通过信用手段大笔投资新兴产业则是对各国经济的考验。其次，调整国际政治秩序，通过政治方式压制竞争者为本国发展谋取时间和空间。美国战略重心向太平洋地区转移，旨在压缩中国的发展空间，而欧洲债务危机不断爆发也不乏美国金融集团的幕后操作，其主要目的在于提升美元相对于欧元的竞争力。但是，美国能够给予盟国的经济利益越来越少，能使用的经济手段也日益受限，其政治目的实现起来也越来越困难。

总之，2008年金融危机之后，社会普遍接受了"后危机时代"这一用语，说明自此国际经济和政治进入了动荡和转折时期已逐渐成为社会共识。对中国而言，对外开放形成的出口导向型经济依赖稳定的国际市场、国际贸易和支付体系，国际形势的改变迫使中国经济不得不加速进入转型时期。

二、中国经济转型主要发展趋势

历史地看，国家战略重大转变往往受国际形势的促发。中国经济转型是因为中国以往的经济发展方式面临可持续困难，但上述国际形势的转变增加了中国经济转型的迫切性。从而，国际形势变化也影响着国内经济转型的主要发展趋势。

第一，中国经济长期保持过高的外贸依存度，经济增长严重依赖国外市场，这种经济增长方式在危机之后受国际市场萎缩之困。初级产品方面，因为世界经济低迷，其他国家进口减少，则中国产品出口和市场订单难免受到影响；而中国通过自主创新而产业不断升级时，如光伏和通信设备产业因为与欧美企业形成直接竞争，更是面临严重的市场排挤。所以中国经济转型，必须从国际市场转向国内市场开发，建立立足内部需求的内生驱动型经济。而中国的城市化进程所提供的广阔的内部市场为这一转变提供了可能。中国占全球1/5的人口，其消费需求可为中国生产提供足够广阔的市场，这是诸如缺乏战略纵深的日本，以及虽然通过一体化开拓了准内部市场但政治上的不统一阻碍了这一优势发挥的德国所不具备的条件。内部市场的挖掘，一方面有赖于提高全民收入水平的收入倍增计划，另一方面需要建设全面的社会保障体系，以释放全民的消费需求，将潜在的消费需求转化为现实的消费能力。

第二，在新科技革命已初露端倪，各国支持新兴产业发展的计划层出不穷，这种形势下，中国应紧抓新科技革命创造的赶超机遇，在新的产业部门领域抢占滩头。中国十分低廉的基础科研和研发劳动成本依然是中国与发达国家在高技术领域竞争的重要有利条件，再配以有利的人才政策，吸引遍布全球的技术研发人员，特别是华人华裔，在产业高端和新兴产业与发达国家展开竞争。并且，中国作为后发国家，其优势更在于，在大部分的技术领域，中国只需要低成本跟随，打破发达国家的技术垄断，压缩其垄断利润空间，就可以把有限的资源集中在新兴产业的国际竞争中。同时，加快中国已有产业升级，摆脱全球产业价值链低端锁定的不利地位。长期的技术积累使中国有可能在既有的价值链条上向高端延伸，淘汰低端过剩产能，发展技术密集型产业，减少对国外高端产品的进口依赖，提升中国的经济位势。

第三，面对美国的战略压制，中国势必逐渐摆脱美国资本主导的资本全球化，而建立以社会生产为纽带的区域经济一体化，同时加强各种以实体贸易和投资为基础的双边经济联系。虽然美国战略东移，中国周边的政治压力骤增，但美国经济迟迟不见明显复苏，维持其政治战略的经济诱饵也越来越缺乏吸引力，中国战略空间拓展依然有广泛可能。中国的经济建设和经济投资能力是最强的战略武器，特别对广大的第三世界国家，中国可依托快速发展经济的经验和规模生产对产业相关国家特别是周边国家经济发挥带动作用、中国的投资建设能力等，建立以社会生产为纽带、经济互补为基础的经济联合。通过加强经济合作来抵消美国策动的政治压制。虽然这一进程与美国控制能力将此消彼长，不断反复，但中国加强经济区域合作和区别于美国资本全球化的双边经济合作将成为中国内生经济国际化的重要趋势。

三、新形势下中国高新区发展机遇

中国高新区经过 30 年的发展，不但已逐渐成为国内创新资源（人才、资本、平台、机构等）最为丰富、高新技术企业最为密集、产业集群形态最为完整、产品最具竞争力、带动中国经济创新发展的创新高地和增长极，而且在商业模式、体制机制、产业国际化、高端城区建设新等方面探索出具有中国特色和本土特点的经验。在未来经济发展和经济转型过程中，高新区依托已有优势，仍可能进一步发挥中国经济创新引领的作用。

第一，紧抓科技革命带来的赶超机遇，响应创新型国家建设的战略，各高新区应因地制宜，基于区域条件和已有产业优势，加大在新一代信息技术、新能源、生物医药、高端装备等战略性新兴产业的创新投入，加速技术研发、企业创业、产业链整合和产业集群建设，在新兴产业领域迅速形成技术和规模优势，并通过产业链控制和产业集群建设加强对利润控制，建立产业的国际顶端优势。

第二，顺应中国内需经济发展趋势，高新区须增加对中国内部市场的开发，高新区企业应加大力度服务国内市场。具有幼稚产业保护功能的内部市场是国家创新经济发展的重要战略平台。城市化过程中，与人、物、能源、信息流动相关联，产生了众多的基础设施建设行业，利用新兴技术提升城市基础建设水平，能使城市更高效地组织和运行，如发展城市轨道交通、智能交通、物流网络、智能电网、水处理、三网融合、信息管理，等等。以新技术和新产业改造城市组织方式，则中国仍在持续并逐渐加速的城市化进程将为高新区的新兴产业提供十分广阔的市场。除公共设施相关产业之外，随着国内劳动者收入的增加，居民消费层次也逐渐提升，移动网络终端、智能家电、定制化产品和个性化服务等都将成为产业升级的强大动力。

第三，高新区在产业和园区建设国际化方面积累的经验将在中国经济区域一体化过程中发挥重要作用。长期以来，一些沿海沿边高新区与周边国家、某些高新区与欧洲国家相关产业建立了紧密的合作关系，如山东和东北地区的高新区与日本、韩国长期保持良好的经济合作、广西自治区内的高新区与东南亚国家有频繁的经济往来、重庆高新区与欧盟的创新合作，等等。但这些合作多为非系统性的，并以"引进来"为主要合作方式，随着中国建立具有自主性的区域经济，高新区应发挥优势产业和高端产业输出的功能和产业主导功能，为我国的区域经济一体化赢取主导权。对更多的第三世界国家，高新区在国内积累的"托管""共建"等园区合作建设和管理经验，同样可大力输出到中西亚、非洲、拉美等地，目前较为成功的案例，如在巴西等拉美国家成立的工程机械产业园。这些整体园区建设的输出可紧密加强与第三世界国家的经济融合，扩大中国的经济战略空间，并对欧美等国的政治压制产生消解作用。

第四，中国经济转型的最终目的是全民生活水平和生活质量的总体提升，不但包括第二点所述的城市化建设和居民消费水平的提升，还包括生活环境和人文环境的改善，即新型城市化不止在硬件上需要用新兴技术来改造，同时在环境、文化、社区建设等软环境方面也实行新型管理。我国部分高新区采取政区合一的行政管理体制，有些高新区也是城市新城区建设的主体，所以，在园区和社会建设方面，高新区也可进一步探索更完善和更丰富的建设模式。不少高新区在建设花园城区、数字化城区、智慧城市、e谷、慧谷等，其中对人居环境、社交网络、社区组织、行政管理等方面进行高端设计，这些以技术为核心的规划和建设实质上都将或多或少地改变社会关系和生活组织方式。我国自改革开放前城市的"单位制""国有企业"和农村的"公社"解体以来，社会组织方式整体涣散且不适应当前的城市生活，中国亟需探索新的社会组织。高新区的区域化城区建设将为中国的社会组织发展进行有益探索。

金融危机之后，国际经济政治局势将跌宕起伏，尤其是新一轮美国引起的全球贸易争端，加剧了全球经济政治格局的不确定性。全球经济危机虽然短期内加剧了中国发展的困难，但从长期来看，它却把原有的全球经济发展模式打开了一个豁口，为中国摆脱国际资本的控制而追求独立发展提供了难得的机遇。中国发展的历史机遇同时也是中国高新区发展的历史机遇，高新区的发展也必然成为中国创新经济发展的重要支撑。总之，历史再次来到重要节点，中国百年梦想能否实现取决于中国转型能否成功，也依赖于高新区的在经济、产业、社会、国际化各个方面的实践探索。我们希望中国和中国高新区能走出一条独立自主、有时代感、又有中国特色的发展道路。

主要参考文献

安纳利·萨克森宁.2000.地区优势：硅谷和128公路地区的文化与竞争.曹蓬，杨宇光译.上海：远东出版社.

操龙灿.2006.企业自主创新体系及模式研究.安徽合肥工业大学博士学位论文.

曹颢等.2011.我国科技金融发展指数实证研究.中国管理科学，19（3）：132-140.

程钧培.2011.能源装备制造业实现可持续发展的战略、途径和对策.发电设备，25（1）：1-4.

陈益升，欧阳资力，陆容安.1996.国家高新区考核评价指标体系设计.科研管理，（6）：1-7.

程郁，吕佳龄.2013.高新区与行政区合并：是体制复归，还是创新选择.科学学与科学技术管理，34（6）：91-93.

房汉廷.2010.科技金融的兴起与发展.北京：经济管理出版社.

方新.1998.创业与创新：高技术小企业的发展之路.北京：中国人民大学出版社.

郝莹莹.2007.欧盟科技政策及其区域效应研究.上海：华东师范大学.

韩伯棠，方伟等.2005.行政区与高新技术开发区合一的管理模式研究.北京理工大学学报，7（3）：41-44.

何育静，夏永祥.2017.江苏省产城融合评价及对策研究.现代经济探讨，（2）：72-76.

侯汉坡，李海波，吴倩茜.2014.产城人融合（新型城镇化建设中核心难题的系统思考.北京：中国城市出版社.

胡贝贝.2017.基于互联网平台的创业生态系统研究.中国科学院大学博士学位论文.

黄德春.2013.科技型企业成长支撑视角下科技金融发展指数研究.科技进步与对策，30（20）：108-111.

黄建新，花晨.2016.江西产城融合发展测评与研究.江西社会科学，（2）：61-67.

黄鲁成.2007.基于生态学的技术创新行为研究.北京：科学出版社.

卡萝塔．佩蕾丝．2007.技术革命与金融资本．北京：中国人民大学出版社．

科技部火炬高技术产业开发中心，中国科学院科技战略咨询研究院中国高新区研究中心．2018.国家高新区创新能力评价报告2018.北京：科学技术文献出版社．

科技部火炬高技术产业开发中心，中科院科技战略咨询研究院中国高新区研究中心．2017.国家高新区创新能力评价报告2017.北京：科学技术文献出版社．

克利斯·弗里曼，罗克·苏特．2004.工业创新经济学．华宏勋，华宏慈等译．北京大学出版社．

克里斯托夫·弗里曼．2008.技术政策与经济绩效：来自日本的经验．张宇轩译．南京：东南大学出版社．

拉杰什·纳如拉．2011.全球化与技术相互依赖、创新系统与产业政策．冷民．何希志译．北京：知识产权出版社．

蓝庆新．2008.世界生产性服务业发展特点及趋势．经济研究参考，（2）：26-29.

李敏．2007.我国信息产业技术创新体系及政策研究．安徽合肥工业大学博士学位论文．

李文彬，陈浩．2012.产城融合内涵解析与规划建议．城市规划学刊，（s1）：99-103.

李心丹，束兰根．2013.科技金融：理论与实践．江苏：南京大学出版社．

李钟文．2002.硅谷优势：创新与创业精神的栖息地．北京：人民出版社．

林建明．2011.转型期地方政府扶持对企业研发行为的影响机理研究．浙江工商大学博士学位论文．

林肖也．2014.装备升级乘机而上——能源结构升级让能源高端装备制造业喜迎良机．中国石油企业，（4）：25-30.

刘继国，李江帆．2007.国外制造业服务化问题研究综述．经济学家，（3）：119-126.

刘京，仲伟周．2010.我国高新区体制回归动因及对策研究．科学学与科学技术管理，31（3）：16-19.

刘明．2011.产城融合建设天府新区的文化视角初探．四川省干部函授学院学报，（4）：20-22.

刘新竹．2015.沈阳浑南高新区管理体制创新案例研究．城市发展战略，（5）：90.

刘友金，黄鲁成．2001.产业群集的区域创新优势与我国高新区的发展．中国工业经济，（2）：33-37.

罗发友，刘友金．2004.技术创新群落形成与演化的行为生态学研究．科学学研究，（1）：99-103.

蒙丹．2010.我国新能源产业链的低端产能过剩问题研究．经济纵横，（5）：37-40.

钱颖一．2000.走出误区：经济学家论说硅谷模式．北京：中国经济出版社．

邵振伟. 2010. 变革的布局——中国能源科技装备振兴之路. 中国装备,（9）：36-43.

苏林, 郭兵, 李雪. 2013. 高新园区产城融合的模糊层次综合评价研究——以上海张江高新园区为例. 工业技术经济, 237（7）：12-16.

孙红军, 李红. 2014. 产城融合评价体系初探. 科技创新导报,（2）：248-251.

汤志林. 2012. 治理结构与高新区技术创新. 北京：社会科学文献出版社.

王永杰, 张粒子. 2010. 现代能源的特征及发展趋势. 价格理论与实践,（9）：62-63.

王胜光, 程郁. 2013. 国家高新区创新发展报告. 北京：中国经济出版社.

王胜光, 郭雯, 温珂. 2016. 创新发展政策学导论. 北京：科学出版社.

王胜光, 朱常海. 2017. 新时代雄安新区的建设理念与发展政策问题. 中国科学院院刊, 32（11）：1185-1191.

王霞, 王岩红. 2014. 国家高新区产城融合指标体系的构建及评价. 科学学与科学技术管理, 35（7）：79-88.

王元地. 2013. 中国自主创新政策评价研究. 北京：经济管理出版社.

吴陆生, 张素娟, 王海兰. 2007. 科技创新生态系统论视角研究. 科技管理研究,（3）：30-32.

吴照云, 余焕新. 2008. 中国新兴产业市场结构演变规律探究——以有机硅产业为例. 中国工业经济,（12）：134-139.

许琼, 张志宏. 2017 全国技术市场统计年度报告. 北京：兵器工业出版社.

袁晓辉, 刘合林. 2013. 英国科学城战略及其发展启示. 国际城市规划, 28（5）：58-64.

岳隽, 古杰. 2015. 产业融合的概念框架搭建：基本空间组织逻辑的识别与评价. 城市观察,（6）：168-175.

约瑟夫·熊彼特. 1990. 经济发展理论. 何畏等译, 北京：商务印书馆.

曾国屏, 苟尤钊, 刘磊. 2013. 从"创新系统"到"创新生态系统". 科学学研究,（1）：4-13.

詹姆斯·弗·穆尔. 竞争的衰亡：商业生态系统时代的领导与战略. 梁骏, 杨飞雪, 李丽娜译. 北京出版社.

张道刚. 2011. "产城融合"的新理念. 决策,（1）：1-2.

赵昌文, 陈春发, 唐英凯. 2009. 科技金融. 北京：科学出版社.

郑健富, 田晖, 程钧培. 2012. 能源装备制造业未来10年的展望. 发电设备, 26（1）：1-4.

周代数. 2011. 科技企业孵化器与创业投资协作的机制、模式与政策建议. 中国科学院科技政策与管理科学研究所硕士论文.

周作江, 周国华. 2016. 环长株潭城市群产城融合测度研究. 湖南师范大学自然科学学报,

39（3）：8-13.

A. G. Tansley. 1935. The use and abuse of vegetational concepts and terms. Ecology, 16（3）: 284-307.

Commtittee on Comparative National Innovation Policies. 2012. Rising to the Challenge: U. S. Innovation Policy for Global Economy. Washington DC: The National Academic Press.

Evans P B. 1995. Embedded Autonomy: States and Industrial Transformation. Princeton: Princeton University Press.

Geels F W. 2002. Technological transitions as evolutionary reconfiguration. processes: A multilevel perspective and a case-study.Research Policy, 31: 1629-1654.

Hannan, Michaelt and John Henry Freeman.1983. Nichewidth and dynamics of organizaional populations.American Sociological Review.

Harrison J. S. and R. E. Freeman. Stakeholders. 199 Social Responsibility, and Performance: Empirical Evidence and Theoretical Perspectives, The Academy of Management Journal.

Hicks J. 1969. A Theory of economic history. Oxford: Clarendon Press.

Jonathan D. Arthurs Lowell W. Busenitz 2003. The Boundaries and Limitations of Agency Theory and Stewardship Theory in the Venture Capitalist/Entrepreneur Relationship. Entrepreneurship: Theory and Practice 28（2）: 145-162.

King R G, Levine R. 1993. Finance, entrepreneurship, and growth theory and evidence. 32（01）: 513-542.

Leung, L. 2007. Stressful life events, motives for internet use, and social support among digital kids. Cyber-psychology &Behavior, 10: 205-214.

Lundvall B-A. 1992. National Systems of Innovation: Towards a Theory of Innovation and Interactive Learning.London: Pinter Publishers.

Matthias Ruth. Brynhildur Davidsdottir 2009. The dynamics of regions and networks in industrial ecosystems. Edward Elgar Publishing. Inc.

McKinnon R I. 1973. Money and Capital in Economic Development. Washington, DC: Brookings Institution.

Nelson R R, Winter S G. 1982. An Evolutionary Theory of Economic Change, Cambridge. Massachusetts: Belknap Press of Harvard University.

North D C. 1990. Endogenous Technological Change.Journal of Economics, 113（2）: 331-360.

Pickett STA, Cadenasso ML. 2005. Vegetation succession understanding: the nature of theory and the theory of nature, 2nd edn.Springer, New York Organizational Ecology.

Ping Wang. 2009. An Integrative Framework for Understanding the Innovation Ecosystem. Nürnberg, Germany.

Richard R. Nelson 1993. National Innovation Systems: A Comparative Analysis. New York: Oxford University Press.

Schumpeter J. 1912. The Theory of Economic Development, Cambridge, Massachusetts, (In German: Theorie der wirtschaftlichen Entwicklung, Leipzig).

Shaw E S. 1973. Financial Deepening in Economic Development [M]. Oxford: Oxford University Press.

Thomas Wallner, Martin Menrad.2010.Extending the Innovation Ecosystem Framework. Upper Austria University of Applied Sciences, School of Business.

致　　谢

　　岁月如歌，光阴似箭，转眼之间我从事国家高新区研究工作已经15个年头。15年的现场调研，15年的沉淀思考，成为《国家高新区创新发展理论与实践》出炉的基础。当然，《国家高新区创新发展理论与实践》也是中国高新区研究中心各位同事，也包括被调研高新区管委会的管理者、企业家和各类项目研究中的诸位专家集体智慧的结晶。

　　这里，首先应该感谢的是我17年前的研究生导师，也是我今天工作的领导——王胜光研究员。王胜光研究员不仅亲自主持中国高新区研究中心很多重大项目，献智献策，而且对我思路启发、思想创新等都给予了很大的支持和帮助。还要感谢科技部火炬中心高新区管理处余志海、李志远、周力、魏颖，以及政策与统计处程凌华、李享、谷潇磊等在评价认识、统计数据等方面的大力支持。

　　感谢中国高新区研究中心我的数十位同事，张莹、张路娜、朱常海、马文静、安涌洁、孙红军、冯磊、韩芳、何燕、韩思源、杨斌、吕佳龄、李振国、杨斌、王旭琰、赵夫增等，他们不同的学科背景、不同的兴趣爱好都给予了本书很多帮助。感谢我各位同事的无私奉献与真知灼见。感谢我的家人给予我最大的后勤支援和时间上的保证，感谢各高新区管委会被调研对象的积极配合，感谢出版社各编辑们对文字和图表的认真校对，感谢对《国家高新区创新发展理论与实践》出版给予直接或间接帮助的各位朋友。

　　最后，祝愿王胜光研究员、各位同事、家人和朋友们工作顺利、心情舒畅，祝愿《国家高新区创新发展理论与实践》的出版对国家高新区发展有一定的价值和帮助。

刘会武
2018年9月于北京